Gerrit Hollatz
Die Welfen und ihr Vermögen

Gerrit Hollatz

Die Welfen und ihr Vermögen

Fürstliches Leben nach der Monarchie 1918–1953

WALLSTEIN VERLAG

Gefördert durch die VGH Stiftung

VGH Stiftung

Bibliografische Information der Deutschen Nationalbibliothek
Die Deutsche Nationalbibliothek verzeichnet diese Publikation in der Deutschen Nationalbibliografie; detaillierte bibliografische Daten sind im Internet über http://dnb.d-nb.de abrufbar.

www.wallstein-verlag.de
Vom Verlag gesetzt aus der Adobe Garamond und der Angie Sans
Umschlaggestaltung: Susanne Gerhards, Düsseldorf
Umschlagabbildung: Ernst August (III.) und Viktoria Luise bei der Celler Hengstparade 1928, NLA HA, BigS, Nr. 35080
Druck und Verarbeitung: bookSolutions Vertriebs GmbH, Göttingen
ISBN 978-3-8353-5838-6

Inhalt

I. Einleitung . . . 9

Fragen an die Welfen und ihr Vermögen . . . 13
Analysebegriffe »Haus« und »Kapital« . . . 16
Quellen und Aufbau der Arbeit . . . 21

II. Kontinuitätsbrüche
Familiale Vermögensweitergabe . . . 25

1 Die Welfen in »nachrevolutionären« Zeiten . . . 25
1.1 Sturz und Sammlung der Familie . . . 25
1.2 Vermögen, verfassungsmäßig garantiert . . . 30
1.3 Verlust von Vor- und Sonderrechten . . . 33

2 (Un-)Aufgelöste Verbindung von Familie und Vermögen 36
2.1 Ein Schicksalsverbund in Bedrängnis . . . 36
2.2 Alte Familienordnung, neue Vermögenskonstrukte . . . 41
2.3 Die endgültige Auflösung der Hausvermögen . . . 45

3 Wege und Ziele der Vermögensweitergabe . . . 51
3.1 Erziehung und Ausbildung der nachfolgenden Generation . . . 51
Hausunterricht und Landerziehungsheime . . . 54
Berufswege. Der Erstgeborene und seine Brüder . . . 63
Lehrzeit der Tochter. Von der Frauenschule in die Ehe . . . 69

3.2 Schenkungen. Von »sentimentalen« und »tatsächlichen« Werten . . 71
Mitgift, Aussteuer und Erbverzicht . . . 73
Unternehmensbeteiligungen als verbindende Geschenke . . . 76
Weggeben, um zu bewahren. Eine wiederholte Schenkung . . . 79

3.3 Erbschaften. Zwischen Vergangenheit und Zukunft . . . 83
»Zusammengeschmolzen«. Solidarität im Erbprozess . . . 85
Frauen (ver-)erben. Von der Tochter zur Familie . . . 91
Fragile Kontinuität. Ein Erbe für Generationen . . . 94

4 Zwischenfazit . . . 98

III. Richtungskämpfe
Umstrittene Vermögensverwaltung 101

1 »Zum Wohle unseres angestammten Fürstenhauses«
Akteure und Aufgaben 101
1.1 Altgediente Ratgeber zwischen Heimat und Exil 101
1.2 Neue Spezialisten für mobiles Vermögen 105
1.3 Von Fall zu Fall. Externe Rechts- und Finanzberater 111

2 Kompetenz- und Interessenskonflikte
Vermögensverwaltung im Widerstreit 115
2.1 Ein »Kleinkrieg« in der Obersten Verwaltung 115
2.2 Die »Entgleisung« eines Hoffnungsträgers 119

3 Strategien und Schwerpunkte, Erfolge und Fehlschläge
der Vermögensanlage 124
3.1 Neuaufbau in Österreich 1918–1933 124
Die »tiefe Wunde« der »Vermögensgebarung« 129
»Fürstenabfindung«. Der Konflikt um das Kammergut 137
»Ein Stück Geschichte«. Der Welfenfondsprozess 145
3.2 Umbau im »Dritten Reich« 1933–1945 153
Fehlende Balance im Vermögensbestand 156
Autarkie, Aufrüstung, »Arisierung«. Neue Handlungsspielräume 159
»Phantasiepläne«? Bilanzierung und Perspektiven 170
3.3 Wiederaufbau im Westen 1945–1953 175
Die »Katastrophe« von 1945. Verluste unter allen Umständen 178
Existenzfragen. Entnazifizierung und »Kriegsverbrecher«-Verfahren . . . 183
»Advokatorische Kniffe«. Schleppende Restitutionsprozesse 191
»Ich gratuliere zu der günstigen Lösung«. Besitzkontinuitäten 197

4 Zwischenfazit 204

IV. Daseinsfragen
Funktionen von Vermögen 207

1 Materielle Lebensgrundlage und Notfallreserve 207
1.1 »Absicherung« von Familie und Verwandtschaft 207
1.2 Finanzielle Einschränkungen – und ein »SOS-Ruf« 214
1.3 Von den »toten« und den »lebenden« Schätzen 223

2 Vermögen als Mittel zu welchem Zweck?
Ein Steuerstreit 226
2.1 Das Haus, (k)eine Erwerbsgesellschaft 226
2.2 Abwägung materieller und ideeller Zwecke 231

3 »Das Ansehen und das Wohl meines Hauses«
Machtvolles Vermögen 236
3.1 »Überleben« in der dynastischen Welt. Vermögen und Status 236
Das Prinzip der Ebenbürtigkeit. Diffizile Abgrenzungen 238
»A happy family party«. Im Kreis des europäischen Hochadels 242
3.2 Um jeden Preis? »Unsere Einstellung zur Frage der Monarchie« . . 245
Entkrönte Häupter im Wartestand 248
Die »geschichtliche Aufgabe« des Hauses 252

4 Zwischenfazit 258

V. Fazit 261

Anhang 265

Archivalische Quellen 265
Gedruckte Quellen und Literatur 268
Dank 288

I. Einleitung

»Gibt es kein Anstandsbuch für Fürsten in meiner Situation?
Hat kein wackerer Hofmarschall einen Knigge geschrieben:
der gut erzogene König in allen Lebenslagen?«[1]

Der König in Lion Feuchtwangers »Thomas Wendt« blickt in eine ungewisse Zukunft. Eine revoltierende Menge stürmt auf das Schloss zu, man wird von ihm die Abdankung verlangen, die drei Jahrhunderte währende, gottgewollte Herrschaft seiner Dynastie soll beseitigt werden. Die Republik wird gefordert, schon wehen rote Fahnen auf Bahnhöfen und Polizeigebäuden. In diesem Moment, da die wohlgeordnete Welt des höfischen Zeremoniells und der peniblen Hofordnungen jäh in sich zusammenstürzt, verliert der Regent jede Orientierung. Für ein Ende der Monarchie, so wird ihm schmerzlich bewusst, ist kein Knigge geschrieben.

Geradezu idealtypisch schildert Feuchtwangers »dramatischer Roman« das Schicksal der deutschen Bundesfürsten im November 1918. Wie der namenlosen literarischen Figur erging es am Ausgang des Ersten Weltkriegs nicht weniger als 19 stolzen Souveränen.[2] Machtlos standen sie den revolutionären Ereignissen gegenüber, kaum mehr fähig oder willens, gegen den drohenden Umsturz anzukämpfen. Schlösser wurden gestürmt, Hoheitssymbole zerschlagen, teilweise gar die herrschaftlichen Privatgemächer geplündert, ohne dass es zu nennenswertem Widerstand gekommen wäre. Binnen weniger Tage waren alle Throne gestürzt, das Kaiserreich zugrunde gegangen, die monarchische Staatsform in Deutschland Vergangenheit. Zurück blieben die entmachteten Fürsten mit ihren Familien, ein kleiner, exklusiver Kreis von rund 300 Personen. Ihrer Funktion entledigt, traten sie den ungewissen Weg ins Exil an.[3]

Lange Zeit hat die historische Forschung den Besiegten der Novemberrevolution keine besondere Beachtung geschenkt. Der allgemeine Aufschwung, den die Adelsgeschichte um die Jahrtausendwende erlebte (und der bis heute anhält), erfasste die vor-

1 Feuchtwanger, Lion, Thomas Wendt. Ein dramatischer Roman, München 1920, S. 196.

2 Vgl. zur Novemberrevolution hier nur Ullrich, Volker, Die Revolution 1918/19, 2. Aufl., München 2018. Als Überblick zur Entmachtung der Bundesfürsten siehe Machtan, Lothar, Die Abdankung. Wie Deutschlands gekrönte Häupter aus der Geschichte fielen. Berlin 2008; Horn, Michael, Zwischen Abdankung und Absetzung. Das Ende der Herrschaft der Bundesfürsten des Deutschen Reichs im November 1918, in: Susan Richter u. Dirk Dirbach (Hrsg.), Thronverzicht. Die Abdankung in Monarchien vom Mittelalter bis in die Neuzeit, Köln, Weimar u. Wien 2010, S. 267-290; Neuhaus, Helmut, Das Ende der Monarchien in Deutschland, in: Historisches Jahrbuch 111, 1991, S. 102-136.

3 Bei Ende des Deutschen Kaiserreichs oblagen in drei der 22 Einzelstaaten (Mecklenburg-Strelitz, Reuß ältere Linie, Schwarzburg-Sondershausen) Regentschaft und Versorgung der Herrscherfamilien verwandten Fürstenhäusern (Mecklenburg-Schwerin, Reuß jüngere Linie und Schwarzburg-Rudolstadt). Vgl. Machtan, Abdankung, S. 17.

mals regierenden Familien zunächst nicht.[4] Mit ihrem tiefen Sturz von Deutschlands Thronen, den jahrhundertelangen Herrschaftstraditionen, ihren schier unermesslichen Vermögen und engen verwandtschaftlichen Beziehungen zu den Höfen Europas wurden sie innerhalb des Adels als »Sonderfall« ausgemacht – als solcher aber kaum näher betrachtet.[5] So blieb bis vor wenigen Jahren weitgehend unerkannt, dass viele der Ex-Monarchen, Prinzen und Prinzessinnen sich erstaunlich rasch in der »entadelten Gesellschaft« zurechtfanden.[6] Erst die »Hohenzollerndebatte«, die 2019 über die Rolle Wilhelm Prinz von Preußens (1882-1951) beim Aufstieg des Nationalsozialismus entbrannte, hat hierfür breiteres Bewusstsein geschaffen. Die Debattenbeiträge zeigen deutlich, dass die Fürstenfamilien durch die Revolution zwar politisch entmachtet wurden, sie und ihre Mitglieder in der Folge aber nicht zwingend an Wirkungsmacht verloren.[7] Die zentrale Streitfrage, ob der ehemalige Kronprinz dem NS-Regime »erheblichen Vorschub« geleistet habe, zeugt hiervon in besonderer Weise.

Für die vormals regierenden Familien gilt mithin im Speziellen, was Eckart Conze für die deutsche Aristokratie im Allgemeinen konstatiert hat: So fundamental ihr Niedergang im 20. Jahrhundert auch war, es muss doch ein partielles gesellschaftliches »Obenbleiben« konstatiert werden.[8] Der Sturz der Familien ging nicht ins Bodenlose. Zumindest einzelnen von ihnen gelang es, sich abzufangen, zu stabilisieren und den eigenen ökonomischen, politischen und sozialen Status neu auszutarieren. Die Erforschung dieses komplexen Wechselspiels von Niedergang, Anpassung und

4 Vgl. ebd., S. 19. Die Gründe hierfür diskutiert Marburg, Silke, Europäischer Hochadel. König Johann von Sachsen (1801-1873) und die Binnenkommunikation einer Sozialformation, Berlin 2008, S. 25 f. Zu quellentechnischen Gründen vgl. passim.

5 Malinowski, Stephan, Vom König zum Führer. Sozialer Niedergang und politische Radikalisierung im deutschen Adel zwischen Kaiserreich und NS-Staat, Berlin 2003, S. 288. Als eine der wenigen älteren Ausnahmen vgl. Petropoulos, Jonathan, Royals and the Reich. The Princes of Hessen in Nazi Germany, Oxford 2006.

6 In Anlehnung an Haupt, Heinz-Gerhard, Der Adel in der entadelten Gesellschaft. Frankreich seit 1830, in: Hans-Ulrich Wehler (Hrsg.), Europäischer Adel 1750-1950, Göttingen 1990, S. 286-305. Vgl. hierzu zuletzt Kroll, Frank-Lothar, Fürsten ohne Thron. Schicksale deutscher Herrscherhäuser im 20. Jahrhundert, Berlin 2022.

7 Die Debatte selbst ist mittlerweile Gegenstand der Forschung geworden. Vgl. zuletzt Steinbach, Peter, Cum ira et studio? Hohenzollerndebatte – eine Stil- und Argumentationskritik, in: Neue Politische Literatur 68, 2023, S. 31-63; Sabrow, Martin, Die Hohenzollernauseinandersetzung – oder: Erkenntnis und Evidenz im Streit der Fakultäten, in: Zeitschrift für Geschichtswissenschaft 70, 2022, S. 729-743. Als eine Auswahl der Debattenbeiträge vgl. Luh, Jürgen, Der Kronprinz und das Dritte Reich. Wilhelm von Preußen und der Aufstieg des Nationalsozialismus, München 2023; Machtan Lothar, Der Kronprinz und die Nazis. Hohenzollerns blinder Fleck, Berlin 2021; Malinowski, Stephan, Die Hohenzollern und die Nazis. Geschichte einer Kollaboration, Berlin 2021; Pekelder, Jacco; Schenk, Joep u. van der Bas, Cornelis, Der Kaiser und das »Dritte Reich«. Die Hohenzollern zwischen Restauration und Nationalsozialismus, Göttingen 2021; Funck, Markus (Hrsg.), Die Hohenzollern. Von der Gegenwart einer monarchischen Vergangenheit, in: Zeitschrift für Geschichtswissenschaft 69, H. 4, 2020.

8 Vgl. Conze, Eckart, Von deutschem Adel. Die Grafen von Bernstorff im 20. Jahrhundert, Stuttgart 2000, S. 11 f. Näher zu dem auf Werner Sombart zurückgehenden Terminus des »Obenbleibens« vgl. Braun, Rudolf, Konzeptionelle Bemerkungen zum Obenbleiben. Adel im 19. Jahrhundert, in: Hans-Ulrich Wehler (Hrsg.), Europäischer Adel 1750-1950, Göttingen 1990, S. 87-95.

Beharrung steckt indes noch in den Anfängen.[9] In der Debatte über »die Hohenzollern und die Nazis« hat Stephan Malinowski den Fokus zuletzt vor allem auf die symbolischen Machtressourcen der vormaligen Kaiser- und Königsfamilie gelegt. Präzise konnte er Muster und Techniken ihrer Selbstdarstellung herausarbeiten, die charismatische Ausstrahlung, die die Familienmitglieder unverändert auf ein großes Publikum ausübten, und den weitreichenden politischen Einfluss, über den sie so nach wie vor verfügten.[10]

Das Vorhaben der vorliegenden Arbeit ist es, Grundlagen, Mechanismen und Praktiken dieser auffallenden Zählebigkeit weiter nachzugehen. Dazu nimmt sie einen Perspektivwechsel vor: Im Folgenden stehen weniger die immateriellen als vielmehr die materiellen Machtmittel – die Vermögen – der vormals regierenden Familien im Mittelpunkt. Denn viele von ihnen hatten bis zum Beginn des Ersten Weltkriegs zu den reichsten Familien Europas gezählt.[11] Über Jahrhunderte waren ihre Vermögen untrennbar mit ihrer Landeshoheit verknüpft gewesen. Land- und forstwirtschaftliche Domänen hatten dem Unterhalt gedient, Bibliotheken sowie Kunst-, Münz- und Silbersammlungen waren zu repräsentativen Zwecken aufgebaut worden.[12] Dieser Nexus zerbrach mit der Novemberrevolution. Aus vermögenden Herrscherfamilien wurden (mal mehr, mal weniger) vermögende Familien, die keine schützenden Privilegien mehr besaßen. Um die materielle Grundlage ihrer Existenz nicht zu verlieren, waren sie gezwungen, einen neuen Umgang mit ihren Vermögen zu finden.

Gerade der Blick auf das Vermögen vermag mithin zu einem tieferen Verständnis der vormals regierenden Familien beizutragen. So lautet die zentrale These der Arbeit. Sie schließt an eine Grundannahme der historischen Reichtums- und Vermögensforschung an. Demnach lässt sich menschliches Handeln mit materiellem Vermögen nicht auf eine ökonomische Dimension reduzieren, vielmehr sind soziale, kulturelle und symbolische Dimensionen untrennbar damit verbunden.[13] Einhellig zeigen die Studien die-

9 Vgl. als eine der wenigen einschlägigen Ausnahmen Diebold, Jan, Hochadel und Kolonialismus im 20. Jahrhundert. Die imperiale Biographie des »Afrika-Herzogs« Adolf Friedrich von Mecklenburg, Köln, Weimar u. Wien 2019.

10 Allgemein bezeichnet Malinowski »die Aufmerksamkeit von Millionen Beobachtern, die ihm eine herausragende Position zubilligt und mit einem nie gänzlich aufgebrauchten symbolischen Kapital versorgt« als die »wichtigste Machtressource« des Adels nach 1918. Malinowski, Hohenzollern, S. 14.

11 Vgl. die Bestandsaufnahme Riotte, Torsten, Dynastie und Reichtum. Was wissen wir über das Vermögen des (ehemals) regierenden Hochadels im 19. und 20. Jahrhundert?, in: Eva Maria Gajek, Anne Kurr u. Lu Seegers (Hrsg.), Reichtum in Deutschland. Akteure, Räume und Lebenswelten im 20. Jahrhundert, Göttingen 2019, S. 35-56.

12 Vgl. als Überblick Schöbel, Anja, Monarchie und Öffentlichkeit. Zur Inszenierung der deutschen Bundefürsten 1848-1918, Köln, Weimar u. Wien 2017.

13 Vgl. für das Folgende die beiden neueren zeitgeschichtlichen Forschungsüberblicke Gajek, Eva Maria u. Kurr, Anne, Reichtum und Reiche in Deutschland. Neue Perspektiven auf Akteure, Räume, Repräsentationen und Vermessungen im 20. Jahrhundert, in: Dies. u. Lu Seegers (Hrsg.), Reichtum in Deutschland. Akteure, Räume und Lebenswelten im 20. Jahrhundert, Göttingen 2019, S. 9-31; Derix, Simone, Clio unter Materialitätsschock? Das neue Interesse am Vermögen in der Moderne, in: Geschichte in Wissenschaft und Unterreicht 70, 2019, H. 11/12, S. 597-604.

ses vergleichsweise jungen Forschungsfelds, dass die Höhe des Vermögens und seine spezifische Zusammensetzung aus räumlich mobilen und immobilen Vermögensformen maßgeblich bestimmte, wie Reiche lebten, wo sie wohnten, in was für gesellschaftlichen Kreisen sie verkehrten, welchen Freizeitbeschäftigungen sie nachgingen und wohin sie reisten. Auffällig ist dabei, dass es meist keine Einzelpersonen waren, die hinter großen Besitztümern standen. Stattdessen werden Familienverbünde erkennbar, deren Mitglieder das Vermögen gemeinsam zu schützen versuchten und miteinander darum stritten. Eine Untersuchung der ökonomischen Basis hochadeliger Familien verspricht somit tiefe Einblicke in ihre familialen Strukturen, Netzwerke und Lebenswelten nach dem Ende der Monarchie zu geben.

Im Folgenden richtet sich das Augenmerk exemplarisch auf eine dieser vermögenden, vormals regierenden Familien: die Welfen. Für dieses »älteste europäische Fürstenhaus« endete im November 1918 seine jahrhundertelange Herrschaft in Hannover und Braunschweig.[14] Ausgehend von dieser Zäsur beleuchtet die Arbeit die Geschichte der Welfen und ihres Vermögens über drei Generationen.[15] Von den Jahren der Weimarer Republik, über die NS-Zeit bis hinein in die frühe Bundesrepublik rekonstruiert sie die Entwicklung des welfischen Vermögens in Umfang und Zusammensetzung, analysiert, wie die Familie damit und davon lebte, und arbeitet wesentliche Handlungsmotive der Mitglieder heraus. Mit anderen Worten: Die Arbeit untersucht, wie sich eine entmachtete Herrscherfamilie mit ihrem Vermögen in der nachrevolutionären Zeit zurechtfand.

Ein solches Forschungsvorhaben kann auf eine Reihe von Vorarbeiten aufbauen. Mehrere (Familien-)Biographien bieten hilfreiche Orientierungspunkte zur Geschichte der Welfen im 20. Jahrhundert.[16] Auch die Kunst- und Kulturgüter der Familie, ihre einzigartigen Sammlungen, zahlreichen Schlösser und prachtvollen Park- und Gartenanlagen, haben wiederholt das Interesse der Forschung geweckt.[17] Abgesehen davon überwiegen zum Vermögen der Welfen jedoch noch immer Schätzungen und Spekulationen.[18] Meist ist pauschal von »Reichtum« die Rede, differenzierte Vermessungen sind dagegen selten.[19] Eine der wenigen Ausnahmen stellt die vor einigen Jahren begonnene Auf-

14 Das Zitat ist dem Klappentext von Vogtherr, Thomas, Die Welfen. Vom Mittelalter bis zur Gegenwart, München 2014 entnommen.

15 Vgl. zur Begründung des Untersuchungszeitraums passim.

16 Vgl. Vogtherr, Welfen; Aschoff, Hans-Georg, Die Welfen. Von der Reformation bis 1918, Stuttgart 2010; Kwan, Elisabeth E., Röhrig, Anne E. u. Steckhan, Peter, Frauen der Welfen, Göttingen 2011; Kwan, Elisabeth E. u. Röhrig, Anna E., Vergessene Frauen der Welfen, Göttingen 2008; Steckhan, Peter, Herzog und Kaisertochter. Ernst August von Hannover und Victoria und Luise von Preußen, Göttingen 2019; Ders., Welfenbericht. 150 Jahre Familiengeschichte der Herzöge zu Braunschweig und Lüneburg dokumentiert in Photographie und Film, Göttingen 2008.

17 Vgl. exemplarisch Sbresny, Ulrike, Sammlungen des Adels. Bedeutung, Kulturgüterschutz und die Entwicklung der Welfensammlung nach 1918, Bielefeld 2016.

18 Vgl. Riotte, Reichtum, S. 35.

19 Auch deshalb wird hier der ethisch-moralisch neutrale Begriff des »Vermögens« dem tendenziell negativ konnotierten Reichtumsbegriff vorgezogen. Wenn in dieser Arbeit dennoch, etwa für den Vergleich, von »Reichtum« die Rede ist, dann verstanden als sozial konstruiertes und im histo-

arbeitung der »NS-Geschäfte der Welfen« dar. An die Zwischenergebnisse dieses Forschungsprojekts kann im Laufe der Untersuchung immer wieder angeknüpft werden.[20]

Kurzum, die Arbeit schreibt eine Geschichte der Welfen und ihres Vermögens, eine Geschichte über *fürstliches Leben nach der Monarchie.* Sie plädiert dafür, die Aufmerksamkeit stärker auf die materielle Basis des Hochadels im 20. Jahrhundert zu richten, ohne darüber seine immateriellen Ressourcen außer Acht zu lassen. Dabei geht der Blick immer wieder über den Einzelfall hinaus. Angesichts enger verwandtschaftlicher Beziehungen zwischen vielen der vormals regierenden Familien fand die Auseinandersetzung mit dem Herrschaftsverlust im stetigen Austausch und Abgleich statt. So verspricht die hochadelige Binnenkommunikation qua privater Korrespondenz oder wechselseitigem Besuch zahlreiche Ansatzpunkte, um den welfischen Fall zu vergleichen und einzuordnen.[21]

Fragen an die Welfen und ihr Vermögen

Die Arbeit macht es sich zur Aufgabe, den Umgang der Welfen mit ihrem Vermögen aus mehreren unterschiedlichen Perspektiven zu beleuchten. Auf diese Weise sollen wiederkehrende Handlungsmuster identifiziert und die dahinter stehenden Motive interpretiert werden. Wichtige Anknüpfungspunkte bieten dazu die historische Familien- und Verwandtschaftsforschung, die wirtschafts- und kulturhistorische Adelsforschung sowie die sozialgeschichtliche Vermögensforschung. Aus der Schnittmenge dieser Forschungsfelder ergeben sich die drei zentralen Leitfragen, entlang derer die Untersuchung vorgenommen wird.

Die erste Frage lautet, wie die Welfen nach 1918 die intergenerationelle Weitergabe ihres Vermögens gestalteten. Die gesamte Bandbreite möglicher Transfers – qua Erbschaft, Schenkung oder Ausbildungsfinanzierung – ist für die Welfen und die übrigen vormals regierenden Familien noch kaum untersucht.[22] Generell wird die Forschung erst allmählich auf diesen Themenkomplex aufmerksam.[23] Besondere Beachtung ver-

rischen Verlauf variables Strukturmerkmal. Vgl. Kreckel, Reinhard, Politische Soziologie der sozialen Ungleichheit, 3. Aufl., Frankfurt a. M. u. New York 2004, S. 13.

20 Die Aufarbeitung ist 2015 vom »Chef« des Welfenhauses, Ernst August Prinz von Hannover, angestoßen worden. Unter Leitung von Cornelia Rauh wurden im Rahmen des Projekts »Die NS-Geschäfte der Welfen« vier Masterarbeiten verfasst, darunter die des Autors. Diese sollen, ergänzt um weitere Beiträge, in einem Sammelband veröffentlicht werden. Die Publikation des Bandes steht indes noch aus. Zu den Hintergründen des Aufarbeitung vgl. Benne, Simon, Wie braun waren die Welfen?, in: Hannoversche Allgemeine Zeitung, 10.11.2016.

21 Zum Begriff der »Binnenkommunikation« vgl. Marburg, Silke, Adlige Binnenkommunikation. Moderne in Nordwestdeutschland und Sachsen, in: Maarten van Driel, Meinhard Pohl u. Bernd Walter (Hrsg.), Adel verbindet – Adel verbindt. Elitenbildung und Standeskultur in Nordwestdeutschland und den Niederlanden vom 15. bis 20. Jahrhundert, Paderborn u. a. 2010, S. 217-227.

22 Als bislang ausführlichste adelshistorische Untersuchung vgl. Freiherr von Aretin, Cajetan, Die Erbschaft des Königs Otto von Bayern. Höfische Politik und Wittelsbacher Vermögensrechte 1916 bis 1923, München 2006.

23 Vgl. allgemein von Braun, Christina, Blutsbande. Verwandtschaft als Kulturgeschichte, Berlin 2018, S. 249-307. Mit Fokus auf Erbschaften: Grundig, Ronny, Vermögen vererben. Politiken und Praktiken in der Bundesrepublik und Großbritannien 1945-1990, Göttingen 2022; Dinkel, Jürgen,

dient dabei das wechselseitige Verhältnis von rechtlichen Rahmungen und Vermögenspraktiken. Allgemein wird angenommen, dass die hochadeligen Familien bemüht waren, die agnatische Primogenitur, also die Besitznachfolge des ältesten Sohns, auch unter den Rechtsnormen des post-monarchischen Deutschlands aufrechtzuhalten.[24] Galt dies auch für die Welfen? Oder widersetzten sich die Töchter und nachgeborenen Söhne, die sich schon zuvor keinesfalls nur mit Apanagen, Mitgiften und Renten abgefunden hatten, dieser fortwährenden Ungleichbehandlung?[25] Über die Weitergabe des Vermögens wurden gleichsam die Beziehungen zwischen den Generationen, Geschlechtern und Geschwistern ausgehandelt. Insofern versprechen die Verteilungsprozesse in besonderer Weise Auskunft über die familiale Ordnung der Welfen im 20. Jahrhundert zu geben.

Hieran anschließend stellt sich zweitens die Frage, inwiefern es der Familie gelang, ihr Vermögen zu bewahren, womöglich sogar zu mehren. Über die politischen Zäsuren 1918/19, 1933 und 1945 hinweg wird die Vermögensverwaltung mit ihren Erfolgen und Fehlschlägen untersucht. Dabei richtet sich die Aufmerksamkeit speziell auf die personelle »Infrastruktur«, die in Kriegen, gesellschaftlichen Umbrüchen und ökomischen Krisen helfen sollte, das Vermögen breit zu streuen, sicher zu platzieren und vor staatlichem Zugriff zu schützen.[26] Neben dem familiär-verwandtschaftlichen Beziehungsnetz des Hochadels ist dazu der Einfluss der professionellen Vermögens- und Finanzberatung, wie sie sich um die Wende zum 20. Jahrhundert allmählich herausbildete, zu prüfen.[27] Wurden spezialisierte Rechts- und Finanzexperten auch von den Welfen in Anspruch genommen? Und falls schon, welchen Einfluss nahmen sie auf die strategische Ausrichtung der Vermögensverwaltung? Generell ist in diesem Zusammenhang zu konstatieren, dass die lange gehegte Vorstellung, deutscher Adel und rational kalkulierendes Unternehmertum würden regelrecht ein Gegensatzpaar bilden, von der For-

Erben und Vererben in der Moderne. Erkundungen eines Forschungsfeldes, in: Archiv für Sozialgeschichte 56, 2016, S. 81-108; Lanzinger, Margareth, Vererbung: Soziale, rechtliche, materielle und symbolische Aspekte, in: Joachim Eibach u. Inken Schmidt-Voges (Hrsg.), Das Haus in der Geschichte Europas. Ein Handbuch. München 2015, S. 319-336.

24 Vgl. Klein, Winfried, Der Monarch wird Privatier. Die Rechtsfolgen der Abdankung für den Monarchen und sein Haus, in: Susan Richter und Dirk Dirbach (Hrsg.), Thronverzicht. Die Abdankung in Monarchien vom Mittelalter bis in die Neuzeit, Köln, Weimar u. Wien 2010, S. 152-174.

25 Zu geschwisterlichen Vermögenskonflikten im Hochadel vgl. Gestrich, Andreas, Noble Siblings. Rivalry and Solidarity in Aristocratic and Noble Families, in: Karina Urbach (Hrsg.), Royal Kinship. Anglo-German Family Networks 1815-1918, München 2008, S. 35-44.

26 Die Formulierung ist angelehnt an Derix, Simone, Grenzenloses Vermögen. Räumliche Mobilität und die Infrastrukturen des Reichtums als Zugänge zur historischen Erforschung des »einen Prozents«, in: Eva Maria Gajek, Anne Kurr u. Lu Seegers (Hrsg.), Reichtum in Deutschland. Akteure, Räume und Lebenswelten im 20. Jahrhundert, Göttingen 2019, S. 164-181. Zur Reichtums-Besteuerung vgl. Buggeln, Marc, Die Debatten um staatliche Zugriffsmöglichkeiten auf den privaten Reichtum. Der Einkommensteuerspitzensatz in Deutschland 1871-1955, in: Vierteljahrschrift für Sozial- und Wirtschaftsgeschichte 105, 2018, H. 3, S. 337-364. Als eine Studie zur Steuerflucht vgl. Schönhärl, Korinna, Steuermoral in Westdeutschland nach dem Zweiten Weltkrieg. Eine diskursanalytische Rekonstruktion, in: Leviathan 47, 2019, H. 2, S. 169-191.

27 Vgl. Derix, Simone, Hidden Helpers. Biographical Insights into Early and Mid-Twentieth Century Legal and Financial Advisors, in: European History Yearbook 2015, S. 47-62.

schung mittlerweile widerlegt werden konnte.[28] Gerade das wirtschaftliche Engagement der Welfen und anderer vormals regierender Familien in der nationalsozialistischen Autarkie- und Aufrüstungspolitik sowie ihre aktive Beteiligung an der »Arisierung« jüdischer Unternehmen sind hierfür ein eindrücklicher Beleg.[29]

An die Neuausrichtung der Vermögensweitergabe und -verwaltung schließt sich als dritte Leitfrage an, welche wesentlichen Funktionen das Vermögen für die entmachtete Herrscherfamilie erfüllte. Fünf in der Literatur typischerweise unterschiedene Funktionen sollen dazu näher untersucht werden: Demnach vermochte Vermögen erstens in Form von Dividenden, Mieten, Zinsen etc. zum Einkommen beizutragen. Es ließ sich zweitens als Sachvermögen selbst nutzen und drittens als Rücklage für finanzielle Krisen verwenden. Bei entsprechender Größe konnte es viertens hohes gesellschaftliches Prestige verschaffen sowie fünftens die Grundlage wirtschaftlicher und politischer Macht bilden.[30] Bei der Untersuchung dieser Funktionen gilt es, sowohl die Familie im Ganzen als auch ihre einzelnen Mitglieder zu beachten. Differenziert ist zu prüfen, über wie viel und was für ein Vermögen die Familienmitglieder im Zeitverlauf verfügten und welche Motive dabei hinter der Priorisierung bestimmter Vermögensformen standen. So wird in der adelshistorischen Forschung betont, dass ländlicher Grundbesitz noch bis weit ins 20. Jahrhundert hinein geradezu eine »Insel adelig-ständischer Lebensführung und Herrschaftsausübung« gebildet habe.[31] Anders ausgedrückt gilt es also zu fragen: Was für ein Vermögen brauchte es aus welfischer Sicht, um ein »standesgemäßes« Leben in der ständelosen Gesellschaft führen zu können?

Letzten Endes verspricht die Untersuchung der Vermögenstransfers, -verwaltung und funktionen Erkenntnisse, die über das engere Forschungsvorhaben hinausgehen. Zum einen geraten grundlegende Bedingungen von Vermögensungleichheit im 20. Jahrhundert mit in den Blick. Das welfische Fallbeispiel kann dazu beitragen, gesellschaftliche Strukturen aufzuzeigen, die es adeligen wie bürgerlichen Familien ermöglichten,

28 Vgl. als Überblick die Sammelbände Rasch, Manfred u. Weber, Peter K. (Hrsg.), Europäischer Adel als Unternehmer im Industriezeitalter, Essen 2017; Rasch, Manfred (Hrsg.), Adel als Unternehmer im bürgerlichen Zeitalter, Münster 2006.

29 Auf »Arisierungen« durch die Hohenzollern verweist Rauh, Cornelia, Des Gauleiters »Arisierungshyänen«. Korruption und Selbstbereicherung der Parteielite Württembergs, in: Högerle, Heinz, Müller, Peter u. Ulmer, Martin (Hrsg.), Wirtschaftliche Ausplünderung der jüdischen Bevölkerung in Württemberg und Hohenzollern, Hechingen 2019, S. 397-414, hier: S. 409 ff.

30 Diese Unterscheidung ist, mit gewissen Abwandlungen, speziell in der soziologischen Forschung gebräuchlich. Vgl. etwa Spannagel, Dorothee, Reichtum in Deutschland. Empirische Analysen, Wiesbaden 2013, S. 83 f. In der historischen Vermögensforschung wurden die Funktionen in ihrer Gesamtheit noch nicht systematisch untersucht. Im Einzelnen sind sie regelmäßig Gegenstand historischer Studien. Vgl. exemplarisch Derix, Simone, Die Thyssens. Familie und Vermögen, Paderborn 2016, S. 17 f.

31 Conze, Eckart, Adeliges Familienbewußtsein und Grundbesitz. Die Auflösung des Gräflich Bernstorffschen Fideikommisses Gartow nach 1919, in: Geschichte und Gesellschaft 25, 1999, S. 455-479, hier: S. S. 456. Vgl. entsprechend die Schilderungen in (hoch-)adeligen Autobiographien: Funck, Marcus u. Malinowski, Stephan, Geschichte von oben. Autobiographien als Quelle einer Sozial- und Kulturgeschichte des deutschen Adels in Kaiserreich und Weimarer Republik, in: Historische Anthropologie 7, 1999, S. 236-270.

ihre Besitztümer zu schützen, zu mehren und von Generation zu Generation weiterzureichen.[32] Zum anderen vermag der Fokus auf eine hochadelige Familie zur Binnendifferenzierung *der* Reichen beizutragen. Es zählt zu den grundlegenden Erkenntnissen der Reichtumsforschung, dass die Vermögenseliten in ihren Lebensstilen, politischen Interessen und Quellen des Vermögens äußerst heterogen waren.[33] Indessen hat die innere Ausdifferenzierung dieser sozialen Gruppe gerade erst begonnen.[34] Die vorliegende Studie möchte hierzu einen Beitrag leisten.

Analysebegriffe »Haus« und »Kapital«

Die Erkenntnisziele der Arbeit machen es erforderlich, die Welfen in unterschiedlichen Zusammenhängen zu betrachten: mal als Familie des europäischen Hochadels, mal als vermögender Personenverbund, mal als politisch entmachtete Dynastie. Hierbei gilt das Interesse teils der sozialen Formation und ihren übergeordneten Interessen, teils den Einzelpersonen samt ihrer eigenen, durchaus widerstreitenden Ziele. Für eine differenzierte Untersuchung *der* Welfen ist es folglich notwendig, diese einzelnen Bedeutungsebenen möglichst präzise zu bestimmen.

Dazu operiert die Arbeit mit dem Begriff des »Hauses«.[35] Das »Haus« taucht in den Überlieferungen von Adelsarchiven in schier unüberschaubarer Fülle auf. Im Fall der Welfen ist etwa vom »Gesamthaus Braunschweig-Lüneburg« die Rede, von »Hausgütern«, »hausgesetzlichen Bestimmungen« oder dem »hannoverschen Königshaus«. Diese weiten »Deutungshorizonte« des Quellenbegriffs hat die Forschung mittlerweile gründlich ausgelotet.[36] Für ein adeliges Haus lassen sich demnach folgende Bedeutungen unterscheiden: Gemeint sein kann ein räumliches Element, also ein gebautes Haus; ein soziales Element, wie eine Teilfamilie eines Adelsgeschlechts; ein politisches Element, etwa im Sinne eines Herrscherhauses; sowie ein ökonomisches Element, eine juristische Per-

32 Darauf verweist Derix, Clio, S. 600 f. An neueren Arbeiten zu historischer (Vermögens-)Ungleichheit vgl. Schulz, Günther (Hrsg.), Arm und Reich. Zur gesellschaftlichen und wirtschaftlichen Ungleichheit in der Geschichte, Stuttgart 2015; Gajek, Eva Maria u. Lorke, Christoph (Hrsg.), Soziale Ungleichheit im Visier. Wahrnehmung und Deutung von Armut und Reichtum seit 1945, Frankfurt a. M. 2016; Kaelble, Hartmut, Mehr Reichtum, mehr Armut. Soziale Ungleichheit in Europa vom 20. Jahrhundert bis zur Gegenwart, Frankfurt a. M. 2017.

33 Vgl. in diesem Sinne bereits Berghoff, Hartmut, Vermögenseliten in Deutschland und England vor 1914. Überlegungen zu einer vergleichenden Sozialgeschichte des Reichtums, in: Ders. (Hrsg.), Pionier und Nachzügler. Vergleichende Studien zur Geschichte Großbritanniens und Deutschlands im Zeitalter der Industrialisierung, Bochum 1995, S. 281-308.

34 Vgl. Gajek u. Kurr, Reichtum und Reiche, S. 20.

35 Das »Haus« erfährt derzeit in praktisch allen geschichtswissenschaftlichen Teildisziplinen neue Aufmerksamkeit. Vgl. als Forschungsüberblick Eibach, Joachim, Das Haus in der Moderne, in: Ders. u. Inken Schmidt-Voges (Hrsg.), Das Haus in der Geschichte Europas. Ein Handbuch. München 2015, S. 19-37.

36 In Anlehnung an Menning, Daniel, Adel und Haus. Deutungshorizonte im 19. und 20. Jahrhundert, in: Joachim Eibach u. Inken Schmidt-Voges (Hrsg.), Das Haus in der Geschichte Europas. Ein Handbuch. München 2015, S. 571-587.

son, die Eigentum besitzt.[37] In der zeitgenössischen Praxis wurden diese Elemente allerdings nicht klar voneinander getrennt, sie überlagerten sich und variierten in ihrem Gebrauch.[38] Verwirrung zu stiften, war mitunter das erklärte Ziel.[39] Umso wichtiger ist eine Kategorisierung. Erst dadurch »wird der Blick dafür geschärft, welche Bedeutungsebenen jeweils gemeint sind, wenn einer vom Haus spricht, erst dann mag man interpretierend feststellen können, warum das geschieht«, betont Siegfried Grillmeyer.[40] Entsprechend soll an dieser Stelle eine Arbeitsdefinition des Hauses, genauer: der Häuser, der Welfen vorgenommen werden. Gemäß der gesteckten Zielsetzung stehen dabei das soziale, ökonomische und politische Element im Vordergrund. Das räumliche Element tritt hingegen in den Hintergrund, ohne gänzlich aus dem Sichtfeld zu verschwinden.

Zum Ersten wurden mittels Häusern einzelne familiale Einheiten der Welfen unterschieden und individuelle Zugehörigkeiten definiert. Der einst weit verzweigte welfische Stammbaum war im 20. Jahrhundert soweit verkümmert, dass er bloß noch einen letzten Zweig trieb.[41] Die Abkömmlinge des hannoverschen Königs Ernst Augusts I. (1771-1851) waren die einzig verbliebene Linie des Hauses Hannover, das seinerseits den letzten Bestandteil des sogenannten Gesamthauses Braunschweig-Lüneburg bildete.[42] Die einzelnen Häuser wurden deshalb auch schlicht zu *dem* Welfenhaus zusammengeführt. Bei Ende der Monarchie war der »Chef« des Hauses, wie es im adeligen Jargon hieß, Ernst August (II.) Herzog von Cumberland (1845-1923). In dieser Position folgte ihm 1923 sein Sohn Ernst August (III.) Herzog zu Braunschweig und Lüneburg (1887-1953), bevor 30 Jahre darauf dessen ältester Sohn, Ernst August (IV.) Prinz von Hannover (1914-1987), die Führung übernahm.[43] Neben dem »Chef« zählten zu den Mit-

37 Diese Unterscheidung geht zurück auf Grillmeyer, Siegfried, Der Adel und sein Haus. Zur Geschichte eines Begriffs und eines erfolgreichen Konzepts, in: Anja Victorine Hartmann, Malgorzata Morawiec u. Peter Voss (Hrsg.), Eliten um 1800, Erfahrungshorizonte, Verhaltensweisen, Handlungsmöglichkeiten, Mainz 2000, S. 355-370. Um Missverständnissen vorzubeugen, sei hier bemerkt, dass die begriffliche Differenzierung zwar aus der Auseinandersetzung um Otto Brunners Konzept des »ganzen Hauses« resultiert, letztlich aber in keiner direkten Verbindung damit steht. Vgl. Derks, Hans, Über die Faszination des »Ganzes Hauses«, in: Geschichte und Gesellschaft 22, 1996, S. 221-242.

38 Dazu generell Tacke, Charlotte, »Es kommt also darauf an, den Kurzschluss von der Begriffssprache auf die politische Geschichte zu vermeiden.« »Adel« und »Adeligkeit« in der modernen Gesellschaft, in: Neue Politische Literatur 52, 2007, S. 91-123.

39 Vgl. Riotte, Reichtum, S. 49.

40 Grillmeyer, Haus, S. 358.

41 Als Überblick vgl. Gehrlein, Thomas, Das Haus Braunschweig. Die Herzöge von Braunschweig-Lüneburg und Fürsten zu Wolfenbüttel, 2. Aufl., Werl 2020.

42 Zur Unterscheidung der Familienmitglieder mit dem Namen »Ernst August« gebraucht diese Arbeit folgende Systematik: Ausgehend von König Ernst August I. wird den nicht in Hannover regierenden Nachkommen mit demselben Namen eine fortlaufende Ordnungszahl in Klammern beigefügt. Bei der ersten Erwähnung wird ihr Vor- und Nachname in der nach bürgerlichem Namensrecht üblichen Schreibweise angegeben, bevor anschließend – aus Gründen der Lesbarkeit – allein der Vorname verwendet wird. Dies gilt ebenso für alle weiteren Familienmitglieder. Vgl. zur Nummerierung entsprechend Steckhan, Welfenbericht, S. 217.

43 Vgl. zu den Biographien ebd.; Steckhan, Herzog; Zimmermann, Paul, Ernst August Herzog von Cumberland, Hannover 1929.

gliedern des Hauses dessen Ehefrau sowie ledige Schwestern und Töchter, zudem die Söhne und Brüder mit ihren Frauen, unverheirateten Töchtern und männlichen Nachkommen sowie etwaige Witwen. Eine Frau gehörte demnach bis zur Heirat dem Haus ihres Vaters an, dann trat sie in das Haus ihres Ehemanns ein. Dieser Logik folgend umfasste das Welfenhaus zwischen 1918 und 1953 rund ein Dutzend Personen. Sie stehen im Zentrum dieser Arbeit.

Zum Zweiten wurden unter den welfischen Häusern juristische Personen mit eigenen Vermögen, den »Hausgütern«, verstanden. In der Monarchie stand es hochadeligen Familien frei, Grund und Boden, Kapital- und Kunstbesitz zu fideikommissarisch gebundenem, also unveräußerlichem und unbelastbarem, Sondereigentum ihrer Häuser zu erklären.[44] Diese Hausgüter waren von den privaten Vermögen der Familienmitglieder sowie dem Staatsvermögen separiert. Auf diese Weise sollten sie vor erbbedingter Zersplitterung und verschwenderischem Gebrauch geschützt werden. Nach 1918/19 wirkte diese Rechtsinstitution weiter fort. Von Kämpfen um die Auflösung der gebundenen Vermögen bis hin zu Streitigkeiten um die Zuordnung von Kunstsammlungen – die Hausgüter blieben weiterhin von herausragender Relevanz.[45] Die Welfen lassen sich somit nicht auf einzelne Personen mit privaten Vermögen reduzieren. Auch die Häuser mit ihren eigenen Vermögensmassen müssen Teil der Analyse sein.

Zum Dritten bestanden im 20. Jahrhundert zwei (vormals) regierende welfische Häuser. Noch bis 1866 hatten die Welfen in Hannover geherrscht, bevor das Königreich durch Preußen annektiert wurde und Georg V. (1819-1878) mit seiner Familie ins Exil nach Österreich fliehen musste.[46] Der Ausschluss aus dem Kreis der regierenden Fürstenhäuser war allerdings nicht von Dauer. Als die braunschweigische Linie des Gesamthauses 1884 ausstarb, fiel das Herzogtum Braunschweig an die hannoverschen Welfen. Die neuerliche Inthronisierung scheiterte zwar zunächst am preußischen Widerstand. Doch mit der Hochzeit von Ernst August (III.) und der Tochter Kaiser Wilhelms II., Viktoria Luise,[47] kam 1913 wieder ein Nachkomme von Hannovers letztem König auf einen deutschen Thron – bis dieser fünf Jahre darauf ebenfalls verloren ging.[48] Fortan repräsentierten die Welfen sowohl das ehemalige hannoversche Königshaus als auch das ehemalige braunschweigische Herzogshaus. Denn die Häuser verloren nach 1918 keines-

44 Zu Definition und begrifflicher Abgrenzung der gebundenen Vermögen vgl. Eckert, Jörn, Der Kampf um die Familienfideikommisse in Deutschland, Frankfurt a. M. 1992.

45 Vgl. Sbresny, Sammlungen; Freiherr von Aretin, Cajetan, Vom Umgang mit gestürzten Häuptern. Zur Zuordnung der Kunstsammlungen in deutschen Fürstenabfindungen 1918-1924, in: Biskup, Thomas u. Kohlrausch, Martin (Hrsg.), Das Erbe der Monarchie. Nachwirkungen einer deutschen Institution seit 1918, Frankfurt a. M. 2008, S. 161-183.

46 Zur Exilzeit der Welfen nach 1866 zuletzt Riotte, Torsten, Der Monarch im Exil. Eine andere Geschichte von Staatswerdung und Legitimismus im 19. Jahrhundert, Göttingen 2018.

47 Zu Viktoria Luise Herzogin zu Braunschweig und Lüneburg (1892-1980) vgl. Biegel, Gerd (Hrsg.), Viktoria Luise. Kaisertochter, Herzogin und Braunschweiger Bürgerin. Streiflichter aus ihrem Leben, Braunschweig 1992.

48 Vgl. hier nur Machtan, Lothar, Die welfische Monarchie und ihr definitives Ende in Braunschweig, in: Wulf Otte, Heike Pöppelmann u. Ole Zimmermann (Hrsg.), 1914 … schrecklich kriegerische Zeiten, Braunschweig 2014, S. 92-102.

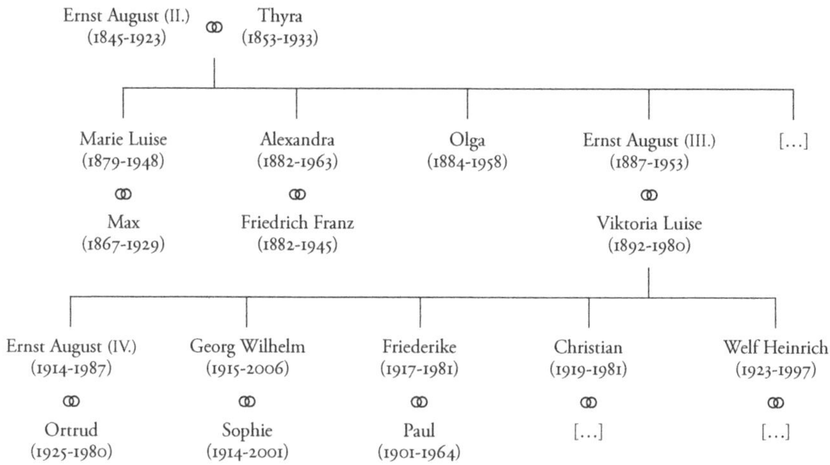

Abb. 1 Auszug aus der Stammtafel – Quelle: Eigene Darstellung.

falls an Bedeutung: Vor allem in Hannover besaß das »angestammte Herrscherhaus« noch bis weit ins 20. Jahrhundert hinein eine große und leidenschaftliche Anhängerschaft.[49]

Während der »Haus«-Begriff somit dazu dient, die Welfen in ihren vielschichtigen Bedeutungsebenen zu fassen, erfüllt der Begriff des »Kapitals« diesen Zweck für das Vermögen. Hiermit sollen sowohl die materiellen als auch die immateriellen Dimensionen von Vermögen beschrieben und analysiert werden. Wenn die Welfen etwa große Gesellschaften gaben oder ihre Nachkommen auf elitäre Ausbildungsstätten schickten, konnten auch diese »Investitionen« später einen in Geld messbaren »Profit« einbringen. Anders ausgedrückt: Die Familie verfügte über unterschiedliche, zueinander in Beziehung stehende, potentiell geldwerte Ressourcen.

Ihrer Beschreibung und Interpretation dient der Kapitalbegriff Pierre Bourdieus.[50] Demnach können Individuen und Gruppen Kapital in mindestens drei Erscheinungsformen besitzen: erstens ökonomisches Kapital, mithin materielles Vermögen; zweitens soziales Kapital, das Beziehungsnetz; und drittens kulturelles Kapital im inkorporierten (verinnerlichte Kulturkompetenz), objektivierten (Schriften, Gemälde, Instrumente etc.), und institutionalisierten (schulische oder akademische Titel) Zustand. Als eine Sonderform beschreibt Bourdieu darüber hinaus das symbolische Kapital. Damit meint er

49 Vgl. Brosius, Dieter, Das »angestammte Herrscherhaus«. Welfische Traditionspflege nach der preußischen Annexion Hannovers 1866, in: Biskup, Thomas u. Kohlrausch, Martin (Hrsg.), Das Erbe der Monarchie. Nachwirkungen einer deutschen Institution seit 1918, Frankfurt a. M. 2008, S. 37-58.

50 Vgl. als Bourdieus ausführlichste Darstellung seiner Kapitaltheorie Bourdieu, Pierre, Ökonomisches Kapital, kulturelles Kapital, soziales Kapital, in: Reinhard Kreckel (Hrsg.), Soziale Ungleichheiten, Göttingen 1983, S. 183-198. Hiernach auch das Folgende, soweit nicht anders vermerkt.

Kapital, über das verfügt werden kann, wenn die drei Grundformen von außen wahrgenommen und anerkannt werden, also die Reputation oder das Prestige.[51] Allesamt können diese Kapitalformen akkumuliert und – mit Einschränkungen – übertragen werden. Dabei ist die Familie von überragender Bedeutung. Bourdieu beschreibt sie als einen der wichtigsten »Orte der Akkumulation von Kapital aller Sorten und seiner Weitergabe von Generation zu Generation«.[52]

In dieser weiten Konstruktion ermöglicht es der Kapitalbegriff, den Umgang der Welfen mit ihrem Vermögen in seinen vielfältigen Handlungsmöglichkeiten zu analysieren. Dafür sind zwei weitere Annahmen Bourdieus zu berücksichtigen. Zum einen, dass die grundlegenden Kapitalformen prinzipiell ineinander konvertierbar sind, in dem Sinne, dass Geld den Erwerb von Schul- und Ausbildung sowie die Pflege von Beziehungen ermöglicht, die dann ihrerseits materielle Profite bringen können. Zum anderen, dass das ökonomische Kapital »in letzter Instanz immer an der Wurzel liegt«.[53] Das bedeutet nicht, dass Investitionen in soziales oder kulturelles Kapital einem bewussten Kalkül folgen müssen oder dass sich diese gänzlich in ökonomisches Kapital transformieren ließen. Dennoch bleibt letzteres die wesentliche Voraussetzung für die anderen Kapitalformen, folgen erstere gleichsam einer immanenten ökonomischen Logik.

Die von Pierre Bourdieu unterschiedenen Kapitalformen können mittlerweile als gut erprobtes Instrument der geschichtswissenschaftlichen Analyse gelten.[54] Gerade die Adelsgeschichtsschreibung hat die Kapitalanalyse von frühneuzeitlichen bis zeitgeschichtlichen Studien vielfach und gewinnbringend angewandt.[55] Entsprechend bieten sich zahlreiche Anknüpfungspunkte. Indessen muss konstatiert werden, dass den hohen empirischen Ansprüchen einer »Ökonomie der Praxisformen« mit der Quellengrundlage einer historischen Studie allenfalls in Grundzügen nachzukommen ist.[56] Bei der Analyse materiellen Vermögens ergibt sich zudem die Schwierigkeit, dass Bourdieu das ökonomische Kapital erklärtermaßen kaum theoretisiert hat – ungeachtet dessen grundlegender Bedeutung.[57] Wohl auch deshalb steht die Reichtumsgeschichte bei der

51 Dazu u. a. Bourdieu, Pierre, Meditationen. Zur Kritik der scholastischen Vernunft, Frankfurt a. M. 2001, S. 309 f.

52 Bourdieu, Pierre, Praktische Vernunft. Zur Theorie des Handelns, Frankfurt a. M. 1998, S. 132.

53 Bourdieu, Pierre, Soziologische Fragen, Frankfurt a. M. 1993, S. 56.

54 Vgl. Reichardt, Sven, Bourdieu für Historiker? Ein kultursoziologisches Angebot an die Sozialgeschichte, in: Thomas Mergel u. Thomas Welskopp (Hrsg.), Geschichte zwischen Kultur und Gesellschaft. Beiträge zur Theoriedebatte, München 1997, S. 71-94; Wehler, Hans-Ulrich, Pierre Bourdieu. Das Zentrum seines Werks, in: Ders. (Hrsg.), Die Herausforderung der Kulturgeschichte, München 1998, S. 15-44.

55 Vgl. exemplarisch zur Frühen Neuzeit: Solterbeck, Sven, Blaues Blut und rote Zahlen. Westfälischer Adel im Konkurs 1700-1815, Münster/New York 2018; zur Neueren Geschichte: Conze, Von deutschem Adel; sowie als eine gegenwartsbezogene Studie De Saint Martin, Monique, Der Adel. Soziologie eines Standes, Konstanz 2003.

56 Bourdieu, Pierre u. Loïc J. D. Wacquant, Reflexive Anthropologie, 4. Aufl., Frankfurt a. M. 2017, S. 151; entsprechend auch Ders., Kapital, S. 184; allgemein Wehler, Pierre Bourdieu.

57 Wörtlich heißt es: »Was das ökonomische Kapital angeht, verlasse ich mich auf andere, das ist nicht meine Arbeit; ich kümmere mich um das, was von den anderen beiseite gelassen wird.« Bourdieu, Fragen, S. 54.

Erforschung der Kapitalausstattung und -reproduktion des »oberen einen Prozents« noch ziemlich in den Anfängen. Jedenfalls, so ist Simone Derix zuzustimmen, muss das, »was vordergründig auf der Hand zu liegen scheint, oftmals im Einzelnen erst noch in seiner historischen Entwicklung und kontextspezifischen Varianz« erforscht werden.[58]

Quellen und Aufbau der Arbeit

Das eingangs skizzierte Forschungsdesiderat zu den hochadeligen Dynastien hat letztlich einen praktischen Grund: Adelsarchive, zumal solche vormals regierender Familien, sind der historischen Forschung nur äußerst selten zugänglich.[59] Zwar lassen sich mit Quellenbeständen öffentlicher Archive aufschlussreiche Antworten auf viele aktuelle Forschungsfragen geben. Malinowskis Studie über die Hohenzollern ist hierfür ein eindrucksvolles Beispiel.[60] Doch für detaillierte Vermessungen dynastischer Vermögen sind die Überlieferungen der privaten Archive unverzichtbar.[61] Nur so können Spekulationen vermieden, Umfang und Zusammensetzung der Vermögen – in Grundzügen – bestimmt und die handlungsleitenden Motive der Familien und ihrer Mitglieder erfasst werden.

Diese Arbeit basiert auf umfangreichen Archivbeständen der Welfen. Als sorgsam geordnetes Depositum 103 wird das »Archiv des Hannoverschen Königshauses« im Niedersächsischen Landesarchiv in Hannover verwahrt.[62] Bis vor wenigen Jahren umfasste dieses hauptsächlich ältere, bis auf das Mittelalter zurückgehende Urkunden, zudem Akten verschiedener hannoverscher Hofbehörden aus der Zeit bis 1866 sowie einige jüngere, vor allem in der österreichischen Exilzeit entstandene Verwaltungsunterlagen. Im Zuge der Erforschung der welfischen NS-Vergangenheit wurde die Sammlung 2015 durch zwei bis dahin auf Schloss Marienburg, dem welfischen Stammsitz, gelagerte Ablieferungen ergänzt. Zu diesen Beständen zählt zum einen ein kleines Konvolut besonders sensibler, einst separat in einem Geldschrank aufbewahrter Verträge, Zeugnisse und ähnlicher Dokumente. Zum anderen – und hauptsächlich – handelt es sich um private und geschäftliche Unterlagen der Familie, deren Laufzeiten vom 19. Jahr-

58 Derix, Clio, S. 600.

59 Vgl. Hedwig, Andreas, Einleitung. Die Archive des Adels. Problemzonen aus archivischer Sicht, in: Andreas Hedwig u. Karl Muck (Hrsg.), Adelsarchive – zentrale Quellenbestände oder Curiosa?, Marburg 2009, S. 7-12, hier: S. 9.

60 Es war Malinowski nicht möglich, für seine quellengesättigte und urteilsstarke Studie das »nachgerade sagenumwobene Burgarchiv« der Hohenzollern zu besuchen. Malinowski, Hohenzollern, S. 600. Vgl. des Weiteren Sbresny, Sammlungen; Urbach, Karina, Nützliche Idioten. Die Hohenzollern und Hitler, in: Thomas Biskup, Truc Minh u. Jürgen Luh (Hrsg.), Preußendämmerung. Die Abdankung der Hohenzollern und das Ende Preußens, Heidelberg 2019, S. 65-93; Dornheim, Andreas, Adel in der bürgerlich-industrialisierten Gesellschaft. Eine sozialwissenschaftlich-historische Fallstudie über die Familie Waldburg-Zeil, Frankfurt a. M. 1993.

61 Vgl. Franke, Christoph, Adelsarchive im Kontext wandelnder Forschungsinteressen, in: Ders. (Hrsg.), Adelsarchive in der historischen Forschung, Marburg 2014, S. 7-10, hier: S. 8 f.

62 Als ein älterer Überblick vgl. Hamann, Manfred, van den Heuvel, Christine, Bardehle, Peter (Bearb.), Übersicht über die Bestände des Niedersächsischen Staatsarchivs in Hannover. Band 4: Deposita. Kartenabteilung und Sammlungen bis 1945, Göttingen 1992, hier: S. 21 f.

hundert bis in die jüngste Vergangenheit reichen. Dieses Material, das zum Zeitpunkt der Nutzung erst grob verzeichnet war, wurde zum Großteil noch nie zuvor ausgewertet. Das trug maßgeblich zur Entscheidung bei, die Welfen zum Gegenstand der Untersuchung zu machen.

Im Speziellen, und das erklärt die Eingrenzung des Untersuchungszeitraums, wurde ein umfassender und völlig ungehinderter Aktenzugang für die Jahre 1918 bis 1953 gewährt – ein Zeitraum, der keines der lebenden Mitglieder des Welfenhauses berührt. Unter dieser Bedingung konnten darüber hinaus einzelne weitere Akten aus den späten 1950er- und frühen 1960er-Jahren eingesehen werden. Zusammengenommen liegt so ein breites Spektrum von Quellentypen vor. Es reicht von Eheverträgen, Hausgesetzen und Testamenten über private und geschäftliche Korrespondenz bis hin zu Bilanzen, Steuerunterlagen und Wertpapierverzeichnissen.

Die gesamte Überlieferung ist über die 35 Jahre relativ dicht und gleichmäßig verteilt. Dennoch bleiben im Hauptfundus der Arbeit bedauerliche Leerstellen. Sie sind ein Resultat der vielen, nicht selten fluchtartigen Ortswechsel der Familie im 20. Jahrhundert. Lagerte das Archiv zunächst in Österreich, wurde es später auf das Schloss Blankenburg verbracht, bevor man es 1945 schließlich ins Calenberger Land überführte. Manches wurde hierbei zurückgelassen, anderes nachgeholt, wieder anderes ging verloren. Akten sind durcheinander geraten, ohne dass sich (bislang) immer genau nachvollziehen lässt, ob beziehungsweise wo die Inhalte wieder eingepflegt wurden. Als Ergänzung konnten mehrere größere Quellenbestände staatlicher Archive in Deutschland und Österreich sowie einige kleinere Sammlungen privater Archive hinzugezogen werden. Damit ließ sich nicht nur mancher Verlust der welfischen Überlieferung ersetzen. Vielmehr sind etliche Gegenüberlieferungen zu (außer-)gerichtlichen Rechtsstreitigkeiten hervorzuheben. Sie erst erlauben eine ausgewogene Analyse der zahlreichen Vermögensauseinandersetzungen, in die die Welfen im Untersuchungszeitraum verwickelt waren.

Doch nicht jede Lücke konnte ausgefüllt werden. Das Quellenmaterial weist vor allem aus geschlechtergeschichtlicher Perspektive ein strukturelles Ungleichgewicht auf. Die Frauen und, in geringerem Maße, auch die nachgeborenen Söhne, sind in den Quellen deutlich unterrepräsentiert.[63] Dies korrespondiert, so viel sei vorweggenommen, eng mit der patriarchalischen Familien- und Vermögensordnung der Welfen. Des Weiteren haben die Familienmitglieder persönliche Eindrücke und Erklärungen offenbar recht selten zu Papier gebracht.[64] Jedenfalls sind an Tagebüchern bloß einige sporadische Notizhefte überliefert. Memoiren haben dagegen sowohl Viktoria Luise als auch ihre Tochter Friederike Prinzessin von Hannover (1917-1981), die seit 1947 Königin von Griechenland war, veröffentlicht.[65] Doch sind es gerade die mehrbändigen und vielzitierten

63 Vgl. mit ähnlichen Befunden Conze, Von deutschem Adel, S. 26; Derix, Die Thyssens, S. 48.

64 Zur Quellengattung der »Ego-Dokumente« vgl. Baggermann, Arianne u. Dekker, Rudolf, Selbstzeugnisse, eine Literaturgattung des Adels?, in: Gunnar Teske (Hrsg.), Adelige über sich selbst. Selbstzeugnisse in nordwestdeutschen und niederländischen Adelsarchiven, Selm 2015, S. 11-20.

65 Von den zahlreichen Veröffentlichungen Viktoria Luises vgl. hier nur Herzogin zu Braunschweig und Lüneburg, Viktoria Luise, Ein Leben als Tochter des Kaisers, 3. Aufl., Göttingen 1965; Königin von Griechenland, Friederike, Erfahrungen, Tübingen 1971.

Lebenserinnerungen der vormaligen Herzogin von Braunschweig, deren Quellenwert zuletzt deutlich relativiert wurde.[66] Auch deshalb erweist sich der Zugang über das Vermögen als vorteilhaft. Schließlich verspricht dieser – auf indirektem Weg – Einblicke in die Lebenswelt und das Selbstverständnis der Welfen im 20. Jahrhundert zu gewähren.

Gemäß der erklärten Vorgehensweise, den Umgang der Welfen mit ihrem Vermögen aus unterschiedlichen Blickwinkeln betrachten zu wollen, gliedert sich die Untersuchung in drei systematisch angeordnete Hauptkapitel. Diese folgen den leitenden Fragestellungen: Je ein Kapitel gilt der Übertragung, der Verwaltung und den Funktionen des Vermögens. Jedes einzelne umspannt dabei den gesamten Untersuchungszeitraum, sodass die Kapitel abgeschlossen für sich stehen. Zugleich bauen sie schrittweise aufeinander auf. Das erste Kapitel fokussiert auf Kontinuitäten und Brüche der Vermögenstransfers. Das Bemühen, den Vermögensgrundstock möglichst geschlossen von einer Generation zur nächsten weiterzugeben, wird hierbei mit notwendigen Anpassungen kontrastiert: Im Verbund mit den anderen vormals regierenden Familien kämpften die Welfen um die Sondervermögen ihrer Häuser, bei der Ausbildung der Nachkommen mussten neue Wege eingeschlagen werden und erstmalig hatten sie sich intensiv mit Schenkungs- und Erbschaftssteuern auseinanderzusetzen. Hieran anknüpfend widmet sich das zweite Kapitel der Vermögensverwaltung. Es fragt nach Strategien, Schwerpunkten und dem Einfluss externer Vermögensberater. Von der Zeit der Weimarer Republik über die Jahre des »Dritten Reichs« bis hinein in die Frühphase der Bundesrepublik wird untersucht, wie die Welfen ihr soziales, kulturelles und ökonomisches Kapital nutzten, um das familiale Vermögen in Kriegen und Wirtschaftskrisen zu sichern und in Expansionsphasen zu mehren. Auf den gewonnenen Erkenntnissen über Umfang und Zusammensetzung des Vermögens fußt schließlich das dritte Kapitel. Dieses fokussiert auf die materielle Lebensgrundlage der Familie. Es prüft, ob das Vermögen weiterhin ein »standesgemäßes« Dasein im Kreis der regierenden Verwandtschaft ermöglichte und welche Möglichkeiten es bot, die Thronverluste von 1866 und 1918 wieder rückgängig zu machen – auf kurze oder lange Sicht.

66 Die Urheberschaft (mancher) der Bücher wird Leonhard Schlüter zugeschrieben. Schlüter, einst Mitglied der Deutschen Rechtspartei und 1955 kurzeitig niedersächsischer Kultusminister, veröffentlichte in seinem Göttinger Verlag zahlreiche Werke rechtsextremer Autoren. Zu seiner Zusammenarbeit mit Viktoria Luise vgl. Borek, Ingeborg, Meine Erinnerungen an die Tochter des Kaisers, Braunschweig 1999, S. 88-89; sowie Frey, Braunschweig, S. 111; zur Person selbst vgl. Simon, Barbara (Bearb.), Abgeordnete in Niedersachsen 1946-1994, Biographisches Handbuch, Hannover 1996, S. 330 f.

II. Kontinuitätsbrüche Familiale Vermögensweitergabe

1 Die Welfen in »nachrevolutionären« Zeiten

1.1 Sturz und Sammlung der Familie

Der Zusammenbruch kam in Österreich im Oktober 1918. Sorgenvoll vernahm das Oberhaupt des Welfenhauses, Ernst August (II.), die Auflösungserscheinungen der k. u. k. Armee, den unaufhaltsamen Zerfall der Habsburgermonarchie, die Gerüchte über eine bevorstehende bolschewistische Revolution.[1] All dies hatte Ende des Monats auch das beschauliche Gmunden erreicht, das mit den Jahren zum Lebensmittelpunkt der seit 1866 exilierten hannoverschen Königsfamilie geworden war.[2] »Alles bewaffnete sich«, berichtete Ernst August (II.) später einmal, jede Zucht und Ordnung seien in dem kleinen Städtchen am Traunsee aufgegeben und von heimkehrenden Frontsoldaten eine regelrechte »Hetz« veranstaltet worden.[3] Mehr und mehr habe er mit seiner Frau, Thyra Herzogin von Cumberland (1853-1933), und der jüngsten Tochter, Olga Prinzessin von Hannover (1884-1958), fürchten müssen, vor Ort »in eine schiefe Lage zu geraten«.

Schon bald fühlte sich die Familie in Österreich nicht mehr sicher; Anfang November fasste sie den Entschluss, das Land vorsichtshalber zu verlassen. Sorgsam wurde die Reise geplant: Mit rund zwei Dutzend Bediensteten, darunter mehrere Kammerdiener, Zofen und ein Leibarzt, sollte es über Regensburg und Leipzig in den Harz nach Blankenburg gehen.[4] Allein über die sich rasch ausweitende Revolution in Deutschland war man offenbar schlecht informiert. Denn als der Zug am 8. November zum Zwischenstopp in Regensburg eintraf, habe man mit großem »Erstaunen und Entsetzen« rote Plakate, die von der Republik Bayern kündeten, an allen Straßenecken vorgefunden, so erinnerte sich Ernst August (II.). Eindrücklich war dem Welfenoberhaupt auch ein kurzer Besuch beim Fürstenpaar von Thurn und Taxis im Gedächtnis geblieben. Fürst Albert habe von brutalen Überfällen revoltierender Soldaten auf adlige Offiziere

1 Als Überblick vgl. Rauchensteiner, Manfried, Der Erste Weltkrieg und das Ende der Habsburgermonarchie 1914-1918, Köln, Weimar u. Wien 2013; zuletzt auch Kriechbaumer, Robert u. a. (Hrsg.), Die junge Republik. Österreich 1918/19, Köln, Weimar u. Wien 2018.

2 Zum welfischen Exilsitz vgl. Schießer, Heinz, Die Welfen am Traunsee. 130 Jahre Schloss Cumberland, Göttingen 2017. Zur Revolution in Gmunden: Höllwerth, Holger u. Höllwerth, Eckhard, Gmunden 1918 bis 1945. Eine Stadt in schwierigen Zeiten, Gmunden 2012.

3 NLA HA, Dep. 103 XL, Acc. 2018/111, Nr. 937, Ernst August (II.) an Auguste Viktoria (Abschrift), 10.11.1919. Hiernach auch das Folgende, soweit nicht anders vermerkt.

4 Vgl. NLA HA, Dep. 103 XXI, Nr. 323, Reisebericht, 29.11.1918.

in München berichtet, denen er selbst nur mit knapper Not, »in einem wunderbaren Kostüm – halb Fleischer, halb Kellner«, entgangen sei.[5] Nach weiteren Meldungen, dass alle Bahnhöfe entlang der geplanten Strecke von aufrührerischem Militär besetzt worden seien, habe man letztlich nur die Rückfahrt antreten können.

Die Reise nach Deutschland dauerte so nur einen Tag. Noch am Abend des 9. November trafen Ernst August (II.), Thyra und Olga wieder in Gmunden ein. Angesichts der dramatischen Eindrücke war ihre Erleichterung hierüber unermesslich: »Das Gefühl des Dankes gegen Gott wieder glücklich und ganz ungestört hier eingetroffen zu sein [...] werde ich nie vergeßen«, erklärte die Herzogin von Cumberland.[6] Beruhigt fielen die drei in den darauffolgenden Tagen in gewohnte Routinen zurück, wie die Hofbediensteten in einem penibel geführten Tagebuch registrierten: Demnach seien »I. K. H. [Ihre Königlichen Hoheiten] Frau Herzogin und Prinzessin Olga« im Gottesdienst und zu Besuch bei Kriegsverwundeten im örtlichen Krankenhaus gewesen, derweil »S. K. H. [Seine Königliche Hoheit] der Herzog« verlässlich seinen mehrstündigen, »gewohnten« Spaziergang in wechselnder Begleitung unternommen habe.[7]

Der Kontrast hätte so kaum größer sein können. Just als die Welfen im Salzkammergut schrittweise in ihren Alltag zurückkehrten, wurden die verwandten Fürstenhöfe in Deutschland mit ganzer Wucht von der Revolution erfasst. Seinen Ausgang nahm das »Monarchiesterben« im Herzogtum Braunschweig.[8] Schon Anfang November hatte es hier erste Demonstrationen gegeben, wiederholt war es in den Tagen darauf zu kleineren Attacken auf das Stadtschloss gekommen. Nachdem letzte verzweifelte Versuche politischer Reformen ins Leere gelaufen waren, sah sich Ernst August (III.) am 8. November gezwungen, als Herzog von Braunschweig und Lüneburg abzudanken und dem Arbeiter- und Soldatenrat die Regierung zu übertragen.[9] Bald darauf

5 So auch die Darstellung bei Dallmeier, Martin u. Schad, Martha, Das Fürstliche Haus Thurn und Taxis. 300 Jahre Geschichte in Bildern, Regensburg 1996, S. 139. Fabian Fiederer hingegen vermochte im Fürst Thurn und Taxis Zentralarchiv keinen entsprechenden Hinweis ausfindig zu machen. Vgl. Fiederer, Fabian, »... an allen alten Traditionen festhalten«. Lebenswelt und Selbstverständnis des Hochadels am Beispiel des Fürstenhauses Thurn und Taxis in der Zeit von Fürst Albert I. (1888-1952), Regensburg 2017, S. 133.

6 NLA HA, Dep. 103 XL, Acc. 2018/111, Nr. 940, Thyra an Ernst August (III.), 18.11.1918. Hervorhebungen wie im Original.

7 NLA HA, Dep. 103 IV, Nr. 378, Journal der »Hofhaltung«, 10./11.11.1918.

8 Gollwitzer, Heinz, Die Funktion der Monarchie in der Demokratie, in: Hans-Christof Kraus (Hrsg.), Weltpolitik und deutsche Geschichte. Gesammelte Studien, Göttingen 2008, S. 527-538, hier: S. 527.

9 Vgl. zuletzt Aschoff, Hans-Georg, Ernst August, Herzog von Braunschweig (1887-1953), in: Biegel, Gerd u. Steinführer, Henning (Hrsg.), Die Zeit der Novemberrevolution in Braunschweig und ihre Protagonisten, Wendeburg 2020, S. 44-71; Machtan, Ende; dem z.T. entgegen: Frey, Christian K., Ernst August und Viktoria Luise in Braunschweig 1913 bis 1918, in: Ute Daniel u. Christian K. Frey (Hrsg.), Die preußisch-welfische Hochzeit 1913. Das dynastische Europa in seinem letzten Friedensjahr, Braunschweig 2016, S. 111-123; vgl. speziell zur Abdankung Bei der Wieden, Brage, Revolution in Braunschweig. Die Monarchie nimmt zuerst in der Provinz ihren Hut, in: Christine van den Heuvel, Gerd Steinwascher u. Ders. (Hrsg.), Geschichte Niedersachsen in 111 Dokumenten, Göttingen 2016, S. 312-315.

sollten ihm die anderen 18 deutschen Bundesfürsten folgen.[10] Er habe sich der Gewalt gebeugt, vermerkte seine Adjutantur in einem zeitnah angefertigten Protokoll, um das »Leben der Kinder« nicht zu gefährden.[11] Allerdings hatte Ernst August (III.) in der kurzen Zeit seiner Regentschaft auch nie recht in die Rolle des Bundesfürsten hineingefunden.[12] Am nächsten Tag floh er mit Viktoria Luise aus der Landeshauptstadt in den Harz nach Blankenburg. Hier warteten die Kinder Ernst August (IV.), Georg Wilhelm und Friederike.[13] Anschließend reiste die Familie über eine Woche lang teils mit dem Zug, teils mit dem Auto quer durch Deutschland – über Aschersleben und Karlsruhe bis nach Augsburg.[14] Bis zuletzt hätten sie nicht gewusst, »wie die Dinge sich entwickeln würden«, schrieb Ernst August (III.) von hier aus seinem Vater.[15] Nun aber seien sie vorerst sicher untergekommen und allesamt wohlauf.

Alsbald konnten auch die beiden älteren Schwestern von Ernst August (III.) Entwarnung geben.[16] Während von Marie Luise Prinzessin von Baden (1879-1948), die mit Max Prinz von Baden (1867-1929) verheiratet war, und ihren Kindern ein beruhigendes Telegramm in Gmunden einging, erfuhren die Eltern von Alexandra Großherzogin von Mecklenburg-Schwerin (1882-1963), dass sie mit ihrem Mann, dem gestürzten mecklenburgischen Großherzog Friedrich Franz (1882-1945), und ihren Kindern bei Verwandten in Dänemark untergekommen war.[17]

Die Revolution hatte das Welfenhaus verschont. Nach einer Woche befanden sich alle Mitglieder des Hauses, einschließlich der nächsten Verwandten, in Sicherheit. Die zehrende Ungewissheit über das Schicksal der verstreuten Familienangehörigen wirkte

10 Vgl. Machtan, Abdankung, S. 11. König Ludwig III. von Bayern war bereits tags zuvor aus seiner Münchener Residenz geflohen, seinen Thronverzicht erklärte er indes erst einige Tage darauf. Vgl. ebd., S. 248 ff.

11 Vgl. NLA HA, Dep. 103 XL, Acc. 2018/111, Nr. 3312, Bericht der Herzoglich Braunschweigischen General-Adjutantur, 9.11.1918; abschriftlich auch in NLA WO, 5 Urk, Nr. 391.

12 Vgl. Frey, Braunschweig; Machtan, Ende; Schildt, Gerhard, Herzog Ernst August. Ein politisch gefesselter Monarch, in: Meike Buck (Hrsg.), 1913 – herrlich moderne Zeiten?, Braunschweig 2013, S. 53-61.

13 Zu Georg Wilhelm Prinz von Hannover (1915-2006) vgl. Steckhan, Welfenbericht, S. 188 f.

14 Eine Anordnung Friedrich Eberts sollte dabei die Sicherheit der Familie gewährleisten: »Der Herzog und die Herzogin von Braunschweig begeben sich heute mit ihren 3 Kindern und ihrer Begleitung von Braunschweig nach Karlsruhe (Baden). Alle Behörden werden ersucht, die Genannten ungehindert an ihren Bestimmungsort gelangen zu lassen.« NLA HA, Dep. 103 XVI, Nr. 104, Anordnung Friedrich Eberts, 9.11.1918. In der (Auto-)Biographie Viktoria Luises heißt es ungeachtet dessen, die Zugfahrt nach Karlsruhe sei »grauenhaft« gewesen. Vgl. Herzogin von Braunschweig und Lüneburg, Leben, S. 218 f.

15 NLA HA, Dep. 103 II, Nr. 122/2, Ernst August (III.) an Ernst August (II.), 21.11.1918. Vgl. zum Verlauf der Flucht außerdem NLA HA, Dep. 103 XL, Acc. 2018/111, Nr. 3312, Aufzeichnungen Hans Heinrich von Grones über die Revolution 1918, o. D.

16 Vgl. zum Folgenden NLA HA, Dep. 103 XL, Acc. 2018/111, Nr. 940, Thyra an Ernst August (III.), 18.11.1918.

17 Zu Marie Luise und ihrer Familie vgl. Machtan, Lothar, Der Endzeitkanzler. Prinz Max von Baden und der Untergang des Kaiserreichs, Darmstadt 2018. Zu Alexandra: Kasten, Bernd, Herren und Knechte. Gesellschaftlicher und politischer Wandel in Mecklenburg-Schwerin 1867-1945, Bremen 2011, S. 280 f.; Ders., Der letzte Großherzog. Friedrich Franz IV. von Mecklenburg-Schwerin (1882-1945), in: Mecklenburgische Jahrbücher 122, 2007, S. 253-285, hier: S. 272.

indes noch lange nach. Erst langsam wich die ängstliche Angespanntheit einer großen Dankbarkeit.[18] In diese Gefühlslage mischten sich fassungslose Erschütterung angesichts des schlagartigen Umsturzes und bisweilen herablassender Spott über die neuen Volksvertreter, die »gar keine Bildung« hätten.[19] »Es ist alles namenlos traurig, ich kann es noch garnicht verstehen«, berichtete der Herzog von Cumberland in einem Brief an seinen Sohn, »man ist wie in einem bösen Traum während einer schweren Krankheit«.[20] Und Thyra ergänzte, ihr sei noch immer ganz »schwindlich« von den vorangegangenen acht Tagen. Doch setzte sie voll religiöser Zuversicht hinzu: »Gott hat Euch [...] durch Seine Engel behütet und wird Euch weiter behüten bis Ihr in unseren offenen Armen hier empfangen werdet.«[21]

In der Tat sollte Gmunden für die nächsten Jahre – abermals – zum Rückzugsort der Welfenfamilie werden. Das monumentale Schloss Cumberland, das Ernst August (II.) hier hatte errichten lassen, einige umliegende Villen und die dazugehörigen Ländereien boten bald drei Generationen der Familie ein komfortables Exil. Zwar sollten noch einige Wochen vergehen, bis sich für die gestürzte braunschweigische Herzogsfamilie eine Möglichkeit zur Weiterreise ergab. Dann aber konnte am 3. Dezember im Journal der Hofverwaltung vermerkt werden: »5.46 h früh trafen [...] aus Augsburg ein: I. K. H. der Herzog und die Frau Herzogin von Braunschweig mit Höchstihren Kindern.«[22] Die Familie war vereint. Einstweilig bezogen Ernst August (III.), Viktoria Luise und die Kinder einige Zimmer im Schloss, bevor sie Mitte 1919 in die nicht weit entfernte, zwischenzeitlich hergerichtete »Villa Weinberg« einziehen konnten.[23] Wenig später vergrößerte sich ihr Kreis durch die Geburt des dritten Sohns Christian; einige Jahre darauf sollte Welf Heinrich folgen.[24] Nach und nach kamen auch die Familien Marie Luises und Alexandras sowie die europäische Verwandtschaft wieder zu ausgedehnten Sommeraufenthalten und zur Jagd nach Österreich. So konnte Hofbibliothekar Heinrich Buck im Oktober 1921 zufrieden feststellen, dass nicht nur die »Gmundener Herrschaften von den Grosseltern bis zu den Enkelkindern« im Jagdanwesen »Hubertihaus« versammelt seien, sondern auch das »Mecklenburger Grossherzogspaar«, einige dänische und griechische Verwandte sowie Max Prinz von Baden mit Frau und Kin-

18 Vgl. zur Stimmungslage im Adel während der Revolution und späteren (Um-)Deutungen Malinowski, König, S. 204 f.; Meteling, Wenke, Der deutsche Zusammenbruch 1918 in den Selbstzeugnissen adliger deutscher Offiziere, in: Eckart Conze u. Monika Wienfort (Hrsg.), Adel und Moderne. Deutschland im europäischen Vergleich im 19. und 20. Jahrhundert, Köln, Weimar u. Wien 2004. S. 289-322, hier: S. 305 f.

19 NLA HA, Dep. 103 II, Nr. 122/2, Ernst August (III.) an Ernst August (II.), 21.11.1918.

20 NLA HA, Dep. 103 XL, Acc. 2018/111, Nr. 1009, Ernst August (II.) an Ernst August (III.), 18.11.1918; Hervorhebungen wie im Original.

21 NLA HA, Dep. 103 XL, Acc. 2018/111, Nr. 940, Thyra an Ernst August (III.), 18.11.1918.

22 NLA HA, Dep. 103 IV, Nr. 378, Journal der »Hofhaltung« Ernst Augusts (II.), 3.12.1918.

23 Nach Aufzeichnungen der Verwaltung blieb Ernst August (III.) mit Familie bis zum 31.7.1919 im Schloss Cumberland wohnen. Vgl. NLA HA, Dep. 103 IV, Nr. 410, Fremdenliste Schloss Cumberland, 8.1.1911-7.6.1933; NLA HA, Dep. 103, IV, Nr. 378, Journal der »Hofhaltung« Ernst Augusts (II.), 31.7.1919. Vgl. auch Steckhan, Herzog, S. 72.

24 Zu Christian Prinz von Hannover (1919-1981) und Welf Heinrich Prinz von Hannover (1923-1997) vgl. Steckhan, Welfenbericht, S. 191 ff.

dern. Das »Gmundener Haus«, der welfische Exilsitz, sei somit »nach wie vor der Sammelpunkt der Familienglieder«.[25]

So wie die Welfen traten in den Novemberwochen 1918 alle gestürzten Herrscherfamilien hektisch den Rückzug aus den Landeshauptstädten an. Ob bei Verwandten im Ausland oder auf abgeschiedenen Anwesen in der Provinz – fernab ihrer alten Residenzen brachten sich die Familien vor der revolutionären Gewalt in Sicherheit.[26] Es dauerte nicht lange, bis sie erleichtert feststellen konnten, dass der »Rote Terror«, wie er seit 1917 in der Sowjetunion wütete, vorerst ausblieb.[27] Schon aufgrund der engen verwandtschaftlichen Beziehungen, die nicht nur zwischen Welfen und Romanows bestanden, galt der Bolschewismus im deutschen Adel als *das* Schreckensszenario.[28] Doch anders als in Russland, wo der Zar mit seiner Familie wenige Monate zuvor brutal ermordet worden war, kostete die deutsche Novemberrevolution kein Mitglied der entmachteten Fürstenfamilien das Leben. Auf ihren Rückzugsposten sollten die Familien unbehelligt bleiben. Trotzdem haderte manch einer schwer mit seinem Los. Allen voran war es der gestürzte deutsche Kaiser, der gegenüber Viktoria Luise seine Unterbringung auf dem niederländischen Schloss Amerongen beklagte: Er wähne sich wie in einem Käfig, in dem er monatelang »nur im Garten hinter der Mauer auf und ab gependelt« sei.[29]

In aller Regel bedeutete die Flucht hinter die Mauern der Landgüter allerdings weder Selbstaufgabe noch Gleichgültigkeit.[30] Von dem in der Forschung oft beschriebenen »Rückzug ins Private« konnte – zumindest für die gestürzten Fürsten – kaum die

25 NLA WO, 249 N, Nr. 118, Heinrich Buck an Paul Zimmermann, 22. 10. 1921.

26 Vgl. Wienfort, Monika, Entsetzen, Enttäuschung, Weitermachen. Das Ende der Monarchie und die Führungsschichten des Kaiserreichs, in: Ute Daniel u. Henning Steinführer (Hrsg.), Die Novemberrevolution im Kontext. Braunschweigische und deutsche Geschichte 1916 bis 1923, Wendeburg 2020, S. 139-152; Conze, Von deutschem Adel, S. 34-39; Malinowski, König, S. 210.

27 Vgl. Rogalla von Bieberstein, Johannes, Adel und Revolution 1918/1919, in: Mentalitäten und Lebensverhältnisse. Beispiele aus der Sozialgeschichte der Neuzeit. Göttingen 1982, S. 243-259, hier: S. 250 f. Allgemein zur Bedeutung der Gewalt in der Novemberrevolution vgl. Jones, Mark, Founding Weimar. Violence and the German Revolution of 1918-1919, Cambridge 2016. Speziell zum Vergleich mit Russland: Albert, Gleb J., Revolutionäre Wechselwirkungen: Deutschland und Russland 1917-1919, in: Andreas Braune u. Michael Dreyer (Hrsg.), Zusammenbruch, Aufbruch, Abbruch? Die Novemberrevolution als Ereignis und Erinnerungsort, Stuttgart 2019, S. 33-45.

28 Vgl. Malinowski, König, S. 203. Die Welfen waren über Thyra eng mit der russischen Zarenfamilie verwandt, sie war eine Tante des im Sommer 1918 ermordeten Nikolaus II. Die Bestätigung, dass die Verwandten hingerichtet worden waren, erhielt sie aber offenbar erst im August 1919 von Wilhelm. Vgl. NLA HA, Dep. 154, Acc. 2020/99, Nr. 6, Wilhelm an Thyra, 21. 8. 1919.

29 NLA HA, Dep. 103 XL, Acc. 2018/111, Nr. 937, Wilhelm an Viktoria Luise, 12. 8. 1919. Ebenso beklagte Ernst August (III.) in einem Schreiben an Max Prinz von Baden, dass es in Gmunden doch »sehr einsam« sei. GLAK, FA N 5825, Ernst August (III.) an Max Prinz von Baden, 27. 4. 1920. Vgl. als anschaulicher Überblick auch Wecker, Fritz, Unsere Landesväter. Wie sie gingen, wo sie blieben, Berlin 1928.

30 Vgl. Conze, Eckart, Absturzerfahrung und Wiederaufstiegshoffnung. Adel in Deutschland zwischen Monarchie und Diktatur (1918-1945), in: Jahrbuch für Berlin-Brandenburgische Kirchengeschichte 72, 2019, S. 75-88.

Rede sein.[31] Zwar wurde in der ersten Zeit scheu die Öffentlichkeit gemieden, um keine weitere Angriffsfläche zu bieten.[32] An eine schnelle, erfolgreiche Konterrevolution war nach dem unrühmlichen Zerfall der Monarchie nicht zu denken.[33] Doch bald schon wurde die Deckung aufgegeben. Denn allerorten standen die »fürstlichen« Vermögen und Rechte zur Disposition. Auf Reichs- und Länderebene debattierten die Parlamente über Steuerprivilegien, Eigentums- und Wohnrechte. Diese emotionalen, unter reger öffentlicher Anteilnahme geführten Verhandlungen beobachteten die Welfen und die anderen Familien nicht bloß aus sicherer Entfernung. Schließlich würden davon, wie der exilierte Großherzog von Mecklenburg-Schwerin unmissverständlich klarstellte, »unsere ganze Zukunft und unsere weiteren Pläne« abhängen.[34]

1.2 Vermögen, verfassungsmäßig garantiert

Am Hof in Braunschweig war mit den Verhandlungen über die (Vermögens-)Rechte der herzoglichen Familie bereits vor dem monarchischen Zusammenbruch begonnen worden. Ernst August (III.) und seine Berater hatten sie unmittelbar vor der Abdankung mit der Delegation des braunschweigischen Arbeiter- und Soldatenrats geführt. Nach übereinstimmenden Protokollen dieser Stunden habe sich die Hofseite von den Revolutionären versichern lassen, dass für den Fall des Thronverzichts die persönliche Sicherheit des Herzogs und die seiner Familie gewährleistet sein würden, »ebenso das Privateigentum«.[35] Erst auf diese beiden, nicht näher definierten Garantien hin habe Ernst August (III.) die Abdankungsurkunde schlussendlich unterzeichnet.

Für den angezählten Fürsten muss dies als guter Handel gewertet werden. In völlig auswegloser Lage, mit dem eigenen Machtverfall und dem Emanzipationsanspruch der revolutionären Masse konfrontiert, vermochte er das wohl maximal Mögliche zu erreichen: das Leben der Familie, »und damit die Zukunft des welfischen Hauses«, wie seine Adjutantur es etwas prätentiös, aber nicht unzutreffend, formulierte, sowie den Erhalt des privaten Eigentums.[36] Der Nexus von Familie und Vermögen blieb so weiter beste-

31 Allgemein: Wienfort, Monika, Der Adel in der Moderne, Göttingen 2006, S. 154. Die Darstellung findet sich auch in der Biografie Viktoria Luises. Hier heißt es, dass die Familie in Gmunden »das Leben von Privatleuten« geführt hätte. Herzogin von Braunschweig und Lüneburg, Leben, S. 249 f.

32 Vgl. Malinowski, König, S. 210 f.

33 Vgl. speziell zur Flucht Wilhelms II. Kohlrausch, Martin, Die Flucht des Kaisers. Doppeltes Scheitern adlig-bürgerlicher Monarchiekonzepte, in: Heinz Reif (Hrsg.), Adel und Bürgertum in Deutschland. Teil 2: Entwicklungslinien und Wendepunkte im 20. Jahrhundert. Berlin 2001, S. 65-101.

34 NLA HA, Dep. 103 II, Nr. 226/01, Friedrich Franz an Olga, 22. 2. 1919.

35 NLA HA, Dep. 103 NLA HA, Dep. 103 XL, Acc. 2018/111, Nr. 3312, Bericht der Herzoglich Braunschweigischen General-Adjutantur, 9. 11. 1918. Vgl. sinnentsprechend auch NLA HA, Dep. 103 XL, Acc. 2018/111, Nr. 3312, Aufzeichnungen Hans Heinrich von Grones über die Revolution 1918, o. D. Zu Diskrepanzen der einzelnen Berichte vgl. Frey, Braunschweig.

36 NLA HA, Dep. 103 XL, Acc. 2018/111, Nr. 3312, Bericht der Herzoglich Braunschweigischen General-Adjutantur, 9. 11. 1918.

hen. Dafür war der Monarch umstandslos bereit, für sich und seine Nachkommen auf den Thron zu verzichten, dem Arbeiter- und Soldatenrat die Regierung zu übertragen und der Republik auf diese Weise gleichsam seinen Segen zu geben.[37]

Bald nach der Proklamation der »Sozialistischen Republik Braunschweig« und der Flucht der Familie nach Österreich wurde die formlose Übereinkunft jedoch unterminiert. Der Arbeiter- und Soldatenrat weigerte sich, das welfische Eigentum anzuerkennen. Vielmehr mühte er sich zu erklären, dass mit der Revolution ein neuer Rechtszustand geschaffen worden sei, der eine Erklärung des »Privateigentums des bisherigen Staatsoberhauptes zu Staatseigentum« rechtfertigen würde.[38] Zwischen den persönlichen Privatvermögen des gestürzten Souveräns und den welfischen Hausvermögen, dieser besonderen Eigentumsform, wurde dabei kein Unterschied gemacht. Demonstrativ quartierte sich der Rat im Stadtschloss ein, nutzte die dortigen Möbel, Gemälde und sonstigen Inventarien für seine Zwecke und plante, in den Sälen Kunst- und Kulturstätten einzurichten.[39] Das Herzogliche Museum, die Herzog August Bibliothek in Wolfenbüttel und das Landesarchiv wurden ebenfalls übernommen. Schloss Blankenburg sollte, wegen der »gesunden Luft« des Harzes, zu einem Kinderheim umgebaut werden; lediglich einige Räumlichkeiten bot man dem »ehemalige[n] Herr[n] Herzog« und seiner Familie für den Sommeraufenthalt an.[40] Nicht zuletzt gerierte sich der neue Staat als Eigentümer des sogenannten Kammergutes, auch »Domanium« genannt, einem gewaltigen Vermögenskomplex aus landwirtschaftlichen Gütern, Forsten, Jagden und Bergwerken.[41] Denn auf die Einnahmen dieser rentablen Wirtschaftsbetriebe war die junge Republik existentiell angewiesen. Alle Einsprüche der Welfen, die hierin althergebrachte private Vermögen des Gesamthauses Braunschweig-Lüneburg sahen, wurden abgewiesen.[42] Ähnlich war die Situation in vielen anderen der neuen Freistaaten.[43]

Lange war diese Haltung jedoch nicht aufrechtzuhalten, alle Versuche einer Eigentumsrevolution scheiterten bald. Für eine Enteignung von Privateigentum fehlte es in

37 Vgl. entsprechend die Interpretation von Machtan, Lothar, Der erstaunlich lautlose Untergang von Monarchie und Bundesfürstentümern – ein Erklärungsangebot, in: Gallus, Alexander (Hrsg.), Die vergessene Revolution von 1918/19, Göttingen 2010, S. 39-56, hier: S. 52ff.

38 Vgl. NLA HA, Dep. 103 XL, Acc. 2018/111, Nr. 321, Volkskommissariat für Inneres und Finanzen an die Oberste Verwaltung, 10.12.1918.

39 Vgl. zuletzt Schmidt, Burkhard, Die Vermögensauseinandersetzung zwischen dem welfischen Herzogshaus und dem Freistaat im Lande Braunschweig, in: Gerber, Stefan (Hrsg.), Das Ende der Monarchie in den deutschen Kleinstaaten. Vorgeschichte, Ereignis und Nachwirkungen in Politik und Staatsrecht 1914-1939, Köln, Weimar u. Wien 2018, S. 301-320.

40 NLA WO, 12 Neu, 5, Nr. 522, Volkskommissariat für Inneres und Finanzen an den Finanzpräsidenten, 15.3.1919.

41 Vgl. Schmidt, Vermögensauseinandersetzung, S. 12ff.

42 Zur Position des Welfenhauses vgl. Schmidt, Burkhard, Der Herzogsprozeß. Ein Bericht über den Prozess des welfischen Herzogshauses gegen den Freistaat Braunschweig um das Kammergut (1921/25), Braunschweig 1996, S. 40-44.

43 Vgl. im Einzelnen Jung, Otmar, Volksgesetzgebung. Die »Weimarer Erfahrungen« aus dem Fall der Vermögensauseinandersetzungen zwischen Freistaaten und ehemaligen Fürsten, Teil 1, 2. Aufl., Hamburg 1996.

der deutschen Gesellschaft an Rückhalt. Zu übermächtig war der »Anti-Chaos-Reflex« im Angesicht von Kriegsniederlage und Demobilmachung, zu groß das Bemühen um stabile Rechtsverhältnisse.[44] Die Fortschreibung rechtsstaatlicher Traditionen, so die überwiegende Hoffnung, würden der jungen Republik Stabilität und Anerkennung verschaffen. Ein machtpolitisches Vorgehen gegen die depossedierten Herrscherfamilien wurde abgelehnt. Zu einer entschädigungslosen Enteignung der dynastischen Vermögen, wie sie die Habsburger in Österreich traf, sollte es in Deutschland nicht kommen.[45] Für die Abwicklung des untergegangenen Systems war der ordentliche Rechts- und Verhandlungsweg vorgesehen – eine Grundsatzentscheidung, die für das weitere Schicksal der einstigen Fürstenfamilien von überragender Bedeutung war.

Formalen Ausdruck fand diese Leitlinie in der Weimarer Reichsverfassung vom 11. August 1919.[46] Explizit wurde hier die rechtliche Gleichstellung der vormals regierenden Familien angeordnet. Waren den gestürzten Fürsten bis dahin lediglich die Landeshoheit und alle hiermit einhergehenden Befugnisse entzogen worden, hieß es nunmehr: »Öffentlich-rechtliche Vorrechte oder Nachteile der Geburt oder des Standes sind aufzuheben. Adelsbezeichnungen gelten nur als Teil des Namens und dürfen nicht mehr verliehen werden« (Artikel 109). Das Recht eigener Hausgesetzgebung, die Befreiung von Lasten und Abgaben, der Anspruch auf Prädikate wie »Königliche Hoheit« oder »Durchlaucht«, all dies war zu beseitigen.[47] Gleiches galt für die Fideikommisse und andere gebundene Sondervermögen. Diese, so bestimmte Artikel 155 lakonisch, »sind aufzulösen«.[48] Doch das Eigentum selbst wurde ausdrücklich »gewährleistet« – wenngleich Enteignungen »zum Wohle der Allgemeinheit« und »gegen angemessene Entschädigung« prinzipiell vorgenommen werden konnten (Artikel 153).[49]

44 Vgl. zuletzt Baldus, Manfred, Die Novemberrevolution und ihre Fragen an das Recht, in: Andreas Braune u. Michael Dreyer (Hrsg.), Zusammenbruch, Aufbruch, Abbruch? Die Novemberrevolution als Ereignis und Erinnerungsort, Stuttgart 2019, S. 221-232. Speziell auch: Stentzel, Rainer, Zum Verhältnis von Recht und Politik in der Weimarer Republik. Der Streit um die sogenannte Fürstenenteignung, in: Der Staat 39, 2000, H. 2, S. 275-297. Zum »Anti-Chaos-Reflex« vgl. Löwenthal, Richard, Bonn und Weimar. Zwei deutsche Demokratien, in: Heinrich August Winkler (Hrsg.), Politische Weichenstellungen im Nachkriegsdeutschland 1945-1953, Göttingen 1979, S. 9-25.

45 Vgl. zu Österreich hier nur Stekl, Hannes, Österreichs Adel im 20. Jahrhundert, in: Günther Schulz u. Markus A. Denzel (Hrsg.), Deutscher Adel im 19. und 20. Jahrhundert. St. Katharinen 2004, S. 35-82. Zum späteren Volksentscheid über die Enteignung der »Fürstenvermögen« siehe das Kapitel »›Fürstenabfindung‹. Der Konflikt um das Kammergut«.

46 Die Verfassung des Deutschen Reichs. Vom 11. August 1919, in: Reichsgesetzblatt (RGBl) 152/1919, S. 1383-1418. Vgl. speziell dazu Wienfort, Monika, Alte Eliten in der neuen Republik, in: Horst Dreier u. Christian Waldhoff (Hrsg.), Das Wagnis der Demokratie. Eine Anatomie der Weimarer Reichsverfassung, München 2018, S. 241-262.

47 Zu den Privilegien des (Hoch-)Adels vgl. Reif, Heinz, Adel im 19. und 20. Jahrhundert, 2. Aufl., München 2012, S. 2.

48 Vgl. dazu Eckert, Familienfideikommisse, S. 697 ff.

49 Vgl. dazu Jung, Volksgesetzgebung, Teil 1, S. 551 f.

1.3 Verlust von Vor- und Sonderrechten

In Österreich, in den Niederlanden, in Dänemark – die Bestimmungen der Weimarer Verfassung wurden im Kreis der weit verstreuten welfischen Verwandtschaft aufmerksam zur Kenntnis genommen. Verächtlich sprach man von den »nachrevolutionären« Gesetzen.[50] Zunächst änderte sich allerdings wenig. Denn die Verfassung formulierte hauptsächlich Postulate, es sollte Sache der Länder sein, diese umzusetzen.[51] Jedes von ihnen hatte Regelungen zur rechtlichen Gleichstellung seiner einstigen Herrscherfamilie(n) auszuarbeiten und durchzusetzen; jedes musste die Auflösung der Fideikommisse eigenhändig vorantreiben; in jedem waren die Vermögensverhältnisse mit der (oder den) Familie(n) einzeln zu bereinigen. Einen einheitlichen Verfahrensweg oder ein gemeinsames zeitliches Vorgehen gab es dafür nicht.[52] Im Fall der Welfen, als der ehemaligen Herrscherfamilie von Braunschweig und von Hannover, musste dies unweigerlich zu einem Kompetenzwirrwarr führen.

Allem voran hatten sich die Familienangehörigen mit einer Änderung ihrer Namen abzufinden. Schließlich waren die Adelsbezeichnungen zu bloßen Namensbestandteilen geworden.[53] Die Namen setzten sich fortan aus dem Vornamen, dann den ehemaligen Adelstiteln als festem Teil des Nachnamens und zuletzt den übrigen Teilen des Familiennamens zusammen. Dekliniert galt dies ebenso für die männlichen wie für die weiblichen Angehörigen. Aus Herzog Ernst August von Cumberland wurde Ernst August Herzog von Cumberland, aus Prinzessin Friederike von Hannover entsprechend Friederike Prinzessin von Hannover. Indes, die praktische Bedeutung war gering. In der binnenadeligen Kommunikation wurde nach wie vor ein klar normiertes, hierarchisch differenziertes Muster von Anrede und Titulatur gepflegt.[54] Und auch in alltäglichen Schriftwechseln blieb der gewohnte Sprachgebrauch vorherrschend.[55] Gar in »amtlichen Mitteilungen«, so musste das preußische Justizministerium noch Jahre später konstatieren, würden »die Namen der Angehörigen früherer Adelsfamilien noch immer in unrichtiger Schreibweise« aufgeführt.[56] Unabhängig davon, ob dies aus monarchischer

50 So z.B. NLA HA, Dep. 103 XL, Acc. 2018/111, Nr. 35, Ernst August (III.) an Wilhelm Prinz von Preußen (Abschrift), 22.6.1932.

51 Vgl. Kuchinke, Kurt, Die deutsche Revolution von 1918 und ihre Folgen für das Privatfürstenrecht, in: Norbert Brieskorn (Hrsg.), Vom mittelalterlichen Recht zur neuzeitlichen Rechtswissenschaft, Paderborn u.a. 1994, S. 403-421; Klein, Privatier.

52 Vgl. als Überblick Jung, Volksgesetzgebung.

53 Vgl. allgemein Arndt, Nicole, Die Geschichte und Entwicklung des familienrechtlichen Namensrechts in Deutschland unter Berücksichtigung des Vornamensrechts, München 2004, S. 28 ff.

54 Vgl. exemplarisch NLA HA, Dep. 103 XL, Acc. 2018/111, Nr. 35, Ernst August (III.) an Wilhelm (Abschrift), 23.12.1923. Zu den Bedeutungsebenen der Anrede vgl. Marburg, Hochadel, S. 77 ff.

55 Vgl. kritisch dazu von Spoenla-Metternich, Sebastian-Johannes, Namenserwerb, Namensführung und Namensänderung unter Berücksichtigung von Namensbestandteilen, Frankfurt a.M. 1997.

56 NLA HA, Hann. 180 Lüneburg Acc. 3/029, Nr. 383, Runderlass des preußischen Justizministeriums, 7.8.1929. Vgl. entsprechend Bieg, Amelie, Eine Frage des »Privatlebens« oder der »Staatsautorität«? Die Rolle der Beamten im »Sigmaringer Titelstreit« (1926-1931), in: Sabine Holtz u. Gerald Maier (Hrsg.), Von der Monarchie zur Republik. Beiträge zur Demokratiegeschichte des deutschen Südwestens 1918-1923, Stuttgart 2019, S. 15-32.

Sympathie oder schlichter Unkenntnis der neuen Namensbestimmungen geschah – es blieb auch in der »entadelten Gesellschaft« dabei, dass die Welfen meist mit ihren Adelsprädikaten »betitelt« wurden.[57]

Als ein weiteres langwieriges und problembehaftetes Unterfangen erwies es sich, das verfassungsmäßig garantierte Eigentum der Welfen zu bestimmen. Denn die Grenzen zwischen Privat-, Haus- und Staatsvermögen verliefen nicht eindeutig. Dies zeigte sich bereits, als Braunschweig in einem ersten Schritt gewährte, das persönliche Privateigentum aus den Schlössern in Braunschweig und Blankenburg nach Österreich zu überführen.[58] In mühevoller Kleinstarbeit mussten für einzelne Stühle, Kommoden, Schränke und sonstige Einrichtungsgegenstände die Eigentumsrechte geprüft werden, erst dann konnte sich das »Umzugsgut« der Familie in Richtung Gmunden auf den Weg machen.[59] Noch komplexer war in einem zweiten Schritt die Abgrenzung zwischen dem Familienvermögen auf der einen Seite und dem Staatsvermögen auf der anderen Seite. Beides war im Herzogtum Braunschweig nie voneinander getrennt worden. Eine klare rechtliche Zuordnung ließ sich so kaum vornehmen. In der Folge entspann sich ein jahrelanger, von beiden Seiten unerbittlich geführter Prozess, der erst Mitte der 1920er-Jahre beigelegt werden konnte.[60]

In vielen anderen Ländern lagen die Fälle ähnlich. Rasche Einigungen konnten selten erzielt werden, häufiger war höchst umstritten, was im Einzelnen das Familien- und was das Staatsvermögen ausmachte. Langwierige Vergleichsverhandlungen waren vielerorts die unausweichliche Konsequenz. Bald schon wurden an deutschen Gerichten hunderte Verfahren um unbestimmte Vermögenswerte, Entschädigungs- und Ausgleichszahlungen geführt.[61]

Zusätzlich erschwert wurden die Prozesse, als erste Bestimmungen zur Beseitigung der Fideikommisse in Kraft traten.[62] Die gebundenen Sondervermögen der Familien sollten aufgelöst und neuen Eigentümern zugeführt werden. Namentlich Preußen preschte hier voran. Endlich wollte man eine liberale Eigentumsordnung durchsetzen, den Grund und Boden von jeglicher Bindung befreien und die letzten wirtschaftlichen und politischen Sonderrechte des (adligen) Großgrundbesitzes beseitigen.[63] Mit der »Verordnung über Familiengüter« war bereits im Frühjahr 1919, noch vor Inkraft-

57 In Anlehnung an Haupt, Gesellschaft.

58 Zu diesem Prozess vgl. NLA WO, 12 Neu, 5, Nr. 520, Ausfuhr von zum Privateigentum des ehem. Herzogs zu Braunschweig gehörigen Gegenständen nach Österreich, 1918-1919.

59 Vgl. NLA WO, 12 Neu, 5, Nr. 521, Überlassung von Möbeln usw. aus den früher Herzoglichen Schlössern an den Herzog Ernst August, 1919; Schmidt, Herzogsprozeß, S. 30.

60 Vgl. ausführlich das Kapitel »›Fürstenabfindung‹. Der Konflikt um das Kammergut«.

61 Vgl. Jung, Volksgesetzgebung; anschaulich außerdem Günther, Theodor, Die Fürstenentschädigung. Das Problem der Vermögensauseinandersetzung mit den ehemaligen Fürstenhäusern, Leipzig 1928, S. 145-179.

62 Als Überblick vgl. Eckert, Familienfideikommisse, S. 702-739. Speziell zum Zusammenhang mit den Vermögensauseinandersetzungen: Freiherr von Aretin, Kunstsammlungen, S. 162 f.

63 Vgl. Wienfort, Monika, Gerichtsherrschaft, Fideikommiss und Verein – Adel und Recht im »modernen« Deutschland in: Jörn Leonhard (Hrsg.), What makes the Nobility Noble? Comparative Perspectives from the Sixteenth to the Twentieth Century, Göttingen 2011, S. 90-113, hier: S. 98 ff. Zur Debatte um das Fideikommiss vor 1918 vgl. Heß, Klaus, Junker und bürgerliche Grußgrund-

treten der Verfassung, lapidar bestimmt worden: »Die Familiengüter sind aufzulösen.«[64] Demnach sollten sämtliche Familiengüter, zu denen insbesondere Familienfideikommisse gezählt wurden, innerhalb von zwei Jahren durch die Familie beseitigt werden, andernfalls drohte die Zwangsauflösung.

Die Welfen blieben von dieser Maßnahme fürs erste verschont. Zwar fielen sie als ehemals hannoversches Königshaus in den Zuständigkeitsbereich Preußens. Doch auf explizite Nachfrage des preußischen Justizministeriums hin wurde selbstbewusst erklärt, dass die Familiengüterverordnung »auf die Fideikommisse des Hauses Braunschweig-Lüneburg nicht anwendbar ist«.[65] In der Tat handelte es sich formal um Hausgüter, obschon diese auch als Fideikommisse bezeichnet wurden. Der Unterschied bestand darin, dass das Familienfideikommiss durch die private Willenserklärung des Stifters zustande kam, das Hausgut dagegen auf Grundlage des autonomen Satzungsrechts der hochadeligen Familie.[66] Auf diese Weise hatten die Welfen im Laufe des 19. Jahrhunderts das »Gesamthausfideikommiss«, die »Königlich Hannoversche Kronschatullkasse« des Hauses Hannover und das »Königliche Ernst-August-Fideikommiss« der Linie des Königs Ernst August I. geschaffen. Jedes einzelne welfische Haus verfügte demnach als eigenständige juristische Person über separates Eigentum.[67]

Im Jahr darauf reagierte Preußen. Am 23. Juni 1920 verabschiedete die Landesversammlung das »Gesetz über die Aufhebung der Standesvorrechte des Adels und die Auflösung der Hausvermögen«.[68] Damit sollten die ehemaligen Herrscherfamilien endgültig ihrer letzten Privilegien entledigt werden. Gleich im ersten Paragraph erklärte das Gesetz, dass sämtliche Vorrechte »der in den Artikeln 57 und 58 des Einführungsgesetzes zum Bürgerlichen Gesetzbuche genannten Familien«, mithin auch die der »Mitglieder des vormaligen Hannoverschen Königshauses«, aufgehoben seien.[69] Dazu zählten das Recht auf eigene Gesetzgebung und Gerichtsbarkeit, außerdem die Befreiung

besitzer im Kaiserreich. Landwirtschaftlicher Großbetrieb, Großgrundbesitz und Familienfideikommiß in Preußen (1887-1914), Stuttgart 1990, hier: S. 119-141.

64 Verordnung über Familiengüter. Vom 10. März 1919, in: Preußische Gesetzessammlung 1919, S. 39.

65 NLA HA, Dep. 103 XXXIX, Acc. 2018/53, Nr. 47, Oberste Verwaltung an den preußischen Justizminister (Abschrift), 4./7. 1. 1920.

66 Vgl. Eckert, Familienfideikommisse, S. 24; Sbresny, Sammlungen, S. 174 ff.

67 Vgl. NLA HA, Dep. 103 XX, Nr. 137, Ausarbeitung über die welfischen Hausvermögen (Abschrift), 18. 6. 1927. Siehe an instruktiven, auf Unterlagen des Hausarchivs basierenden Erläuterungen außerdem von Jaitner, Klaus, Der Reliquienschatz des Hauses Braunschweig-Lüneburg (»Welfenschatz«) vom 17. bis zum 20. Jahrhundert, in: Jahrbuch Preußischer Kulturbesitz 23, 1986, S. 391-424, hier: S. 407; Schnath, Georg, Besitzgeschichte des Helmarshausener Evangeliars Heinrichs des Löwen (1188-1935), in: Wolfenbütteler Beiträge. Aus den Schätzen der Herzog August Bibliothek 7, 1987, S. 175-265, hier: S. 238 f.

68 Vgl. Gesetz über die Aufhebung der Standesvorrechte des Adels und die Auflösung der Hausvermögen. Vom 23. Juni 1920, Preußische Gesetzsammlung 1920, S. 367-382. Hiernach auch die folgenden Zitate, soweit nicht anders vermerkt.

69 Im Detail hieß es im Einführungsgesetz zum Bürgerlichen Gesetzbuche. Vom 18. August 1896, Reichsgesetzblatt 1896, S. 604-650: »In Ansehung der Landesherren und der Mitglieder der landesherrlichen Familien [...] finden die Vorschriften des Bürgerlichen Gesetzbuchs nur insoweit Anwendung, als nicht besondere Vorschriften der Hausverfassungen oder der Landesgesetze abweichende Bestimmungen enthalten. Das Gleiche gilt in Ansehung der Mitglieder des vormali-

von öffentlich-rechtlichen Pflichten, Lasten und Abgaben, aber auch der Schutz vor Arrest, Verhaftung und sonstigen Beschränkungen der persönlichen Freiheit. Fortan würden die hochadeligen Familien »dem allgemeinen und bürgerlichen Rechte« unterstehen. Ausdrücklich wurde zudem die Auflösung der Hausvermögen angeordnet. Bis zum 1. April 1923 bekamen die Familien Zeit, ihre Sondervermögen aufzulösen und neuen Eigentümern zuzuführen. Sofern dies nicht geschah, konnten sie zwangsweise beseitigt werden. Die meisten übrigen Länder folgten dem preußischen Vorbild bald darauf mit sinnentsprechenden Bestimmungen.[70]

Mit anderen Worten: Die Welfen waren gezwungen, sich mit ihrem verbliebenen Vermögen dem gewöhnlichen Eigentums- und Erbrecht zu unterwerfen. Die scheinbar unverbrüchliche Verbindung zwischen der Familie und ihrem Besitz wurde damit infrage gestellt. Denn sobald sämtliches Vermögen, das private wie das familiale, veräußert und belastet werden durfte und im normalen Erbprozess weiterzugeben war, drohte es über kurz oder lang in viele Einzelteile zu zerfallen. Mit einzelnen dieser Herausforderungen hatten sich auch andere Gruppen des Adels auseinanderzusetzen.[71] In ihrer Gesamtheit aber waren sie ein Spezifikum der depossedierten Herrscherfamilien. Trotz ihrer zum Teil sehr unterschiedlichen Ausgangslagen begannen die 19 Familien und ihre Verwaltungen so schon bald damit, sich untereinander auszutauschen: über ihre Verhandlungen mit den Freistaaten, Steuerfragen und – vor allem – alternative rechtliche Möglichkeiten der Vermögensbindung.

2 (Un-)Aufgelöste Verbindung von Familie und Vermögen

2.1 Ein Schicksalsverbund in Bedrängnis

Kaum einen Monat nach Beginn der Revolution wurden auf Seiten der gerade gestürzten Herrscherfamilien erste gemeinsame Aktionen zum Schutz der »fürstlichen« Vermögen initiiert. Am 12. Dezember 1918 erhielt die »Schaumburg-Lippische Hofkammer« ein Schreiben von der Vermögensverwaltung des Hauses Sachsen-Coburg und Gotha. Darin erkundigte sich deren Präsident, wie vor Ort »die Frage des bisherigen Fürstlichen Besitzes […] seitens der gegenwärtigen Regierung« geregelt worden sei.[72] Eingehend wurde ihm Auskunft über die ersten Verhandlungen mit dem Freistaat gegeben. Vor allem aber hatte die Bückeburger Verwaltung eine Eingebung. Sie regte an, eine

gen Hannoverschen Königshauses, des vormaligen Kurhessischen und des vormaligen Herzoglich Nassauischen Fürstenhauses.«

70 Vgl. Eckert, Familienfideikommisse, S. 702.

71 Vgl. exemplarisch Conze, Familienbewusstsein; Fiederer, Lebenswelt, S. 228 ff.

72 Vgl. NLA BU, K2 D Acc. 38/93, Nr. 696, Präsident der Vermögensverwaltung von Sachsen-Coburg und Gotha an den Präsidenten der Schaumburg-Lippischen Vermögensverwaltung, 8. 12. 1918. Vgl. auch Jung, Volksgesetzgebung, S. 575-585; Langfeld, Adolf, Mein Leben. Erinnerungen des mecklenburg-schwerinschen Staatsministers i. R., Schwerin 1930, S. 410-416.

Konferenz unter »interessierten Fürstlichen Vermögensverwaltungen« abzuhalten, in der »über etwaige gemeinsame Schritte gegen gewaltsame Beschlagnahme der Domanial-Fideikommisse pp.« beraten werden könnte.[73] Kurzerhand setzte sie ein Rundschreiben auf, das noch am 15. Dezember an vorerst neun Verwaltungen verschickt wurde – die etablierten Kommunikationswege zwischen den hochadeligen Familien hatten das Ende der Monarchie offensichtlich gut überstanden.[74]

Eine der Einladungen ging an Paul Knoke in Braunschweig.[75] Knoke, ein renommierter Jurist, stand seit vielen Jahren in Diensten des Welfenhauses. 1902 hatte er zunächst die Studienleitung Georg Wilhelms von Braunschweig und Lüneburg (1880-1912) übernommen. Später, nach der Inthronisierung Ernst Augusts (III.) als Herzog von Braunschweig, war Knoke, mittlerweile habilitiert, zum Chef des Herzoglichen Kabinetts ernannt worden. 1916 hatte er zusätzlich die Leitung der Obersten Verwaltung und die Zuständigkeit für das herzogliche Privatvermögen übertragen bekommen.[76] Seit der Abdankung des Herzogs und der Flucht der Familie nach Österreich führte er, unterstützt durch eine Reihe von Rechtsexperten, hauptverantwortlich die Vermögensauseinandersetzung mit dem braunschweigischen Freistaat.[77]

In dieser Funktion war Paul Knoke, ebenso wie die anderen eingeladenen Vermögensverwalter, mit dem Vorschlag einer gemeinsamen Konferenz »gern einverstanden«.[78] Daraufhin sollte es ganz schnell gehen: Schon im Januar 1919 traf man sich in einem Hotel in Hannover zu einem ersten persönlichen Austausch.[79] Diese Konferenz sei von allen Beteiligten als »fruchtbringend und klärend« empfunden worden, sodass nicht nur weitere Besprechungen in regelmäßigen Abständen vereinbart wurden, sondern auch »eine Art Zentralstelle« in Bückeburg zum wechselseitigen Informationsaustausch geschaffen werden sollte.[80] Vor allem Rechtsgutachten, Vergleichsvorschläge und Gerichtsurteile aus den Auseinandersetzungen mit den Freistaaten wollte man hierüber zirkulieren lassen. Dafür sicherte auch Knoke seine Mitarbeit zu.[81]

In den darauffolgenden Monaten etablierte sich Bückeburg als »die Zentrale«.[82] Die Zahl der angeschlossenen Vermögensverwaltungen wuchs stetig, bei der nächsten Konferenz im Mai nahmen bereits 13 teil, bis 1921 gehörten die Verwaltungen aller vormals

73 NLA BU, K2 D Acc. 38/93, Nr. 696, Schaumburg-Lippische Vermögensverwaltung an den Präsidenten der Vermögensverwaltung von Sachsen-Coburg und Gotha [Entwurf], 14.12.1918.

74 NLA BU, K2 D Acc. 38/93, Nr. 696, Rundschreiben der Schaumburg-Lippischen Vermögensverwaltung [Entwurf], 15.12.1918.

75 Vgl. den detaillierten Lebenslauf in NLA HA, Dep. 103 XL, Acc. 2018/111, Nr. 1996, Personalakte Paul Knoke.

76 Vgl. NLA HA, Dep. 103 XL, Acc. 2018/111, Nr. 2281, Vollmacht für Paul Knoke, 20.12.1916. Zu den braunschweigischen Dienstjahren vgl. auch Frey, Braunschweig, S. 118 ff.

77 Vgl. Schmidt, Herzogsprozeß, S. 33 f.

78 Vgl. NLA BU, K2 D Acc. 38/93, Nr. 696, Paul Knoke an die Schaumburg-Lippische Vermögensverwaltung, 30.12.1918.

79 NLA BU, K2 D Acc. 38/93, Nr. 696, Konferenz Vereinigung Deutscher Hofkammern, 30.1.1919.

80 Ebd.

81 NLA BU, K2 D Acc. 38/93, Nr. 696, Paul Knoke an die Schaumburg-Lippische Vermögensverwaltung, 20.2.1919.

82 Zitiert nach Jung, Volksgesetzgebung, S. 576.

regierenden Familien dazu, mit Ausnahme derer von Sachsen-Altenburg.[83] Früh öffnete man sich außerdem den dynastischen Seitenlinien. Damit galt der Austausch bald allen »Ungerechtigkeiten und Härten der Steuergesetzgebung« sowie Fragen, »welche die Interessen des grossen gebundenen Besitzes unmittelbar berühren und die einheitliche energische, ununterbrochene und dauernde Wahrung seiner Interessen erforderlich machen«.[84] Dazu schloss man sich als »Vereinigung Deutscher Hofkammern« in einem nicht-eingetragenen Verein zusammen, schuf als dessen Organe einen Verwaltungs- und einen Steuerausschuss und führte eine nach dem Umfang von Grundbesitz und Kapitalvermögen progressiv gestaffelte Beitragsordnung ein: Kleinere Vermögensverwaltungen sollten mindestens 3.000 Mark pro Jahr einzahlen, größere, zu denen auch die braunschweigische zählte, mehr als 5.000 Mark. Auf dieser Grundlage kamen innerhalb des ersten Jahres Mitgliedsbeiträge in Höhe von fast 200.000 Mark zusammen – ein beträchtlicher Etat, der in den Folgejahren noch erhöht werden sollte.[85]

In nicht einmal einem Jahr wurde so aus einer losen Zusammenkunft von Vertretern vormals fürstlicher Vermögensverwaltungen eine effektiv agierende Interessensvertretung. Die zügige Professionalisierung ging nicht zuletzt auf das Drängen und die Mitwirkung der gestürzten Fürstenfamilien selbst zurück. Nicht nur finanziell, auch persönlich unterstützen die Familienoberhäupter und ihre Söhne die Institutionalisierung der Vereinigung. Manche von ihnen reichten Fragen und Probleme zur Diskussion ein, andere nahmen selbst an den Konferenzen teil. Wieder andere wirkten darauf hin, »Sozialkapital zu konzentrieren«, um es in den Worten Pierre Bourdieus zu sagen.[86] Der vormalige bayerische König Ludwig von Bayern (1845-1921) etwa suchte den Zusammenschluss mit dem etablierten »Verein der Deutschen Standesherren«, der Vertretung des mediatisierten Hochadels.[87] Auf seinen Vorschlag hin wurde in Berlin eine gemeinsame Geschäftsstelle eingerichtet, die, mit Vertretern beider Vereine besetzt, die »gesamten steuerlichen Interessen der früher regierenden und der übrigen hochadeligen Häuser« repräsentieren sollte.[88]

Mit gebündeltem personellen Sachverstand, einem weit gespannten Beziehungsnetz und üppiger finanzieller Ausstattung konnten in der Folge die hohen selbstgesteckten Ziele angegangen werden.[89] Laufend wurden Unterlagen zu Steuer-, Hausguts- und Fidei-

83 Vgl. NLA BU, K2 D Acc. 38/93, Nr. 696b, Konferenz Vereinigung Deutscher Hofkammern, 1. 3. 1921.

84 NLA HA, Dep. 103 XX, Nr. 130, Schaumburg-Lippische Vermögensverwaltung an die Oberste Verwaltung, 24. 9. 1919.

85 Vgl. NLA BU, K2 D Acc. 38/93, Nr. 696a, Konferenz Vereinigung Deutscher Hofkammern, 8. 10. 1919.

86 Bourdieu, Kapital, S. 192.

87 Zu Geschichte und Entwicklung des Vereins vgl. Gollwitzer, Gollwitzer, Heinz, Die Standesherren. Die politische und gesellschaftliche Stellung der Mediatisierten 1815-1918, Göttingen, 2. Aufl., 1964, S. 332 ff.

88 NLA HA, Dep. 103 XX, Nr. 130, Ludwig König von Bayern an sämtliche vormals regierende Fürsten, 10. 9. 1919.

89 Entsprechend bescheinigt Stephan Malinowski auch den anderen Verbänden der »reichen Grandseigneurs«, wie dem Standesherrenverein oder dem Reichsgrundbesitzerverband, professionelle und effektive Verbandsarbeit »jenseits ideologischer Höhenflüge«. Vgl. Malinowski, König, S. 416.

kommissfragen zusammengetragen, Gutachten eingeholt und Vorträge von Sachverständigen organisiert. Zudem schuf man eine »Steuerberatungsstelle«, die den Mitgliedern mit mündlicher und schriftlicher Auskunft zur Seite stand. Vor allem aber mühte man sich um direkte politische Einflussnahme. So sei die Berliner Geschäftsstelle »in zahlreichen Fällen von den gesetzgebenden Körperschaften und Behörden als Auskunfts- und Beratungsstelle in Anspruch genommen« worden, wie auf einer Vereins-Konferenz stolz berichtet wurde.[90] In der Tat erhielten die Mitglieder geplante Gesetze immer wieder vorab »zur Prüfung«. Auf diese Weise hätten etliche »Vorschriften der Revolutionsgesetzgebung in einem, für die angeschlossenen Verwaltungen günstigen Sinne« beeinflusst werden können. Wo immer eine solche direkte Einflussnahme nicht möglich schien oder »politische Hetze« gegen die Familien und ihre Vermögensansprüche betrieben worden sei, unternahm man darüber hinaus eine »vorsichtige Pressebeeinflussung«.[91]

Was die inhaltlichen Schwerpunkte des Vereins anging, so hatten die Oberhäupter der vormals regierenden Familien präzise Vorstellungen. Ihr investiertes ökonomisches Kapital und ihre Beziehungsarbeit sollten sich – indirekt – auszahlen. Nachdem mit der Weimarer Verfassung die Furcht vor Enteignungen fürs erste gebannt worden war, galt die größte Sorge der Beseitigung der Hausgesetze und der Auflösung der Hausvermögen. Freimütig bekannte der ehemalige Großherzog von Mecklenburg-Schwerin, Friedrich Franz, gegenüber seinem Schwiegervater Ernst August (II.), dass er es für die »vornehmste Aufgabe« der Vereinigung halte, »erträgliche« gesetzliche Bestimmungen zu erzielen, »die es verhindern, daß binnen weniger Generationen oder Erbfälle die schönen, großen Besitze [...] in viele unbedeutende Teile« zerfallen würden.[92] Dem schlossen sich ihre Vertreter in der Hofkammer-Vereinigung uneingeschränkt an. Auf einer der Konferenzen konstatierten sie: Ohne die Möglichkeit, den einzelnen Familienmitgliedern mittels Hausgesetz »gewisse Beschränkungen« aufzuerlegen – faktisch also Erbverzichte zu erzwingen –, müsste die Auflösung der Fideikommisse »schwerwiegendste« und »gefährlichste« Folgen für die ehemaligen Fürstenfamilien haben. Denn sobald die großen, gebundenen Grund-, Kapital- und Kunstbesitze aufgelöst seien, drohe bei erbrechtlicher Gleichberechtigung zwangsläufig deren Zersplitterung, was nichts weniger als den Verlust der »hervorragende[n] Stellung« der Familien bedeuten würde.[93]

Die gestürzten Herrscherfamilien und ihre Vermögen wurden gleichsam zu einem Schicksalsverbund stilisiert. Überlegungen, wie Immobilien, Ländereien und Sammlungen in der bürgerlichen Rechtsordnung zusammengehalten werden könnten, nahmen entsprechend viel Raum in den Beratungen der Hofkammer-Vereinigung ein. Grundsätzlich lautete die Antwort: Die Familien müssten versuchen, die Bestimmungen der Hausgesetze bestmöglich aufrechtzuhalten.[94] Allerdings war man skeptisch, ob dies tatsächlich gelingen könnte. So hätten sich selbst »Träger der besten Namen« bereits

90 NLA BU, K2 D Acc. 38/93, Nr. 696b, Konferenz Vereinigung Deutscher Hofkammern, 1.3.1921; ebenso die beiden folgenden Zitate.

91 NLA HA, Dep. 103 XX, Nr. 130, Konferenz Vereinigung Deutscher Hofkammern, 26.2.1920.

92 NLA HA, Dep. 103 XX, Nr. 130, Friedrich Franz an Ernst August (II.), 4./5.2.1920.

93 NLA HA, Dep. 103 XX, Nr. 130, Konferenz Vereinigung Deutscher Hofkammern, 15.5.1919.

94 Vgl. ebd.

eigensinnig für eine Auflösung der Hausvermögen eingesetzt, wie einer der Vertreter aufgebracht zu Protokoll gab.[95]

Angestrengt suchten die Vermögensverwalter daher nach Rechtskonstrukten, mit denen der Familienverbund gestärkt, die überkommenen Besitzregelungen konserviert und – bestenfalls – auch noch Steuern gespart werden könnten.[96] *Die* ideale Lösung vermochten sie hierfür nicht zu finden. Zu verschieden waren die gesetzlichen Rahmenbedingungen in den Einzelstaaten. Stattdessen wurden unterschiedliche Möglichkeiten erörtert. Unter anderem waren verschiedene Stiftungsmodelle im Gespräch, außerdem der Plan, die Hausvermögen in Gesellschaften bürgerlichen Rechts zu überführen. Ein weiterer Vorschlag wurde namentlich von Paul Knoke unterstützt. Gemeinsam mit anderen Verwaltern empfahl er die Bildung von Familienvereinen, um den »Zusammenhalt der Familie, die Pflege der Überlieferung, die gegenseitige Unterstützung durchzuführen, und mit diesem idealen Hauptzweck wirtschaftliche Nebenzwecke zu verbinden«.[97] Die Einteilung in Haupt- und Nebenzwecke war freilich nicht ganz überzeugend, angesichts der klar formulierten ökonomischen Ziele.

Versuchsweise führte der welfische Vermögensverwalter seine Vorstellungen aus, indem er Satzungen für einen Verein »Gesamthaus Braunschweig Lüneburg« entwarf.[98] Demnach sollten sich sämtliche Mitglieder des Hauses, Männer wie Frauen, künftig in einem Verein bürgerlichen Rechts zusammenschließen, dessen Zweck es sei, den »Zusammenhalt […] zu pflegen und dem Gesamthause zugleich im Interesse der Allgemeinheit seine Schlösser und Sammlungen aller Art zu erhalten«.[99] Die Satzungen sahen vor, dass Ernst August (II.) das Fideikommiss-Vermögen in den Verein einbringen sollte, soweit es im Zuge der Auflösung in sein Privateigentum kommen würde, und Ernst August (III.) – sofern gewährt – eine Entschädigung für das Kammergut.[100] So lavierte der Entwurf behutsam zwischen Bewahrung und Anpassung der Familien- und Vermögensverhältnisse. Sämtliche Hausvermögen würden in das Vereinseigentum übergehen, wodurch sie zwar auf Dauer in den Händen der Familie bleiben würden, fortan jedoch veräußert und belastet werden könnten. Die Disposition über die Vermögen sollte dabei nicht länger dem Familienoberhaupt allein zustehen. Zwar würde dieser in dem Verein eine herausragende Stellung einnehmen, doch wäre für die Verwaltung des Vermögens künftig eine Versammlung aller Familienmitglieder verantwortlich. Die dauerhafte Bindung des Hausvermögens sollte also durch eine neue, gerechtere Verteilung der Vermögensrechte zwischen den Generationen, Geschlechtern und Geschwistern erzielt werden.

95 Ebd. Auf entsprechende Diskussionen im Verein der Deutschen Standesherren verweist Malinowski, König, S. 290 f.

96 Vgl. Klein, Privatier, S. 155 f.; Kuchinke, Privatfürstenrecht, S. 417 ff.

97 NLA BU, K2 D Acc. 38/93, Nr. 696b, Konferenz Vereinigung Deutscher Hofkammern, 27.7.1920.

98 NLA HA, Dep. 103 XL, Acc. 2018/111, Nr. 1822, Satzungs-Entwurf des Vereins »Gesamthaus Braunschweig-Lüneburg«, o. D.

99 Ebd.

100 Vgl. ebd.

In der Folge entwickelte sich eine lebhafte Diskussion über das Für und Wider solcher Familienvereine. Einerseits herrschte reges Interesse an den Satzungen des Vereins »Gesamthaus Braunschweig-Lüneburg«. Wiederholt wurden Kopien davon bei der welfischen Verwaltung nachgefragt.[101] Andererseits gab es grundsätzliche Kritik an dem Modell. Schließlich bestehe kein Zwang zur Mitgliedschaft, sodass unsolidarische Familienmitglieder nach wie vor die Ausschüttung ihrer erbrechtlichen Pflichtteile einklagen könnten. Noch dazu herrschten Unstimmigkeiten ob der steuerlichen Vor- und Nachteile der Vereine.[102]

Der Austausch über die Familienvereine war ein mustergültiges Beispiel für die Arbeitsweise der Hofkammer-Vereinigung. In genauer Kenntnis der Rechtslage und engem Kontakt zu den staatlichen Schaltstellen koordinierten hier fast alle vormals fürstlichen Vermögensverwaltungen ihre Auseinandersetzungen mit den Ländern. Zielorientiert wurden Prozessstrategien abgeglichen und ausgefeilt. Hinter den gestürzten Herrscherfamilien stand eine professionell arbeitende Lobby, die sich ihrer eigenen Stärke durchaus bewusst war. Schonungslos offen und arrogant kalkulierend wurde in einer der Vereins-Konferenzen erklärt: »Die Vertreter der heutigen Staatsgewalt sind auf dem Gebiet des Fürstenrechts unbewandert, es empfiehlt sich in allen Zweifelsfällen nach eigenem Ermessen und Interesse zu handeln und Anfechtung der Rechtmässigkeit abzuwarten.«[103] Dies sollte sozusagen zur Devise für alle folgenden rechtlichen Auseinandersetzungen werden. Man war fest entschlossen, alle sich bietenden Handlungs-, Argumentations- und Interpretationsspielräume konsequent auszunutzen.[104]

2.2 Alte Familienordnung, neue Vermögenskonstrukte

Spätestens ab dem Jahreswechsel 1919/20 ging die welfische Verwaltung davon aus, dass sämtliche Hausvermögen in nächster Zeit aufgelöst werden müssten. Zwar ließ das entsprechende Gesetz noch auf sich warten. Trotzdem gehörte nicht mehr viel Fantasie dazu, um vorherzusehen, dass das »Hausgesetzgebungsrecht der Hochfürstlichen Häuser« demnächst beseitigt werden würde und folglich auch »die hausgesetzlichen Bestimmungen über das Hausvermögen nicht dauernd auf staatliche Anerkennung zu rechnen hätten«.[105] Somit wurde die seit Monaten erörterte Frage akut, mit welchem rechtlichen Konstrukt der Familienbesitz künftig zusammengehalten werden könnte. Es galt, sich zeitnah zu entscheiden: Wollte man einen Verein gründen oder ließ sich eine andere, passendere Lösung finden?

101 Vgl. NLA HA, Dep. 103 XL, Acc. 2018/111, Nr. 1822, Vermögensverwaltung von Hessen-Darmstadt an Paul Knoke, 12.8.1921; NLA HA, Dep. 103 XL, Acc. 2018/111, Nr. 1822, Schaumburg-Lippische Vermögensverwaltung an Paul Knoke, 18.7.1923.

102 Vgl. NLA BU, K2 D Acc. 38/93, Nr. 696b, Konferenz Vereinigung Deutscher Hofkammern, 27.7.1920.

103 NLA HA, Dep. 103 XX, Nr. 130, Konferenz Vereinigung Deutscher Hofkammern, 26.2.1920.

104 Vgl. Riotte, Reichtum, S. 49.

105 NLA HA, Dep. 103 XXXIX, Acc. 2018/53, Nr. 47, Oberste Verwaltung an den preußischen Justizminister (Abschrift), 4./7.1.1920.

Die Entscheidung fiel gegen den Familienverein. Ausschlaggebend dafür war der Austausch mit anderen Familien, wie Paul Knoke nachträglich erläuterte: Ursprünglich sei es die Absicht gewesen, »die Mitglieder des Gesamthauses Braunschweig-Lüneburg einen in das Vereinsregister einzutragenden Verein gründen zu lassen«.[106] Im Januar 1920 aber habe der Entwurf eines Auseinandersetzungsvertrags zwischen dem preußischen Staat und den Hohenzollern eine weitere Möglichkeit eröffnet.[107] Konkret war hier festgestellt worden, dass das Haus Preußen – vor 1918 gemeinhin als Genossenschaft mit eigener Rechtspersönlichkeit definiert – auch in der Republik als juristische Person aufzufassen sei.[108] Mit großer Genugtuung nahm der Kreis der Vermögensverwaltungen diese Beurteilung zur Kenntnis.[109] Da »haben wir uns gesagt«, so Knoke, »daß wir versuchen müssen, die Anerkennung zu erlangen, daß das Gesamthaus Braunschweig-Lüneburg, welches ebenfalls juristische Persönlichkeit besessen hatte, diese Eigenschaft auch unter den veränderten Verhältnissen behalten habe.«[110] Schließlich würde diese Lösung die Gründung einer Stiftung, einer Gesellschaft oder eben eines Familienvereins überflüssig machen.

Für eine solche Transformation galt es jedoch mehrere rechtliche Hürden zu überwinden. Zum einen hatte man für das welfische Haus – oder besser: die welfischen Häuser – eine neue Organisationsform zu finden, mit der sie als juristische Personen weiterhin anerkannt werden würden. Zum anderen mussten die Häuser frei über ihr Eigentum entscheiden können, es veräußern und hypothekarisch belasten dürfen, wollte man den Vorgaben des angekündigten preußischen Aufhebungsgesetzes entsprechen. Diese beiden Hindernisse ließen sich – absurderweise – mit der Hausgesetzgebung nehmen. Mehr als ein Jahr nach dem Zerfall der Monarchie konnten die Welfen noch immer auf ihr Recht zur Selbstgesetzgebung zurückgreifen, um über ihren Kapital-, Grund- und Kunstbesitz zu bestimmen. Bis zu diesem Zeitpunkt war das Vorrecht nicht beseitigt worden. Den Welfen stand es unverändert zu, ihre Güter-, Erb- und Familienverhältnisse mittels Hausgesetzen selbst zu regeln.[111]

106 NLA HA, Dep. 103 XL, Acc. 2018/111, Nr. 1822, Paul Knoke an die Schaumburg-Lippische Vermögensverwaltung (Abschrift), 1. 8. 1923.

107 Vgl. Entwurf eines Gesetzes über die Vermögensauseinandersetzung zwischen dem Preußischen Staate und dem Preußischen Königshause, 26. Januar 1920, in: Sammlung der Drucksachen der verfassungsgebenden Preußischen Landesversammlung. Tagung 1919/21, Berlin 1921, S. 2388-2407.

108 Zur Genossenschaft der hochadeligen Familie vgl. auch Gottwald, Dorothee, Fürstenrecht und Staatsrecht im 19. Jahrhundert. Eine wissenschaftsgeschichtliche Studie, Frankfurt a. M. 2009, S. 53-72.

109 NLA HA, Dep. 103 XX, Nr. 130, Konferenz Vereinigung Deutscher Hofkammern, 26. 2. 1920.

110 NLA HA, Dep. 103 XL, Acc. 2018/111, Nr. 1822, Paul Knoke an die Schaumburg-Lippische Vermögensverwaltung (Abschrift), 1. 8. 1923.

111 Vgl. die entsprechende Diskussion in NLA HA, Dep. 103 XX, Nr. 130, Konferenz Vereinigung Deutscher Hofkammern, 26. 2. 1920. Siehe dazu auch Leven, Rudolf, Autonomierecht und Rechtspersönlichkeit der hochadeligen Häuser nach der Staatsumwälzung von 1918, Erlangen 1934; Kuchinke, Privatfürstenrecht, S. 404; sowie exemplarisch für die Hohenzollern Malinowski, Hohenzollern, S. 469 f.

So wurden am 7. Mai 1920 drei »hausgesetzliche Bestimmungen« durch das Familienoberhaupt erlassen.[112] Sie betrafen das »Hausgut des Gesamthauses Braunschweig-Lüneburg«, die »Kronschatullkasse« und das »Ernst August Fideikommiß«. Besonders ausführlich war das Hausgesetz für das Gesamthaus. Hier wurde festgelegt, dass »die Verfügung und Nutzung hinsichtlich des Hausgutes« fortan dem Gesamthaus »als solchem« zustehe. Als »Organe des Hauses« führte man eine »Mitgliederversammlung«, den »Chef des Hauses« und die »Oberste Verwaltung« ein. Die Mitgliederversammlung – gebildet aus den Agnaten der Familie, d. h. den geschäftsfähigen, männlichen Nachkommen Ernst Augusts (II.) – sollte über die Verwendung, Veräußerung und Belastung des Vermögens entscheiden.[113] Ihren Vorsitz führte der »Chef des Hauses«, als welcher derjenige definiert wurde, »welcher nach dem bisherigen Hausrecht Chef des Hauses ist oder sein würde«. Ihm stand ein Vetorecht in der Mitgliederversammlung zu. Die Oberste Verwaltung schließlich, aus drei Mitgliedern zusammengesetzt, fungierte als Vertretung des Gesamthauses gegenüber Dritten. Für die beiden anderen Häuser wurden sinnentsprechende Bestimmungen erlassen. Sie alle traten umgehend in Kraft.

Die Reorganisation erfolgte gerade noch rechtzeitig. Anderthalb Monate später wurde das preußische Gesetz zur Aufhebung der Standesvorrechte und Auflösung der Hausvermögen verabschiedet.[114] Nun wurde deutlich, wie genau die Welfen im Vorhinein über das Gesetz informiert gewesen waren, wie gründlich ihre Interessenvertretung lobbyiert hatte.[115] So legte Paragraph 23 fest, dass wenn »beim Inkrafttreten dieses Gesetzes bereits ein Hausgesetz vorhanden [ist], durch das die Auflösung des Hausvermögens geregelt wird, so behält es bei dessen Vorschriften sein Bewenden«.[116] Es wurde unabhängigen Auflösungsbehörden am Sitz der Oberlandesgerichte überantwortet, diese »Vorschriften« auf ihre Rechtsgültigkeit hin zu prüfen.

Endlich konnte damit Klarheit geschaffen werden. Speziell oblag es dem Auflösungsamt in Celle, zu beurteilen, ob die Hausgüter durch die hausgesetzlichen Bestimmungen aufgelöst und in das freie Eigentum der drei Häuser übergegangen waren. Einen ersten Beschluss traf das Amt am 25. September 1922. Es stellte fest: »Das ehemalige Hausgut des Gesamthauses Braunschweig-Lüneburg ist nicht mehr als gebundenes Vermögen […] anzusehen.«[117] Darüber hinaus urteilte es, dass das Gesamthaus als juristische Person gelten könne, sodass es ihm »unbedenklich« scheine, »daß das Freiwerden

112 NLA HA, Dep. 103 XL, Acc. 2018/111, Nr. 3275, Hausgesetzliche Bestimmungen über das Hausgut des Gesamthauses-Braunschweig Lüneburg, 7.5.1920. Ebd. auch zum »Ernst-August-Fideikommiss« und der »Kronschatullkasse«.

113 Wörtlich definierte § 3: »In der Mitgliederversammlung hat jeder Agnat Sitz und Stimme. Bei geschäftsunfähigen und in der Geschäftsfähigkeit beschränkten Personen ruht das Stimmrecht.«

114 Vgl. Gesetz über die Aufhebung der Standesvorrechte des Adels und die Auflösung der Hausvermögen. Vom 23. Juni 1920, Preußische Gesetzsammlung 1920, S. 367-382.

115 Vgl. u. a. NLA HA, Dep. 103 XX, Nr. 130, Konferenz Vereinigung Deutscher Hofkammern, 27.11.1920.

116 Ebd.

117 NLA HA, Dep. 103 XX, Nr. 10, Beschluss des Celler Auflösungsamts (Abschrift), 25.9.1922.

des Hausvermögens in der Hand des Hauses bestimmt worden ist«.[118] Einige Monate darauf erging ein entsprechender Entscheid auch für das Ernst-August-Fideikommiss. Dieses galt fortan als ungebundenes Vermögen des »Spezialhauses der Linie des Königs Ernst August von Hannover«.[119] Über die »Krontschatullkasse« wurde dagegen nie ein amtliches Urteil gefällt, ohne dass hierfür Gründe ersichtlich sind. In der Praxis verfuhr man schlicht so, *als ob* das Hausgut ebenfalls aufgelöst und zu freiem Eigentum des »Hauses Hannover« geworden sei.[120] Widerstand dagegen regte sich nicht.

Die Welfen hatten ihr erklärtes Ziel erreicht: Mit dem Gesamthaus und den beiden Spezialhäusern waren drei juristische Personen bürgerlichen Rechts als Träger der althergebrachten Hausvermögen anerkannt worden. Neben den persönlichen Privatvermögen der Familienmitglieder blieb ein eigenständiger Vermögenskomplex aus Grund und Boden, Kapital- und Kunstbesitz bestehen – ein Komplex, der, wie Paul Knoke zufrieden feststellte, »nicht in den Erbgang kommt und infolgedessen keiner Erbschaftssteuer unterliegt«.[121] Zwar stand es den Häusern prinzipiell zu, ihren Besitz zu verkaufen. Doch die Hürden waren hoch; stets brauchte es eine Mehrheit in der Mitgliederversammlung *und* die Zustimmung des Hauschefs. Entsprechend groß war das Interesse anderer Vermögensverwaltungen, wie genau »der Nachweis der juristischen Person des Hohen Hauses« erbracht worden sei.[122] Das Haus Schaumburg-Lippe folgte dem welfischen Beispiel mit einem ähnlichen Hausgesetz.[123] Andere Familien schufen Vereine, Stiftungen oder andere rechtliche Konstrukte, um vergleichbare Ergebnisse zu erzielen.[124]

Mit geringen Zugeständnissen an die bürgerliche Rechtsordnung war es gelungen, die traditionellen Besitzverhältnisse weitestgehend aufrechtzuhalten. Nach wie vor besaß das männliche Familienoberhaupt die Kontrolle über den familialen Vermögensstock. Anfang der 1920er-Jahre hieß das konkret, dass Ernst August (II.) die Hauptverantwortung für die Vermögen des Gesamthauses, des Hauses Hannover und der Linie des Königs Ernst August I. trug. Zwar stand den Agnaten durch die Mitgliederversammlung(en) ein institutionalisiertes Mitspracherecht in Vermögensfragen zu. Das Oberhaupt benö-

118 Ebd. Zu ebendiesem Schluss kam unabhängig davon auch das Landgericht Braunschweig am 12.10.1922 in einem Zwischenurteil im Prozess zwischen dem Gesamthauses Braunschweig-Lüneburg und dem Freistaat Braunschweig um das Kammergut. Vgl. Schmidt, Herzogsprozeß, S. 97 f.

119 NLA HA, Dep. 103 XX, Nr. 10, Beschluss des Celler Auflösungsamts (Abschrift), 23.4.1923.

120 Vgl. in diesem Sinne NLA HA, Dep. 103 XL, Acc. 2018/111, Nr. 1822, Paul Knoke an die Schaumburg-Lippische Vermögensverwaltung (Abschrift), 1.8.1923.

121 NLA HA, Dep. 103 XL, Acc. 2018/111, Nr. 1822, Paul Knoke an die Berliner Geschäftsstelle des Vereins der Deutschen Standesherren und der Vereinigung Deutscher Hofkammern (Abschrift), 7.1.1930.

122 NLA HA, Dep. 103 XL, Acc. 2018/111, Nr. 1822, Anhaltinische Vermögensverwaltung an Paul Knoke, 3.6.1930; NLA HA, Dep. 103 XL, Acc. 2018/111, Nr. 1822, Vermögensverwaltung des Hauses Bayern an Paul Knoke, 23.5.1930.

123 Vgl. NLA HA, Dep. 103 XL, Acc. 2018/111, Nr. 1822, Schaumburg-Lippische Vermögensverwaltung an Paul Knoke, 1.8.1923.

124 Die vormals sächsische Königsfamilie etwa gründete den »Haus Wettin Albertinische Linie e. V.«, dem die familialen Vermögen übertragen wurden. Vgl. Groß, Reiner, Die Wettiner, Stuttgart 2007, S. 271 f.; Klein, Privatier, S. 156.

tigte ihre Zustimmung, um über die Verwendung der Kunstschätze oder die Gewinnverteilung der land- und forstwirtschaftlichen Betriebe zu bestimmen. Gegen seinen Willen aber konnte kein Entschluss gefasst werden.

Darüber hinaus wurde der Grundsatz der agnatischen Primogenitur gewahrt. Die Stellung als Vorsitzender der Häuser sollte nach Ernst August (II.) auf Ernst August (III.) und später auf Ernst August (IV.) übergehen. Die jüngeren Agnaten behielten demgegenüber das Nachsehen. Ungleich drastischer war freilich die Zurücksetzung der Frauen. Ihnen wurden keinerlei Zugriffsrechte auf die Vermögen zugestanden. Waren sie auch Mitglieder an den drei Häusern im sozialen Sinne, von den Häusern im ökonomischen Sinne wurden sie ferngehalten. Das neue Konstrukt versperrte ihnen jeden direkten Zugang zu den Vermögen. Der Plan, die Kognaten gleichberechtigt bei der Verwaltung des Familienbesitzes mitwirken zu lassen, wie noch der Entwurf des Familienvereins vorgesehen hatte, war nicht mehr als ein kurzzeitiges, notgedrungenes Gedankenspiel. Die Vermögensverhältnisse blieben streng patriarchalisch organisiert.

Als übergeordnetes Ziel war bei den Welfen letztlich gesetzt, den Familienbesitz zusammenzuhalten und möglichst geschlossen an die nachfolgende Generation zu übergeben.[125] Das hieß nichts anderes, als diesen in den Händen des männlichen Familienoberhaupts zu konzentrieren. Eine ausgewogenere Verteilung der Eigentumsrechte wurde dem untergeordnet. Diese strukturelle Ungleichbehandlung der Geschlechter und Geschwister sollte noch bis weit in die zweite Hälfte des 20. Jahrhunderts hinein aufrechtgehalten werden.

2.3 Die endgültige Auflösung der Hausvermögen

Nach 1922/23 etablierten sich das Gesamthaus Braunschweig-Lüneburg und die beiden Spezialhäuser rasch als die Träger des welfischen Vermögens. Satzungsgemäß traten jedes Jahr die Mitgliederversammlungen zusammen, gelegentlich noch ergänzt durch außerordentliche Zusammentreffen.[126] Ihren Vorsitz führte Ernst August (II.), bis nach seinem Tod 1923 Ernst August (III.) diese Position übernahm. Nach und nach kamen auch dessen vier Söhne ins geschäftsfähige Alter, sodass sich der Kreis der Teilnehmer stetig vergrößerte. Paul Knoke wohnte den Versammlungen ebenfalls verlässlich bei, er war zum ersten Mitglied der Obersten Verwaltung des Gesamthauses ernannt worden.[127] Dergestalt organisiert, waren die drei juristischen Personen bürgerlichen Rechts bald allerorten anerkannt. Immobilien und Ländereien wurden in den Grundbüchern als Eigentum des Gesamthauses eingetragen, Bankkonten für den Kapitalbesitz der bei-

125 Vgl. zu diesem Primat auch Conze, Familienbewusstsein.

126 Als Überblick vgl. NLA HA, Dep. 103 XL, Acc. 2018/111, Nr. 3314, Protokolle der Mitgliederversammlungen des Gesamthauses Braunschweig-Lüneburg, 1920-1940; NLA HA, Dep. 103 XL, Acc. 2018/111, Nr. 2358. In letzterer Akte sind die Protokolle der Mitgliederversammlungen allerdings mit anderen Sitzungsprotokollen vermischt.

127 Vgl. NLA HA, Dep. 103 XL, Acc. 2018/111, Nr. 3314, Mitgliederversammlung des Gesamthauses Braunschweig-Lüneburg, 21. 2. 1921.

den Spezialhäuser eingerichtet. Nicht zuletzt hatten die Häuser Vermögens- und Körperschaftssteuern zu entrichten.

Auf dieser Grundlage gelang es Mitte der 1920er-Jahre, einen Vergleich in dem seit langem schwelenden Vermögenskonflikt mit dem Freistaat Braunschweig zu erzielen. Mit dem »Gesetz über die Auseinandersetzung zwischen dem braunschweigischen Staate und dem vormals regierenden Herzoglichen Hause« vom 23. Oktober 1925 wurden Schloss Blankenburg, ein Gestüt, vier Domänen und ein Neuntel der Kammerforsten als »Eigentum des Gesamthauses« anerkannt.[128] Im Gegenzug verzichtete die Familie auf alle weiteren Ansprüche gegenüber dem Staat. Zusammengenommen belief sich der Grundbesitz der Welfen in Braunschweig damit auf rund 13.000 Hektar, etwa 3,5 Prozent des braunschweigischen Staatsgebietes.[129]

In diesem Zusammenhang ist zu erwähnen, dass einige Jahre darauf auch in einer anderen Vermögensauseinandersetzung eine Einigung erzielt werden konnte – dem Prozess um den sogenannten Welfenfonds.[130] Hierbei handelte es sich um einen Kapitalfonds von einst mehreren Millionen Talern, den Georg V. nach Hannovers Annexion als Ausgleich für die an Preußen fallenden Güter und Forste zugesprochen bekommen hatte. Zusammen mit dem Schloss Herrenhausen, der Domäne Calenberg und einem Teil des Leinepalais war das Kapital in der Folge unter preußischer Verwaltung geblieben. Allein die Zinsen hatten die Welfen erhalten. Nach dem Ende des Kaiserreichs, der Inflation und dem völligen Wertverfall des Fonds waren schließlich Verhandlungen über eine endgültige Auflösung aufgenommen worden. Über Jahre wurde prozessiert, am Ende erhielt das Gesamthaus 5,75 Millionen Reichsmark ausgezahlt. Zudem bekam es, gegen eine Abschlagszahlung, die Besitzung Herrenhausen, die Hälfte des Palais an der Leinestraße und die Domäne Calenberg »überlassen«.[131]

Mit diesen beiden Prozessabschlüssen entfaltete die Reorganisation der Häuser ihre ganze Bedeutung. Die weitaus größten Teile des welfischen Gesamtvermögens galten fortan als aufgelöste Hausvermögen (oder wurden zumindest so gehandhabt). Vom Erbgang ausgenommen, standen sie unter maßgeblicher Kontrolle des Welfenoberhaupts. Allein die Vermögen des Gesamthauses Braunschweig-Lüneburg beliefen sich bald auf mehr als 13 Millionen Reichsmark. Zum Vergleich: Das Privatvermögen Ernst Augusts (III.) wurde im selben Jahr (1935) – ebenfalls nach Abzug von Schulden – mit knapp drei Millionen Reichsmark veranschlagt.[132] Wenig überraschend wurden derartige Vermögenskonstruktionen, die so oder so ähnlich alle Gruppen des Adels geschaffen hat-

128 Gesetz über die Auseinandersetzung zwischen dem braunschweigischen Staate und dem vormals regierenden Herzoglichen Hause. Vom 23. Oktober 1925, in: Braunschweigische Gesetz- und Verordnungsversammlung 112, 1925, S. 255-262.

129 Vgl. Schmidt, Vermögensauseinandersetzung, S. 315.

130 Zur Geschichte des Welfenfonds vgl. hier nur Philippi, Hans, Zur Geschichte des Welfenfonds, in: Niedersächsisches Jahrbuch für Landesgeschichte 31, 1959, S. 190-254; Nöll von der Nahmer, Robert, Bismarcks Reptilienfonds. Aus den Geheimakten Preußens und des Deutschen Reichs, Mainz 1968. Näher dazu das Kapitel »›Ein Stück Geschichte‹. Der Welfenfondsprozess«.

131 NLA HA, Dep. 103 XL, Acc. 2018/111, Nr. 3329, Vertrag zwischen dem Preußischen Staat und dem Gesamthaus Braunschweig-Lüneburg, 25.3.1935.

132 Vgl. zu diesen Zahlen und ihrer Einordnung das Kapitel »Fehlende Balance im Vermögensbestand«.

ten, zeitgenössisch auch als »verschleierte Fideikommisse« kritisiert.[133] Tatsächlich sprach die welfische Verwaltung selbst ganz unverblümt von einem »Ausweg«, durch den der »Zweck der Fideikommisse ganz oder teilweise in anderer Form erreicht« worden sei.[134]

Im Zuge der Machtübernahme der Nationalsozialisten wurde die Beseitigung dieses gleichsam fideikommissarisch gebundenen Besitzes entschieden vorangetrieben.[135] Anders als in der Weimarer Republik ging es den nationalsozialistischen Agrarpolitikern dabei nicht um die Befreiung des Grund und Bodens von sonderrechtlichen Bindungen.[136] Die Ablehnung der Fideikommisse war vielmehr ideologisch begründet. Nach der »Blut und Boden«-Programmatik gebührte familiengeführten, bäuerlichen Betrieben gegenüber extensiv wirtschaftenden Guts- und Großbetrieben der Vorzug. Die Einrichtung der sogenannten Erbhöfe markierte dies unmissverständlich: Bauernhöfe mittlerer Größe, zwischen 7,5 und 125 Hektar groß, konnten seit 1933 zu unveräußerlichen, unteilbaren und unbelastbaren Betrieben erklärt werden.[137] Derartig von Marktzwängen befreit, sollten die Erbhöfe »die beste Gewähr für die Gesunderhaltung von Volk und Staat« bilden, denn als Besitzer eines Erbhofs kamen nur »rassisch einwandfreie« Bauern in Frage. Folgerichtig hatte faktisch oder praktisch gebundener Grund und Boden, der solchen Betriebsgrößenverhältnissen entgegenstand, beseitigt zu werden.

Die rechtliche Grundlage dazu wurde im Juli 1938 mit dem »Gesetz über das Erlöschen der Familienfideikommisse und sonstiger gebundener Vermögen« sowie der ergänzenden Durchführungsverordnung vom 20. März 1939 geschaffen.[138] Damit wurde neu definiert, was unter aufgelöstem Vermögen zu verstehen sei. Bei Hausgütern und -vermögen, bei denen, wie im Fall der Welfen, die Auflösung derart stattgefunden hatte, »daß das Vermögen dem Hause als einer juristischen Person verblieben oder übertragen worden ist«, galt die Auflösung »als noch nicht durchgeführt«.[139] Nicht nur die »Kron-

133 Freifrau von Hoyningen-Huene, Iris, Adel in der Weimarer Republik. Die rechtlich-soziale Situation des reichsdeutschen Adels 1918-1933, Limburg 1992, S. 140.

134 NLA HA, Dep. 103 XX, Nr. 137, Ausarbeitung über die Hausvermögen (Abschrift), 18.6.1927.

135 Vgl. Eckert, Familienfideikommisse, S. 741 ff.

136 Vgl. zuletzt u. a. Gies, Horst, Richard Walther Darré. Der »Reichsbauernführer«, die nationalsozialistische »Blut und Boden«-Ideologie und Hitlers Machteroberung, Köln, Weimar u. Wien 2019, S. 364 ff.

137 Reichserbhofgesetz. Vom 29. September 1933, in: Reichsgesetzblatt Teil 1, 1933, S. 685-692, hier: S. 685. Hier auf die folgenden Zitate. Vgl. kritisch dazu Weitzel, Jürgen, Nationalsozialistische Agrarideologie und Landwirtschaftsrecht, in: Dieter Gosewinkel (Hrsg.), Wirtschaftskontrolle und Recht in der nationalsozialistischen Diktatur, Frankfurt a. M. 2005, S. 157-180; Münkel, Daniela, Bäuerliche Interessen versus NS-Ideologie. Das Reichserbhofgesetz in der Praxis, in: Vierteljahrshefte für Zeitgeschichte 44, 1996, S. 549-580.

138 Vgl. Gesetz über das Erlöschen der Familienfideikommisse und sonstiger gebundener Vermögen. Vom 6. Juli 1938, in: Reichsgesetzblatt Teil 1, 1938, S. 825-832; Verordnung zur Durchführung und Ergänzung des Gesetzes über das Erlöschen der Familienfideikommisse und sonstiger gebundener Vermögen. Vom 20. März 1939, in: Reichsgesetzblatt Teil 1, 1939, S. 509-528. Erläuternd dazu: Koehler, Karl u. Heinemann, Ernst, Das Erlöschen der Familienfideikommisse und sonstiger gebundener Vermögen. Gesetze und Verordnungen des Reichs auf fideikommißrechtlichem Gebiete nebst einem Überblick über das Fideikommißrecht und Erläuterungen der reichsrechtlichen Vorschriften, Berlin 1940.

139 Ebd.; vgl. dazu auch Sbresny, Sammlungen, S. 522.

schatullkasse«, die man de facto nie aufgelöst hatte, auch das »Hausgut des Gesamthauses Braunschweig-Lüneburg« und das »Ernst August Fideikommiß« waren demnach (erneut) zur Auflösung zu bringen. Zum 1. Juli 1939 sollten die Vermögen erlöschen und in das freie Eigentum eines Mitglieds des Hauses übergehen.

In vielen Punkten waren die neuen Bestimmungen vage gehalten, was teilweise absurde, widersprüchliche Folgen nach sich zog. Insbesondere wurde zwischen dem *Erlöschen* und der *Auflösung* der Hausvermögen unterschieden. Zur Mitte des Jahres 1939 sollten die Vermögen erlöschen, d. h. die Häuser als juristische Personen beseitigt und der frühere Hausgutsinhaber als neuer Eigentümer eingesetzt werden. Damit galten die Vermögen jedoch noch nicht als aufgelöst. Vielmehr sollte zunächst eine Sperrfrist eintreten, während der Fideikommissgerichte oder -senate an den Oberlandesgerichten »Schutz- und Sicherungsmaßnahmen« im »öffentlichen Interesse« und zur Wahrung privater Rechte treffen konnten. Waldbesitz etwa war gegen »ordnungswidrige« Bewirtschaftung und »unwirthschaftliche« Zersplitterung zu »Schutzforsten« unter staatlicher Forstaufsicht umzuformen. Bei Besitz von herausragendem künstlerischem, wissenschaftlichem, historischem oder kulturellem Wert hatten Maßnahmen für die »ordnungsmäßige Erhaltung« getroffen zu werden. Erst nachdem diese – kaum näher definierten – Vorkehrungen für ausreichend erklärt worden waren, sollte die Sperrfrist aufgehoben und die Auflösung bescheinigt werden.[140]

Sorgenvoll wurde diese neuerlich vorangetriebene Beseitigung der Fideikommisse von der Hofkammer-Vereinigung verfolgt.[141] Denn den Bestimmungen hatte man nicht viel entgegenzusetzen. Bis auf vereinzelte Ausnahmen erloschen im Laufe des Jahres 1939 sämtliche Familienfideikommisse und sonstwie landesrechtlich gebundenen Vermögen im Deutschen Reich.[142] Bis Mitte 1943 waren bereits für rund 1.500 gebundene Besitze mit circa zwei Millionen Hektar Grundfläche Auflösungsscheine ausgestellt. Allerdings liefen durch die Sperrfrist-Regelung zeitgleich auch noch immer 1.200 Auflösungsverfahren. Nach wie vor galten damit ungefähr 1,6 Millionen Hektar Grundbesitz nicht als endgültig aufgelöst.

Die welfischen Hausvermögen bildeten hier keine Ausnahme. Fristgerecht zum 1. Juli 1939 erloschen das Gesamthaus Braunschweig-Lüneburg und die beiden Spezialhäuser als juristische Personen.[143] Ihre gesamten Vermögenswerte – Aktiva wie Passiva – gingen in das Eigentum Ernst Augusts (III.) über. Alle Geschäftsvorgänge liefen fortan auf seinen Namen, auch die Verwaltungsstellen der Häuser wurden entsprechend umbenannt. Nunmehr gab es eine »Oberste Verwaltung Seiner Königlichen Hoheit des Herzogs Ernst August zu Braunschweig und Lüneburg«.[144] Zwischen Haus- und Privatvermögen wurde rechtlich kein Unterschied mehr gemacht. Sämtliches Vermögen war künftig nach bürgerlichem Recht weiterzugeben, alle berechtigten Familienmitglieder

140 Erläuternd: Eckert, Familienfideikommisse, S. 750 ff.

141 NLA BU, K2 D Acc. 38/93, Nr. 696c, Konferenz Vereinigung Deutscher Hofkammern, 7. 10. 1938.

142 Vgl. Eckert, Familienfideikommisse, S. 754 ff.

143 Vgl. NLA HA, Dep. 103 XL, Acc. 2018/111, Nr. 64, Oberlandesgericht Braunschweig an den Präsidenten des Obersten Fideikommißgerichts Berlin, 26. 6. 1939.

144 NLA HA, Dep. 103 XL, Acc. 2018/111, Nr. 64, Vermerk Paul Knokes, 30. 12. 1939.

konnten Anspruch auf ihre gesetzmäßigen Pflichtanteile erheben. Zudem wurden Erbschaftssteuern fällig. Zwar gab es verschiedene Überlegungen unter den dynastischen Vermögensverwaltungen, den land- und forstwirtschaftlichen Besitz zu Erbhöfen umzuformen, um zumindest diesen weiterhin geschlossen übertragen zu können.[145] Auch die Welfen trafen entsprechende Vorbereitungen. Letztlich setzten sie ihre Pläne aber nicht in die Tat um.[146]

Vollends beseitigt waren die Hausvermögen damit allerdings noch nicht. Wie vorgesehen trat mit dem Erlöschen der welfischen Hausvermögen umgehend eine Sperrfrist in Kraft. Allem voran leiteten die Fideikommissbehörden Maßnahmen zum »Schutz« der Forste ein.[147] Die ausgedehnten braunschweigischen Waldflächen wurden unter dem Namen »Schutzforst des Gesamthauses Braunschweig-Lüneburg« zusammengeschlossen, die nunmehr in ihrer Ertragsfähigkeit »zum Besten der Volksgemeinschaft zu erhalten und möglichst zu steigern« waren.[148] Darüber hinaus konnten Schlösser, Sammlungen und sonstige Kulturgüter »von öffentlichem Interesse« einstweilig nur mit behördlicher Genehmigung veräußert werden. Währenddessen galt die Regelung, dass nur nach Maßgabe der vor dem Erlöschen geltenden Vorschriften über die Hausvermögen verfügt werden durfte.[149] Die Folgen waren paradox: Ungeachtet des laufenden Auflösungsverfahrens bestanden die hausgesetzlichen Bestimmungen vom 7. Mai 1920 im Wesentlichen fort. Obgleich die Häuser als juristische Personen aufgehört hatten zu existieren, trat gelegentlich die Mitgliederversammlung des Gesamthauses Braunschweig-Lüneburg zusammen, um über den Verkauf von Grund und Boden zu entscheiden.[150] Für die Welfen war dies allerdings kaum mehr von Vorteil. Weite Teile ihres Besitzes unterlagen empfindlichen Verfügungsbeschränkungen, während der einstige Nutzen der Rechtskonstruktion verlorengegangen war.

Die Hausvermögen befanden sich sonach in einem merkwürdigen Schwebezustand: formal erloschen, doch nicht endgültig aufgelöst. Dieser Zustand blieb in den nächsten drei Jahrzehnten unverändert bestehen. Zwar flammte mit dem Zusammenbruch des »Dritten Reichs« kurzzeitig Hoffnung bei der Obersten Verwaltung auf, dass die drei juristischen Personen neu gegründet werden könnten.[151] Doch die Maßnahmen der NS-Zeit wurden nicht zurückgenommen. Nach wie vor galten behördliche Regelungen zum Schutz der Kulturgüter und zur Absicherung von Ruhegehalts- und Hin-

145 NLA HA, Dep. 103 XL, Acc. 2018/111, Nr. 64, Schaumburg-Lippische Vermögensverwaltung an Paul Knoke, 14.1.1941.

146 Vgl. NLA HA, Dep. 103 XL, Acc. 2018/111, Nr. 630, Bildung von Erbhöfen, 1937-1943.

147 Vgl. NLA WO, 12 Neu, 18, Nr. 2054, Beschluss des Fideikommißsenats des Oberlandesgerichts Braunschweig, 6.5.1943.

148 § 3 Verordnung über den Waldschutz bei der Fideikommißauflösung (Schutzforstordnung). Vom 21. Dezember 1939, in: Reichsgesetzblatt Teil 1, 1938, S. 2459-2464.

149 Vgl. § 11 Gesetz über das Erlöschen der Familienfideikommisse und sonstiger gebundener Vermögen. Vom 6. Juli 1938, in: Reichsgesetzblatt Teil 1, 1938, S. 825-832.

150 Vgl. beispielshalber NLA HA, Dep. 103 XL, Acc. 2018/111, Nr. 3314, Außerordentliche Mitgliederversammlung des Gesamthauses Braunschweig-Lüneburg, 9.7.1940.

151 Vgl. NLA HA, Dep. 103 XL, Acc. 2018/111, Nr. 64, Vermerk Paul Knokes, 13.7.1946.

terbliebenenansprüchen ehemaliger Bediensteter.[152] Erst 1968 wurde vom Fideikommisssenat am Oberlandesgericht Braunschweig schlussendlich erklärt: »Das Hausgut des Gesamthauses Braunschweig-Lüneburg, das Hausgut des Hauses Hannover und das Hausgut der Speziallinie des König Ernst August von Hannover [sind] aufgelöst.«[153]

Spannt sich der Blick über den gesamten Untersuchungszeitraum, wird deutlich, dass die Verbindung zwischen den Welfen und ihren Hausvermögen mehrere folgenschwere Umbrüche erfuhr. Nach dem Ende der Monarchie bestanden die gebundenen Vermögen zunächst in ihrer ursprünglichen Form fort. Die Zeit wurde genutzt, »binnenadelige Defensivstrategien« zu entwickeln, mit denen sich die bestehenden Vermögensverhältnisse weitgehend konservieren ließen.[154] Die Lobbyarbeit der Hofkammer-Vereinigung war hierfür von herausragender Bedeutung. Erfolgreich gelang es den Welfen innerhalb von anderthalb Jahren, ihre Häuser zu juristischen Personen bürgerlichen Rechts umzuformen. In deren Eigentum blieben die familialen Vermögen, in jahrelangen Rechtsstreitigkeiten mühevoll verteidigt, anschließend weitere zwei Jahrzehnte nach patriarchalischen Hausgesetzen geordnet. Eine tiefgreifende Zäsur markierte dann das Jahr 1939. Mit den Fideikommiss-Auflösungsgesetzen des »Dritten Reichs« wurde die Verbindung zwischen den welfischen Häusern und ihren Vermögen unwiederbringlich zerschlagen. Die Hausgüter gingen in freies Privateigentum über. An praktischer Bedeutung verloren sie dadurch allerdings nicht, wie noch näher zu zeigen sein wird.

Über all diese Brüche hinweg gaben die Welfen ihre Vermögen von einer Generation zur nächsten. Immer wieder war die Strategie der Vermögenstransfers zu überprüfen und anzupassen. Von diesen stetigen Neuausrichtungsprozessen handelt das nächste Kapitel. Es untersucht, wie die Welfen ihre Haus- und Privatvermögen über Erziehung und Ausbildung, Schenkungen und Erbprozesse weitergaben, wie sich Wege und Ziele im Laufe des Zeitraums wandelten und inwiefern es am Ende tatsächlich gelang, den Besitz auf Dauer zu einen.

152 Vgl. insgesamt NLA WO, 57 Nds, Zg. 2020/32, Nr. 1-6, Fideikommiss betreffend das Hausvermögen des Hauses Braunschweig-Lüneburg.

153 NLA WO, 57 Nds, Zg. 2020/32, Nr. 5, Beschluss des Fideikommisssenats Braunschweig (Abschrift), 6.2.1968. Vgl. dazu auch Sbresny, Sammlungen, S. 522 f.

154 Conze, Familienbewusstsein, S. 478.

3 Wege und Ziele der Vermögensweitergabe

3.1 Erziehung und Ausbildung der nachfolgenden Generation

Mit dem Zusammenbruch der Monarchie, dem Verlust letzter ständischer Vorrechte und der schrittweisen Beseitigung der gebundenen Sondervermögen wurden Erziehung und Ausbildung der nächsten Generation mehr denn je zur Grundlage adliger Familien- und Besitzkontinuität.[155] Darüber herrschten in der Vereinigung Deutscher Hofkammern keine zwei Meinungen. Mit Nachdruck wurde die Bedeutung zielgerichteter, intensiver Erziehungsarbeit unterstrichen: Es sei »Sache der Fürstlichen Familie«, hieß es in einer der Konferenzen, durch »Erziehung und Beispiel« dahin zu wirken, dass jedes einzelne Familienmitglied einen ausgeprägten »Familiensinn« ausbilde.[156] Nur durch den »freiwilligen« Verzicht der Töchter und nachgeborenen Söhne auf ihre gesetzlichen Pflichtanteile, »durch Zurückstellen eigener egoistischer Wünsche«, bestünde die Chance, die Hausvermögen unvermindert in einer Hand zu halten.[157] Ganz ähnliche Plädoyers wurden auch im Verein der Deutschen Standesherren gehalten.[158]

Das propagierte Erziehungs- und Ausbildungsziel war dabei ein doppeltes: Zum einen sollte der erstgeborene Sohn praktisch auf die Übernahme des Familienbesitzes vorbereitet werden. Von klein auf hatte er von der Familie und formenden Institutionen Kenntnisse und Fertigkeiten vermittelt zu bekommen, die ihn einmal in die Lage versetzen würden, den Besitz zu bewahren und der nachfolgenden Generation zu übergeben. Die nicht-erbenden Söhne waren daneben soweit zu qualifizieren, dass sie ihren eigenen Lebensunterhalt verdienen konnten, womöglich durch die Bewirtschaftung von Familienbetrieben. Auf die fachliche Ausbildung der Töchter wurde weniger Wert gelegt, die Ehe blieb das anvisierte Ziel. Zum anderen galt es, die tradierte Familienordnung erzieherisch zu vermitteln, dass die zugedachten Rollen akzeptiert und ausgefüllt wurden. Der erbende Sohn hatte sich seiner großen Verantwortung für den Erhalt des Vermögens ebenso bewusst zu sein wie seine Geschwister zum Erbverzicht bereit sein mussten. Weitere Erwartungen, wie eine »standesgemäße« Berufswahl oder eine »ebenbürtige« Eheschließung, gingen damit zum Teil noch einher.[159]

Bei der erzieherischen und fachlichen Vorbereitung der Töchter und Söhne auf ihre spezifischen Rollen in der Familienordnung konnten die vormals regierenden Familien

155 Allgemein zur Bedeutung von Erziehung und Ausbildung im Adel nach 1918 vgl. Wienfort, Monika, Art. »Erziehung«, in: Eckart Conze (Hrsg.), Kleines Lexikon des Adels. Titel, Throne, Traditionen, 2. Aufl., München 2012, S. 79-82; Funck, Marcus u. Malinowski, Stephan, »Charakter ist alles!«. Erziehungsziele und Erziehungspraktiken in deutschen Adelsfamilien des 19. und 20. Jahrhunderts, in: Jahrbuch für Historische Bildungsforschung, Bd. 6, Bad Heilbrunn 2000, S. 71-92; Conze, Von deutschem Adel, S. 287-328.

156 Ebd.

157 NLA HA, Dep. 103 XX, Nr. 130, Konferenz Vereinigung Deutscher Hofkammern, 15.5.1919.

158 Vgl. Funck u. Malinowski, Erziehungsziele, S. 75.

159 Vgl. Wienfort, Erziehung, S. 79. Zur Bedeutung »standesgemäßer« Berufe und Ehen bei den Welfen siehe passim.

auf viel Erfahrung zurückgreifen. Dies galt insbesondere für die »Prinzen-« beziehungsweise »Fürstenerziehung«, die Unterrichtung der designierten Herrscher.[160] Deren Erziehung war seit der Mitte des 19. Jahrhunderts sukzessive an die »wachsende Bedeutung von Qualifikationen in einer zunehmend nach Leistung anstatt nach Herkunft hierarchisierten Gesellschaft« angepasst worden.[161] Mehr und mehr Elemente humanistischer Bildung wurden in das traditionelle Erziehungsprogramm eingebracht.[162] Neben militärische Erzieher traten zivile Hauslehrer, bald schon wurde der Besuch öffentlicher Bildungseinrichtungen für die Kronprinzen zum Standard – zunächst die Universität, später das Gymnasium.[163] Gerade die Annäherung an bürgerliche Bildungsnormen sollte dazu beitragen, ihre künftige Stellung im konstitutionellen Staat zu festigen. Indessen vermochte auch dies nicht zu verhindern, dass es genau diese nach 1850 sozialisierten Prinzen waren, die im November 1918 von Deutschlands Thronen stürzten.

Mit dem Untergang des Kaiserreichs nahmen die Bildungsansprüche an die nachkommende Generation weiter zu. Schließlich verschärfte sich nun – auf sehr hohem Niveau – die Vermögenssituation der entthronten Herrscherfamilien. Allerorten führten die Auseinandersetzungen mit den Nachfolgestaaten zu Besitzverlusten, durch die Aufhebung der Steuerbefreiungen erhöhte sich schlagartig die finanzielle Belastung, und die Auflösung der Hausvermögen stellte die Familienvorstände und ihre Verwaltungen vor komplett neue Herausforderungen. Konsequenterweise forderte die Hofkammer-Vereinigung, dass »die Hohen und Höchsten Herrschaften ihr Interesse für ihre Vermögensverwaltungen durch persönliche Anteilnahme« zeigen sollten – und dies nicht nur »bei einigen grossen […] Fragen«, sondern »in intensivster Weise«.[164] Man verlangte hochgebildete, praktisch qualifizierte, sich einbringende Söhne. Auch aus den Reihen der hochadeligen Familien selbst wurden die überkommenen Bildungs- und Berufswege teils heftig kritisiert. Verächtlich wandte sich etwa Rupprecht Kronprinz von Bayern (1869-1955)[165] gegen die Vorstellung, dass »standesgemäße« Verdienstmög-

160 Vgl. zur Prinzenerziehung im 19. Jahrhundert Müller, Frank Lorenz, Die Thronfolger. Macht und Zukunft der Monarchie im 19. Jahrhundert, München 2019. Mit Fokus auf Preußen vgl. Wagner, Yvonne, Prinzenerziehung in der 2. Hälfte des 19. Jahrhundert. Zum Bildungsverhalten des preußisch-deutschen Hofes im gesellschaftlichen Wandel, Frankfurt a. M. 1995. Für die Prinzessinnen fehlt es dagegen an einschlägiger Literatur. Vgl. im Überblick: Kubrova, Monika, Vom guten Leben. Adelige Frauen im 19. Jahrhundert, Berlin 2011, S. 101-115.

161 Wagner, Prinzenerziehung, S. 57.

162 Zur traditionell militärischen Erziehung vgl. Stamm-Kuhlheim, Thomas, Militärische Prinzenerziehung und monarchischer Oberbefehl in Preußen 1744-1918, in: Martin Wrede (Hrsg.), Die Inszenierung der heroischen Monarchie. Frühneuzeitliches Königtum zwischen ritterlichem Erbe und militärischer Herausforderung, München 2014, S. 438-467.

163 Vgl. Franke, Christoph, Der bayerische und sächsische Adel im 19. und 20. Jahrhundert. Soziales Verhalten und soziale Strukturen, in: Günther Schulz u. Markus A. Denzel (Hrsg.), Deutscher Adel im 19. und 20. Jahrhundert. St. Katharinen 2004, S. 319-352, hier: S. 330 ff.

164 Vgl. NLA BU, K2 D Acc. 38/93, Nr. 696b, Konferenz Vereinigung Deutscher Hofkammern, 8. 8. 1925.

165 Vgl. zu Rupprecht Weiß, Dieter J., Kronprinz Rupprecht von Bayern (1869-1955). Eine politische Biographie, Regensburg 2007. Zu den »traditionellen« Berufsfeldern: Reif, Adel im 19. und 20. Jahrhundert, S. 15 ff.

lichkeiten für nachgeborene Söhne nur in Militär, Landwirtschaft, Staat und Verwaltung zu sehen seien. Seine Forderung lautete schlicht: »In der Berufswahl sollte man völlige Freiheit walten lassen!«[166]

Im Allgemeinen bestanden im Hochadel somit keine Zweifel am Wert einer fundierten Ausbildung. Durch lange, von ökonomischen Zwängen befreite Zeit und Gelegenheit, sorgsam ausgesuchte Bildungsstätten zu besuchen, sollten die Kinder zielgerichtet auf ihre familialen Aufgaben vorbereitet werden: Exklusive Schulen, renommierte Universitäten und traditionsreiche Regimenter konnten ihnen Kenntnisse, Verhaltensweisen und Titel vermitteln, aber auch soziale Beziehungen zu Menschen vergleichbarer Herkunft. Dieses durch Vermögen erworbene kulturelle und soziale Kapital sollte sich später wiederum im Umgang mit Vermögen bezahlt machen. Ökonomisches, soziales und kulturelles Kapital waren so aufs Engste miteinander verbunden – im Adel nicht anders als im Bürgertum.[167] Allein, die Familien mussten sich diese Investitionen in ihre Kinder, diesen intergenerationellen Transfer von Vermögen, auch leisten können und, noch viel entscheidender, auch leisten wollen.[168]

Im Fall der Welfen stellte sich die Frage, wie die »Prinzessinnen« und »Prinzen« in der post-monarchischen Zeit ausgebildet werden sollten, schon bald ganz konkret.[169] Anfang der 1920er-Jahre kamen mit Ernst August (IV.) und Georg Wilhelm zwei der Kinder von Braunschweigs letztem Herzogspaar ins schulfähige Alter, Friederike, Christian und Welf Heinrich folgten in den Jahren darauf. Institutionen und Inhalte ihrer schulischen und beruflichen Ausbildung werden nachfolgend von der Einstellung des ersten Hauslehrers (1921) bis zum Abschluss der letzten Doktorarbeit (1953) untersucht – soweit die Quellen Einblicke gewähren und Aussagen zulassen. So vermag es kaum zu überraschen, dass die Lehrziele des erstgeborenen Sohns weit besser dokumentiert sind als jene der Tochter. Generell scheint mit dem Ende der Monarchie und dem Wegfall der Notwendigkeit, die Erziehung öffentlich zu präsentieren, auch die Bereitschaft abgenommen zu haben, diese schriftlich zu fixieren.[170]

166 Vgl. NLA HA, Dep. 103 XX, Nr. 130, Rupprecht Kronprinz von Bayern (an unbekannt), 6.12.1919.

167 Vgl. exemplarisch Derix, Die Thyssens, S. 51.

168 So attestieren Malinowski und Funck »dem« Adel in Abgrenzung zu »dem« Bürgertum idealtypisch eine gewisse »Bildungsdistanz«, trotz tendenziell steigender Bildungsabschlüsse. Vgl. Funck u. Malinowski, Erziehungsziele, S. 87.

169 Die Bezeichnung »Prinzen- und Prinzessinnenerziehung« blieb bei den Welfen nach 1918 weiterhin gebräuchlich.

170 Vgl. Müller, Thronfolger, S. 144. Hierin mag auch ein Grund dafür liegen, dass Inhalte und Wege »adeliger« Ausbildung für das 20. Jahrhundert noch immer wenig erforscht sind. Vgl. Rasch, Manfred, Adel als Unternehmer, noch immer ein europäisches Forschungsdesiderat, in: Ders. u. Peter K. Weber (Hrsg.), Europäischer Adel als Unternehmer im Industriezeitalter, Essen 2017, S. 35-56, hier: S. 53.

Hausunterricht und Landerziehungsheime

Im Spätherbst 1921 zog der Pädagoge Moritz Oppermann nach Gmunden.[171] Dafür gab er eine Stelle als Studienassessor an einem Hamelner Gymnasium auf, die er erst kurz zuvor angetreten hatte. Gerade mal ein Jahr lag zu diesem Zeitpunkt der Abschluss seines Studiums zurück, nach Studienaufenthalten in Göttingen und Leipzig war er im März 1920 mit einer Arbeit über das »Hineinwachsen der Jugendlichen in die Gemeinschaft« promoviert worden.[172] Nun aber, zum 1. November 1921, hatte ihn »Seine Königliche Hoheit Herzog Ernst August zu Braunschweig und Lüneburg« mit der »Erziehung und dem Unterrichte höchstseiner Prinzensöhne« betraut.[173]

Als Hauslehrer fügte sich Oppermann am welfischen Exilsitz in den großen Kreis von Familienangehörigen und Bediensteten, der sich um die Betreuung und Bildung der fünf jungen Kinder von Viktoria Luise und Ernst August (III.) kümmerte. Beispielhaft wird die Aufgabenverteilung in der (Auto-)Biographie von Braunschweigs letzter Herzogin beschrieben: Im engsten Familienkreis habe man »Wanderungen am See und in die Berge« gemacht oder Ausflüge mit dem »Jagdwagen« unternommen.[174] An den Wochenenden seien Thyra und Ernst August (II.) auf Schloss Cumberland besucht worden, wo die Kinder, »ausstaffiert« in Sonntagskleid und Matrosenanzug, eine »Hofhaltung im alten Sinne« kennengelernt hätten. Auch Olga lebte hier, die »wundervoll« mit den vier Söhnen und der einen Tochter umgegangen sei. In der Tat wurde die Tante gerade für Friederike zu einer engen Bezugsperson, mit der sie über viele Jahre einen vertraulichen Briefaustausch unterhielt.[175] Für »Pflege, Erziehung und Unterrichtung«, so heißt es weiter, seien überdies »ausgezeichnete Kräfte« gefunden worden, denen man volles Vertrauen geschenkt habe: Neben mehreren Kindermädchen und Erzieherinnen eben auch »Dr. Oppermann«, der »über viele Jahre hinweg den Weg unserer Kinder begleitet [hat]«.

Eine solch intensive Kinderbetreuung durch Dienstpersonal hatte lange Tradition im Adel und war auch noch im 20. Jahrhundert weit verbreitet.[176] Überhaupt galt dies für vermögende Familien. Den Eltern war es auf diese Weise möglich, auch längere Zeiten von zu Hause abwesend zu sein.[177] Regelmäßig verreisten Viktoria Luise und Ernst August (III.) in den 1920er-Jahren wochen-, teils monatelang ohne ihre Kinder.[178]

171 Vgl. NLA HA, Dep. 103 XXI, Nr. 584, Moritz Oppermann an das Hofmarschallamt, 22.10.1921.

172 Vgl. Oppermann, Moritz, Das Hineinwachsen der Jugendlichen in die Gemeinschaft, Leipzig 1920. Für seinen Lebenslauf vgl. NLA HA, Dep. 103 XXXIX, Acc. 2018/53, Nr. 573, Personalakte Moritz Oppermann.

173 NLA HA, Dep. 103 XXI, Nr. 584, Oberste Verwaltung an das Hofmarschallamt, 7.11.1921.

174 Hier und im Folgenden: Herzogin zu Braunschweig und Lüneburg, Tochter des Kaisers, S. 251.

175 Vgl. NLA HA, Dep. 103 II, Nr. 224/02, Friederike an Olga, 1926-1940.

176 In der Biographie Friederikes heißt es dazu: »Obwohl wir unsere Eltern fast täglich beim Mittagessen und beim Abendgebet sahen, lebten sie doch abseits von unserer Welt, wie es damals Brauch war.« So habe es kaum Zeit gegeben, »die wir ohne Privatlehrer und Erzieherin gemeinsam mit unseren Eltern verbrachten«. Königin von Griechenland, Erfahrungen, S. 19 u. 21.

177 Vgl. Derix, Grenzenloses Vermögen, S. 178 f.

178 Vgl. NLA HA, Dep. 103, XL, Acc. 2018/111, Nr. 816, Aufenthalte der »Höchsten Herrschaften« zwischen Juli 1923 und Dezember 1925, 17.2.1927.

Entsprechend prägend waren Erzieherinnen und Hauslehrer für die Sozialisation des Nachwuchses.

Speziell wurde Oppermann für den privaten Unterricht von Ernst August (IV.) und Georg Wilhelm eingestellt. Die gemeinsame Ausbildung des ersten und zweiten Sohns war im Adel nicht ungewöhnlich, zumal beide kaum ein Jahr auseinanderlagen.[179] Doch kann hierin auch eine bewusste Reaktion auf die Erfahrungen, die das Welfenhaus in der Elterngeneration hatten machen müssen, gesehen werden. Ernst August (III.) war nach dem Tod seiner beiden älteren Brüder unerwartet in die Position des künftigen Familienoberhaupts vorgerückt, bevor er wenig später gar zum braunschweigischen Herzog aufstieg. Auf beide Rollen hatte man ihn als drittgeborenen Sohn eines depossedierten Hauses kaum vorbereitet; anders als sein Bruder Georg Wilhelm war er nie an einer Universität gewesen, sondern nach dem Schulabschluss umgehend in den Militärdienst eingetreten.[180] Zwar wurde ihm von Paul Knoke noch »das Nötigste« beigebracht.[181] Trotzdem musste dieser einmal konstatieren: »Mir scheint, da [wurde] in Gmunden doch manches versäumt«.[182] Es liegt nahe, dass sich dieses »Versäumnis« bei der Ausbildung der nächsten Generation nicht wiederholen sollte.

Über den Hausunterricht selbst ist nicht viel bekannt. Klar ist nur, dass die Söhne auf den Besuch des Gymnasiums vorbereitet werden sollten. Fächer und Inhalte dürften sich deshalb mehr oder weniger an den Curricula öffentlicher Schulen orientiert haben. Unter anderem wurden Geschichts- und Geographiekenntnisse vermittelt, die Kinder lernten Englisch und Französisch und erhielten Religionsunterricht.[183]

Darüber hinaus verfolgte der Hauslehrer weitere Erziehungs- und Lehrziele. Beredte Auskunft darüber gibt ein zwanzigseitiger Bericht einer vierwöchigen Reise, die Oppermann Mitte der 1920er-Jahre mit seinen Zöglingen nach Hamburg und in die hannoversche Provinz unternahm.[184] Dieser Reisebericht, durch persönliche Aufzeichnungen von Georg Wilhelm und Ernst August (IV.) ergänzt, ist als Rechtfertigung gegenüber den Eltern zu verstehen.[185] Ausdrücklich legte der Pädagoge hierin »Gründe«, »Berechtigung«, »Erfolg« und »Vorteile« des Sommeraufenthalts dar.[186] Abgesehen davon, dass

179 Vgl. Conze, Von deutschem Adel, S. 292 f.

180 Vgl. Steckhan, Herzog und Kaisertochter, S. 26; Machtan, Ende, S. 96 f.

181 NLA HA, Dep. 103, XL, Acc. 2018/111, Nr. 425, Paul Knoke an seine Frau (auszugsweise Abschrift), 30. 5. 1912.

182 NLA HA, Dep. 103, XL, Acc. 2018/111, Nr. 425, Paul Knoke an seine Frau (auszugsweise Abschrift), 13. 6. 1915.

183 Der Fremdsprachenunterricht oblag über viele Jahre der Erzieherin Fräulein Pöschel. Vgl. NLA HA, Dep. 103 XXXIX, Acc. 2018/53, Nr. 573, Oberste Verwaltung an Moritz Oppermann (Entwurf), 14. 10. 1921. Den Religionsunterricht, der nicht zuletzt auf die Konfirmation hinführen sollte, übernahm vermutlich der »Hof- und Schlossprediger« August Ostermann. NLA HA, Dep. 103 XXI, Nr. 585, Personalakte August Ostermann; Königin von Griechenland, Erfahrungen, S. 25.

184 NLA HA, Dep. 103, XL, Acc. 2018/111, Nr. 713, Reisebericht, o. D. [vermutlich 1925].

185 In Viktoria Luises (Auto-)Biographie heißt es, Ernst August (III.) und sie hätten »Bedenken« gehabt, dass der Lehrer mit ihren Söhnen »während der Ferien ausgedehnte Wanderungen durch das hannoversche Land« unternehmen wollte. Herzogin zu Braunschweig und Lüneburg, Tochter des Kaisers, S. 254.

186 NLA HA, Dep. 103, XL, Acc. 2018/111, Nr. 713, Reisebericht, S. 1.

Wissen aus dem Unterricht »an Ort und Stelle« habe verdeutlicht werden können, hob er drei Ergebnisse der Reise besonders hervor: erstens das Kennenlernen der »engeren« Heimat, zweitens ein Zuwachs an Erfahrungen und Selbstständigkeit und drittens ein Sich-Einstellen auf andere Menschen und Verhältnisse.

Der Besuch eines Denkmals Georgs V., wo Lehrer und Schüler einen Kranz mit den hannoverschen Farben niederlegten, eine ausgedehnte Wanderung im ehemals königlichen Jagdgebiet, ein Abendessen bei Bekannten, an dem man ein aus Speiseeis geformtes Niedersachsenross serviert bekam: Auf der Reise durch das alte Herrschaftsgebiet, auf dessen Königsthron die Vorfahren nie verzichtet hatten, wurde den Kindern nicht nur die eigene Familiengeschichte vor Augen geführt. Vor allem erlebten sie, wie lebendig und emotional die Verbindung zwischen der ländlichen hannoverschen Bevölkerung und ihrem »angestammten Herrscherhaus« bis in die Gegenwart hinein geblieben war.[187] Nahezu täglich waren sie zu Gast bei einer anderen Adelsfamilie, unter anderem bei Freiherr von Reden-Hastenbecks, Graf von Bernstorffs oder Freiherr von Uslar-Gleichens.[188] All diese Begegnungen demonstrierten ihnen, dass die welfische Dynastie weder 1866 noch 1918 bedeutungslos geworden war, dass sie vielmehr unvermindert Anerkennung fand, die es zu pflegen und zu gestalten galt. Den Kindern wurde ihr Platz in der langen welfischen Generationenfolge aufgezeigt; eine wichtige Voraussetzung dafür, dass sie einmal ihre zugedachten Rollen annehmen und ausfüllen würden.[189]

Zugleich betonte der Hauslehrer, dass die Kinder während der Ferien »heraus aus Gmunden« müssten, um ihren »Gesichtskreis« zu erweitern.[190] Ganz im Sinne der Hofkammer-Vereinigung mühte er sich, Ernst August (IV.) und Georg Wilhelm vielfältige Einblicke in das Wirtschaftsleben der Zeit zu geben. Das Programm war straff getaktet: Allein in Hamburg besichtigten die drei an nur zwei Tagen eine Brauerei, einen Zeitungsverlag, eine Werft und einen Flugzeughangar. Ein anderes Mal ließen sie sich einen landwirtschaftlichen Betrieb, der im Familienbesitz war, zeigen.[191] Immer wieder war dabei das symbolische Kapital – das Prestige – der Welfendynastie von Nutzen. Der Name der Kinder genügte, dass die Direktoren der Unternehmen sie persönlich empfingen, ihnen in »liebenswürdigster Weise« die »beste Hafenbarkasse« für eine Rundfahrt angeboten wurde oder man »für alle […] Tage« und »zu jeder Zeit« ein Auto zur Verfügung gestellt bekam.[192]

Diese Vorzugsbehandlung konterkarierte freilich die eigentliche Absicht der Reise, möglichst unvoreingenommen andere Menschen und Verhältnisse kennenzulernen. In

187 In Anlehnung an den Titel von Brosius, Traditionspflege.

188 Die Kinder setzten damit die Beziehungsarbeit ihrer Eltern, die Unterhaltung von Sozialkapital, weiter fort. Vgl. zu einer Hannover-Reise von Viktoria Luise und Ernst August (III.) im Jahr 1924, bei der ebenfalls die Familie Graf von Bernstoff besucht wurde, Conze, Von deutschem Adel, S. 73-77.

189 Zur Bedeutung der Familiengeschichte für die Erziehung im Adel vgl. Malinowski, König, S. 47-59.

190 NLA HA, Dep. 103, XL, Acc. 2018/111, Nr. 713, Reisebericht, S. 1.

191 Vgl. U. A., Besuch der Herzogssöhne, in: Hannoversche Landeszeitung, 31. 8. 1924.

192 NLA HA, Dep. 103, XL, Acc. 2018/111, Nr. 713, Reisebericht, S. 3 ff. Zum adligen Namen als symbolisches Kapital vgl. de Saint Martin, Soziologie eines Standes, S. 84 ff.

der Tradition der »Prinzenreisen« vergangener Jahrhunderte wurde daher teilweise inkognito gereist.[193] Überhaupt sei man, so meinte zumindest Oppermann, »als einfache Touristen« unterwegs gewesen, »nur mit dem Allernotwendigsten versehen«.[194] Aus alldem spricht die Sorge, die Kinder könnten charakterlich verweichlichen. Gerade Enthaltsamkeit und körperliche »Härte« galten im Adel als erstrebenswerte Eigenschaften, resultierend aus einer eigentümlichen Mischung ländlicher, ritterlicher, christlicher und militärischer Idealbilder. Von einem regelrechten »Kult der Kargheit« spricht die adelshistorische Forschung.[195] Aber auch großbürgerliche Familien, die im Verlauf des 19. Jahrhunderts zu materiellem Reichtum gekommen waren, praktizierten solche Erziehungsmethoden.[196] Durch die strenge Reglementierung von Luxus und Konsum sollten die Nachkommen zu verantwortungsbewussten Erben heranreifen. Beides, ein gewisser Kargheitskult und die Erziehung zum weitsichtigen Umgang mit Vermögen, kam im Fall der Welfen wohl zusammen.

Mit seinem behutsam progressiven Erziehungsstil prägte der welfische Hauslehrer im Weiteren auch Ernst Augusts (IV.) und Georg Wilhelms höhere Bildung. Im Frühjahr 1926 verließen die beiden, kaum 12 und 11 Jahre alt, den elterlichen Haushalt, um fortan eine öffentliche Schule zu besuchen.[197] Erstmals durften sie nun die »Freude des Schullebens« zusammen mit gleichaltrigen Mitschülern erleben.[198] Auf Anraten Oppermanns wurde dafür das Schiller-Gymnasium in Hameln ausgewählt. Die Schule war nach dem Ersten Weltkrieg zu einem »Reformrealgymnasium« umgestaltet worden, sie legte hohen Wert auf Mathematik und Naturwissenschaften sowie Englisch und Französisch, während Griechisch gar nicht mehr und Latein nur noch eingeschränkt unterrichtet wurde.[199] Klassische humanistische Bildung, so die vertretene Ansicht, könnte »auch noch auf anderem Wege als allein durch das Studium der alten Sprachen gewonnen werden«.[200] Realgymnasien waren seit dem Kaiserreich besonders in wirtschaftsbürgerlichen Kreisen beliebt, die Kinder sollten eine praktische Wissens- und Erfahrungsgrundlage für ihr künftiges Berufsleben vermittelt bekommen.[201]

Diese »reale« Schulausbildung seiner Söhne ließ sich Ernst August (III.) einiges kosten. Eigens wurde für die Jungen eine Wohnung angemietet, dazu stellte man eine

193 Vgl. Bender, Eva, Die Prinzenreise. Bildungsaufenthalt und Kavalierstour im höfischen Kontext gegen Ende des 17. Jahrhunderts, Berlin 2011, S. 87-92.

194 NLA HA, Dep. 103, XL, Acc. 2018/111, Nr. 713, Reisebericht, S. 2.

195 Vgl. Malinowski, König, S. 90-104.

196 Vgl. Augustine, Dolores, Patricians and Parvenues. Wealth and High Society in Wilhelmine Germany, Oxford u. Providence 1994, S. 94 f. Exemplarisch auch Derix, Die Thyssens, S. 58 f.

197 Nach Herzogin zu Braunschweig und Lüneburg, Tochter des Kaisers, S. 254 sei Viktoria Luise und Ernst August (III.) »der Plan, unsere Söhne Ernst August und Georg Wilhelm eine öffentliche Schule besuchen zu lassen, [...] zunächst etwas fremd gewesen«.

198 NLA HA, Dep. 103 XXXIX, Acc. 2018/53, Nr. 573, Moritz Oppermann an Ernst August (III.), 27.4.1926.

199 Vgl. Oppermann, Moritz u. Schulz, Richard, Der Werdegang des Schiller-Gymnasiums Hameln. Festschrift zur 100-Jahr-Feier des Gymnasiums, Hameln 1967, hier: 51 f.

200 Ebd.

201 Vgl. Kraul, Margret, Das deutsche Gymnasium 1780-1980, Frankfurt a. M. 1984, S. 115 ff.

Köchin und eine Haushälterin an.[202] Oppermann ging als »Prinzenerzieher« ebenfalls mit nach Hameln.[203] In den wirtschaftlich stabileren Weimarer Jahren war dieser hohe Aufwand tragbar, in der bald aufziehenden Weltwirtschaftskrise aber wurde er schnell zu einer finanziellen Belastung. »Durch die Entwicklung meiner wirtschaftlichen Lage«, so erklärte das Welfenoberhaupt im Dezember 1929 gegenüber dem Schiller-Gymnasium, sehe er sich leider gezwungen, Ernst August (IV.) und Georg Wilhelm wieder von der Schule nehmen zu müssen.[204] Ihr dortiger Aufenthalt verursache doch »ziemlich erhebliche Kosten«. Der mit Abstand größte Kostenfaktor, das blieb geflissentlich unerwähnt, war dabei das Gehalt Oppermanns. Knapp 12.000 Reichsmark erhielt der Pädagoge im Jahr für seine Erziehungs- und Lehrtätigkeit.[205] Daher wurde er nun, gegen eine einmalige Abfindung von 60.000 Reichsmark, aus den Diensten der Familie entlassen.[206] Dies war, wie noch zu zeigen sein wird, nur eine von vielen Sparmaßnahmen, zu denen sich die Welfen Anfang der 1930er-Jahre genötigt sahen.

Nach drei Jahren auf dem Hamelner Realgymnasium wurden Ernst August (IV.) und Georg Wilhelm auf die Schule Schloss Salem am Bodensee gegeben.[207] Hier konnten sie, auch ohne privaten Lehrer und Erzieher, ihre exklusive Schulausbildung weiter fortsetzen. Die Internatsschule hatte ihr Onkel, Max Prinz von Baden, zusammen mit seinem Privatsekretär und engen Vertrauten, dem Pädagogen Kurt Hahn, Anfang der 1920er-Jahre gegründet.[208] Vorbilder waren unter anderem die englischen Public Schools, wie Eton oder Harrow, sowie die deutschen Landerziehungsheime, die von Hermann Lietz um die Wende zum 20. Jahrhundert gegründet worden waren. Auf dem Land, fernab der als schädlich empfundenen Städte und Industrie, sollten die Kinder in der Gemeinschaft des Internats nicht nur erzogen und unterrichtet, sondern in ihrer charakterlichen Entwicklung gefördert und, so das erklärte Ziel in Salem, zu einer neuen nationalkonservativen Führungsschicht herangezogen werden.[209] Zur Umsetzung dieses politischen

202 Wie Derix, Die Thyssens, S. 68 f. betont, war dies in vermögenden (Unternehmer-)Familien keineswegs unüblich.

203 Zitiert nach Herzogin zu Braunschweig und Lüneburg, Tochter des Kaisers, S. 254.

204 Vgl. NLA HA, Dep. 103, XL, Acc. 2018/111, Nr. 10, Ernst August (III.) an das Schiller-Gymnasium Hameln (Abschrift), 11.12.1929.

205 Vgl. NLA HA, Dep. 103 XXXIX, Acc. 2018/53, Nr. 573, Oberste Verwaltung an das Finanzamt Hameln, 7.10.1937.

206 Vgl. NLA HA, Dep. 103 XXXIX, Acc. 2018/53, Nr. 573, Erklärung Moritz Oppermanns, 25.1.1930. Siehe zu den Abfindungs-Verhandlungen auch NLA HA, Dep. 103, XL, Acc. 2018/111, Nr. 735.

207 Vgl. KHA, Schülerkarten, Ernst August Prinz von Hannover u. Georg Wilhelm Prinz von Hannover.

208 Vgl. zuletzt Kölling, Martin, E pluribus unum. Die Salemer Pädagogik der Anfangszeit in Internat und Schule, in: Schule Schloss Salem (Hrsg.), Schule Schloss Salem 1920-2020. Beständigkeit und Wandel, Stuttgart 2020, S. 43-66; Köppen, Werner, Die Schule Schloß Salem in ihrer geschichtlichen Entwicklung und gegenwärtigen Gestalt, Düsseldorf 1967, S. 11-43. Bevor Ernst August (IV.) und Georg Wilhelm nach Salem geschickt wurden, hatte sich Kurt Hahn persönlich in Gmunden vorgestellt. Vgl. NLA HA, Dep. 103 IV, Nr. 381, Tagebuch der »Hofhaltung« Ernst Augusts (III.), 10.12.1929.

209 Zu Leben und Werk von Hermann Lietz vgl. Koerrenz, Ralf, Hermann Lietz. Einführung mit zentralen Texten, Paderborn 2011. Zu den pädagogischen Gemeinsamkeiten mit Kurt Hahn

Bildungsauftrags wurden ebenso militärische wie moderne reform- und erlebnispädagogische Methoden angewandt. Darüber hinaus verknüpfte Max wirtschaftliche, aber auch ganz persönliche Anliegen mit der Schulgründung: Seine eigenen Kinder sollten hier ebenfalls ihre Ausbildung erhalten.[210]

Abb. 2 Die »Freude des Schullebens«. Ernst August (IV.) und Georg Wilhelm 1926 vor dem Hamelner Schiller-Gymnasium – Quelle: NLA HA, Dep. 103 XXI, Nr. 1029.

Das spezielle Erziehungs- und Bildungsprogramm der Schule wurde von Hahn auf – etwas pathetische – »Sieben Salemer Gesetze« kondensiert.[211] Gezielt sprachen diese eine vermögende Klientel an.[212] Demnach würden die Kinder in Salem nicht durch einen »ermüdenden Stundenplan«, sondern über viele verschiedene körperliche wie künstlerische Aktivitäten charakterlich geformt werden (»Erstes Gesetz«). Zudem sollten sie mit verantwortungsvollen Pflichten »Selbsthingabe an die gemeinsame Sache« lernen (»Drittes Gesetz«). Sport, insbesondere Hockey, nehme dabei, ganz nach angelsächsischem Vorbild, eine wichtige Rolle ein (»Sechstes Gesetz«).[213] So strebe die Schule an, eine Tradition von Selbstdisziplin und »tatkräftiger, aber freudiger Anstrengung« zu schaffen, um gerade die Kinder »reicher und mächtiger Eltern« vor Dekadenz zu schützen und von dem »entnervenden Gefühl der Privilegiertheit« zu befreien (»Siebtes Gesetz«). Dafür sei es grundlegend, dass zumindest 30 Prozent der Schülerschaft aus Elternhäusern komme, in denen das Leben »nicht nur einfach, sondern sogar hart ist«.

vgl. Ders., Landerziehungsheime. Pädagogische Leitgedanken und internationale Verantwortung bei Hermann Lietz und Kurt Hahn, in: Schule Schloss Salem (Hrsg.), Schule Schloss Salem 1920-2020. Beständigkeit und Wandel, Stuttgart 2020, S. 67-88.

210 Vgl. Machtan, Endzeitkanzler, S. 480 ff.

211 Vgl. Hahn, Kurt, Die Sieben Salemer Gesetze. Ansätze der Erlebnistherapie, in: Michael Knoll (Hrsg.), Kurt Hahn. Reform mit Augenmaß. Ausgewählte Schriften eines Politikers und Pädagogen, Stuttgart 1998, S. 151-153.

212 Als »The Seven Laws of Salem« waren die »Gesetze« ursprünglich Teil einer Broschüre, mit denen die Schule 1930 in den USA Geld für Freistellen und Stipendien einwerben wollte. Vgl. ebd.

213 Vgl. grundlegend Mangan, James A., Athleticism in the Victorian and Edwardian Public School. The Emergence and Consolidation of an Educational Ideology, 2. Aufl., Hoboken 2000.

Von der simplifizierenden, herablassenden Formulierung einmal abgesehen, hieß dies im Umkehrschluss natürlich auch, dass die überwiegende Mehrheit der Schülerinnen und Schüler in Salem aus vermögenden Familien stammte.

In der Tat kamen die Welfensöhne auf der koedukativen Schlossschule mehr denn je mit Gleichaltrigen sozial ähnlicher, national aber unterschiedlicher Herkunft zusammen – Beziehungen, die weit über die Schulzeit hinaus in der Vereinigung der »Altsalemer« gepflegt wurden.[214] 1932, als Ernst August (IV.) sein Abitur ablegte, gingen insgesamt 388 Schülerinnen und Schüler aus 14 Nationen auf Salem und seine Zweigschulen.[215] Ein beträchtlicher Anteil davon entstammte dem deutschen und europäischen (Hoch-) Adel.[216] Hinzu kam der Nachwuchs aus vielen gutsituierten Industriellen-, Bankiers- und Künstlerfamilien. Vor allem sie waren es, die sich das hohe Schul- und Pensionsgeld leisten konnten.[217] Für Georg Wilhelm etwa überwies Ernst Augusts (III.) Sekretariat allein im Januar 1934 320 Reichsmark (nebst Auslagen von 56,95 Reichsmark) an die Schule – ein stolzer Preis, der im Vergleich zu den Kosten eines Privatlehrers jedoch immer noch gering war.[218] Der Zweitgeborene, der zwischenzeitlich für sechs Monate das Marlborough College in England besucht hatte, bestand wenige Monate darauf ebenfalls seine Abschlussprüfung.[219] Zu diesem Zeitpunkt war Kurt Hahn, jüdischer Herkunft und entschieden anti-nationalsozialistisch eingestellt, bereits emigriert. Viele Familien hatten ihre Kinder daraufhin abgemeldet, der Schule drohte der Zusammenbruch.[220] Dies mag erklären, weshalb Viktoria Luise und Ernst August (III.) später kein Kind mehr nach Salem gaben.

Die nachgeborenen Söhne, Christian und Welf Heinrich, sowie die Tochter, Friederike, erhielten daheim in Gmunden zunächst eine ganz ähnliche Erziehung und Ausbildung wie ihre zwei älteren Brüder. Alle drei wurden die ersten Jahre privat unterrichtet. Dafür hatte man, nachdem Ernst August (IV.) und Georg Wilhelm mit ihrem Hauslehrer nach Hameln gegangen waren, den Pädagogen Wilhelm Furch und eine

214 Einen anschaulichen Bericht davon geben die Lebenserinnerungen Ingrid Warburg Splinellis, wenngleich ihre Anekdote über Georg Wilhelm zeitlich nicht stimmen kann. Vgl. Warburg Spinelli, Ingrid, Die Dringlichkeit des Mitleids und die Einsamkeit, nein zu sagen, Hamburg 1990, S. 63 f. Zur herausragenden Bedeutung exklusiver Schulen für den Aufbau von sozialem Kapital vgl. Bourdieu, Kapital, S. 191.

215 Vgl. Dargel, Eveline; Niederhofer Ulrike u. Feucht, Stefan (Hrsg.) »In dir steckt mehr als du glaubst«. Prinz Max von Baden, Kurt Hahn und die Gründerjahre der Schule Schloss Salem 1919-1933, Tettnang 2010, S. 58 u. 61.

216 Auf Schloss Salem trugen 1930 rund 15 Prozent der Schülerinnen und Schüler einen adligen Namen. Vgl. KHA, NK 350, Schülerliste, September 1930. Dazu auch: Franke, Soziales Verhalten, S. 332.

217 Wie Machtan, Endzeitkanzler, S. 485 schreibt, hätten allerdings selbst vermögende Familien über den Preis der Schule gestöhnt.

218 Vgl. Archiv Schule Schloss Salem, Akte Georg Wilhelm Prinz von Hannover, Sekretariat Ernst Augusts (III.) an die Verwaltung der Schule Schloss Salem, 24. 2. 1934.

219 Zum College vgl. James, L. Warwick, Marlborough College Register 1843-1952, Marlborough 1952, S. 786. Eine Abschrift des Abschlusszeugnisses findest sich in NLA HA, Dep. 103 XXXIX, Acc. 2018/53, Nr. 84.

220 Vgl. Poensgen, Ruprecht, Die Schule Schloss Salem im Dritten Reich, in: Vierteljahrshefte für Zeitgeschichte 44, 1996, H. 1, S. 25-54, hier: S. 41 ff.

Sprachlehrerin eingestellt.[221] Neben dem Unterricht, so berichtete Friederike regelmäßig an Olga, würde sie ein bisschen Tennis spielen, vor allem aber jeden Tag lange Ausritte unternehmen.[222] Ein andermal schrieb sie, dass Christian, gerade zwölfjährig, den Tag auf einer der familieneigenen Jagdhütten verbringe, in der Hoffnung »einen Bock zu schießen«.[223] Beides, den souveränen Umgang mit Pferden und das Waidwerk, lernten die Kinder bereits von klein auf. Es gehörte für sie, wie gleichsam für jedes landadelige Kind, zur kulturellen Grundausstattung.[224]

Diese adelstypische (Schul-)Bildung konnte Anfang der 1930er-Jahre für kurze Zeit im »Landerziehungsheim Schloß Cumberland« fortgesetzt werden. Denn das Familienschloss mit seinem hektargroßen Park wurde ab 1932 zu einem Landerziehungsheim nach dem Vorbild Hermann Lietz' umgebaut. »Über der herrlichen Traunseelandschaft, im Angesicht der Gebirgswelt des Salzkammergutes« sollte hier ein »Reich der Jugend« errichtet werden, wie eine Werbebroschüre vollmundig versprach.[225] Unter der Leitung der angesehenen Pädagogen Otto Karstädt und – später – Alfred Lassmann wollte man Jungen und Mädchen »zu körperlich, geistig und sittlich gesunden, in allen ihren wertvollen Anlagen entwickelten, selbstständigen, verantwortungsfreudigen, national, staatsbürgerlich und sozial denkenden Persönlichkeiten« formen.[226] Hinter diesen hehren Vorhaben standen in erster Linie ökonomische Überlegungen. In der Weltwirtschaftskrise war es dringend geboten, das mit gewaltigen Unterhalts- und Instandhaltungskosten verbundene Anwesen profitabel zu nutzen. Entsprechend warb die Schule vor allem um Söhne und Töchter aus »Adel und Industrie«, wie Lassmann unverblümt einräumte.[227]

Doch die Erwartungen konnten nicht erfüllt werden. Die Einrichtung von Klassen- und Lehrerzimmern, Schlaf- und Waschräumen in dem riesigen, kalten und feuchten Prunkschloss erwies sich als extrem kostspielig.[228] Hinzu kam der im Frühjahr 1933 eskalierende Konflikt zwischen Austrofaschismus und Nationalsozialismus.[229] Durch die anfänglichen, offensichtlichen Annäherungen zwischen Welfen und NS-Regime sah sich das Heim alsbald als »Parteischule« abgestempelt.[230] Zahlreiche Ab- und kaum mehr Anmeldungen waren die Folge, zumal der Reise- und Devisenverkehr zwischen dem

221 Vgl. NLA HA, Dep. 103 XXI, Nr. 462, Vermerk Paul Knokes, 26.6.1926.

222 Vgl. NLA HA, Dep. 103 II, Nr. 224/02, Friederike an Olga, 8.12.1933.

223 Ebd., 16.7.1932.

224 Vgl. grundsätzlich Conze, Von Deutschem Adel, S. 377 f.; de Saint Martin, Soziologie eines Standes, S. 132-139; Funck u. Malinowski, Geschichte von oben, S. 250 f.; Malinowski, König, S. 64-68.

225 Landerziehungsheim Schloss Cumberland (Hrsg.), Die deutschen Landerziehungsheime, Gmunden [um] 1930.

226 Landerziehungsheim Schloss Cumberland (Hrsg.), Landerziehungsheim Schloss Cumberland, Gmunden Oberösterreich, Gmunden 1932.

227 NLA HA, Dep. 103 XXXIX, Acc. 2018/53, Nr. 410, Alfred Lassmann an Paul Knoke, 11.5.1933.

228 NLA HA, Dep. 103 XXXIX, Acc. 2018/53, Nr. 410, Bilanzbericht, 27.3.1933.

229 Vgl. dazu zuletzt Tálos, Emmerich, Das austrofaschistische Österreich 1933-1938, Wien 2017.

230 NLA HA, Dep. 103 XXXIX, Acc. 2018/53, Nr. 410, Alfred Lassmann an Paul Knoke, 19.5.1933; Näher zum Verhältnis von Welfen und Nationalsozialismus vgl. das Kapitel »Umbau im ›Dritten Reich‹ 1933-1945«.

Deutschen Reich und Österreich in der Zwischenzeit massiv eingeschränkt wurde.[231] Im Sommer 1933 scheiterte das Schulprojekt. Ernst August (III.) und Viktoria Luise waren gezwungen, neue Schulen für ihre jüngeren Kinder zu finden.

Friederike ging in der Folge einen Bildungsweg, wie er für viele Töchter vermögender Familien in der ersten Hälfte des 20. Jahrhunderts typisch war.[232] Ihre höhere Schulbildung diente der gezielten Vorbereitung auf zukünftige Aufgaben im Schnittfeld von Familie, häuslicher Wirtschaft und gesellschaftlicher Repräsentation. Sorgsam wurde dafür eine passende Institution ausgesucht. Von Mai 1934 bis Juli 1935 besuchte sie die äußerst renommierte Internatsschule North Foreland Lodge bei Broadstairs, die ihre Eltern zuvor persönlich in Augenschein genommen hatten.[233] Hier, im Kreis der englischen Upper Class, konnte sie die Weltläufigkeit erwerben, die von Töchtern aus dem europäischen Hochadel erwartet wurde: sprachliche Gewandtheit im Englischen und ein selbstsicheres Auftreten in gehobenen gesellschaftlichen Kreisen.[234] Um den Erwerb eines formalen Abschlusses ging es dabei weniger; ein späterer Universitätsbesuch war für Friederike nicht vorgesehen.

Christian und Welf Heinrich schließlich sollten weiterführende Schulen nach dem Beispiel ihrer beiden älteren Brüder besuchen. Aus den genannten Gründen wurden sie dafür weder auf das Schiller-Gymnasium nach Hameln noch auf die Schule Schloss Salem gegeben. Stattdessen durchliefen sie nacheinander die Hermann-Lietz-Schulen Schloss Ettersburg bei Weimar und Schloss Bieberstein in der Röhn. Die dortige »Gemeinschaftserziehung« sei entscheidend für die Wahl gewesen, wurde bei der Anmeldung Christians auf einem Fragebogen angegeben.[235] Ein weiterer Grund dürfte gewesen sein, dass die Schulen der Form nach ebenfalls Reformrealgymnasien beziehungsweise Oberrealschulen (später Oberschulen genannt) waren. Nicht zuletzt wurde von Seiten der Schule betont, »dass eine ganze Anzahl alter Hannoverscher Familien: von Reden, von Bothmer, von Oldershausesn, von Olenhusen, von Hodenberg und andere ihre Söhne bereits in unseren Heimen erziehen lassen«.[236] Nach jeweils zwei Jahren in Ettersburg und Bieberstein legte der drittgeborene Sohn seine Reifeprüfung im März 1938 mit »gut« ab.[237] Sein beruflicher Werdegang war zu diesem Zeitpunkt bereits vorgezeichnet. Auf dem Zeug-

231 Vgl. NLA HA, Dep. 103 XXXIX, Acc. 2018/53, Nr. 410, Alfred Lassmann an Paul Knoke, 11.6.1933.

232 Vgl. als Überblick Jacobi, Juliane, Mädchen- und Frauenbildung in Europa. Von 1500 bis zur Gegenwart, Frankfurt a.M. u. New York 2013, hier: S. 307 ff. Siehe exemplarisch: Derix, Die Thyssens, S. 81 ff.

233 Vgl. Hampshire Record Office, Winchester, North Foreland Lodge Archive, 112A03/C3/1, Admissions Register, 1909-1982; NLA HA, Dep. 154, Acc. 2020/99, Nr. 5, Georg VI. an Ernst August (III.), 20.2.1934.

234 Zur Klientel und den Schwerpunkten der Schule vgl. Avery, Gillian, The Best Type of Girl. A History of Girls' Independent Schools, London 1991, S. 142 ff.; Königin von Griechenland, Erfahrungen, S. 28 ff.

235 Archiv Stiftung Deutsche Landerziehungsheime, Akte Christian Prinz von Hannover, Fragebogen, 19.3.1934.

236 NLA HA, Dep. 103 XXXIX, Acc. 2018/53, Nr. 89, Alfred Andreesen an Hans Heinrich von Grone, 28.3.1934.

237 Vgl. Archiv Stiftung Deutsche Landerziehungsheime, Akte Christian Prinz von Hannover, Abschlusszeugnis, 3.3.1938.

nis wurde vermerkt: »von Hannover will Offizier werden«. Mit diesem Ziel verließ drei Jahre später auch Welf Heinrich die Schule; inmitten des Zweiten Weltkriegs, einberufen zum Wehrdienst, bekam er die Reife vorzeitig und ohne Abschlussprüfung zuerkannt.[238]

Berufswege. Der Erstgeborene und seine Brüder

Nach der recht ähnlichen schulischen Ausbildung, die Ernst August (IV.), Georg Wilhelm, Christian und Welf Heinrich genossen hatten, gingen die beruflichen Wege des Erstgeborenen auf der einen Seite und die der nachgeborenen Söhne auf der anderen Seite zunehmend auseinander. Zielgerichtet wurde der älteste Sohn nun an die ihm zugedachte, künftige Stellung als Welfenoberhaupt und Verwalter der Hausvermögen herangeführt. Verschiedenste Erwartungen und Anforderungen gingen damit einher. Stephan Malinowski zeichnet das Idealbild eines »Fürsten«, der im 20. Jahrhundert »neben Reichtum, Titel und der Tradition seines Namens« auch »unterschiedliche geistige, körperliche und soziale Fähigkeiten als Großgrundbesitzer, Forstwirt, Schloßherr, Offizier, Diplomat, Jurist, Reiter, Jäger, Gastgeber, Tänzer, Redner, Causeur, Sportsmann, Kunst-Kenner, Mäzen und Wohltäter« habe vorweisen müssen.[239] Auf möglichst viele dieser Rollen, so scheint es, sollte auch der älteste Sohn von Ernst August (III.) und Viktoria Luise durch Universitäten, das Militär und praktische Berufserfahrung weiter vorbereitet werden.

Zum Wintersemester 1932/33 immatrikulierte sich Ernst August (IV.) an der Rechts- und Staatswissenschaftlichen Fakultät der Universität in Freiburg im Breisgau.[240] Jura war in der ersten Hälfte des 20. Jahrhunderts das »adlige« Studienfach schlechthin, eindeutig auf die Verwaltung eines land- und forstwirtschaftlichen Besitzes und nicht auf dessen selbstständige Bewirtschaftung hin abzielend.[241] Nach fünfjähriger Studienzeit, mit zwischenzeitlichen Aufenthalten in Berlin und Oxford, wurde Ernst August (IV.) bei Herbert Kraus in Göttingen mit einer Dissertation über »Abschluß und innerstaatliche Inkraftsetzung von Völkerrechtsverträgen des Deutschen Reiches« promoviert.[242]

So sehr diese völkerrechtliche Arbeit auch Beleg seiner akademischen Gelehrsamkeit war, praktisch bereitete sie Ernst August (IV.) kaum auf die Übernahme der Familiengeschäfte vor. Dafür war ihm schon 1936 ein Aufsichtsratsmandat der Hackerbräu AG in München übertragen worden, einer Brauerei, an der das Gesamthaus Braunschweig-Lüneburg maßgeblich beteiligt war.[243] Von 1937 an absolvierte er zudem ein

238 Vgl. Archiv Stiftung Deutsche Landerziehungsheime, Akte Welf Heinrich Prinz von Hannover, Abgangszeugnis, 18.6.1941.

239 Malinowski, König, S. 288.

240 Vgl. Steckhan, Welfenbericht, S. 176f.

241 Vgl. Wienfort, Erziehung, S. 80f.; Franke, Soziales Verhalten, S. 335; Conze, Von deutschem Adel, S. 318. Wie Rasch, Adel als Unternehmer, S. 53 betont, ist über die Studienwahl im Adel ansonsten sehr wenig bekannt.

242 Prinz von Hannover, Ernst August, Abschluss und innerstaatliche Inkraftsetzung von Völkerrechtsverträgen des Deutschen Reiches, Göttingen 1937.

243 Vgl. NLA HA, Dep 103 XXXIX, Acc. 2018/53, Nr. 108, Oberste Verwaltung an das Finanzamt Braunschweig-Stadt, 18.1.1938.

zweijähriges Volontariat bei der Reichs-Kredit-Gesellschaft (RKG) in Berlin, unter anderem in der Privatkundenabteilung. Hier wurde er nicht nur in die »Geheimnisse der Vermögensberatung« eingeführt, wie die Bank gegenüber Paul Knoke versicherte.[244] Vielmehr ermöglichte ihm die Lehrzeit, persönliche Beziehungen zu aktuellen und potentiellen Geschäftspartnern und Finanzberatern der Familie aufzubauen. Die RKG zählte zu den eng vertrauten Bankhäusern der Welfen, mit der sie, genauso wie etwa die Hohenzollern, bei Investitionsvorhaben und Erwerbungen regelmäßig zusammenarbeiteten.[245]

Parallel dazu durchlief Ernst August (IV.) eine mehrjährige militärische Ausbildung. Von Kindheit an gewöhnt an Uniformierung, geübt zu Pferd und erfahren im Umgang mit Waffen, war der Militärdienst (bei der Kavallerie) für Söhne aus vormals regierenden und standesherrlichen Familien zumeist selbstverständlich.[246] Freilich strebten Erstgeborene üblicherweise keine Erwerbslaufbahnen an. Dies galt auch für den Welfenspross. Er trat im September 1933 zunächst der paramilitärischen »Reiter-SS« bei.[247] Mit ihrem elitären Anspruch verzeichneten die berittenen Verbände der SS in dieser Zeit »zahlreichen Zulauf aus den Schlössern und Herrenhäusern«.[248] Ob diese exklusive Klientel auch Ernst August (IV.) zum Beitritt motiviert hat, ist ungewiss. Generell mangelt es an gesicherten Informationen über seine Mitgliedschaft bei den SS-Reitern. Nach einem Jahr, und einer einmaligen Beitragszahlung von 300 Reichsmark, endete sein dortiges Engagement.[249] Unterdessen hatte er beim Reiter-Regiment 13 in Hannover eine reguläre militärische Ausbildung begonnen. Damit folgte er symbolträchtig dem Vorbild der Vorfahren. So führte das Regiment die Tradition des Braunschweigischen Husaren-Regiments Nr. 17 fort, dessen Uniform bereits sein Vater in seiner Zeit als Herzog von Braunschweig und Lüneburg getragen hatte.[250] Drei mehrwöchige Lehrgänge ließen sich mit dem Studium vereinbaren. Alsbald war Ernst Au-

244 NLA HA, Dep. 103 XL, Acc. 2018/111, Nr. 937, Günter von Berg an Paul Knoke, 25. 3. 1938.

245 Auf die Bedeutung der Bank für die Hohenzollern verweist Zboralski, Dietrich, Quellenfunde zur neuesten Geschichte des Hohenzollernhauses, in: Zeitschrift für Geschichtswissenschaft 3, 1955, S. 772-775.

246 Zur militärischen Sozialisation im Hochadel vgl. Funck, Marcus, Feudales Kriegertum und militärische Professionalität. Der Adel im preußisch-deutschen Offizierskorps 1860-1935, Berlin 2016, S. 132 f. u. 147 f. Nach Freifrau von Hoyningen-Huene, Adel in der Weimarer Republik, S. 291 entstammten 1932/33 etwa 0,125 Prozent der Reichswehroffiziere der hauchdünnen Minderheit der »fürstlichen« Familien, während Adelige im Deutschen Reich insgesamt nur etwa 0,1 Prozent der Bevölkerung ausmachten.

247 Einschlägig zur Geschichte der als »Reiter-SS« bezeichneten SS-Reiterstandarten vgl. Wilson, Paul Joseph, Himmler's Cavalry. The Equestrian SS, 1930-1945, Atglen 2000.

248 d'Almeida, Fabrice, Hakenkreuz und Kaviar. Das mondäne Leben im Nationalsozialismus. Düsseldorf 2007, S. 17. Welchen Anteil der Hochadel und das gehobene Bürgertum tatsächlich an den SS-Reitern hatte, ist in der Forschung umstritten, wie Bahro, Berno, Der SS-Sport. Organisation – Funktion – Bedeutung. Paderborn 2013, S. 234 f. ausführlich darlegt.

249 Vgl. NLA HA, Dep. 103 XL, Acc. 2018/111, Nr. 815, Sekretariat Ernst Augusts (III.) an die Oberste Verwaltung, 11. 2. 1935.

250 Vgl. Schuchardt, Wilhelm, Geschichte des 13. (Preuß.) Reiter-Regiments und späteren Kavallerie-Regiments 13. 1919-1939-1945. Lüneburg 1993, S. 12.

gust (IV.) Reserveoffiziersanwärter, bis zum Beginn des Zweiten Weltkriegs stieg er zum Leutnant der Reserve auf.[251]

Seine drei Brüder schlugen derweil, ganz traditionell, berufliche Karrieren beim Militär ein. Georg Wilhelm trat als Offiziersanwärter ebenfalls dem Reiter-Regiment 13 bei, wo er – entsprechend dem Leitbild seiner schulischen Ausbildung – besonders durch sportliche Leistungen und Erfolge auffiel.[252] Auch Christian begann, wie schon sein Abiturzeugnis angekündigt hatte, eine Ausbildung zum Offizier bei der Kavallerie.[253] Nur Welf Heinrich brach mit dieser Tradition. Er ging als Offiziersbewerber zum Flieger-Ausbildungs-Regiment 42 nach Salzwedel.[254]

Die Laufbahn des jüngsten Welfensohns fand indes ein jähes Ende. Nach seiner infanteristischen Grundausbildung wurde ihm Ende September 1941 – ohne nähere Angabe von Gründen – die Fortbildung zum Offizier verwehrt, wenige Wochen darauf entließ man ihn kurzerhand aus der Wehrmacht.[255] Fassungslos klagte er in einem Schreiben an seine Mutter über die »Hexenverfügung«, zumal er bis dahin sehr gut beurteilt worden sei und es, wie er meinte, an seiner politischen Einstellung seit den Tagen bei der Hitlerjugend, die er von 1933 an durchlaufen hatte, überhaupt keine Zweifel geben dürfte.[256] Verwandte, wie Christoph Prinz von Hessen (1901-1943), reagierten gleichfalls mit Bestürzung.[257] Umgehend wurde daraufhin das weite, auch in höchste nationalsozialistische Kreise reichende Beziehungsnetz der Familie instrumentalisiert. Ziel war es, die Entscheidung rückgängig zu machen und Welf Heinrich die gewünschte Ausbildung zu ermöglichen, zumindest aber den Grund seiner Zurückweisung zu erfahren: »Als Vater und Offizier« wandte sich Ernst August (III.) direkt an Hermann Göring,[258] Viktoria Luise bat aus »tief bekümmerten Mutterherzen« Annelies von Ribbentrop[259] um Hilfe, während Ernst August (IV.) und Georg Wilhelm, »erschüttert« über die Nachrichten von ihrem Bruder, persönlich bei mehreren ranghohen Militärs vorsprachen.[260] Einhellig beklagten sie den Umgang mit Welf Heinrich als eine Ehrverletzung der gesamten Familie, die seit jeher treu in Diensten des Vaterlandes ge-

251 Die Stationen der militärischen Ausbildung sind dem Entnazifizierungsfragebogen entnommen. Vgl. NLA HA, Dep. 103 XL, Acc. 2018/111, Nr. 2288, Entnazifizierungsfragebogen Ernst Augusts (IV.), 19.1.1949.

252 Vgl. Steckhan, Welfenbericht, S. 188; Schuchardt, Reiter-Regiment, S. 157.

253 Vgl. NLA HA, Dep. 103 XL, Acc. 2018/111, Nr. 89, Wehrpass Christians. Vgl. dazu auch Steckhan, Welfenbericht, S. 191.

254 Vgl. ebd., S. 192 f.

255 Vgl. NLA HA, Dep. 103 XL, Acc. 2018/111, Nr. 1869, Vermerk Hans Heinrich von Grones, 6.10.1941.

256 NLA HA, Dep. 103 XL, Acc. 2018/111, Nr. 1869, Welf Heinrich an Viktoria Luise (Abschrift), 15.6.1942.

257 Vgl. Petropoulos, Royals and the Reich, S. 242.

258 NLA HA, Dep. 103 XL, Acc. 2018/111, Nr. 1869, Ernst August (III.) an Hermann Göring (Abschrift), 6.11.1941.

259 NLA HA, Dep. 103 XL, Acc. 2018/111, Nr. 1869, Viktoria Luise an Annelies von Ribbentrop (Entwurf), 7.11.1941.

260 NLA HA, Dep. 103 XL, Acc. 2018/111, Nr. 1869, Ernst August (IV.) an Friedrich Freiherr von Ohlen und Adlerscron, 19.6.1942.

kämpft habe.[261] Doch der Einsatz des sozialen Kapitals sollte sich nicht bezahlt machen. Eine Karriere beim Militär blieb dem jüngsten der Welfensöhne verwehrt. Über die Hintergründe erfuhr man indes kaum mehr, als dass es eine Anordnung des »Führers« gegeben habe.[262]

Tatsächlich war die Blockade von Welf Heinrichs Militärlaufbahn kein Einzelfall. Christian, Georg Wilhelm und Ernst August (IV.) erfuhren genauso Herabsetzungen. Unter anderem wurden sie im Frühsommer 1940 plötzlich von der Front abgezogen – auch dies ohne jede Erklärung. Ernst August (III.) schrieb in dieser Angelegenheit gar an Adolf Hitler persönlich, bat ihn »aus tiefstem Herzen« darum, seine Söhne »ohne die geringste Schonung« weiter »für Führer, Volk und Vaterland in vorderster Front« kämpfen zu lassen.[263] Eine Antwort aber bekam er nicht. So konnte nur spekuliert werden, dass das Begräbnis des kurz zuvor im Westfeldzug gefallenen Wilhelm Prinz von Preußen (1906-1940) den Anlass gegeben habe, war dieses mit abertausenden trauernden Menschen auf den Straßen doch einer öffentlichen Sympathiekundgebung für die (Hohenzollern-)Monarchie gleichgekommen.[264] Dafür sprach auch, dass viele Söhne aus vormals regierenden und standesherrlichen Häusern zeitgleich ebenfalls ins Hinterland versetzt wurden.[265] Dieses gezielte, stets aber willkürliche Vorgehen gegen hochadelige Wehrmachtsangehörige mündete am 19. Mai 1943 im »Führererlass« über die »Fernhaltung international gebundener Männer von maßgebenden Stellen in Staat, Partei und Wehrmacht«.[266] Demnach sollten in der »entscheidenden Phase« des Krieges nurmehr Männer eingesetzt werden, die durch »keinerlei abirrende Bindung«, wie die »internationalen verwandtschaftlichen Verflechtungen regierender und ehemals regierender Fürstenhäuser«, vom Kampf abgelenkt seien.[267] Innerhalb eines Jahres mussten daraufhin auch die drei älteren Welfensöhne aus dem Militär ausscheiden – und mit ihnen mehrere Dutzend andere Mitglieder hochadeliger Häuser.[268] Handfeste Belege für eine tatsächlich »abirrende Bindung«, für Vorbehalte, gar feindliche Einstellungen gegenüber dem NS-Staat, wurden indes bei keinem der Welfen erbracht.[269]

261 Vgl. zum (militärischen) Ehrverständnis des Adels Funck, Markus, Art. »Ehre«, in: Eckart Conze (Hrsg.), Kleines Lexikon des Adels. Titel, Throne, Traditionen, 2. Aufl., München 2012, S. 70-73.

262 Vgl. NLA HA, Dep. 103 XL, Acc. 2018/111, Nr. 1869, Welf Heinrich an Viktoria Luise (Abschrift), 15. 6. 1942.

263 NLA HA, Dep. 103 XL, Acc. 2018/111, Nr. 1869, Ernst August (III.) an Adolf Hitler (Abschrift), 12. 5. 1941.

264 Vgl. NLA HA, Dep. 103 XL, Acc. 2018/111, Nr. 1869, Heinrich Jacoby an Ernst August (III.), 27. 10. 1941. Dazu zuletzt: Malinowski, Hohenzollern, S. 481 ff.

265 Vgl. ebd.; Petropoulos, Royals, S. 242.

266 Vgl. BA, NS 6/356, Erlaß des Führers über die Fernhaltung international gebundener Männer von maßgebenden Stellen in Staat, Partei und Wehrmacht (Abschrift), 19. 5. 1943.

267 Ebd.

268 Vgl. exemplarisch NLA HA, Dep. 103 XL, Acc. 2018/111, Nr. 48, Wilhelm Keitel an Ernst August (IV.), 30. 12. 1943. Für das Zahlenmaterial siehe Petropoulos, Royals, S. 243; Dornheim, Waldburg-Zeil, S. 326 ff.

269 Nichtsdestotrotz sollten die Welfen den »Führererlasses« später im Rahmen der Entnazifizierung wiederholt als gewichtigen Entlastungsbeweis anführen. Vgl. dazu das Kapitel »Existenzfragen. Entnazifizierung und ›Kriegsverbrecher‹-Verfahren«.

Ab dem Sommer 1943 waren Ernst August (III.) und Viktoria Luise sonach wieder vereint mit ihren vier Söhnen auf Schloss Blankenburg, das sie Anfang der 1930er-Jahre zu ihrem neuen Lebensmittelpunkt bestimmt hatten. Ernst August (IV.) konnte sich hier von einem Lungendurchschuss erholen, den er noch im Mai 1943 im Umland der ukrainischen Stadt Charkiw erlitten hatte.[270] Im Sommer 1944 schließlich ging es ihm wieder so gut, dass er die Einarbeitung in die Vermögensverwaltung fortsetzen konnte. »Er ist«, wie Paul Knoke zufrieden feststellte, »völlig wieder hergestellt und betätigt sich eifrig in allen Zweigen unserer Verwaltung«.[271] Darüber hinaus war geplant, dass er die Bewirtschaftung der Domäne Calenberg übernehmen sollte.[272] Indessen ließ die Gesundheit Ernst Augusts (III.) infolge mehrerer komplizierter Augenoperationen stark nach. Früher als geplant bekam Ernst August (IV.) daher die Verantwortung für die Familiengeschäfte übertragen, schon bald habe er »alles hier führen« müssen, wie seine Mutter 1948 gegenüber einer Freundin erklärte.[273] Vom Eigenbetrieb Calenbergs wurde so fürs erste wieder abgesehen. De facto fehlte dem Erstgeborenen hierfür auch die nötige praktische Erfahrung.

Georg Wilhelm, Christian und Welf Heinrich fanden ab 1941/43 zunächst ebenfalls Betätigung in der Vermögensverwaltung. Sie vertraten ihren Vater (sowie ihren älteren Bruder) gegenüber Unternehmen und Behörden, begleiteten Knoke auf Reisen für die Oberste Verwaltung und nahmen an Besprechungen mit Rechts- und Finanzberatern teil.[274] Diese direkten Einblicke in die Familienbetriebe und die praktische Mitarbeit an der Vermögensverwaltung waren für sie unmittelbar bedeutsam.[275] Schließlich hatten alle Söhne in den Mitgliederversammlungen der welfischen Häuser nach wie vor ein Mitbestimmungsrecht über Einsatz und Verwendung der Hausvermögen. Überhaupt war vorgesehen, dass der eine oder andere von ihnen künftig die Bewirtschaftung eines land- und forstwirtschaftlichen Gutes übernehmen oder in die Leitung eines der Industrieunternehmen, an denen die Familie Anteile hielt, einsteigen könnte. Denn »die Prinzensöhne«, merkte Knoke an, würden »nun natürlich anderweit tätig sein müssen und wollen«.[276] Womöglich hatte es solche Pläne auch früher schon gegeben; durch die Entlassungen aus dem Militär wurden sie nun in jedem Fall akut.

Nach und nach nahmen die jüngeren Welfensöhne weiterführende Ausbildungen auf. Dabei zeigten sie sich offen gegenüber vermeintlich untypischen adligen Betäti-

270 Vgl. Steckhan Welfenbericht, S. 177. Für eine detailliertere Schilderung siehe NLA HA, Dep. 103 XXXIX, Acc. 2018/53, Nr. 24, Paul Knoke an Ludwig Alpers (Abschrift), 11.7.1943.

271 NLA HA, Dep. 103 XXXIX, Acc. 2018/53, Nr. 24, Paul Knoke an Ludwig Alpers (Abschrift), 27.9.1944.

272 Vgl. NLA HA, Dep. 103 XXXIX, Acc. 2018/53, Nr. 2059, Paul Knoke an Hans von Bandel (Abschrift), 5.6.1944.

273 NLA WO, 298 N, Nr. 879, Viktoria Luise an Kirby Harris, 2.11.1948.

274 Vgl. exemplarisch NLA HA, Dep. 103 XL, Acc. 2018/111, Nr. 2283, Niederschrift von Besprechungen auf Schloss Blankenburg, 9.-11.9.1943.

275 Ergänzend erhielten die Söhne dazu weiteren Unterricht. Unter anderem nahm Welf Heinrich 1942 an einem mehrwöchigen »Buchführung-Zirkel« in Berlin teil. Vgl. NLA HA, Dep. 103 XL, Acc. 2018/111, Nr. 2349, Ausbildungsvertrag, 18.2.1942.

276 NLA HA, Dep. 103 XXXIX, Acc. 2018/53, Nr. 2059, Paul Knoke an Hans von Bandel (Abschrift), 5.6.1944.

gungsfeldern. Allen voran begann Welf Heinrich ein kaufmännisches Volontariat bei dem Wirtschaftsprüfungsunternehmen »Deutsche Warentreuhand AG« in Berlin.[277] Die Wahl war kein Zufall. Mit Johannes Semler gehörte ein wichtiger Vermögensberater der Familie dem Vorstand des Unternehmens an. Semler saß für die Welfen in mehreren Aufsichtsräten, vor allem aber hatte er 1939 gemeinsam mit Ernst August (III.) und Ernst August (IV.) die Flugzeug- und Metallbau-Werke Wels GmbH (FMW), ein Flugzeugreparaturwerk, gegründet.[278] Einen Teil seiner Ausbildung absolvierte Welf Heinrich so auch bei FMW.[279] Im Herbst 1943 immatrikulierte er sich für ein Studium der Rechts- und Staatswissenschaften in München.[280] Zur selben Zeit fing auch Georg Wilhelm ein Jurastudium an.[281] Allein Christian entschied sich für eine naturwissenschaftliche Berufsausbildung. Offenbar in der Absicht, einmal die Bewirtschaftung des umfangreichen Waldbesitzes der Familie im Harz zu übernehmen, absolvierte er ein forstwirtschaftliches Studium.[282]

Die deutsche Kriegsniederlage, die entschädigungslose Enteignung großer Teile des Familienbesitzes in der Sowjetischen Besatzungszone (SBZ) und die Flucht der Familie auf Schloss Marienburg durchkreuzten die eingeschlagenen Berufswege indes bald darauf erneut. Jeder Plan zur Selbstbewirtschaftung der Harzer Forste war nunmehr hinfällig. Erste Berufserfahrungen sammelte Christian deshalb in einem Holzfaserplattenwerk, an dem die Familie eine Beteiligung hielt, bevor er später unter anderem für »Philips« in Südafrika tätig war.[283] Währenddessen schloss Georg Wilhelm sein Studium der Rechtswissenschaften in Göttingen ab, wie sein ältester Bruder mit einer Promotion bei Herbert Kraus.[284] Kurz darauf bekam er die Leitung der Schule Schloss Salem angetragen.[285] Als letzter der vier Söhne beendete Welf Heinrich sein Studium. Er wurde 1953 mit einer Arbeit über »Luftrecht und Weltraum« promoviert – die Luftfahrt hatte ihn augenscheinlich nie ganz losgelassen.[286]

Rund 35 Jahre nach dem Zusammenbruch der Monarchie kamen damit Erziehung und Ausbildung der vier Söhne von Braunschweigs letztem Herzogspaar zum Ab-

277 Zur Unternehmensgeschichte vgl. Sieveking, Kurt, 50 Jahre Deutsche Warentreuhand- und Treuhand-Aktiengesellschaft. 1920-1970, Hamburg 1970.

278 Näher zur Gründung der FMW vgl. das Kapitel »Autarkie, Aufrüstung, ›Arisierung‹. Neue Handlungsspielräume«.

279 Vgl. NLA HA, Dep. 103 XL, Acc. 2018/111, Nr. 2904, Johannes Semler an Paul Knoke (Abschrift), 27.8.1942.

280 Vgl. Steckhan, Welfenbericht, S. 192 f.

281 Vgl. ebd., S. 188.

282 Dieser Zusammenhang ergibt sich aus einem Brief Viktoria Luises: NLA WO, 298 N, Nr. 879, Viktoria Luise an Kirby Harris, 16.6.1948.

283 Ebd.

284 Vgl. Prinz von Hannover, Georg Wilhelm, Die völkerrechtliche Stellung Deutschlands nach der Kapitulation, Göttingen 1948.

285 Vgl. ausführlich Wassong, Stephan, HRH Georg Wilhelm von Hannover. His role at Salem Castle School and the Olympic Acedemy, in: Natalia Camps Y Wilant, Christian Wacker u. Ders. (Hrsg.), Olympic & Paralympic Discourses, Kassel 2017, S. 71-100.

286 Vgl. Prinz von Hannover, Welf Heinrich, Luftrecht und Weltraum, Hannover 1953. Auch diese Doktorarbeit wurde von Herbert Kraus betreut.

schluss. Mit viel Kapital und dem Zugeständnis, neben konventionellen auch praxisbezogene Ausbildungsstätten besuchen zu können, war Ernst August (IV.) als Verwalter des welfischen Vermögens vorbereitet worden, er hatte diese Rolle akzeptiert und schlussendlich übernommen – zweifellos wichtige Schritte bei der intergenerationalen Vermögensweitergabe. Entscheidend war zudem, dass die nachgeborenen Söhne die herausgehobene Stellung ihres ältesten Bruders anerkannten, wie sie mit ihrer Berufswahl unterstrichen. Ohne die entsprechenden Selbstzeugnisse ist freilich ungewiss, ob die strikte Rollenzuweisung stillschweigend hingenommen wurde oder sich Widerstand dagegen regte. Letztlich aber wurde sie respektiert. Dazu mag beigetragen haben, dass die Nachgeborenen ebenso aufwendig qualifiziert wurden wie der Erstgeborene, nicht zuletzt deshalb, da sie perspektivisch einmal Güter und Unternehmen der Familie leiten sollten. Dem stand in den ersten Jahren nach dem Zweiten Weltkrieg zwar der gewaltige Verlust von Anlage- und Betriebsvermögen entgegen. Mittelfristig sollten die nachgeborenen Söhne aber durchaus in führenden Positionen von Betrieben, die in Familienhand lagen, tätig werden.[287]

Lehrzeit der Tochter. Von der Frauenschule in die Ehe

Verglichen mit der vorsichtig fortschrittlichen Berufsqualifikation von Ernst August (IV.) und seinen Brüdern erhielt Friederike in den 1930er-Jahren eine fachliche Ausbildung, die ganz den zeitgenössischen Standards für Frauen gehobener adelig-bürgerlicher Kreise entsprach.[288] Wie ihr Schulbesuch zielte auch ihre berufliche Bildung keineswegs auf Abschlüsse und eine spätere Erwerbstätigkeit ab. Zwar waren adelige Frauen auf dem Arbeitsmarkt nach 1918 (notgedrungen) keine Seltenheit mehr.[289] Bei gesicherter finanzieller Grundlage und aussichtsreichen Heiratschancen galt aber die Vorbereitung meist noch immer einem Leben als Vorstand eines großen Haushalts und Dame der Gesellschaft. Entsprechend bewegten sich auch Friederikes Ausbildungsinhalte und -stätten in den Bereichen Hauswirtschaft, Pflege und Erziehung einerseits sowie Sprachgewandtheit und Allgemeinbildung andererseits. Auf universale Kenntnisse wurde mehr Wert gelegt als auf eine spezialisierte Ausbildung.

Erste Haushaltungskurse belegte die Tochter von Viktoria Luise und Ernst August (III.) noch zu ihren Schulzeiten. Im Sommer 1932 habe sie im Friederikenstift in Hannover, benannt nach Königin Friederike von Hannover (1778-1841), »einen Teil ihrer hauswirtschaftlichen Ausbildung« erhalten, wie eine Festschrift des Stifts stolz ver-

287 Christian etwa wurde in den 1960er-Jahren die Geschäftsführung der ehemaligen FMW übertragen. Vgl. Steckhan, Welfenbericht, S. 191.

288 Vgl. grundsätzlich Jacobi, Mädchen- und Frauenbildung; exemplarisch Derix, Die Thyssens, S. 81-85; Conze, Von deutschem Adel, S. 324-328.

289 Vgl. Wienfort, Monika, Adlige Handlungsspielräume und neue Adelstypen in der ›Klassischen Moderne‹ (1880-1930), in: Geschichte und Gesellschaft 33, 2007, S. 416-438, hier: S. 423-427; Malinowski, Stephan, »Wer schenkt uns wieder Kartoffeln?«. Deutscher Adel nach 1918 – eine Elite?, in: Günther Schulz u. Markus A. Denzel (Hrsg.), Deutscher Adel im 19. und 20. Jahrhundert. St. Katharinen 2004, S. 503-538, hier: S. 525.

merkt.[290] Im Anschluss sollte sie die Wirtschaftliche Frauenschule Obernkirchen bei Bückeburg besuchen.[291] Die Landfrauenschulen, wie sie um die Wende zum 20. Jahrhundert gegründet worden waren, verstanden sich als berufsqualifizierende Erziehungs- und Ausbildungsinstitutionen für »Töchter höherer gebildeter Stände«.[292] Tatsächlich sprachen die Schulen vor allem eine adelige Klientel an. In den 1930er-Jahren lag der Adelsanteil unter den Schülerinnen bei rund 25 Prozent, auch die beiden Töchter von Hermine Prinzessin von Preußen (1887-1947), der zweiten Ehefrau des letzten deutschen Kaisers, zählten dazu.[293] Das sogenannte Maidenjahr vermittelte theoretische und praktische Grundlagen für eine künftige Tätigkeit als Haus- oder Gutsfrau beziehungsweise eine weitere Berufsbildung als Lehrerin im Hauswirtschaftsbereich. Das Unterrichtsprogramm dazu war breit aufgestellt, es reichte von Haushaltung und hauswirtschaftlicher Buchführung über Kindererziehung und Krankenpflege bis hin zu Garten- und Gemüsebau, Geflügel- und Schweinehaltung sowie Milchverwertung.[294]

Aus Friederikes Briefen an Olga geht allerdings hervor, dass ihr die Hauswirtschaftslehre zutiefst widerstrebte. Sie komme sich vor »wie eine Nonne, die ins Kloster geht«, schrieb sie im April 1934, als der Lehrgang an der Landfrauenschule bevorstand.[295] Und weiter: »Meine ganzen Gefühle buchstäblich sträuben sich dagegen.« Doch habe sie nicht vor, dagegen aufzubegehren, »denn es ist ja mein freier Wille und darum freue ich mich ja darauf«. Die bittere Ironie ihrer Worte unterstrich sie mit gleich fünf Ausrufezeichen. Offensichtlich war Friederikes Sozialisation als Tochter einer hochadeligen Familie wirkmächtig genug, dass sie die zugewiesene Ausbildung, obgleich sie sie ablehnte, zumindest akzeptierte. Ihr eigener Wunsch dagegen sei es, so machte sie später einmal deutlich, für zumindest ein Jahr Kinderkrankenpflege zu lernen.[296] Tatsächlich hatte sie zuvor schon, in ihrer Zeit beim Bund Deutscher Mädel, »sehr vergnügt« von einem Sanitätskurs berichtet.[297] Doch ihr Begehren sei abgeblockt worden, bedauerte sie, sie sei noch »zu jung« dafür.[298]

Fürs erste sollte es für Friederike weder in die Landfrauenschule noch in ein Kinderkrankenhaus gehen. Stattdessen wurde sie, wie beschrieben, nach North Foreland Lodge geschickt. Nachdem sie dort ihre Englischkenntnisse hatte verbessern können, war anschließend die »Vervollkommnung der allgemeinen Bildung auf literarischem

290 Hustedt, Hans, Die ersten hundert Jahre des Friederikenstiftes in Hannover 1840-1940, Hannover 1940, S. 19.
291 Vgl. dazu Wörner-Heil, Ortrud, Frauenschulen auf dem Lande. Reifensteiner Verband 1897-1997, 2. Aufl., Kassel 1997, S. 130-134.
292 Wörner-Heil, Ortrud, Adelige Frauen in der Landfrauenschule Obernkirchen (1901-1970), in: Hubert Höing (Hrsg.), Zur Geschichte der Erziehung und Bildung in Schaumburg, Bielefeld 2007, S. 315-347, hier: S. 320.
293 Vgl. ebd., S. 340 u. 344 f.
294 Conze, Von deutschem Adel, S. 325 f.
295 NLA HA, Dep. 103 II, Nr. 224/02, Friederike an Olga, 1.4.1934. Ebd. auch die folgenden Zitate, soweit nicht anders vermerkt.
296 NLA HA, Dep. 103 II, Nr. 224/02, Friederike an Olga, o.D. (1936).
297 Vgl. NLA HA, Dep. 103 II, Nr. 224/02, Friederike an Olga, 24.3.1934.
298 NLA HA, Dep. 103 II, Nr. 224/02, Friederike an Olga, o.D. (1936).

und künstlerischem Gebiete« vorgesehen, wie das Sekretariat ihres Vaters einmal erläuterte.[299] Dazu besuchte sie ab Dezember 1935 für einige Monate die Villa Collina Ridente in Florenz. Dieses »Centre for European and International Studies« richtete sich vor allem an amerikanische Schülerinnen und Studentinnen, die sich »the broadening experience of a year abroad« wünschten und »advanced study of contemporary civilization« anstrebten.[300] Dicht getaktet wurden hier (kunst-)historische Seminare, Exkursionen und Vorträge in italienischer, französischer und englischer Sprache angeboten, »so daß man«, wie eine erschöpfte Friederike an ihre Tante schrieb, »kaum Zeit zum Atmen hat«.[301] Offenbar genoss sie die Zeit dennoch: »Ich finde es herrlich hier. Man lernt sehr viel.«[302]

Erst nach ihrer Rückkehr aus England und Italien sollte Friederike im Frühjahr 1937 doch noch einen Kurs an der Landfrauenschule Oberkirchen belegen – wenigstens für ein halbes Jahr.[303] Drei Jahre später und kürzer als ursprünglich geplant, fand sie daran, wider Erwarten, großen Gefallen. Ausführlich berichtete sie an Olga: »Mir geht es hier sehr gut, viel besser wie ich mir gedacht habe.«[304] Die Arbeit mit den Mitschülerinnen in Stall, Haus und Garten sei »im Großen und Ganzen furchtbar lustig«, wenn sie auch in vielen Kleinigkeiten »maßlos ekelhaft« sein könne, »so daß sich mein innerstes Gefühl« – hier zitierte sie sich selbst – »›buchstäblich dagegen sträubt‹«. »Aber«, so fuhr sie entschlossen fort, »da hilft kein Jammern und kein Schrein, was sein muss daß [sic!] muss sein!« Es klingt ein bisschen wie das Resümee ihrer Ausbildung.

Das halbe Jahr an der Frauenschule war für Friederike die letzte Station ihrer Berufsbildung. Erwerbstätig werden sollte sie nie, Erziehung und Ausbildung hatten den erwünschten Zweck erfüllt. Noch in Florenz war sie ihrem späteren Mann begegnet, Kronprinz Paul von Griechenland (1901-1964).[305] Auf die baldige Verlobung im Salzkammergut sollte 1938 die Hochzeit in Athen folgen.

3.2 Schenkungen. Von »sentimentalen« und »tatsächlichen« Werten

Neben der Finanzierung von Erziehung und Ausbildung waren Schenkungen eine weitere Form der innerfamiliären Vermögensweitergabe. Zu Lebzeiten wurde ökonomisches Kapital, mobiles wie immobiles, von einer Generation an die nächste übertra-

299 Vgl. NLA BU, D 21, Nr. 190, Sekretariat Ernst Augusts (III.) an die Landfrauenschule Obernkirchen, 2.3.1937.
300 Vgl. Sargent, Porter, A Handbook of Private Schools for American Boys and Girls, 19. Aufl., Boston 1935, S. 944.
301 NLA HA, Dep. 103 II, Nr. 224/02, Friederike an Olga, o. D. (1935/36).
302 Ebd.
303 Vgl. zu Friederikes Zeit an der Landfrauenschule auch die Zeitungsartikel in NLA BU, D 21, Nr. 1631.
304 NLA HA, Dep. 103 II, Nr. 224/02, Friederike an Olga, 9.5.1937. Ebd. auch die beiden folgenden Zitate.
305 Vgl. Königin von Griechenland, Erfahrungen, S. 31 ff.

gen. Solche Ressourcentransfers sind von der historischen Forschung bislang vor allem im Zusammenhang mit Erbschaften untersucht worden.[306] Mit gutem Grund: Viele Schenkungen waren fest in den Erbprozess eingebunden und wurden nachträglich mit dem väterlichen oder mütterlichen Erbe verrechnet. Dies galt für ritualisierte Besitzübertragungen, etwa solche bei Heiraten, ebenso wie für strategische, zum Beispiel solche aus steuerlichen Erwägungen. Doch das Spektrum an Anlässen und Gründen ist damit nicht erschöpft. Gerade in hochadeligen Familien, wo die Erbgänge selbst oft strengen Regeln folgten – wie noch zu sehen sein wird –, besaß die ältere Generation mit Schenkungen eine Möglichkeit, situativ in das Vermögens- und somit das Beziehungsgefüge der nachfolgenden Generation einzugreifen. Eltern konnten mit Geld- und Sachgeschenken finanzielle Ungleichheiten zwischen ihren Kindern abschwächen oder umgekehrt verstärken. Es ließ sich erwünschtes Verhalten der Kinder belohnen oder versuchen, unerwünschtes zu verhindern. Die Kinder hatten ihrerseits natürlich die Möglichkeit, Geschenke selbst einzufordern oder solche demonstrativ auszuschlagen.[307]

Der rechtliche Rahmen für derartige (vorgezogene) Besitztransfers wandelte sich für die hochadeligen Familien nach 1918/19 grundlegend. Nicht nur hatten sie fortan Schenkungssteuern in bis dato unbekanntem Ausmaß zu zahlen. Vielmehr mussten, wie gesehen, die Grenzen zwischen Privat- und Hausvermögen neu gezogen werden. Dass die Welfen drei juristische Personen bürgerlichen Rechts als Träger ihrer Hausvermögen installierten, um das Gros ihres Besitzes vom Erbgang auszunehmen, blieb nicht ohne Folgen für potentielle Schenkungen. Sollte mit diesen Vermögenswerten ein Familienmitglied beschenkt werden, musste dies vom »Chef des Hauses« und einer Mehrheit der Mitgliederversammlung ausdrücklich genehmigt werden. Infolgedessen waren es zunächst vor allem Privatvermögen, die für Schenkungen infrage kamen. Erst nach dem erzwungenen Erlöschen der Hausgüter 1939 konnten auch diese Vermögen frei (im Rahmen der Steuergesetze) durch das Oberhaupt der Familie weitergegeben werden.

Sowohl private als auch familiale Vermögenswerte wurden im Welfenhaus zwischen 1918 und 1953 unzählige Male verschenkt. Anlässe bildeten etwa Geburtstage oder Hochzeiten, zum Teil waren die Schenkungen wirtschaftlich motiviert und von langer Hand geplant, zum Teil erfolgten sie spontan. Aus der Vielzahl an Besitztransfers stehen drei im Weiteren exemplarisch im Mittelpunkt: die Heiratsgaben für Friederike bei ihrer Hochzeit mit Paul von Griechenland; eine Schenkung von Unternehmensanteilen, mit denen Ernst August (III.) seine vier Söhne bedachte; und österreichischer Grundbesitz, den Friederike von ihrem Vater geschenkt bekam. Sie alle werden auf ihre Be-

306 Vgl. etwa Lanzinger, Vererben; Dies., Erben und Vererben im Kontext vielfältiger Transfermodi – historische Perspektiven mit Ausblick, in: Dinkel, Jürgen u. Laak, Dirk van (Hrsg.), Reader – Erben und Vererben in der Moderne, Gießen 2016, S. 23-30; Dinkel, Jürgen, Erbschaften und Altersvorsorge – Über den Wandel von Erb- und Vorsorgepraktiken im 20. Jahrhundert in Frankfurt a.M., in: Ders. u. Laak, Dirk van (Hrsg.), Reader – Erben und Vererben in der Moderne, Gießen 2016, S. 59-66.

307 Vgl. aus soziologischer Perspektive Szydlik, Marc, Reich durch Schenkung und Erbschaft?, in: Thomas Druyen/Wolfgang Lauterbach/Matthias Grundmann (Hrsg.), Reichtum und Vermögen. Zur gesellschaftlichen Bedeutung der Reichtums- und Vermögensforschung, Wiesbaden 2009, S. 135-145.

deutung für den Vermögenszusammenhalt und ihre Konsequenzen für das welfische Beziehungsgeflecht hin befragt. Freilich, die Auswahl bleibt fragmentär. Es liegt in der Natur der Sache, dass weniger die kleinen, alltäglichen Geschenke Niederschlag in den Akten gefunden haben, als vielmehr die großen, steuerlich relevanten Schenkungen.

Mitgift, Aussteuer und Erbverzicht

Bis zum Zusammenbruch der Monarchie bestanden in hochadeligen Dynastien bindende Hausgesetze über Vermögen, die eine Tochter im Zuge ihrer Heirat erhalten sollte. Neben der »Aussteuer«, also Kleidung, Hausrat, Schmuck, galten diese speziell der »Mitgift«, auch »Mitgabe« genannt.[308] Gemeint war eine einmalige Bargeldzahlung, die, an den Ehemann ausgeschüttet, den Unterhalt der verheirateten Tochter garantieren sollte. Zugleich diente das Geld als vorgezogener Erbteil. Mit einer Verzichtserklärung hatte die Tochter allen weiteren Ansprüchen zu entsagen.[309] Allerdings wurden Heiratsgaben üblicherweise nur bei »ebenbürtigen« Eheschließungen gezahlt.[310] »Als ebenbürtig«, so definierte das »Königliche Hausgesetz für das Königreich Hannover« von 1836, »werden diejenigen Ehen betrachtet, welche Mitglieder des Hauses entweder unter sich abschliessen, oder mit Mitgliedern eines andern souverainen Hauses, oder aber mit ebenbürtigen Mitgliedern solcher Häuser, welche [...] den Souverains ebenbürtig sind.«[311] Ehen sollten demnach ausschließlich im Kreis der regierenden und standesherrlichen Häuser geschlossen werden.[312] Doch ließen sich »ungleiche« Vermählungen nicht grundsätzlich verhindern. Heiratsgaben wirkten insofern auch als finanzielle Druckmittel, um erwünschtes Heiratsverhalten zu fördern und unerwünschtes zu sanktionieren. Sie waren ein Versuch, das Verhalten der nachfolgenden Generation zu beeinflussen und die Familien- und Verwandtschaftsverhältnisse wunschgemäß zu ordnen.

Mit der Gründung der Weimarer Republik und der Beseitigung der hochadeligen Vorrechte verloren die Regelungen ihre Rechtsgültigkeit. Explizit bestimmte das preußische Gesetz über die Aufhebung der Standesvorrechte, dass jedwedes besondere Recht der Eheschließung, »namentlich auch soweit es Nachteile an eine den Ebenbürtigkeitsbegriffen des Hausrechts nicht entsprechende Eheschließung knüpft«, beseitigt sei.[313]

308 Vgl. als Überblick Gottschalk, Karin u. Lanzinger, Margareth (Hrsg.), Mitgift, in: L'Homme 22, H. 1, 2011; Barth-Scalmani, Gunda u. a. (Hrsg.), Aushandeln von Ehe. Heiratsverträge der Neuzeit im europäischen Vergleich, Köln, Weimar u. Wien 2010.

309 Vgl. exemplarisch Schönpflug, Daniel, Die Heiraten der Hohenzollern. Verwandtschaft, Politik und Ritual in Europa 1640-1918, Göttingen 2013, S. 105-112.

310 Zur »Ebenbürtigkeit« vgl. Wienfort, Monika, Verliebt, verlobt, verheiratet. Eine Geschichte der Ehe seit der Romantik, München 2014, S. 45-48.

311 Königliches Hausgesetz für das Königreich Hannover vom 19. November 1836, in: Schulze, Hermann, Die Hausgesetze der regierenden Deutschen Fürstenhäuser. Erster Band, Jena 1862, S. 490-507, hier: S. 503.

312 Vgl. dazu auch Gollwitzer, Standesherren, S. 262-277.

313 Gesetz über die Aufhebung der Standesvorrechte des Adels und die Auflösung der Hausvermögen. Vom 23. Juni 1920, Preußische Gesetzsammlung 1920, S. 367-382.

Hausgesetzliche Heiratsschranken fielen fort, Erbverzichte mussten nicht mehr ausgesprochen werden. Aber auch der Anspruch auf Heiratsgaben ging verloren. Mitgiftzahlungen wurden zu gewöhnlichen Schenkungen. Die Entscheidung, ob, unter welchen Bedingungen und in welcher Höhe sie ausgeschüttet werden sollten, oblag künftig allein den Familienvorständen.

Im Welfenhaus vergingen nach der Novemberrevolution fast zwei Jahrzehnte, bis wieder eine Ehe geschlossen werden sollte. Im Jahr 1937 verlobte sich Friederike mit dem griechischen Kronprinzen Paul aus dem Haus Schleswig-Holstein-Sonderburg-Glücksburg – eine Verbindung, die unbestritten dem Prinzip der Ebenbürtigkeit entsprach.[314] Infolgedessen wurde die Hochzeit streng nach traditionellen Gepflogenheiten geplant. Penibel mühten sich die Welfen, den – nicht mehr bindenden – hausgesetzlichen Bestimmungen so weit wie möglich nachzukommen.

Die aufwendigen Vorbereitungen mussten in höchster Eile getroffen werden, da die Feierlichkeiten in Athen bereits für Januar 1938 angesetzt waren.[315] Zunächst bat Ernst August (III.) den englischen König Georg VI. (1895-1952) um Zustimmung zu der Eheschließung.[316] Nach dem Royal Marriages Act von 1772 brauchte es für Ehen direkter, männlicher und weiblicher Nachkommen Georgs II. (1683-1760), die jünger als 25 waren, die ausdrückliche Billigung des Königs oder der Königin.[317] Andernfalls galt die Heirat in England als ungültig.[318] Derweil man auf eine Antwort wartete, wurden die Heiratsgaben vertraglich geregelt. In Bezug auf das Hausgesetz von 1836 bekam Friederike von der Mitgliederversammlung des Gesamthauses Braunschweig-Lüneburg eine Mitgift in Höhe von 150.000 Reichsmark zugesprochen.[319] Einen Teil davon sollte sie als Aussteuer erhalten. Im Gegenzug hatte sie einen weitgehenden Erbverzicht zu erklären.[320] Auf dieser Grundlage wurde es Paul Knoke überantwortet, einen Ehevertrag mit der grie-

314 Vgl. zu dieser Linie des Hauses Oldenburg: Steinwascher, Gerd, Die Oldenburger. Die Geschichte einer europäischen Dynastie, Stuttgart 2011, hier speziell: S. 283-292. Die Frage der Ebenbürtigkeit war freilich von beiden Seiten zu beantworten. So zeigt die Verbindung auch, dass die entmachteten Welfen von einem regierenden Königshaus nach wie vor als »ebenbürtig« anerkannt wurden. Näher dazu das Kapitel »Das Prinzip der Ebenbürtigkeit. Diffizile Abgrenzungen«.

315 In Friederikes Biographie heißt es dazu: »Wir wollten so schnell wie möglich heiraten. Warum warten, wenn man sich einmal entschlossen hat?« Königin von Griechenland, Erfahrungen, S. 34.

316 Vgl. NLA HA, Dep. 103 XL, Acc. 2018/111, Nr. 3336, Ernst August (III.) an George VI. (Konzept), 13.12.1937.

317 Vgl. Königlich Grossbritannische Vermählungsakte (Royal Marriage Act) von 1772, in: Schulze, Hermann, Die Hausgesetze der regierenden Deutschen Fürstenhäuser. Erster Band, Jena 1862, S. 486-487.

318 Vgl. Urbach, Karina, Introduction. Royal Kinship, in: Dies. (Hrsg.), Royal Kinship. Anglo-German Family Networks, München 2008, S. 13-34.

319 Vgl. NLA HA, Dep. 103 XL, Acc. 2018/111, Nr. 3314, Protokoll der außerordentlichen Mitgliederversammlung des Gesamthauses Braunschweig-Lüneburg, 27.12.1937; NLA HA, Dep. 103 XL, Acc. 2018/111, Nr. 3336, Vertrag zwischen Friederike und dem Gesamthaus Braunschweig-Lüneburg, 13.12.1937.

320 Vgl. NLA HA, Dep. 103 XL, Acc. 2018/111, Nr. 2313, Erklärung Friederikes, 27.12.1937. Speziell hieß es hier: »Unter diesem Verzicht ist nicht mit begriffen, was außer dem Mir durch das Hausgesetz Zugesprochenen durch Verfügung von Todeswegen oder gesetzliche Erbfolge Mir zufallen kann.«

chischen Seite auszuarbeiten.[321] Zuletzt, sechs Tage vor Beginn der Feierlichkeiten in Griechenland, erklärte auch Georg VI. sein Einverständnis mit der Eheschließung.[322]

Am nächsten Tag brach Friederike mit ihren Eltern und Brüdern in einem luxuriösen Schlafwagen von Dresden über Budapest und Skopje nach Athen auf. Mit ihnen im Gefolge reisten einige enge Bedienstete und Berater, darunter Knoke, außerdem die Erzieherin Pöschel und der »Hof- und Schlossprediger« Ostermann.[323] Letzterer sollte das Brautpaar – im Anschluss an eine orthodoxe Zeremonie – evangelisch trauen. Auch die Aussteuer wurde nach Griechenland überführt.[324] Ihr gesamter Wert belief sich auf fast 30.000 Reichsmark. Neben dem Brautkleid, aufwendiger Garderobe, Kissen, Decken und Koffern zählten eine Nähmaschine und rund 54 Meter Seide dazu. Zusätzlich gab es einen Ring mit hochkarätigem Brillanten sowie zwei einzelne große Steine, die Ernst August (III.) für knapp 20.000 Reichsmark von einem Münchener Juwelier erworben hatte.[325]

Abb. 3 Hochzeitsfoto mit Brautjungfern: Friederike und Paul am 9. Januar 1938 in Athen – Quelle: NLA HA, BigS, Nr. 35008.

Am 9. Januar 1938 erfolgte im königlichen Schloss von Athen die feierliche Vermählung des Paares. »Abgewickelt« war die Eheschließung damit allerdings noch nicht. Denn die gewünschten transnationalen Besitzübertragungen kollidierten mit den restriktiven Steuer- und Devisenbestimmungen der Zeit. Zum einen drohte das Vermögen Friederikes bei ihrer Übersiedlung nach Griechenland der Reichsfluchtsteuer unterworfen zu werden.[326] Es waren viele blumige Worte vonnöten, um die Behörden davon zu

321 Vgl. NLA HA, Dep. 103 XL, Acc. 2018/111, Nr. 3336, Vollmacht für Paul Knoke, 27. 12. 1937.
322 Vgl. NLA HA, Dep. 103 XL, Acc. 2018/111, Nr. 3336, Georg VI. an Ernst August (III.), 3. 1. 1938.
323 Vgl. dazu NLA HA, Dep. 103 II, 228/109, Reisebericht August Ostermanns, März 1938.
324 Vgl. NLA HA, Dep. 103 XL, Acc. 2018/111, Nr. 2313, Verzeichnis der Aussteuer Friederikes, o. D.
325 Vgl. NLA HA, Dep. 103 XL, Acc. 2018/111, Nr. 2313, Juwelier Rath an Ernst August (III.), 3. 1. 1938.
326 Grundlegend zur Reichsfluchtsteuer, ihrer steuerpolitischen Intention in der großen Depression und ihrem Einsatz als finanzielles Diskriminierungsinstrument jüdischer Deutscher ab 1933 vgl. Mußgnug, Dorothee, Die Reichsfluchtsteuer 1931-1953, Berlin 1993.

überzeugen, dass ihre Wohnsitzverlegung nach Athen nicht aus finanziellen Motiven erfolge, sondern im Gegenteil »eine Stärkung Deutschlands sowohl in politischem wie in kulturellem Interesse« bedeute.[327] Zum anderen konnte die Mitgift nicht wie erhofft ausgezahlt werden. Die Zahlung der vereinbarten 100.000 Reichsmark war nur auf ein Sperrkonto möglich, über das ausschließlich mit Genehmigung der zuständigen Devisenstelle verfügt werden durfte.[328] Zudem erwies es sich als steuerlich günstiger, die Schenkung aus dem Privatvermögen Ernst Augusts (III.) anstatt aus dem Vermögen des Gesamthauses Braunschweig-Lüneburg vorzunehmen.[329] Erst im Herbst 1938 hatte der Vermögenstransfer so alle nötigen bürokratischen Hürden genommen.

Trotz alledem: Die Heiratsgaben erfüllten ihre traditionellen Funktionen. Die Tochter erhielt die Schenkung für die Wahl eines »ebenbürtigen« Ehepartners. Zugleich akzeptierte Friederike Aussteuer und Mitgift als vorzeitige Erbübertragung, für die sie ihrer weiteren Ansprüche entsagte. Die Schenkung war damit für ihre Familie ungleich bedeutsamer als für sie selbst. Denn während Friederike als griechische Kronprinzessin auf das geschenkte Vermögen nicht zwingend angewiesen war, leistete sie mit ihrer Verzichtserklärung – mittelbar – einen wichtigen Beitrag zum Zusammenhalt des Vermögens ihrer Herkunftsfamilie. Dieses Zurückstellen der eigenen Interessen hinter die der Familie war gewissermaßen die letzte Erwartung, die im Welfenhaus an Friederike gestellt wurde. Fortan gehörte sie dem griechischen Königshaus an.

Unternehmensbeteiligungen als verbindende Geschenke

Im Verlauf des Zweiten Weltkriegs kam es im Welfenhaus zu einer bemerkenswerten Schenkung. In dieser Zeit wurden auf Schloss Blankenburg intensive Pläne zur Gründung eines neuen Unternehmens gemacht. Die Überlegungen standen in direktem Zusammenhang mit dem Flugzeugreparaturwerk FMW, das Ernst August (III.) 1939 gemeinsam mit seinem ältesten Sohn und dem Wirtschaftsberater Johannes Semler in Wels errichtet hatte. Semler war dabei die treibende Kraft. Eindringlich mahnte er das Welfenoberhaupt, dass der Reparaturbetrieb zwar für die Dauer des Krieges »personell und sachlich« voll ausgelastet sein werde.[330] Bei den »immerhin beträchtlichen Kapitalinvestitionen« erscheine es jedoch als »Gebot geschäftlicher Vorsicht«, frühzeitig die Umnutzung für Friedenszeiten vorzubereiten.[331] Er schlug vor, sich die Expertise des Unternehmens in der Verarbeitung von Leichtmetall zunutze zu machen und dereinst im Hallen-, Haus- und Bootsbau tätig zu werden oder auch Schubkarren, Leitern bis

327 Vgl. NLA HA, Dep. 103 XL, Acc. 2018/111, Nr. 2313, Paul Knoke an den Oberfinanzpräsidenten von Hannover (Abschrift), 30.12.1937; NLA HA, Dep. 103 XL, Acc. 2018/111, Nr. 2313, Oberfinanzpräsident von Hannover an Paul Knoke, 15.1.1938.

328 Vgl. NLA HA, Dep. 103 XL, Acc. 2018/111, Nr. 2313, Devisenzweigstelle Braunschweig an die Oberste Verwaltung, 18.8.1939.

329 Vgl. NLA HA, Dep. 103 XL, Acc. 2018/111, Nr. 2313, Schenkungssteuerbescheid Ernst Augusts (III.), 23.6.1938; NLA HA, Dep. 103 XL, Acc. 2018/111, Nr. 2313, Vermerk Paul Knokes, 23.9.1938.

330 NLA HA, Dep. 103 XL, Acc. 2018/111, Nr. 154, Johannes Semler an Ernst August (III.), 16.5.1940.

331 Ebd.

hin zu Gerüstbauten für die Filmwirtschaft zu produzieren. Ernst August (III.) ließ daraufhin ein kleines Studienbüro einrichten, um mögliche Einsatzgebiete genauer auszuloten und die nötigen Produktionsverfahren zu erproben.[332] Ende 1942 sah Semler die Zeit gekommen, »ein selbstständiges und finanziell genügend fundiertes Unternehmen« aufzubauen.[333] Die Forschungsarbeiten über den Leichtmetallbau sollten hier zur Serienreife gebracht werden, um nach Kriegsende möglichst umgehend mit der industriellen Fertigung in Wels beginnen zu können.

Mit einem Stammkapital von einer Million Reichsmark wurde im April 1943 die »Metallbau Semler GmbH« in München gegründet.[334] Die Finanzierungspläne hatten ursprünglich vorgesehen, dass Ernst August (III.) allein drei Viertel des Kapitals einbringen sollte.[335] Doch das Oberhaupt der Welfen disponierte kurzfristig um. Ernst August (III.) entschied sich, seinen vier Söhnen jeweils einen Gesellschaftsanteil in Höhe von 30.000 Reichsmark zu schenken.[336] Alle männlichen Mitglieder des Hauses waren auf diese Weise an dem Unternehmen beteiligt. Zusammen hielten sie die angestrebte Dreiviertelmehrheit.[337] Es handelte sich, wie ein Finanzberater der Welfen treffend bemerkte, um ein »reines Familienunternehmen«.[338]

Indessen ist ungewiss, was genau Ernst August (III.) zu der Schenkung veranlasste. Sie erfolgte fast beiläufig, ohne aufwendige vertragliche Rahmung. Im weiteren Verlauf des Erbprozesses sollte sie keine Rolle mehr spielen. Bemerkenswert ist die Vermögensweitergabe trotzdem. Nie zuvor hatte es eine Beteiligung aller Söhne an einem Investment gegeben. Lediglich Ernst August (IV.) war bis dahin an Familiengeschäften beteiligt worden.[339] So kam die Schenkung zwar unvermittelt, ihre praktischen Konsequenzen aber waren weitreichend.

Die Gründung der GmbH erfolgte in der Zeit, als die Welfensöhne gerade nach und nach aus der Wehrmacht entlassen wurden. Welf Heinrich war die angestrebte Offizierslaufbahn im Frühjahr 1943 bereits verwehrt worden, Christian wurde im März des Jahres kurzerhand zu »Studienzwecken« beurlaubt. Georg Wilhelm habe unterdessen im Heerespersonalamt erfahren, »daß die Prinzen im Laufe des Sommers insgesamt keine Verwendung mehr finden dürften«, wie Ernst August (III.) seinem Schwager Wilhelm

332 Vgl. NLA HA, Dep. 103 XL, Acc. 2018/111, Nr. 156, Vermerk Johanes Semlers, 18.6.1940.

333 NLA HA, Dep. 103 XL, Acc. 2018/111, Nr. 156, Vermerk Johanes Semlers, 13.3.1943.

334 Vgl. NLA HA, Dep. 103 XL, Acc. 2018/111, Nr. 156, Handelsregistereintrag »Metallbau Semler GmbH«, 18.10.1943.

335 Vgl. NLA HA, Dep. 103 XL, Acc. 2018/111, Nr. 156, Niederschrift über Besprechungen auf Schloss Blankenburg, 23./24.3.1943.

336 Vgl. NLA HA, Dep. 103 XXXIX, Acc. 2018/53, Nr. 111, Erklärung zur Schenkungssteuer Ernst Augusts (III.), 2.5.1944.

337 Vgl. NLA HA, Dep. 103 XL, Acc. 2018/111, Nr. 3343, Gesellschaftsvertrag Metallbau Semler GmbH, 22.4.1943. Ernst August (IV.) und Georg Wilhelm hatten ihre Anteile jeweils mit eigenem Geld noch erhöht. Vgl. NLA HA, Dep. 103 XL, Acc. 2018/111, Nr. 156, Vermerke Paul Knokes, 7.12.1943.

338 NLA HA, Dep. 103 XL, Acc. 2018/111, Nr. 156, Friedrich Wilhelm Seiler an Ernst August (III.), 11.4.1943.

339 Auch in den Beratungen über die MS hatte es zwischenzeitlich Überlegungen gegeben, dass Ernst August (IV.) einen Teil des Gesellschaftskapitals übernehmen sollte. Vgl. NLA HA, Dep. 103 XL, Acc. 2018/111, Nr. 156, Johannes Semler an das Bankhaus Seiler & Co., 1.2.1943.

berichtete.[340] Daraufhin begannen die Söhne in der Vermögensverwaltung, weshalb sie über Finanzen, Aufgaben und Ziele des neuen Unternehmens von Anfang an genau informiert waren.[341] Durch ihre Stellung als Gesellschafter wurde ihnen die Möglichkeit verschafft, fortwährend Einfluss auf die Unternehmensgestaltung zu nehmen. Einen unmittelbaren finanziellen Nutzen hatte die Teilhabe allerdings nicht. Die Gesellschaft schüttete fürs erste keine Gewinne aus.[342]

Von größerer Bedeutung war die Schenkung auch deshalb, weil 1939 die endgültige Auflösung der Hausvermögen in Gang gesetzt worden war. Über kurz oder lang sollte Ernst August (III.) die alleinige Verantwortung für die Vermögensmassen obliegen. Alle Einschränkungen und Kontrollen, die zuvor bezüglich deren Verwendung bestanden hatten, würden damit fortfallen. Mit der Beteiligung seiner Söhne an dem Münchner Unternehmen knüpfte Ernst August (III.) somit ein neues Band zwischen dem Vermögen und den Männern der Familie. Zumindest ein Stück weit schränkte er seinen eigenen Einfluss zugunsten seiner Söhne ein – eine Entscheidung, die er gleichsam auch für seine(n) künftigen Nachfolger traf.

Sicher sollten die Einflussmöglichkeiten, die die Nachkommen durch ihre Beteiligung an dem Metallbau-Unternehmen erhielten, nicht überbewertet werden. Doch die Hoffnungen in das Unternehmen waren groß. Namentlich Semler verfolgte weitreichende Pläne. Von den unterschiedlichsten Einsatzgebieten für Leichtmetall, die er dem Welfenoberhaupt skizziert hatte, sah er die besten Zukunftsaussichten im Haus- und Wohnungsbau. »Aus der Not der Zeit heraus«, so meinte er angesichts der vielen kriegszerstörten deutschen Städte, »erwächst […] für unseren Metallbau nicht nur eine wichtige Aufgabe, sondern wir gewinnen auf Jahre die Möglichkeit die Kapazität unserer Werke auch dann auszunutzen, wenn der Flugzeugbau vollständig ausfallen sollte«.[343] Eigenheime aus Stahlblech, zerlegt transportiert und in kürzester Zeit zusammengesetzt – diese Vision, mit der Semler in den 1940er-Jahren keinesfalls alleine war, überzeugte auch die Welfen und ihre Verwaltung.[344] Der Metallhaus-Bau versprach für weitere Bauunternehmen, an denen man beteiligt war, sowie dem eigenen Forstbetrieb einen langfristigen, sicheren Absatz. In all diesen Plänen sollte die neu gegründete GmbH eine Schlüsselposition einnehmen.[345]

Allein, die riesigen Erwartungen erfüllten sich nicht. An eine Produktion von Metallhäusern war für die Familie nach der deutschen Kriegsniederlage nicht mehr zu denken.

340 NLA HA, Dep. 103 XL, Acc. 2018/111, Nr. 48, Ernst August (III.) an Wilhelm Kronprinz von Preußen (Abschrift), 21. 5. 1943.

341 Vgl. etwa NLA HA, Dep. 103 XL, Acc. 2018/111, Nr. 156, Niederschrift über Besprechungen auf Schloss Blankenburg, 23./24. 3. 1943.

342 Vgl. NLA HA, Dep. 103 XL, Acc. 2018/111, Nr. 157, Geschäftsbericht der Metallbau Semler GmbH für 1943, 2. 12. 1944.

343 NLA HA, Dep. 103 XL, Acc. 2018/111, Nr. 156, Johannes Semler an Ernst August (III.), 17. 8. 1943.

344 Vgl. NLA HA, Dep. 103 XL, Acc. 2018/111, Nr. 156, Paul Knoke an Johannes Semler (Abschrift), 30. 8. 1943. Zur Geschichte des Metallhaus-Baus siehe Robeck, Ulrike, Alles Blech: Wohnhäuser aus Stahl. Eine Bilanz ihrer Entwicklung, Herstellung und Verbreitung im rheinisch-westfälischen Industriegebiet, Essen 2000.

345 Vgl. NLA HA, Dep. 103 XL, Acc. 2018/111, Nr. 156, Arbeitsplan »Metallhaus-Bau«, 25. 8. 1943.

Ihr österreichischer Besitz im Allgemeinen und FMW im Speziellen wurden als Eigentum deutscher Staatsangehöriger, das sogenannte Deutsche Eigentum, unter Kontrolle der Besatzungsmächte gestellt – mit völlig ungewissen Konsequenzen.[346] Die GmbH verlor den ihr zugedachten Zweck. Einige Zeit noch wurden die Geschäftsanteile gehalten, dann verkauften die Welfen sie.[347] Was Ernst Augusts (III.) Schenkung an seine vier Söhne bewirkt hatte, die Beteiligung aller Agnaten an einem Unternehmen, blieb von kurzer Dauer. Zur Gründung eines neuen »Familienunternehmens« sollte es – einstweilig zumindest – nicht wieder kommen. Vorerst galt es, den Familienbesitz überhaupt in den eigenen Händen zu bewahren.

Weggeben, um zu bewahren. Eine wiederholte Schenkung

Im Winter 1938 wurden die bis dahin eingeschlagenen Wege der Vermögensweitergabe von einer außergewöhnlichen Schenkung durchkreuzt. Am 2. November, zur Geburt von Friederikes und Pauls erstem Kind Sophia (*1938), schenkte Ernst August (III.) seiner Tochter »unsere Familieneigentümer in Österreich«.[348] Im Einzelnen listete er auf: »Hubertihaus mit allem was dazu gehört, der Besitz in Gmunden, die Villa Weinberg, die Königin Villa, Schloss Cumberland[,] die Gärten und der Park und sämtliche Gebäude und Güter[,] die dazu gehören[,] sowie die Wälder im Almthal in der Grünau.« Damit wünsche er, so erklärte Ernst August (III.) seiner Tochter, ihre »sehr bescheidene Mitgift« zu ergänzen und zugleich ein Geschenk zu machen, das ihrer »neuen Stellung« angemessen sei. Er hoffe, sie werde den österreichischen Besitz, den Ort ihrer Kindheit, mit ihrer Familie künftig als Sommerdomizil nutzen.[349]

Die gewaltigen Vermögenswerte verschenkte das Familienoberhaupt nicht ohne Hintergedanken. Trotz vielfältiger Versuche, die Anwesen und Ländereien in Österreich rentabel zu gestalten, war der Besitz im Ganzen dauerhaft defizitär. Die Einnahmen der Forste vermochten die enormen Unterhaltskosten der Immobilien nicht zu decken. Daraus machte Ernst August (III.) keinen Hehl. Freimütig bekannte er gegenüber Friederike, »daß dieses Geschenk mehr sentimentalen als tatsächlichen Wert hat«.[350] Doch glaube er, dass sie als zukünftige Königin von Griechenland in der Lage sein werde, die Schenkung annehmen zu können. Einschränkend fügte er hinzu, dass sich das Geschenk nur auf drei Viertel des Besitzes beziehe, da ein Viertel an Ernst August (IV.) gehen solle. Außerdem beanspruchte er selbst ein lebenslanges Nießbrauchrecht. Der Zweischnei-

346 Vgl. Klambauer, Otto, Die Frage des Deutschen Eigentums in Österreich, in: Jahrbuch für Zeitgeschichte 1, 1978, S. 127-174.

347 Vgl. exemplarisch NLA HA, Dep. 103 XL, Acc. 2018/111, Nr. 157, Kaufvertrag zwischen Ernst August (IV.) und Willy Wiegand (Abschrift), 4. 5. 1948.

348 Ernst August (III.) erklärte, dass das verbleibende Viertel Ernst August (IV.) versprochen sei. NLA HA, Dep. 103 XL, Acc. 2018/111, Nr. 1880, Ernst August (III.) an Friederike (Entwurf), 2. 11. 1938.

349 Vgl. ebd.

350 NLA HA, Dep. 103 XL, Acc. 2018/111, Nr. 1880, Ernst August (III.) an Friederike (Entwurf), 2. 11. 1938.

digkeit der Schenkung war sich Ernst August (III.) vollauf bewusst: »Ich hoffe[,] dass Du dies verstehen wirst und mir verzeihst[,] dass ich so handle.«[351]

Dem Besitztransfer lag mithin eine wohlüberlegte ökonomische Abwägung zugrunde. Auf der einen Seite war Ernst August (III.) zweifellos bemüht, althergebrachte Besitztümer – von Georg V. über Ernst August (II.) an ihn selbst weitergereicht – möglichst für seinen ältesten Sohn, das zukünftige Welfenoberhaupt, zu bewahren. Auf der anderen Seite aber brachten die auf stete Zuschüsse angewiesenen, riesigen Liegenschaften langfristig das Gesamtvermögen in Gefahr. In dieser Gegenüberstellung schien es offenbar der passende Kompromiss, der »königlich« verheirateten Tochter einen Großteil zu übertragen und bloß einen kleinen Teil für Ernst August (IV.) zurückzuhalten. Zu solchen Vermögensverschiebungen war Ernst August (III.) durchaus berechtigt. Der Besitz zählte de jure nicht zum Hausvermögen, sondern zu seinem privaten Eigentum, dem sogenannten Allod, über das er frei verfügen konnte.[352]

Friederike benötigte nach der Geburt ihrer Tochter zunächst einige Tage Ruhe, bis sie auf das Angebot ihres Vaters reagieren konnte. In ihrem Antwortschreiben zeigte sie sich dann sehr dankbar und »bewegt«.[353] Höflich, gleichwohl unmissverständlich, erklärte sie jedoch: »Ich kann [...] Dein Geschenk unmöglich annehmen, da es Familieneigentum ist und es als solches im Besitz des Welfenhauses bleiben muss.«[354] Ob ihr abgeraten worden war, die kostenintensive Schenkung anzunehmen, führte sie nicht näher aus. Jedenfalls setzte sie sich mit ihrer Verweigerungshaltung durch. Aus ihrer neuen Position finanzieller Stärke heraus lehnte sie es ab, der Besitzsicherung ihrer Herkunftsfamilie zu dienen. Die Schenkung wurde nicht vollzogen, Ernst August (III.) blieb Eigentümer seiner Besitzungen und hatte dessen wirtschaftliche Belastungen weiterhin zu tragen.

In der Konsequenz – die natürlich nicht vorherzusehen gewesen war – wurde der gesamte österreichische Grundbesitz nach 1945 von der amerikanischen Property Control als Deutsches Eigentum übernommen. Einstweilig verlor das Welfenhaupt die Kontrolle über land- und forstwirtschaftliches Vermögen mit einem Einheitswert von rund 1,25 Millionen Reichsmark und Immobilienvermögen im Wert von einer knappen Million Reichsmark.[355] Dabei signalisierten die USA von vornherein, das Deutsche Eigentum alsbald in österreichische Treuhänderschaft übergeben zu wollen.[356] Der »Kampf um das Österreichische Vermögen«, so stellte ein Anwalt der Familie klar, müsse folglich bei den amerikanischen Besatzungsbehörden *und* den österreichischen Verwaltungsstellen geführt werden. Dann bestünde durchaus Hoffnung, dass »bei entsprechender energischer und zielbewusster Bearbeitung« »bestimmte oder sämtliche Vermögenschaften der königlichen Familie« verteidigt werden könnten.[357]

351 Ebd.

352 Für eine Aufstellung des Privatvermögens vgl. NLA WO, 12 A Nds Zg. 23/1986, Nr. 318, Vermögensaufstellungen Ernst Augusts (III.), 14.11.1938.

353 NLA HA, Dep. 103 XL, Acc. 2018/111, Nr. 1880, Friederike an Ernst August (III.), 8.11.1938.

354 Ebd.

355 NLA HA, Dep. 103 XL, Acc. 2018/111, Nr. 1880, Vermerk Paul Knokes (Anlage 1), 12.10.1947.

356 Vgl. Einwitschläger, Arno, Amerikanische Wirtschaftspolitik in Österreich 1945-1949, Wien 1986, S. 43.

357 NLA HA, Dep. 103 XL, Acc. 2018/111, Nr. 2285, Erwin Lowatschek an Paul Knoke, 28.8.1947.

Dieser »Kampf« wurde auch von Friederike geführt. War sie auch nicht willig gewesen, sich den unwirtschaftlichen Grundbesitz schenken zu lassen, war sie doch gewillt, ihn zu verteidigen. Noch aus dem Exil, in das sie mit ihrer Familie nach der Besetzung Griechenlands durch die Wehrmacht hatte fliehen müssen, unternahm sie erste vorsichtige Versuche der Einflussnahme. Mit einem persönlichen Schreiben wandte sie sich im Januar 1946 hilfesuchend an die amerikanische Botschaft in Kairo.[358] Machtbewusst als »Crown Princess of an Allied nation« bat sie darin »to appeal on my behalf to the American authorities for help«. Der geliebte, generationenalte Besitz im Salzkammergut sei alles, was ihrer Familie nach den schweren Verlusten in Deutschland noch geblieben sei. Es würde ihr das Herz brechen, wenn die Villa Weinberg, das Hubertihaus und all die anderen Anwesen verloren gingen. Dabei habe sie selbst, so führte sie aus, nicht bloß eine sentimentale Beziehung zu dem Besitz. Sie sei vielmehr, ohne dies näher zu erläutern, »partly owner«. Was faktisch nicht stimmte, verfehlte doch nicht seine Wirkung. Die US-Besatzungsbehörden in Österreich sahen sich auf das Schreiben hin veranlasst, Nachforschungen über das »Property of the Crown Princess of Greece« anzustellen.[359] Freilich konnte aber kaum mehr festgestellt werden, als dass der fragliche Besitz unter Vermögenskontrolle stehe, und zwar »under the registered owner's name Duke of Braunschweig and Lüneburg«.[360]

Daraufhin begann ein reger Austausch zwischen dem Welfen- und dem griechischen Königshaus. Die jeweils verfolgten Pläne zum Schutz des österreichischen Vermögens wurden aufgegeben und stattdessen eine gemeinsame Verteidigung vorbereitet.[361] Nach Jahren der kriegsbedingten Trennung konnten sich Friederike, ihre Eltern und ihre Brüder dazu seit 1947 auch wieder persönlich beraten. Noch vor ihrem ersten gemeinsamen Treffen unterrichtete Ernst August (III.) seine Tochter, dass es von »höchster Wichtigkeit« sei, »dass Du über ganz bestimmte Einzelheiten in Kenntnis gesetzt wirst, bevor Du zum Schutz unserer Interessen in Österreich Weiteres unternimmst«.[362] Man verständigte sich darauf, Friederike bei den amerikanischen und österreichischen Stellen als die eigentliche Eigentümerin des Grundbesitzes zu präsentieren. Denn als Eigentum einer griechischen Staatsbürgerin, zumal der griechischen Königin, die Friederike derweil geworden war, würde der Besitz nicht länger unter Treuhandverwaltung stehen – so hoffte man zumindest.[363]

358 NAW, USACA, Property Control Branch, O7.2057 Gm, Herzog Ernst August zu Braunschweig und Lüneburg, Friederike an »Kippy« Tuck, 26.1.1946. Ebd. auch die folgenden Zitate, soweit nicht anders vermerkt.

359 NAW, USACA, Property Control Branch, O7.2057 Gm, Herzog Ernst August zu Braunschweig und Lüneburg, Paul Carling (Property Control Section, Linz) an Edwin Merwin (Property Control Branch, Wien), 4.3.1946.

360 Vgl. auch OÖLA, Lreg, Präs. 1947, Nr. 41724, Schloss Cumberland, Gmunden, Rechtsverhältnisse.

361 Auf Seiten der Welfen war die Verteidigungsstrategie bis dahin gewesen, Ernst August (III.) als britischen Staatsangehörigen darzustellen, was sich als äußert problembehaftet erwies. NLA HA, Dep. 103 XL, Acc. 2018/111, Nr. 1880, Vermerk Paul Knokes, 12.10.1947.

362 NLA HA, Dep. 103 XL, Acc. 2018/111, Nr. 2285, Ernst August (III.) an Friederike (Abschrift), 5.9.1947.

363 Vgl. NLA HA, Dep. 103 XL, Acc. 2018/111, Nr. 1880, Vermerk Alois Graf von Kielmanseggs, 24.8.1948.

Um dieses Ziel zu erreichen, wurde die Schenkung von einst wieder aufgegriffen. Hatte Friederike das Geschenk ihres Vaters seinerzeit auch abgelehnt, nunmehr sollte es so dargestellt werden, als hätte sie es angenommen. Dazu wurden verschiedene rechtliche Möglichkeiten geprüft. Eine Überlegung sah vor, Kontext und Inhalt der Schenkung soweit zu verändern, als ob seinerzeit nicht bloß drei Viertel verschenkt worden seien, sondern der gesamte Besitz: »Es wäre ein Schenkungsvertrag durch Notariatsakt datiert 1940 abzufassen, weil in diesem Jahre S. K. H. der Kronprinz Constantin von Griechenland geboren und aus diesem Anlass die Schenkung vorgenommen worden war.«[364] Als Erklärung für die unumstößliche Tatsache, dass Friederike nicht als Eigentümerin im Grundbuch vermerkt war, meinte man, »dass wohl mit Erfolg darauf hingewiesen werden [könnte], dass Griechenland 1940 in den Krieg eingetreten ist und daher ein Verkehr zwischen Griechenland und Oesterreich nicht möglich war.«[365] De facto lief das auf Urkundenfälschung hinaus.

Am Ende entschied man sich für einen anderen Weg. Zwischen welfischen Anwälten und griechischen Diplomaten einerseits sowie österreichischen Behörden und den US-amerikanischen und englischen Besatzungsmächten andererseits wurden Verhandlungen über eine formale Wiederholung der Schenkung von 1938 aufgenommen.[366] Mit Ernst Augusts (III.) Schreiben vom 2. November konnte schließlich glaubhaft versichert werden, dass das Geschenk tatsächlich gemacht worden war. Darauf aufbauend argumentierte man, dass Friederike die Schenkung noch am selben Tag angenommen habe, während ihre spätere, ausdrückliche Ablehnung wohlweislich verschwiegen wurde. Nur aufgrund der »seit dem Tage der Schenkung eingetretenen politischen und staatsrechtlichen Ereignisse« sei es dann nicht mehr möglich gewesen, die Grundbucheinträge umschreiben zu lassen.[367] Faktisch war diese Erzählung falsch, doch widerlegen ließ sie sich kaum. Akzeptieren mussten die zuständigen Stellen sie freilich nicht. Trotzdem taten sie dies. Vordergründig lautete die Erklärung, dass man »the legitimate interests of Her Majesty the Queen of Greece« schützen wolle.[368] Daneben mag es finanzielle Erwägungen gegeben haben. Es konnte nicht im österreichischen Interesse sein, unwirtschaftlichen Besitz zu übernehmen und substanzielle Steuereinnahmen zu verlieren. Was am Ende den Ausschlag gab, liegt im Unklaren. Doch ganz gleich, ob es das soziale, ökonomische oder symbolische Kapital der Welfen war, es half, große Vermögensbestandteile zu bewahren, denen nach geltendem Recht bald die Enteignung gedroht hätte.

Am 17. Juni 1950 kam es so im Athener Schloss zur »Wiederholung des Schenkungsaktes zwischen Ihrer Majestät der Königin der Hellenen Friederica und Seiner König-

364 Ebd.

365 Ebd.

366 Vgl. zum Folgenden NLA HA, Dep. 103 XL, Acc. 2018/111, Nr. 1880, Erwin Lowatschek an Michel Peszmazoglu, 2. 11. 1949. Für die englische Perspektive vgl. The National Archives, London, FO 1007/147 u. FO 1060/684.

367 NLA HA, Dep. 103 XL, Acc. 2018/111, Nr. 1880, Erwin Lowatschek an Michel Peszmazoglu, 3. 5. 1949.

368 NLA HA, Dep. 103 XL, Acc. 2018/111, Nr. 1880, D. V. Catlett (US-Konsulat Hamburg) an D. J. Nicolareizis (Griechisches Konsulat Hamburg), 26. 5. 1949.

lichen Hoheit des Herzogs Ernst-August von Braunschweig und Lüneburg«.[369] In aller Förmlichkeit übertrug Ernst August (III.) drei Viertel seines in Gmunden und Grünau gelegenen Eigentums auf Friederike, exakt beschrieben auf 25 dicht bedruckten Seiten, darunter Schloss Cumberland, die Villa Weinberg und das Jagdanwesen Hubertihaus. Er selbst bewahrte sich ein lebenslanges Nießbrauchrecht an dem Grund und Boden. Nach Abschluss aller Formalitäten wurde für Friederikes Anteil die treuhänderische Verwaltung aufgehoben, derweil sie für den verbliebenen Besitz des Welfenoberhaupts bis auf Weiteres bestehen blieb.[370]

So war es, von Anfang bis Ende, eine ungewöhnliche Schenkung – die doch nicht aus der Reihe fiel: prachtvolle Anwesen und ausgedehnte Ländereien, die Ernst August (III.) seiner Tochter schenkte; Friederike, die das Geschenk zunächst ablehnte; die Wiederholung der Schenkung in der Nachkriegszeit, zustande gekommen in langen, undurchsichtigen Verhandlungen zwischen Anwälten, Diplomaten, Politikern und Militärs. Nicht weniger als zwölf Jahre vergingen von der ersten Absicht zur Besitzübertragung bis zur finalen Abwicklung. Über all dies änderte sich die Motivation für die Schenkung. Wollte Ernst August (III.) seinen kostenintensiven Besitz ursprünglich verschenken, um das Gesamtvermögen zu schützen, wurde er später an die vermögende Tochter griechischer Staatsangehörigkeit gegeben, um ihn vor einer möglichen Enteignung zu bewahren. Dieses zweite Ziel, das das erste gewissermaßen mit einschloss, konnte am Ende erreicht werden. Tatsächlich aber sollte es einige Jahre darauf zu einer partiellen Rückübertragung der Vermögenswerte kommen. Denn durch die drastischen Vermögensverluste der Nachkriegszeit bekam der österreichische Grundbesitz, zumindest dessen ertragreichen Teile, eine völlig neue Bedeutung für die Welfenfamilie. Friederike übertrug, wie noch näher zu zeigen sein wird, Teile des geschenkten Vermögens zurück an ihren ältesten Bruder.[371] Über Umwege leistete sie so einen überaus wichtigen Beitrag zum Erhalt und Zusammenhalt des Welfenvermögens.

3.3 Erbschaften. Zwischen Vergangenheit und Zukunft

Der Imperativ, das familiale Vermögen geschlossen von Generation zu Generation weiterzureichen und es auf Dauer in den Händen des Familienoberhaupts zu konzentrieren, prägte in besonderer Weise die Erbgänge der Welfen.[372] Dies galt vor wie nach 1918. In der Monarchie hatten Hausgesetze die Weitergabe von materiellem Eigentum und – fast noch wichtiger – von Eigentumsrechten im Todesfall präzise

369 Vgl. NLA HA, Dep. 103 XL, Acc. 2018/111, Nr. 1880, Schenkungsurkunde (notarielle Abschrift), 17.6.1950.

370 Vgl. NLA HA, Dep. 103 XL, Acc. 2018/111, Nr. 1880, Aktenvermerk Leonhard Ritter von Hebenstreit-Glurnhörs, 31.5.1951.

371 Siehe dazu das Kapitel »›Ich gratuliere zu der günstigen Lösung‹. Besitzkontinuitäten«.

372 Vgl. Conze, Eckart, Art. »Vererbung«, in: Ders. (Hrsg.), Kleines Lexikon des Adels. Titel, Throne, Traditionen, 2. Aufl., München 2012, S. 234-235; Ders., Von deutschem Adel, S. 266-269.

geregelt.[373] Durch klare Erbfolgeregelungen zugunsten des ältesten Sohns und vorgeschriebene Erbverzichtserklärungen für die »weichenden« Erbinnen und Erben waren folgenschwere Erbstreitigkeiten zwar nicht ausgeschlossen, das Risiko aber doch deutlich minimiert worden.[374] Entsprechend groß waren die Befürchtungen im Kreis der vormals regierenden Familien nach der Novemberrevolution. »Schwerwiegendste« und »gefährlichste« Folgen prophezeiten ihre Vertreter in der Hofkammer-Vereinigung.[375] Denn die bürgerliche Rechtsordnung bedrohte die überkommene Vererbungspraxis. Erbregelungen verloren ihren verbindlichen Charakter, ein Erbverzicht der Töchter und jüngeren Söhne war nicht länger garantiert, Pflichtteile konnten eingefordert werden. In der Folge, so konstatiert Eckart Conze, habe jeder Erbgang für »grundbesitzende, aber auch sonstwie vermögende adelige Familien« eine »Herausforderung« bedeutet.[376]

Wie gesehen begegneten die Welfen dieser Herausforderung mit rechtlichen, sozialen und finanziellen Maßnahmen. Das Rechtskonstrukt der »Häuser« erlaubte es ihnen fast zwei Jahrzehnte lang, große Vermögenswerte vom Erbprozess auszunehmen. Durch zielgerichtete Erziehung und Ausbildung wurde der nachfolgenden Generation von klein auf Gehorsam gegenüber den Familieninteressen gelehrt, während man die nicht-erbenden Geschwister mit Schenkungen »entschädigte«. Zusammengenommen zeigten diese Maßnahmen durchaus Wirkung. Die herausgehobene Stellung des Welfenoberhaupts als Verwalter der Hausvermögen blieb bestehen, die »Weichenden« fügten sich – mal mehr, mal weniger willig – den ihnen zugeschriebenen Rollen, und teils wurden schon frühzeitig Erbverzichte erklärt.

Trotzdem, eine Garantie für reibungslose Erbtransfers war all dies nicht. In der allmählich wachsenden historischen Forschung zu Praktiken des Erbens und Vererbens wird einhellig betont, »dass das Gelingen einer geplanten und gezielten Vermögensweitergabe keine Selbstverständlichkeit war«.[377] Gründe dafür gab es viele: Wirtschaftskrisen und die beiden Weltkriege führten in der ersten Hälfte des 20. Jahrhunderts dazu, dass Nachlässe kleiner als erwartet oder sogar ganz ausfielen. Nicht selten resultierten daraus erbitterte Konflikte unter den enttäuschten Hinterbliebenen, die noch dramatischer ausfallen konnten, wenn Testamente fehlten. Auch hinzugezogene »dritte« Akteure mussten nicht unbedingt zur Befriedung beitragen.[378] Denn Rechtsanwälte, Sachver-

373 Vgl. etwa das elfte und zwölfte Kapitel vom Königlichen Hausgesetz für das Königreich Hannover vom 19. November 1836.

374 Vgl. Gestrich, Noble Siblings. Das machte die (hoch-)adeligen Erbfolgeregelungen nicht zuletzt zum Vorbild vieler Familienunternehmen. Vgl. zuletzt Berghoff, Hartmut u. Köhler, Ingo, Verdienst und Vermächtnis. Familienunternehmen in den USA seit 1800, Frankfurt a. M. u. New York, 2020, hier: S. 191 ff.

375 NLA HA, Dep. 103 XX, Nr. 130, Konferenz Vereinigung Deutscher Hofkammern, 15. 5. 1919.

376 Conze, Art. »Vererbung«, S. 235.

377 Dinkel, Erben und vererben, S. 108. Vgl. in diesem Sinne auch Lanzinger, Vererben. Als zeithistorischen Forschungsüberblick siehe van Laak, Dirk, Was bleibt? Erben und Vererben als Themen der zeithistorischen Forschung, in: Zeithistorische Forschungen 13, 2016, S. 136-150.

378 Vgl. zu diesem, um den Tod herum entstandenen »Erbschafts-Business« van Laak, Was bleibt?, S. 147. Speziell zu Testamentsvollstreckern: Derix, Simone, Erben und Vererben als Vermögens-

ständige oder Testamentsvollstrecker traten nicht allein als neutrale Mittler auf, sondern verfolgten in den Prozessen auch eigene Interessen.

Einschlägige adelshistorische Studien bestätigen diese allgemeinen Störfaktoren.[379] Im Detail ist aber über adelige Erbpraktiken und -prozesse noch immer wenig bekannt. Dies gilt vor allem, sobald sich der Blick über das Familienoberhaupt hinaus weitet. Zwar sind die Nachlassübergaben vom Vater zum ältesten Sohn von besonderer Relevanz, schließlich wurden dabei nicht nur große Privatvermögen übertragen, sondern ebenso die Verfügungsrechte über das Hausvermögen. Zweifellos handelte es sich um Schlüsselmomente der intergenerationalen Vermögensweitergabe. Doch ergibt sich ein vollumfängliches Bild erst, wenn auch die Erbtransfers anderer Familienmitglieder, speziell der Frauen, beleuchtet werden.[380] Folgten deren testamentarische Verfügungen den festen Wegen der Vermögensweitergabe oder konterkarierten sie diese? Es sind gerade diese weniger regelgeleiteten Erbverfahren, die vielsagende Auskünfte über das welfische Beziehungsgefüge versprechen – weniger wegen ihrer materiellen als vielmehr wegen ihrer symbolischen Bedeutungen.

Im Verlauf des Untersuchungszeitraums kam es im Welfenhaus zu drei Todes- respektive Erbfällen: Ernst August (II.) starb 1923, Thyra zehn Jahre darauf, Ernst August (III.) 1953. Diese drei Fälle werden nachfolgend im Einzelnen untersucht. Das Interesse gilt dabei zum einen den im Laufe des Lebens oft mehrmals überarbeiteten Nachlassbestimmungen, den Planungen, Motiven und Zielen. Zum anderen werden die Erbschaften selbst untersucht, ihre Besteuerung und die an der Aufteilung beteiligten Akteure sowie die Konsequenzen für das familiale Vermögens- und Beziehungsgefüge. En passant können über Höhe und Zusammensetzung der Nachlässe erste tiefe Einblicke in die Entwicklungen und Schwierigkeiten der welfischen Vermögensverwaltung im 20. Jahrhundert gewonnen werden.

»Zusammengeschmolzen«. Solidarität im Erbprozess

Als Ernst August (II.) am 14. November 1923 in Gmunden starb, hinterließ er ein Testament, das wahrhaftig aus einer anderen Zeit stammte.[381] Spätestens 1908, im Alter von 55 Jahren, war von ihm eine erste Fassung erstellt worden, die er in der Folge immer wieder ergänzt, korrigiert und abgewandelt hatte.[382] Neun Jahre später waren die testamentari-

handeln, in: Jürgen Dinkel u. Laak, Dirk van (Hrsg.), Reader – Erben und Vererben in der Moderne, Gießen 2016, S. 17-22; Dies., Hidden Helpers.

379 Vgl. zum 20. Jahrhundert vor allem Freiherr von Aretin, Erbschaft. Für das 19. Jahrhundert siehe beispielhaft Arndt, Steffen, Letzte Dinge. Testamente, Nachlässe und Beisetzungen im Herzoghaus Sachsen-Coburg und Gotha im 19. Jahrhundert, in: Jahrbuch der Coburger Landesstiftung 56, 2012, S. 263-302.

380 Vgl. in diesem Sinne van Laak, Was bleibt?, S. 146. Dass Frauen oftmals nach anderen symbolischen und sozialen Motiven (ver-)erbten als Männer, betont beispielweise Niederacher, Sonja, Eigentum und Geschlecht. Jüdische Unternehmerfamilien in Wien (1900-1960), Köln, Weimar u. Wien 2012, S. 97-115.

381 Vgl. Zimmermann, Ernst August, S. 47 f.

382 Die über die Jahre entstandenen Fassungen mitsamt ihren Überarbeitungen finden sich in NLA HA, Dep. 103 III, Nr. 243. Ob sie vollständig sind, ist ungewiss.

schen Verfügungen noch einmal komplett neu aufgesetzt worden. Auch diese Version vom November 1917 hatte Ernst August (II.) in den Jahren darauf wiederholt überarbeiten, einzelne Passagen herausnehmen, andere anpassen lassen. Am Ende aber blieb es dieses, im letzten Jahr der Monarchie verfasste Dokument, das fünf Jahre nach der Novemberrevolution sein Erbe regeln sollte.[383] Rund zwei Dutzend, in schwungvoller Handschrift verfasste Seiten, ergänzt durch zahlreiche Anhänge von Verträgen, Hausgesetzen und Urkunden, fungierten nunmehr »als Mittler zwischen Vergangenheit und Zukunft«.[384]

Man mag dieses Testament des einstigen hannoverschen Kronprinzen als ein tragisches Relikt der Monarchie sehen. Schon der einleitende Absatz, ein Resümee seiner vielen Jahre als »Haupte des erlauchten Hauses der Welfen«, war – obwohl erst wenige Jahre alt – längst von der Geschichte überholt.[385] Unter anderem hieß es hier: »Bewegten Herzens erkenne ich die göttliche Fügung, die Unserem Hause das Herzogtum Braunschweig zurückgegeben hat, und ich vertraue auf Ihn, daß Er Unser Haus früher oder später auch mit dem Hannoverschen Volke wieder vereinen wird.« Doch was antiquiert anmutet, muss als bewusst gewählte Formulierung gewertet werden. Denn während einzelne Abschnitte des Testaments nach dem Umsturz überarbeitet worden waren, blieben diese Zeilen unangetastet. Ernst August (II.) hatte an seinen Worten festgehalten: Sein unerschütterliches Vertrauen in eine Rückkehr der Welfen nach Hannover vererbte er gleichsam mit an die nachkommende Generation.

Konsequenterweise folgte auch die Aufteilung des Nachlasses strikt den Normen und Hausgesetzen der monarchischen Zeit. »Nach dem Rechte der Erstgeburt und der Lineal-Erbfolge« sollten die Hausgüter in die Verantwortung Ernst Augusts (III.) übergehen.[386] Zudem bekam der einzige noch lebende Sohn sämtliches Privatvermögen zugesprochen. Aus diesem sollte er verschiedene Unterstützungsgelder und Versorgungsleistungen an seine Mutter und die drei Schwestern gewähren.[387] Allen voran war Thyra für die Dauer ihres Witwenstandes eine »standesgemäße« Residenz zur Verfügung zu stellen, außerdem sollte sie eine jährliche Rente in Höhe von 200.000 Mark erhalten.[388] Die beiden verheirateten Töchter, Marie Luise und Alexandra, bekamen je 1,5 Millionen Mark in Bargeld oder Wertpapieren vermacht; Olga, sofern sie keine »rechtmäßige[,] ebenbürtige und hausgesetzliche Ehe« mehr eingehen würde, 900.000 Mark sowie ein Deputat von jährlich 30.000 Mark.[389] Zuvor erhaltene Schenkungen sollten damit nicht verrechnet werden. Ausdrücklich war von Ernst August (II.) be-

383 NLA HA, Dep. 103 XL, Acc. 2018/111, Nr. 3311, Testament Ernst Augusts (II.), 20.11.1917.

384 Vedder, Ulrike, Erbe und Literatur. Testamentarisches Schreiben im 19. Jahrhundert, in: Stefan Willer; Sigrid Weigel u. Bernhard Jussen (Hrsg.), Erbe. Übertragungskonzepte zwischen Natur und Kultur. Berlin 2013, S. 126-159, hier: S. 126.

385 NLA HA, Dep. 103 XL, Acc. 2018/111, Nr. 3311, Testament Ernst Augusts (II.), 20.11.1917, S. 1. Ebd. auch das folgende Zitat.

386 Ebd., S. 8. Für das Fall, dass sein Sohn noch vor ihm sterben sollte, hatte Ernst August (II.) eine präzise agnatische Erbfolge festgelegt.

387 Weitere testamentarische Bestimmungen galten der Schwester Ernst Augusts (II.), Friederike. Diese werden hier nicht weiter untersucht.

388 Ebd., S. 10.

389 Ebd., S. 12.

stimmt worden: »Eine Anrechnung von Vermögensstücken (Mitgifts-Kapitalien und -Renten, Aussteuern usw.), welche von Mir an Meine Töchter bei Meinen Lebzeiten gegeben sind, [...] soll auf deren Vermächtnisse nicht stattfinden.«[390] Zuletzt listete das Testament mehr als 50 öffentliche, wohltätige und militärische Einrichtungen und Vereine auf, die Zuwendungen in Höhe von bis zu 50.000 Mark beziehungsweise 20.000 Kronen erhalten sollten.

Abb. 4 Das neue Oberhaupt des Welfenhauses: Ernst August (III.) im Juni 1926 auf Schloss Marienburg – Quelle: NLA HA, Dep. 103 XXI, Nr. 1029.

Die Aufteilung des Erbes nach tradierten Mustern, detailliert und präzise angeordnet – das Testament des verstorbenen Welfenoberhaupts ließ wenig Interpretationsspielraum. Trotzdem hatte sich Ernst August (II.) bemüßigt gesehen, mit einer eindringlichen Mahnung an seine Hinterbliebenen zu schließen, den Verfügungen weisungsgemäß nachzukommen: »Ich vertraue, daß alle, welche zur Ausführung dieses Meines letzten Willens mitzuwirken berufen sind, sowie alle, welche darin bedacht sind, vornehmlich alle Glieder des Hannoverschen Königshauses, treu bemüht sein werden, zur vollen Geltung zu bringen, was Ich hierin in Fürsorge für die Glieder Meiner Familie und die Erhaltung des Königlichen Hauses angeordnet habe.«[391] Angehörige jedoch, die sich widersetzten, die den Zusammenhalt von Familie und Vermögen gefährdeten, waren auf ihren Pflichtteil zu setzen. Sie sollten vom Vermächtnis »nur insofern und insoweit etwas erhalten«, als ihnen gesetzmäßig zustehe.[392]

Indes, es brauchte keine drastischen Sanktionen. Ernst August (III.) war als Haupterbe, als Vermögens- und Rechtsnachfolger seines Vaters und als neues Familienoberhaupt unumstritten. Alsbald machte er sich an die Zuteilung des Erbes, er übernahm den Vorsitz im Gesamthaus und in den beiden Spezialhäusern und unterrichtete die anderen vormals regierenden Familien über seine neue Stellung. Die förmliche Notifikation von Familienereignissen, die gegenseitige Unterrichtung über Geburten, Ver-

390 Ebd., S. 13 f.
391 Ebd., S. 23 f.
392 Ebd., S. 24.

lobungen, Eheschließungen oder Todesfälle, wurde unter den schicksalsverbundenen Familien auch nach dem Ende der Monarchie beibehalten.[393] Es sei notwendig, »solche althergebrachten Gebräuche gerade jetzt zu pflegen, da es auf Betonung der Zusammengehörigkeit der landesherrlichen Häuser ankommt«, bekräftigten die Repräsentanten der Familien in der Hofkammer-Vereinigung.[394] Verbunden mit der Anzeige vom Ableben seines Vaters gab Ernst August (III.) selbstbewusst bekannt, dass er »infolge dieses so betrübenden Todesfalls zum Oberhaupt des Königlich Hannoverschen Hauses wie des Gesamthauses Braunschweig-Lüneburg« berufen worden sei.[395]

Das neue Welfenoberhaupt trat ein problembeladenes Erbe an. Denn das riesige Privatvermögen des Vaters, das 1917 der Testamentserrichtung zugrunde gelegen hatte, war durch die Inflation der darauffolgenden Jahre dramatisch entwertet worden.[396] Alles Kapitalvermögen sei, wie Paul Knoke konstatieren musste, in den Jahren bis 1923 »auf einen geringen Bruchteil zusammengeschmolzen« und noch vor dem Tod des Erblassers praktisch aufgebraucht worden.[397] Am Ende hinterließ Ernst August (II.) – neben einigem Gold- und Juwelenbesitz – hauptsächlich immobiles Vermögen, darunter die Schlösser Marienburg und Cumberland, eine Reihe von Anwesen und Grundstücken sowie etwa 4.000 Hektar Forst.[398]

Die Aufteilung des Erbes barg sonach, trotz aller gründlichen Vorbereitung, erhebliches Konfliktpotential. Denn die vergleichsweise wertbeständigen Vermögenswerte gingen ausschließlich an Ernst August (III.). Die Erbteile der Mutter und die der drei Schwestern waren dagegen größtenteils wertlos geworden. Speziell ihre Ansprüche auf einmalige, größere Kapitalzahlungen hatten Ende 1923, auf dem Höhepunkt der Hyperinflation, de facto jeden Wert verloren. Mithin drohten Forderungen nach Aufwertung, Klagen auf Pflichtteile, aufwendige und teure Gerichtsprozesse. Ein Zerwürfnis der Familie, eine Zerteilung des vererbten Vermögens – beides war nach dem Tod Ernst Augusts (II.) keinesfalls ausgeschlossen.

In diesem gefährlichen Spannungsfeld mühten sich die Familienmitglieder erkennbar um einen gütlichen Ausgleich. Gemeinsam wurde um den Jahreswechsel 1923/24 eine Anpassung der überholten Nachlassregelungen ausgehandelt. Ein erstes Ergebnis der Beratungen waren drei einzelne, in weiten Teilen aber wortgleiche Schreiben Ernst Augusts (III.) an Alexandra, Olga und Marie Luise.[399] Darin wurde den Schwestern nochmals erklärt, dass ihre Vermächtnisse »angesichts der Entwicklung der deutschen Währung [...] so gut wie wertlos geworden« seien. Doch sollten sie Ersatz erhalten. Ihnen wurde vorgerech-

393 Zur Bedeutung der Notifikationen im 19. Jahrhundert vgl. Marburg, Hochadel, S. 75 f.

394 NLA HA, Dep. 103 XX, Nr. 130, Konferenz Vereinigung Deutscher Hofkammern, 26. 2. 1920. Vgl. dazu auch NLA HA, Dep. 103 XX, Nr. 130, Friedrich Franz an Ernst August (II.), 5. 4. 1920.

395 Hier: NLA HA, Dep. 103 XL, Acc. 2018/111, Nr. 35, Ernst August (III.) an Wilhelm (Abschrift), 23. 12. 1923.

396 Zu den Vermögensverhältnissen Ernst Augusts (II.) vor dem Ersten Weltkrieg sowie den Auswirkungen der Inflation vgl. hier nur Riotte, Reichtum.

397 NLA HA, Dep. 103 XL, Acc. 2018/111, Nr. 816, Vermerk Paul Knokes, 15. 2. 1927.

398 Vgl. NLA HA, Dep. 103 XL, Acc. 2018/111, Nr. 1915, Erbschaftsteuererklärung, 5. 3. 1930.

399 Vgl. hier und für die folgenden Zitate, soweit nicht anders vermerkt NLA HA, Dep. 103 III, Nr. 246/2, Ernst August (III.) an Marie Luise (Abschrift), 9. 1. 1924. Dort auch die Schreiben an Alexandra und Olga.

net, dass die versprochenen Kapitalbeträge zur Zeit der Testamentserrichtung etwa 1/16 (Marie Luise und Alexandra) beziehungsweise 1/30 (Olga) des Wertpapiervermögens ausgemacht hätten. Deshalb sollten sie nun »mindestens« diese Anteile vom »hinterlassenen Privatvermögen an Wertpapieren und dgl.« als fest verzinste, auf zehn Jahre angelegte Guthaben erhalten. Ob diese Rechnung stimmte, ist nicht nachvollziehbar. Doch machte Ernst August (III.) unmissverständlich deutlich, dass er das Angebot als maximales Entgegenkommen sah. Gegenüber Marie Luise und Alexandra, die bei ihren Heiraten Erbverzichtserklärungen hatten unterzeichnen müssen, betonte er, »daß Eurer Königlichen Hoheit und Liebden nach Unserm Hausgesetze [...] irgendwelche gesetzlichen Ansprüche an den Nachlaß Unsres teuren in Gott ruhenden Herrn Vaters nicht zustehen«.[400] Letztlich erklärten alle drei Schwestern ihr Einverständnis mit der Regelung, die sie einhellig und offensichtlich vorformuliert als »erneuten Beweis brüderlicher Fürsorge« beschrieben.[401]

Ein weiteres Resultat der Verhandlungen im Familienkreis war, dass Thyra es unterließ, ihre diversen Erbansprüche wortgetreu einzufordern. Im Gegenteil: Förmlich entsagte sie der »Geltendmachung aller Mir aus dem Testamente vom 20. November 1917 [...] zustehenden Ansprüche an den Nachlaß Meines teuren in Gott ruhenden Herrn Gemahls [...] im Wege der Nachlaßabhandlung.«[402] Auf diese Weise konnten flexiblere, an die neuen Vermögensverhältnisse angepasste Regelungen über Ruhesitz und Witwenrente gefunden werden. Wie von ihr erwartet, stellte Thyra ihre eigenen Ansprüche hinter die Interessen der Dynastie zurück. Ihre Alterssicherung machte sie zu einem guten Stück vom Wohlwollen ihres Sohnes abhängig.

Nicht zuletzt wurden die testamentarisch verfügten Vermächtnisse an städtische, kirchliche und soziale Organisationen wertmäßig angepasst und allmählich ausbezahlt.[403] Dabei waren es vor allem hannoversche Kirchengemeinden und Krankenhäuser, welche in enger (historischer) Verbindung mit der Familie standen, die besonders großzügig bedacht wurden. Ein größerer Betrag von 1.200 Goldmark etwa ging an das Friederikenstift. So pflegte Ernst August (II.) das Beziehungsnetz der Familie sozusagen über seinen Tod hinaus. Dies galt ebenso für Österreich. Doch wurden hier zunächst nur vier wohltätige Zwecke in Gmunden und Umgebung unterstützt. Ein Grund dafür mag die Anfang Januar 1924 noch nicht wieder stabilisierte österreichische Währung gewesen sein. Die ausgewählten Einrichtungen erhielten jeweils zwischen 10 und 100 Millionen Kronen.

Es brauchte nach Ernst Augusts (II.) Tod nur ein paar Wochen, bis die Verteilung des Nachlasses im Wesentlichen geregelt war. Die Weitergabe von Eigentum und Eigentumsrechten verlief entsprechend der vorgesehenen Bahnen, ohne nachweisliche Konflikte. In der Hochphase der Hyperinflation, mit ihren folgenschweren Konsequenzen für das vererbte Vermögen, muss dies als Bestätigung der aufwendigen Sicherungsmaßnahmen gewertet werden, mit denen der Prozess der Vermögensweitergabe gerahmt wurde. Prä-

400 Vgl. dazu § 6 des Königlichen Hausgesetz' für das Königreich Hannover vom 19. November 1836.

401 NLA HA, Dep. 103 III, Nr. 246/2, Marie Luise an Ernst August (III.), 27.2.1924. Ebd. auch die wortgleichen Schreiben von Alexandra und Olga.

402 NLA HA, Dep. 103 II, Nr. 180/09, Verzichtserklärung Thyras (beglaubigte Abschrift), 21.2.1927.

403 Vgl. NLA HA, Dep. 103 III, Nr. 246/2, Ernst August (III.) an 21 Personen und Einrichtungen in Deutschland und Österreich (Vorlage), 7.1.1924.

zise testamentarische Bestimmungen und das juristische Konstrukt der Häuser bewährten sich. Hinreichend aber war dies nicht. Inmitten der Krise wurde vielmehr die elementare Bedeutung familialer Solidarität, speziell der Erbinnen, für die Stabilität der Besitz- und Familienverhältnisse deutlich.

Ungleich länger und wesentlich kontroverser als die Aufteilung des Erbes verlief die unausweichliche Auseinandersetzung mit den Finanzbehörden. Denn obschon nur der private Nachlass Ernst Augusts (II.) steuerlich veranlagt werden musste und nicht auch die Vermögen der Häuser, entspann sich darüber doch ein langjähriger Prozess. Dies lag vor allem daran, dass Erbschaftssteuern sowohl in Deutschland als auch in Österreich anfielen. Dies machte es für die Anwälte auf der einen Seite nötig, beide Verfahren miteinander zu koordinieren. Es boten sich auf der anderen Seite aber auch Möglichkeiten, die unterschiedlichen Rechtsauffassungen gegeneinander auszuspielen.[404] In unzähligen Variationen wurde mit Erst- und Zweitwohnsitzen der Welfen, mit ihren österreichischen, englischen, preußischen und braunschweigischen Staatsangehörigkeiten, mit Privat- und Hausvermögen argumentiert, um Steuerklassen und Freibeträge auszunutzen und die Erbmasse kleinzurechnen. Unterdessen änderte sich in beiden Ländern mehrfach die Erbschaftssteuergesetzgebung.[405] So wurden mit den Finanzämtern bald dutzende Veranlagungen diskutiert, »je nachdem man bei Annahme der unbeschränkten Steuerpflicht gewisse Vermögensgegenstände für steuerpflichtig erachtet oder nicht, und je nachdem man bestimmte Abzüge zuläßt oder nicht«.[406]

Als besonders effektiv erwies sich diese Taktik im Umgang mit den deutschen Steuerbehörden.[407] Zwar wollte es gegenüber dem braunschweigischen Finanzamt nicht gelingen, den Wert des Nachlasses so weit zu drücken wie erhofft.[408] Dieser wurde – nach dem vorläufigen Steuerbescheid von 1931 – auf rund 2,6 Millionen Reichsmark taxiert.[409] Damit zählte die Erbmasse in diesem Jahr zu den größten 0,03 Prozent im Deutschen Reich.[410] Doch der vom Finanzamt errechnete Steuerbetrag von mehr als 280.000 Reichs-

404 Vgl. im Einzelnen NLA HA, Dep. 103 XL, Acc. 2018/111, Nr. 1915-1918. Zum strategischen Einsatz von Staatsangehörigkeiten und Wohnsitzen zur Steuervermeidung in transnationalen Familien vgl. Derix, Die Thyssens, S. 363 f.

405 Vgl. zu Deutschland Wischermann, Clemens, Die Erbschaftssteuer im Kaiserreich und in der Weimarer Republik. Finanzprinzip versus Familienprinzip, in: Eckart Schremmer (Hrsg.), Steuern, Abgaben und Dienste vom Mittelalter bis zur Gegenwart, Stuttgart 1994, S. 171-196; zu Österreich: Neuwirth, Karin, Die lieben Erben. Verwandtenerbrecht in Österreich im 19. und 20. Jahrhundert, in: Margareth Lanzinger u. Edith Saurer (Hrsg.), Politiken der Verwandtschaft. Beziehungsnetze, Geschlecht und Recht, Göttingen 2007, S. 199-226.

406 NLA HA, Dep. 103 XL, Acc. 2018/111, Nr. 1918, Aktenvermerk (Abschrift), 10.11.1934.

407 Zur Einigung mit den österreichischen Steuerbehörden vgl. NLA HA, Dep. 103 XL, Acc. 2018/111, Nr. 1916, Finanzlandesdirektion Linz an Ernst August (III.) (Abschrift), 20.1.1933. Beurteilend dazu vgl. NLA HA, Dep. 103 XL, Acc. 2018/111, Nr. 1918, Paul Knoke an Hermann Dedekind (Abschrift), 2.1.1934.

408 Vgl. NLA HA, Dep. 103 XL, Acc. 2018/111, Nr. 1915, Hermann Dedekind an Paul Knoke, 25.8.1931.

409 Vgl. NLA HA, Dep. 103 XL, Acc. 2018/111, Nr. 1915, Vorläufiger Steuerbescheid, 24.8.1931. Der Nachlasswert sollte sich später nicht mehr ändern.

410 Vgl. Statistisches Reichsamt (Hrsg.), Wirtschaft und Statistik 13, 1933, S. 675. Dazu einordnend: Wischermann, Erbschaftssteuer, S. 187 f.

mark konnte jahrelang erfolgreich angefochten werden. Der früh gemachte Vorschlag der welfischen Vertreter, sich »mit Rücksicht auf die bestrittene Rechtslage« auf eine Pauschbesteuerung zu verständigen, wurde 1935 schließlich akzeptiert und ein Betrag von 92.000 Reichsmark, mithin ein Drittel der ursprünglich geforderten Summe, festgesetzt.[411] Die Steuerschulden sämtlicher Erben und Erbinnen sollten damit beglichen sein.[412] Tatsächlich brauchte der Betrag aber nie in voller Höhe gezahlt zu werden. Die steuerpolitischen Maßnahmen des NS-Regimes zur Bekämpfung der Arbeitslosigkeit machten es möglich, dass umfangreiche Renovierungs- und Umbauarbeiten am Schloss Blankenburg mit den Steuerrückständen verrechnet werden konnten.[413]

Frauen (ver-)erben. Von der Tochter zur Familie

Am 30. Juni 1928 setzte Thyra in Gmunden ihr Testament auf.[414] Um ihrem »letzten Willen« Ausdruck zu verleihen, genügten ihr ein einzelner Bogen ihres Briefpapiers und ein paar knappe Sätze. Wörtlich schrieb sie: »Ich verfüge für den Fall meines Ablebens über mein Vermögen bei vollem Bewußtein und vollkommen unbeeinflußt wie folgt: Ich setze meine Tochter, Prinzeßin Olga, Herzogin zu Braunschweig und Lüneburg zur Alleinerbin nach mir ein mit Ausnahme der von mir besonders bezeichneten Gegenstände. Dieses Testament habe ich eigenhändig geschrieben und unterschrieben.« Es folgten ihre Unterschrift, das Datum, der Ort und ihr vollständiger Name. Ende März 1933 wurden die Zeilen vom Kreisgericht Gmunden förmlich »kundgetan«. Einen Monat zuvor, am 26. Februar, war Thyra im Alter von 79 Jahren gestorben.[415]

In seiner Kürze fehlten dem Testament viele zeittypische Elemente: Keine Reflexion, keine Rechtfertigung, keine Begründung der Nachlassverteilung, keine Bedingungen, an die das Erbe geknüpft war.[416] Soweit überliefert, hatte es vorab auch keine Beratungen mit Rechts- und Finanzexperten gegeben. All dies scheint nicht nötig gewesen zu sein. Noch zu ihren Lebzeiten hatte Thyra alles Notwendige selbst in die Wege geleitet. Für Olga, die designierte Alleinerbin, war von ihr eine eigene Ausfertigung des Testaments erstellt worden.[417] Zudem hatte sie offensichtlich mit ihrem jüngeren Bruder, Prinz Waldemar von Dänemark (1858-1939) sowie Ernst August (III.), Marie Luise und

411 Zitat: NLA HA, Dep. 103 XL, Acc. 2018/111, Nr. 816, Vermerk Paul Knokes, 15.2.1927. Für den Steuerbetrag vgl. NLA HA, Dep. 103 XL, Acc. 2018/111, Nr. 1918, Berichtigter Steuerbescheid, 7.11.1935.

412 NLA HA, Dep. 103 XL, Acc. 2018/111, Nr. 1918, Finanzamt Braunschweig-Stadt an die Oberste Verwaltung, 6.12.1935.

413 Rund ein Viertel des vereinbarten Pauschbetrags wurde letztlich erlassen. Vgl. NLA HA, Dep. 103 XXXIX, Acc. 2018/53, Nr. 115, Finanzamt Braunschweig-Stadt an die Oberste Verwaltung, 8.2.1936. Vgl. einordend dazu Banken, Ralf, Hitlers Steuerstaat. Die Steuerpolitik im Dritten Reich. Berlin 2018, S. 265 ff.

414 Vgl. NLA HA, Dep. 103 III, Nr. 249, Testament Thyras, 30.6.1928.

415 Vgl. zur Biographie Kwan; Röhrig, Steckhan, Frauen, S. 393-409.

416 Vgl. Dinkel, Erbschaften und Altersvorsorge, S. 64.

417 Vgl. NLA HA, Dep. 103 II, Nr. 227/16, Testament Thyras, 17.9.1931. Bei der Ausfertigung für Olga handelte es sich nicht um eine wörtliche Kopie des Testaments vom 30.6.1928. Der Text war sinnentsprechend, wich jedoch in manchen Formulierungen von der Ursprungsfassung ab.

Alexandra über die gewünschte Aufteilung des Erbes gesprochen. Denn es scheint den Hinterbliebenen bekannt gewesen zu sein, welche die erwähnten »besonders bezeichneten Gegenstände« waren. Jedenfalls kam das Testament – so wie es eröffnet wurde – ohne ein entsprechendes Verzeichnis aus.

Knapp, gleichwohl sorgsam, war die Aufteilung des Nachlasses vorbereitet und angeordnet worden. Die jüngste Tochter sollte das Gros des Vermögens bekommen, die übrigen Verwandten mussten sich mit einzelnen Stücken zufriedengeben. Bis zuletzt hatte Olga zusammen mit Thyra in Gmunden gelebt, sie auf Reisen begleitet und schließlich gepflegt.[418] Dies mag ein Grund für die Zuteilung gewesen sein; ein anderer, dass die Tochter, die nicht verheiratet war, hauptsächlich von Unterstützungszahlungen aus der Vermögensmasse des Gesamthauses Braunschweig-Lüneburg lebte. Das Erbe ihrer Mutter, darunter ein größeres Devisenkonto, machte sie finanziell unabhängiger, schützte sie vor einer Minderung oder gar einem Wegfall dieser Leistungen.[419] Tatsächlich war Olga im Weiteren finanzkräftig genug, um ihren Verwandten gelegentlich mit Darlehen aushelfen zu können.[420]

Was genau Thyras Motive bei der Testierung gewesen waren, bleibt ungewiss. Doch lässt sich konstatieren, dass sie ihr Privatvermögen nach anderer Logik vererbte, als dies ihr Mann zehn Jahre zuvor getan hatte. Nicht Ernst August (III.), der älteste Sohn, wurde von ihr bedacht, sondern Olga, die jüngste Tochter – ein Entschluss, der im Kreise ihrer Hinterbliebenen respektiert wurde, zumindest nicht zu nennenswerten Widerständen führte. Nichtsdestotrotz sollte sich Olga ein Vierteljahrhundert darauf veranlasst fühlen, das Vermögen ihrem Neffen und neuen »Chef« des Welfenhauses, Ernst August (IV.), zu vermachen.

Spätestens 1957 begann Thyras Erbin ihrerseits mit der Nachlassplanung. Eingehend beriet sie sich dazu mit Paul Knoke.[421] Dieser erläuterte ihr, dass ihr Erbe nach dem Gesetz zu gleichen Teilen an Alexandra, Berthold Markgraf von Baden (1906-1963), den Sohn Marie Luises, sowie die fünf Kinder des ehemaligen braunschweigischen Herzogpaares fallen würde. Denn Olga war unverheiratet und kinderlos geblieben. Routiniert referierte Knoke weiter über Steuerklassen, Freibeträge und Steuersätze, um schließlich zu dem Ergebnis zu kommen, dass eine »günstigere Gestaltung der Erbschaftssteuer« dergestalt möglich wäre, »wenn Eure Königliche Hoheit mit einem der gesetzlichen Erben einen Vertrag über eine Annahme an Kindesstatt abschließen würde«. Als loyaler Berater, genauestens informiert über die wirtschaftlichen Verhältnisse nach 1945, fügte er noch hinzu: »Mit Rücksicht auf die schweren Verluste, die das Vermögen des Königlichen Hauses erlitten hat, würde ich empfehlen, den Vertrag mit dem derzeitigen Chef des Hauses abzuschließen.«

418 Vgl. Kwan, Röhrig, u. Steckhan, Frauen.

419 Vgl. zu diesem Konto NLA HA, Dep. 103 XIX, Nr. 572, Bilanzen von Thyras Hand- und Schatullkasse, 1907-1931.

420 Vgl. NLA WO, 18 R, Zg. 17/2003, Nr. 590, Paul Knoke an die Devisenstelle Zweigstelle Braunschweig, 23. 1. 1937.

421 Vgl. NLA HA, Dep. 103 XL, Acc. 2018/111, Nr. 87, Paul Knoke an Olga (Abschrift), 10. 3. 1957. Ebd. auch die beiden folgenden Zitate.

Olga erklärte sich mit diesem Vorschlag einverstanden, was Ernst August (IV.) »zutiefst gerührt« und dankbar – »besonders im Hinblick auf unsere Familie« – zur Kenntnis nahm.[422] Im April 1957 wurde ein Adoptionsvertrag geschlossen, mit dem der älteste Sohn Ernst Augusts (III.) und Viktoria Luises von seiner Tante an Kindes statt angenommen wurde.[423] Nur zu einer vollständigen Umsetzung des Plans kam es nicht mehr. Weder wurde die Adoption rechtswirksam, noch fertigte Olga ein gültiges Testament an, das Ernst August (IV.) zu ihrem Haupterben bestimmte.[424] Am 21. September 1958 starb sie im Hubertihaus in der Grünau.

Daraufhin entbrannte ein heftiger Erbstreit zwischen dem Welfenoberhaupt einerseits sowie Alexandra und Berthold andererseits. Denn während letztere auf eine gleichwertige Dreiteilung des Nachlasses pochten, gerierte sich ersterer als Verfechter von Olgas letztem Willen. Zweifelsfrei sei es deren Absicht gewesen, »die Masse ihres Nachlasses unserem Hause wieder zukommen zu lassen«, erläuterte er seinen Verwandten.[425] Schließlich sei dieser »im Grunde aus unserem Haus entstanden«, wie etwa ihr von Thyra geerbter Schmuck, den diese wiederum zu größten Teilen von Ernst August (II.) erhalten habe. Gleiches gelte für das Inventar ihres Gmundener Wohnsitzes, das nur durch das Engagement Friederikes vor der Verstaatlichung als Deutsches Eigentum bewahrt worden sei, dabei aber »enorme Anwalts- und Erhaltungskosten« erfordert habe.[426] Da Alexandra und Berthold indes nicht bereit waren, auf ihre Erbteile zu verzichten, schuf Ernst August (IV.) Fakten: Nachträglich ließ er die Adoption gerichtlich anerkennen, was ihn, wie er den Verwandten selbstgerecht mitteilte, schließlich doch zum Alleinerben machte.[427] Beigelegt war der Streit damit allerdings nicht. Es brauchte noch viele Briefe, Aussprachen und die Bereitschaft Ernst Augusts (IV.), ausgewählte Schmuckstücke sowie regelmäßige Zahlungen aus dem auf gut 450.000 Deutsche Mark (D-Mark) taxierten Nachlass zu gewähren, um die aufgepeitschten Wogen wieder zu glätten.[428]

Die gemeinsame Betrachtung der Erbfälle von Thyra und Olga macht eines besonders deutlich: Während die Vermögensweitergabe von der Mutter zur Tochter, innerhalb des Welfenhauses, ohne besondere Vorkommnisse verlief, kam es nach Olgas Tod zu heftigen Erbstreitigkeiten, als Schmuck, Wertpapiere und Inventar das Haus zu verlassen drohten. Bemerkenswert ist dabei das Argument, dass das private Vermögen, das zunächst Thyra und später Olga gehört hatte, gleichsam als Hausvermögen

422 NLA HA, Dep. 103 XL, Acc. 2018/111, Nr. 87, Ernst August (IV.) an Olga (Abschrift), 21.3.1957.

423 NLA HA, Dep. 103 XL, Acc. 2018/111, Nr. 87, Adoptionsvertrag (Abschrift), 20.4.1957.

424 Ein entsprechender Entwurf blieb ohne Unterschrift. Vgl. NLA HA, Dep. 103 XL, Acc. 2018/111, Nr. 87, Testamentsentwurf Olgas, 23.1.1958.

425 NLA HA, Dep. 103 XL, Acc. 2018/111, Nr. 76, Meomrandum Ernst Augusts (IV.), 9./10.1.1959.

426 Ebd.

427 Vgl. NLA HA, Dep. 103 XL, Acc. 2018/111, Nr. 76, Beschluss des Amtsgerichts Überlingen, 20.4.1959; NLA HA, Dep. 103 XL, Acc. 2018/111, Nr. 76, Ernst August (IV.) an Berthold, 25.4.1959; NLA HA, Dep. 103 XL, Acc. 2018/111, Nr. 76, Ernst August (IV.) an Alexandra, 25.4.1959.

428 Zur Einigung mit Berthold und Alexandra vgl. ebd. Zum Nachlasswert: NLA HA, Dep. 103 XL, Acc. 2018/111, Nr. 177, Steuerbescheid, 21.11.1959.

anzusehen wäre.[429] Freilich wurde diese Begründung gegenüber den Verwandten vorgebracht, um beträchtliche Vermögenswerte zu verteidigen. Dennoch wird ersichtlich: Obwohl es sich eindeutig um Privateigentum handelte und die Hausvermögen zwischenzeitlich beseitigt worden waren, bestand die Vorstellung eines gemeinschaftlichen Familieneigentums weiter fort. Und diese Vorstellung hatte konkrete Konsequenzen. Die Frauen (und Männer) sahen sich mit mächtigen familialen Erwartungen und Ansprüchen konfrontiert, die ihren Umgang mit privatem Eigentum maßgeblich prägten.

Fragile Kontinuität. Ein Erbe für Generationen

Drei Jahrzehnte lang, von 1923 bis 1953, stand Ernst August (III.) an der Spitze des Welfenhauses; dreimal fühlte er sich in dieser Zeit veranlasst, sein Testament neu aufzusetzen.[430] Im Juli 1924, nur wenige Monate, nachdem er »Welfenchef« geworden war, fertigte er »höchsteigenhändig« erste letztwillige Verfügungen an – offensichtlich in der Absicht, die Besitzkontinuität von vornherein sicherzustellen. Überliefert ist diese Version nicht, denn im Dezember 1940 wurde sie von ihm »durch Zerreißen widerrufen«. Auch das daraufhin errichtete Testament blieb nur vorübergehend gültig. Bald nach dem Zweiten Weltkrieg, am 1. Mai 1947, sah sich Ernst August (III.) genötigt, seinen Letzten Willen nochmals grundlegend zu überarbeiten. Erst diese dritte Fassung sollte bestehen bleiben, sie wurde im Weiteren bloß noch punktuell ergänzt.

Das endgültige Testament des Welfenoberhaupts muss als Versuch gelesen werden, die zunehmend fragil gewordenen Besitzverhältnisse auf möglichst lange Sicht zu festigen.[431] Schließlich waren aus den Haus- zwischenzeitlich Privatvermögen geworden. So stellte Ernst August (III.) gleich im ersten Satz klar, dass sein Nachlass »soweit irgend möglich in Übereinstimmung mit dem bisherigen Recht meines Hauses, im Mannesstamme nach den Grundsätzen der Primagenitur [sic!] auf den jeweiligen Chef des Hauses Braunschweig-Lüneburg« vererbt werden sollte.[432] Sein erstgeborener Sohn aber, der von klein auf vorbereitete Erbe, sollte lediglich vorübergehend »zur Nachfolge berufen sein«.[433] Er bekam den Nießbrauch am Nachlass zugestanden und das Recht, diesen auf Lebenszeit zu verwalten. Die Erbschaft sollte jedoch an einen Enkel gehen. An wen genau, das war bis ins Detail angeordnet: Bevorzugt an die »agnatischen Abkömmlinge männlichen Geschlechts« Ernst Augusts (IV.), andernfalls, in absteigender Reihenfolge, an die Söhne Georg Wilhelms, Christians und Welf Heinrichs. Dabei sollte nur infrage kommen, wer »einer rechtsgültigen, im Sinne des alten Hausrechtes ebenbürtigen und hausgesetzlichen Ehe« entstammte.[434] Diese Vorgehensweise hatte mehrere Vor-

429 In diesem Sinne später auch NLA HA, V.V.P. 52, Nr. 9, Undatierter Vermerk Viktoria Luises, [1960].

430 Vgl. NLA HA, Dep. 103 XL, Acc. 2018/111, Nr. 2041, Vermerk der Obersten Verwaltung, 1924-1940. Alle folgenden Zitate ebd.

431 Vgl. in diesem Sinne auch Steckhan, Herzog und Kaisertochter, S. 119 ff.

432 NLA HA, Nds. 200, Acc. 2003/035, Nr. 136, Testament Ernst Augusts (III.) (Abschrift), 1.5.1947.

433 Ebd.

434 Ebd.

züge. Das Vermögen wurde gleich in die übernächste Generation gegeben, ein potentiell konfliktträchtiger Erbgang konnte mithin vermieden werden, und es ließen sich – auf lange Sicht – Erbschaftssteuern sparen.[435]

Neben dieser grundlegenden Regelung sah das Testament eine Reihe von Versorgungs- und Unterstützungszahlungen vor. Viktoria Luise wurde eine Rente von 40.000 Reichsmark pro Jahr vermacht, mit der alle anderen ehevertraglichen Ansprüche beglichen sein sollten. Auch den Söhnen wurde ein jährlicher Unterhalt zugstanden, der bei jedem in ein Kapital von 500.000 Reichsmark umzuwandeln war, sobald eine Ehe geschlossen wurde, »mit der«, so Ernst August (III.), »ich einverstanden gewesen wäre«.[436] Lakonisch formuliert, war die Aussage gleichwohl unmissverständlich. Die Summe sollte als Anreiz und Belohnung für Eheschließungen im Kreis des Hochadels dienen. Zu Friederike hieß es dementsprechend nur, dass sie durch das abgefunden sei, »was sie anlässlich ihrer Vermählung von mir erhalten hat«.[437] Von weiteren Vermächtnissen sah Ernst August (III.) ab. Der bedachte Personenkreis blieb klein, auch Zuwendungen an gemeinnützige Einrichtungen waren nicht vorgesehen.

Zum Schluss schrieb das Testament feste Verfahrenswege vor, wie mit möglichen Streitfragen umgegangen werden sollte. Zum einen erklärte Ernst August (III.) seinen ältesten Sohn zum Testamentsvollstrecker. In dieser Funktion, sowie als künftiges Familienoberhaupt, sollte Ernst August (IV.) unter anderem darüber entscheiden, ob Kinder aus nicht-ebenbürtigen Ehen unter gewissen Umständen doch nachfolgeberechtigt sein könnten.[438] Zum anderen setzte der »Welfenchef« seinen Neffen Berthold als unabhängigen Mittler ein – eine Maßnahme, die im Hochadel durchaus üblich war.[439] Insbesondere sollte dieser nach einer Währungsreform, wie sie 1947 bereits abzusehen war, aktiv werden. Ihm wurde aufgetragen, die Renten- und Kapitalvermächtnisse nach billigem Ermessen auf die künftige Währung umzustellen.

Am 30. Januar 1953 starb Ernst August (III.).[440] Eine Woche dauerten die Trauerfeierlichkeiten, tausende Menschen defilierten in Braunschweig und Hannover am offenen Sarg vorbei, etliche hochadelige Familien waren vertreten. Anfang Februar wurde der letzte Herzog von Braunschweig vor dem Familienmausoleum in den Herrenhäuser Gärten beigesetzt. Im Anschluss kehrte der Alltag bald zurück. Sechs Wochen später fand die Testamentseröffnung statt, einen Monat darauf verlangten die Finanzbehör-

435 Mit diesen Argumenten war die Überarbeitung des Testaments von den Rechtsberatern der Familie seit 1946 vorbereitet worden. Vgl. BL, Briefsammlung Familie Dedekind, Paul Knoke an Hermann Dedekind, 22.11.1946. Zur Erbschaftsbesteuerung in Nachkriegsdeutschland vgl. zuletzt Grundig, Vermögen vererben, S. 30-51. Zum Generationensprung (in Familienunternehmen) vgl. Berghoff u. Köhler, Verdienst, S. 71 ff.

436 NLA HA, Nds. 200, Acc. 2003/035, Nr. 136, Testament Ernst Augusts (III.) (Abschrift), 1.5.1947.

437 Ebd.

438 Vgl. ebd.

439 Auch Ernst August (III.) und Ernst August (IV.) wurden gelegentlich von anderen vormals regierenden Familien in Nachlassverfahren hinzugezogen, etwa als Testamentsvollstrecker. Vgl. NLA HA, Dep. 103 XL, Acc. 2018/111, Nr. 71; NLA HA, Dep. 103 XL, Acc. 2018/111, Nr. 74.

440 Vgl. Steckhan, Herzog und Kaisertochter, S. 124-127.

den die Abgabe einer Erbschaftssteuererklärung.[441] Zu diesem Zeitpunkt liefen jedoch noch, wie Ernst August (IV.) als Nachlassverwalter und neuer »Chef des Hauses« umgehend erklärte, äußerst »umfangreiche Feststellungen und sich länger hinziehende Verhandlungen« im Familienkreis.[442]

Die Hinterbliebenen brauchten mehrere Monate, bis der Nachlass vermessen und das Erbe zugeordnet war. Dies gelang, vorerst, ohne Streit. Die testamentarischen Verfügungen wurden akzeptiert, niemand forderte seinen Pflichtteil ein. Der älteste Sohn Georg Wilhelms, Welf Prinz von Hannover (1947-1981), aus der 1946 geschlossenen Ehe mit Sophie Prinzessin von Griechenland (1914-2001), wurde bis auf Weiteres zum Erben erklärt. Darüber hinaus mühte man sich, die Renten und Kapitalbeträge wertmäßig anzupassen – ein aufwendiger Prozess, da die Summen nicht nur auf die neue Währung umgestellt werden, sondern auch der Vermögensentwicklung zwischen 1947 und 1953 Rechnung tragen sollten. Insbesondere war das Vermögen in der Zwischenzeit zum Lastenausgleich herangezogen worden.[443] Letzten Endes wurde von Berthold verkündet, dass er die Vermächtnisse auf höchstens 30 Prozent der seinerzeit veranschlagten Beträge festsetzen werde.[444] Für Georg Wilhelm und Ernst August (IV.), der 1951 Ortrud Prinzessin zu Schleswig-Holstein-Sonderburg-Glücksburg (1925-1980) geheiratet hatte, ergaben sich sonach einmalige Auszahlungen von je 150.000 D-Mark; für ihre unverheirateten Brüder jährliche Bezüge in Höhe von 6.000 D-Mark. Viktoria Luise bekam eine Rente von 12.000 D-Mark anerkannt, von der indes die Hälfte für Wohnung, Verpflegung und Personal abgezogen wurde. Ihre »hohen Telefonkosten« sollte sie überdies selbst tragen.[445] Hier nahmen alsbald Konflikte ihren Ausgang.

Fürs Erste aber war die Aufteilung des Nachlasses soweit geklärt, dass im August 1953 eine Erbschaftsteuererklärung eingereicht werden konnte.[446] Nach Abzug aller Verbindlichkeiten wurde der Nachlass mit rund einer Million D-Mark beziffert, was das Finanzamt postwendend beanstandete.[447] Zwar erkannte es erhebliche Vermögensverluste an – die Enteignung land- und forstwirtschaftlichen Besitzes in der SBZ ebenso wie die Beschlagnahme des Deutschen Eigentums in Österreich –, doch gab es Zweifel am angegebenen Wert der Kunstgegenstände und Sammlungen. Es wurde bemängelt, dass ohne einen Sachverständigen keine »auch nur annähernd genaue Wertermittlung« vorgenommen werden könnte.[448] Überdies war ungewiss, wie groß die Belastung durch den Lastenausgleich tatsächlich werden würde. Alles drei hing untrennbar mit-

441 NLA HA, Nds. 200, Acc. 2003/035, Nr. 136, Oberfinanzdirektion Hannover an den Niedersächsischen Finanzminister, 21.7.1953.
442 Zitiert nach ebd.
443 Allgemein zum Lastenausgleich vgl. hier nur Erker, Paul (Hrsg.), Rechnung für Hitlers Krieg. Aspekte und Probleme des Lastenausgleichs, Heidelberg u.a. 2004.
444 NLA HA, V.V.P. 52, Nr. 5, Vermerk Bertholds (Abschrift), 23.6.1953.
445 Ebd.
446 Vgl. NLA HA, Nds. 200, Acc. 2003/035, Nr. 136, Oberfinanzdirektion Hannover an den Niedersächsischen Finanzminister, 15.9.1953.
447 Vgl. NLA HA, Nds. 200, Acc. 2003/035, Nr. 136, Finanzamt Hannover-Waterlooplatz an die Oberfinanzdirektion Hannover (Abschrift), 23.11.1953.
448 Ebd.

einander zusammen: der Wert der Kunstschätze, die Höhe der anfallenden Lastenausgleichszahlungen und die Bemessung der Erbschaftssteuer.

Um in all diesen Steuerkonflikten eine Lösung herbeizuführen, traten Ernst August (IV.) und das Land Niedersachen im September 1954 in »amtliche Verhandlungen«.[449] Konkret wurde über »die Frage des Erwerbs des Welfen-Museums und der dem Herzogshaus gehörigen Bibliotheksbestände durch das Land« diskutiert.[450] Der Plan sah vor, dass das Land welfische Waffen-, Gemälde- und Münzsammlungen sowie bibliothekarische Sammlungen, die bereits im Landesmuseum beziehungsweise der Landesbibliothek untergebracht waren, erwarb, sodass die Welfen ihren Zahlungsverpflichtungen nachkommen könnten.[451] Mit Nachdruck wurde dazu von welfischer Seite erklärt, dass es »nicht so sehr auf die Fixierung eines hohen oder niedrigen Preises ankomme, sondern dass dieser Preis so gewählt sei, dass die gewünschten Gegenleistungen gedeckt seien«.[452] So konnte ein knappes Jahr später ein Vertrag zwischen Ernst August (IV.) und dem Land geschlossen werden, »in dem Bestreben, das Welfenmuseum und die vormals Königliche Bibliothek [...] Niedersachsen zu erhalten und sich über diese Werte endgültig vermögensrechtlich auseinanderzusetzen«.[453] Als Kaufpreis vereinbarte man drei Millionen D-Mark, wovon 700.000 D-Mark an Erbschaftssteuern sowie 580.000 D-Mark an rückständiger Vermögensabgabe direkt abgezogen wurden. Wie gefordert, sollten damit alle ausstehenden Verpflichtungen ausdrücklich beglichen sein.

Während die Einigung mit dem Land gelang, wurden im Familienkreis noch folgenschwere Erbstreitigkeiten ausgetragen.[454] Namentlich Viktoria Luise beklagte die Höhe ihrer Rente. Sie nahm den Standpunkt ein, dass ihr eine »angemessene Lebenshaltung unter allen Umständen« zu gewährleisten sei.[455] Dazu müssten ihr, neben einem monatlichen Unterhalt von mindestens 500 D-Mark, »freie Wohnung, Licht und Heizung, freie Verpflegung und Personal sowie Pflege« zugestanden werden, außerdem die Benutzung des Telefons »ohne weitere Berechnung«.[456] Alle Vermittlungsversuche von Verwandten und Vertrauten scheiterten, bald schon wurde der Streit mit Rechtsanwälten

449 NLA HA, Nds. 200, Acc. 2003/035, Nr. 164, Niedersächsisches Finanzministerium an das Sekretariat Ernst Augusts (IV.) (Abschrift), 20.4.1954.

450 Ebd.

451 Zur Geschichte des Welfenmuseums vgl. Bungarten, Gisela, Das Welfenmuseum in Hannover. Seine Sammlungsgeschichte und seine Bewahrung durch den Ankauf im Jahre 1955, in: Dies. u. Jochen Luckhardt (Hrsg.), Welfenschätze. Gesammelt, verkauft, durch Museen bewahrt, Petersberg 2007, S. 58-63. Zur Bibliotheksgeschichte zuletzt: Ruppelt, Georg (Hrsg.), 350 Jahre Gottfried-Wilhelm-Leibniz-Bibliothek (1665-2015), Hannover 2015.

452 NLA HA, Nds. 200, Acc. 2003/035, Nr. 164, Vermerk, 29.11.1954.

453 NLA HA, Nds. 200, Acc. 2003/035, Nr. 164, Kaufvertrag zwischen Ernst August (IV.) und dem Land Niedersachsen (Abschrift), 30.6.1955.

454 Zentraler Quellenbestand ist in diesem Zusammenhang der im NLA HA verwahrte Nachlass des Rechtsanwalts Werner Hofmeister, der Viktoria Luise in dem Erbstreit sowie anderen (familialen) Konflikten vertrat. Vgl. NLA HA, V.V.P. 52, Nachlass Dr. Werner Hofmeister, 1913-1978; zudem Steckhan, Herzog und Kaisertochter, S. 128.

455 NLA HA, V.V.P. 52, Nr. 47, Vermerk Viktoria Luises, 27.6.1953.

456 Ebd.

geführt, später sollte es zu Gerichtsverfahren kommen.[457] Neben der Höhe der Rente wurde insbesondere über den Witwensitz gestritten. Nach dem Tod ihres Mannes lebte Viktoria Luise zunächst gemeinsam mit Ernst August (IV.), dessen Frau und Kindern weiter auf Schloss Marienburg, bis die Vertreter des »Welfenchefs« 1956 erklärten, dass eine »räumliche Trennung« notwendig sei.[458] Die Suche nach einem Wohnsitz, der sowohl der »Vermögenslage des Königl. Hauses« als auch dem »Hohen Stande Ihrer Königl. Hoheit« angemessen sei, gestaltete sich allerdings schwierig.[459] Am Ende bezog Viktoria Luise eine angemietete Villa in Braunschweig.

Der Erbstreit zwischen Mutter und Sohn zeigt eindrücklich, wie mit dem Wandel der Eigentumsverhältnisse das familiale Beziehungsgefüge neu ausgehandelt wurde und was für ein enormes Konfliktpotential dies barg.[460] Denn Verfügungsrechte über Vermögen waren stets mit Machtpositionen innerhalb der Familie verbunden, die eingenommen, verteidigt und gefestigt werden mussten. Dies wird deutlich, wenn Ernst August (IV.) als Testamtsvollstrecker seines verstorbenen Vaters und neues Oberhaupt des Welfenhauses versuchte, seiner Mutter die Rente oder den Wohnsitz vorzuschreiben. Oder wenn Viktoria Luise Einblicke in die Vermögensverwaltung forderte, das Ausmaß der angeführten Verluste bezweifelte und die Verwendung des verbliebenen Vermögens kritisierte – und dafür auch von ihren jüngeren Söhnen heftig angegriffen wurde.[461]

Doch so sehr der Erbstreit auch das Miteinander der Welfen belastete, die Eigentumsverhältnisse gefährdete er nicht. Wiederholt versicherte Viktoria Luise, dass sie nicht beabsichtige, sich gegen die Hausgesetze zu stellen, ihren Pflichtteil einzufordern und die Erbmasse zu schmälern.[462] Die Stellung ihres ältesten Sohnes als Nachlassverwalter stellte sie letztlich ebenso wenig infrage wie das Ziel, das Vermögen möglichst unvermindert für die nächsten Generationen zu bewahren.

4 Zwischenfazit

»Unendlich Vieles ist geschehen binnen 8 Tagen«, brachte es Thyra am 18. November 1918 auf den Punkt.[463] Wenig mehr als eine Woche hatte genügt, um die Dynastien von Gottes Gnaden zu Fall zu bringen und den Monarchien in Deutschland (und Österreich) ein unrühmliches Ende zu bereiten. Was folgen würde, so fürchteten nicht nur die Welfen, wäre der Bolschewismus – mit dramatischen Konsequenzen für adliges

457 Für die Klageschriften, Gerichtsprotokolle und Vergleichsausfertigungen vgl. NLA HA, V.V.P. 52, Nr. 47.
458 Vgl. NLA HA, V.V.P. 52, Nr. 65, Kurt Blanke an Werner Hofmeister, 7.5.1956.
459 Ebd. Zur Diskussion standen unter anderem das sogenannte Fürstenhaus in Herrenhausen, die Villa Weinberg in Gmunden sowie der Neubau eines Hauses in der Region Springe.
460 Vgl. Derix, Die Thyssens, S. 233-236.
461 Vgl. beispielhaft NLA HA, V.V.P. 52, Nr. 64, Undatierter Vermerk Viktoria Luises, [1956].
462 Vgl. ebd.; in diesem Sinne auch NLA HA, V.V.P. 52, Nr. 9, Undatierter Vermerk Viktoria Luises, [1960].
463 NLA HA, Dep. 103 XL, Acc. 2018/111, Nr. 940, Thyra an Ernst August (III.), 18.11.1918.

Leben und Vermögen. Doch dazu sollte es nicht kommen. Die hochadeligen Familien konnten sich unversehrt in Sicherheit bringen. Einige Monate später garantierte ihnen die Weimarer Verfassung das Eigentum an ihren Privat- und Hausvermögen, entledigte sie im Gegenzug aber auch ihrer verbliebenen Privilegien. Fortan unterstanden die Familien mit ihren Vermögen dem allgemeinen bürgerlichen Recht.

Welfen, Wettiner, Wittelsbacher – sie alle brauchten nicht lange, um sich wieder zu sammeln. Eindrücklich zeigte sich nun, was Pierre Bourdieu die »Überlebenstendenz« des Kapitals genannt hat.[464] Nur ein paar Wochen, nachdem die Republik ausgerufen worden war, kam es zur Gründung der Vereinigung Deutscher Hofkammern. Dieser Zusammenschluss »fürstlicher« Vermögensverwaltungen, großzügig finanziell ausgestattet und mit erfahrenen Fachleuchten besetzt, machte sich umgehend daran, die ökonomischen Folgen des Umsturzes abzumildern. Schnell richtete sich der Fokus auf das Problem, wie die Hausvermögen ohne fideikommissarische Bindung bewahrt werden könnten. Für die Welfen bestand die Lösung darin, ihre Häuser (im ökonomischen Sinne) zu drei juristischen Personen bürgerlichen Rechts umzuformen. Auf diese Weise blieben die separaten Vermögensmassen bestehen, vom Erbgang ausgenommen und unter Kontrolle des Familienoberhaupts. Fast zwei Jahrzehnte lang hielt die Konstruktion, bis die Hausgüter im »Dritten Reich« endgültig in privates Eigentum überführt werden mussten.

Über die eigentumsrechtlichen Neuordnungen hinweg blieb das Ziel stets dasselbe: Der Vermögensgrundstock aus Grund und Boden, Kapital- und Kunstbesitz sollte möglichst geschlossen bewahrt und von einer Generation zur nächsten übergeben werden. Daraufhin wurde der gesamte Prozess der Vermögensweitergabe ausgerichtet. Von früh an bekamen die Kinder Viktoria Luises und Ernst Augusts (III.) ihre Plätze in der Familien- und Besitzordnung erzieherisch vermittelt. Später wurden die vier Söhne mit hohem Aufwand ausgebildet, wobei man sich, angeregt durch bürgerliche Erzieherinnen, Lehrer und Berater, offen gegenüber vermeintlich adelsuntypischen Lehrstätten und -inhalten zeigte. Friederike erhielt unterdessen eine Ausbildung, die sie auf ein Leben im Schnittfeld von Familie, Hauswirtschaft und gesellschaftlicher Repräsentation vorbereitete. Schenkungen stabilisierten diese Ordnung. Speziell galt dies für die Mitgift und die Aussteuer, die der Tochter gewährt wurden, auf dass sie eine Erbverzichtserklärung ablegte. Denn das größte Risiko für den dauerhaften Vermögenszusammenhalt stellte der Erbgang nach dem Tod des Familienoberhaupts dar. Entsprechend präzise und streng waren die testamentarischen Verfügungen, die den Transfer von Vermögen und Vermögensrechten an den ältesten Sohn (oder einen Enkel) anordneten. Frauen und nachgeborene Söhne hatten sich dagegen mit kleineren Unterstützungs- und Versorgungszahlungen abzufinden.

Tatsächlich gelang die angestrebte Kontinuität.[465] Im gesamten Untersuchungszeitraum blieb der dynastische Vermögensstock unter Kontrolle und später im Eigentum

464 Bourdieu, Kapital, S. 183.

465 Entsprechend wird die hochadelige Gestaltung der Vermögensweitergabe immer wieder als Vorbild für Unternehmerfamilien angeführt. Vgl. als ein besonders prägnantes Beispiel entspre-

des »Chefs des Hauses«.[466] Diese Besitzkonzentration war nur möglich, weil die Geschlechter und Geschwister systematisch ungleich behandelt wurden. Insbesondere erhielten die Frauen keinerlei Verfügungsrechte über die Hausvermögen. Dennoch wurde die Ungleichbehandlung weitgehend akzeptiert. Sämtliche Familienmitglieder trugen zur Stabilität der Besitzverhältnisse bei, vor allem in Krisenzeiten. Daran vermochten auch vereinzelte Widerstände und Konflikte nichts zu ändern. Die Familie wahrte ihre Einheit »für die Weitergabe und durch die Weitergabe, um weitergeben zu können und weil sie weitergeben kann«, wie Bourdieu es allgemein formuliert.[467]

Indessen muss auch konstatiert werden, dass das weitergegebene Vermögen über die Jahre immer kleiner ausfiel. Die Ursachen für diesen Schwund sind im nächsten Kapitel ausführlich zu untersuchen. Und noch etwas muss näher beleuchtet werden. Der Zusammenhalt des Vermögens für die nachkommenden Generationen, die Primogenitur und »ebenbürtige« Heiraten – diese aus der Monarchie übernommenen Grundsätze waren erklärtermaßen kein Selbstzweck. Formelhaft wurde betont, dass es gelte, die »hervorragende Stellung« der »fürstlichen Häuser« zu wahren.[468] Hinter dieser Begründung versammelten sich die Familienmitglieder, sie prägte ihr Handeln bei der Vermögensweitergabe. Doch blieb das Bezugssystem (der deutsche Adel, der europäische Hochadel, die bürgerliche Gesellschaft?) unklar, ebenso das Ziel, das durch die Beibehaltung dieser Grundsätze erreicht werden sollte. Es gilt mithin, den leitenden Motiven der Welfen beim Umgang mit ihrem Vermögen weiter nachzugehen.

chender Ratgeberliteratur von Thunen, Sebastian, Vermögenskontinuität in Adelsfamilien. Von Thronfolgern und Hausgesetzen, Stuttgart 2015.

466 An dieser Stelle sei erwähnt, dass Mitte der 1950er-Jahre ein Großteil des Familienvermögens kurzzeitig auf Friederike überging. Vgl. dazu das Kapitel »›Ich gratuliere zu der günstigen Lösung‹. Besitzkontinuitäten«.

467 Bourdieu, Praktische Vernunft, S. 132. Malinowski spricht in diesem Zusammenhang von den vormals regierenden und standesherrlichen Familien als einer »Besitzstandwahrungselite«. Malinowski, Elite, S. 518.

468 NLA HA, Dep. 103 XX, Nr. 130, Konferenz Vereinigung Deutscher Hofkammern, 15. 5. 1919.

III. Richtungskämpfe
Umstrittene Vermögensverwaltung

1 »Zum Wohle unseres angestammten Fürstenhauses« Akteure und Aufgaben

1.1 Altgediente Ratgeber zwischen Heimat und Exil

Am frühen Abend des 8. November 1918 erklärte der Herzog von Braunschweig seinen Thronverzicht. Daraufhin wurde es unruhig im Residenzschloss. Wie Hans Heinrich von Grone, seinerzeit Flügeladjutant des Herzogs, protokolliert hat, habe sich Ernst August (III.) einen Moment noch mit den Abgeordneten des Arbeiter- und Soldatenrats unterhalten, ihnen Zigarren angeboten, dann sei er »tief bewegt« zu Viktoria Luise geeilt.[1] Allein hätten »die Herrschaften« zu Abend gegessen, dann sei bis spät in die Nacht hinein beraten worden, »wohin und wann abfahren«. »An Schlaf«, so von Grone, »war nach den Aufregungen des Tages nicht viel zu denken«. Bereits in den frühen Morgenstunden des nächsten Tages habe man sich wieder getroffen, da sei das Paar gerade mit Packen beschäftigt gewesen. Das Gepäck verstaut in zwei Autos, hätten Ernst August (III.) und Viktoria Luise um 9 Uhr, kaum zwölf Stunden nach der Abdankung, die Flucht aus Braunschweig angetreten.

Ein paar Wochen später erreichte das abgesetzte Herzogspaar mit seinen Kindern das österreichische Gmunden. Wieder wurde das kleine Städtchen am Traunsee als Exil gewählt, wie schon ein halbes Jahrhundert zuvor, als die Vorfahren den Königsthron von Hannover verloren hatten. Es war ein behaglicher Zufluchtsort, viel Besitz hatten die Welfen hier über die Jahrzehnte angehäuft, stattliche Refugien errichtet, umfangreiche Wälder zu Jagdzwecken erworben. Und dennoch: Vom Gros ihres (beanspruchten) Vermögens war die Familie fortan räumlich distanziert. Hunderte Kilometer trennten sie von Braunschweig, wo nicht nur immobiles Vermögen, wie Schloss Blankenburg, zahlreiche landwirtschaftliche Güter und tausende Hektar Forst, sondern auch unzählige Wertgegenstände, vor allem Hausrat, Mobiliar und Kunst, hatten zurückbleiben müssen. Was aus diesen – teils privaten, größtenteils familialen – Vermögenswerten werden würde, war einstweilig völlig ungewiss.

Allerdings hatte man Vorkehrungen zum Schutz des Eigentums getroffen. Einige enge Vertraute, die in persönlichen Diensten Ernst Augusts (III.) respektive denen des Gesamthauses standen, verblieben in der frisch proklamierten »Sozialistischen Repu-

1 NLA HA, Dep. 103 XL, Acc. 2018/111, Nr. 3312, Aufzeichnungen Hans Heinrich von Grones über die Revolution 1918, o. D. Hiernach auch die folgenden Zitate.

blik Braunschweig«. Besser gesagt: Sie wurden dort zurückgelassen. Ihr Auftrag war es, vor Ort die welfischen Eigentumsansprüche zu verteidigen. Neben dem bereits erwähnten von Grone war insbesondere Paul Knoke mit dieser Aufgabe betraut worden. Davon hatte Ernst August (III.) seinem Vater noch aus Augsburg berichtet, wo auf der Flucht einige Zeit lang Halt gemacht worden war. »Der arme Knoke«, hatte er erklärt, müsse »noch alles ordnen [...] und mit der neuen Regierung verhandeln«.[2] Dabei rührte sein Mitleid vor allem daher, dass die Revolutionäre in seinen Augen überhaupt keine Bildung hätten.[3]

Die überstürzte Flucht, der zurückgelassene Besitz und die Angestellten, die ihn beschützen sollten, führen deutlich vor Augen: Die Verwaltung des riesigen welfischen Vermögens, verstreut über das Deutsche Reich, Österreich und weit darüber hinaus, stellte Anforderungen, die allein von den Familienangehörigen nicht bewältigt werden konnten. Zweifellos waren die Welfen grundsätzlich gewillt, ihr Vermögen selbst zu kontrollieren und zu schützen – und speziell die jüngste Generation besaß dafür auch die notwendigen Fertigkeiten und Kenntnisse. Darauf wird zurückzukommen sein. Trotzdem brauchte es festangestellte Vermögensverwalter und externe Berater, um jederzeit auf wirtschaftliche, politische, rechtliche und familiale Veränderungen in verschiedenen Ländern reagieren zu können.

Im Folgenden gilt der Blick deshalb Männern wie Paul Knoke und Hans Heinrich von Grone. Sie waren die »Hidden Helpers« vermögender Familien, wie Simone Derix sie nennt.[4] Speziell meint Derix Bankiers, Rechtsanwälte und Vermögensverwalter – de facto waren es im Untersuchungszeitraum meist Männer –, die im Auftrag ihrer Klienten (aber auch Klientinnen) Aufgaben der Vermögensverwaltung übernahmen. Diese Rechts- und Finanzexperten agierten laut Derix hauptsächlich in drei Bereichen: erstens wurden sie bei Familienkonflikten hinzugezogen, wie Erbschaftsstreitigkeiten oder Scheidungen; zweitens unterstützten sie bei freiwilligen oder erzwungenen Ortswechseln, klärten etwa Passangelegenheiten und Steuerfragen; und drittens übernahmen sie allerorten Aufgaben der Vermögensverwaltung und -sicherung, indem sie geeignete Finanzkonstrukte entwickelten, in die Tat umsetzten und bei Bedarf an wechselnde Rahmenbedingungen anpassten. Seit dem ausgehenden 19. Jahrhundert entwickelte sich so eine »professionelle Infrastruktur rund um die Betreuung und Verwaltung des Vermögens von Reichen«.[5] Erst diese Infrastruktur ermöglichte den Reichen hohe räumliche Mobilität, sie erst gewährleistete die Beständigkeit von Vermögen.

Aus der Vielzahl an Beratern, die reiche Familien mit den Jahren in Vermögensfragen konsultierten, vermochten einzelne nach und nach in »Metapositionen« vorzurücken.[6] Diese ausgewählten Herren waren meist über sehr lange Zeit für eine Familie oder eine einzelne Person tätig. Sie erarbeiteten sich großes Vertrauen, nahmen Aufgaben in mehreren der genannten Tätigkeitsbereiche wahr, trugen Wissen von externen Beratern zu-

2 NLA HA, Dep. 103 II, Nr. 122/2, Ernst August (III.) an Ernst August (II.), 21.11.1918.
3 Vgl. ebd.
4 Derix, Hidden Helpers.
5 Derix, Infrastrukturen, S. 180.
6 Vgl. Derix, Die Thyssens, S. 365 ff.

sammen, werteten es aus und formulierten darauf aufbauende Handlungsempfehlungen. Ihnen gemein war ein hohes Maß an Einsatzbereitschaft; sie waren äußerst mobil, wechselten mit den Vermögenden die Wohnsitze, mitunter auch die Staatsbürgerschaft. Nicht selten waren sie »deeply involved in family matters«, wie Derix schreibt.[7] Auf diese Weise konnten die Berater eine ungeheure Machtfülle erlangen, die – trotz ihres Angestelltenverhältnisses – nur schwer einzuhegen und zu kontrollieren war.

Bei den Welfen war es namentlich Knoke, der mit den Jahren solch eine herausragende Beraterposition einnahm. Als Studienleiter Georg Wilhelms, des ältesten Sohns von Thyra und Ernst August (II.), hatte sich der promovierte Jurist große Anerkennung im Welfenhaus verschafft.[8] Nach seiner Habilitation und kurzzeitigen Professoren-Tätigkeit an der Universität Königsberg war Knoke als Chef des Herzoglichen Kabinetts zu einem der wichtigsten Berater Ernst Augusts (III.) aufgestiegen. Der Landesfürst hatte ihn in allen rechtlichen, aber auch dynastischen und finanziellen Anliegen zurate gezogen, ganz gleich, ob es um Wappenfragen oder eine Wahlrechtsreform ging. Bald war der »Geheime Rat« zum »Wirklichen Geheimen Rat« mit dem Prädikat »Exzellenz« befördert worden, im selben Zuge hatte ihn Ernst August (III.) zum Chef seiner Obersten Verwaltung und Bevollmächtigten für sein Privatvermögen ernannt.[9] »Ich bin dankbar«, heißt es in einem Schreiben des Herzogs an Knoke, »in Ihnen einen in jeder Hinsicht vorbildlichen und treuen Ratgeber gefunden zu haben«.[10]

Juristisch hochgebildet und vertraut mit den komplizierten Familien- und Besitzverhältnissen der Welfen war Knoke nach dem monarchischen Zusammenbruch prädestiniert dafür, die Vermögensauseinandersetzung mit dem Freistaat Braunschweig zu führen. Klangvoll zeichnete er unverändert als »Chef der obersten Verwaltung Seiner Königlichen Hoheit des Herzogs Ernst August zu Braunschweig und Lüneburg«.[11] Als solcher ließ er keine Zeit verstreichen, die welfischen Eigentumsansprüche anzumelden. Kaum eine Woche, nachdem Ernst August (III.) und Viktoria Luise Braunschweig verlassen hatten, erklärte er dem neuen Minister für Inneres und Finanzen, Sepp Oerter, »dass […] dem landesfürstlichen Hause eine Abfindung für seine Rechte am Kammergut gebühre, wenn dieses […] für Staateigentum erklärt werde«.[12] Jedwede Eingriffe in das Privateigentum des gestürzten Monarchen verurteilte er mit dem Hinweis, dass solche »auch bei früheren Revolutionen nicht unternommen« worden seien, »darnach ist man insbesondere 1848 verfahren«.[13] Selbstbewusst verwies er im Übrigen auf die ordentlichen Gerichte, sollte es Zweifel an dieser Rechtsauffassung geben. Ebenso ent-

7 Derix, Hidden Helpers, S. 52.

8 Vgl. für das Folgende NLA WO, 12 Neu, 13, Nr. 26086, Personalakte Paul Knoke; NLA HA, Dep. 103 XL, Acc. 2018/111, Nr. 1996, Personalakte Paul Knoke.

9 Zu Knokes vielen Aufgaben und besonderer Stellung am braunschweigischen Hof vgl. Frey, Braunschweig, S. 118 ff.

10 NLA WO, 12 Neu, 13, Nr. 26086, Ernst August (III.) an Paul Knoke, 17.9.1915.

11 Vgl. beispielhaft NLA HA, Dep. 103 XL, Acc. 2018/111, Nr. 321, Vermerk Paul Knokes, 18.11.1918.

12 Ebd.

13 NLA HA, Dep. 103 XL, Acc. 2018/111, Nr. 321, Paul Knoke an das Volkskommissariat für Inneres und Finanzen (Abschrift), 11.12.1918.

schlossen führte er bald darauf auch die Auseinandersetzung mit dem preußischen Staat um die Aufwertung und Auszahlung des Welfenfonds.[14]

Zusätzlich zu den Verhandlungen mit Braunschweig und Preußen nahm sich Knoke einer weiteren Herausforderung an: Wie bereits dargestellt erdachte er unterschiedliche Rechtskonstrukte, die nach der Auflösung der Hausgüter den dauerhaften, geschlossenen Zusammenhalt des welfischen Familienvermögens gewährleisten sollten. Er entwickelte die Idee eines Familienvereins »Gesamthaus Braunschweig-Lüneburg«, half mit, drei juristische Personen bürgerlichen Rechts als neue Träger der familialen Vermögen zu formen und führte die nötigen Verhandlungen mit den preußischen Auflösungsbehörden. Dabei nützte ihm seine frühzeitige Mitwirkung an der Vereinigung Deutscher Hofkammern. Hier, wo die Spitzenvertreter der vormals fürstlichen Vermögensverwaltungen über Herausforderungen der Fideikommissauflösung, Härten des Steuerrechts und die Prozesse mit den Freistaaten debattierten, erhielt Knoke nicht nur wichtiges Spezialwissen und nützliche Anregungen für aktuelle Problemlagen. Er knüpfte und pflegte auch ein Netzwerk, dass noch lange nach dem Austritt der welfischen Verwaltung aus der Lobby-Organisation (1936) Bestand haben sollte.[15]

Freilich war der Berater für all dies nicht allein zuständig. Mehrere hochrangige Verwaltungsangestellte und altgediente Ratgeber standen ihm unterstützend zur Seite, vertraten ihn, wenn sich Verhandlungen in Braunschweig mit Konferenzen der Hofkammer-Vereinigung und Besprechungen in Gmunden überschnitten. Mehrheitlich vertrauten die Welfen dabei Adeligen – meist studierte Juristen, aus Hannover stammend und überzeugte Monarchisten –, deren Familien teils schon über Generationen an den Höfen in Braunschweig und Hannover sowie dem Gmundener Exilsitz gedient hatten.[16] Auch dies unterstreicht die Sonderstellung Knokes. Von Grone etwa reiste nach Berlin, um sich mit Vertretern der anderen vormals regierenden Familien über »Massnahmen zur Verhütung der Beschlagnahme der Dominalvermögen« auszutauschen.[17] Der »Wirkliche Geheime Rat« Georg Freiherr von der Wense korrespondierte mit dem preußischen Justizminister über die Auflösung der welfischen Hausgüter.[18] Und Werner

14 Vgl. als Überblick NLA HA, Dep. 103 XL, Acc. 2018/111, Nr. 792, Paul Knoke »Der gegenwärtige Stand des Welfenfondsprozesses«, 31.8.1933.

15 Vgl. NLA HA, Dep. 103 XXXIX, Acc. 2018/53, Nr. 1, Paul Knoke an die Vereinigung Deutscher Hofkammern (Abschrift), 3.12.1936. Die Hofkammer-Vereinigung löste sich in dieser Zeit allmählich auf, die letzte aktenkundige Sitzung fand 1942 statt, der Kontakt unter den vormals fürstlichen Vermögensverwaltungen wurde indes weiterhin gepflegt. Vgl. beispielhaft NLA HA, Dep. 103 XL, Acc. 2018/111, Nr. 64, Schaumburg-Lippische Vermögensverwaltung an Paul Knoke, 14.1.1941. Dazu auch: Jung, Volksgesetzgebung, S. 578.

16 Vgl. zur Tradition des »Hofdienstes« in alten hannoverschen Adelsfamilien Conze, Von deutschem Adel, S. 73 f.; Roolfs, Cornelia, Der hannoversche Hof von 1814 bis 1866. Hofstaat und Hofgesellschaft, Hannover 2005, S. 209-266.

17 NLA BU, K2 D Acc. 38/93, Nr. 696, Konferenzprotokoll Vereinigung Deutscher Hofkammern, 15.5.1919.

18 NLA HA, Dep. 103 XXXIX, Acc. 2018/53, Nr. 47, Georg Freiherr von der Wense an den preußischen Justizminister (Abschrift), 4./7.1.1920. Zum Aufstieg der von der Wenses am Exil-Hof in Gmunden vgl. Steckhan, Welfenbericht, S. 94 f.

Freiherr von Schele, der den Titel »Staatsrat« führte, nahm an den hitzigen Verhandlungen mit der braunschweigischen Regierung teil.[19]

Die Hauptverantwortung aber trug Paul Knoke. Ihm oblag es, die beiden wegweisenden Herausforderungen, die Auseinandersetzungen mit Braunschweig und Preußen sowie die Maßnahmen zur langfristigen Bindung des Vermögens, zu koordinieren. Dies zeigt auf der einen Seite das große Vertrauen, das Ernst August (II.) und sein Sohn in Knoke hatten. Auf der anderen Seite war es ein hochriskantes Abhängigkeitsverhältnis, in das sich die Welfen begaben. Die juristischen Fähigkeiten und das verhandlungstaktische Geschick ihres Beraters entschieden maßgeblich über Erhalt und Verlust großer Teile des Familienvermögens. Denn die Möglichkeiten, aus dem Exil heraus selbst Einfluss zu nehmen, waren begrenzt. Gelegenheit, sich länger auszutauschen, Forderungen und Prozessstrategien zu besprechen, boten lediglich Knokes sporadische Reisen nach Gmunden. Vier Besuche sind im ersten Jahr nach der Monarchie im Gästebuch von Schloss Cumberland verzeichnet.[20] Diese Aufenthalte wurden für intensive Gespräche genutzt; regelmäßig notierten die Bediensteten dann in ihrem Tagebuch: »S. K. H. der Herzog gingen in Begleitung S. E. des Geheimen Rates Dr. Knoke [...] spazieren.«[21] Indes, nach ein paar Tagen, mal auch mehreren Wochen, hieß es wieder: »Abreise S. E. des Geheimen Rates Dr. Knoke [...] nach Braunschweig.«[22]

1.2 Neue Spezialisten für mobiles Vermögen

Anfang Januar 1920 vermerkten die Hofbediensteten in der »Fremdenliste« von Schloss Cumberland einen neuen Gast: »Generaldirektor von Kniep«.[23] In den darauffolgenden Wochen und Monaten wurde der Name immer wieder im Gästebuch eingetragen, des Öfteren unternahm Ernst August (II.) seine täglichen Spaziergänge nunmehr in Begleitung des »Generaldirektors«.[24] Hierbei handelte es sich um Hanns Kniep.[25] Auch Kniep entstammte einer Familie, in der bereits mehrere Mitglieder in Diensten des Welfenhauses gestanden hatten. Sein Großvater, Julius Kniep,[26] war viele Jahre lang Oberfinanzrat

19 Vgl. NLA WO, 249 N, Nr. 135, Protokoll von Verhandlungen mit dem braunschweigischen Staatsministerium, 18.12.1920. Passend dazu heißt es in einem Schreiben Ernst Augusts (II.): »Ich erwarte Knoke, Wense und Schele, die täglich von ihrer Reise aus Hannover, Braunschweig bis Berlin zurückkommen sollen[,] zurück, wo dann gleich wieder große Berathungen werden anfangen.« GLAK, FA N 5823, Ernst August (II.) an Max von Baden, 9.7.1920.

20 NLA HA, Dep. 103 IV, Nr. 410, Fremdenliste Schloss Cumberland, 8.11.1918-8.11.1919.

21 Hier: NLA HA, Dep. 103 IV, Nr. 378, Journal der »Hofhaltung« Ernst Augusts (II.), 9.3.1919.

22 Ebd., 4.6.1919.

23 NLA HA, Dep. 103 IV, Nr. 410, Fremdenliste Schloss Cumberland, 10.1.1920.

24 Vgl. exemplarisch NLA HA, Dep. 103 IV, Nr. 378, Journal der »Hofhaltung« Ernst Augusts (II.), 11.1.1920 u. 16.2.1920.

25 Zur Biographie (von) Knieps vgl. aufgrund seiner späteren Tätigkeit als »Rat der Stadt Wien« Seliger, Maren, Scheinparlamentarismus im Führerstaat. »Gemeindevertretung« im Austrofaschismus und Nationalsozialismus. Funktionen und politische Profile Wiener Räte und Ratsherren 1934-1945 im Vergleich, Wien 2010, hier: S. 787 f.

26 Vgl. NLA HA, Dep. 103 XXI, Nr. 133, Personalakte Julius Kniep.

Ernst Augusts (II.) gewesen, sein Vater, Albert von Kniep,[27] hatte der Familie als Hofrat zur Seite gestanden. Letzter war Ende des 19. Jahrhunderts in den Adelsstand erhoben worden, weshalb auch der Sohn das »von« führte.[28] Zwar verbot das österreichische Gesetz über die »Aufhebung des Adels« vom 3. April 1919 das Tragen des Adelszeichens ebenso wie die Führung adliger Standesbezeichnungen und Wappen.[29] Dies blieb jedoch auf Schloss Cumberland unbeachtet.

Der Grund für Hanns Knieps wiederholte Besuche im Salzkammergut war, dass man erwog, ihm die Leitung der »Vermögensverwaltung Seiner königlichen Hoheit des Herzogs von Cumberland, Herzog zu Braunschweig und Lüneburg« anzubieten.[30] Wie einst seine Vorväter sollte er sich den Belangen von Ernst Augusts (II.) Privatvermögen annehmen. Dazu zählten Wertpapierhandel und Etatplanungen, die Verwaltung der persönlichen »Hand- und Schatullkassen« einzelner Familienmitglieder sowie, in enger Zusammenarbeit mit anderen Verwaltungsorganen, die Kontrolle über die Hausgüter.[31] Diese Tätigkeit setzte ein hohes Maß an Loyalität und Verschwiegenheit voraus, sie erfolgte in steter persönlicher Absprache mit den »Höchsten Herrschaften«, regelmäßig wurde zur »Budgetbesprechung« auf Schloss Cumberland geladen.[32] Auf diese Eigenschaften scheint Ernst August (II.) den »Generaldirektor« während ihrer gemeinsamen Spaziergänge geprüft zu haben. Die Beurteilung fiel offensichtlich positiv aus: Zum 1. April 1920 erfolgte die Anstellung, wenige Tage darauf wurden sieben Banken in Österreich, Deutschland und Schweden von der »erfolgten Betrauung des [...] Herrn Hanns von Kniep mit der Leitung der Vermögensverwaltung« unterrichtet.[33] Kniep trat somit – indirekt – die Nachfolge seines 1919 verstorbenen Vaters an.

Auf den ersten Blick war die Einstellung Knieps kein ungewöhnlicher Vorgang. Schließlich entsprach es tradierten Mustern, wenn die dritte Generation einer alten, einst nobilitierten Familie angestellt wurde. Kniep wusste um die höfischen Gepflogenheiten am welfischen Exilsitz, ehrfürchtig sprach er von einer »ausserordentlich ehrende[n] Berufung«.[34] Auf den zweiten Blick aber war es eine richtungsweisende Personalentscheidung. Kniep sollte die zeitweiligen Vermögensverwalter Wiard von Klopp

27 Vgl. NLA HA, Dep. 103 XXI, Nr. 515, Personalakte Albert von Kniep.

28 Vgl. Frank-Döfering, Peter (Hrsg.), Adelslexikon des österreichischen Kaiserturms 1804-1918, Wien, Freiburg u. Basel 1989, S. 367.

29 Vgl. Gesetz vom 3. April 1919 über die Aufhebung des Adels, der weltlichen Ritter- und Damenorden und gewisser Titel und Würden, in: Staatsgesetzblatt für den Staat Deutschösterreich 71, 1919, S. 514-515. Ausführlich dazu: Binder-Krieglstein, Reinhard, Österreichisches Adelsrecht 1868-1918/19. Von der Ausgestaltung des Adelsrechts der cisleithanischen Reichshälfte bis zum Adelsaufhebungsgesetz der Republik unter besonderer Berücksichtigung des adeligen Namensrechts, Frankfurt a. M. u. a. 2000.

30 Vgl. NLA HA, Dep. 103 XXXIX, Acc. 2018/53, Nr. 559, Gedächtnisprotokoll Hanns Knieps, 23. 2. 1920.

31 Vgl. zu Organisation, Aufgaben und Kassen der Vermögensverwaltung den Bestand NLA HA, Dep. 103 XXI, Vermögensverwaltung.

32 Vgl. exemplarisch NLA HA, Dep. 103 IV, Nr. 378, Journal der »Hofhaltung« Ernst Augusts (II.), 27. 1. 1919.

33 Vgl. NLA HA, Dep. 103 XIX, 2, Oberste Verwaltung an sieben Banken (Entwurf), 9. 4. 1921.

34 Vgl. NLA HA, Dep. 103 XXXIX, Acc. 2018/53, Nr. 559, Hanns Kniep an Georg Freiherr von der Wense, 24. 2. 1920.

und Adolf Andrae ersetzen. Die beiden »Oberfinanzräte« wurden mit Knieps Anstellung in den Ruhestand versetzt – Andrae unmittelbar, von Klopp nach kurzer Übergangszeit.[35] Denn die »Räte« seien »ihrer Aufgabe leider nicht gewachsen«, erklärte es Ernst August (II.) lapidar.[36] Der neue Verwalter sei dagegen ein »anerkannt großer Finanzmann«, weshalb das Welfenoberhaupt von einer »große[n] Gnade Gottes« sprach, »daß wir diesen Fang [...] gemacht haben«.[37]

Mit anderen Worten: Angesichts versiegter Einnahmequellen, neuer Steuer- und Abgabenlasten sowie der immer dramatischeren Geldentwertung sahen sich die Welfen veranlasst, einen Spezialisten eigens für ihr mobiles Vermögen zurate zu ziehen. Es ist nicht nachzuvollziehen, von wem genau der Vorschlag zur Einstellung Knieps kam. Ernst August (II.) aber erkannte offensichtlich die Notwendigkeit einer personellen Neuaufstellung. Anders als die meisten Berater vor ihm hatte Hanns Kniep keine juristische Ausbildung durchlaufen, sondern Karriere in der Wirtschaft, speziell im Wiener Bankwesen und der Zuckerindustrie, gemacht.[38] Diese Beziehungen und Kontakte, dieses soziale Kapital, brachte der Berater mit an den Traunsee. Weiterhin blieb er Mitglied mehrerer Verwaltungsräte, nach eigener Aussage explizit, um »im ständigen Kontakt mit der Kaufmanns- und Industriewelt« zu bleiben.[39] Dafür wurden ihm außergewöhnliche Vertragsbedingungen zugestanden. Zusätzlich zu einem festen Jahresgehalt (30.000 Reichsmark) sollte er Tantiemen (bis zu 50.000 Reichsmark) erhalten, die sich nach dem Ertrag des von ihm verwalteten Vermögens bemaßen.[40] Darüber hinaus wurden ihm ein Auto und später auch die sogenannte Königinvilla, nahe Schloss Cumberland gelegen, einschließlich Mobiliar zur Verfügung gestellt.[41]

Sechs Jahre lang blieb der Vermögensverwalter für die Familie tätig. Anfangs nur für das Privatvermögen Ernst Augusts (II.) zuständig, wurde er bald auch Mitglied der Obersten Verwaltung und »Chef der Vermögensverwaltung des Gesamthauses Braunschweig-Lüneburg«.[42] Es war mithin eine merkwürdige Sonderstellung, die er im welfischen Verwaltungsgefüge einnahm. Denn seine Tätigkeit als Vermögensverwalter, für die er erfolgsabhängig vergütet wurde, war abhängig von Entscheidungen der Obersten Verwaltung, die satzungsgemäß »kollegial« beschließen sollte.[43] Mehrfache Bemühungen, die Zuständigkeiten klarer voneinander abzugrenzen und die Kommunikation

35 Vgl. NLA HA, Dep. 103 XXI, Nr. 380, Personalakte Adolf Andrae; NLA HA, Dep. 103 XXI, Nr. 514, Personalakte Wiard von Klopp.

36 GLAK, FA N 5823, Ernst August (II.) an Max Prinz von Baden, 17.2.1920.

37 Ebd.

38 Vgl. speziell zur Zuckerwirtschaft Kohl, Werner, Mein süßes Wien, in: Ders. u. Susanna Steiger-Moser (Hrsg.), Die österreichische Zuckerindustrie und ihre Geschichte(n) 1750-2013, Wien, Köln u. Weimar 2014, S. 75-78.

39 Vgl. NLA HA, Dep. 103 XXXIX, Acc. 2018/53, Nr. 559, Hanns Kniep an Georg Freiherr von der Wense, 24.2.1920.

40 Vgl. NLA HA, Dep. 103 XXXIX, Acc. 2018/53, Nr. 559, Ernst August (III.) an Hanns Kniep, 23.3.1920.

41 Vgl. NLA HA, Dep. 103 XXXIX, Acc. 2018/53, Nr. 559, Vermerk, 3.9.1923.

42 Vgl. NLA HA, Dep. 103 XXXIX, Acc. 2018/53, Nr. 559, Sitzung der Ressortchefs (Beilage VIII), 4.5.1921.

43 NLA HA, Dep. 103 XL, Acc. 2018/111, Nr. 3275, Hausgesetzliche Bestimmungen über das Hausgut des Gesamthauses-Braunschweig Lüneburg, 7.5.1920.

untereinander zu verbessern, deuten auf ein gewaltiges Kompetenzchaos hin. Unter anderem wurde 1923 in einem Vermerk festgelegt, dass mündliche Besprechungen fortan »nach Möglichkeit unter dem Vorsitz Seiner Königlichen Hoheit des Herzogs von Braunschweig« stattfinden und »[s]ämtliche Buchungsfragen« schriftlich erledigt werden sollten.[44] Die Konflikte vermochten auf diese Weise allerdings kaum befriedet zu werden, wie noch näher zu zeigen sein wird.

Letzten Endes kündigte Kniep. Beteuerungen »tiefster Ehrerbietung« und »unauslöschliche[n] Dank[es]« vermochten Enttäuschung und Unzufriedenheit dabei kaum zu überdecken.[45] Als unmittelbaren Anlass für den Rückzug nannte der Berater einen »in meiner Familie eingetretene[n] schwere[n] Krankheitsfall«, der es ihm »zur unabweislichen Pflicht« mache, »mich auf längere Zeit ausschließlich meiner Familie zu widmen«. Vor allem aber die »besondere Art der Verhältnisse, unter denen ich seit Jahren lebe und arbeite« – häufige und lange Reisen innerhalb Österreichs, nach Deutschland und in viele weitere europäische Staaten –, würde ihm keine andere Wahl lassen. Zudem sehe er für einen »nur kaufmännisch ausgebildeten Beamten, wie ich es bin«, keine sinnvolle Verwendung mehr in der Verwaltung. Nicht nur, führte Kniep aus, sei mit der Überwindung der Inflation der »praktische Grund« für seine Tätigkeit weggefallen, vielmehr würde ihm das drastisch reduzierte Kapitalvermögen eine produktive Arbeit bis auf Weiteres unmöglich machen. Unschwer lassen sich diese Worte auch als Kritik an mangelnder Wertschätzung und Unterstützung des Vermögensverwalters lesen.

Nach dem Weggang Knieps wurde niemand Neues mehr speziell mit der Vermögensverwaltung betraut. Die anfallenden Aufgaben übernahmen die Mitglieder der Obersten Verwaltung. Bedarf an Finanzexperten gab es allerdings weiterhin. Davon zeugen intensive persönliche Bemühungen Ernst Augusts (III.), einen geeigneten Kandidaten für das Welfenhaus zu gewinnen – nicht zuletzt mit wertvollen Geschenken, wie einem »gute[n] alte[n] Bild«.[46]

Im Juli 1926 wurde David Hermann Wolff in Dienste des Gesamthauses Braunschweig-Lüneburg genommen.[47] Das neue Mitglied der Obersten Verwaltung erhielt eine Vollmacht, das Haus »in allen Angelegenheiten seines mobilen Vermögens zu vertreten«, d. h. »Effekten zu erwerben und zu veräußern, über Guthaben bei Banken zu verfügen und Kredit bei Banken in Anspruch zu nehmen«.[48] Insbesondere aber wurde Wolff, über den kaum mehr bekannt ist, als dass er aus München stammte und dort auch nach seiner Anstellung blieb, als Mittelsmann eingestellt. Er sollte den Kontakt zum renommierten Münchener Privatbankhaus H. Aufhäuser pflegen, dem seinerzeit

44 NLA HA, Dep. 103 XXXIX, Acc. 2018/53, Nr. 559, Vermerk, 3.9.1923.

45 NLA HA, Dep. 103 XXI, Nr. 516, Hanns Kniep an Paul Knoke (Abschrift), 29.1.1926. Ebd. auch die folgenden Zitate.

46 NLA HA, Dep. 103 XL, Acc. 2018/111, Nr. 879, Graf von Marogna-Redwitz an Ernst August (III.), 18.4.1926.

47 Vgl. NLA HA, Dep. 103 XX, Nr. 468, Ernst August (III.) an David Hermann Wolff (Abschrift), 28.7.1936.

48 Vgl. NLA HA, Dep. 103 XX, Nr. 468, Vollmacht der Obersten Verwaltung für David Hermann Wolff, 28.7.1926.

wichtigsten Geldinstitut der Welfen in Deutschland.[49] Persönlich unterrichtete Ernst August (III.) dessen Inhaber Martin Aufhäuser von der neuen Personalie: »Eine seiner wichtigsten Aufgaben wird es sein«, schrieb er über Wolff, »mein Haus in dem Geschäftsverkehr mit Ihrer geschätzten Firma zu vertreten«.[50] Und fügte hinzu, die Gründe für die Wahl offenlegend: »Ich glaube[,] mich der Hoffnung hingeben zu dürfen, daß Ihnen [...] unsere Vertretung durch einen Herren, der Ihnen seit Jahren freundschaftlich und geschäftlich verbunden ist, nicht unerwünscht sein wird.«[51] Tatsächlich sollte das Kalkül aufgehen. Aufhäuser zeigte sich in seinem Antwortschreiben hocherfreut von der Neueinstellung, nannte Wolff einen treuen Freund, einen »seriösen und guten Ratgeber« in ökonomischen Fragen.[52] Es erfülle ihn »mit ganz besonderer Freude und Genugtuung, dass derselbe berufen sein soll, die Beziehungen, die mein Haus nunmehr die Ehre hat mit der Obersten Verwaltung pflegen zu dürfen, weiter auszubauen und zu vertiefen«.[53]

Lange vermochte der neue Finanzberater die Geschäftsbeziehungen zwischen Adels- und Bankhaus indes nicht zu pflegen. Nach einem Jahr bei den Welfen zeigte sich Wolff erschöpft und resigniert. Gegenüber Ernst August (III.) beklagte er seinen schwer angeschlagenen Gesundheitszustand und gab sich wenig zuversichtlich, für »das Wohlergehen Eurer Königlichen Hoheit und des hohen Hauses« weiter wirken zu können.[54] Etwas kryptisch deutete er eine »überaus schwierige Lage« an.[55] In einem Schreiben an Knoke wurde er im Juli 1927 deutlicher: Er fürchte, dass es ihm angesichts der Entwicklungen des Geldmarktes nicht gelänge, »neue Gelder zu beschaffen«.[56] Verzweifelt erkundigte er sich, »ob begruendete Hoffnung besteht, dass durch Aufwertung, Abfindung, oder aus sonstigen Quellen Gelder zur Verfügung stehen?«[57] Zu dieser Zeit gab es heftige Turbulenzen am deutschen Kapital- und Aktienmarkt, die Reichsbank beschränkte die Kreditvergabe, ausländisches Kapital wurde in großem Umfang abgezogen, die Börsenkurse brachen dramatisch ein.[58] Die Verhandlungen um eine Auszahlung des Welfenfonds kamen unterdessen nicht voran.

49 Zur Historie des Bankhauses und der Biographie Martin Aufhäusers siehe Moser, Eva u. Winkler, Richard, Wegmarken. 125 Jahre Bankhaus H. Aufhäuser, München 1995, S. 55-62. Zu Privatbankiers als Vermögensberater einer exklusiven Klientel zuletzt Köhler, Ingo, Vernetzter Reichtum. Sozialstrategien und Transnationalität der Privatbankiers im langen 19. Jahrhundert, in: in: Eva Maria Gajek, Anne Kurr u. Lu Seegers (Hrsg.), Reichtum in Deutschland. Akteure, Räume und Lebenswelten im 20. Jahrhundert, Göttingen 2019, S. 57-76.

50 NLA HA, Dep. 103 XX, Nr. 468, Ernst August (III.) an Martin Aufhäuser (Abschrift), 28.7.1926.

51 Ebd.

52 NLA HA, Dep. 103 XX, Nr. 468, Martin Aufhäuser an Ernst August (III.) (Abschrift), 2.8.1926.

53 Ebd.

54 NLA HA, Dep. 103 XX, Nr. 468, David Hermann Wolff an Ernst August (III.), 7.7.1927.

55 Ebd.

56 NLA HA, Dep. 103 XX, Nr. 468, David Hermann Wolff an Paul Knoke, 7.7.1927.

57 Ebd.

58 Vgl. allgemein Knortz, Heike, Wirtschaftsgeschichte der Weimarer Republik, Göttingen 2010, S. 209 ff.; sowie speziell Voth, Hans-Joachim, With a Bang, not a Whimper. Pricking Germany's »Stock Market Bubble« in 1927 and the Slide into Depression, in: The Journal of Economic History 63, H. 1, 2003, S. 65-99.

Im November 1927, nach weiterer gesundheitlicher Verschlechterung, reichte David Hermann Wolff seinen Rücktritt ein. Er müsse bis auf Weiteres jede »intensive Tätigkeit« unterlassen und Aufregung vermeiden, erklärte Wolff, »unter den gegebenen Verhältnissen« fühle er sich den gestellten Anforderungen nicht länger gewachsen.[59] Die Kündigung zeigt, wie fordernd Sicherung und Erhaltung des welfischen Vermögens in der Zwischenkriegszeit waren, was für hohe Erwartungen an die Berater gestellt wurden, unter was für einer mentalen und körperlichen Belastung sie standen. Nicht nur Wolff ging es so. Auch Kniep hatte zu Beginn der 1920er-Jahre die »ungeheure Verantwortung« beklagt, die »begreiflicherweise kein gesundheitsförderndes Moment« sei und »selbstverständlich eine Ueberanspannung der Nerven und damit der Arbeitsfähigkeit früher oder später nach sich ziehen muss«.[60]

Die wiederholten Versuche, die Oberste Verwaltung mit erfahrenen Finanzexperten zu besetzen, wurden nach dem Weggang Wolffs aufgegeben. Es ist ungewiss, ob die Notwendigkeit nicht weiter gesehen wurde oder sich keine passenden Kandidaten mehr finden ließen. Jedenfalls bildete für die nächsten Jahre ein kleiner Kreis altgedienter Herren das innerste Beratergremium. Die wenigsten davon waren auf die Vermögensverwaltung spezialisiert. So zählte Heinrich Buck dazu, ein ausgebildeter Theologe, der Ende des 19. Jahrhunderts als Erzieher und Lehrer nach Gmunden gekommen worden war.[61] Außerdem wurde Hans Heinrich von Grone in die Oberste Verwaltung berufen sowie – gleichsam die »Familientradition« fortsetzend – der promovierte Jurist Ernst August Freiherr von der Wense.[62] Sie alle wurden mit teils umfassenden Vollmachten ausgestattet, etwa für Gerichtsprozesse, zur Verfügung über Bankkonten oder zum Kauf und Verkauf kleinerer Grundstücke.[63]

Ihr Chef blieb, geradezu omnipräsent und weitgehend unangetastet, Paul Knoke. Er rechtfertigte diese jahrzehntelange Spitzenposition, seine immer weiter wachsende Machtstellung, durch offenbar unerschütterliche Tatkraft und Loyalität, umfassendes Know-how in wirtschaftlichen, finanziellen, adels- und steuerrechtlichen Fragen sowie – augenscheinlich – zufriedenstellende Leistungen. Er bildete die zentrale Schnittstelle zwischen den Welfen und ihren Beratern, bei ihm liefen die Expertenmeinungen zusammen, er trug sie den »Höchsten Herrschaften« vor und gab Entscheidungen an Banken und Kanzleien weiter. Nicht zuletzt rührte Knokes enormer Einfluss daher, dass er nach und nach die vier Söhne von Viktoria Luise und Ernst August (III.) in die Vermögensverwaltung einarbeiten sollte.

59 Vgl. NLA HA, Dep. 103 XX, Nr. 468, David Hermann Wolff an Ernst August (III.), 8. 11. 1927.

60 NLA HA, Dep. 103 XX, Nr. 447, Besprechungsprotokoll (Beilage XXVI), 22. 6. 1921.

61 Vgl. NLA HA, Dep. 103 XXXIX, Acc. 2018/53, Nr. 536, Personalakte Heinrich Buck.

62 Vgl. NLA HA, Dep. 103 XXI, Nr. 654, Personalakte Ernst August Freiherr von der Wense. Der Jurist war im Kreis der Obersten Verwaltung eine Ausnahme, er wurde (auch) wegen seiner profunden Kenntnisse des österreichischen Steuerrechts eingestellt. Vgl. NLA HA, Dep. 103 XX, Nr. 448, Sitzung der Ressortchefs (Beilage XI), 31. 10. 1922.

63 Vgl. im Einzelnen NLA HA, Dep. 103 XL, Acc. 2018/111, Nr. 2281, Vollmachten für die Mitglieder der Obersten Verwaltung 1916-1954; NLA HA, Dep. 103 XXXIX, Acc. 2018/53, Nr. 21, Vollmachten zur Vertretung des Gesamthauses Braunschweig-Lüneburg, 1926-1941.

1.3 Von Fall zu Fall. Externe Rechts- und Finanzberater

Die Mitglieder der Obersten Verwaltung, die zumeist adeligen »Geheimräte«, »Staatsräte« und »Oberfinanzräte«, waren im Untersuchungszeitraum die engsten Berater der Welfen. Daneben gab es eine kleinere Zahl externer Rechts- und Finanzberater, größtenteils aus dem Bürgertum, die über viele Jahre das Vertrauen der Familie – und der Obersten Verwaltung – genossen, von deren Spezialwissen in Krisenzeiten und Konfliktfällen immer wieder Gebrauch gemacht wurde. Gemein war diesen Beratern, dass sie zwar feste Beratungsverträge mit den Welfen hatten, aber nicht exklusiv für die Familie tätig waren, zumindest nicht auf Dauer. Sie alle arbeiteten für eine größere Klientel. Es waren nicht zuletzt diese Beziehungsnetzwerke, weshalb die Welfen auf die Dienste der Ratgeber zurückgriffen.

Für mehr als zwei Jahrzehnte, speziell in den 1920er- und 1930er-Jahren, war Hermann Dedekind der wichtigste Rechtsberater der Welfen.[64] Ausgebildet an den Universitäten München, Leipzig und Heidelberg arbeitete Dedekind seit 1896 in Braunschweig als Rechtsanwalt, später auch als Notar.[65] In dieser Zeit hatte er zudem führende Ämter in der Landes-Rechts-Partei inne, einer »Welfenpartei«, die sich für ein eigenständiges Herzogtum Braunschweig unter welfischer Herrschaft einsetzte.[66] Dedekind, der als »Meister der Rede«[67] mit herausragenden juristischen Fähigkeiten und absoluter Integrität galt, blieb auch nach dem Zusammenbruch des Kaiserreichs überzeugter Monarchist und treuer Anhänger des Welfenhauses.[68]

Seit 1918 vertrat der Rechtsanwalt die (rechtlichen) Interessen der Familie im Freistaat Braunschweig. Von Beginn an bezog ihn Paul Knoke in die Auseinandersetzung um das Kammergut mit ein. Gemeinsam erörterten die Juristen Prozessstrategien, formulierten Klageschriften und bereiteten Verhandlungen vor. »Ihr Sprechzimmer mit seiner ruhig-noblen Einrichtung«, so erinnerte Knoke sich später in einem Schreiben an den Berater, »hat doch auch in meinem Leben eine große Rolle gespielt«.[69] Als der Rechtsstreit Anfang der 1920er-Jahre vor Gericht ging, wurde Dedekind die Prozessführung übertragen. Anschließend trat er, zwischenzeitlich zum »Hofkammerrat« mit

64 Der Briefnachlass Hermann Dedekinds (1870-1953) wird im Braunschweigischen Landesmuseum als Teil der »Briefsammlung Familie Dedekind« verwahrt. Vgl. dazu Dedekind, Ilse (Hrsg.), Unter Glas und Rahmen. Briefe und Aufzeichnungen 1850-1950. Ein Jahrhundert aus der Sicht einer Braunschweiger Familie, Braunschweig 2000.

65 Vgl. Schmidt, Burkhard, Art. »Dedekind, Theodor Karl Hermann«, in: Horst-Rüdiger Jarck u. Günter Scheel (Hrsg.), Braunschweigisches biographisches Lexikon: 19. und 20. Jahrhundert, Hannover 1996, S. 135-136; Ders., Herzogsprozeß, S. 37 ff.

66 Vgl. Schmidt, Burkhard, Die Welfenparteien im Herzogtum Braunschweig, in: Braunschweigisches Jahrbuch für Landesgeschichte 83, 2002, S. 59-94, hier: S. 71 f.

67 Zitiert nach ebd. Vgl. auch Schmidt, Herzogsprozeß, S. 76 f.

68 Weil er es ablehnte, den Eid auf die Weimarer Reichsverfassung zu leisten, wurde Dedekind 1922 als Notar entlassen. Vgl. Schmidt, Dedekind, S. 135.

69 BL, Briefsammlung Familie Dedekind, Paul Knoke an Hermann Dedekind, 4.11.1944. Der Hintergrund war, dass Dedekinds Kanzlei bei einem Luftangriff vollständig zerstört worden war. Dies mag ein Grund dafür sein, dass die Aktenüberlieferung zu Dedekinds Arbeit für die Welfen – gemessen an seiner Bedeutung – vergleichsweise spärlich ist.

festen Bezügen ernannt, in die neu geschaffene »Museums- und Bibliotheksstiftung« ein, die – von Staat und Haus gemeinsam unterhalten – die institutionellen Sammlungen verwaltete. Darüber hinaus war Dedekind für Steuerangelegenheiten zuständig; als der »Beauftragte der Obersten Verwaltung des Gesamthauses Braunschweig-Lüneburg« stritt er über viele Jahre mit den braunschweigischen Finanzbehörden um die Besteuerung der Familie und ihrer Häuser.[70] Auch nachdem er 1935, im Alter von 65 Jahren, als »Hofkammerrat« in den Ruhestand versetzt wurde, zog man ihn weiterhin »von Fall zu Fall« zurate.[71]

Die Basis dieser engen Zusammenarbeit waren nicht allein die gerichtlichen Erfolge, die Hermann Dedekind für die Welfen erringen konnte. Vielmehr bestand zu dem »welfentreuen« Rechtsanwalt ein besonderes Vertrauensverhältnis. Dedekind, der selbst aus dem Krankenhaus noch Anfragen zu Steuererklärungen beantwortete, genoss aufgrund seiner Loyalität und Aufopferungsbereitschaft eine ungemeine Wertschätzung.[72] Es scheint keine Floskel gewesen zu sein, wenn sich Ernst August (III.) bei ihm für die »treuen, selbstlosen Dienste« bedankte, »die Sie Mir und Meinem Hause geleistet haben«.[73] Ebenso lobte Knoke die »allzeit vornehme Gesinnung« des Ratgebers und die gemeinsame Zusammenarbeit »zum Wohle unseres angestammten Fürstenhauses«.[74]

In der Tat wurde an dem Juristen auch gegen erhebliche politische Widerstände festgehalten. So verlangte der braunschweigische Ministerpräsident und Minister für Inneres und Volksbildung Dietrich Klagges im Juni 1936, Dedekind aus dem Vorstand der Museums- und Bibliotheksstiftung abzuberufen. Klagges warf dem Rechtsanwalt eine staatsfeindliche Gesinnung vor.[75] Dagegen wehrte sich Dedekind entschieden, er sei »– obwohl kein Nationalsozialist – durchaus loyal und positiv zu dem heutigen Staate« eingestellt.[76] Nach dieser, mit Knoke eng abgestimmten Erklärung, blieb er als Vorsitzender im Amt. Einige Monate später, nach weiteren denunziatorischen Anschuldigungen, bat Dedekind – »im Interesse der Stiftung« – schließlich doch um seine Entlassung.[77] An seiner rechtsanwaltlichen Tätigkeit für die Welfen änderte dies indes nichts. Bis in die Zeit nach dem Zweiten Weltkrieg wurde er in Fragen des (Steuer-)Rechts regelmäßig konsultiert.[78]

70 Speziell dazu das Kapitel »Vermögen als Mittel zu welchem Zweck? Ein Steuerstreit«.
71 NLA HA, Dep. 103 XL, Acc. 2018/111, Nr. 1876, Paul Knoke an Ernst August (III.), 30.4.1935.
72 Vgl. NLA HA, Dep. 103 XL, Acc. 2018/111, Nr. 2287, Hermann Dedekind an Paul Knoke, 1.2.1946.
73 BL, Briefsammlung Familie Dedekind, Ernst August (III.) an Hermann Dedekind, 2.5.1935.
74 Das erste Zitat: BL, Briefsammlung Familie Dedekind, Paul Knoke an Hermann Dedekind, 5.1.1937; das zweite: NLA HA, Dep. 103 XXXIX, Acc. 2018/53, Nr. 537, Paul Knoke an Hermann Dedekind (Abschrift), 8.5.1935.
75 Hintergrund dieser Anschuldigung war unter anderem, dass Dedekind 1934 den politisch verfolgten ehemaligen Ministerpräsidenten Heinrich Jasper anwaltlich vertreten hatte. Vgl. Dedekind, Unter Glas und Rahmen, S. 289-309.
76 BL, Briefsammlung Familie Dedekind, Erklärung Hermann Dedekinds, 9.6.1936.
77 BL, Briefsammlung Familie Dedekind, Hermann Dedekind an die Oberste Verwaltung (Entwurf), 28.9.1936.
78 Einen Überblick über die weiteren Tätigkeiten geben Dedekinds regelmäßige Abrechnungen. Vgl. beispielhaft NLA HA, Dep. 103 XXXIX, Acc. 2018/53, Nr. 537, Aufstellung der im Quartal IV/1937

Deutlich kürzer war die Auftragsbeziehung zu dem bereits verschiedentlich erwähnten Johannes Semler.[79] Für einige Jahre zählte der Rechtsanwalt und Wirtschaftsprüfer gleichwohl zu den einflussreichsten Beratern der Welfen. Semler, der Rechts- und Staatswissenschaften studiert und mit einer Promotion abgeschlossen hatte, war als Rechtsanwalt auf Fragen des Wirtschafts-, Handels- und Aktienrechts spezialisiert. Daneben gehörte er dem Vorstand der Wirtschaftsprüfungsgesellschaft »Deutsche Warentreuhand AG« an, 1932 wurde er selbst zum öffentlich bestellten Wirtschaftsprüfer ernannt. In dieser Funktion betreute er mehrere große Unternehmensabwicklungen und -sanierungen, darunter die Neuordnung des gigantischen Vermögenskomplexes der oberschlesischen Magnatenfamilie von Pleß.[80] Zudem war Semler als »persönlicher Wirtschaftsberater« vermögender Privatleute tätig.[81]

Der erste Kontakt zu Semler wurde im Frühjahr 1938 über die RKG hergestellt.[82] Auf Empfehlung der Berliner Großbank wandte sich die Oberste Verwaltung an die Warentreuhand, um eine genaue Prüfung der österreichischen Baugesellschaft Porr AG, von der Aktien erworben werden sollten, vornehmen zu lassen.[83] Mit der geleisteten Arbeit war man offenbar zufrieden, jedenfalls wurde Semler nach Erwerb der Aktien für das Haus in den Verwaltungsrat des Unternehmens entsandt. In der Folgezeit weitete sich die Zusammenarbeit rasch aus: Bereits 1939 unterstützte Semler maßgeblich die Gründung des Welser Flugzeugreparaturwerkes FMW; er beteiligte sich als Gesellschafter, betreute die Bauphase und trat nach der Fertigstellung dem Verwaltungsrat des Unternehmens bei.[84] Neben Paul Knoke und Ernst August (IV.) wurde er zum wichtigsten Vertreter Ernst Augusts (III.) in Wels.

Semlers Wirken bei FMW ging schnell über reine Aufsichts- und Kontrolltätigkeiten hinaus. Als Gesellschafter, der auch eigene geschäftliche Interessen verfolgte, brachte er sich intensiv in die verschiedensten Unternehmensbereiche ein, von der Forschungsarbeit über die künftige Ausrichtung der Produktion bis hin zur Schlichtung innerbetrieblicher Konflikte. Lange Zeit wirkte er dabei ohne klar definierten Kompetenzbereich. Die Abstimmung zwischen ihm und Ernst August (III.) erfolgte informell, in regelmäßigen, häufig mehrtägigen Besprechungen auf Schloss Blankenburg, dem seinerzeitigen Sitz

und I/1938 für das Gesamthaus Braunschweig-Lüneburg geleisteten außerprozessualen Dienste, 25.4.1938.

79 Zur Biographie Johannes Semlers (1898-1973) vgl. Schlemmer, Thomas, Art. »Semler, Johannes Ferdinand«, in: Neue Deutsche Biographie. Band 24, Berlin 2010, S. 237-238.

80 Vgl. Matthiessen, Harald, Geschichte der Deutsche Warentreuhand- und Treuhand Aktiengesellschaft, in: Sieveking, Kurt (Hrsg.), 50 Jahre Deutsche Warentreuhand- und Treuhand Aktiengesellschaft 1920-1970, S. 9-24, hier: S. 13.

81 So zumindest seine Selbstbeschreibung in: StAM, SpkA K 1519: Semler, Johannes, Johannes Semler an den Generalkläger beim Kassationshof im Bayerischen Staatsministerium für Sonderaufgaben, 6.9.1949.

82 Vgl. NLA HA, Dep. 103 XXXIX, Acc. 2018/53, Nr. 2048, Hermann Jannsen an Ernst August (IV.), 5.5.1944.

83 Es sei hier schon erwähnt, dass ein Teil dieser Aktien »arisiert« werden sollte. Vgl. ausführlich das Kapitel »Autarkie, Aufrüstung, ›Arisierung‹. Neue Handlungsspielräume«.

84 Vgl. NLA HA, Dep. 103 XXXIX, Acc. 2018/53, Nr. 148, Johannes Semler an die Oberste Verwaltung, 30.7.1939.

der Welfen im Harz. Alle paar Monate kam man hier mit Knoke, den gelegentlich anwesenden Söhnen und den FMW-Geschäftsführern zusammen, um in gemeinsamen Runden, beim Abendessen oder während eines Jagdausflugs Probleme und Perspektiven des Unternehmens zu diskutieren.[85] »Diese Praxis«, so Semler, habe sich über die Jahre »ausgezeichnet« eingespielt: »Ergab [...] die erste Unterredung gewisse Meinungsverschiedenheiten, so hatte der Herzog Gelegenheit, über eine Mittagspause bezw. bis zum nächsten Tage seinerseits die Fragen zu durchdenken und sich mit seinen Söhnen bezw. Excellenz Knoke zu beraten, um danach die Unterhaltung mit mir fortzusetzen und zum Abschluss zu bringen.«[86]

Die Kürze der Zeit, in der Johannes Semler an Vertrauen und Einfluss gewann, war Ausdruck des immensen Beratungsbedarfs, den die Welfen Ende der 1930er-Jahre hatten. Angestrengt wurde in dieser Zeit nach neuen Anlagemöglichkeiten gesucht, die unter den Rahmenbedingungen des NS-Staates überdurchschnittliche Renditen bei kalkulierbarem Risiko versprachen.[87] Zugleich musste auf die Beseitigung der Hausvermögen reagiert werden; man suchte nach alternativen Finanzkonstruktionen, um das Vermögen auf lange Sicht in den Händen der Familie halten zu können. Diese richtungsweisenden Aufgaben lasteten seit 1939, mit dem Eintritt der (älteren) Söhne in den Kriegsdienst, hauptsächlich auf den Schultern Knokes. Durch die Einbeziehung Semlers konnte der alternde Generalbevollmächtige Ernst Augusts (III.) zum einen körperlich entlastet werden.[88] Zum anderen brachte der externe Berater Erfahrungen und Zukunftsvisionen mit, die Knoke nicht hatte. Semler verfolgte die Idee, mehrere Unternehmen und Unternehmensbeteiligungen Ernst Augusts (III.) in einer Holdinggesellschaft zusammenzuführen. Dadurch sollten die Einflussmöglichkeiten des Welfenoberhaupts gestärkt, dauerhaft gesichert und »die Verwaltung dieses künftig vielleicht bedeutenden Teils des königlichen Gesamtvermögens« einmal geschlossen an die nächste Generation übertragen werden können, wie der Berater versicherte.[89]

Im Oktober 1942 wurde das diffuse Tätigkeitsfeld Semlers vertraglich präzisiert. Mit dem erklärten Ziel, »die Verbindung mit Herrn Dr. Semler auf längere Zeit« zu sichern, schloss Ernst August (III.) einen unbefristeten, hochdotierten Beratungsvertrag mit dem Wirtschaftsprüfer.[90] Demnach sollte Semler künftig »in allen Fragen der Vermögensverwaltung« zur Verfügung stehen – und zwar »jederzeit«. Überdies wurde ihm ausdrücklich aufgetragen, die Interessen »Seiner Königlichen Hoheit« bei den auf

85 Vgl. exemplarisch NLA HA, Dep. 103 XL, Acc. 2018/111, Nr. 2283, Protokoll der Besprechungen auf Schloss Blankenburg, 22. 9. 1943.
86 NLA HA, Dep. 103 XL, Acc. 2018/111, Nr. 2048, Memorandum Johannes Semlers, 12. 4. 1944.
87 Vgl. zum Folgenden ausführlich das Kapitel »Autarkie, Aufrüstung, ›Arisierung‹. Neue Handlungsspielräume«.
88 Ausdrücklich schlug Knoke in dieser Zeit vor, Posten mit Semler zu besetzten, um selbst weniger reisen zu müssen. NLA HA, Dep. 103 XL, Acc. 2018/111, Nr. 144, Paul Knoke an Ernst August (III.) (Abschrift), 13. 6. 1938.
89 NLA HA, Dep. 103 XL, Acc. 2018/111, Nr. 2048, Johannes Semler »Meine Auftrags-Beziehungen zu Seiner Königlichen Hoheit Herzog Ernst August zu Braunschweig und Lüneburg«, 17. 4. 1944.
90 NLA HA, Dep. 103 XL, Acc. 2018/111, Nr. 3342, Beratungsvertrag Johannes Semlers, 24. 10. 1942. Hiernach auch die folgenden Zitate.

dem Baugebiet tätigen Unternehmungen zu wahren und deren »konzernmäßige Zusammenfassung« vorzubereiten. Dafür, dass er fortan »den überwiegenden Teil seiner Zeit und Arbeitskraft« den Interessen des »Königlichen Vermögens« widmen sollte, wurde ihm ein jährliches Honorar in Höhe von 100.000 Reichsmark zugesichert, zu tragen anteilsmäßig von den »Konzernunternehmungen«. Zur Einordnung: Die gesamten Ausgaben für die Oberste Verwaltung – Gehaltszahlungen, Bank- und Versicherungsgebühren, Reise- und Bürokosten – beliefen sich 1942 auf etwas mehr als 97.000 Reichsmark.[91]

Das Vertrauen, das Ernst August (III.) und Paul Knoke in die Fähigkeiten, Versprechen und Zuverlässigkeit Johannes Semlers hatten, war offenbar gewaltig. Denn praktisch wurde der Tätigkeitsbereich des Beraters durch den Vertrag kaum näher präzisiert, war das exorbitante Honorar an keinerlei Bedingungen gebunden. Letzten Endes wurde der Vertrag noch vor der vereinbarten Mindestlaufzeit von fünf Jahren wieder aufgekündigt. Der Grund war, wie im nächsten Kapitel thematisiert wird, ein völlig zerrüttetes Vertrauensverhältnis.

2 Kompetenz- und Interessenskonflikte Vermögensverwaltung im Widerstreit

2.1 Ein »Kleinkrieg« in der Obersten Verwaltung

Die beschriebenen Spaziergänge Ernst Augusts (II.) oder die Jagden, zu denen Ernst August (III.) einlud, sollen nicht den Eindruck erwecken, die Welfen und ihre Berater hätten sich in aller Eintracht um die Vermögenssicherung und -verwaltung bemüht. Zwar pflegte die Familie zu einzelnen ihrer Rechts- und Finanzexperten durchaus vertrauensvolle, regelrecht freundschaftliche Beziehungen. Ebenso arbeiteten manche der Ratgeber über viele Jahre eng und harmonisch zusammen. Doch im Aufeinandertreffen alteingesessener »Räte« und neuer Spezialisten, gerade in Zeiten wirtschaftlicher Krisen, waren Streitigkeiten praktisch unausweichlich: Berater stritten um Einfluss, verfolgten eigene Ziele und bemaßen ihre Leistungen höher, als die Welfen bereit waren zu zahlen.

Ein vielsagendes Beispiel eines solchen Konflikts ist der über Jahre geführte »Kleinkrieg« zwischen Hanns Kniep und Paul Knoke.[92] Exemplarisch zeigt sich hier das gleichzeitige Mit- und Gegeneinander, das bezeichnend für die Akteure der Vermögensverwaltung war. Oberflächlich wurde dabei um Kompetenzen gerungen. Der Ausgangspunkt lag im Jahr 1921, als Georg Freiherr von der Wense als Chef der Obersten Verwaltung des Gesamthauses Braunschweig-Lüneburg in den Ruhestand versetzt wurde.[93] An seine Stelle trat Knoke, Kniep wurde zum dritten Mitglied der Obersten Ver-

91 Vgl. NLA HA, Dep. 103 XL, Acc. 2018/111, Nr. 459, Etat Ernst Augusts (III.), 1944.
92 NLA HA, Dep. 103 XXXIX, Acc. 2018/53, Nr. 559, Hanns Kniep an Paul Knoke, 23. 8. 1923.
93 Vgl. NLA HA, Dep. 103 XX, Nr. 465, Personalakte Georg Freiher von der Wenses.

waltung ernannt.[94] In der Folge kam es zu einigen Umstrukturierungen innerhalb der Verwaltung.[95] In einem ersten Schritt übertrugen Ernst August (II.) und sein Sohn die Belange ihrer privaten Vermögen, die bei ersterem Kniep und bei letzterem Knoke oblegen hatten, auf die Oberste Verwaltung. Die einzelnen Kassen wurden zu einer »Verwaltungskasse des Gesamthauses Braunschweig-Lüneburg« vereinigt. In einem zweiten Schritt wurde die »Vermögensverwaltung des Gesamthauses Braunschweig-Lüneburg« geschaffen, für die Kniep verantwortlich zeichnete. Diese wurde indes bald schon wieder aufgelöst und, in einem dritten Schritt, die rechtlich eigenständige »Güter- und Vermögensverwaltung G. m.b.H.« in München gegründet, deren Geschäftsführung wiederum Kniep übernahm. Diese bürokratischen Maßnahmen hatten sehr konkrete Konsequenzen: Kniep, bis dato allein für das Privatvermögen Ernst Augusts (II.) verantwortlich, konnte seinen Wirkungskreis formal deutlich ausdehnen. Praktisch aber hatte der Vermögensverwalter an Unabhängigkeit eingebüßt. Denn die Verfügungsgewalt über die zentrale »Verwaltungskasse« lag bei der Obersten Verwaltung – mit Knoke an der Spitze.

Ein paar Monate lang ertrug Kniep diesen Zustand, dann machte er seinem Unmut Luft. Im August 1923 erklärte er Knoke in einem langen Schreiben, unverzüglich als Mitglied der Obersten Verwaltung zurücktreten zu wollen.[96] »Eine Ueberordnung der Befehlsgewalt Eurer Exzellenz«, so seine Begründung, könne er »nicht länger ertragen«. Insbesondere kritisierte er »die Entscheidung, die Eure Exzellenz seinerzeit dahin gefällt haben, dass die Verwaltungskasse mir nicht unterstellt ist.« Er könne sich des Eindrucks nicht erwehren, fügte Kniep mit Blick auf die untergeordneten Angestellten wütend hinzu, dass hierdurch in »diesen kleinhirnigen, unzulänglichen und mit nur geringer Arbeitswilligkeit ausgestatteten Herren die Ueberzeugung wachgerufen worden ist, dass ich Ihnen nichts zu befehlen habe, dass es sozusagen ihr guter Wille ist, wenn sie mir Auskünfte geben oder meinen Anordnungen Folge leisten«. Durch all dies sei ihm die Freude an den »grossen Aufgaben, die ich zu bewältigen habe und bislang wohl auch erfolgreich zu bewältigen vermochte«, abhandengekommen.

Augenscheinlich war der Finanzberater tief in seinem Stolz verletzt, so selbstgerecht und herablassend wie er seine Worte wählte. Trotzdem würde es zu kurz greifen, seinen Ausfall allein auf gekränkte Eitelkeit zu reduzieren. Hinter dem Kompetenzstreit verbarg sich eine tiefergehende Auseinandersetzung, bei der um die Führungsweise und die strategische Ausrichtung der Vermögensverwaltung gestritten wurde.

Kniep hatte in den Jahren zuvor immer wieder die welfischen Verwaltungsstrukturen kritisiert, die veraltete Buchführung, die oft lebenslangen Dienstverhältnisse. Überhaupt waren von ihm die »Verwaltungsfunktionäre« angegangen worden, denen es an Motivation, fachtechnischer Vorbildung und grundlegenden Wirtschaftskenntnissen

94 Vgl. NLA HA, Dep. 103 XL, Acc. 2018/111, Nr. 3314, Mitgliederversammlung des Gesamthauses Braunschweig-Lüneburg, 21. 2. 1921.

95 Vgl. für das Folgende NLA HA, Dep. 103 XL, Acc. 2018/111, Nr. 1660, Einführung der Bezeichnung »Oberste Verwaltung Seiner Königlichen Hoheit des Herzogs etc.«, 1910-1964.

96 Vgl. NLA HA, Dep. 103 XXXIX, Acc. 2018/53, Nr. 559, Hanns Kniep an Paul Knoke, 23. 8. 1923. Ebd. auch die folgenden Zitate.

mangele.[97] Mit Nachdruck hatte er gefordert, nurmehr »wirklich erstklassige« Fachkräfte einzustellen und diese entsprechend »fürstlich« zu entlohnen.[98] Natürlich war auch diese Kritik nicht frei von Selbstgefälligkeit gewesen. Trotzdem: Es muss als Knieps feste Überzeugung gesehen werden, dass nur eine Professionalisierung der Vermögensverwaltung ein wirtschaftliches Überleben der Welfen im 20. Jahrhundert gewährleisten würde. Dafür spricht sein energischer Einsatz. Das Ziel müsse lauten, betonte Kniep, die Vermögensverwaltung »zu industrialisieren« und »wie ein Bankgeschäft oder wie ein Privatbankier« zu agieren.[99]

In seinem Brief aus dem August 1923 erneuerte der Finanzberater diese Kritik. Seiner Ansicht nach sei die »administrative Organisation der Obersten Verwaltung [...] verfehlt«, ihre Belange »teilweise überflüssig«, wieder ätzte er, dass die Bediensteten nicht »nach kaufmännischen Regeln, d. h. mit der Möglichkeit ihrer Entlassung angestellt wären«.[100] Resigniert räumte er allerdings ein, dass er sich mit seinen Plänen gegen den Chef der Obersten Verwaltung nicht würde durchsetzen können. Knoke sei in Gmunden »gemäss der alten Hannoverschen Tradition« sozusagen der »Hausminister«, »allen anderen Funktionären vorgesetzt«. Ihn würde Ernst August (II.) nicht entlassen, da war sich Kniep sicher. So müsse er wohl seine Tätigkeit aufgeben, »ohne sie [...] als abgeschlossen betrachten zu können«.

Fünf Tage darauf antwortete Knoke.[101] Merklich um einen besonnenen Tonfall bemüht, ging er auf die einzelnen Vorwürfe ein. Es war eine machtvolle, überlegene Position aus der Knoke reagierte – und deren er sich zweifellos bewusst war. Gleich vorweg erklärte das erste Mitglied der Obersten Verwaltung, dass er sein Amt pflichtgemäß zur Verfügung gestellt habe, Ernst August (II.) davon aber keinen Gebrauch habe machen wollen. Unmissverständlich stellte Knoke daraufhin klar, dass es für ihn nicht in Frage komme, auf die eigene Verabschiedung zu bestehen, da er es nicht »für angängig« halte, »dass Sie«, also Kniep, »zum Chef der Obersten Verwaltung bestellt würden«. Zwei Gründe führte er dafür an, die seine konträre Sichtweise auf die Dynastie und ihre Vermögensverwaltung deutlich machen: Zum einen würde Kniep, der in Österreich beheimatet war, »den Verhältnissen in Hannover und Braunschweig zu fern stehen, um in nicht finanziellen Angelegenheiten die Verantwortung übernehmen zu können«. Zum anderen vermöge er »in dem Königlichen Hause mit Rücksicht auf seine Geschichte und die Aufgaben, die es nach meiner Hoffnung in Zukunft zu lösen haben wird, keine Erwerbsgesellschaft zu sehen«. Und nur eine solche, ergänzte er, würde »die Präponderanz des Leiters der finanziellen Angelegenheiten« rechtfertigen. Knoke unterließ es, näher darauf einzugehen, was er mit den zukünftigen Aufgaben des Hauses meinte. Ihm genügte die Klarstellung, dass er Knieps Absicht, mehr wie ein Unter-

97 NLA HA, Dep. 103 XX, Nr. 447, Sitzung der Ressortchefs (Beilage XXVI), 22. 6. 1921.

98 Ebd.

99 Ebd.

100 Dieses und die folgenden Zitate aus NLA HA, Dep. 103 XXXIX, Acc. 2018/53, Nr. 559, Hanns Kniep an Paul Knoke, 23. 8. 1923.

101 Vgl. NLA HA, Dep. 103 XXXIX, Acc. 2018/53, Nr. 559, Paul Knoke an Hanns Kniep, 28. 8. 1923. Ebd. auch die folgenden Zitate des Absatzes.

nehmen zu agieren, ablehnte. Die (Vermögens-)Verwaltung eines vormals regierenden Hauses müsse Ziele haben, die größer seien, als rein gewinnorientiertes Wirtschaften – so seine sinngemäße Aussage.

Der eskalierende Streit konnte nicht im Interesse der Welfenfamilie sein. In den darauffolgenden Tagen mühten sich Ernst August (II.) und sein Sohn um einen raschen, gütlichen Ausgleich zwischen ihren beiden wichtigsten Beratern. Weder wollte man Knokes herausgehobene Stellung beschneiden, noch Kniep als Finanzexperten verlieren. In einer Besprechung unter acht Augen einigte man sich Anfang September 1923 darauf, Kniep wunschgemäß als Mitglied der Obersten Verwaltung zu entlassen, doch sollte er Verwalter des Vermögens der »Höchsten Herrschaften« und des Gesamthauses bleiben.[102] Dazu wurde bestimmt, dass Kniep die Veranlagung und Sicherung des Vermögens fortan »selbstständig« zu bearbeiten habe.[103] Dies blieb indes eine vage Zusicherung. Einzelne Kompetenzfragen, wie die Überwachung des Zinsendienstes, wurden genauer geregelt, vieles blieb jedoch ungeklärt, darunter auch der Hauptstreitpunkt: Der Zugriff auf die Verwaltungskasse.

In der Tat hielt der Frieden nicht lange. Anfang Oktober beklagte sich Kniep erneut über den Chef der Obersten Verwaltung.[104] Er warf Knoke vor, ihn »kalten Blutes« beleidigt zu haben, und verlangte, »in Hinkunft in meinen Bureaux, d. h. in den Bureaux, die mir unterstellt sind und unter meiner Verantwortung geführt werden, keinerlei direkte[] Aufträge mehr erteilen zu wollen«.[105] Knoke sah sich genötigt, dem Kollegen explizit zu versichern, dass er ihn nicht für einen »Lump« halte.[106]

Es dauerte einige Wochen, bis sich die Gemüter beruhigt hatten. Ende Oktober 1923 wurde Kniep von Ernst August (II.) zurück in die Obersten Verwaltung berufen, ausdrücklich mit dem Auftrag, die Vermögensverwaltung mit der erklärten Selbstständigkeit weiterzuführen.[107] Von nun an blieb es – allem Anschein nach – friedlich. Für die nächsten Jahre sind keine größeren Streitigkeiten mehr zwischen dem ersten und dritten Mitglied der Obersten Verwaltung bekannt. In der Auseinandersetzung um das »Kammergut« arbeiteten beide Hand in Hand; während Knoke in Braunschweig verhandelte, diskutierte Kniep in Gmunden die Zwischenergebnisse mit Ernst August (III.).[108] Die Kompetenzen waren verteilt und wurden respektiert. Dabei blieb es bis zu Knieps Ausscheiden aus welfischen Diensten im Frühjahr 1926. Und noch Jahre danach betonte Kniep einmal gegenüber Knoke »dass ich mich nach wie vor verpflichtet fühle und es mir zur grössten Ehre und Auszeichnung rechnen würde, fallweise auch weiterhin zu dienen, falls über mich befohlen werden sollte«.[109]

102 NLA HA, Dep. 103 XXXIX, Acc. 2018/53, Nr. 559, Vermerk, 3.9.1923.
103 Ebd.
104 NLA HA, Dep. 103 XXXIX, Acc. 2018/53, Nr. 559, Hanns Kniep an Paul Knoke, 1.10.1923.
105 Ebd.
106 NLA HA, Dep. 103 XXXIX, Acc. 2018/53, Nr. 559, Paul Knoke an Hanns Kniep, 2.10.1923.
107 Vgl. NLA HA, Dep. 103 XXI, Nr. 516, Ernst August (II.) an Hanns Kniep, 28.10.1923.
108 Vgl. die Korrespondenz in NLA HA, Dep. 103 XL, Acc. 2018/111, Nr. 796, Auseinandersetzung mit dem Freistaat Braunschweig wegen des Kammerguts, 1924-1925.
109 NLA HA, Dep. 103 XXXIX, Acc. 2018/53, Nr. 559, Hanns Kniep an Paul Knoke, 10.3.1930.

Am Ende des jahrelangen »Kleinkriegs« gab es somit einen eindeutigen Sieger: Knoke. Er hatte, um im Bild zu bleiben, alle Angriffe abgewehrt, seine Position verteidigt, sie sogar ausbauen können. Einmal mehr war ihm der Rücken gestärkt worden. Seine Stellung als Chef der Obersten Verwaltung wurde immer mächtiger – und damit immer problematischer. Die Gefahr wuchs, dass abweichende Meinungen von ihm abgeblockt wurden, dass sie gar nicht mehr bis zu den Welfen durchdrangen. Der weitere Kurs der Vermögensverwaltung, das stand nach dem Konflikt fest, sollte maßgeblich von Knoke bestimmt werden.

2.2 Die »Entgleisung« eines Hoffnungsträgers

Inmitten des Zweiten Weltkriegs, rund zwei Jahrzehnte nach dem richtungsweisenden Streit zwischen Hanns Kniep und Paul Knoke, kam es in der welfischen Vermögensverwaltung zu einer weiteren bemerkenswerten Auseinandersetzung. Im Mittelpunkt diesmal: Johannes Semler. Binnen weniger Wochen zerbrach im Frühjahr 1944 das über Jahre aufgebaute Vertrauensverhältnis zwischen Ernst August (III.) und seinem visionären Berater. Semler selbst sollte später lakonisch von »Meinungsverschiedenheiten« sprechen.[110] Tatsächlich gab es eine ganze Reihe solcher »Meinungsverschiedenheiten«, die schlagartig aufeinander folgten und schließlich zur sofortigen Entlassung des Wirtschaftsberaters führten.

Seinen Ausgang nahm die Auseinandersetzung im Flugzeugreparaturwerk FMW, das 1939 mit dem Kapital Ernst Augusts (III.) und dem Know-how Semlers gegründet worden war.[111] Zu Beginn des Jahres 1944 sah sich die Geschäftsführung hier mit unnachgiebigen Forderungen eines Angestellten konfrontiert. Der Ingenieur Alfred Wögerbauer verlangte eine sogenannte »Erfindervergütung«, eine Besonderheit des nationalsozialistischen Patentrechts.[112] Demnach stand einem Arbeitnehmer eine gesetzlich geregelte Sondervergütung zu, wenn er eine Erfindung machte, die sein Arbeitgeber in Anspruch nahm.[113] Auf diese Weise sollten erfinderischer Enthusiasmus und technologischer Fortschritt, speziell in der Rüstung, gefördert werden. Wögerbauer hatte bei der FMW ein »brauchbare[s] und neuartige[s]« Schweißverfahren entwickelt, für das ihm, wie Semler gegenüber Knoke einräumte, »selbstverständlich« ein Vergütungsanspruch zustehe.[114] Allein die Höhe des Anspruchs wurde von Unternehmensseite infrage gestellt, man bezweifelte die Wirtschaftlichkeit der Erfindung. Eine gütliche Einigung kam nicht zustande. Wögerbauer wandte sich daraufhin an die Rechtsberatungsstelle

110 StAM, SpkA K 1519: Semler, Johannes, Vernehmungsprotokoll, 21.2.1948.

111 Der »Fall Wögerbauer« ist der Masterarbeit Charlotta Cordes' entnommen. Vgl. Cordes, Charlotta, Der Herzog als Unternehmer im Nationalsozialismus?, Unveröffentlichte Masterarbeit, Universität Bremen 2016.

112 Vgl. für die Vorgeschichte NLA HA, Dep. 103 XL, Acc. 2018/111, Nr. 2927, Johannes Semler an Paul Knoke, 14.1.1944.

113 Vgl. Gispen, Kees, Patentrecht und Schutz des geistigen Eigentums, in: Dieter Gosewinkel (Hrsg.), Wirtschaftskontrolle und Recht in der nationalsozialistischen Diktatur, Frankfurt a.M. 2005, S. 267-279.

114 NLA HA, Dep. 103 XL, Acc. 2018/111, Nr. 2927, Johannes Semler an Paul Knoke, 14.1.1944.

der DAF in Linz, die ihrerseits den regionalen NSDAP-Gauleiter einschaltete, sodass »die Sache«, in Semlers Worten, »zu einem Streitfall« wurde.[115]

Als Mitglied des FMW-Aufsichtsrats, zuständig, die Interessen Ernst Augusts (III.) im Unternehmen zu wahren, sah es Semler als seine Aufgabe an, den Arbeitsstreit vor Ort auszufechten. Doch auch nach Wochen war eine Übereinkunft noch nicht in Sicht. Davon konnte sich Georg Wilhelm persönlich überzeugen, der, aus der Wehrmacht entlassen, zwischenzeitlich nach Österreich gereist war, um an den Beratungen teilzunehmen.[116] So telegrafierte Knoke am 15. März 1944 an Semler, dass man Matthias Mielacher in den Fall eingebunden habe.[117] Mielacher, einst in Gmunden bei der Post tätig gewesen, war ein in Oberösterreich bestens vernetzter Nationalsozialist, seit 1931 NSDAP-Parteimitglied und SA-Obersturmbannführer, zu dem Ernst August (III.) ein persönliches Vertrauensverhältnis unterhielt.[118] Mehrfach war er in den Jahren zuvor als Mittler für die Welfen tätig gewesen, nicht zuletzt im Rahmen der FMW-Gründung.[119] Dass unterdessen auch ein Strafverfahren gegen Mielacher wegen finanzieller Erpressung von Jüdinnen und Juden eingeleitet worden war, schien Ernst August (III.) und Knoke offensichtlich nicht davon abzuhalten, sich abermals an ihn zu wenden.[120] Gemeinsam mit Georg Wilhelm führte Mielacher am 23. März eine Reihe von Beratungen in Linz und Wels. Mit dem Ziel, den »Frieden« im Werk wiederherzustellen, mühten sich die beiden, zwischen FMW-Geschäftsführer Kuno von Kalinowski und Alfred Wögerbauer mit dessen Rechtsbeistand zu vermitteln.[121] Mielacher versicherte von Kalinowski, »mit Hilfe seines Einflusses« die erhobenen Vorwürfe der DAF entkräften zu können, Wögerbauer bekam Gelegenheit, »vorbehaltlos seine Auffassungen zu äussern«.[122] Auf dieser Grundlage wurde sich schließlich zusammengesetzt und von allen Seiten Bereitschaft signalisiert, auf einen baldigen Vertragsabschluss hinwirken zu wollen.

Aus welfischer Sicht hatte Mielachers Einsatz den erhofften Erfolg gebracht.[123] Nur Semler, der einige Zeit verreist gewesen war, sah das nicht so. Nach seiner Rückkehr, die

115 Ebd.

116 NLA HA, Dep. 103 XL, Acc. 2018/111, Nr. 2927, Besprechungsprotokoll »Erfinder-Vergütung Oberingenieur Alfred Wögerbauer«, 18.3.1944.

117 NLA HA, Dep. 103 XL, Acc. 2018/111, Nr. 2927, Paul Knoke an Johannes Semler (Telegramm), 15.3.1944.

118 Vgl. zu Mielacher, seiner Person und Tätigkeit in Oberösterreich Ellmauer, Daniela; John, Michael u. Thumser, Regina, »Arisierungen«, beschlagnahmte Vermögen, Rückstellungen und Entschädigungen in Oberösterreich, Wien u. München 2004, S. 308 ff.

119 Zu Mielachers Tätigkeit für die Welfen vgl. auch Felber, Ulrike, Ein Bergwerksunternehmen für den Herzog. Die »Arisierung« der Firma Eduard Elbogen, in: Verena Pawlowsky u. Harald Wendelin (Hrsg.), Arisierte Wirtschaft, Wien 2005, S. 125-151.

120 Vgl. ausführlich Ellmauer; John u. Thumser, Oberösterreich, S. 307-316.

121 Georg Wilhelm fertigte für seinen Vater Protokolle von insgesamt vier Besprechungen an: 1. Mit dem Rechtsbeistand Wögerbauers; 2. mit dem FMW-Geschäftsführer Kuno von Kalinowski; 3. mit Wögerbauer; 4. mit Kalinowski und Wögerbauer. Vgl. NLA HA, Dep. 103 XL, Acc. 2018/111, Nr. 2927, Besprechungsnotizen Georg Wilhelms »Fall Wögerbauer«, 23.3.1944.

122 NLA HA, Dep. 103 XL, Acc. 2018/111, Nr. 2927, Aktenvermerk Kuno von Kalinowskis, 23.3.1944.

123 Vgl. für diese Einschätzung NLA HA, Dep. 103 XL, Acc. 2018/111, Nr. 2048, Paul Knoke an Johannes Semler (Abschrift), 20.4.1944.

Besprechungsprotokolle vorfindend, wandte er sich mit einem vorwurfsvollen Schreiben an Ernst August (III.). Darin äußerte er Verständnis »für den Wunsch Euer Königlichen Hoheit [...], sich über die Verhältnisse in Wels durch eine völlig unvoreingenommene Einsicht und Berichterstattung informieren zu lassen«.[124] Scharf verurteilte er jedoch die Beratungen, die in seiner Abwesenheit stattgefunden hatten: »Eine Arbeit, die das Ergebnis unendlicher Mühe und Sorgfalt gewesen ist, ist nunmehr von unkundiger und vor allem unverantwortlicher Hand zerschlagen worden«. Durch die Gespräche mit dem Ingenieur sei die Betriebsdisziplin untergraben worden, erklärte der aufgebrachte Berater. Schon habe im Unternehmen ein »Auflösungsprozess« begonnen, der sich kaum mehr aufhalten lasse.

Es spricht für das Vertrauen, das die Welfen in ihren langjährigen Berater hatten, dass sie diese – nicht näher begründete – Warnung sehr ernst nahmen. Kaum eine Woche später, über die Osterfeiertage, wurden dringliche Beratungen auf Schloss Blankenburg einberufen. In mehreren mehrstündigen Runden diskutierten Ernst August (III.), seine drei ältesten Söhne und Knoke mit Semler und von Kalinowski über die »Aktion Mi[e]lacher« und die Folgen für das Unternehmen.[125] Am Ende erwiesen sich die Befürchtungen als grundlos. Semler musste eingestehen, dass die Verständigung mit Wögerbauer »zweifellos« als »Gewinn« zu werten sei.[126] Vor allem aber habe man die Überzeugung gewonnen, dass »die Annahme eines beginnenden Auflösungsprozesses nicht begründet sei«, wie Knoke festhielt.[127]

Damit hatte das Vertrauensverhältnis zwischen den Welfen, Knoke und Semler einen tiefen Riss bekommen. Der »Brandbrief« des Beraters, die haltlosen Behauptungen über vermeintliche Vorgänge im Unternehmen, stellten seine Glaubwürdigkeit fundamental infrage.[128] Vor allem kristallisierte sich langsam heraus, weshalb Semler derart überempfindlich reagiert hatte. Wie er im Nachhinein noch einmal darlegte, bestehe seiner Ansicht nach zwischen ihm und Ernst August (III.) ein freies Auftragsverhältnis, das auf Vertrauen beruhe, nicht auf einem Vertragswerk.[129] Er betrachte sich als »der ständige Sonder-Bevollmächtigte des Herzogs« und erwarte, dass Eingriffe durch den »Herzog« »nur in seltenen Ausnahmefällen« stattfänden und in einer Form, »die meiner Stellung dem Unternehmen gegenüber keinen Abbruch tut«.[130] Es kann nicht überraschen, dass dieser Sichtweise umgehend widersprochen wurde. Unmissverständlich erklärte Knoke,

124 NLA HA, Dep. 103 XL, Acc. 2018/111, Nr. 2048, Johannes Semler an Ernst August (III.), 1.4.1944. Auch die folgenden Zitate aus diesem Brief.

125 NLA HA, Dep. 103 XL, Acc. 2018/111, Nr. 2048, Memorandum Johannes Semlers, 12.4.1944.

126 Ebd.

127 NLA HA, Dep. 103 XL, Acc. 2018/111, Nr. 2048, Paul Knoke an Johannes Semler (Abschrift), 20.4.1944.

128 Ebd. Zum weiteren Verlauf und dem Ausgang der Auseinandersetzung mit Wögerbauer vgl. NLA HA, Dep. 103 XL, Acc. 2018/111, Nr. 2927, Akte betr. Erfindervergütung für Oberingenieur Wögerbauer, Wels, 1944.

129 Vgl. NLA HA, Dep. 103 XL, Acc. 2018/111, Nr. 2048, Johannes Semler »Meine Auftrags-Beziehungen zu Seiner Königlichen Hoheit Herzog Ernst August zu Braunschweig und Lüneburg«, 17.4.1944.

130 Ebd.

dass für »Seine Königliche Hoheit den Herzog [...] nur ein ›Gebot des eigenen Interesses‹« gegenüber seinem Berater gelte.[131]

Mit einer Zurechtweisung, einer klaren Abgrenzung der Kompetenzen, war es in diesem Fall allerdings nicht getan. Das wurde über die nächsten Wochen deutlich. Nach und nach stellte sich heraus, dass Semler seine machtvolle Beratertätigkeit wiederholt und massiv missbraucht hatte. Unter anderem gab der FMW-Geschäftsführer zu Protokoll, Semler habe Anordnungen »im Auftrage des Herzogs« erteilt, die den Tatsachen widersprächen.[132] Dies bestätigte auch Georg Wilhelm, der erneut nach Wels gereist war.[133] Zudem mehrten sich Gerüchte. Wie der zweitälteste Sohn berichtete, sei ihm zu Ohren gekommen, »daß die Familienverhältnisse Dr. Semlers diesen langsam aus den Gleisen gehoben hätten (er habe zwei geschiedene Frauen zu erhalten und die jetzige wäre sehr anspruchsvoll und ehrgeizig). So sei er gezwungen viel Geld zu verdienen, ausserdem habe er den Drang etwas darzustellen [...] So bringe ihn die sehr verantwortungsvolle Stelle des Wahrers der Interessen S.K.H. des Herzogs ständig in Konflikt mit seinen eigenen Interessen.«[134]

So ging das Vertrauen in Semler im Laufe des Aprils 1944 vollends verloren. Am 1. Mai wurde sein Dienstverhältnis aufgekündigt.[135] Formal lautete die Begründung, dass von Kalinowski jede weitere Zusammenarbeit ausschließe, auf den Geschäftsführer aber »aus rüstungswirtschaftlichen Gründen« nicht verzichtet werden könne und dementsprechend ein »wichtiger Grund zur Kündigung« gegeben sei.[136] Einige Wochen darauf wurde Knoke deutlicher. Denn Semler akzeptierte zwar die Vertragsauflösung, nicht jedoch den Kündigungsgrund. So nannte ihm Knoke nunmehr eine ganze Reihe von Gründen, unter anderem die »unvollkommene Erfüllung übernommener Pflichten« sowie »die Bedachtnahme auf Ihre eigenen finanziellen Interessen«, die dazu geführt hätten, »Seine Königliche Hoheit zu übereilten und nicht genügend durchdachten Maßnahmen zu veranlassen«.[137] »In ihrer Verbindung«, schloss Knoke, »mußten sie das Vertrauensverhältnis erschüttern und ihm schließlich die Grundlage entziehen«.[138]

Der Vertrauensmissbrauch, oder anders gesagt: die unzureichende Kontrolle des Vermögensberaters, kam die Welfen teuer zu stehen. Über Jahre hatte Semler für sie am Aufbau einer Holdinggesellschaft gearbeitet, die nun nicht mehr realisiert werden

131 NLA HA, Dep. 103 XL, Acc. 2018/111, Nr. 2048, Paul Knoke an Johannes Semler (Abschrift), 25.4.1944. Aufschlussreich sind in diesem Zusammenhang auch Ernst Augusts (III.) handschriftliche Bemerkungen am Rand von NLA HA, Dep. 103 XL, Acc. 2018/111, Nr. 2048, Memorandum Johannes Semlers, 12.4.1944.

132 NLA HA, Dep. 103 XL, Acc. 2018/111, Nr. 2048, Kuno von Kalinowski »Notiz zur Aussprache mit Dr. Semler«, 6.4.1944.

133 NLA HA, Dep. 103 XL, Acc. 2018/111, Nr. 2048, Georg Wilhelm Bemerkungen zu einer Tagung in Wels, 29.4.1944.

134 Ebd.

135 NLA HA, Dep. 103 XL, Acc. 2018/111, Nr. 2048, Paul Knoke an Johannes Semler (Abschrift),, 1.5.1944.

136 Ebd.

137 NLA HA, Dep. 103 XL, Acc. 2018/111, Nr. 2048, Paul Knoke an Johannes Semler (Abschrift), 6.6.1944.

138 Ebd.

sollte.[139] Darüber hinaus pochte der Ratgeber auf eine hohe Abfindung. Durch seinen Anwalt ließ er selbstbewusst erklären: »S. K.H. der Herzog war sich doch ohne Zweifel darüber klar, dass er in der Person von Herrn Dr. Semler einen Berater zuzog, der auf beachtliche Erfolge in seiner bisherigen beruflichen Tätigkeit zurückblicken konnte und gewohnt war, für seine Beratungen entsprechend honoriert zu werden.«[140] Es folgten monatelange Verhandlungen, zumal Semler darauf bestand, in den Aufsichtsräten zu verbleiben, in die er für Ernst August (III.) eingetreten war. Zum Schluss gab das Welfenoberhaupt den Forderungen im Wesentlichen nach, erkennbar darum bemüht, »alle vertraglichen Beziehungen, die zwischen ihm und Herrn Dr. Semler bestehen, zur Abwicklung zu bringen«.[141] Im Februar 1945 wurde das Vertragsverhältnis – rückwirkend zum 30. September 1944 – endgültig aufgelöst.[142]

Gemeinsam betrachtet, machen der Richtungsstreit zwischen Knoke und Kniep sowie der Machtmissbrauch Semlers das Dilemma deutlich, in dem sich vermögende Familien im 20. Jahrhundert befanden: Wollten sie ihre Vermögen auf Dauer sichern und bewahren, waren sie zwangsläufig auf Finanz- und Rechtsberater angewiesen. So sehr man sich auch darum bemühte, dass Familienmitglieder Aufgaben der Vermögensverwaltung übernahmen, der Rückgriff auf Berater war praktisch unausweichlich. Hinter einer begüterten Familie, die sich um ihr Vermögen mühte (und stritt), standen etliche Bankiers, Fachanwälte und Wirtschaftsexperten mit eigenen, widerstreitenden Interessen. Große Vermögen in Zeiten von Kriegen, Wirtschaftskrisen und politischen Umbrüchen zu bewahren, hieß, mit unterschiedlichsten Beratern zusammenzuarbeiten, sie zu kontrollieren, zwischen ihnen zu vermitteln und auf ihre Ratschläge hin Entscheidungen zu treffen.

Kurzum: Strategien und Schwerpunkte, Erfolg und Misserfolg bei der Vermögensanlage waren von zahlreichen Personen abhängig. Wie dieses Zusammenspiel bei den Welfen aussah und zu welchen Ergebnissen es führte, wird nachfolgend untersucht. Die Wegmarken bilden dabei die tiefgreifenden Zäsuren 1918, 1933 und 1945 – nicht zuletzt, weil diese Jahre mit räumlichen Verlagerungen des Welfenhauses verbunden waren.

139 Näher dazu das Kapitel »›Phantasiepläne‹? Bilanzierung und Perspektiven«.

140 NLA HA, Dep. 103 XL, Acc. 2018/111, Nr. 2048, Heinrich Foglar-Deinhardstein an Paul Knoke, 20.10.1944.

141 NLA HA, Dep. 103 XL, Acc. 2018/111, Nr. 2048, Paul Knoke an Heinrich Foglar-Deinhardstein (Abschrift), 9.11.1945.

142 Vgl. NLA HA, Dep. 103 XL, Acc. 2018/111, Nr. 3342, Verträge zwischen Ernst August (III.) und Johannes Semler, 12./14.2.1945.

3 Strategien und Schwerpunkte, Erfolge und Fehlschläge der Vermögensanlage

3.1 Neuaufbau in Österreich 1918–1933

Den Winter 1918/19 verbrachten die Welfen gemeinsam auf Schloss Cumberland, hoch oben über dem Traunsee. Nach Wochen der Flucht nutzten Ernst August (III.) und Viktoria Luise ihre erste Zeit im Salzkammergut, um gemeinsam auf die Jagd zu gehen und ausgedehnte Spazierfahrten zu unternehmen.[143] Die »kleinen Herrschaften« fuhren unterdessen stundenlang Schlitten oder wurden »von dem Kinderfräulein spazieren geführt«.[144] Daneben richtete sich die kleine Familie nach und nach ein neues Zuhause her. Viele Tage verbrachte das ehemalige braunschweigische Herzogspaar seit Jahresbeginn 1919 in der nahe gelegenen Weinberg-Villa, die aufwendig umgebaut, renoviert und mit den nachgeschickten Möbeln aus Braunschweig ausgestattet wurde.[145] So hätten die beiden »aus dem alten Bauerngut, was es ursprünglich war, wirklich alles Mögliche gemacht«, stellte Ernst August (II.) nach Abschluss der Arbeiten fest, »man kann es mit Nachsicht wirklich gemütlich nennen«.[146]

Indessen war völlig ungewiss, für wie lange Ernst August (III.), Viktoria Luise und die Kinder tatsächlich in Gmunden bleiben würden. In einem Schreiben an seinen Schwager Max sprach der abgesetzte Herzog von Braunschweig unmissverständlich von einer »Übergangszeit«.[147] Er selbst sehe sich und seine Familie »in der Heimat«, in Hannover oder Braunschweig: »Am liebsten natürlich auf dem Lande in Hann[over].« »Aber«, fügte er einschränkend hinzu, »da kann man natürlich jetzt noch gar nicht dran denken, bis sich nicht alles definitiv dort geregelt und wieder beruhigt hat.« Einstweilen gelte es die laufenden Verhandlungen mit der braunschweigischen Regierung abzuwarten, »wie wir abgefunden werden mit Wohnsitz etc.« Zuversichtlich, dass eine solche Übereinkunft in absehbarer Zeit zu erzielen sei, fügte er noch hinzu: »Blankenburg wird wohl das nächste sein.«

Ernst August (III.) war nicht der einzige, der im Frühjahr 1919 offen über einen Fortzug aus Österreich nachdachte. Generell stand zur Disposition, ob Gmunden der Lebensmittelpunkt der Welfenfamilie bleiben würde. Der Grund war, dass in Wien zu dieser Zeit die Konstituierende Nationalversammlung der Republik Deutschösterreich (bald Republik Österreich) tagte.[148] Am 3. April 1919 wurden hier drei teils schon er-

143 Vgl. beispielhaft NLA HA, Dep. 103 IV, Nr. 378, Journal der »Hofhaltung« Ernst Augusts (II.), 7./11./15./21.12.1918.

144 Ebd. die Einträge vom 23.1.1919 u. 23.2.1919.

145 Vgl. dazu auch Herzogin zu Braunschweig und Lüneburg, Tochter des Kaisers, S. 250.

146 NLA HA, Dep. 103 XL, Acc. 2018/111, Nr. 937, Ernst August (II.) an Auguste Viktoria (Abschrift), 10.11.1919.

147 GLAK, FA N 5823, Ernst August (III.) an Max Prinz von Baden, 21.5.1919. Auch die folgenden Zitate aus diesem Brief.

148 Zu den Anfängen der Republik (Deutsch-)Österreich vgl. zuletzt Rauchensteiner, Manfried, Machtvakuum an der Donau. Österreich und Ungarn nach dem Großen Krieg, in: Braun, Bernd

Abb. 5 Das »alte Bauerngut«: Die Villa Weinberg in den 1920er-Jahren – Quelle: NLA HA, Dep. 103 XL, Acc. 2018/111, Nr. 992.

wähnte Gesetze verabschiedet, die den Bruch des jungen Staates mit der Habsburgermonarchie radikal unterstrichen. »Im Interesse der Sicherheit der Republik« wurden zum Ersten sämtliche Mitglieder des Hauses Habsburg-Lothringen, die nicht ausdrücklich auf ihre Herrschaftsansprüche verzichteten, des Landes verwiesen.[149] Damit einhergehend verstaatlichte man sämtliches Vermögen des vormals kaiserlichen Hauses. Zum Zweiten wurden mit dem »Gesetz über die Aufhebung des Adels« alle äußeren Erkennungsmerkmale des österreichischen Adels verboten.[150] Und zum Dritten beschloss die Nationalversammlung die Abschaffung aller nicht im Völkerrecht begründeten Exterritorialität.[151] Ein exterritorialer Status, die Ausnahme von der Staatsgewalt, sollte fortan ausschließlich für regierende Souveräne und ihre Repräsentanten gelten.[152] Zusammengenommen zielte die Gesetzgebung darauf ab, das Privilegierungsverbot und den Gleichheitssatz in (Deutsch-)Österreich konsequent durchzusetzen.[153]

(Hrsg.), Es lebe die Republik? Der Erste Weltkrieg und das Ende der Monarchie in Deutschland und Europa, Göttingen 2021, S. 129-146.

149 § 2 Gesetz vom 3. April 1919, betreffend die Landesverweisung und die Übernahme des Vermögens des Hauses Habsburgs-Lothringen, in: Staatsgesetzblatt für den Staat Deutschösterreich 71, 1919, S. 513-514. Vgl. dazu Kadgien, Michael, Das Habsburgergesetz, Frankfurt a. M. u. a. 2005.

150 Vgl. dazu allgemein Stekl, Österreichs Adel; sowie speziell Binder-Krieglstein, Adelsrecht.

151 Gesetz vom 3. April 1919 über die Abschaffung der nicht im Völkerrecht begründeten Exterritorialität, in: Staatsgesetzblatt für den Staat Deutschösterreich 71, 1919, S. 514.

152 Vgl. als knapper (historischer) Überblick Kimmich, Otto, Das Staatsoberhaupt im Völkerrecht, in: Archiv des Völkerrechts 26, 1988, S. 129-168.

153 Vgl. Kadgien, Habsburgergesetz, S. 34.

Mit Inkrafttreten der drei Gesetze brach besorgte Unruhe auf Schloss Cumberland aus. Lebhaft nahm man Anteil an der Landesverweisung und Enteignung der Habsburger.[154] Vor allem aber ergaben sich aus dem Gesetz über die »Abschaffung der nicht im Völkerrecht begründeten Exterritorialität« unmittelbare Konsequenzen für die staatsrechtliche Stellung der Familie in Österreich.[155] Denn den Mitgliedern des depossedierten hannoverschen Königshauses war nach 1866 genau ein solcher Sonderstatus zugestanden worden. Zwar hatten die Welfen in ihrem Gastland keine vollumfängliche Exterritorialität im Sinne des Völkerrechts genossen. Doch war ihnen gleichsam eine »kleine« Exterritorialität eingeräumt worden, die einen außerordentlichen Gerichtsstand und die Befreiung von Steuern und Abgaben bedeutet hatte.[156] Diese exklusive Stellung hatten in der Habsburgermonarchie etliche adelige Familien innegehabt. Entsprechend, so wurde argumentiert, ziele das Gesetz auf eine kleine Zahl »von sogenannten Fürstlichkeiten«, die bislang »durch reine Willkürakte« sowie die »Solidarität Habsburgs« eine steuerliche und gerichtliche Sonderstellung in Österreich genossen hätten.[157] Es gelte, das »ungeheure Privilegium« der »Familien Liechtenstein, Bourbon, Braganza, Cumberland, Sachsen-Weimar usw.« zu beseitigen, um Rechtsgleichheit herzustellen und der Republik »Millionen von Steuergeldern« einzubringen.[158]

Die Welfen reagierten prompt. Vom Tag der Gesetzesverkündung an mühten sie sich zusammen mit der Obersten Verwaltung, ihren privilegierten Rechtsstatus zu wahren. Routiniert griffen sie dazu auf ihr europaweites dynastisches Netzwerk zurück, unter anderem wurde Thyras jüngerer Bruder Waldemar als Vermittler eingesetzt.[159] Doch in diesem Fall sollte sich das soziale Kapital nicht auszahlen. Binnen weniger Tage musste konstatiert werden, dass sich »bei der englischen Regierung oder durch andere staatliche Hilfe« eine Aufrechthaltung der exterritorialen Sonderstellung in Deutschösterreich nicht erreichen lasse.[160]

Derweil spitzte sich die innenpolitische Lage in der jungen Republik dramatisch zu. Nachdem es in Ungarn im März 1919 zur Gründung einer Räterepublik gekommen war, man dort Grund und Boden vergemeinschaftet, Geldinstitute verstaatlicht und Bankeinlagen beschlagnahmt hatte, drohte im Laufe der nächsten Wochen auch in Österreich

154 Die Welfen pflegten einen engen Kontakt mit den Habsburgern, Mitglieder der (vormals) kaiserlichen Familie waren regelmäßig zu Besuch in Gmunden. Vgl. Schießer, Schloss Cumberland, S. 82-89.

155 Ausführlich zum Folgenden: Riotte, Exil, S. 143-154; NLA HA, Dep. 103 XIX, Nr. 291, Wiard von Klopp über die Aufhebung der Exterritorialität, 30. 5. 1919.

156 Vgl. zuletzt Riotte, Torsten, Between Politics and Dynastic Survival. 19th-Century Monarchy in Post-Revolutionary Europe (1815-1918), in: Christina Jordan u. Imke Polland (Hrsg.), Realms of Royalty. New Directions in Researching, Bielefeld 2020, S. 89-104, hier: S. 98 ff.

157 Protokoll der 8. Sitzung der Konstituierenden Nationalversammlung vom 3. April 1919, in: Stenographische Protokolle über die Sitzungen der Konstituierenden Nationalversammlung der Republik Österreich. Band 1, Wien 1919, S. 176 ff.

158 Ebd., S. 177.

159 Vgl. NLA HA, Dep. 103 III, Nr. 140, Georg Freiherr von der Wense an Baron Flemming de Lerche, dänischer Ministerresident in Wien, 12. 4. 1919.

160 NLA HA, Dep. 103 III, Nr. 140, Georg Freiherr von der Wense an Baron Flemming de Lerche, dänischer Ministerresident in Wien, 12. 4. 1919.

ein Umsturz.[161] Ihres exterritorialen Status entledigt, die Situation im Nachbarland vor Augen, begannen die Welfen, Optionen eines temporären oder dauerhaften Ortswechsels zu prüfen. In einem langen Schreiben an Baron Flemming de Lerche, einen diplomatischen Vertreter Dänemarks in Wien, beschrieb Georg Freiherr von der Wense im April 1919 die Pläne: »Unter den obwaltenden Umständen« hätte man sich gegen eine Reise durch Deutschland nach Dänemark, die Heimat Thyras, entschieden.[162] Ziel sei stattdessen die Schweiz. »Eine solche Übersiedlung ist jedoch erst durchführbar, sobald sichergestellt ist, daß die Schweiz diese Übersiedlung mit Gefolge und Dienerschaft genehmigt und daß die deutschösterreichische Regierung freien Abzug mit den Vermögenswerten gestattet.« Dafür wurde der Diplomat um Vermittlung gebeten, insbesondere, »da im Hinblick auf die Verhältnisse in Ungarn eine Sicherung dieser Vermögenswerte dringend geboten erscheint«.

Was hier ausgearbeitet wurde, waren keine konkreten Fluchtpläne. Vielmehr fand ein Abwägungsprozess statt, in welchem Land die Familie, ihre Angestellten und ihr Vermögen künftig am sichersten aufgehoben wären. Für einen Weggang aus Österreich sprachen die neue steuerliche Belastung, die ungewissen politischen Verhältnisse, die instabile Währung. In dieser Hinsicht hatte die Schweiz eindeutige Vorzüge.[163] Doch ein Wechsel des Wohnsitzes war teuer und mit erheblichen Vermögensverlusten verbunden, viel immobiler Besitz musste zurückgelassen oder unter Druck verkauft werden. In dieser Abwägung kam man im Familienkreis zu keinem gemeinsamen Entschluss.[164] Zu verschieden waren die Besitzverhältnisse zwischen Ernst August (II.) und Thyra auf der einen Seite sowie Ernst August (III.) und Viktoria Luise auf der anderen Seite. So stand zwischendurch auch eine erneute räumliche Trennung der Familie im Raum.

Letztlich kann nur spekuliert werden, unter welchen Voraussetzungen die Welfen tatsächlich bereit gewesen wären, Gmunden zu verlassen. Denn in den nächsten Monaten klang die Gefahr eines revolutionären Umsturzes allmählich ab.[165] Der drängendste Grund für einen Ortswechsel war nicht länger gegeben, es eröffneten sich Spielräume, mit der österreichischen Regierung über den Aufenthaltsstatus der Familie zu verhandeln. Dass diese Verhandlungen alsbald mit der Staatsspitze geführt wurden, zeigt, über was für eine ökonomische und soziale Macht die Familie nach wie vor verfügte. Im September 1919 berichtete Staatskanzler Karl Renner gegenüber dem Staatsamt für Finanzen, dass auf diplomatische »Empfehlung« hin Vertreter des Herzogs von Cum-

161 Vgl. Rauchensteiner, Machtvakuum, S. 137-141.

162 Dieses und die folgenden Zitate aus NLA HA, Dep. 103 III, Nr. 140, Georg Freiherr von der Wense an Baron Flemming de Lerche, 12.4.1919. Laut von der Wense war ein solcher Vorschlag vom dänischen König Christian X., einem Neffen Thyras, gemacht worden.

163 Vgl. Tanner, Jakob, Der diskrete Charme des Gnomen. Entwicklung und Perspektiven des Finanzplatzes Schweiz, in: Christoph Maria Merki (Hrsg.), Europas Finanzzentren. Geschichte und Bedeutung im 20. Jahrhundert, Frankfurt a. M. 2005, S. 127-148.

164 Vgl. GLAK, FA N 5823, Ernst August (III.) an Max Prinz von Baden, 21.5.1919. In diesem Brief sprach der ehemalige Herzog von Braunschweig von »riesigen Ausgaben«, die entstehen würden, wenn er sich mit Viktoria Luise und den Kindern bis zur erhofften, baldigen Übersiedlung nach Deutschland außerhalb von Österreich aufhalten würde.

165 Vgl. Rauchensteiner, Machtvakuum, S. 141.

berland bei ihm gewesen seien.[166] Es drohe Gefahr, »dass die Familie von der dänischen Königsfamilie nach Kopenhagen gezogen wird und die Vermögen Oesterreich entzogen werden«. Deshalb drängte Renner, in »wohlwollende Unterhandlungen über die künftige vermögensrechtliche Stellung des ganzen Hauses« einzutreten – unter der Voraussetzung, »dass das Haus in Oesterreich bleibt«.

Einige Wochen vergingen, bis diese »wohlwollende[n] Unterhandlungen« aufgenommen wurden.[167] Im November des Jahres bekamen Paul Knoke und Werner Freiherr von Schele Gelegenheit, die welfischen Forderungen eingehend darzulegen.[168] Ihr Tenor war unmissverständlich: Den Verbleib im Land wollten sich die Welfen teuer bezahlen lassen, andernfalls würden sie abwandern. Konkret erklärten die Vertreter, dass zumindest zwei Voraussetzungen erfüllt werden müssten. Zum einen verlangten sie »freie[n] und unbeschwerte[n] Abzug mit dem Vermögen« – mithin ein dauerhaftes Druckmittel gegenüber dem Staat. Zum anderen wurde für die Mitglieder des Welfenhauses eine Rechtsstellung eingefordert, »die das Vermögen des Hauses und seiner Königlichen Hoheit des Herzogs und die auf ihm ruhenden Aufgaben vor schwerer Erschütterung bewahrt […] und den Mitgliedern des Hauses Belästigungen erspart, die den Aufenthalt hierzulande wenig erfreulich machen würden«. Gefordert wurden unter anderem eine Sonderbehandlung bei Einkommens-, Erbschafts-, Schenkungs-, Aufwand- und Luxussteuern, der Schutz des Eigentums vor Enteignungen sowie eine uneingeschränkte Aufenthaltserlaubnis für die braunschweigischen Angestellten Ernst Augusts (III.).

Es war eine Machtprobe, in der die österreichische Regierung wenig entgegenzusetzen hatte.[169] Ihr Interesse, die vermögende, steuerkräftige Familie im Land zu halten, war groß. Doch ließ sich nicht übersehen, dass die Forderungen im Kern darauf zielten, die gesetzlich aberkannte Exterritorialität auf administrativem Weg wiederzuerlangen. Durch ein zu weites Entgegenkommen drohte der gerade proklamierte Gleichheitssatz ad absurdum geführt zu werden. Was die Regierung in dieser Abwägung anbot, war eine großzügige Auslegung der bestehenden Vorschriften. Über ein Jahr wurde um die Details gerungen, dann versicherte der Finanzminister »der herzoglichen Familie das äußerste durch die Gesetze zugelassene Maß von Entgegenkommen zu bewähren«.[170] Insbesondere bei der Vermögensabgabe, der Einkommenssteuer und der Anmeldung

166 AT-OeStA/AdR, BMF 1Rep, Zl. 86.543/19, Karl Renner an das Staatsamt für Finanzen, 17.9.1919. Hier auch die folgenden Zitate.

167 Vgl. AT-OeStA/AdR, BMF 1Rep, Zl. 86.543/19, Karl Renner an das Staatsamt für Finanzen, 14.11.1919. Renner beklagte in diesem Schreiben, dass Joseph Schumpter, bis Oktober 1919 Staatssekretär der Finanzen, die Verhandlungen nicht in die Wege geleitet habe. Erneut drängte er auf einen »Generalausgleich« mit dem »Fürstenhaus«, das sich »sehr wohltätig und niemals lästig gezeigt hat«. Überdies hätten der deutsche Botschafter und die schwedische Gesandtschaft zwischenzeitlich wieder »in der Sache« interveniert.

168 Vgl. AT-OeStA/AdR, BMF 1Rep, Zl. 86.543/19, Paul Knoke und Werner Freiherr von Schele an das Staatsamt für Finanzen, 17.11.1919. Ebd. auch die folgenden Zitate.

169 Vgl. für das Folgende die Beratungen zwischen den einzelnen Bundesministerien in AT-OeStA/AdR, BMF 1Rep, Zl. 86.543/19.

170 NLA HA, Dep. 103 III, Nr. 140, Ferdinand Grimm, Bundesminister für Finanzen, an Paul Knoke, 29.4.1921.

von Luxusbesitz wurden Zugeständnisse gemacht, außerdem sollte bei der Ausfuhr ausländischer Wertpapiere »kein Hindernis in den Weg gelegt werden«.[171]

Mit diesen Garantien gaben sich die Welfen schließlich zufrieden, wohl auch deshalb, um endlich Gewissheit über ihre rechtliche Stellung und die ihrer Angestellten in Österreich zu haben. Immer wieder hatten sie zuvor auf eine »Beschleunigung der Angelegenheit« gedrängt.[172] Insofern war es der österreichischen Regierung durchaus gelungen, ihrerseits Druck auf die Familie auszuüben. Dennoch: Unter Einsatz viel ökonomischen und sozialen Kapitals hatten die Welfen handfeste vermögensrechtliche Vorteile erreichen können, die einen weiteren Aufenthalt in Gmunden finanziell attraktiv machten.[173] Bis auf Weiteres sollten Schloss Cumberland und die Weinberg-Villa die familialen Hauptwohnsitze bleiben.

Das ausgehandelte »Arrangement« konnte freilich nicht darüber hinwegtäuschen, dass die Welfen ihren exterritorialen Status in Österreich unwiederbringlich verloren hatten. Alle Versuche, diese vorteilhafte Sonderstellung auf direktem oder indirektem Wege zu bewahren, waren gescheitert. Wie in Deutschland hatte die Familie fortan auch in ihrem Exilland Steuern und Abgaben zu zahlen.

Die »tiefe Wunde« der »Vermögensgebarung«

Als depossedierte, exilierte Herrscherfamilie, der nach und nach ihre Privilegien entzogen wurden, mussten die Welfen in Gmunden unzählige große und kleine Vermögensfragen (neu) beantworten: Wie ließ sich das private und familiale Vermögen vor staatlichen Zugriffen schützen? Wo war der Besitz sicher aufgehoben? Wie konnte er zusammengehalten werden? Welche Vermögensformen waren krisenfest? Immer wieder tauschte man sich über solche Fragen mit Verwandten aus, die zeitgleich ebenfalls nach Antworten suchten. Ein schönes, wenn auch etwas schiefes Bild zeichnete dabei der ehemalige Großherzog von Mecklenburg-Schwerin, Friedrich Franz: »Ich befinde mich mit meinen Beamten und Dienerschaft immer noch in den schwierigsten Lagen und Fragen«, schrieb er im Frühjahr 1920 an Ernst August (III.), »es ist ein wahrer Rattenkönig von Fragen, der sich dauernd neu auftürmt, ohne sich zu entwirren!«[174]

Tatsächlich fällt es schwer, in diesen »Rattenkönig von Fragen« eine Ordnung zu bringen. Ernst August (III.) hat es Jahre später, anlässlich von Paul Knokes 70. Geburtstag am 27. August 1944, einmal versucht: In seinem Glückwunschschreiben würdigte er Knokes Verdienste während der »so schwierigen Nachkriegsjahre in Gmunden«.[175] Speziell erinnerte er an die »wirtschaftlichen Notzeiten« mit »der sich steigernden Geldentwertung«, an die »Auseinandersetzung mit dem Braunschweigischen Staat«

171 Ebd. Vgl. auch Jaitner, Reliquienschatz, S. 405.

172 NLA HA, Dep. 103 III, Nr. 140, Sitzung der Ressortchefs (Beilage III), 12.4.1921.

173 Das österreichische Bundesministerium für Äußeres sprach von einer »Gewährung gewisser steuer- und vermögensrechtlicher Begünstigungen«. NLA HA, Dep. 103 III, Nr. 140, Österreichische Bundesministerium für Äußeres an die dänische Gesandtschaft in Wien, 9.5.1921.

174 NLA HA, Dep. 103 XL, Acc. 2018/111, Nr. 966, Friedrich Franz an Ernst August (III.), 4.3.1920.

175 NLA HA, Dep. 103 XL, Acc. 2018/111, Nr. 1996, Ernst August (III.) an Paul Knoke, 26.8.1944.

und an die Bemühungen »um die Aufwertung und Auszahlung des Welfenfonds«.[176] Es sind diese drei Herausforderungen der Vermögensverwaltung – die Inflationszeit, der Konflikt um das »Kammergut« und der Welfenfondsprozess –, die im Mittelpunkt der folgenden Untersuchung stehen. Weitere Problemlagen geraten dadurch aber nicht aus dem Blickfeld. Beispielsweise ist der erbitterte Kampf *um* den Welfenfonds nicht zuletzt als Kampf *gegen* die schwerwiegenden Auswirkungen der Großen Depression zu verstehen.

Im Laufe des ersten Jahres, das die Welfen gemeinsam in Österreich verbrachten, zeichnete sich drohend eine finanzielle Katastrophe ab. Parallel zur Suche nach einem sicheren Wohnsitz gerieten die Vermögensverhältnisse der Familie und ihrer Mitglieder in ein zunehmendes Ungleichgewicht. Eine Vermögensaufstellung, im November 1919 für die Verhandlungen mit der österreichischen Regierung angefertigt, führt das tiefgreifende Problem vor Augen.[177] Erstellt wurde die Übersicht von den Vermögensverwaltern Andrae und von Klopp. Die beiden listeten Wertpapiervermögen auf, das fideikommissarisch gebundene der Familie und das private der einzelnen Mitglieder.[178] Demnach verfügte Ernst August (II.) als Familienoberhaupt über mobiles Vermögen im Nennwert von 77 Millionen Mark und 42 Millionen Kronen. Allein der unter preußischer Verwaltung stehende Welfenfonds machte davon 40 Millionen Mark aus. Zur Einordnung: Thyra kam nach der Übersicht auf ein Wertpapiervermögen von rund 500.000 Mark und 450.000 Kronen. Was indessen alle Familienmitglieder einte, war, dass ihr Kapital zu großen Teilen in festverzinslichen Wertpapieren, insbesondere deutschen und österreichischen Kriegsanleihen, steckte. Allem voran war der Welfenfonds fix mit 3,5 Prozent verzinst.

Die Konsequenzen dieser Vermögensanlage wurden alsbald deutlich. Denn sowohl die deutsche Mark als auch die österreichische Krone verloren im Laufe des Jahres 1919 massiv an Wert.[179] Die Ursachen waren in beiden Ländern ähnlich: Die Geldmenge, die schon zur Kriegsfinanzierung erheblich ausgedehnt worden war, wurde seit dem Friedensschluss weiter aufgebläht, um die Demobilmachung zu stemmen und die Produktion anzukurbeln. Noch aber sank das Warenangebot, da die Alliierten ihre Handelsblockade aufrechthielten. Währenddessen setzten die Gewerkschaften umfassende Lohnerhöhungen durch, erstarkt und selbstbewusst durch die Revolution. So schraubte sich – hier wie dort – eine Lohn-Preis-Spirale in die Höhe. Die Inflation brach offen aus.

Spätestens zum Jahresende 1919 reichten die Kapitalerträge nicht mehr aus, um die stetig steigenden Ausgaben zu decken. Im Jahresabschluss der »Haupt-Kasse« Ernst

176 Ebd.

177 Vgl. AT-OeStA/AdR, BMF 1Rep, Zl. 86.543/19, Vermögens-Aufstellung, 21./22.11.1919.

178 Daneben führte die Vermögens-Aufstellung in groben Zügen den Grundbesitz Ernst Augusts (II.) sowie »hausgesetzlich und vertragsmäßig übernommene Zahlungen« auf. Vgl. ebd.

179 Vgl. zur Situation im Deutschen Reich Knortz, Wirtschaftsgeschichte der Weimarer Republik, S. 43 f.; sowie zu Österreich Butschek, Felix, Österreichische Wirtschaftsgeschichte. Von der Antike bis zur Gegenwart, 2. Aufl., Wien, Köln u. Weimar 2012, S. 197-204; Melichar, Peter, Alter, neuer und verlorener Reichtum. Eine Skizze zu den großen Vermögen im Österreich der Zwischenkriegszeit, in: Bruckmüller, Ernst (Hrsg.), Armut und Reichtum in der Geschichte Österreichs, Wien u. a. 2010, S. 166-192.

Augusts (II.) trat das Missverhältnis offen zu Tage.[180] In dieser Kasse liefen sämtliche Einkünfte des Welfenoberhaupts aus den Familienfideikommissen und seinem Privatvermögen zusammen, von hier aus wurden all seine persönlichen und die hausgesetzlich vorgeschriebenen Ausgaben beglichen. Am 31. Dezember 1919 wies die Kasse ein Defizit von rund 460.000 Kronen und 640.000 Mark aus. Neben den Auszahlungen an die Mitglieder des »Allerhöchsten Königshauses« waren es insbesondere die Ausgaben des »Hofstaats und der Hofhaltung«, die mit hohen Beträgen zu Buche schlugen.[181]

Wenig später folgte die bereits beschriebene Reaktion: Das Personal der Vermögensverwaltung wurde ausgetauscht. Exakt lässt sich nicht mehr rekonstruieren, wann die Schieflage der Vermögensverhältnisse erkannt wurde und wann der Entschluss zu einer personellen Neuaufstellung fiel. Einerseits steht fest, dass Gespräche mit Hanns Kniep ab Mitte Januar 1920 geführt wurden. Andererseits heißt es in einer späteren, pathetisch-verqueren Darstellung, dass es Werner Freiherr von Schele gewesen sei, der im Februar des Jahres »den Finger auf die tiefe Wunde in der Vermögensgebarung [...] legte und damit den Anstoss und die Möglichkeit zu einem Herumreissen des Steuerrades des schon lecken Schiffleins [...] gegeben hat«.[182] Jedenfalls wurden Andrae und von Klopp im Frühjahr 1920 von ihren Aufgaben entbunden und Kniep mit der Leitung der Vermögensverwaltung betraut.

Der neue Vermögensverwalter machte sich umgehend daran, das »Leck« des »Schiffleins« ausfindig zu machen. Zwei Monate nach seiner Einstellung konnte er Ernst August (II.) eine Schadensanalyse vorlegen.[183] Seine Kernaussage lautete, »dass nur die allerstrengste Sparsamkeit« hoffen lasse, »eine tiefgreifende Zerrüttung des Kapitalvermögens« aufzuhalten und das Gleichgewicht zwischen Einnahmen und Ausgaben wiederzufinden.[184] Die drastischen Einsparungen seien nicht bloß notwendig, führte Kniep vorausschauend aus, »weil derzeit durch die so ausserordentlich gestiegenen Lasten und Verteuerungen sowie die geringen Zinseingänge dieses Gleichgewicht in so empfindlicher Weise gestört ist, sondern weil in Zukunft nach Wirksamwerden der Steuerpflicht [...] perennierend sehr hohe neue Belastungen eintreten werden«.[185]

Einige Wochen später untermalte er seine Mahnungen mit einer düsteren Prophezeiung.[186] Mit Blick auf das laufende Rechnungsjahr mahnte er, dass für die Hausgüter und das Privatvermögen des Welfenoberhaupts ein Defizit von insgesamt 2,5 Millionen Mark zu erwarten sei. Um aber die Hausvermögen nicht zu schmälern, müsse dieser Fehlbetrag aus dem privaten Vermögen Ernst Augusts (II.) gedeckt werden. Dieses taxierte Kniep auf etwa 11,6 Millionen Mark. Somit drohe die »katastrofale Konsequenz«, folgerte er, »dass,

180 Vgl. NLA HA, Dep. 103 XIX, Nr. 82, Einnahmen und Ausgaben der »Haupt-Kasse« Ernst Augusts (II.), 1919.
181 Vgl. ebd. »Uebersicht der Ausgaben des Hofstaats und der Hofhaltung«, 1919.
182 Vgl. NLA HA, Dep. 103 XL, Acc. 2018/111, Nr. 2358, Sitzungsprotokoll (Beilage), 22.8.1922.
183 Vgl. NLA HA, Dep. 103 XX, Nr. 445, Sitzungsprotokoll, 1./2./4./5.6.1920. Ebd. auch die folgenden Zitate.
184 Ebd.
185 Ebd.
186 Vgl. NLA HA, Dep. 103 XX, Nr. 445, Niederschrift Hanns Knieps, 8.7.1920.

wenn nicht die einschneidensten Ersparnismassregeln ungesäumt zur Durchführung gelangen, das gesamte Allodvermögen in ungefähr vier Jahren aufgezehrt sein wird«.[187]

Der Finanzberater machte keinen Hehl daraus, wem er die katastrophalen Vermögensverhältnisse anlastete. Wiederholt echauffierte er sich über seine Vorgänger, die »während und nach dem Kriege unausgesetzt optimistischen Anschauungen gehuldigt« hätten.[188] Durch mangelnde Voraussicht und »unverständliche Selbstgefälligkeit« seien immense Schäden angerichtet worden.[189] Namentlich Adolf Andrae macht er schwere Vorwürfe.[190] Dass diese Einschätzung prinzipiell geteilt wurde, belegt Andraes fristlose Entlassung. Trotzdem war Knieps rückblickende Kritik überzogen. Sie verkannte die nie dagewesene Entwicklung der Geldentwertung. Lange Zeit hatten weder die Welfen selbst noch irgendeiner ihrer Verwaltungsangestellten das wahre Ausmaß der Inflation erkannt und die Folgen für die Kriegsanleihen, die einst im Vertrauen auf einen Sieg der Mittelmächte gezeichnet worden waren, vorhergesehen. Diese Fehleinschätzung teilten sie mit weiten Teilen der deutschen Gesellschaft.[191]

Eine der ersten Maßnahmen, auf die Kniep in Gmunden drängte, waren regelmäßige Zusammenkünfte der »Ressortchefs«. Im Mai 1920 forderte er, dass bis auf Weiteres »alle irgendwie wichtigeren und vor allen Dingen über grössere Summen lautenden Ausgaben [...] in vierzehntägigen, bei der obersten Verwaltung abzuhaltenden Konferenzen gründlichst besprochen werden«.[192] In der Tat kam man in den nächsten Jahren alle paar Wochen zu solchen, teils mehrtägigen Sitzungen auf Schloss Cumberland zusammen.[193] Unter dem Vorsitz Ernst Augusts (II.), der sich gelegentlich durch Ernst August (III.) vertreten ließ, berieten hier in wechselnder Zusammensetzung die Angehörigen der Obersten Verwaltung mit dem »Hausmarschall«, dem »Hofbaurat«, dem »Stallmeister«, dem »Forstrat« oder auch dem »Hof- und Schlossprediger«. In seltenen Fällen stießen außerdem Thyra und Viktoria Luise dazu.

Von Beginn an zeigte sich in den Sitzungen, dass es viele Ansatzpunkte gab, um die drückende Ausgabenlast zu senken. Wieder und wieder mahnte Kniep, verzichtbare Umbau- und Renovierungsarbeiten aufzuschieben, etwa die »Wiederherstellung der Stilreinheit der Beleuchtungskörper« in der Schlosskapelle.[194] Insbesondere aber ging es darum, die Personalausgaben zu senken. Der riesige, weit über 100 Personen zählende »Hofstaat« des Familienoberhaupts, mit »Kammerlakaien« und »Hofdamen«, einem »Hofmundschenk« und einem »Kammerpianisten«, war nicht länger zu finanzieren.[195]

187 Ebd.
188 NLA HA, Dep. 103 XL, Acc. 2018/111, Nr. 2358, Sitzungsprotokoll (Beilage I), 21.2.1923.
189 NLA HA, Dep. 103 XL, Acc. 2018/111, Nr. 2358, Sitzungsprotokoll (Beilage), 22.8.1922.
190 NLA HA, Dep. 103 XXXIX, Acc. 2018/53, Nr. 526, Hanns Kniep an Paul Knoke, 5.3.1924.
191 Vgl. Taylor, Frederick, Inflation. Der Untergang des Geldes in der Weimarer Republik und die Geburt eines deutschen Traumas, München 2013, S. 211-231.
192 Vgl. NLA HA, Dep. 103 XX, Nr. 445, Sitzungsprotokoll, 21.5.1920.
193 Die Ergebnisse wurden in seitenlangen Protokollen mit zahlreichen Beilagen festgehalten. Vgl. NLA HA, Dep. 103 XX, Nr. 445-448, 1920-1922.
194 NLA HA, Dep. 103 XX, Nr. 445, Sitzungsprotokoll, 1./2./4./5.6.1920.
195 Vgl. zum »Hofstaat« Schießer, Schloss Cumberland, S. 90-97. Im Einzelnen siehe NLA HA, Dep. 103 XXI, Nr. 374, Schematismus der Bediensteten, 1910-1931.

Anfang 1921 wartete der Vermögensverwalter mit konkreten Zahlen auf: Die Summe aller Gehälter, Pensionen und Unterstützungszahlungen beliefe sich auf »nicht weniger als 110% der gesamten regulären Einnahmen«.[196] Als neue »Richtlinie« wurde deshalb »möglichste Menschenökonomie« ausgegeben.[197] Tagelöhner sollten entlassen, ein Teil der »Beamtenschaft« in den Ruhestand versetzt, das restliche Personal umgeschult werden. Es sei notwendig, erklärte Kniep, »die Hofdienerschaft, die gemäss althergebrachtem Brauche, oberflächlich gesprochen, keinerlei Arbeit, sondern nur Figurantendienste leistet, zur Leistung wirklicher regelmäßiger Arbeit […] heranzuziehen«.[198] Diese Maßnahmen wurden, in weniger direkten Worten, auch von Knoke und Freiherr von Schele gefordert.[199] Ernst August (II.) stimmte dem Personalabbau schließlich zu – nicht ohne »wiederholt Zeichen tiefster Rührung und lebhaften Schmerzes« von sich zu geben, wie im Sitzungsprotokoll vermerkt wurde.[200]

Ein weiteres Vorhaben, das Hanns Kniep gleich nach seiner Einstellung forcierte, war, die fest verzinsten Kriegs- und Staatsanleihen »sukzessive bestmöglich zu veräußern«.[201] »Bestmöglich« konnte freilich kaum mehr bedeuten, als dass der entstandene Schaden begrenzt wurde. Ein anderer Weg, die Anleihen zu verwerten, erwies sich als sinnvoller. Im Sommer 1920 wurde in der Vereinigung Deutscher Hofkammern darauf aufmerksam gemacht, dass Kriegsanleihen zur Zahlung des sogenannten Reichsnotopfers verwendet werden durften.[202] Hierbei handelte es sich um eine scharf progressive Vermögenssteuer, im Rahmen der Erzbergerschen Finanz- und Steuerreform geschaffen, mit der die hohen Staatsschulden abgebaut werden sollten.[203] Zu dieser außerordentlichen Vermögensabgabe wurden auch die Welfen herangezogen – ungeachtet ihres Exilaufenthalts. Denn vor allem Ernst August (II.) besaß nach wie vor substantielle Vermögenswerte im Deutschen Reich, wie beispielsweise Schloss Marienburg. Die Vermögensverwaltung nutzte die Gelegenheit, »kursmässige[] Vorteile« zu erzielen, und beglich die anfallende Steuerschuld, so gut es ging, mit Kriegsanleihen.[204] Auch danach wurde Anleihebesitz bewusst zurückgehalten, um ihn weiterhin für »irgendwelche Steuerzwecke« verwenden zu können.[205]

Allein dadurch, dass Anleihen abgestoßen wurden, die massiv an Wert verloren hatten, waren die Vermögensverhältnisse freilich nicht ins Gleichgewicht zu bringen.

196 NLA HA, Dep. 103 XX, Nr. 446, Sitzungsprotokoll, 12.2.1921.
197 NLA HA, Dep. 103 XX, Nr. 445, Niederschrift Hanns Knieps, 8.7.1920.
198 NLA HA, Dep. 103 XX, Nr. 446, Sitzungsprotokoll, 12.2.1921.
199 Ebd. (Beilage II).
200 Ebd. Vgl. für die zahlreichen Pensionierungen in den Jahren 1920-1923 die Listen der Ruhegehaltsempfänger und -empfängerinnen in NLA HA, Dep. 103 XL, Acc. 2018/111, Nr. 1914.
201 NLA HA, Dep. 103 XIX, Nr. 2, Bericht der Vermögensverwaltung, 10.4.1920.
202 Vgl. NLA BU, K2 D Acc. 38/93, Nr. 696b, Konferenzprotokoll Vereinigung Deutscher Hofkammern, 27.7.1920.
203 Vgl. Buggeln, Marc, Das Versprechen der Gleichheit. Steuern und soziale Ungleichheit in Deutschland von 1871 bis heute, Berlin 2022, S. 296f.; Ullmann, Hans-Peter, Der deutsche Steuerstaat. Geschichte der öffentlichen Finanzen, München 2005, S. 103.
204 NLA HA, Dep. 103 XX, Nr. 147, Bericht der Vermögensverwaltung, 20.4.1921.
205 NLA HA, Dep. 103 XX, Nr. 147, Hanns Kniep an Paul Knoke, 24.3.1922.

»Mit aller Dringlichkeit und allem Ernste« mahnte Kniep im Oktober 1920 zur »Umwandlung von toten Werten in flüssiges hochwertiges Geld«.[206] Schon in den Monaten zuvor waren Immobilien, Möbel und Fahrzeuge, für die es keine Verwendung mehr gab, verkauft worden.[207] Nach der neuerlichen Mahnung des Vermögensverwalters entschloss man sich zu einem weitreichenderen Schritt. Ende Oktober kamen Ernst August (II.), Ernst August (III.), Thyra und Viktoria Luise zusammen, um die »Königlichen Kron- und Fideikommiß-Juwelen« einer Revision zu unterziehen und Colliers, Armbänder, Ohrringe und Broschen für einen Verkauf auszusuchen.[208] Gemäß der »hausgesetzlichen Bestimmungen« brauchte es für einen solchen Verkauf die Zustimmung des Familienoberhaupts und der Agnaten. Diese wurde schließlich erteilt, um »die Geldfideikommisse des Hauses trotz der jetzigen Gesetzgebung und der drohenden steuerlichen Belastung in ihrem Bestande zu wahren«.[209] Rund 215.000 niederländische Gulden, umgerechnet 33,25 Millionen Kronen, konnten mit dem Familienschmuck erzielt werden.[210] Wenige Monate darauf wurden weitere Juwelen ausgewählt, in die Niederlande überführt und dort Stück für Stück veräußert. Diese Transaktionen hielt man »mit Rücksicht auf eine ganze Reihe von Gründen« geheim; noch war schließlich nicht entschieden, ob die Welfen ihren »Luxusbesitz« den Steuerbehörden anzumelden hatten.[211]

Die »Schaffung und Fruktifizierung von Auslandsvaluten« war *das* erklärte Ziel, das die Vermögensverwaltung im Hinblick auf die »allgemeine finanzwirtschaftliche Situation Mittteleuropas« verfolgte.[212] Die Niederlande mit dem Finanzplatz Amsterdam waren hierfür von herausragender Bedeutung.[213] Das Land, das im Weltkrieg neutral geblieben war, zog seit Kriegsende mit seiner vergleichsweise stabilen, an die Goldparität gebundenen Währung Banken, Unternehmen und private Anleger aus ganz Europa an, die bemüht waren, ihre Vermögen vor der Inflation in Sicherheit zu bringen. Zu dieser Kapitalflucht motivierte nicht zuletzt das Bankgeheimnis der Niederlande.[214] Mit der Deutschen Bank war ein wichtiges Finanzinstitut der Welfen seit März 1920

206 NLA HA, Dep. 103 XX, Nr. 445, Sitzungsprotokoll (Beilage), 23./24./25. 10. 1920.

207 Vgl. die Beschlüsse in NLA HA, Dep. 103 XX, Nr. 445, Sitzungsprotokoll, 21. 5. 1920.

208 Vgl. NLA HA, Dep. 103 XX, Nr. 270, Protokoll, 31. 10. 1920.

209 NLA HA, Dep. 103 XX, Nr. 270, Erklärung Ernst Augusts (II.) und Ernst Augusts (III.), 27. 12. 1920. Die Zustimmung wurde offensichtlich nachträglich erteilt.

210 NLA HA, Dep. 103 XX, Nr. 270, Bericht der Vermögensverwaltung, 24. 11. 1920.

211 NLA HA, Dep. 103 XX, Nr. 270, Sitzungsprotokoll (Beilage II), 16. 2. 1921. Zum gezielten Einsatz von Juwelen als räumlich mobiles Vermögen siehe das Kapitel »Von den ›toten‹ und den ›lebenden‹ Schätzen«.

212 NLA HA, Dep. 103 XX, Nr. 445, Sitzungsprotokoll (Beilage), 23./24./25. 10. 1920.

213 Vgl. allgemein Barendregt, Jaap, Zwischen London und Deutschland. Das Finanzzentrum Amsterdam im 20. Jahrhundert, in: Christoph Maria Merki (Hrsg.), Europas Finanzzentren. Geschichte und Bedeutung im 20. Jahrhundert, Frankfurt a. M. 2005, S. 97-123; sowie speziell mit Blick auf die Inflation Houwink ten Cate, Johannes, Amsterdam als Finanzplatz Deutschlands (1919-1932), in: Gerald D. Feldman u. a. (Hrsg.), Konsequenzen der Inflation, Berlin 1989, S. 149-179.

214 Vgl. Barendregt, Finanzzentrum Amsterdam, S. 103.

mit einer eigenen Niederlassung in Amsterdam vertreten.[215] Hinzu kamen persönliche Kontakte, die der Vermögensverwaltung den Zugang zum niederländischen Aktien- und Finanzmarkt erleichterten.[216]

Im Laufe des Jahres 1921 wurde konsequent dazu übergegangen, die Erlöse aus Schmuck- und Anleiheverkäufen sowie Gewinne aus spekulativen Aktiengeschäften in den Niederlanden anzulegen. Dezidiert wurden »industrielle und finanzielle Anlagen« mit »höchstmögliche[r] Verzinsung« gesucht – auch »unter Uebernahme gewisser grösserer Risiken«.[217] Viel ist über diese Auslandsinvestitionen nicht bekannt, wohl auch deshalb, weil sie möglichst unentdeckt bleiben sollten. In besonderer Weise galt dies für die N.V. Handelmaatschappij »Pollux« in Amsterdam, eine Aktiengesellschaft niederländischen Rechts. Einer Darstellung Knokes zufolge, sei diese 1921 »von dritter Seite« gegründet worden, ein Jahr später habe man mit Mitteln des Gesamthauses Braunschweig-Lüneburg und der beiden Spezialhäuser sämtliche Anteile übernommen.[218] Die Gesellschaft habe »Geschäfte aller Art« getätigt: »Sie hat – zeitweilig in sehr ausgedehntem Maße – nicht nur das Wertpapiergeschäft gepflegt, sondern auch das Kreditgeschäft und hat daneben Währungs- und Warenspekulationen unternommen.«[219] Die Geschäfte hatten offenbar Erfolg. Regelmäßig schüttete die »Pollux« Dividenden von bis zu 40 Prozent aus.[220] Bald verwaltete die Gesellschaft nicht mehr nur die Vermögen der welfischen Häuser, sondern auch private Guthaben der Familienmitglieder. Über Kniep, als ihren »oberste[n] Leiter«, wurde dabei die Kontrolle gewahrt.[221] Letztlich folgte die »Handelmaatschappij« dem Beispiel vieler Handels- und Finanzgesellschaften, die deutsche Unternehmen um 1920 in Amsterdam errichteten, um an Devisen zu gelangen, ihre Vermögen inflationssicher anzulegen und sie vor staatlichen Zugriffen zu schützen.[222]

Innerhalb weniger Jahre wurde so ein grundlegender Wandel der Vermögensverwaltung vollzogen. Neu war daran weniger die Internationalisierung des Kapitals. Schon im ausgehenden 18. Jahrhundert hatten die Welfen Geld im Ausland angelegt, um im

215 Vgl. Houwink ten Cate, Amsterdam als Finanzplatz, S. 152.

216 NLA HA, Dep. 103 XX, Nr. 446, Sitzungsprotokoll (Beilage I), 26.9.1921.

217 NLA HA, Dep. 103 XX, Nr. 446, Sitzungsprotokoll (Beilage II), 11.9.1921.

218 NLA HA, Dep. 103, XL, Acc. 2018/111, Nr. 786, Briefkonzept Paul Knokes, o.D. Der Gründungsakt ist überliefert in Nationaal Archief, 2.9.46, Nr. 25654, Handelmaatschappij Pollux.

219 Vgl. ebd. Es wurde auch von einem »konstanten, verlässlichen Beobachtungsposten« im neutralen Ausland gesprochen. NLA HA, Dep. 103 XL, Acc. 2018/111, Nr. 2358, Sitzungsprotokoll (Beilage), 19.8.1922.

220 Vgl. NLA HA, Dep. 103, XX, Nr. 224, Kontroll-Rapporte der N.V. Handelmaatschappij »Pollux«, 1922-1933.

221 NLA HA, Dep. 103 XL, Acc. 2018/111, Nr. 2358, Sitzungsprotokoll (Beilage VI), 19.8.1922. Später wurde der jüngere Bruder von Ernst August Freiherr von der Wense, Bodo, Direktor der »Pollux«. Vgl. Freiherr von der Wense, Otto, Nachtrag zum Stammbaum des Geschlechts von der Wense von 1881, Celle 1931, S. 11.

222 Vgl. beispielhaft Derix, Simone, Capitalism, Wealth, and the Question of (In)Visibility. The Thyssen Family and Its Investments, in: Moritz Föllmer u. Pamela E. Swett (Hrsg.), Reshaping Capitalism in Weimar and Nazi Germany, Cambridge 2022, S. 117-135, hier: S. 124f.

Fall von Revolutionen oder Kriegen liquide zu sein.[223] Auch waren die Möglichkeiten der expandierenden Finanzmärkte erkannt und zum Teil hochspekulative (und missglückte) Wertpapiergeschäfte getätigt worden. Das Neue war vielmehr der Aufwand, der zur Sicherung des Vermögens betrieben wurde. Der Verlust steuerrechtlicher Privilegien, wichtige Einnahmequellen, die versiegt waren oder abgestellt wurden, sowie die beispiellose Wirtschaftskrise machten es notwendig, das Betätigungsfeld erheblich auszuweiten. Hanns Kniep beschrieb dies so: »Sie [die Vermögensverwaltung] erteilt Kredite zum Betriebe industrieller Unternehmungen gegen entsprechende Verzinsung und entsprechende Sicherheiten, sie beteiligt sich an der Neugründung industrieller und kommerzieller Unternehmungen, sie beteiligt sich an der Finanzierung und Emission von Industriegründungen und Syndikaten von Industriepapieren, sie macht Valuten und Devisentransaktionen und ferner Börsentransaktionen in Wertpapieren.«[224]

Kniep war es, der auf diese neuen Anlageformen drängte, bestärkt durch die übrigen Mitglieder der Obersten Verwaltung. Die Verantwortung aber trugen die Welfen, namentlich das Familienoberhaupt und sein Sohn. Sie entschieden über die Vorhaben, die ihre »Räte« in den regelmäßigen Zusammenkünften zur Sprache brachten, ganz gleich, ob es sich um kleinere Finanztransaktionen oder das langfristige »Veranlagungs- bezw. Arbeitsprogramm« handelte.[225] Ihre Unterstützung machte den Wandel der Vermögensverwaltung überhaupt nur möglich. Zumindest nach dem, was in den Sitzungsprotokollen vermerkt wurde, sollte das Involvement der Welfen in die täglichen Vermögensfragen allerdings auch nicht überschätzt werden. Wurde Ernst August (III.) noch gelegentlich als aktiver Diskussionsteilnehmer vermerkt, beschränkte sich sein Vater meist darauf, vorbereitete Entschlüsse zu billigen. In vielen Fragen mussten sich die Welfen schlicht auf ihre Finanzberater verlassen. Um etwa die »präsumtive Gestaltung der Kronen- und Markwährung« beurteilen zu können, fehlten sowohl dem Vater als auch dem Sohn die nötigen fachlichen Kenntnisse.[226]

Trotz alledem: Das erklärte Ziel der Vermögensverwaltung wurde in den Jahren der Inflation verfehlt. Auf Dauer gelang es nicht, die Einnahmen und Ausgaben ins Gleichgewicht zu bringen, die andauernden Vermögensverluste zu stoppen. Im Herbst 1921, nach ersten Konsolidierungsmaßnahmen und bei einer temporär vergleichsweise stabilen Geldentwicklung zeigte Kniep sich noch zuversichtlich, »das Gleichgewicht unter allen Umständen« herstellen zu können.[227] Doch schloss er nicht aus, »dass Katastrophen irgendwelcher Art eintreten, die vorauszusehen niemand in der Lage ist und gegen die sich zu schützen infolgedessen irgendeine Möglichkeit nicht besteht«.[228] Diese »Katastrophen« folgten. Im Juni 1922, nach dem Mord an Walther Rathenau, brach in Deutschland die

223 Vgl. Riotte, Reichtum, S. 43 ff. Riotte beschreibt dies als Reaktion auf die Französische Revolution und schließt daraus, »dass regierende Souveräne bereits vor 1918 über die materiellen Grundlagen eines Lebens jenseits von Amt und Würden nachdachten«. Ebd., S. 46. Offensichtlich waren die Welfen auf die Novemberrevolution dennoch schlecht vorbereitet.

224 NLA HA, Dep. 103 XX, Nr. 447, Sitzungsprotokoll (Beilage XXVI), 22. 6. 1921.

225 Zitat aus NLA HA, Dep. 103 XX, Nr. 447, Sitzungsprotokoll (Beilage XXV), 1. 6. 1920.

226 NLA HA, Dep. 103, XXXIX, Acc. 2018/53, Nr. 132, Sitzungsprotokoll (Beilage III), 20. 10. 1921.

227 Ebd.

228 Ebd.

Hyperinflation aus.[229] Im Zuge dessen mussten abermals viele »Kostbarkeiten« zum Verkauf gebracht werden.[230] Selbst über eine Veräußerung des ehemaligen Braunschweiger Domschatzes (»Welfenschatz«) beriet man.[231] Der Grundstock des familialen Vermögens, durch »den Krieg und die Nachkriegsverhältnisse« bereits »in ausserordentlich bedauerlicher Weise« geschmälert, wie Kniep 1921 urteilte, brach so weiter weg.[232] Es mangelt allerdings an verlässlichen Zahlen, die diese Vermögensentwicklung dokumentieren könnten. Teils ist dies auf die explodierende Geldentwertung in der Phase der Hyperinflation zurückzuführen, teils auf die bewusst verschleierten Auslandsinvestitionen.[233]

So blieben von den Inflationsjahren letztlich zwei weitreichende, gegenläufige Nachwirkungen. Auf der einen Seite hatten die Welfen gravierende Vermögensverluste zu verzeichnen. Vor allem ihre Hausvermögen waren schwer getroffen, nicht weniger das Privatvermögen Ernst Augusts (II.), wie schon bei seinem Erbfall gesehen. Auf der anderen Seite war die Vermögensverwaltung neu aufgestellt, mit einem spezialisierten Berater an der Spitze und einem sehr viel breiteren Tätigkeitsfeld. Wahrscheinlich hatten nur dadurch noch größere Verluste verhindert werden können.[234] Dazu ist zu bemerken, dass viele Einsparungsmaßnahmen, auf die Kniep gedrängt hatte, gar nicht oder nur zögerlich umgesetzt worden waren – auch mit Rücksicht auf die »Allerhöchsten Herrschaften«.[235] Über die wirtschaftlichen Konsequenzen dieser Haltung lässt sich nur spekulieren. Bei späteren Entscheidungen der Vermögensverwaltung sollte dies anders sein.

»Fürstenabfindung«. Der Konflikt um das Kammergut

Am 31. August 1921 erstattete Paul Knoke auf Schloss Cumberland Bericht »über die Abfindungsfrage in Braunschweig«.[236] Zu den Anwesenden zählten Ernst August (II.), Werner Freiherr von Schele und Hanns Kniep. Fast zwei Jahre währten die Verhandlungen über das Kammergut zu diesem Zeitpunkt. Im Grunde waren sie nicht vorangekommen. Unverändert stand die braunschweigische Regierung auf dem Standpunkt,

229 Zu Phasen der Inflation vgl. Knortz, Wirtschaftsgeschichte der Weimarer Republik, S. 46 f.

230 NLA HA, Dep. 103 XL, Acc. 2018/111, Nr. 723, Sitzungsprotokoll (Beilage VI), 16. 11. 1922.

231 NLA HA, Dep. 103 XL, Acc. 2018/111, Nr. 2358, Sitzungsprotokoll (Beilage VI), 19. 8. 1922. Zum »Welfenschatz« vgl. exemplarisch Sbresny, Sammlungen; Jaitner, Reliquienschatz; de Winter, Patrick M., Der Welfenschatz. Zeugnis sakraler Kunst des deutschen Mittelalters, Hannover 1986.

232 NLA HA, Dep. 103, XXXIX, Acc. 2018/53, Nr. 132, Sitzungsprotokoll (Beilage III), 20. 10. 1921.

233 Auch die Zahlen einer Einkommensteuererklärung des Gesamthauses Braunschweig-Lüneburg von 1923, die Riotte, Reichtum, S. 47 anführt, sind deshalb wenig aussagekräftig, abgesehen davon, dass sie offensichtlich falsch übernommen wurden. Vgl. dazu NLA HA, Hann. 122a., Nr. 1652, Oberste Verwaltung an den hannoverschen Regierungspräsidenten (Abschrift, Anlage 6 und 7), 5. 3. 1925.

234 Anerkennend sprach Ernst August (III.) gegenüber Kniep 1924 von »außerordentlichen geleisteten Dienste[n]«. Zum Dank ernannte er den Berater zum »Wirklichen Geheimen Rat« mit dem Prädikat »Exzellenz«. NLA HA, Dep. 103 XXXIX, Acc. 2018/53, Nr. 559, Ernst August (III.) an Hanns Kniep, 1. 4. 1924.

235 NLA HA, Dep. 103 XX, Nr. 446, Sitzungsprotokoll, 12. 2. 1921; vgl. näher dazu das Kapitel »›Absicherung‹ von Familie und Verwandtschaft«.

236 NLA HA, Dep. 103 XX, Nr. 447, Sitzungsprotokoll, 31. 8. 1921.

dass im Zuge der Revolution die Domänen, Forste und Bergwerke, dazu Schlösser und Sammlungen in das Eigentum der Republik übergegangen seien. Für Knoke stand dagegen fest, dass prinzipiell das gesamte Kammergut dem Haus Braunschweig-Lüneburg zustehe.[237] Man kam deshalb in Gmunden überein, die Frage auf dem Prozessweg klären zu wollen. Schließlich sei es, wie Kniep betonte, »ausserordentlich wünschenswert [...], nicht nur über die gegenwärtige Finanzlage des kgl. Hauses, sondern auch über deren Zukunftschancen [...] ein klares Bild zu erhalten«.[238]

Vorgeschichte, Verlauf und Folgen des »Herzogsprozesses« (Schmidt) sind von der (rechts-)historischen und politikwissenschaftlichen Forschung eingehend untersucht worden.[239] Die Quellenüberlieferung kann als gut bewertet werden, vor allem auf Seiten des Staates; einige Untersuchungen konnten sich zusätzlich auf Akten der Welfen stützen.[240] Gründlich wurden die jeweiligen Standpunkte analysiert, Klageschriften und Gutachten bewertet, der Gang durch die Instanzen nachverfolgt. Man hat die Akteure auf staatlicher wie auf welfischer Seite in den Blick genommen, Anwälte, Gutachter und Richter portraitiert. Forderungen und Ergebnisse sind schließlich kontrastiert und kontrovers diskutiert worden. Teils lautete das Urteil, dass sich der ehemalige Herzog »sozusagen [...] voll durchgesetzt«[241] habe, teils, dass der Freistaat Braunschweig mit dem Vergleich gut habe leben können.[242]

Indessen bleibt zu konstatieren, dass die bisherige Forschung mehr auf den Staat denn auf das ehemalige Herzogshaus geblickt hat – auch, aber nicht nur, wegen des besseren Quellenzugangs.[243] Die Handlungsmöglichkeiten und -zwänge der Welfen sind allenfalls umrissen, ihre Interessen und Ziele erst im Ansatz herausgearbeitet worden. Es sind diese offenen Punkte, denen die nachfolgende Untersuchung gilt. Sie erlauben eine differenziertere Beurteilung, wie der Konflikt um das Kammergut aus welfischer Sicht verlief und endete.

Der Klage gegen das Land Braunschweig ging ein sorgsamer Abwägungs- und Abstimmungsprozess voraus. Knoke war es, der die erforderlichen Vorbereitungen traf. Einmal mehr bewies er hier seine zentrale Mittlerposition. Er stimmte die Zielsetzungen zwischen Ernst August (II.) und Ernst August (III.) ab, beratschlagte sich mit der

237 Vgl. NLA WO, 249 N, Nr. 135, Denkschrift Paul Knokes »Die bisherigen Auseinandersetzungsverhandlungen zwischen dem Hause Braunschweig-Lüneburg und dem Lande Braunschweig« (Abschrift), 26.1.1921.

238 NLA HA, Dep. 103 XX, Nr. 447, Sitzungsprotokoll, 31.8.1921.

239 Widerstreitende, aufeinander bezugnehmende Untersuchungen haben namentlich Burkhard Schmidt und Otmar Jung vorgelegt. Vgl. Schmidt, Herzogsprozess; Ders., Vermögensauseinandersetzung; Jung, Volksgesetzgebung, S. 56-76; Ders. Die Fundierung der sozialen Republik mißlingt. Das Exempel des Streites um das Kammergut zwischen dem Freistaat Braunschweig und dem ehemaligen Herzog, in: Jahrbuch des Braunschweigischen Geschichtsvereins 78, 1997, S. 189-225.

240 Einschlägige Quellenbestände sind nach 1989 im damaligen Landesarchiv Oranienbaum des Landes Sachsen-Anhalt zugänglich geworden. Inzwischen sind sie nach Hannover in das Niedersächsische Landesarchiv überführt worden. Vgl. NLA HA, Dep. 103 XXXIX, Acc. 2018/53, Nr. 44 u. 45.

241 Jung, Fundierung, S. 213.

242 Vgl. Schmidt, Vermögensauseinandersetzung, S. 317.

243 Die Forschung hat vor allem die Frage, wie das Handeln der staatlichen Akteure zu bewerten sei, debattiert. Vgl. Schmidt, Vermögensauseinandersetzung, S. 319 f.

Obersten Verwaltung über Forderungen und Prozessstrategien. Darüber hinaus stand Knoke in engem Austausch mit diversen Ratgebern und Vertrauten in Braunschweig. Gemeinsam mit Hermann Dedekind, der die Prozessführung übernehmen sollte, arbeitete er an der Klageschrift; August Hampe, getreuer Abgeordneter des braunschweigischen Landtages, informierte ihn über die politische und öffentliche Stimmungslage im Freistaat.[244] Nicht zuletzt wurde Knoke durch die Hofkammer-Vereinigung laufend mit Gutachten zur »Domänenfrage«, Gerichtsurteilen und Vergleichsvereinbarungen aus den anderen Ländern versorgt.[245]

In dieser Phase der Prozessvorbereitung verfasste der enge Vertraute der Welfen eine bemerkenswerte Denkschrift über »die bisherigen Auseinandersetzungsverhandlungen zwischen dem Hause Braunschweig-Lüneburg und dem Lande Braunschweig«.[246] Es war eine persönlich gehaltene Schrift, 15 maschinenschriftliche Seiten lang, ergänzt durch einzelne Briefwechsel und Zeitungsberichte. Knoke schilderte darin seine Sicht auf die rechtliche Ausgangslage des Konflikts, begründete die Forderungen der Welfen, gab Einblick in die erfolglos verlaufenden Verhandlungen mit der braunschweigischen Regierung. Die Schrift richtete sich an eine Reihe von Bekannten, darunter mehrere Rechtsprofessoren und Politiker.[247] Offenkundig warb sie um Verständnis und Unterstützung für den anstehenden Rechtsstreit, diente sie der Akquirierung sozialen Kapitals. Trotzdem wäre es verfehlt, ihre Aussagekraft allein auf diese Absichten zu reduzieren. Fundierte Einschätzungen zu den Prozessaussichten konnte Knoke schließlich nur erwarten, wenn er die Beweggründe möglichst offen darlegte.

Zuvorderst war die Denkschrift ein Versuch, die welfischen Ansprüche historisch herzuleiten. Das Kammergut sei »Teil des großen Allodialbesitzes, den die Welfen durch Beerbung der Brunonen, Nordheimer, Billunger und Süpplingenburger erworben hatten«, erklärte Knoke in einem einführenden Exkurs.[248] Süffisant führte er aus, dass diese Eigentumsverhältnisse von den Ereignissen im November 1918 unberührt geblieben seien, weil »die Revolution die sozialistischen Hoffnungen nicht erfüllt« habe.[249] Nach wie vor könne die Dynastie deshalb zumindest einen Teil des Kammergutes für sich beanspruchen. Schließlich sei der Zweck desselben, so seine Ansicht, ein dreifacher gewesen: Es habe dem Unterhalt des Hauses, der landesfürstlichen Repräsentation und der Finanzierung der Staatsverwaltung gedient. Es sei mithin eine Aufteilung des Kammergutes dergestalt anzustreben, die »der Fürstlichen Familie eine standesgemäße Lebensführung« möglich mache.[250]

244 Näher zu den Beratern der Welfen in Braunschweig vgl. Schmidt, Herzogsprozeß, S. 32 f.

245 Vgl. zur »Domänenfrage« zuletzt Freiherr von Aretin, Cajetan, Was ist die Domänenfrage und worin bestand ihr Problem?, in: Gerber, Stefan (Hrsg.), Das Ende der Monarchie in den deutschen Kleinstaaten. Vorgeschichte, Ereignis und Nachwirkungen in Politik und Staatsrecht 1914-1939, Köln, Weimar u. Wien 2018, S. 279-299.

246 Vgl. NLA WO, 249 N, Nr. 135, Denkschrift Paul Knokes, 26.1.1921.

247 Vgl. Schmidt, Herzogsprozeß, S. 74 f.

248 NLA WO, 249 N, Nr. 135, Denkschrift Paul Knokes, S. 1.

249 Ebd., S. 3.

250 Ebd., S. 7. Unterstreichung wie im Original. Knoke zitierte an dieser Stelle eine Stellungnahme des Reichsministeriums des Innern zur Vermögensauseinandersetzung in Waldeck: BA, R 43

Sogleich warf der Berater die Frage auf, wie sich »das Maß des standesgemäßen Unterhalts« ermitteln lasse. Die Antwort gab er selbst: Rund 350.000 Mark der landesfürstlichen Rente seien zuletzt für den Unterhalt des herzoglichen Hauses verwendet worden; unter anderem wegen des »unaufhaltsame[n] Anwachsen[s] der Steuern« müsse dieser Betrag jedoch deutlich erhöht werden.[251] Alles in allem bezifferte Knoke den Bedarf des Hauses auf rund 500.000 Mark jährlich (nach dem Preisniveau der Vorkriegszeit). Eine Auszahlung in Geld sei allerdings »unerwünscht«, erklärte er, vielmehr verlange man Forste und Domänen, die einen ebensolchen Reinertrag erzielen würden.[252] Konkret hieß das: sieben landwirtschaftliche Güter und 1/19 der gesamten Kammerforsten. Diese »werbenden Objekte« bräuchte es, rechnete Knoke vor, um Schloss Blankenburg als Wohnsitz sowie die Bibliothek in Wolfenbüttel und das Landesmuseum zu finanzieren, die man ebenfalls einfordere.[253]

Schließlich gab die Denkschrift eine unumwundene Begründung für die dargelegten Ansprüche. Zusammengefasst lautete sie, dass die Welfen ertragreichen Grundbesitz benötigten, um ihre Chance auf eine Rückkehr auf den Thron zu wahren. Im Speziellen nannte Knoke drei Funktionen, die Ländereien und Wälder erfüllen würden. Erstens seien diese wichtig, um nicht »gegenüber anderen Familien, insbesondere gegenüber den standesherrlichen Häusern ins Hintertreffen« zu geraten.[254] Mit anderen Worten: Die traditionellen Grundpfeiler adeliger Wirtschaft und Freizeitgestaltung würden dazu beitragen, die exklusive Stellung der vormals regierenden Familie innerhalb des deutschen Hochadels aufrechtzuhalten. Zweitens verhindere der angestammte Grund und Boden, »daß die Bande zwischen dem Hause und seiner niedersächsischen Heimat gelockert und schließlich ganz gelöst werden«. Drittens, und eng damit zusammenhängend, könne der Grundbesitz nach einem »Wechsel der politischen Verhältnisse« – also einer Restauration der Monarchie – die materielle Herrschaftsgrundlage der Familie bilden. So gelte es darauf bedacht zu sein, schloss Knoke, »den Inhalt des Abkommens dementsprechend zu gestalten«.

Am 3. November 1921 reichte Hermann Dedekind beim Landgericht Braunschweig die lange vorbereitete Klage gegen den »Braunschweigischen Staat zu Braunschweig« ein.[255] Damit sollte das angestrebte Abkommen – auf indirektem Weg – erreicht werden. Zweck des Prozesses war es, den Druck auf den Staat zu erhöhen, ihn »zu einem Ausgleich zu zwingen«, wie Paul Knoke und Hanns Kniep deutlich machten.[256] Be-

I/2204, Schreiben des Reichsminister des Innern an den Landesdirektor von Waldeck-Pyrmont. 1.10.1919. Vgl. dazu Jung, Volksgesetzgebung, S. 399 f.

251 NLA WO, 249 N, Nr. 135, Denkschrift Paul Knokes, S. 8 u. 14.

252 Ebd., S. 7. Ernst August (III.) brachte diese Forderung auf den knappen Satz: »Das Entscheidende war und bleibt für uns der Grundbesitz.« NLA HA, Dep. 103 XXXIX, Acc. 2018/53, Nr. 44, Ernst August (III.) an Paul von Hampelmann (Abschrift), 7.1.1921.

253 NLA WO, 249 N, Nr. 135, Denkschrift Paul Knokes, S. 7. Zu weiteren Forderungen, die damit in Zusammenhang standen, vgl. Schmidt, Herzogsprozeß, S. 46 ff.

254 NLA WO, 249 N, Nr. 135, Denkschrift Paul Knokes, 26.1.1921, S. 6. Ebd. auch die folgenden Zitate.

255 Zitiert nach Schmidt, Herzogsprozeß, S. 78.

256 NLA HA, Dep. 103 XXXIX, Acc. 2018/53, Nr. 2358, Paul Knoke und Hanns Kniep an die Mitgliederversammlung des Gesamthauses Braunschweig-Lüneburg, 23.4.1924.

wusst wurden keine Forste und Domänen verlangt, sondern 1,2 Millionen Mark als vorläufige »Rente« sowie die Herausgabe beziehungsweise Entschädigung entwendeter Mobilien. Dahinter stand die Hoffnung, die Rechtmäßigkeit dieser ersten Ansprüche anerkannt zu bekommen, um damit die eigene Position für weitere Verhandlungen zu stärken. Sollte man jedoch verlieren, wäre dadurch ein möglicher, größerer Prozess um den Grundbesitz nicht präjudiziert, meinte Kniep.[257]

Was in den Monaten darauf folgte, war – in den Worten Otmar Jungs – eine »Gutachter-Schlacht«.[258] In der Tat warteten allein die Welfen mit Expertisen von nicht weniger als vier großzügig honorierten Rechtsprofessoren auf.[259] In der Folge gelang es, mehrere richtungsweisende Teilerfolge zu erringen. Zunächst erging im Oktober 1922 ein Urteil über eine Reihe von Zuständigkeits- und Verfahrensfragen.[260] Speziell galt dieses dem Gesamthaus Braunschweig-Lüneburg. In einem ausführlichen rechtshistorischen Rückblick beschrieben die Richter die Entwicklung der hochadeligen Familien zu »Korporationen mit selbstständiger Rechtspersönlichkeit«, prüften anschließend die gesetzlichen Vorschriften seit der Revolution, um daraufhin zu dem Schluss zu kommen, dass das Gesamthaus nach wie vor als rechts- und parteifähige Person anzusehen sei.[261] Hierauf aufbauend konnte im Juni 1923 ein erstes Urteil über die materiellen Streitfragen gefällt werden.[262] Darin wiesen die Richter zwar die Zahlung einer Rente mit der Begründung ab, dass eine solche an die Throninhaberschaft geknüpft sei. Doch gaben sie den Welfen in einem anderen Punkt recht: Sie entschieden, dass dem Gesamthaus »auch jetzt noch«[263] das unbeschränkte Eigentum an den Mobilien der Schlösser, Hofgebäude und Gärten des Kammergutes zustehe – eine Einschätzung, die »dem Staate unbequem« werden könnte, wie Knoke zufrieden feststellte.[264]

Angesichts dieser Urteile sah der Verhandlungsführer der Welfen eine neue Chance, auf einen Vergleich hinzuwirken, gerade weil man nicht »auf der ganzen Linie« gesiegt habe.[265] Tatsächlich konnten alsbald neuerliche Gespräche mit der seinerzeitigen Regierung aus SPD und DDP aufgenommen werden. Ein dreiviertel Jahr verhandelte man, dann wurde am 15. April 1924 ein Auseinandersetzungsvertrag vor dem Amtsgericht Braunschweig geschlossen – »vorbehaltlich der Zustimmung des Braunschweigischen Landtages und der Mitgliederversammlung des Gesamthauses Braunschweig-Lüneburg«.[266] Der Vertrag sah vor, dass das Haus Schloss Blankenburg, weite Teile des

257 Vgl. NLA HA, Dep. 103 XX, Nr. 447, Sitzungsprotokoll, 31.8.1921.
258 Jung, Fundierung, S. 205.
259 Vgl. etwa NLA HA, Dep. 103 XXXIX, Acc. 2018/53, Nr. 45, Sitzungsprotokoll (Beilage), 7.4.1922.
260 Vgl. dazu im Einzelnen Schmidt, Herzogsprozeß, S. 93 ff.
261 Landtag des Freistaates Braunschweig (Hrsg.), Verhandlungen des Landtags des Freistaates Braunschweig auf dem Landtage 1922/24, 4. Band, Braunschweig 1925, S. 50. Ausdrücklich verwies das Gericht bei dieser Entscheidung auf den kurz zuvor getroffenen Entscheid des Auflösungsamtes für Familiengüter in Celle. Vgl. das Kapitel »Alte Familienordnung, neue Vermögenskonstrukte«.
262 Vgl. Schmidt, Herzogsprozeß, S. 99 f.; Jung, Fundierung, S. 204.
263 Landtag des Freistaates Braunschweig, Verhandlungen 1922/24, S. 72.
264 NLA HA, Dep. 103 XXXIX, Acc. 2018/53, Nr. 45, Vermerk Paul Knokes (Abschrift), 17.6.1923.
265 Ebd.
266 Landtag des Freistaates Braunschweig, Verhandlungen 1922/24, S. 4.

einstigen Hofjagdreviers, drei landwirtschaftliche Güter sowie ein Gestüt erhalten sollte, einschließlich der Mobilien. Von sämtlichen Mitgliedern des Welfenhauses, zuzüglich der Schwestern des ehemaligen Herzogs, wurde dafür erwartet, dass sie für sich und ihre Nachkommen auf alle weiteren Ansprüche am Kammergut verzichteten.

Wenige Tage später wurde der Vertrag der Mitgliederversammlung des Gesamthauses zur Abstimmung vorgelegt. Dazu fertigten Paul Knoke und Hanns Kniep ein ausführliches Begleitschreiben an, in dem sie das Zustandekommen des Abkommens beschrieben, das Erreichte darlegten und bewerteten.[267] Offensichtlich war das Schreiben weniger zur Überzeugung der bestehenden Mitgliederversammlung gedacht; schließlich gehörte dieser nur Ernst August (III.) an. Vielmehr scheint es, dass man annahm, den Vergleich gegenüber künftigen Generationen der Familie rechtfertigen zu müssen. Denn das Ergebnis bezeichneten Knoke und Kniep »doch als mager«. In der Tat waren die eingangs formulierten Forderungen weit verfehlt worden. Die Vertreter der Obersten Verwaltung mussten einräumen, dass die angestrebten Erträge aus Domänen und Forsten »zur Zeit [...] nicht entfernt zu erwarten« seien. Vor allem die Wälder beschrieben sie als übernutzt und »teilweise krank«. Unter diesen Umständen sei insbesondere Schloss Blankenburg »zweifellos ein Luxusobjekt«.

Trotzdem sprachen sich die Berater für eine Annahme des Vertrags aus. Die Gründe, die sie dafür vorbrachten, führen die ökonomischen und politischen Handlungszwänge der gestürzten Herrscherfamilie deutlich vor Augen. Zum einen betonten Kniep und Knoke die dringende Notwendigkeit, dem wirtschaftlich angeschlagenen Haus gewinnbringenden Besitz zu sichern. Zum anderen verwiesen sie auf die langfristig verfolgten Ziele: »Wenn [...] das Haus die Auseinandersetzung auf einer Basis abschließen will, daß es nicht eine Rente, sondern Grundbesitz erhält, so muß es [...] – hoffentlich vorübergehende – Minderungen seiner Erträge in Kauf nehmen«, schrieben sie unmissverständlich. Es bräuchte einige Zeit, um die gewünschten Forst- und Jagdreviere wirtschaftlich rentabel zu gestalten. Vor allem erklärten die beiden, dass ein Vergleich rasch habe erzielt werden müssen: »Ein Vertrag, der mit einer sozialistisch-demokratischen Regierung und einer sozialistisch-demokratischen Landtagsmehrheit zustandekommt, ist jetzt und später am besten gegen alle Angriffe gesichert.« Diese Furcht vor öffentlichen Anfeindungen, letztlich vor Enteignungen, hatte namentlich Ernst August (III.) immer wieder auf eine rasche vergleichsweise Einigung drängen lassen.[268] Entsprechend lautete sein Entschluss, den Vertrag anzunehmen.[269]

In der Entscheidung, dem erklärtermaßen mageren Vergleich zuzustimmen, zeigt sich unverkennbar die Prioritätensetzung des Welfenoberhaupts. Ernst August (III.) war darauf bedacht, das Minimalziel zu erreichen, also ansehnlichen Grundbesitz in

267 Vgl. NLA HA, Dep. 103 XXXIX, Acc. 2018/53, Nr. 2358, Paul Knoke und Hanns Kniep an die Mitgliederversammlung des Gesamthauses Braunschweig-Lüneburg, 23.4.1924. Ebd. auch die folgenden Zitate, soweit nicht anders vermerkt.

268 Vgl. etwa NLA HA, Dep. 103 XXXIX, Acc. 2018/53, Nr. 44, Ernst August (III.) an August Floto (Abschrift), 6.1.1921.

269 Vgl. NLA HA, Dep. 103 XXXIX, Acc. 2018/53, Nr. 2358, Außerordentliche Mitgliederversammlung des Gesamthauses Braunschweig-Lüneburg (Abschrift), 24.4.1924.

Braunschweig als Eigentum des Gesamthauses anerkannt zu bekommen. Alle weitergehenden Ziele wurden dem untergeordnet. Die Verhandlungen weiterzuführen, auf mehr ertragreichen Grund und Boden zu pochen, dadurch aber das Erreichte womöglich zu verlieren – dieses Risiko scheute der Ex-Monarch.[270]

Trotzdem sollte es letzten Endes gelingen, einen sehr viel besseren Vergleich zu schließen. Fünf Monate, nachdem Ernst August (III.) dem Auseinandersetzungsvertrag für sein Haus zugestimmt hatte, lehnte der braunschweigische Landtag selbigen mit großer Mehrheit ab.[271] Doch die Hoffnungen, vor Gericht ein für den Staat günstigeres Ergebnis zu erzielen, zerschlugen sich im Berufungsverfahren. Bei der ersten Verhandlung vor dem Oberlandesgericht unterstrich der vorsitzende Richter, dass »ein völlig sicheres Ergebnis, das nicht angezweifelt werden kann, kaum möglich ist«.[272] Dabei ließ er durchblicken, dass er die Eigentumsansprüche der Welfen an den Immobilien des Kammergutes prinzipiell anerkennen würde, sofern diese eindeutig begründet werden könnten: »Dieser Nachweis wird im einzelnen leicht sein, in anderen Punkten wird er nicht so leicht sein.«[273] Eingehend riet der Richter deshalb, einen Vergleich auf Basis des Vertrags aus dem Vorjahr anzustreben.

Der Standpunkt des Hauses war durch diese Beurteilung erheblich gestärkt worden – was in den folgenden Verhandlungen erfolgreich genutzt werden konnte. In enger Abstimmung mit Ernst August (III.) und Hanns Kniep gelang es Paul Knoke, der braunschweigischen Regierung weitere land- und forstwirtschaftliche Flächen abzuringen. Dezidiert wurde bei deren Auswahl auf eine »vorteilhaftere forstliche Ausnützung« und eine »bessere und leichtere jagdliche Auswertung« geachtet, ebenso auf die »Bonität der Böden« und eine »erleichterte zentrale Verwaltung und Aufsicht«.[274] Im Oktober 1925 konnte der nachverhandelte Vertrag in der »Braunschweigischen Gesetz- und Verordnungssammlung« offiziell bekanntgegeben werden.[275] Demnach erhielt das Gesamthaus Braunschweig-Lüneburg – neben Schloss Blankenburg – Forste im Umfang von knapp 11.000 Hektar sowie vier Güter und ein Gestüt mit mehr als 2.000 Hektar Gesamtfläche.[276] Dazu sollten das Personal, die Ruhegehälter und Hinterbliebenenbezüge übernommen werden. Für das Landesmuseum und die Landesbibliothek war die bereits erwähnte »Museums- und Bibliotheksstiftung« vorgesehen, deren Verwaltungskosten das Haus zur Hälfte tragen sollte.[277] Die Kosten des Rechtsstreits wurden allein dem Staat auferlegt.

Allerdings war zweifelhaft, ob der Vertrag überhaupt Bestand haben würde. Nicht zuletzt der Prozessausgang in Braunschweig trug dazu bei, dass der öffentliche Unmut

270 Vgl. NLA HA, Dep. 103 XL, Acc. 2018/111, Nr. 796, Paul Knoke an Hanns Kniep, 21. 7. 1924.

271 Vgl. Schmidt, Herzogsprozeß, S. 118 ff.

272 NLA WO, 23 Neu, Nr. 2005, Verhandlungsprotokoll, 12. 12. 1924.

273 Ebd.

274 NLA HA, Dep. 103 XL, Acc. 2018/111, Nr. 796, Hanns Kniep an Paul Knoke, 4. 6. 1925.

275 Gesetz über die Auseinandersetzung zwischen dem braunschweigischen Staate und dem vormals regierenden Herzoglichen Hause. Vom 23. Oktober 1925, in: Braunschweigische Gesetz- und Verordnungsversammlung 112, 1925, S. 255-262.

276 Zur Bewertung vgl. Jung, Fundierung, S. 213; Schmidt, Vermögensauseinandersetzung, S. 315.

277 Vgl. speziell Sbresny, Sammlungen, S. 482 ff.; allgemein Freiherr von Aretin, Kunstsammlungen.

über die sogenannten Fürstenabfindungen im Deutschen Reich wuchs.[278] Im Dezember 1925 brachten Sozialdemokraten und Kommunisten gemeinsam ein Gesetz in den Reichstag ein, mit dem das gesamte »Vermögen der Fürsten, [...] der Fürstenhäuser, ihrer Familien und Familienangehörigen [...] zum Wohle der Allgemeinheit ohne Entschädigung enteignet« werden sollte.[279] Ein Volksentscheid wurde vorbereitet, um über das Vorhaben abzustimmen. Im März 1926, nach anfänglichem Zögern, reagierte die Vereinigung Deutscher Hofkammern mit einem dringlichen Rundschreiben an ihre Mitglieder. Darin erklärte sie, dass »dem Volksentscheid, an dessen Durchführung nicht zu zweifeln ist, mit einer nachdrücklichen Propaganda entgegenzutreten ist«.[280] Enorme Finanzmittel wurden mobilisiert, die keinen Zweifel daran lassen, wie bedrohlich der Volksentscheid schien: Jede »Hofkammer« hatte eine Umlage in Höhe ihres 25-fachen Jahresbeitrags zu leisten. Unmengen von Broschüren, Flugblättern und Handzetteln wurden produziert, die Auskunft »über die Vermögensverhältnisse der früher regierenden Fürstenhäuser« geben sollten, vor einer bolschewistischen Revolution warnten und zum Abstimmungsboykott aufriefen.[281] Eingebettet war die Kampagne in eine breite Gegenbewegung rechter Parteien und Gruppierungen, innerhalb derer sich die Hofkammer-Vereinigung im Allgemeinen und die ehemaligen Fürstenfamlien im Besonderen bewusst bedeckt hielten.[282] Die Taktik ging auf. Bei der Abstimmung am 20. Juni 1926 wurde die erforderliche Mehrheit verfehlt – ein »Erfolg«, den man auf Seiten der vormals regierenden Familien »hauptsächlich« der eigenen Interessenvertretung anrechnete.[283]

Rund fünf Jahre nach der einleitenden Zusammenkunft auf Schloss Cumberland war der Konflikt um das Kammergut damit – vorläufig – zu einem Ende gekommen.[284] Ernst Augusts (III.) abschließende Bewertung fiel positiv aus. Anfang August 1926 bedankte er sich bei Paul Knoke in einem persönlichen, »höchsteigenhändig« überreichten Schreiben für dessen »überaus wertvolle Dienste«.[285] Der »Umsicht« und »Tatkraft« Knokes habe man es zu verdanken, resümierte das Welfenoberhaupt, dass die Auseinandersetzung zu einem befriedigenden Abschluss gelangt sei.[286] Als »äusseres Zeichen« der Dankbarkeit wurde dem Chef der Obersten Verwaltung eine üppige Dotation in

278 Näher zu den Hintergründen vgl. Schüren, Ulrich, Der Volksentscheid zur Fürstenenteignung 1926. Die Vermögensauseinandersetzungen mit den depossedierten Landesherren als Problem der deutschen Innenpolitik unter besonderer Berücksichtigung der Verhältnisse in Preußen, Düsseldorf 1978, S. 47 ff.

279 Zitiert nach Schmidt, Herzogsprozeß, S. 147.

280 NLA BU, K2 D Acc. 38/93, Nr. 696b, Rundschreiben der Vereinigung Deutscher Hofkammern, 9.3.1926.

281 Vgl. Jung, Volksgesetzgebung, S. 864 ff., Zitat: S. 875.

282 Vgl. ebd., S. 866.

283 NLA HA, Dep. 103 XL, Acc. 2018/111, Nr. 966, Friedrich Franz an Ernst August (III.), 7.7.1926; Vgl. NLA BU, K2 D Acc. 38/93, Nr. Nr. 703, Rundschreiben der Vereinigung Deutscher Hofkammern, 10.9.1926.

284 Zu den Folgekonflikten vgl. Schmidt, Herzogsprozeß, S. 160-167.

285 NLA HA, Dep. 103 XL, Acc. 2018/111, Nr. 1996, Ernst August (III.) an Paul Knoke, 1.8.1926.

286 Ebd.

Höhe von 50.000 Reichsmark gewährt.[287] In der Tat konnten die Welfen mit dem abschließenden Vertrag durchaus zufrieden sein. Nicht nur waren Schloss Blankenburg und einige umliegende Wälder und Ländereien als Eigentum des Gesamthauses Braunschweig-Lüneburg anerkannt worden. Vielmehr hatte man Vermögen in ungefähr dem Umfang aushandeln können, wie ursprünglich verlangt worden war, um der hochadeligen Familie eine »standesgemäße« Lebensführung zu ermöglichen.

»Ein Stück Geschichte«. Der Welfenfondsprozess

»Ein Stück Geschichte hat [...] seinen Abschluß gefunden.«[288] Es war die Beilegung des Welfenfondsprozesses im Frühjahr 1935, die den zuständigen Beamten des preußischen Finanzministeriums zu diesen geradezu pathetischen Worten veranlasste. Fast sieben Jahrzehnte waren zu diesem Zeitpunkt vergangen, seit Preußen das Königreich Hannover annektiert hatte; Jahrzehnte zwischen Monarchie, Republik und Diktatur, in denen juristisch wie politisch um millionenschwere Vermögenswerte gerungen worden war. Doch nicht allein wegen dieser epochalen Dauer markierte der Abschluss des Prozesses eine Zäsur. Vielmehr erhielten die Welfen 1935 zurück, was sie mehr als ein halbes Jahrhundert zuvor verloren hatten: die vollständige Kontrolle über ihr familiales Vermögen.

In der Forschung hat der Welfenfonds mittlerweile einige Aufmerksamkeit erfahren. Allem voran ist die nach 1866 getroffene Vermögensregelung als »Innovation des 19. Jahrhunderts«[289] gewürdigt worden. Die militärisch besiegte hannoversche Dynastie bekam von der preußischen Siegermacht finanzielle Mittel für ein Leben im Exil zur Verfügung gestellt.[290] Als Ausgleich für die hannoverschen Domänen und Forste, Schlösser und Gärten wurden 16 Millionen Taler in Wertpapieren angelegt, deren Zinsen Georg V. vom preußischen Staat halbjährlich ausgezahlt bekommen sollte. Darüber hinaus wurden dem Welfen Schloss Herrenhausen und das Gut Calenberg zugesichert, wenn er für sich und seine Erben auf den Thron verzichten würde.[291] Doch schon nach wenigen Monaten zerbrach das Arrangement. Georg V. unterstützte aus dem österreichischen Exil heraus die sogenannte Welfenlegion, einen Trupp hannoverscher Soldaten, der im Fall eines preußisch-französischen Kriegs auf Seiten Frankreichs für eine Wiederherstellung Hannovers kämpfen sollte.[292] Im März 1868 wurden die Vermögenswerte

287 Ebd. Zur Einordnung: Das jährliche Grundeinkommen eines ordentlichen Professors, wie es Knoke vor seiner Zeit bei den Welfen gewesen war, belief sich in dieser Zeit auf etwa 12.000 Reichsmark. Vgl. Maus, Christian, Der ordentliche Professor und sein Gehalt. Die Rechtsstellung der juristischen Ordinarien an den Universitäten Berlin und Bonn zwischen 1810 und 1945 unter besonderer Berücksichtigung der Einkommensverhältnisse, Göttingen 2013, S. 226.

288 NLA HA, Dep. 103 XL, Acc. 2018/111, Nr. 2305, Ministerialdirektor Karl Meyer an Paul Knoke, 6.4.1935.

289 Riotte, Reichtum, S. 41.

290 Zur Bewertung vgl. Nöll von der Nahmer, Repitilienfonds, S. 26 f.; Philippi, Welfenfonds, S. 190 f.

291 Genauer gesagt wurde vereinbart, dass Georg V. Calenberg gegen ein »angemessenes Äquivalent« erhalten sollte. Vgl. ebd., S. 191.

292 Vgl. Henkel, Anne-Katrin, Die Hannoversche Legion (Welfenlegion) und Preußen. Ein Beitrag zur welfischen Exilpolitik in der Phase der Reichsgründung (1866-1871), in: Braunschweigische

daraufhin mit einem Sequester belegt, die Überweisungen nach Österreich eingestellt. Fortan sollten die Erträge zur Bekämpfung welfischer Agitationen verwendet werden.[293] Damit etablierte sich für das beschlagnahmte Vermögen die Bezeichnung »Welfen-« oder auch »Reptilienfonds«. Fast 25 Jahre wurde in der Folge um die Aufhebung des Sequesters gerungen. Zuletzt ist dabei insbesondere betont worden, wie die weitgehend geheime Verwendung der Gelder in der Öffentlichkeit des Kaiserreichs zunehmend zum Skandal wurde.[294] Weil sich der Exil-Hof zugleich politisch deutlich zurückhaltender verhielt, floss seit 1892 schließlich wieder Geld aus dem Fonds nach Gmunden.

Für die darauffolgenden Jahrzehnte, speziell für die Zeit nach 1918, ist die Geschichte des Welfenfonds noch nicht näher erforscht.[295] Fest steht, dass die Vermögensregelung vom Zusammenbruch der Monarchie unberührt blieb. Das Vermögen wurde, wenn auch unter preußischer Kontrolle stehend, weiter zum Hausgut des Gesamthauses Braunschweig-Lüneburg gerechnet.[296] Regelmäßig überwies der preußische Freistaat die vertraglich vereinbarten Zahlungen an Ernst August (II.).[297] Noch bis Anfang der 1920er-Jahre habe dieser Zustand »zu Reibungen keinen Anlaß« gegeben, bekundete Paul Knoke später einmal.[298]

Erst die dramatisch steigende Inflation veranlasste die welfischen Berater dazu, das jahrzehntealte Vertragswerk zur Disposition zu stellen. Denn im zunehmenden Wertverlust des festangelegten Millionenvermögens lag, wie bereits beschrieben, ein Hauptgrund für die desolate Finanzlage der Welfen. Im Sommer 1920 wurde erstmals eine Auflösung des Welfenfonds gefordert, da, wie Hanns Kniep es lapidar formulierte, »mit dem Zinsertrage dieses Kapitales, wie es derzeit angelegt ist, die Lasten zwingender Natur [...] einfach nicht mehr bestritten werden können und infolgedessen eine andere Art der Kapitalsanlage gefunden werden muss«.[299] Eine Reaktion blieb jedoch aus.[300] Drei Jahre später, im Oktober 1923, auf dem Höhepunkt der Hyperinflation, habe die preußische Seite dann Bereitschaft signalisiert, »angesichts der veränderten politischen Verhältnisse [...] die Verwaltung von Herrenhausen aufzugeben und auf die Sperre der

Heimat 80, 1994, S. 3-87. Henkel betont, dass die Welfenlegion, etwa 800 Mann stark, militärisch faktisch bedeutungslos war.

293 Vgl. Brosius, Dieter, Welfenfonds und Presse im Dienste der preußischen Politik in Hannover nach 1866, in: Niedersächsisches Jahrbuch für Landesgeschichte 36, 1964, S. 173-207.

294 Vgl. Rothfuss, Anna, Korruption im Kaiserreich. Debatten und Skandale zwischen 1871 und 1914, Göttingen 2019, S. 208-216. Zu weiteren Gründen für die Aufhebung des Sequesters vgl. Riotte, Exil, S. 177 f.; Nöll von der Nahmer, Repitilienfonds, S. 210-218.

295 Vgl. als knappe Aus- und Überblicke Nöll von der Nahmer, Repitilienfonds, S. 217 f.; Riotte, Reichtum, S. 50. Torsten Riotte verweist hierbei auf eine unveröffentlichte wissenschaftliche Hausarbeit zu dem Thema.

296 Vgl. exemplarisch AT-OeStA/AdR, BMF 1Rep, Zl. 86.543/19, Vermögens-Aufstellung, 21./22. 11. 1919.

297 Die »Haupt-Kasse« Ernst Augusts (II.) weist für 1919 entsprechende Einnahmen von rund 800.000 Mark aus. Vgl. NLA HA, Dep. 103 XIX, Nr. 82, Einnahmen und Ausgaben der »Haupt-Kasse« Ernst Augusts (II.), 1919.

298 BA, R 1501/125690, Paul Knoke »Betr. Aufwertung des Welfenfonds«, 25. 3. 1927, S. 5.

299 NLA HA, Dep. 103 XX, Nr. 147, Oberste Verwaltung an das Reichsfinanzministerium (Entwurf), 27. 7. 1920.

300 Vgl. NLA HA, Dep. 103 XX, Nr. 147, Oberste Verwaltung an den Reichsminister der Finanzen (Abschrift), 4. 1. 1923.

Ausgleichsumme zu verzichten«, so Knoke.[301] Zu diesem Zeitpunkt hatten die Papiere ihren einstigen Wert von rund 40 Millionen Mark allerdings schon vollends verloren.

Prinzipiell wurde eine Beilegung der Vermögensauseinandersetzung, eine Auflösung des Welfenfonds, somit von beiden Seiten angestrebt. Zuvor waren jedoch zumindest zwei Streitfragen zu klären. Zum einen stellte sich die Frage, ob und ggf. in welcher Höhe der Fonds aufzuwerten war. Wer also trug die Verantwortung für den Wertverlust? Das Gesamthaus, als dessen Eigentum das Vermögen galt, oder der preußische Staat, unter dessen Kontrolle es stand? Zum anderen war strittig, wie man mit Schloss Herrenhausen und dem Gut Calenberg umgehen wollte. Schließlich war 1867 vereinbart worden, dass diese so lange unter preußischer Verwaltung bleiben sollten, »bis Seine Majestät der König Georg V. auf die Hannoversche Königskrone für sich und seine Erben ausdrücklich verzichtet«.[302] Galt dieser Passus weiterhin oder war er mit der Gründung der Republik hinfällig geworden?

Eine außergerichtliche Einigung konnte in diesen Fragen zunächst nicht erzielt werden. Einig waren sich die Streitparteien lediglich darin, den ordentlichen Rechtsweg beschreiten zu wollen und den Streitwert formal auf 50.000 Goldmark festzulegen, um die Kosten des Verfahrens zu begrenzen.[303] Im Herbst 1924 reichten die Vertreter des Hauses Klage beim Landgericht Berlin ein. Sie warfen dem preußischen Staat vor, seiner Verpflichtung zur Sicherung des Welfenfonds nicht nachgekommen zu sein und verlangten eine 100-prozentige Aufwertung des Kapitals. »Das Gesamthaus«, so wurde selbstbewusst erklärt, brauche sich »nicht mit einer Summe Papiermark [...] abfinden zu lassen«.[304] Die preußische Seite bezweifelte dagegen jeden Aufwertungsanspruch. Anderthalb Jahre lang wurde prozessiert, bis das Verfahren im Februar 1926 vorläufig ausgesetzt wurde. Grund hierfür war das sogenannte Sperrgesetz: Während der Vorbereitungen zum Volksentscheid über die »Fürstenenteignung« sollten sämtliche Rechtsstreitigkeiten mit vormals regierenden Familien ruhen.[305]

Die Erkenntnis, dass eine rasche Aufwertung und Auszahlung des Welfenfonds nicht zu erreichen war, löste bei den welfischen Rechts- und Finanzberatern besorgte Unruhe aus. Denn ohne das beanspruchte Kapitalvermögen, das wurde zunehmend deutlich, war das fortwährende Ungleichgewicht des Haushalts nicht auszugleichen – ungeachtet der zwischenzeitlichen, zufriedenstellenden Einigung mit dem Land Braunschweig.[306] Im März 1926 appellierte Knoke deshalb an Ernst August (III.), den seit langem geplanten Verkauf des »Welfenschatzes« zu beschließen, um weitere Veräußerungen von Kunstschätzen zu verhindern.[307] Doch das Welfenoberhaupt war vorerst nicht bereit, sich von

301 BA, R 1501/125690, Paul Knoke »Betr. Aufwertung des Welfenfonds«, 25.3.1927, S. 5.

302 Ebd., »Anlage 1«, Vertrag über die Vermögensverhältnisse Seiner Majestät des Königs Georg V. (Abschrift), 29.9.1867.

303 Vgl. ebd., »Anlage 5«, Der preußische Finanzminister an die Oberste Verwaltung (Abschrift), 24.3.1924.

304 Ebd., S. 7f.

305 Vgl. Schüren, Fürstenenteignung, S. 56f.

306 Vgl. NLA HA, Dep. 103 XL, Acc. 2018/111, Nr. 740, Paul Knoke an Ernst August (III.), 3.3.1926.

307 Vgl. ebd.

den kostbaren Reliquiaren zu trennen.[308] Die vielsagende Begründung hielt Knoke in einem Vermerk fest: »Seine Königliche Hoheit fürchtete [...] mit dem Schatze einen Trumpf aus der Hand zu geben«.[309]

Ernst August (III.) taktierte. Gegen die ausdrückliche Empfehlung seiner Berater hielt er den Reliquienschatz zurück und nahm damit in Kauf, dass sich die Vermögenssituation seines Hauses weiter verschärfte. Dahinter stand die Hoffnung, dass der Volksentscheid scheiterte und die Verhandlungen um den Welfenfonds wieder aufgenommen werden könnten. In diesem Fall sollte der Schatz als Druckmittel eingesetzt werden. Mit der Drohung, die bedeutenden Zeugnisse mittelalterlicher Goldschmiedekunst und Religiosität zu verkaufen, hoffte Ernst August (III.), den preußischen Staat zu einem Vergleich zu bewegen. De facto handelte es sich um einen Erpressungsversuch. Mit machtvollem kulturellem Kapital sollte dem Haus das dringend benötigte ökonomische Kapital beschafft werden.

Der »Welfenchef« übertrug es Knoke, so bald wie möglich entsprechende Gespräche mit der preußischen Seite zu führen.[310] Im November 1927, nach Auslaufen des Sperrgesetzes, trat der welfische Verhandlungsführer an das Staatsministerium heran und bot einen zügigen, außergerichtlichen Vergleich an. Konkret verlangte er eine Barzahlung von zehn Millionen Reichsmark, um alle Ansprüche am Welfenfonds für befriedigt zu erklären.[311] »Wenn ein solcher [Vergleich] nicht möglich sein sollte«, führte er weisungsgemäß aus »würden wir uns genötigt sehen, [...] zur Verstärkung unsrer Kapitalsbasis den berühmten Reliquiarienschatz des Hauses, der einen mehrfachen Millionenwert darstellt, [...] zu veräußern. Wir würden dies natürlich außerordentlich Bedauern [sic!], nicht nur vom Standpunkte des Hauses, sondern auch mit Rücksicht auf die kulturellen Gesamtinteressen Deutschlands.«[312] Allein, die Drohung schlug fehl. Weder ließ sich die Regierung auf einen Vergleich ein, noch gelang es, den »Welfenschatz« profitabel zu verkaufen.[313] Stattdessen wurde Ende 1927 das Gerichtsverfahren fortgesetzt.

Von der Öffentlichkeit aufmerksam verfolgt, durchlief das Verfahren in den darauffolgenden Jahren sämtliche Instanzen.[314] Gleich mehrfach befasste sich zu Beginn der 1930er-Jahre das Reichsgericht in Zivilsachen mit dem Welfenfonds.[315] Vor allem zwei Entscheidungen dieser höchsten Instanz waren es, die den weiteren Verlauf des Ver-

308 Vgl. NLA HA, Dep. 103 XL, Acc. 2018/111, Nr. 772, Ernst August (III.) an Wilhelm von Bode (Abschrift), 2.4.1928.

309 NLA HA, Dep. 103 XL, Acc. 2018/111, Nr. 740, Vermerk Paul Knokes, 18.3.1926.

310 Vgl. ebd.; Jaitner, Reliquienschatz, S. 410 schreibt das Taktieren mit dem »Welfenschatz« irrtümlicherweise Knoke zu.

311 Vgl. NLA HA, Dep. 103 XL, Acc. 2018/111, Nr. 772, Die Oberste Verwaltung an das Preußische Staatsministerium (Abschrift), 30.11.1927.

312 Ebd.

313 Vgl. Jaitner, Reliquienschatz, S. 410 f. Für die internen Beratungen der Regierung vgl. BA, R 1501/125690.

314 Vgl. die Sammlung von Zeitungsausschnitten in BA, R 1501/125690.

315 Die Entscheidungen sind abgedruckt in: Mitglieder des Gerichtshofes und der Reichsanwaltschaft (Hrsg.), Entscheidungen des Reichsgerichts in Zivilsachen 143, Berlin 1934, S. 312-347.

fahrens beeinflussten. Zum einen bestätigte das Reichsgericht im Oktober 1931, dass dem Gesamthaus Braunschweig-Lüneburg grundsätzlich ein Aufwertungsanspruch zustehe.[316] Zum anderen, und das war die strittigere Frage, traf es im November 1933 eine Entscheidung über die Höhe der Aufwertung. Das Gericht folgte dem vorinstanzlichen Berliner Kammergericht, das eine 20-prozentige Aufwertung angeordnet hatte.[317] In dem Urteil hatte es geheißen, dass der Fonds einst geschaffen worden sei, um die Welfen in den Stand zu setzen, »ihre Hofhaltung entsprechend ihrer Vergangenheit und hervorragenden Stellung fortführen zu können«.[318] Es sei jedoch »ein Gebot der Billigkeit«, so war einschränkend ausgeführt worden, »dass auch der Kläger sich den veränderten Lebensbedingungen des deutschen Volkes anpasst«.[319] Deshalb hatten die Richter letztlich eine Aufwertung um ein Fünftel für angemessen erklärt.

Mit den Urteilen des Obersten Gerichtshofs erreichte der Welfenfondsprozess 1932/33 einen Wendepunkt. Die erste der beiden zentralen Streitfragen war im Wesentlichen geklärt: Der preußische Staat hatte acht Millionen Reichsmark in den Welfenfonds einzuzahlen, das Kapital zu verzinsen und die Erträge, soweit es die rigide Devisenbewirtschaftung zuließ, an die Welfen nach Österreich zu überweisen.[320] Mit dieser Entscheidung rückte die zweite Frage in den Mittelpunkt der Auseinandersetzung: »Die Frage ›Herrenhausen-Calenberg‹«, wie sie der eingangs erwähnte Ministerialdirektor lakonisch nannte.[321]

Die Haltung der Welfen zu »Herrenhausen-Calenberg« war vollkommen kompromisslos. Wie sein Urgroßvater und sein Vater zeigte sich auch Ernst August (III.) nicht bereit, auf den Königsthron von Hannover zu verzichten – obgleich die Staatsform seit 1866 mehrfach gewechselt hatte. Sämtliche Vergleichsvorschläge, die Paul Knoke der preußischen Regierung unterbreitete, gingen explizit oder implizit von der Annahme aus, dass eine solche Verzichtserklärung nicht (mehr) erwartet werden würde.[322] Auf preußischer Seite wurde entsprechend davon ausgegangen, diese Position bliebe völlig unverrückbar. Es sei mithin am Staatsministerium, erklärte der preußische Finanzminister Johannes Popitz im Juni 1933, zu erwägen, »dem Hause Braunschweig-Lüneburg ohne Erklärung des Thronverzichts [...] die Besitztümer Herrenhausen und Calenberg sowie den Welfenfonds zu überlassen«.[323]

316 Vgl. ebd., S. 321-327.
317 Vgl. ebd., S. 327-347.
318 GStA PK, I. HA Rep. 151, HB, Nr. 872, Urteil des 14. Zivilsenats des Kammergerichts in Berlin (Abschrift), 20.12.1932.
319 Ebd.
320 Tatsächlich hatte das Reichsgericht festgestellt, dass der Zahlung von Zinsen »devisenrechtliche Vorschriften« entgegenstehen. Vgl. Mitglieder des Gerichtshofes und der Reichsanwaltschaft (Hrsg.), Entscheidungen des Reichsgerichts in Zivilsachen 143, Berlin 1934, S. 312-347, hier: S. 327 f. Zur Devisenbewirtschaftung in der Weltwirtschaftskrise vgl. Hesse, Jan-Otmar; Köster, Roman u. Plumpe, Werner, Die Große Depression. Die Weltwirtschaftskrise 1929-1939, Frankfurt a. M. u. New York 2014, S. 43 f.
321 GStA PK, I. HA Rep. 151, HB, Nr. 873, Karl Meyer »Merkblatt für die Welfenfondsfrage«, 9.12.1932.
322 Vgl. beispielhaft NLA HA, Dep. 103 XL, Acc. 2018/111, Nr. 792, Paul Knoke »Der gegenwärtige Stand des Welfenfondsprozesses«, 31.8.1933.
323 GStA PK, I. HA Rep. 151, HB, Nr. 873, Der preußische Finanzminister, Johannes Popitz, an den preußischen Ministerpräsidenten, Hermann Göring, 27.6.1933.

Die preußische Regierung prüfte in der Folge ihre Optionen; immer wieder wurden juristische, finanzielle und politische Argumente gegeneinander abgewogen. Auf der einen Seite waren die Verhandlungsführer der festen Überzeugung, dass es für die Staatskasse am ratsamsten wäre, den kostspieligen Prozess nicht fortzusetzen, sondern umgehend einen Vergleich zu schließen.[324] Dazu wurde treffend bemerkt, dass die »Erklärung des Verzichts insofern an Bedeutung verloren hat, als es Fürstenthrone in Deutschland nicht mehr gibt«.[325] Auf der anderen Seite unterstellte man den Welfen wegen ihrer konsequenten Weigerung, formell auf den Thron zu verzichten, eine weiterhin bedrohliche antipreußische Gesinnung. Wie berechtigt diese Sorge war, wird noch zu prüfen sein.[326] Jedenfalls machte das Staatsministerium die Auflösung des Welfenfonds zumindest von einer Erklärung Ernst Augusts (III.) abhängig, »daß er und sein Haus sich von allen Bestrebungen fern halten, die auf eine Abtrennung von Gebietsteilen aus dem preußischen Staat, insbesondere auf die Bildung eines selbständigen niedersächsischen Landes ausgehen«.[327] Eine finanzkräftige vormals regierende Familie wurde im jungen NS-Staat augenscheinlich als ernstzunehmende Bedrohung wahrgenommen.

Eine Einigung kam unter diesen Bedingungen, trotz direkter Beratungen zwischen Hermann Göring und Ernst August (III.), nicht zustande.[328] Die Fortsetzung des Prozesses belastete indes nicht nur den preußischen Staatshaushalt, sie wurde auch für die Welfen zu einem wachsenden wirtschaftlichen Problem. Die Große Depression, die seit den ausgehenden 1920er-Jahren grassierte, hatte ihren Besitz schwer getroffen. Neben dem Verfall der Börsenkurse war es vor allem die Preis- und Absatzkrise in der Land- und Forstwirtschaft, die zu massiven Einbußen geführt hatte. Nicht nur den Welfen ging es so. Schon Ende 1931 hatte Ernst Augusts (III.) Schwager aus Mecklenburg von seinen »sehr schweren finanziellen Sorgen« berichtet: »Holz bringt nichts mehr, kostet sogar mehr dazu, Landwirtschaft auch unsicher, solange die Preise so entsetzlich niedrig sind, dafür aber alles, was man für die Landw[irtschaft] gebraucht, entsetzlich hoch!«[329] Die Konsequenz war, dass zunehmend Schulden gemacht wurden. Bei Ausgang der Weltwirtschaftskrise hatten die Welfen allein ihre landwirtschaftlichen Güter mit Hypotheken in Millionenhöhe belastet.[330]

Die Schuldenaufnahme war ein Versuch, die massiven Einkommenseinbußen auszugleichen, der Verkauf von Kunstschätzen und Grundbesitz ein anderer. Zum Jahreswechsel 1929/30, nach weiteren erfolglosen Verhandlungen mit dem preußischen Staat und der Stadt Hannover, wurde der »Welfenschatz« schließlich an ein Konsortium Frankfurter Kunsthändler verkauft. Es sei ein »ungünstiges Angebot« gewesen, sollte

324 Vgl. GStA PK, I. HA Rep. 151, HB, Nr. 873, Karl Meyer »Merkblatt für die Welfenfondsfrage«, 9.12.1932.

325 Ebd.

326 Vgl. näher dazu das Kapitel »Die ›geschichtliche Aufgabe‹ des Hauses«.

327 GStA PK, I. HA Rep. 151, HB, Nr. 873, Geheimer Vermerk des preußischen Staatsministeriums (Abschrift), 14.7.1933.

328 Vgl. GStA PK, I. HA Rep. 151, HB, Nr. 873, Ernst August (III.) an Hermann Göring, 14.7.1933.

329 NLA HA, Dep. 103 II, Nr. 226/03, Friedrich Franz an Olga, 1.12.1931.

330 Vgl. exemplarisch zur Beleihung des Gutes Hessen NLA HA, Dep. 103 XL, Acc. 2018/111, Nr. 137.

Paul Knoke später urteilen.[331] Angesichts des gleichfalls völlig zusammengebrochenen Kunstmarkts hatte lediglich ein Bruchteil des ursprünglich erhofften Erlöses erzielt werden können.[332] Auch deshalb spitzte sich die Notlage über die nächsten Jahre so weit zu, dass 1933 ertragreiche Forste verkauft werden mussten. Teile des Kammerguts, nur einige Jahre zuvor erstritten, wurden dem braunschweigischen Staat nun wieder zum Kauf angeboten. »Das Gesamthaus habe z. Zt. keine andere Möglichkeit als den Verkauf des Forst's, um finanzielle Mittel zur Bezahlung von Schulden, Befriedigung der Gläubiger und Auszahlung der Löhne und Gehälter an seine Beamten und Angestellten zu bekommen«, begründete Knoke den Schritt.[333] Der Staat machte von dem Angebot allerdings keinen Gebrauch; stattdessen konnte im Frühjahr 1933 die Düsseldorfer Industriellenfamilie Henkel als Käuferin gewonnen werden.[334]

Erst nach weiteren Monaten mühevoller Verhandlungen näherten sich die Welfen und die preußische Regierung vorsichtig einander an. Am 23. März 1934 wurden in Berlin zwei Verträge geschlossen, die den rechtskräftigen Gerichtsurteilen Rechnung trugen, ohne die politische Streitfrage zu beantworten.[335] Eine Verständigung konnte im Wesentlichen in zwei Punkten erzielt werden. Zum einen erkannte der Staat an, dem Gesamthaus Braunschweig-Lüneburg rund acht Millionen Reichsmark zu schulden. Ausbezahlt werden sollte diese Summe allerdings nicht. Lediglich die Zinserträge waren dem Haus zu überweisen, außerdem wurden mehr als zwei Millionen Reichsmark an Zinsen, rückwirkend seit 1924, »sofort in bar« ausgeschüttet.[336] Zum anderen einigte man sich hinsichtlich des umstrittenen Grundbesitzes. Für 1,2 Millionen Reichsmark, die von der Ausgleichssumme abgezogen wurden, kauften die Welfen das Gut Calenberg zurück. Zudem bekamen sie Schloss Herrenhausen übertragen, wobei sich der Staat offen hielt, für die jahrelange Verwaltung des Schlosses und seiner Gärten nachträglich Kostenerstattung zu beanspruchen.

Der Kompromisscharakter der Verträge war offensichtlich. Der Welfenfonds wurde aufgewertet, die Zinsen wieder ausbezahlt, Grund und Boden an die Welfen zurückübertragen.[337] Zur Auflösung des umstrittenen Vermögenskonstrukts aber kam es nicht. Denn Ernst August (III.) zeigte sich weder bereit, auf die Königskrone zu verzichten,

331 NLA HA, Nds. 401, Acc. 112/83, Nr. 470, Paul Knoke an den niedersächsischen Kultusminister, 14.9.1956. Vgl. dazu Jaitner, Reliquienschatz, S. 412; Sbresny, Sammlungen, S. 514 f.

332 Entgegen ursprünglicher Schätzungen in zweistelliger Millionenhöhe war der »Welfenschatz« letztlich für acht Millionen Reichsmark verkauft worden. Zum Kunstmarkt in der Weltwirtschaftskrise vgl. zuletzt Gramlich, Johannes, Die Thyssens als Kunstsammler. Investition und symbolisches Kapital (1900-1970), Paderborn 2015, S. 145 ff.

333 NLA HA, Dep. 103 XL, Acc. 2018/111, Nr. 617, Verhandlungen mit dem Braunschweigischen Staatsministerium, 20./31. Mai 1933.

334 NLA HA, Dep. 103 XL, Acc. 2018/111, Nr. 3314, Außerordentliche Mitgliederversammlung des Gesamthauses Braunschweig-Lüneburg, 24.3.1933.

335 Vgl. NLA HA, Dep. 103 XL, Acc. 2018/111, Nr. 3329, Zwei Verträge zwischen dem Preußischen Staat und dem Gesamthaus Braunschweig-Lüneburg, 23.3.1934.

336 Ebd.

337 Die Auszahlung der Zinsen war möglich geworden, weil das Gesamthaus seinen Sitz zum 1. März 1934 nach Blankenburg am Harz verlegt hatte und damit devisenrechtlich als »Inländer« galt. Vgl. dazu das Kapitel »Umbau im ›Dritten Reich‹ 1933-1945«.

noch die geforderte Loyalitätserklärung abzugeben. Die Vermögensauseinandersetzung verharrte weiter in der Schwebe.

Mit dieser Zwischenlösung war keine der beiden Streitparteien zufrieden, schon bald wurde weiter verhandelt. Entschlossen drängte Knoke, den Welfenfonds endgültig freizugeben, erneut drohte er mit dem Verkauf von »Altertumswerten«, diesmal mit dem Evangeliar Heinrichs des Löwen, »über dessen Bedeutung für die deutsche Kunst- und Kulturgeschichte nur eine Meinung herrscht«, wie er betonte.[338] Aber auch auf Seiten des Staates sprach man sich immer vehementer für eine Auflösung des Fonds aus. Von einer »nicht mehr zeitgemäßen Schuld« sprach Finanzminister Popitz, deren Tilgung »im staatsfinanziellen Interesse« dringend erwünscht sei.[339] Wortreich bat er Hermann Göring im Juli 1934, »die politische Seite der Abfindungsfrage« einer Neubewertung zu unterziehen: »Die machtvolle politische Entwicklung hat die Hoheitsrechte der deutschen Länder beseitigt und eine so starke Reichsgewalt geschaffen, dass […] für Bestrebungen, die auf Abtrennung von Gebietsteilen aus dem preussischen Staat hinausgehen, für partikularistische Bestrebungen früherer deutscher Fürsten, schlechterdings kein Raum mehr ist.«[340] Dem fügte er noch hinzu, dass »der frühere Herzog von Braunschweig seiner ganzen Persönlichkeit nach Loslösungsbestrebungen durchaus abgeneigt sein« dürfte.[341] Tatsächlich wurde Popitz einige Monate darauf ermächtigt, einen abschließenden Vergleich zu treffen – ohne die bis dato geforderte Verzichtserklärung.[342] Was den Ausschlag hierfür gab, ist nicht bekannt. Es scheint, dass sich die preußische Regierung nunmehr sowohl der Stärke des Staates als auch der Loyalität Ernst Augusts (III.) gewiss war.

Am 25. März 1935 schlossen der preußische Staat und das Gesamthaus Braunschweig-Lüneburg, vertreten durch Popitz und Knoke, einen dritten Vertrag.[343] Nur knapp zwei Seiten Text brauchte es, um die letzten Differenzen auszuräumen: Der Kostenanspruch des Staates wurde mit einer Million Reichsmark beglichen, die Ausgleichssumme entsprechend reduziert, sodass dem Haus am Ende noch genau 5,75 Millionen Reichsmark ausgezahlt werden sollten – wiederum »sofort« und »in bar«.[344]

Zwei Tage darauf, mit Überweisung des Geldes, war der Welfenfonds aufgelöst.[345] Ernst August (III.) und seine Rechtsberater, allen voran Paul Knoke, hatten erreicht, worum seit Jahrzehnten gestritten worden war. Preußen übertrug einst beschlagnahm-

338 GStA PK, I. HA Rep. 151, HB, Nr. 873, Paul Knoke an Karl Meyer (Abschrift), 29.12.1934. Zum Evangeliar Heinrichs des Löwen vgl. Schnath, Besitzgeschichte.

339 GStA PK, I. HA Rep. 151, HB, Nr. 877, Der preußische Finanzminister, Johannes Popitz, an den preußischen Ministerpräsidenten, Hermann Göring, 16.7.1934.

340 Ebd.

341 Ebd.

342 GStA PK, I. HA Rep. 151, HB, Nr. 877, Der preußische Finanzminister, Johannes Popitz, an den preußischen Ministerpräsidenten, Hermann Göring, 16.7.1934.

343 NLA HA, Dep. 103 XL, Acc. 2018/111, Nr. 3329, Vertrag zwischen dem Preußischen Staat und dem Gesamthaus Braunschweig-Lüneburg, 25.3.1935.

344 Ebd.

345 Vgl. NLA HA, Dep. 103 XL, Acc. 2018/111, Nr. 2305, Das preußische Finanzministerium an die Oberste Verwaltung, 27.3.1935.

tes, umfangreiches Vermögen an die Familie zurück – ein Vermögen, das am Ausgang der Weltwirtschaftskrise dringend gebraucht wurde. Doch der Erfolg war buchstäblich teuer erkauft: Schulden hatten gemacht, Grundbesitz verkauft und sich vom »Welfenschatz« getrennt werden müssen. Der langwierige Rechtsstreit war hierfür nicht der einzige Grund, doch die starre Weigerung Ernst Augusts (III.), die geforderte Verzichtserklärung zu leisten, hatte eine frühere Einigung mehrfach verhindert. Das Beharren auf die hannoversche Königskrone war eine Maxime, an der die Welfen auch nach dem Ende der Monarchie unnachgiebig festhielten. Wirtschaftliche Ziele, ungeachtet ihrer Dringlichkeit, wurden nachrangig behandelt. Dies zeigt der Welfenfondsprozess besonders deutlich.

3.2 Umbau im »Dritten Reich« 1933–1945

Im Herbst 1925 reiste Balthasar Becker, ein Redakteur der Braunschweigischen Neuesten Nachrichten, an den Traunsee. Pathetisch beschrieb er der heimischen Leserschaft das »Paradies des österreichischen Alpenvorlandes«, die majestätische Ruhe, die über Schloss und Park Cumberland liege, sowie die Weinberg-Villa, die »den starken Hauch einer familiären Gemütlichkeit« ausstrahle. In diesem »reizende[n], stille[n] Landhaus« habe er ein »flott dahinfließendes Gespräch« mit »Seiner Königlichen Hoheit« geführt, schilderte Becker in seinem ganzseitigen, reich bebilderten Bericht. Rasch sei man bei einigen Zigaretten auf die laufenden Vergleichsverhandlungen mit dem braunschweigischen Staat und einen möglichen Umzug der »Herzogsfamilie« in den Harz zu sprechen gekommen. Er habe angemerkt, schrieb Becker, dass die Bevölkerung in Gmunden einen solchen Schritt sicher sehr bedauern würde. Daraufhin sei vom »Herzog« geantwortet worden: »Gewiß, das ist schön und gut, aber das Heimatgefühl verbindet mich mit Blankenburg.«[346]

Wenige Wochen nach diesem Interview wurde in Braunschweig der abschließende Vergleichsvertrag geschlossen, mit dem Schloss Blankenburg zurück an die Welfen fiel. Wie es Ernst August (III.) angekündigt hatte (und es seit 1919 seine Absicht gewesen war), begann man 1926 damit, das sogenannte Große Schloss als neuen Wohnsitz der Familie herzurichten.[347] Aufwendige Umbau- und Instandsetzungsarbeiten wurden an dem Bau vorgenommen, der im Wesentlichen noch immer eine Barockresidenz aus dem frühen 18. Jahrhundert war. Neben grundlegenden Sanierungsarbeiten wurden eine Zentralheizung und moderne Bäder mit Wasserklosetts installiert, Elektrik verlegt, großzügige Kinderzimmer eingerichtet und eine Reihe von Balkons am »Turmflügel« angebaut. Sämtliche Maßnahmen hätten allein dem Zweck gedient, »wohnliche und gesunde Räumlichkeiten« zu schaffen, mühte sich Hermann Dedekind dem Finanzamt

346 Becker, Balthasar, Beim Herzog von Braunschweig, in: Braunschweigische Neueste Nachrichten, 4.10.1925. Ebd. auch die anderen Zitate des Absatzes.

347 Vgl. Steckhan, Welfenbericht, S. 165 f.; Bürger, Georg, Bauarbeiten und bauliche Veränderungen am Schloß seit 1926, in: Gustav Sander (Hrsg.), »Burg« und »Schloß« Blankenburg am Harz, Blankenburg am Harz 1935, o. S. Diese instruktive Schrift des »Hofbaurats« diente offenbar als Rechtfertigung gegenüber der Öffentlichkeit und den (Steuer-)Behörden.

zu erklären, »jeglicher Luxus« sei vermieden worden.[348] Doch der Versuch, die kostspieligen Bauarbeiten als »abzugsfähigen Betriebsaufwand« zu deklarieren, scheiterte.[349] Für den zuständigen Beamten habe festgestanden, dass der neue Wohnsitz »der Erhaltung eines [...] altfürstlichen Prestiges« dienen solle, konstatierte Dedekind.[350]

Schon während der mehrjährigen Bauphase verbrachten Ernst August (III.) und Viktoria Luise, gelegentlich auch die Kinder, jedes Jahr einige Wochen in Blankenburg.[351] Auf Reisen wurde hier Halt gemacht, Ernst August (III.) feierte im Schloss Geburtstag, Verwandte kamen zu Besuch, im Herbst ging man gemeinsam auf die Jagd. Mit der Zeit wurden die Aufenthalte regelmäßiger und länger, nach und nach brachten zahllose Lieferwagen Mobiliar, Einrichtungsgegenstände und Kunstwerke von Gmunden nach Blankenburg.[352] Zum Jahreswechsel 1933/34 siedelte die Familie endgültig nach Deutschland über.[353] Der nördliche Rand des Harzes wurde der neue räumliche Lebensmittelpunkt der Welfen.

Die Entscheidung, Wohnsitz auf Schloss Blankenburg zu nehmen, war begleitet von Gerüchten. Schon 1931 hatte sich Ernst August (III.) mit der Unterstellung konfrontiert gesehen, er sei »eingeschriebenes Mitglied der Hitler Partei in Blankenburg«.[354] Entsprechend gab der Umzug, wenige Monate nach der nationalsozialistischen Machtübernahme, Anlass zu weiteren Spekulationen. In österreichischen Zeitungen wurde vermutet, der ehemalige Herzog von Braunschweig plane eine Karriere wie der »alte Kämpfer« Philipp Prinz von Hessen, der zum Oberpräsidenten von Hessen-Nassau ernannt worden war.[355] Die Linzer Tages-Post prophezeite, dass »Adolf Hitler den Herzog [...] in führende Stellung bringen werde, und zwar nicht über Braunschweig oder Hannover, sondern über Niedersachsen«.[356] Derartige Mutmaßungen wurden postwendend zurückgewiesen, sie seien »vollständig aus der Luft gegriffen«.[357] In der Tat war Ernst August (III.) nachweislich kein Mitglied der NSDAP, auch sollte er nie ein politisches Amt im NS-Staat ausüben. Die Übersiedlung allein auf politische Motive zurückzuführen wäre falsch, schließlich war sie seit langem geplant worden. Dennoch: In den frühen 1930er-Jahren waren die Berührungspunkte zwischen der hochadeligen Fa-

348 NLA HA, Dep. 103 XL, Acc. 2018/111, Nr. 862, Hermann Dedekind an das Finanzamt Braunschweig-Stadt, 29.9.1928.

349 Wie bereits beschrieben gelang es später, die Aufwendungen mit Erbschaftssteuerrückstanden zu verrechnen. Vgl. das Kapitel »›Zusammengeschmolzen‹. Solidarität im Erbprozess«.

350 NLA HA, Dep. 103 XL, Acc. 2018/111, Nr. 816, Hermann Dedekind an Paul Knoke, 22./25.5.1930.

351 Vgl. NLA HA, Dep. 103 XXXIX, Acc. 2018/53, Nr. 109, Zusammenstellung über die Aufenthaltsorte Ernst Augusts (III.) und Viktoria Luises im Jahr 1930, 5.2.1931.

352 Vgl. NLA HA, Dep. 103 XL, Acc. 2018/111, Nr. 2606, Transporte in das Schloss Blankenburg, 1933-1935.

353 Noch im Dezember 1933 schrieb Friederike aus Gmunden an Olga, dass es ihr »furchtbar weh« tue, nach Blankenburg zu ziehen. NLA HA, Dep. 103 II, Nr. 224/04, Friederike an Olga, 8.12.1933. Der Umzug erfolgte offenbar kurz darauf. Vgl. Schießer, Schloss Cumberland, S. 118.

354 NLA HA, Dep. 103 XXXIX, Acc. 2018/53, Nr. 462, W. Lange an Ernst August (III.), 29.1.1931.

355 Zu Philipp Prinz von Hessen in der NS-Zeit vgl. Petropoulos, Royals, S. 147 ff.

356 U.A., Vom Gmundener Hofe, in: Linzer Tages-Post, 26.8.1933.

357 NLA HA, Dep. 103 XXXIX, Acc. 2018/53, Nr. 14, Paul Knoke an die Linzer Tages-Post (Konzept), 2.9.1933.

milie und dem Nationalsozialismus unübersehbar. Im Juli 1932 wurde Schloss Marienburg für eine Kundgebung der NSDAP zur Verfügung gestellt;[358] Ernst August (III.) und Viktoria Luise besuchten Veranstaltungen nationalsozialistischer Organisationen wie der NS-Frauenschaft und hörten einen Vortrag des späteren Reichsbankpräsidenten und Reichswirtschaftsministers Hjalmar Schacht, der »rasend interessant« gewesen sei.[359] Zudem pflegte das Paar frühzeitig Kontakt zu Joachim und Annelies von Ribbentrop, die familiäre Beziehungen nach Blankenburg hatten.[360] Nicht zuletzt diese Annäherungen waren es, die im Laufe des Jahres 1933 zu den erwähnten Spannungen im austrofaschistischen Österreich führten.[361]

Mit dem Umzug der Familie wurde bald auch der Sitz der juristischen Person »Gesamthaus Braunschweig-Lüneburg« nach Deutschland verlegt. Vieldeutig erklärte Paul Knoke im Februar 1934, »daß es sich mit Rücksicht auf den Umschwung im Deutschen Reiche und mit Rücksicht darauf, daß der Chef des Gesamthauses Höchstseinen Hauptwohnsitz in das Deutsche Reich verlegt habe, empfehle, auch den Sitz des Gesamthauses ins Deutsche Reich zu verlegen, und zwar nach Blankenburg am Harz«.[362] Die Übersiedlung erfolgte formal zum 1. März; Knoke und einige weitere Mitglieder und Angestellte der Obersten Verwaltung zogen damit ebenfalls in das Harzstädtchen. In Gmunden blieb lediglich eine kleine »Abwicklungsstelle« unter Leitung Ernst August Freiherr von der Wenses zurück. Sie sollte die Immobilen verwalten und die Bewirtschaftung der ausgedehnten Gärten und Forste koordinieren.[363]

Die Übersiedlung des Gesamthauses war vor allem aus finanziellen Gründen unumgänglich geworden. Die Devisenbewirtschaftung, eingeführt in der Weltwirtschaftskrise, um eine Kapitalflucht ins Ausland zu verhindern, wurde vom NS-Regime drastisch verschärft.[364] Für die Oberste Verwaltung ergaben sich daraus fundamentale Probleme. Denn das Haus hatte in Österreich deutlich höhere Ausgaben als Einnahmen, insbesondere durch Rentenzahlungen an ehemalige Bedienstete.[365] Dieses Defizit war nur durch Zuschüsse aus Deutschland zu begleichen. Mit der Übersiedlung der Verwaltung in den Harz, die Einrichtung der »Abwicklungsstelle« in Gmunden und dem Bemühen, pensionierte Angestellte zum Umzug ins Deutsche Reich zu bewegen,

358 Vgl. NLA HA, Hann. 310 III, Nr. 42, U. A., Bericht über eine Kundgebung der NSDAP auf Schloss Marienburg, 10.7.1932.

359 NLA HA, Dep. 103 II, Nr. 226/16, Viktoria Luise an Olga, 5.7.1932.

360 Vgl. Steckhan, Welfenbericht, S. 166; Urbach, Karina, Hitlers heimliche Helfer. Der Adel im Dienst der Macht, Darmstadt 2016, S. 208 ff.

361 Vgl. das Kapitel »Hausunterricht und Landerziehungsheime«.

362 NLA HA, Dep. 103 XL, Acc. 2018/111, Nr. 3314, Mitgliederversammlung des Gesamthauses Braunschweig-Lüneburg, 11.2.1934.

363 Vgl. NLA HA, Hann. 210, Acc. 2003/087, Nr. 123, Oberste Verwaltung an das Finanzamt Braunschweig-Stadt (Abschrift), 31.10.1935.

364 Vgl. zuletzt Banken, Steuerstaat; sowie speziell Ders., Das nationalsozialistische Devisenrecht als Steuerungs- und Diskriminierungsinstrument, in: Johannes Bähr u. Ders. (Hrsg.), Wirtschaftssteuerung durch Recht im Nationalsozialismus. Studien zur Entwicklung des Wirtschaftsrechts im Interventionsstaat des »Dritten Reichs«, Frankfurt a. M. 2006, S. 121-236.

365 Vgl. NLA HA, Dep. 103 XXXIX, Acc. 2018/53, Nr. 95, Oberste Verwaltung an die Devisenstelle Braunschweig, 7.2.1934.

konnten die notwendigen Transfers sukzessive reduziert werden.[366] Trotzdem bereitete es weiterhin Schwierigkeiten, die erforderlichen Ausfuhrgenehmigungen zu erhalten. Mehrfach wurden Rentenzahlungen an Olga aufgrund der »äusserst ernsten Devisenlage« abgelehnt.[367] Andere Überweisungen konnten erst nach persönlicher Intervention Ernst Augusts (III.) bei Hjalmar Schacht getätigt werden.[368]

So war es eine Mischung aus persönlichem Bestreben und ökonomischem Druck, die zur Jahreswende 1933/34 den Ausschlag gab, zurück nach Deutschland zu ziehen. 15 Jahre, nachdem Ernst August (III.) und Viktoria Luise mit ihren Kindern von Blankenburg aus die Flucht angetreten hatten, kehrten sie hierher zurück. Nach den Jahren des Exils markierte diese Rückkehr einen tiefen Einschnitt – für die einst Geflohenen wie für die Familie und ihr Vermögen. Schließlich war Ernst August (III.) zwischenzeitlich das Oberhaupt der Welfen geworden, in der Auseinandersetzung mit dem Land Braunschweig hatte eine Einigung erzielt werden können, während der Welfenfondsprozess kurz vor seinem Abschluss stand. Die Entscheidung, den familialen Wohnsitz nach Deutschland zu verlegen, bedeutete entsprechend auch, dass der Großteil des Familienvermögens fortan unter den gesellschaftlichen, wirtschaftlichen und rechtlichen Rahmenbedingungen des »Dritten Reichs« verwaltet wurde.

Fehlende Balance im Vermögensbestand

Die Entscheidung der Welfen, ihren Hauptwohnsitz in Blankenburg zu nehmen, warf bei den Finanzbehörden viele Fragen auf. Mit der Übersiedlung waren Ernst August (III.) und das Gesamthaus im Deutschen Reich unbeschränkt steuerpflichtig geworden, devisenrechtlich galten sie fortan als »Inländer«. Im Übrigen aber musste das Finanzamt Braunschweig konstatieren, »daß eine klare Scheidung der Vermögenswerte, Vermögensanfälle und der Aufwendungen des Gesamthauses, des Herzogs persönlich und anderer Agnaten überaus schwierig ist«.[369] Zur »vollständigen Klärung der Steuerverhältnisse« schickte das Amt deshalb eine lange Liste von Fragen an die Oberste Verwaltung. Auskunft wurde unter anderem darüber erbeten, welche »selbstständigen Vermögensmassen des Herzoglichen Hauses« es im In- und Ausland noch gebe, wo ihr Sitz sei, wer sie verwalte und wem die Nutznießung zustehe. Explizit wurde zudem nach der »Pollux« gefragt und welcher Art ihre Geschäfte seien.

Mehr als ein Monat verging, dann antwortete Paul Knoke mit einem ausführlichen Schreiben.[370] Darin erklärte er, dass das »Gesamthaus Braunschweig-Lüneburg«, das

366 Vgl. NLA HA, Hann. 210, Acc. 2003/087, Nr. 123, Oberste Verwaltung an die Devisenstelle Braunschweig, 7.2.1934.

367 Hier: NLA HA, Hann. 210 Acc. 2003/087, Nr. 123, Reichsstelle für Devisenbewirtschaftung an die Devisenstelle Braunschweig, 24.4.1936.

368 NLA HA, Dep. 103 XXXIX, Acc. 2018/53, Nr. 95, Hjalmar Schacht an Ernst August (III.), 10.11.1934.

369 NLA HA, Dep. 103 XL, Acc. 2018/111, Nr. 816, Finanzamt Braunschweig-Stadt an die Oberste Verwaltung, 20.9.1935.

370 Vgl. NLA HA, Dep. 103 XL, Acc. 2018/111, Nr. 816, Die Oberste Verwaltung an das Finanzamt Braunschweig-Stadt (Abschrift), 31.10.1935.

»Haus Hannover« und das »Spezialhaus der Linie des Königs Ernst August« zusammen die Eigentümer des welfischen Familienvermögens seien. Weiter führte er aus, dass der Sitz der beiden Spezialhäuser in Gmunden liege und ihre Vermögen, hauptsächlich Kapitalvermögen, von Ernst August Freiherr von der Wense verwaltet würden. Schließlich beschrieb Knoke die Gründung der »Pollux« in den Jahren der Inflation, ihr Tätigkeitsfeld und ihre Beziehung zu den welfischen Häusern. Dazu merkte er an, dass er selbst im Aufsichtsrat der Gesellschaft sitze.

Die gewünschte »vollständige« Aufklärung vermochte diese Erklärung nicht zu leisten. Nach wie vor war der Klärungsbedarf der Finanzbehörden groß, immer wieder stieß man bei der Besteuerung des welfischen Vermögens an Grenzen.[371] Ein erster Grund hierfür waren die vielschichtigen rechtlichen Beziehungen zwischen der Familie und ihren diversen, nach und nach geschaffenen Gesellschaften.[372] Ein zweiter Grund war, dass sich das internationale Vermögensgeflecht dem Zugriff der nationalen Behörden zu weiten Teilen entzog. Die Finanzbeamten kamen nicht umhin, festzustellen, dass mit der Ansiedlung des Gesamthauses in Blankenburg, der »Pollux« in Amsterdam und den beiden Spezialhäusern in Gmunden »sowohl devisenrechtlich wie auch steuerrechtlich für die Deutsche Finanzverwaltung ein überaus ungünstiger Zustand geschaffen worden« sei.[373] Ein dritter Grund wurde in der veralteten Buchführung der Obersten Verwaltung gesehen. Die »steuerliche Nachprüfung« einzelner Geschäftsvorfälle sei infolge der »kameralistischen Buchführung« sehr erschwert, hieß es in einem Prüfungsbericht der Finanzbehörden unmissverständlich.[374]

In der Konsequenz führte all dies zu erheblichen Unsicherheiten, wenn die Vermögen der Welfen und jene ihrer Häuser zu Steuerzwecken bemessen wurden. Eine Aufstellung der Obersten Verwaltung über geleistete Einkommen-, Vermögen- und Körperschaftsteuern aus den Jahren 1931 bis 1944 zeigt dies eindrücklich.[375] Neben eigens errechneten Zahlen der Verwaltung wurden hier Ergebnisse regelmäßiger Buch- und Betriebsprüfungen sowie Angaben rechtsgültiger Steuerbescheide zusammengetragen und gegenübergestellt. Es vermag nicht zu überraschen, dass sich zwischen den einzelnen Zahlenreihen teils gravierende Unterschiede ergaben.

Alle Bemessungen zeigen aber, dass die welfischen Privat- und Hausvermögen in den 1930er-Jahren schwer belastet waren. Insbesondere galt dies für das Gesamthaus

371 Zu den Problemen der Besteuerung vermögender Familien vgl. exemplarisch Derix, Die Thyssens, S. 321f.

372 Schon 1934 hatte der Präsident des Landesfinanzamtes Hannover bemerkt, dass »die Veranlagung des Herzoglichen Hauses und seiner Mitglieder [...] infolge der nicht einfachen Rechtsverhältnisse mit erheblichen Schwierigkeiten verbunden« sei. NLA HA, Dep. 103 XL, Acc. 2018/111, Nr. 816, Landesfinanzamt Hannover an die Oberste Verwaltung, 28.7.1934.

373 NLA HA, Hann. 210 Acc. 2003/087, Nr. 123, Vermerk des Landesfinanzamts Hannover, 11.1.1936.

374 NLA WO, 23 A Nds, Zg. 23/1986, Nr. 318, Betriebsprüfungsbericht, 28.5.1943. Die Kritik, die Hanns Kniep in den frühen 1920er-Jahren an der Buchführung der Obersten Verwaltung geübt hatte, war offensichtlich ohne Konsequenzen geblieben.

375 NLA HA, Dep. 103 XL, Acc. 2018/111, Nr. 2287, Zusammenstellung über geleistete Einkommens-, Vermögens- und Körperschaftssteuern 1931-1944, 18.1.1946. Die Steuererklärungen und -bescheide selbst sind für diese Jahre größtenteils nicht überliefert.

Braunschweig-Lüneburg, welches das weitaus größte Vermögen unter den Häusern besaß, sowie das vermögendste Familienmitglied, Ernst August (III.). Ungefähr 2,9 Millionen Reichsmark betrug das Vermögen des Welfenoberhaupts im Jahr 1935, das des Hauses mindestens 13,4 Millionen Reichsmark. Die Schulden und sonstigen steuerrelevanten Lasten, die aus den Zahlen herausgerechnet waren, beliefen sich dagegen auf etwa 1,8 Millionen Reichsmark bei Ernst August (III.), während es beim Gesamthaus nicht weniger als 6,9 Millionen Reichsmark waren.[376] Kurzum, die hochadelige Familie trug erhebliche finanzielle Verpflichtungen mit in die Jahre des »Dritten Reichs«.

Ursächlich hierfür waren mehrere Faktoren. Nicht nur Bank- und Hypothekenschulden, die während der Weltwirtschaftskrise und des langen Ringens um den Welfenfonds hatten aufgenommen werden müssen, belasteten die Vermögen, sondern auch – und vor allem – kapitalisierte Renten und Ruhegehälter. Dazu zählten zum einen »Zuschüsse«, »Apanagen« und »Handgelder«, die monatlich an die Familienmitglieder flossen. Von diesen wird noch die Rede sein.[377] Zum anderen waren Pensionen und Hinterbliebenenbezüge dazuzurechnen, die an ehemalige Angestellte und deren Nachkommen gezahlt werden mussten. Speziell die dutzenden »Hofbediensteten« Ernst Augusts (II.), die Anfang der 1920er-Jahre pensioniert worden waren, bezogen nach wie vor umfangreiche Leistungen – eine Verpflichtung, die auch anderen vormals regierenden Familien Probleme bereitete.[378] Carl Weickens etwa, Generalbevollmächtigter des Hauses Wettin, klagte 1934 gegenüber der Obersten Verwaltung: »Bemühungen, unsere Herrschaft zum Balancieren zu bringen, scheitern an einem Posten, und zwar an den Pensionen«.[379]

Was nötig wäre, um die welfische »Herrschaft« »auszubalancieren«, stand für Paul Knoke spätestens 1933 fest. Im März dieses Jahres mahnte er in einer Mitgliederversammlung des Gesamthauses, »ein wirtschaftlich günstigeres Verhältnis zwischen dem Grundbesitz und dem Kapitalvermögen herzustellen«.[380] Damit hatte Knoke gewissermaßen das Credo für die darauffolgenden Jahre formuliert. Um die hohen Schulden zu reduzieren und die laufenden Verpflichtungen bedienen zu können, sollte auf der einen Seite kostenintensiver Grund und Boden abgestoßen und auf der anderen Seite vermehrt in Wertpapiere investiert werden. Offenbar wirkte Grundbesitz, um den sich im Konflikt um das Kammergut noch ausdrücklich bemüht worden war, nach den erschütternden Erfahrungen der Großen Depression zu krisenanfällig, während Aktien- und

376 Vgl. ebd.; NLA HA, Dep. 103 XL, Acc. 2018/111, Nr. 2287, Vermögensaufstellungen 1934-1944, 18.1.1946.

377 Siehe das Kapitel »›Absicherung‹ von Familie und Verwandtschaft«.

378 Die finanzielle Belastung resultierte dabei aus der großen Zahl an Pensionären und nicht aus der Höhe der einzelnen Leistungen. So hatte sich die Oberste Verwaltung in den Jahren der Weltwirtschaftskrise strikt an den drakonischen Notverordnungen der Regierung Heinrich Brüning orientiert. Vgl. NLA HA, Dep. 103 XL, Acc. 2018/111, Nr. 3314, Protokoll über die außerordentliche Mitgliederversammlung des Gesamthauses Braunschweig-Lüneburg, 18.11.1931; Hesse/Köster/Plumpe, Depression, S. 71f.

379 NLA HA, Dep. 103, XXXIX, Acc. 2018/53, Nr. 23, Carl Weickens an Paul Knoke, 29.3.1934.

380 NLA HA, Dep. 103 XL, Acc. 2018/111, Nr. 3314, Außerordentliche Mitgliederversammlung des Gesamthauses Braunschweig-Lüneburg, 24.3.1933.

Anleihebesitz angesichts des nationalsozialistischen »Wirtschaftswunders« überaus rentabel schien.[381] Eine besondere Investitionschance versprach in diesem Zusammenhang die Beilegung des Welfenfondsprozesses 1934/35 und die damit einhergehende Barausschüttung von Kapital und Zinsen.

Im Speziellen zielten die Maßnahmen auf das private Vermögen Ernst Augusts (III.) und das des Gesamthauses Braunschweig-Lüneburg ab, die größten Vermögensmassen der Welfen. Beide wurden aus praktischen Erwägungen schon vor 1939 gemeinsam verwaltet, bevor sie sich mit dem Erlöschen der Hausvermögen in den Händen des Familienoberhaupts vereinigten.[382] Vor allem aber umfassten nur diese Vermögensmassen nennenswerten Grundbesitz. So gehörten Ernst August (III.) unter anderem die ausgedehnten Forste in Grünau sowie Schloss Cumberland mitsamt der umliegenden Villen in Gmunden. Zum Besitz des Gesamthauses zählten neben den land- und forstwirtschaftlichen Flächen im Harz etwa das Schloss und die Gärten von Herrenhausen. Angesichts dieser vielzähligen Anwesen, Ländereien und Wälder bedeutete die geplante Verlagerung von Grund- zu Kapitalbesitz nichts weniger als einen grundstürzenden Umbau des welfischen Vermögensbestands.

Für dieses Vorhaben eröffneten sich den Welfen im »Dritten Reich« zweifellos außergewöhnliche Handlungsspielräume. Einer vermögenden Familie des Hochadels, die direkte Kontakte zur NS-Staatsführung unterhielt, boten die forcierte Aufrüstung, später auch die revisionistische Außenpolitik, die territoriale Expansion und die »Arisierung« jüdischen Eigentums vielfältige Möglichkeiten, Vermögen gewinnbringend anzulegen. Umgekehrt wurden die Gestaltungmöglichkeiten hierdurch aber auch erheblich eingeschränkt und kanalisiert.[383] Überhaupt waren die Welfen durch die Ideologie und das Herrschaftssystem des Nationalsozialismus bald zu einschneidenden persönlichen, administrativen und wirtschaftlichen Anpassungen gezwungen. Dies ist am Beispiel der Auflösung der gebundenen Vermögen sowie der Karrierewege von Ernst August (IV.) und seinen Brüdern bereits mehrfach deutlich geworden.

Autarkie, Aufrüstung, »Arisierung«. Neue Handlungsspielräume

Die Mahnungen Paul Knokes, Grundbesitz zu veräußern, galten zunächst den zahlreichen Immobilien der Welfen in Österreich. Mit Verweis auf die »Schwierigkeiten, die wir bei der Erhaltung des österreichischen Grundbesitzes haben« und der »Ebbe in der Gmundener Kasse« appellierte Knoke in den 1930er-Jahren regelmäßig an Ernst August

381 Zusammenfassend zu Verlauf und Ursachen des nationalsozialistischen Wirtschaftsaufschwungs vgl. Spoerer, Mark u. Streb, Jochen, Neue deutsche Wirtschaftsgeschichte des 20. Jahrhunderts, München 2013, S. 103 ff.

382 Vgl. dazu NLA HA, Dep. 103, XXXIX, Acc. 2018/53, Nr. 95, Oberste Verwaltung an die Reichsbankstelle Braunschweig, 7. 2. 1934.

383 Vgl. entsprechend Finger, Jürgen, Reiche Lebenswelten in NS-Deutschland. Gestaltungschancen vermögender Unternehmerfamilien am Beispiel Dr. Oetker/Richard Keselowsky, in: Eva Maria Gajek, Anne Kurr u. Lu Seegers (Hrsg.), Reichtum in Deutschland. Akteure, Räume und Lebenswelten im 20. Jahrhundert, Göttingen 2019, S. 77-97, hier: S. 81.

(III.), die dortigen Anwesen und Grundstücke zu verkaufen.[384] Seit dem Wegzug aus Gmunden gab es für viele der Villen, die einst für das Gefolge Ernst Augusts (II.) erworben worden waren, keine Verwendung mehr. Die Villa Weinberg, die von der Familie bei ihren Aufenthalten im Salzkammergut bewohnt wurde, die Königinvilla, wo Olga lebte, sowie mehrere Jagdhäuser, insbesondere das Hubertihaus, waren hiervon ausgenommen. Doch nach den Jahren der Weltwirtschaftskrise fiel es schwer, die erhofften Preise zu erzielen.[385] Zum Teil waren erhebliche finanzielle Zugeständnisse notwendig, um die kostspieligen Immobilien zu veräußern.[386]

Allein vom weitaus teuersten Objekt, dem monumentalen Schloss Cumberland mit seinem mehr als 50 Hektar großen Park, gelang es nicht, sich frei zu machen. Zwar hätten »Berufs-Realitätenvermittler« wiederholt Interesse angemeldet, berichtete Ernst August Freiherr von der Wense 1935 aus Gmunden, doch sei es nie zu konkreten Verhandlungen gekommen.[387] Als ein Jahr darauf der englische König Eduard VIII. seinen Thronverzicht erklärte, kam die Überlegung auf, ihm den repräsentativen Bau als Exilsitz anzubieten. Aber auch dieser Plan zerschlug sich schnell wieder.[388] Letztlich musste Knoke einräumen, »daß die Chancen für einen Verkauf auf absehbare Zeit [...] gering sind«.[389] Wohl auch deshalb unternahm Ernst August (III.) im Winter 1938 den Versuch, Friederike die Besitzung zum Geschenk zu machen. Da aber die Schenkung – wie beschrieben – vorerst nicht zustande kam, blieb das Welfenoberhaupt unfreiwillig Eigentümer von Schloss Cumberland.

Vielfältig, fast verzweifelt, waren in der Folge die Bemühungen, eine alternative Verwendung für das Prunkschloss zu finden. Dabei zeigte sich Ernst August (III.) wenig wählerisch, sofern bloß die hohen Unterhaltskosten abgedeckt wurden. Nachdem der Versuch, ein Landerziehungsheim einzurichten, 1933 gescheitert war, wurden einige Nebengebäude und weite Teile des Parks an die Stadt Gmunden verpachtet und fortan vom Militär genutzt.[390] 1936 gelang es, das Schloss selbst an das oberösterreichische Landesverkehrsamt zu vermieten, das es als Ferienheim für Studierende umbaute.[391] Weil jedoch die gewünschte Auslastung nicht erreicht werden konnte, vermietete man das Gebäude 1938, nach dem »Anschluss« Österreichs, an die NSDAP des Gaus Ober-

384 NLA HA, Dep. 103 XXXIX, Acc. 2018/53, Nr. 402, Paul Knoke an Ernst August (III.), 11. 2. 1936 u. 22. 4. 1936.

385 Vgl. NLA HA, Dep. 103, XXXIX, Acc. 2018/53, Nr. 95, Die Oberste Verwaltung an das Landesfinanzamt Braunschweig, 7. 2. 1934.

386 Für die einzelnen Verkäufe vgl. NLA WO, 23 A Nds, Zg. 23/1986, Nr. 318, Betriebsprüfungsbericht, 28. 10. 1939.

387 NLA HA, Dep. 103 XXXIX, Acc. 2018/53, Nr. 402, Ernst August Freiherr von der Wense an das »Hofmarschallamt«, 15. 1. 1935.

388 Vgl. NLA HA, Dep. 103 XL, Acc. 2018/111, Nr. 1874, Ernst August Freiherr von der Wense an die Oberste Verwaltung, 15. 12. 1936.

389 NLA HA, Dep. 103 XL, Acc. 2018/111, Nr. 1876, Paul Knoke an Ernst August (III.), 21. 8. 1935.

390 Vgl. NLA HA, Dep. 103 XL, Acc. 2018/111, Nr. 1876, Ernst August Freiherr von der Wense an Paul Knoke, 8. 6. 1938; Schießer, Schloss Cumberland, S. 118 ff.

391 Vgl. hierzu die Verträge und Korrespondenz in NLA HA, Dep. 103 XL, Acc. 2018/111, Nr. 1874, Vermietung des Schlosses Cumberland in Gmunden an das Landesverkehrsamt, Linz, 1934-1951.

österreich.[392] Diese richtete es zu einer »Gauschulungsburg« her, die im Jahr darauf eröffnet wurde. Doch auch die nationalsozialistische Schulungsstätte hatte bloß einige Monate Bestand. Mit Beginn des Zweiten Weltkriegs wurde das Schloss abermals umfunktioniert und schließlich als Lazarett genutzt.

Im Gegensatz zu den glücklosen Versuchen, in Österreich Grundbesitz in größerem Umfang abzustoßen, gelang es auf deutschem Boden, mehrere repräsentative Liegenschaften zu verkaufen. Im März 1935 veräußerte Ernst August (III.) Schloss Richmond, das zuvor bereits verpachtet gewesen war, an die Stadt Braunschweig.[393] »Ein Wohnen in Richmond ist [...] leider für meine Frau nicht möglich«, hatte er einmal über das kleine Barock-Schloss im Süden Braunschweigs bemerkt, »wir haben es im Sommer 1916 einige Tage versucht«, aber Viktoria Luise habe Rheuma bekommen, weil das Gebäude zu feucht gewesen sei.[394] Im Jahr darauf wurden weite Teile der Herrenhäuser Gärten, der »Große Garten« und der »Berggarten«, an die Stadt Hannover veräußert.[395] Der Verkaufspreis von 775.000 Reichsmark war in der Mitgliederversammlung des Hauses zwar als »kaum [...] angemessenes Äquivalent« für die Gärten bemängelt worden.[396] Trotzdem hatten Ernst August (III.) und sein ältester Sohn dem Verkauf zugestimmt, »da das Gesamthaus nicht mehr in der Lage ist, die zu ihrer Erhaltung erforderlichen Mittel aufzuwenden«. Seit Jahren hatte sich in den Gärten ein gewaltiger Modernisierungs- und Sanierungsrückstand aufgebaut, ihre einstige Pracht war längst verschwunden. Faktisch musste die Stadt nach der Übernahme enorme finanzielle Mittel aufwenden, um die Anlage wieder in einen vorzeigbaren Zustand zu versetzen.[397]

Weitere Grundverkäufe erfolgten nur unter Zwang. Ende der 1930er-Jahre mussten zwei große landwirtschaftliche Güter für den Aufbau der »Reichswerke AG für Erzbergbau und Eisenhütten ›Hermann Göring‹« im Salzgittergebiet abgegeben werden.[398] Die rechtliche Grundlage hierzu bildete das »Gesetz über die Landbeschaffung zu Zwecken der Wehrmacht«. Demnach durfte benötigtes Land gegen »angemessene

392 Vgl. NLA HA, Dep. 103 XL, Acc. 2018/111, Nr. 1875, Vermietung des Schlosses Cumberland in Gmunden an die NSDAP als Gau-Schulungsburg, 1938-1943. Näher dazu auch Schießer, Schloss Cumberland, S. 120 ff.

393 Vgl. NLA HA, Dep. 103 XL, Acc. 2018/111, Nr. 779, Kaufvertrag, 29. 3. 1935.

394 NLA HA, Dep. 103 XXXIX, Acc. 2018/53, Nr. 44, Ernst August (III.) an August Floto (Abschrift), 6. 1. 1921.

395 Vgl. NLA HA, Dep. 103 XL, Acc. 2018/111, Nr. 3333, Kaufvertrag, 7. 7. 1936. Zu den vorausgegangenen, langjährigen Verhandlungen mit der Stadt Hannover siehe Röhrbein, Waldemar R., Rettet die Herrenhäuser Gärten! Der Heimatbund Niedersachsen und seine Mitstreiter im Einsatz für die Rettung der Herrenhäuser Gärten, in: Hannoversche Geschichtsblätter 62, 2008, S. 7-38.

396 NLA HA, Dep. 103 XL, Acc. 2018/111, Nr. 3314, Außerordentliche Mitgliederversammlung des Gesamthauses Braunschweig-Lüneburg, 6. 7. 1936.

397 Vgl. Palm, Heike, Die Geschichte des Großen Gartens, in: Marieanne von König, Wolfgang Volz u. Bernd Adam (Hrsg.), Herrenhausen. Die Königlichen Gärten in Hannover, Göttingen 2006, S. 17-42.

398 Vgl. zur Geschichte der Reichswerke AG Meyer, August, Hitlers Holding. Die Reichswerke »Hermann Göring«, München 1999. Zur NS-Enteignungspolitik vgl. Schleusener, Jan, Eigentumspolitik im NS-Staat. Der staatliche Umgang mit Handlungs- und Verfügungsrechten über privates Eigentum 1933-1939, Frankfurt a. M. 2009, hier: S. 98 ff.

Entschädigung« enteignet werden, sofern vorab keine »Vereinbarung«, sprich: ein Verkauf, hatte erzielt werden können.[399] Im Februar 1938 kündigte die eigens zu diesem Zweck geschaffene »Reichsstelle für Landbeschaffung« den Bedarf der Domäne Gebhardshagen an.[400] Kaum zwei Wochen später wurde mit den Verkaufsverhandlungen begonnen. Die Oberste Verwaltung zog dazu den Sachverständigen Eduard Niemann zurate, der ein ausführliches Wertgutachten erstellte, das 1,2 Millionen Reichsmark als »angemessene Entschädigung« auswies.[401] Wenige Monate darauf wurde die Domäne zu diesem Preis verkauft. Ein Jahr später erhielt das Haus für das direkt an Gebhardshagen angrenzende Gut Lichtenberg ebenfalls ein Kaufangebot. Den offerierten Preis von zwei Millionen Reichsmark wertete Niemann wiederum als »richtig und gut«.[402] Daraufhin wurde auch dieser Betrieb »freihändig« an die Reichswerke AG veräußert, »um es nicht zur Enteignung kommen zu lassen«, wie es im Beschluss der Mitgliederversammlung hieß.[403]

Trotz des erklärten Vorhabens, den Besitz an Grund und Boden zu reduzieren, ist nicht zu bezweifeln, dass Gebhardshagen und Lichtenberg allein aufgrund des staatlichen Drucks verkauft wurden. Auf die beiden ertragreichen Betriebe war in den Verhandlungen mit Braunschweig explizit Wert gelegt worden, um Schloss Blankenburg unterhalten zu können. Dennoch wäre es verkehrt, nicht auch die Handlungsspielräume der Welfen zu sehen. Durch bereitwillige Kooperation mit den NS-Behörden gelang es, zufriedenstellende Entschädigungen zu erzielen. Dabei spielte der Familie der Zeitdruck des Vierjahresplans in die Hände, der die Behörden zu raschen Einigungen drängte.[404] Nicht zuletzt konnten die Erlöse in Kapitalbesitz veranlagt werden, der »natürlich« wesentlich höhere Erträge eingebracht habe als der landwirtschaftliche Besitz, wie Ernst August (III.) und Knoke in der Nachkriegszeit jeweils urteilen sollten.[405]

Besonders deutlich zeigen sich die Handlungsmöglichkeiten der Welfen allerdings dort, wo sie einen Zwangsverkauf abwenden konnten. Denn auch das bei Schloss Marienburg gelegene, rund 500 Hektar große Gut Calenberg wurde ursprünglich von der Reichsstelle für Landbeschaffung beansprucht. Die Flächen sollten »empörten Bauern« aus der Gegend um Salzgitter, »von Haus und Hof vertrieben«, zur Verfügung gestellt werden,

399 Zitiert nach ebd.

400 Vgl. NLA HA, Dep. 103 XL, Acc. 2018/111, Nr. 1903, Reichsstelle für Landbeschaffung an die Oberste Verwaltung, 10. 2. 1938; Meinecke, Alfred, Die Geschichte der Burg und Domäne Gebhardshagen, Salzgitter 1988, S. 103 f.

401 NLA HA, Dep. 103 XL, Acc. 2018/111, Nr. 1903, Gutachten Eduard Niemanns über das Gut Gebhardshagen, 22. 3. 1938.

402 NLA HA, Dep. 103 XL, Acc. 2018/111, Nr. 1901, Eduard Niemann an die Oberste Verwaltung, 31. 7. 1939. Letztlich wurde auch zu diesem Preis verkauft. Vgl. NLA HA, Dep. 103 XL, Acc. 2018/111, Nr. 1901, Kaufvertrag, 3. 1. 1940.

403 NLA HA, Dep. 103 XL, Acc. 2018/111, Nr. 3314, Außerordentliche Mitgliederversammlung des Gesamthauses Braunschweig-Lüneburg, 9. 7. 1940.

404 Vgl. Tooze, Adam, Ökonomie der Zerstörung. Die Geschichte der Wirtschaft im Nationalsozialismus, München 2007, S. 280 ff.

405 Zitat aus BWA, F 20, 342, Anlage zum Entnazifizierungsbogen Ernst Augusts (III.), 8. 2. 1946. Vgl. entsprechend NLA HA, Dep. 103 XL, Acc. 2018/111, Nr. 60, Paul Knoke an den Amtsgerichtsrat Stölting (Abschrift), 2. 9. 1956.

wie Hermann Göring, der Beauftragte für den Vierjahresplan, 1939 mitteilte.[406] Doch in diesem Fall war Ernst August (III.) nicht gewillt, zu verkaufen; Rechtsanwälte wurden kontaktiert und abermals Niemann eingeschaltet.[407] Auftragsgemäß legte der Berater den zuständigen Stellen die Gründe dar, die gegen eine Aufteilung sprächen. Er verwies auf den »schweren Schaden«, den das Gesamthaus bereits durch Enteignungen erlitten habe, betonte, dass Calenberg »das letzte und einzigste Gut« des »hohen Hauses« im Hannoverschen sei und appellierte eindringlich, »aus ernährungspolitischen Gründen [...] von einer Zerschlagung eines derartigen Spitzenbetriebes abzusehen«.[408] Doch vor allem setzte Ernst August (III.) sein soziales Kapital ein. »Im Kampf um den Boden der Väter« wandte er sich nicht nur an Göring, sondern schrieb auch an den Reichsminister für Ernährung und Landwirtschaft, Walther Darré, um anzukündigen, im Zweifel die »Entscheidung des Führers und Reichskanzlers« anrufen zu wollen.[409] Bezeichnend für das lange Zeit wohlwollende Verhältnis zwischen den nationalsozialistischen Granden und der hochadeligen Familie, folgten die Antworten postwendend. Göring ließ keinen Zweifel daran, dass er es persönlich begrüßen würde, wenn Calenberg erhalten bliebe, während Darré beteuerte, »Ihren Fall besonders eingehend zu prüfen«.[410] In der Tat wurde das Gut letztlich nicht in Anspruch genommen. Was dafür den Ausschlag gab, ist nicht mehr zu rekonstruieren. Jedoch war es Ernst August (III.) ein »Bedürfnis«, dem Reichsernährungsminister dafür zu danken, dass »Sie [...] sich in der Lage gesehen haben, von der beabsichtigen Enteignung Abstand zu nehmen«.[411]

Nicht zuletzt aufgrund dieses erfolgreichen »Kampfes« bildeten land- und forstwirtschaftliche Besitzungen auch in den Jahren des »Dritten Reichs« wesentliche Bestandteile des welfischen Gesamtvermögens. Neben dem Gut Calenberg verblieben der Familie mehrere verpachtete landwirtschaftliche Betriebe sowie die selbstständig bewirtschafteten Forste in Deutschland und Österreich. Sofern der Ertrag stimmte, wurde dieser Besitz nach wie vor durch Zukäufe vergrößert. Unter anderem erwarb man 1938 das nahe Blankenburg gelegene Rittergut Westdorf.[412] Einige Jahre später zog man sich zudem aus der Museums- und Bibliotheksstiftung zurück, was nicht nur Kosten einsparen, sondern auch eine »angemessene Entschädigung« in Grundbesitz bringen sollte.[413] Und

406 BA, R 43 II/901, Hermann Göring an Ernst August (III.) (Abschrift), 2.3.1939.
407 NLA HA, Dep. 103 XL, Acc. 2018/111, Nr. 2919, Hans Heinrich von Grone an Paul Knoke, 5.9.1938.
408 NLA HA, Dep. 103 XL, Acc. 2018/111, Nr. 511, Vermerk Eduard Niemanns, 21.4.1938. Wiederholt wurde auch das agrarideologisch gewichtige Argument vorgebracht, dass das Gut künftig durch Ernst August (IV.) selbst bewirtschaftet werden solle. Vorerst sollte es dazu aber nicht kommen, was mit den »durch den Krieg eingetretenen Hemmungen« begründet wurde. NLA HA, Dep. 103 XL, Acc. 2018/111, Nr. 2059, Vermerk Paul Knokes, 2.4.1943.
409 BA, R 43 II/901, Ernst August (III.) an Walther Darré (Abschrift), 15.3.1939.
410 Vgl. BA, R 43-II/901, Hermann Göring an Ernst August (III.) (Abschrift), 2.3.1939; BA, R 43 II/901, Walther Darré an Ernst August (III.) (Durchschrift), 18.3.1939.
411 BA, R 43 II/195, Ernst August (III.) an Walter Darré (Abschrift), 26.8.1939.
412 Vgl. NLA HA, Dep. 103 XL, Acc. 2018/111, Nr. 654, Kaufvertrag, 24.5.1938. Zu den Gründen des Kaufs: NLA HA, Dep. 103 XL, Acc. 2018/111, Nr. 652, Vermerk Eduard Niemanns, 8.5.1938.
413 NLA HA, Dep. 103 XL, Acc. 2018/111, Nr. 63, Paul Knoke an Museumsdirektor Johannes Dürkop (Abschrift), 26.7.1941. Mit der Forderung einer »Entschädigung« konnte sich indes nicht durchgesetzt werden. Stattdessen verkaufte das Land Braunschweig Ernst August (III.) das Klostergut

dennoch: Durch die vielen freiwilligen und erzwungenen Verkäufe wurde der Grundbesitz in den 1930er-Jahren insgesamt deutlich reduziert. Allein der Besitz des Gesamthauses verringerte sich zwischen 1935 und 1939 – gemessen am Einheitswert – um fast 20 Prozent.[414] Innerhalb weniger Jahre standen sonach Mittel in Millionenhöhe zur Verfügung, die in Kapitalvermögen angelegt werden konnten.

Soweit bekannt, verfolgten die Welfen keinen speziellen Investmentplan, der detailliert vorgezeichnet hätte, in welche alternativen Vermögensformen investiert werden sollte.[415] Trotzdem steht fest, dass die Kapitalanlage in den Jahren 1933 bis 1945 keineswegs planlos erfolgte. Ohne dezidierten Vermögensverwalter, wie es Hanns Kniep und David Hermann Wolff gewesen waren, trug die Verantwortung hierfür hauptsächlich Paul Knoke, bevor zu Beginn der 1940er-Jahre Johannes Semler enger in die Verwaltung eingebunden wurde. Unterstützung erhielten die Berater vom Bankhaus H. Aufhäuser in München, das nach seiner »Arisierung« 1938 unter dem Namen »Seiler & Co.« firmierte, sowie der RKG in Berlin.[416] Die Banken gaben Anlageempfehlungen, vermittelten Kredite und übernahmen das tägliche Wertpapiergeschäft. Kleinere Transaktionen wurden dabei allein zwischen der Obersten Verwaltung und den Bankhäusern abgewickelt, ansonsten war Ernst August (III.) fest in die Entscheidungsprozesse eingebunden. Seine Stimme gab letztlich den Ausschlag für oder gegen ein Investment – auch nachdem die vier Söhne vermehrt Aufgaben der Vermögensverwaltung übernahmen.

In enger Abstimmung zwischen dem Welfenoberhaupt, der Obersten Verwaltung und den Finanzexperten der Banken wurde mit den Jahren ein breit gefächertes Wertpapierportfolio zusammengestellt.[417] Aktien, die im Verlauf der 1920er-Jahre erworben worden waren, wie eine umfangreiche Beteiligung an der Münchener Hackerbräu AG, ergänzte man sukzessive durch Anteile kleinerer und größerer, meist inländischer Gesellschaften unterschiedlichster Branchen.[418] Auch Staatsanleihen wurden wieder gezeichnet.[419] Die Spannbreite des Portfolios Ernst Augusts (III.) reichte von Anteilen an der

Michaelstein zum Preis von 184.570 Reichsmark (dem Einheitswert). Vgl. dazu Sbresny, Sammlungen, 483 f.; Schmidt, Herzogsprozeß, S. 162.

414 Vgl. die Vermögensaufstellungen des Gesamthauses Braunschweig-Lüneburg vom 1.1.1935 und 1.7.1939 in NLA HA, Dep. 103 XL, Acc. 2018/111, Nr. 64.

415 Ratgeber über die Aufstellung »idealer« Anlagepläne und die »Hauptfehler« der Vermögensanlage waren zeitgenössisch sehr verbreitet. Vgl. exemplarisch Quittner, Paul, Investment. Moderne Prinzipien der Vermögensanlage, Berlin 1930.

416 Näher zur »Arisierung« des Privatbankhauses vgl. das Kapitel »›Phantasiepläne‹? Bilanzierung und Perspektiven«.

417 Vgl. im Einzelnen NLA HA, Dep. 103 XL, Acc. 2018/111, Nr. 825, Verzeichnis der Wertpapiere des Gesamthauses Braunschweig-Lüneburg, 1935-1941; NLA HA, Dep. 103 XL, Acc. 2018/111, Nr. 835, Verzeichnis der Wertpapiere Ernst Augusts (III.), 1940-1942.

418 Vgl. zur Einordnung Banken, Ralf, Durch Weltwirtschaftskrise und Rüstungsboom. Die Entwicklung der großen Vermögen 1928-1940 in Deutschland, in: Eva Maria Gajek, Anne Kurr u. Lu Seegers (Hrsg.), Reichtum in Deutschland. Akteure, Räume und Lebenswelten im 20. Jahrhundert, Göttingen 2019, S. 289-312, hier: S. 299, Tab. 5, Diversifizierung des Anlagevermögens von 20 Berliner Millionären im Jahr 1932.

419 Reichsanleihen wurden dabei vor allem in den Friedensjahren gezeichnet, während sie im Verlauf des Kriegs sukzessive abgestoßen wurden. Dies mag auch mit den schlechten Erfahrungen nach dem Ersten Weltkrieg zusammenhängen.

»A. W. Faber Castell – Bleistiftfabrik AG« über verschiedene Pfandbriefe und Schuldverschreibungen bis hin zu Beteiligungen an Zuckerfabriken in Mittel- und Norddeutschland. Beteiligungen in Höhe von mehreren hunderttausend Reichsmark wurden dabei fast ausschließlich unter der Voraussetzung erworben, dass man ein Mandat im Aufsichts- oder Verwaltungsrat erhielt. Auf diese Weise sollte eine gewisse Kontrolle über die größeren Kapitalanlagen ausgeübt werden.[420] Vertreten ließ sich Ernst August (III.) in den Kontrollgremien zunächst vor allem von Knoke, später von Semler, zunehmend aber auch von seinem ältesten Sohn.[421]

Allerdings war die Anlage in Aktien und Anleihen im »Dritten Reich« nur begrenzt attraktiv. Der durchschnittliche Kurswert der an der Berliner Börse gehandelten Aktien konnte die vor der Weltwirtschaftskrise erzielten Höchststände nie wieder erreichen – weder während des Rüstungsaufschwungs nach 1933 noch im wirtschaftlichen Boom des Krieges zwischen 1939 und 1943.[422] Ursächlich hierfür waren massive staatliche Kapitalmarktregulierungen. Durch dirigistisch verordnete Zinssatzsenkungen verschaffte sich der Staat die Möglichkeit, günstig Kredite aufnehmen zu können. Infolgedessen sank die durchschnittliche Rendite festverzinslicher Wertpapiere von 7,2 Prozent im Jahr 1933 auf 4,5 Prozent im Jahr 1939.[423] Zugleich war das NS-Regime bemüht, die Nachfrage nach Rentenpapieren zu beleben, indem es den Aktienmarkt mit dem sogenannten Anleihestockgesetz schwächte. Demnach durften Kapitalgesellschaften – wie Aktiengesellschaften, Kommanditgesellschaften auf Aktien oder GmbHs – nur noch Dividenden von sechs bis acht Prozent ausschütten.[424] »Natürlich«, so meinte Knoke einmal, habe dies »bei der Rentabilitätsberechnung für eine solche Anlage« stets mit in Betracht gezogen werden müssen.[425]

Aus diesem Grund bemühten sich die Familie und ihre Berater nicht allein um einen breit gestreuten Kapitalbesitz. Vor allem wurde gezielt in ausgewählte Anlageformen und Wirtschaftsbereiche investiert, von denen man sich – unter den speziellen Rahmenbedingungen des NS-Staates – eine überdurchschnittliche Rendite, ein kalkulierbares

420 Aufsichtsratsbezüge wurden gelegentlich aber auch unmittelbar in die Rentabilitätsrechnungen einbezogen. Vgl. NLA HA, Dep. 103 XL, Acc. 2018/111, Nr. 144, Paul Knoke an Ernst August (III.) (Abschrift), 13.6.1938.

421 Bei Kriegsende saß allein Ernst August (IV.) in den Aufsichtsräten von nicht weniger als vier Aktiengesellschaften. Vgl. NLA HA, Dep. 103 XL, Acc. 2018/111, Nr. 174, Einkommensteuererklärung Ernst Augusts (IV.), 1945.

422 Vgl. Deutsche Bundesbank (Hrsg.), Deutsches Geld- und Bankwesen in Zahlen 1876-1975, Frankfurt a. M. 1976, S. 294; Banken, Vermögen, S. 290.

423 Vgl. allgemein Diehl, Markus Albert, Von der Marktwirtschaft zur nationalsozialistischen Kriegswirtschaft. Die Transformation der deutschen Wirtschaftsordnung 1933-1945, Stuttgart 2005, S. 158 ff.; speziell Gaul, Claus-Martin, Die industriellen Anlageinvestitionen und ihre Steuerung in Deutschland von 1933 bis 1939, Hamburg 2004, S. 144 ff.

424 Vgl. Bähr, Johannes, Unternehmens- und Kapitalmarktrecht im »Dritten Reich«: Die Aktienrechtsreform und das Anleihestockgesetz, in: Ders. u. Ralf Banken (Hrsg.), Wirtschaftssteuerung durch Recht im Nationalsozialismus. Studien zur Entwicklung des Wirtschaftsrechts im Interventionsstaat des »Dritten Reichs«, Frankfurt a. M. 2006, S. 35-70; Hof, Patrik, Kurswechsel an der Börse. Kapitalmarktpolitik unter Hitler und Mussolini, München 2008, S. 125 ff.

425 NLA HA, Dep. 103 XL, Acc. 2018/111, Nr. 144, Paul Knoke an Alois Danninger (Abschrift), 7.5.1938.

Risiko und eine langfristige Perspektive versprach. Im Einzelnen waren dies die Holz-, die Bau- und die Rüstungsindustrie. In diesen Industrien wurden bevorzugt Mehrheitsbeteiligungen erworben, sich am Aufbau und der Expansion von Gesellschaften beteiligt und selbst Unternehmen gegründet.

Die Holzverarbeitung war der erste Wirtschaftszweig, auf den sich die Welfen nach der nationalsozialistischen Machtübernahme konzentrierten. Allein in den Friedensjahren wurde hier fast eine Million Reichsmark in fünf verschiedene Unternehmen investiert; man erwarb Aktien und vergab Darlehen.[426] Anreize dafür gab es viele. Grundsätzlich verfügte die Familie durch ihre langjährige, umfangreiche Forstwirtschaft über die nötigen Fachkenntnisse in der Branche.[427] Darüber hinaus eröffneten die Unternehmensbeteiligungen neue Absatzmöglichkeiten für die eigene Holzproduktion, die Paul Knoke als »äußerst günstig« bewertete.[428] Hauptsächlich aber schien eine Kapitalanlage vielversprechend, da Holz als heimischem Rohstoff ein besonderer Stellenwert in der staatlichen Autarkiepolitik zukam. Unter anderem produzierten die Betriebe, an denen man sich beteiligte, Faserplatten und Treibstoff aus Holzabfällen. Dadurch sollten die Bauholz- und Mineralölimporte des Reichs reduziert und Devisen eingespart werden.[429] Dieser Bedeutung waren sich die welfischen Berater zweifellos bewusst. Mit Blick auf die »Zenith AG«, ein allgäuisches Faserplattenwerk, bemerkte Knoke, dass man sich »aktienmäßig« daran beteiligt habe, da die Verarbeitung von Abfallholz »wirtschaftlich aussichtsreich und devisenmäßig erwünscht« erscheine.[430] Wie zielgerichtet das Kalkül mit den nationalen Autarkiebestrebungen war, belegen nicht zuletzt wiederholte Beteuerungen während des Welfenfondsprozesses, sich bei einer Freigabe des Kapitals »geldlich« an »Holzverwertungspläne[n]« beteiligen zu wollen.[431]

Die zweite, verwandte Branche, in die die Welfen schwerpunktmäßig investierten, war die Bauwirtschaft – speziell im »angeschlossenen« Österreich. Abermals war es hier ein Zusammenspiel mehrerer Faktoren, das eine Kapitalanlage besonders attraktiv machte. Zum einen verhieß der »Anschluss« ein enormes wirtschaftliches Wachstum für solche Branchen, die auch im »Altreich« boomten.[432] Hierzu zählte in besonderer Weise die Bauwirtschaft, die in Österreich Ende der 1930er-Jahre in einer tiefen Krise

426 Vgl. NLA HA, Dep. 103 XL, Acc. 2018/111, Nr. 844, Etat des Gesamthauses Braunschweig-Lüneburg, 1939.

427 Entsprechend galt die Holzverarbeitung seit dem 19. Jahrhundert als typisches Geschäftsfeld des Adels. Vgl. Freifrau von Hoyningen-Huene, Adel in der Weimarer Republik, S. 371 f.

428 NLA HA, Dep. 103 XL, Acc. 2018/111, Nr. 828, Paul Knoke an Ernst August (III.), 23. 8. 1935. Unterstreichung wie im Original.

429 Vgl. allgemein Tooze, Ökonomie; Rubner, Heinrich, Deutsche Forstgeschichte 1933-1945. Forstwirtschaft, Jagd und Umwelt im NS-Staat, 2. Aufl., St. Katharinen 1997; sowie hier speziell Steinsiek, Peter-Michael, Forst- und Holzforschung im »Dritten Reich«, Remagen 2008, S. 164 ff.

430 NLA HA, Dep. 103 XL, Acc. 2018/111, Nr. 1906, Paul Knoke an die Dedi-Bank Blankenburg (Abschrift), 21. 8. 1935.

431 GStA PK, I. HA Rep. 151, HB, Nr. 73, Paul Knoke an Ministerialdirektor Karl Meyer, 11. 8. 1934; NLA HA, Dep. 103 XL, Acc. 2018/111, Nr. 2305, Paul Knoke an Ministerialdirektor Karl Meyer (Konzept), 11. 11. 1934.

432 Vgl. Butschek, Österreichische Wirtschaftsgeschichte, S. 253 ff.

steckte.[433] Darüber waren Ernst August (III.) und seine Berater gut informiert, spiegelte sich die Entwicklung der Branche doch im Absatz der eigenen Forstbetriebe wider. Zum anderen war förderlich, dass die Familie noch immer über viele wirtschaftliche Verbindungen in ihrer einstigen Exilheimat verfügte. In den unübersichtlichen Tagen des politischen Umsturzes sollten sich verlässliche Informationen über günstige Anlagemöglichkeiten als überaus wertvoll erweisen.

Den Ausschlag für die Investitionen in die Bauindustrie gab allerdings die »Arisierung« der Wirtschaft, die in Österreich nach dem »Anschluss« entschieden forciert wurde.[434] Infolge des antisemitischen Verfolgungsdrucks stand jüdischer Unternehmensbesitz seit März 1938 zahlreich und weit unter Wert zum Verkauf. In dieser Situation erwarb Ernst August (III.) mehrere Aktienpakete aus jüdischem Besitz. Hinweise, dass der »Welfenchef« hierbei ideologisch getrieben vorgegangen wäre, gibt es keine. Sein Handeln war vielmehr ökonomisch motiviert: die niedrigen Kaufpreise versprachen eine hohe Rendite. Dass er sich dafür die Zwangslage der jüdischen Verkäuferinnen und Verkäufer zunutze machte, war Ernst August (III.) nachweislich bewusst. Dies nahm er jedoch, ebenso wie bei anderen »Arisierungen«, die er tätigte, billigend in Kauf. Darauf ist noch näher einzugehen.[435]

Im Speziellen »arisierte« der Ex-Monarch Anteile von Österreichs größtem Bauunternehmen, der Allgemeinen Baugesellschaft – A. Porr AG. Deren jüdische Verwaltungsratsmitglieder, Siegfried Pick und Ottokar Stern, sowie die Witwe eines ehemaligen Mitglieds, Adelheid Stern, sahen sich mit dem »Anschluss« gezwungen, aus dem Unternehmen auszuscheiden – wovon Ernst August (III.) wenige Wochen später aus dem Führungskreis des Unternehmens Kenntnis erhielt.[436] Nach Prüfung durch Johannes Semler wurden die Aktienpakete im Sommer 1938 für rund 300.000 Reichsmark erworben.[437] Durch das kalkulierte Ausnutzen der Notlage des jüdischen Aktionärstrios bot sich eine relativ risikoarme Gelegenheit, in ein neues Geschäftsfeld zu investieren. Dies geschah sozusagen

433 Vgl. Stiefel, Dietmar u. Matis, Herbert, »Mit der vereinigten Kraft des Capitals, des Credits und der Technik …«. Die Geschichte des österreichischen Bauwesens am Beispiel der Allgemeinen Baugesellschaft – A. Porr Aktiengesellschaft, 2 Bände, Wien 1994. Im Vordergrund standen dabei der Industriebau und Wohnsiedlungen. In beiden Branchensegmenten wurde Holz benötigt, zumal in der deutschen Rüstungswirtschaft ein extremer Mangel an Stahl und Eisen herrschte.

434 »Arisierung« meint hier im engeren Sinne den Eigentumstransfer von jüdischem in »arischen« Besitz. Vgl. exemplarisch Bajohr, Frank, »Arisierung« und Restitution. Eine Einschätzung, in: Constantin Goschler u. Jürgen Lillteicher (Hrsg.), »Arisierung« und Restitution. Die Rückerstattung jüdischen Eigentums in Deutschland und Österreich nach 1945 und 1989, Göttingen 2002, S. 39-59, hier: S. 39 ff.

435 Auf die »Arisierungen« Ernst August (III.), seine Motive und den Umgang mit den jüdischen Voreigentümerinnen und -eigentümern wird im Kapitel »Autarkie, Aufrüstung, ›Arisierung‹. Neue Handlungsspielräume« ausführlicher eingegangen.

436 Vgl. NLA HA, Dep. 103 XL, Acc. 2018/111, Nr. 144, Alois Danninger an Ernst August (III.), 27.4.1938. »Direktor Danninger« war in den 1920er-Jahren regelmäßig zu Jagden geladen gewesen. Vgl. NLA HA, Dep. 103 XL, Acc. 2018/111, Nr. 933, Forstrat Georgs Hennigs an Ernst August (III.), 4.10.1928.

437 Formal wurden die Aktien letztlich vom Gesamthaus Braunschweig-Lüneburg erworben. NLA HA, Dep. 103 XL, Acc. 2018/111, Nr. 228, Ottokar Stern, Siegfried Pick und Adelheid Stern an die Oberste Verwaltung (Abschrift), 20.7.1938.

versuchsweise.[438] Ausdrücklich hatte Knoke während der Kaufverhandlungen erwogen, die Aktien schnell wieder abzustoßen, zumal er annahm, dass man dabei »recht gut verdienen« würde.[439] Tatsächlich aber profitierte die Porr AG massiv vom öffentlich induzierten Bauboom. Nach und nach wurden daher weitere Anteile aus nicht-jüdischem Besitz hinzugekauft, bis Ernst August (III.) schließlich die Mehrheit an der Gesellschaft hielt und mit drei eigenen Vertretern im Verwaltungsrat die Geschicke des Unternehmens maßgeblich bestimmen konnte.[440] Bei Ende des Krieges waren die Anteile an der Baugesellschaft seine weitaus größte Beteiligung, die jährlich höchste Gewinne einbrachte.[441]

Das dritte bevorzugte Ziel der Vermögensanlage war die (Luft-)Rüstungsindustrie. Im wesentlichen Unterschied zum Engagement in der Holz- und Bauwirtschaft beteiligten sich die Welfen in dieser Branche nicht an bestehenden Unternehmen, sondern bauten selbst eines auf. Im August 1939 gründeten Ernst August (III.) und sein ältester Sohn – mit Semler als weiterem Gesellschafter – auf dem Gelände einer ehemaligen Maschinenfabrik und Eisengießerei die Flugzeug- und Metallbau-Werke Wels GmbH.[442] Die Motivation, ein Werk zu errichten, das Ersatzteile für Flugzeuge produzierte und Reparaturarbeiten übernahm, war einmal mehr eine vermeintlich risikoarme und überdurchschnittliche Verzinsung des eingesetzten Kapitals. Seit 1935 flossen jedes Jahr mehr als ein Drittel der deutschen Militärausgaben in die Luftwaffe.[443] Davon profitierte auch die Instandsetzungsindustrie. Für Investitionen in die Branche versprach das Reichsluftfahrtministerium öffentliche Beihilfen, eine verlässliche Auftragslage und – je nach vertraglicher Ausgestaltung – Preis- und Absatzgarantien.[444] Dieser indirekten staatlichen Investitionslenkung war auch die hochadelige Familie bereit zu folgen.

Der Betrieb eines Flugzeugreparaturwerks war allerdings ein Unterfangen, das die wirtschaftlichen und technischen Fertigkeiten der Welfen, ihrer Verwaltung und angestammten Berater bei Weitem überstieg. Man verließ sich deshalb auf Matthias Mielacher, der die Initiierung und die Finanzierung des Projektes vorantrieb, vertraute bei den Planungen der betriebswirtschaftlichen Expertise Johannes Semlers und überließ das operative Geschäft später weitgehend dem Direktorium um Kuno von Kalinowski. Ernst

438 Ein anderes Beispiel für dieses Vorgehen ist die Firma Eduard Elbogen Nachfolger, ein Bergbau-Unternehmen, das 1939 »arisiert« wurde. Unter dem Namen »Deutsche Talkumindustrie Ernst August Herzog zu Braunschweig und Lüneburg« wurde es in den Jahren darauf zum größten Talkumunternehmen des Deutschen Reichs ausgebaut. Vgl. Felber, Bergwerksunternehmen.

439 Vgl. NLA HA, Dep. 103 XL, Acc. 2018/111, Nr. 144, Paul Knoke an Ernst August (III.) (auszugsweise Abschrift), 5.7.1938.

440 Vgl. Stiefel u. Matis, Geschichte des österreichischen Bauwesens, Band 1, S. 387 f.

441 Der Nennwert der Aktien belief sich auf fast drei Millionen Reichsmark. Vgl. NLA HA, Dep. 103 XL, Acc. 2018/111, Nr. 500, Etat Ernst Augusts (III.), 1945.

442 Vgl. NLA HA, Dep. 103 XL, Acc. 2018/111, Nr. 3342, Gesellschaftsvertrag der Flugzeug- und Metallbau-Werke Wels GmbH, 9.8.1939.

443 Zur Luftrüstungsindustrie im »Dritten Reich« vgl. exemplarisch Budrass, Lutz, Flugzeugindustrie und Luftrüstung in Deutschland 1918-1945, Düsseldorf 1998, S. 364 f.

444 Vgl. allgemein Scherner, Jonas, Die Logik der Industriepolitik im Dritten Reich. Die Investitionen in die Autarkie- und Rüstungsindustrie und ihre staatliche Förderung, Stuttgart 2008; speziell zur FMW NLA HA, Dep. 103 XL, Acc. 2018/111, Nr. 2920, Ausarbeitung »Einführung in das Projekt eines Flugzeugreparaturwerkes«, Februar 1939.

August (III.) selbst blieb dem Werk fern. Er behielt sich jedoch vor, über die grundsätzliche Ausrichtung des Unternehmens mitzubestimmen, über größere Investitionen und das führende Personal.[445] Dazu wurde er auf Schloss Blankenburg regelmäßig von Knoke, Semler und seinen Söhnen unterrichtet – ein intransparentes und, wie gesehen, äußerst konfliktträchtiges Entscheidungsgefüge. Trotzdem: Durch Investitionen in Millionenhöhe und immer umfangreichere Aufträge der Luftwaffe entwickelte sich FMW mit der Zeit zu einem profitablen Unternehmen. Nach Verlusten im ersten Rumpfgeschäftsjahr wurden bereits 1940 schwarze Zahlen geschrieben und fortan verlässlich Gewinne an Ernst August (III.) ausgeschüttet.[446] Diese rasche Produktionsausweitung war letztlich nur durch den Einsatz von Kriegsgefangenen und ausländischen Arbeitskräften, die zum Großteil Zwangsarbeit leisten mussten, möglich. Ihr Anteil an der Belegschaft belief sich bei Ende des Krieges auf fast 40 Prozent.[447]

Andere Investitionen rechneten sich für die Familie nicht. Während sie mit deutschen Faserplattenwerken und österreichischen Baugesellschaften zumeist gute Erfahrungen machte, stellten sich viele weitere Beteiligungen als unprofitabel oder sogar betrügerisch heraus. Die Liste der Fehlschläge ist lang: Sie reicht von einem Betrieb für Handstaubsauger, der schon bald »konkursreif« war, über einen großspurigen Erfinder von vermeintlich gesundheitsförderndem Fleischgelee, der kaum mehr als »gute Fleischbrühe« herstellte und stattdessen das Geschäftskapital veruntreute, bis hin zu einem ambitionierten Motorenkonstrukteur, »der sich einseitig in eine Idee verrannt hat«.[448] Gerade in den Anfangsjahren des »Dritten Reichs« beteiligten sich die Welfen immer wieder an solchen potentiell gewinnträchtigen, doch eben hochriskanten Erfinder-Unternehmungen.[449] Fokussierter und zielführender wurde die Kapitalanlage erst, als sich mit der »Arisierung« der Wirtschaft und der territorialen Expansion des Deutschen Reichs neue Handlungsspielräume für die Vermögensverwaltung eröffneten – und man mit Semler einen versierten Unternehmensberater konsultierte.[450]

445 Wie Knoke bekräftigte, müsste Ernst August (III.) Wert darauf legen, »daß die Mehrheit des Aufsichtsrats aus solchen Herren besteht, die bereit sind in allen wichtigen Fragen […], gegebenenfalls den Instruktionen Seiner Königlichen Hoheit zu folgen«. NLA HA, Dep. 103 XL, Acc. 2018/111, Nr. 2283, Paul Knoke an Johannes Semler (Abschrift), 17.8.1943.

446 Vgl. NLA WO, 23 A Nds, Zg. 23/1986, Nr. 318, Betriebsprüfungsbericht FMW, 22.7.1942.

447 Vgl. StAM, SpkA K 1519, Semler, Johannes, »Gefolgschaftsübersicht« FMW, 4.5.1945. Ebd. auch mehrere Beschäftigtenmeldungen der FMW aus früheren Jahren. Die Interpretation dieser tabellarischen Aufstellungen stützt sich auf die Masterarbeit Charlotta Cordes'. Vgl. Cordes, Herzog. Im Rahmen dieser Arbeit kann auf den Einsatz von Zwangsarbeiterinnen und Zwangsarbeitern in den industriellen, land- und forstwirtschaftlichen Betrieben der Familie nicht in der gebotenen Tiefe eingegangen werden. Eine umfassende, differenzierte Untersuchung ist von dem erwähnten Forschungsprojekt »Die NS-Geschäfte der Welfen« zu erwarten.

448 In der Reihenfolge der Aufzählung: NLA HA, Dep. 103 XL, Acc. 2018/111, Nr. 702, Paul Knokes an Camillo Derfflinger, 28.1.1941; NLA HA, Dep. 103 XL, Acc. 2018/111, Nr. 705, Rudolf Hanka an Hermann Jansen (Abschrift), 9.3.1937; NLA HA, Dep. 103 XL, Acc. 2018/111, Nr. 1936, Otmar von Loessel an Paul Knoke, 20.12.1938.

449 Schon in zeitgenössischen Investment-Ratgebern wurde von der Beteiligung an Erfindungen ausdrücklich abgeraten. Vgl. Quittner, Investment, S. 16f.

450 Im April 1938 hatte Semler in einem Schreiben an die Oberste Verwaltung erstmals Investitionen angeregt, »die vielleicht nicht die Risiken tragen, wie gerade die Beteiligung an neuen Verfahren«.

»Phantasiepläne«? Bilanzierung und Perspektiven

Es war eine Art Zwischenbilanz, die Paul Knoke 1941 zog. Seit dem Erlöschen der Fideikommisse zwei Jahre zuvor und der Überführung der Hausvermögen in das Privateigentum des Welfenoberhaupts hatte die Oberste Verwaltung nach der geltenden Sperrfristregelung regelmäßig Bericht über die Verhältnisse des Grund-, Kapital- und Kunstbesitzes abzulegen. So schrieb Knoke im April des Jahres an den Fideikommisssenat in Braunschweig, um von der »Tatsache« zu berichten, dass sich die Zusammensetzung des Vermögens zuletzt »wesentlich geändert« habe. Zwei Veränderungen waren es, die der Chef der Obersten Verwaltung besonders hervorhob: einerseits die Verkäufe des Gutes Gebhardshagen und der »Besitzung Herrenhausen«, andererseits die Ausschüttung des »sogenannten Welfenfonds«. Mit der ausgezahlten Summe habe man Schulden abgedeckt, ergänzte er noch, sowie einen »größeren« Effektenbesitz erworben.[451]

Aus den Jahren 1933 bis 1945 liegen nicht genügend Steuererklärungen vor, um die von Knoke beschriebene Entwicklung – vom Grund- zum Kapitalvermögen – genau nachvollziehen zu können. Eine bedingte Abhilfe verschaffen in großer Zahl überlieferte Etataufstellungen, die die Oberste Verwaltung zunächst für das Gesamthaus Braunschweig-Lüneburg, später für Ernst August (III.) ausarbeitete. Darin wurden Voranschläge für die Einnahmen und Ausgaben des laufenden und vorangegangenen Jahres sowie der Vollzugsetat des vorletzten Wirtschaftsjahres ausgewiesen. Es sind detaillierte, jeweils mehrere Seiten umfassende Aufstellungen.[452] Ihre Vergleichbarkeit ist allerdings begrenzt, da sie anfangs *nur* für das Gesamthaus erstellt wurden, während die Etats ab 1939 dem Privatvermögen Ernst Augusts (III.), einschließlich *sämtlicher* ehemaliger Hausvermögen, galten. Zudem lassen sich die Zahlen nur teilweise überprüfen. Weil es sich jedoch um interne Aufzeichnungen handelt, die nicht für die Steuerbehörden gedacht waren, versprechen die Etats trotz allem aufschlussreiche Einblicke in die Vermögensverhältnisse dieser Jahre zu geben.

Auf Grundlage der jährlichen Vollzugsetats zeigt Abbildung 6 ausgewählte Einnahmen und Ausgaben des Gesamthauses und Ernst Augusts (III.) in vier Stichjahren. Mit Blick auf die Ausgabenseite fallen drei übergreifende Trends auf. Erstens sanken mit dem Verkauf repräsentativer Anwesen und Ländereien die Kosten für die Grundverwaltung deutlich. Allein durch die Veräußerung der Herrenhäuser Gärten wurden jedes Jahr mehr als 50.000 Reichsmark eingespart.[453] Zwar erhöhten sich die Ausgaben ab 1939 wieder, als die österreichischen Besitzungen rechnerisch mit einbezogen wurden, doch gelangen in den Jahren danach abermals sichtbare Einsparungen. Zweitens ist die hohe Belastung durch Rentenzahlungen erkennbar. Wenn auch die Zahl ehe-

NLA HA, Dep. 103 XL, Acc. 2018/111, Nr. 1936, Deutsche Warentreuhand AG an die Oberste Verwaltung, 13.4.1938.

451 NLA HA, Dep. 103 XL, Acc. 2018/111, Nr. 64, Paul Knoke an den Fideikommisssenat Braunschweig (Abschrift), 15.4.1941.

452 Im Einzelnen konnten die Etats der Jahre 1937-1941 sowie 1944 und 1945 ausfindig gemacht werden. Vgl. NLA HA, Dep. 103 XL, Acc. 2018/111, Nr. 459, 500, 839, 844, 846, 849, 852.

453 Vgl. NLA HA, Dep. 103 XL, Acc. 2018/111, Nr. 846, Etat des Gesamthauses Braunschweig-Lüneburg für das Jahr 1937.

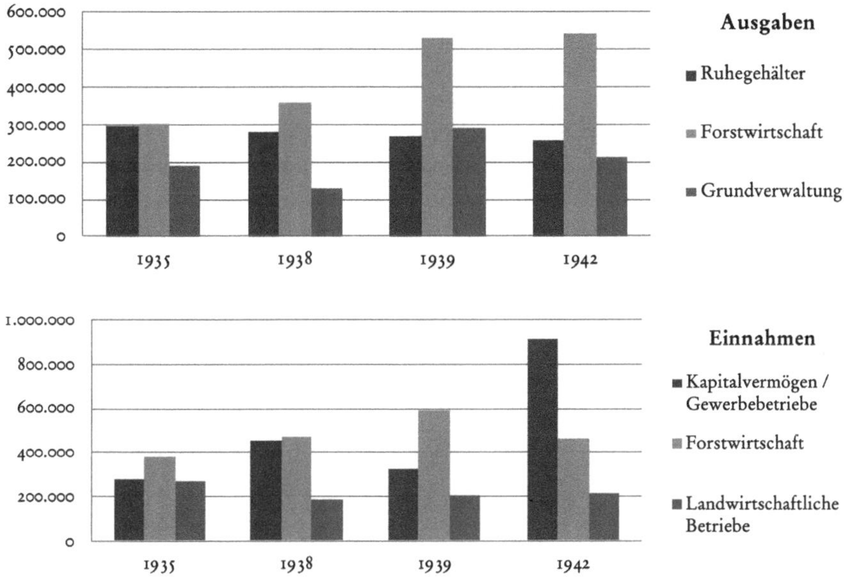

Abb.6 Ausgewählte Ausgaben und Einnahmen (Reichsmark) des Gesamthauses Braunschweig-Lüneburg (bis 1938) und Ernst Augusts (III.) (ab 1939) – Quellen: NLA HA, Dep. 103 XL, Acc. 2018/111, Nr.846, Etat des Gesamthauses Braunschweig-Lüneburg, 1937; NLA HA, Dep. 103 XL, Acc. 2018/111, Nr.849, Etat Ernst Augusts (III.), 1940; NLA HA, Dep. 103 XL, Acc. 2018/111, Nr.852, Etat Ernst Augusts (III.), 1941; NLA HA, Dep. 103 XL, Acc. 2018/111, Nr.459, Etat Ernst Augusts (III.), 1944.

maliger Bediensteter und ihrer Hinterbliebenen naturgemäß stetig abnahm, mussten dafür jedes Jahr mehr als 200.000 Reichsmark aufgewandt werden. Die meisten Mittel aber, so ist drittens zu sehen, flossen in die Forstwirtschaft. Vor allem in den Etats Ernst Augusts (III.) bildeten die waldwirtschaftlichen Ausgaben – für Grünau und Blankenburg zusammen – den mit weitem Abstand höchsten Posten.

Richtet sich der Blick dagegen auf die Einnahmen, so fällt auf, dass sich hier binnen weniger Jahre ein tiefgreifender Wandel vollzog. Im ersten Stichjahr lagen die Einkünfte des Gesamthauses aus der Blankenburger Waldwirtschaft und den verpachteten landwirtschaftlichen Betrieben noch rund doppelt so hoch wie die Gewinne aus Kapitalvermögen. Die höchsten Einnahmen wurden dabei mit den Forsten erzielt – korrespondierend mit den durchweg hohen Ausgaben, die dafür nötig waren. Bis zum vierten Stichjahr hatte sich dieses Verhältnis vollständig gedreht. Nunmehr überstiegen die Einkünfte aus Wertpapier- und Unternehmensbesitz diejenigen aus der Land- und Forstwirtschaft beinahe um das Anderthalbfache. Ein Stück weit ist dies darauf zurückzuführen, dass mit den erzwungenen Verkäufen von Gebhardshagen und Lichtenberg die Pachteinnahmen sanken. Weit wichtiger jedoch waren die nach 1939 stark steigenden Einnahmen aus Kapitalvermögen und Gewerbebetrieben. Innerhalb von drei Jahren konnten die Einkünfte hieraus nahezu verdreifacht werden.

Einige Eckdaten vermögen eine Vorstellung davon zu geben, wie sich diese grundlegenden Verschiebungen auf die Einkommens- und Vermögensverhältnisse auswirkten. Nach Abschriften von Steuerbescheiden, die von der Obersten Verwaltung angefertigt wurden, belief sich das zu versteuernde Einkommen des Familienoberhaupts 1938 auf rund 86.000 Reichsmark, das des Gesamthauses auf mehr als 198.000 Reichsmark.[454] Vier Jahre später wies der Steuerbescheid Ernst Augusts (III.) ein Einkommen von fast 664.000 Reichsmark aus. Diese Zahlen spiegeln eine allgemeine Entwicklung wider, wie die Forschung zuletzt zeigen konnte. Insbesondere die hohen Einkommen (über 100.000 Reichsmark) stiegen im »Dritten Reich« überdurchschnittlich stark – getrieben hauptsächlich durch Gewinne aus Gewerbebetrieben.[455] Zugleich konnten die natürlichen Personen mit den größten Vermögen (über eine Million Reichsmark) sehr viel stärkere Zuwächse verzeichnen als die meisten übrigen Steuerpflichtigen.[456] Auch das zu versteuernde Vermögen Ernst Augusts (III.) wuchs mit der Zeit gewaltig. Allein zwischen 1940 und 1943 erhöhte es sich laut der abgeschriebenen Steuerbescheide um fast ein Viertel auf rund 25,75 Millionen Reichsmark.[457] Zum Teil lag dies darin begründet, dass die Schuldenlast reduziert werden konnte.[458] Außerdem gilt es, steigende Vermögenspreise – d. h. eine »buchhalterische Höherbewertung« – zu berücksichtigen.[459] Im Speziellen aber dürfte der Anstieg auf die steigenden Gewinne aus Unternehmensbesitz zurückzuführen sein. Vor allem sie waren es, die dazu führten, dass die Vermögen der reichsten Bevölkerungsschichten in der NS-Zeit überproportional stark wuchsen.[460]

Die Welfen konnten sich in ihrem Entschluss, Grund und Boden abzustoßen und stattdessen verstärkt in Unternehmen zu investieren, demnach ausdrücklich bestätigt sehen – zumindest bis zur Kriegswende 1942/43. Denn viele der Gesellschaften, an denen sie sich beteiligten, erwirtschafteten nur deshalb hohe Gewinne, weil sie von der nationalsozialistischen Autarkie- und Rüstungspolitik profitierten.[461] Darauf wurde

454 NLA HA, Dep. 103 XL, Acc. 2018/111, Nr. 2287, Zusammenstellung über geleistete Einkommen-, Vermögen- und Körperschaftsteuern 1931-1944, 18.1.1946.

455 Vgl. Banken, Durch Weltwirtschaftskrise und Rüstungsboom, S. 303 ff.

456 Ebd., S. 310 f.

457 NLA HA, Dep. 103 XL, Acc. 2018/111, Nr. 2287, Zusammenstellung über geleistete Einkommens-, Vermögens- und Körperschaftssteuern 1931-1944, 18.1.1946. Diese Zahlen können durch Korrespondenz mit dem braunschweigischen Finanzamt bestätigt werden. Vgl. NLA WO, 23 A Nds, Zg. 23/1986, Nr. 319, Finanzamt Braunschweig-Stadt an Ernst August (III.), 12.10.1944.

458 Hatten sich die Schulden und sonstigen steuerrelevanten Lasten 1935 noch auf rund 8,7 Millionen Reichsmark summiert, konnten davon in den folgenden Jahren mehr als vier Millionen Reichsmark abgetragen werden. Vgl. NLA HA, Dep. 103 XL, Acc. 2018/111, Nr. 2287, Vermögensaufstellungen 1934-1944, 18.1.1946.

459 Banken, Durch Weltwirtschaftskrise und Rüstungsboom, S. 312.

460 Ebd., S. 310 f.

461 Vgl. zur branchenspezifischen Rentabilität Spoerer, Mark, Von Scheingewinnen zum Rüstungsboom. Die Eigenkapitalrentabilität der deutschen Industrieaktiengesellschaften 1925-1941, Stuttgart 1996, S. 153 ff.

beizeiten reagiert. Aus Unternehmungen mit besonders ungünstigen Zukunftsaussichten, wie der Treibstoffgewinnung aus Abfallholz, zog man sich alsbald wieder zurück.[462] An anderen Betrieben aus der Holz-, Bau- und Rüstungsindustrie wurde dagegen festgehalten. Namentlich vom Faserplattenproduzenten Zenith, der österreichischen Baugesellschaft Porr und dem Welser Flugzeug- und Motorenwerk versprachen sich Ernst August (III.) und seine Berater auch in einer Friedenswirtschaft, im offenen Wettbewerb mit der ausländischen Konkurrenz, hohe Renditen. Dieser Unternehmensbesitz sollte – neben den land- und forstwirtschaftlichen Betrieben – zu einem festen Bestandteil des welfischen Gesamtvermögens werden.

Wie bereits in verschiedenen Zusammenhängen erwähnt, war die treibende Kraft hinter diesen Zukunftsplänen Johannes Semler. Spätestens seit 1943 verfolgte er die Idee, kostengünstige, leicht montierbare Wohnhäuser aus Stahlblech zu fertigen, um Familien nach dem Kriegsende »schnell ein würdiges neues Heim zu verschaffen«.[463] Davon sollten etliche der Unternehmen, die den Welfen gehörten oder an denen sie mehrheitlich beteiligt waren, profitieren – allen voran das Flugzeugreparaturwerk FMW. Selbst wenn »der Flugzeugbau vollständig ausfallen sollte«, so meinte der Berater, werde die Fertigung der genormten Einzelteile die Kapazitäten »auf Jahre« hin auslasten. Des Weiteren war geplant, mit Holzfaserplatten – »massgerecht geschnitten und leicht zusammengefügt« – die Innenräume der Eigenheime auszukleiden. Dafür sollte auch die Holzproduktion der Grünauer Forste herangezogen werden. Nicht zuletzt war die Porr AG eng in die Pläne eingebunden. Die Erfahrungen und Beziehungen der Baugesellschaft würden einen »Grosswohnungsbau« überhaupt erst möglich machen, erklärte Semler.

Perspektivisch lautete das Vorhaben des Unternehmensberaters, sämtliche am »Metall-Hausbau« beteiligten Unternehmen in einer Holdinggesellschaft zusammenzuführen.[464] Darauf arbeitete er in den Aufsichtsräten der einzelnen Unternehmen zielstrebig hin. Durch eine »einheitliche organisatorische und finanzielle Verwaltung«, so versprach Semler, würden die Einfluss- und Kontrollmöglichkeiten Ernst Augusts (III.) wesentlich gestärkt werden.[465] Im Einzelnen plante er, sechs Unternehmen und Beteiligungen »konzernmäßig« zusammenzufassen: die FMW, den Faserplattenhersteller Zenith, die Porr AG, deren zwei Tochterunternehmen, die Union Baumaterialen und die Allgemeine Baugesellschaft, sowie die 1943 zu Forschungszwecken gegründete Gesellschaft Metallbau Semler.[466] Das gesamte Vermögen des geplanten »Konzerns« wurde von Semler auf rund 15 Millionen Reichsmark taxiert. Davon sollte Ernst August (III.),

462 In den Etats wurden die Anteile an der »Aktiengesellschaft für Treibstoffgewinnung« letztmalig 1938 aufgeführt. Vgl. NLA HA, Dep. 103 XL, Acc. 2018/111, Nr. 839, Etat des Gesamthauses Braunschweig-Lüneburg, 1938.

463 Dieses und die folgenden Zitate des Absatzes aus NLA HA, Dep. 103 XL, Acc. 2018/111, Nr. 2283, Johannes Semler an Ernst August (III.), 17.8.1943.

464 Zur Bedeutung von Holdings für die Vermögensverwaltung und -erhaltung vgl. exemplarisch Derix, Die Thyssens, S. 363 f.

465 NLA HA, Dep. 103 XL, Acc. 2018/111, Nr. 2283, Johannes Semler an Paul Knoke, 9.7.1943.

466 NLA HA, Dep. 103 XL, Acc. 2018/111, Nr. 2283, Niederschrift über Besprechungen auf Schloss Blankenburg, 9.-11.9.1943.

zusammen mit seinen vier Söhnen, einen Anteil im Nennwert von 5,85 Millionen Reichsmark halten.[467]

Allein, es blieb beim Vorhaben. Im Sommer 1943 erklärte Semler, vom Aufbau der Holding einstweilig Abstand nehmen zu wollen, bis »die allgemeine wirtschaftliche und insbesondere steuerliche Lage wieder klarer übersehbar ist« – eine Einschätzung, die von Knoke geteilt wurde.[468] Doch es gab einen weiteren, wichtigeren Grund, weshalb die Vorbereitungen ins Stocken gerieten: Das Vertrauen in den ehrgeizigen Berater ging während dieser Monate allmählich verloren. Mit dem Vorwurf konfrontiert, wiederholt eigenmächtig gehandelt zu haben, musste Semler gegenüber Knoke einräumen, dass »die berechtigten Wünsche [...] des Herzogs gelegentlich übergangen« worden seien.[469] Der endgültige Bruch folgte, wie beschrieben, zu Ostern 1944. Nach weiterem Machtmissbrauch und eindringlichen Warnungen von dritter Seite, »Vermögensteile des Herzogs nicht unnötig Phantasieplänen zu opfern«, kündigte Ernst August (III.) zunächst »ausdrücklich« den Auftrag zur »Konzernbildung«.[470] Wenige Monate darauf wurde der Beratervertrag vollständig aufgelöst.

Die Abkehr von Johannes Semler und den Häusern aus Leichtmetall beeinflusste den Entschluss, langfristig mit den Unternehmen des Bausektors zu planen, letztlich aber nicht mehr. Bis zum Ende des Zweiten Weltkriegs blieben die FMW (später Metallbauwerke Wels GmbH), die Porr AG und die Zenith AG – neben einigen größeren Beteiligungen in der Brauwirtschaft, dem Bankwesen und dem Bergbau – feste Bestandteile des welfischen Vermögens. Durch die vielen freiwilligen und erzwungenen Verkäufe von Grundbesitz sowie die mehr oder weniger zielgerichtete Vermehrung des Wertpapier- und Unternehmensbesitzes gelang es, eine ausgewogenere Zusammenstellung der einzelnen Vermögensformen herzustellen. Neben althergebrachten Schlössern, Domänen und Wäldern standen fortan mehrere Gewerbebetriebe sowie umfangreiche Unternehmensbeteiligungen. Auch deshalb konnten nach den Verlusten der Weltwirtschaftskrise wieder deutliche Vermögenszuwächse verzeichnet werden.

Aber: Die entscheidende Voraussetzung hierfür war die Bereitschaft, die eigenen ökonomischen Interessen mit denen des NS-Staats übereinzubringen. Die außergewöhnlichen Handlungsspielräume, die sich boten, um überdurchschnittliche Renditen zu erzielen, war Ernst August (III.) gewillt zu nutzen. Die Initiative ging dabei in aller Regel von seinen Beratern aus; die Entscheidungen aber traf er – unterstützt von seinen Söhnen – grundsätzlich selbst. Bereitwillig trug er von 1933 an die Autarkiepolitik mit, profitierte später von der Aufrüstung und erwarb dutzendfach jüdischen Unternehmensbesitz auf dem Weg der »Arisierung«. Zwischen 1937 und 1944 »arisierte« Ernst August

467 Vgl. NLA HA, Dep. 103 XL, Acc. 2018/111, Nr. 2283, Johannes Semler »Konzern-Uebersicht der Industriebetriebe S. K. H. des Herzogs Ernst August zu Braunschweig-Lüneburg«, 12.7.1943.

468 NLA HA, Dep. 103 XL, Acc. 2018/111, Nr. 2283, Johannes Semler an Paul Knoke, 9.7.1943; NLA HA, Dep. 103 XL, Acc. 2018/111, Nr. 2283, Paul Knoke an Johannes Semler (Abschrift), 20.7.1943.

469 NLA HA, Dep. 103 XL, Acc. 2018/111, Nr. 2283, Johannes Semler an Paul Knoke, 24.7.1943.

470 Von diesen Warnungen berichtete Georg Wilhelm: NLA HA, Dep. 103 XL, Acc. 2018/111, Nr. 2048, Bemerkungen Georg Wilhelms zu einer Tagung in Wels, 29.4.1944. Die Kündigung sprach Knoke »auf Befehl seiner Königlichen Hoheit« aus: NLA HA, Dep. 103 XL, Acc. 2018/111, Nr. 2048, Paul Knoke an Johannes Semler (Abschrift), 1.5.1944.

(III.) in verschiedensten Branchen umfangreiche Beteiligungen und ganze Unternehmen. Neben den bereits erwähnten Aktien der Baugesellschaft Porr zählte hierzu unter anderem das bedeutende österreichische Bergbauunternehmen Eduard Elbogen Nachfolger, das in der Folge unter dem Namen »Deutsche Talkumindustrie Ernst August Herzog zu Braunschweig und Lüneburg« firmierte.[471] Zudem beteiligte sich der »Welfenchef« 1938 an der »Arisierung« des Münchener Privatbankhauses H. Aufhäuser. Im Zuge des erzwungenen Ausscheidens der jüdischen Inhaber stieg er als Kommanditist in das renommierte Geldinstitut ein.[472] Es waren insbesondere diese zahlreichen »Arisierungen«, für die er sich nach 1945 juristisch zu verantworten hatte.

3.3 Wiederaufbau im Westen 1945–1953

Wenige Wochen nach der bedingungslosen Kapitulation des Deutschen Reichs verließen die Welfen Schloss Blankenburg.[473] Verglichen mit den jahrelangen Vorbereitungen, die ihrem Einzug vorangegangen waren, fiel der Entschluss zum Weggang hastig, ohne lange Abwägung. Der Grund war, dass Blankenburg am Harz – entgegen anfänglicher Planungen der Alliierten – Teil der sowjetischen Besatzungszone (SBZ) werden sollte. Im April 1945 war das Städtchen zunächst von amerikanischen Truppen eingenommen und wenig später der britischen Besatzungsmacht übergeben worden. Seit Mitte Juni zeichnete sich jedoch ab, dass der große, abseitig gelegene Ostteil des Blankenburger Landkreises im Rahmen eines umfassenden Gebietsaustauschs von der britischen in die sowjetische Besatzungszone übergehen würde.[474] Unter diesem Eindruck entschloss sich die Familie noch im Laufe des Monats dazu, Blankenburg zu verlassen und in den Westen überzusiedeln.

Viel Zeit blieb nicht, das riesige Schloss zu räumen, Einrichtung und Kunstwerke zu verpacken und abzutransportieren.[475] Bereits in der zweiten Julihälfte sollten sowjetische

471 Vgl. ausführlich zu dieser »Arisierung« Felber, Bergwerksunternehmen.

472 Vgl. hierzu bereits Köhler, Ingo, Die »Arisierung« der Privatbanken im Dritten Reich. Verdrängung, Ausschaltung und die Frage der Wiedergutmachung, 2. Aufl., München 2008, S. 366-374.

473 Dieses Unterkapitel greift Passagen früherer Überlegungen in aktualisierter Form auf. Vgl. Hollatz, Gerrit, Das Haus Hannover und die Auseinandersetzung mit der eigenen NS-Vergangenheit nach 1945. Unveröffentlichte Masterarbeit, Universität Göttingen 2016.

474 Die Gründe für den Gebietsaustausch sind Gegenstand einer andauernden Diskussion. Die ältere Erklärung, dass durch die Neuaufteilung die Grenze habe verkürzt werden sollen, ist zuletzt um eine wirtschaftliche Argumentation erweitert worden: Demnach habe die britische Besatzungsmacht den Ostteil des Landkreises an die SBZ abgetreten, um im Gegenzug dringend benötigte Stromlieferungen aus dem Kraftwerk Harbke zu erhalten. Vgl. Oberdiek, Uwe, Blankenburgs Teilungsdokumente werden in London aufbewahrt. Vor über 75 Jahren führte der größte Gebietstausch im besetzten Deutschland zu einschneidenden territorialen Veränderungen im Harz, in: Zwischenruf, Heft 1, 2021, S. 18-19; Möller, Gerhard, Als »die Russen« kamen – und gingen. Zum Wechsel von Bad Sachsa und Tettenborn aus der sowjetischen in die britische Besatzungszone im Juli 1945, in: Harz-Zeitschrift 60, 2008, S. 169-196.

475 Es gibt aus diesen Tagen der Flucht nur wenige schriftliche Dokumente – ein Mangel, der zu vielen widersprüchlichen Angaben in der Erinnerungs- und Forschungsliteratur geführt hat. Vgl. Sbresny, Sammlungen, S. 493 ff.; Steckhan, Welfenbericht, S. 168; Herzogin zu Braunschweig und

Besatzungstruppen in das Harzstädtchen vorrücken. In dieser Notlage half der hochadeligen Familie einmal mehr ihr außergewöhnliches kulturelles und soziales Kapital. Aufgrund der engen geschichtlichen Verbundenheit mit Großbritannien, die sich in zahllosen ihrer Kunstschätze widerspiegelte, sowie den familiären Beziehungen zum Königshaus in London, erhielten die Welfen bei ihrer Flucht umfassende Unterstützung. Namentlich war es der britische Kunstschutzoffizier Felix Harbord, der Ernst August (III.), Viktoria Luise und ihren Söhnen zur Seite stand.[476] Harbord ließ reihenweise Militärtransporter auffahren, mit denen ein Großteil des umfangreichen Schlossinventars in Sicherheit gebracht werden konnte.[477] Ein Verzeichnis des Übersiedlungsgutes listet mehrere hundert Kisten voller Geschirr, Wäsche und Bücher, Unmengen an Mobiliar, Silbergedecken, Rüstungen und Waffen, eine riesige Sammlung von Kupferstichen und Gemälden und selbst die »Schlafmütze S.M. König Ernst Augusts« auf.[478] Trotzdem blieb viel Besitz zurück, als die letzten Wagen Ende Juli abfuhren – unter anderem große Aktenbestände der Obersten Verwaltung.[479]

Ziel der Transportkolonne war das in der britischen Besatzungszone gelegene Schloss Marienburg. Das prächtige neugotische Schloss hatte Georg V. einst seiner Frau Marie (1818-1907) als Sommersitz geschenkt. Mitte des 19. Jahrhunderts war es hoch über der Leine, rund 20 Kilometer südlich von Hannover errichtet worden.[480] Infolge der Annexion Hannovers und der Flucht der Königsfamilie nach Österreich hatte es indessen fast acht Jahrzehnte lang leer gestanden.[481] Nur einige Räume waren über die Jahre zur Besichtigung offen gehalten worden. Zwar hatte es immer wieder Überlegungen gegeben, das Schloss anderweitig zu nutzen; auch der Umbau zu einer NSDAP-Schulungsstätte war zwischenzeitlich im Gespräch gewesen.[482] Doch diese Pläne waren nicht zustande gekommen. Entsprechend dankbar schrieb Viktoria Luise im Oktober 1945 an die englische Königinwitwe Mary (1867-1953): »Thank God we still had this house,

Lüneburg, Tochter des Kaisers, 325 f.; Prinz von Hannover, Welf Heinrich, Blankenburg – meine Heimatstadt, in: Schröter, Klaus (Hrsg.), Blankenburg. Historie, Heimat, Humor, Königsstein im Taunus, 1991, S. 9-17.

476 Ein auszugsweiser Abdruck des Diensttagebuchs Harbords findet sich in Friemuth, Cay, Die geraubte Kunst. Der dramatische Wettlauf um die Rettung der Kulturschätze nach dem Zweiten Weltkrieg, Braunschweig 1989, S. 122 f.

477 Dankbar beschrieb Viktoria Luise den Offizier einmal als »such a help in those sad days when we had to leave Blankenburg«. NLA HA, Dep. 103 XL, Acc. 2018/111, Nr. 2342, Viktoria Luise an Mary (Konzept), 25.10.1945.

478 NLA HA, Dep. 103 XL, Acc. 2018/111, Nr. 2631, Verzeichnis des Übersiedelungsgutes, 1945. Es ist ungewiss, ob diese Liste noch in Blankenburg, in der Hektik der Flucht, oder nach der Ankunft auf Schloss Marienburg erstellt wurde.

479 Laut Friemuth, Kunst, S. 123 mussten rund 20 Prozent Auslagerungsgut »letzter Wahl« zurückgelassen werden.

480 Zur (Bau-)Geschichte der Marienburg vgl. Arends, Isabel Maria, »Gothische Träume«. Die Raumkunst Edwin Opplers auf Schloß Marienburg, Hannover 2005.

481 In den 1920er- und 1930er-Jahren hatten Ernst August (III.) und Viktoria Luise gelegentlich einige Tage im Sommer auf dem Schloss verbracht. NLA HA, Dep. 103 XXXIII, Nr. 1676, Hans Heinrich von Grone an Ernst Wilke, 1.8.1933.

482 Zu diesen diversen Vorhaben, die nicht zuletzt am veralteten Zustand des Schlosses scheiterten, vgl. NLA HA, Dep. 103 XXXIII, Nr. 1677.

though it has been a museum ever since 80 years. But we slowly got some light, water and heating put into it.«[483] Nach Abschluss der notwendigen Instandsetzungs- und Modernisierungsarbeiten wurde die Marienburg allmählich zum neuen Hauptsitz der Familie hergerichtet. Neben Ernst August (III.) und Viktoria Luise ließ sich auch Ernst August (IV.) dauerhaft hier nieder. Mehr und mehr übernahm er die Verantwortung für das Familienvermögen von seinem gesundheitlich angegriffenen Vater. Seine drei jüngeren Brüder wohnten dagegen nur vorübergehend auf dem Schloss; sie kehrten alsbald an ihre Ausbildungsorte zurück.[484]

Begleitet wurden die Welfen von Paul Knoke. Ernst Augusts (III.) langjähriger Generalbevollmächtigter, in der Zwischenzeit 70 Jahre alt geworden, kam fürs erste ebenfalls auf Schloss Marienburg unter. »Ich habe mich [...] überzeugen müssen«, begründete er seine Entscheidung, »daß ich hier und von hier aus mehr tun kann«.[485] »Die Burg«, so die rasch gebräuchliche Bezeichnung, etablierte sich in der Folge als das neue Zentrum der Vermögensverwaltung. Hier wurden Informationen über den weit verstreuten Besitz zusammengetragen, über die verschiedenen Bestimmungen der Besatzungsmächte, hierher kamen externe Rechts- und Finanzberater zu persönlichen Besprechungen.[486] Schloss Blankenburg hatte man derweil nicht unbeaufsichtigt zurückgelassen. Neben anderen waren Hans Heinrich von Grone und der Sekretär Ernst Nabert in der SBZ geblieben. Einstweilig konnten sie die Geschäftsräume im »Großen Schloss« weiter nutzen und den Betrieb der Forstwirtschaft aufrecht halten.[487]

Es war das Privileg einer vermögenden, hochadeligen Familie, bei Kriegsende von einem Schloss im Osten auf eines im Westen übersiedeln zu können, mit einem Großteil ihres mobilen Besitzes, unterstützt durch zahlreiche »hidden helpers«.[488] Dieser Sonderstellung waren sich die Welfen bewusst.[489] Sie standen 1945 nicht vor jenem buchstäblichen »Nichts«, über das unzählige mittel- und ostdeutsche Adelsfamilien klagten, nach-

483 NLA HA, Dep. 103 XL, Acc. 2018/111, Nr. 2342, Viktoria Luise an Mary (Konzept), 25.10.1945.

484 Laut eines Volkszählungsbogens lebten 1946 Ernst August (III.), Viktoria Luise, Ernst August (IV.) und Welf Heinrich auf Schloss Marienburg. Vgl. NLA HA, Dep. 103 XL, Acc. 2018/111, Nr. 2866, Bogen zur Volkszählung in der britischen Besatzungszone, 1946. Friederike lebte zum Kriegsende im Exil, in das sie nach der Besatzung Griechenlands durch die Wehrmacht geflohen war. Vgl. Kwan, Röhrig, u. Steckhan, Frauen der Welfen, S. 418 f.

485 NLA HA, Dep. 103 XL, Acc. 2018/111, Nr. 693, Paul Knoke an Hans Heinrich von Grone, 7.9.1945.

486 Die Bezeichnung zielte, gleichsam wie das »Haus«, zugleich auf das bauliche Ensemble wie auf die Welfenfamilie ab. Vgl. exemplarisch NLA HA, Dep. 103 XL, Acc. 2018/111, Nr. 899, Heinrich Hellwege an Paul Knoke, 6.11.1948.

487 Vgl. NLA HA, Dep. 103 XL, Acc. 2018/111, Nr. 424, Ernst Nabert an Paul Knoke, 20.9.1945.

488 Ein Gegenbeispiel ist Ernst Herzog von Sachsen-Altenburg, der sich – wohl auch in Ermangelung eines Wohnsitzes außerhalb seines ehemaligen Herrschaftsgebiets – gegen eine Flucht in den Westen entschied. Vgl. Schwichtenberg, Jakob, Fürstenherrlichkeit im Sozialismus? Herzog Ernst II. von Sachsen-Altenburg und die in Altenburg verbliebenen Adeligen in der SBZ/DDR (1945-60), in: Zeitschrift für thüringische Geschichte 74, 2008, S. 213-245, hier: S. 224.

489 Gerade am Schicksal der engen Mecklenburger Verwandtschaft wurde lebhafter Anteil genommen. Sie sei »von den Auswirkungen der Katastrophe ganz besonders hart betroffen«, schrieb Ernst August (III.) einmal, nicht zuletzt durch den »Verlust des ganzen Vermögens«. NLA HA, Dep. 103 XL, Acc. 2018/111, Nr. 3126, Ernst August (III.) an Enno Budde (Abschrift), 30.11.1945.

dem sie überstürzt ihre angestammten Güter und Ländereien hatten verlassen müssen.[490] »Das Schloß Marienburg ist«, wie der Vorsitzende des braunschweigischen Fideikommisssenats nach einer Besichtigung bemerkte, »aufs äußerste angefüllt mit Kunstwerken«. Gemälde seien zum Teil nicht mehr aufgehängt, sondern in besonderen Räumen magazinisiert, »da alle Wandflächen bereits bedeckt sind«.[491] Nichtsdestotrotz waren massive Vermögensverluste absehbar. Schon nach wenigen Tagen trafen Nachrichten von Enteignungen und Beschlagnahmungen ein – aus München, Berlin und Blankenburg, Gmunden, Wels und Wien.

Die »Katastrophe« von 1945. Verluste unter allen Umständen

Unter dem Titel »Übersicht über die Verteilung des Vermögens S. K. H. des Herzogs zu Braunschweig und Lüneburg auf die verschiedenen Zonen« schickte Paul Knoke im Herbst 1945 eine ungewöhnliche Vermögensaufstellung an das Finanzamt Braunschweig-Stadt.[492] Es war ein Versuch, dem Amt einen aktuellen Überblick über die Zusammensetzung und die räumliche Verteilung des Vermögens Ernst Augusts (III.) zu geben. Präzise bezifferte Knoke das Grund- und Kapitalvermögen (nach den Einheits- und Nennwerten), das gewerbliche Betriebsvermögen (als Einzel- und Mitunternehmer) und die Schulden, wie sie sich auf die vier Besatzungszonen in Deutschland sowie die sowjetische und die US-amerikanische Zone in Österreich verteilten. Erklärtermaßen wollte er damit eine Steuerstundung erreichen.[493] Denn was die Übersicht zeigte, war, dass sich vom gesamten Vermögen – zusammengenommen rund 25 Millionen Reichsmark – etwa ein Drittel in der SBZ befand. Dieser Teil sei, wie Knoke erläuterte, »dem Herzog [...] mindestens vorläufig entzogen«.[494]

490 Fast einmütig wird in den Familiengeschichten mittel- und ostdeutscher Adelsfamilien – auch aus dem Hochadel – der komplette Verlust des materiellen Besitzes infolge der »Katastrophe von 1945« beklagt. Der Ausdruck, im Westen »vor dem Nichts« gestanden zu haben, ist dabei eine vielfach gebrauchte Redewendung. Vgl. exemplarisch: Watzdorf, Adam von, Kopp-Colomb, Agnes von u. Kopp-Colomb, Hennig von (Hrsg.), Schicksalsbuch des Sächsisch-Thüringischen Adels. 1945, Limburg an der Lahn 2005, S. 459; zur Einordnung: Seelig, Michael, Alltagsadel. Der ehemalige ostelbische Adel in der Bundesrepublik Deutschland 1945/49-1975, Köln, Weimar u. Wien 2015; Plato, Alexander von, Adel auf der Flucht – und das Leben danach. Vorüberlegungen zu einer Erfahrungsgeschichte einer speziellen Flüchtlingsgruppe nach 1944 im migrationsgeschichtlichen Kontext, in: Silke Marburg u. Sophia von Kuenheim (Hrsg.), Projektionsflächen von Adel, Berlin u. a. 2016, S. 175-194; Doing, Simon, Adel ohne Land – Land ohne Adel? Lebenswelt, Gedächtnis und materielle Kultur des schlesischen Adels nach 1945, Berlin u. Boston 2019.

491 NLA HA, Dep. 103 XL, Acc. 2018/111, Nr. 64, Vermerk des Vorsitzenden des Fideikommisssenats am Oberlandesgericht Braunschweig, 28.10.1947.

492 NLA WO, 23 A Nds, Zg. 23/1986, Nr. 319, »Übersicht über die Verteilung des Vermögens S. K. H. des Herzogs zu Braunschweig und Lüneburg auf die verschiedenen Zonen«, 1945; auch in NLA HA, Dep. 103 XL, Acc. 2018/111, Nr. 59 überliefert.

493 NLA WO, 23 A Nds, Zg. 23/1986, Nr. 319, Paul Knoke an das Finanzamt Braunschweig-Stadt, 19.10.1945.

494 Ebd.

In der Tat: Kaum eine Woche nach der Übersiedlung der Welfen in den Westen wurden Schloss Blankenburg und die umliegenden Wälder beschlagnahmt und in treuhänderische Verwaltung überstellt.[495] Durch die Flucht der »herzogliche[n] Familie« sei ein Notstand eingetreten, lautete die zynische Begründung, wiederholt habe es »Ausschreitungen« auf dem Schloss gegeben, Sachwerte seien entwendet worden. Dieser Anordnung hatten die vor Ort gebliebenen Verwaltungsangestellten wenig entgegenzusetzen. Während Hans Heinrich von Grone vorübergehend in Haft geriet, berichtete Ernst Nabert konsterniert, dass das Schloss habe geräumt werden müssen, »ohne daß es uns möglich gewesen wäre, Akten oder sonstiges Büromaterial mitzunehmen«.[496] In der Folge konnten die Angestellten kaum mehr tun, als detailliert zu dokumentieren, wie sowjetische Soldaten nach und nach große Teile der zurückgelassenen Einrichtungsgegenstände aus dem Schloss abtransportierten.[497]

Dieser vorläufige Vermögensentzug sollte bis zum Jahresende 1945 endgültig werden. Im Laufe des Herbsts ergingen in den Ländern und Provinzen der SBZ kurz nacheinander nahezu wortgleiche Bodenreformverordnungen. Erklärtes Ziel war es, den gesamten »feudal-junkerliche[n] Boden« sowie den Grundbesitz über 100 Hektar zu enteignen, um ihn an »landarme Bauern und Landarbeiter« zu verteilen.[498] Daraufhin wurden nicht bloß die Besitzungen in und um Blankenburg verstaatlicht, parzelliert und neu verteilt, sondern auch die in den Kreisen Wernigerode und Quedlinburg gelegenen Güter Westdorf und Hessen. Knokes pflichtschuldiger Einspruch, dass eine entschädigungslose Enteignung verfassungswidrig sei, blieb vergebens.[499] Das mächtige Schloss Blankenburg, tausende Hektar Wald und Feld, mithin all das, was eine »standesgemäße« Lebensführung hatte ermöglichen sollen, war auf unabsehbare Zeit verloren. »Uns wird die russische Besatzung unter allen Umständen schwere Verluste gebracht haben«, resümierte Ernst August (III.) so schon bald, »selbst wenn die Enteignungen wider Erwarten rückgängig gemacht oder Entschädigungen gewährt werden sollten. Das Schloss […] ist restlos ausgeräumt, einige 30 Wagen voller Möbel sind ab-

495 Vgl. Landesarchiv Sachsen-Anhalt, K 13 Blankenburg, Nr. 809, Beschlagnahmeverfügung, 30.7.1945; abschriftlich auch in NLA HA, Dep. 103 XL, Acc. 2018/111, Nr. 626.

496 NLA HA, Dep. 103 XL, Acc. 2018/111, Nr. 424, Ernst Nabert an Paul Knoke, 20.9.1945.

497 Vgl. NLA HA, Dep. 103 XL, Acc. 2018/111, Nr. 693, Liste des aus Schloss Blankenburg abgeholten Mobiliars, 3.12.1945.

498 Hier: Verordnung über die Bodenreform in der Provinz Sachsen, in: Verordnungsblatt für die Provinz Sachsen 1, 1945, S. 28-35. Vgl. Wille, Manfred, Die Verabschiedung der Verordnung über die Bodenreform in der Provinz Sachsen, in: Arnd Bauerkämpfer (Hrsg.), »Junkerland in Bauernhand«? Durchführung, Auswirkungen und Stellenwert der Bodenreform in der Sowjetischen Besatzungszone, Stuttgart 1996, S. 87-102; Müller, Tim S., Verlusterfahrung und Konsolidierung. Adliger Rittergutsbesitz zwischen Rétablissement und Bodenreform. Eine Regionalstudie aus dem sächsischen Vogtland, in: Ivo Cerman (Hrsg.), Adel und Wirtschaft. Lebensunterhalt der Adeligen in der Moderne, München 2009, S. 285-299; Vogel, Lutz, Der sächsische Adel und die Bodenreform. Staatliche Restriktionen und individuelle Strategien, in: Mike Schmeitzner, Clemens Vollnhals u. Francesca Weil (Hrsg.), Von Stalingrad zur SBZ. Sachsen 1943 bis 1949, Göttingen 2016, S. 465-481.

499 Vgl. NLA HA, Dep. 103 XL, Acc. 2018/111, Nr. 626, Paul Knoke an den Oberpräsidenten der Provinz Sachsen (Abschrift), 30.11.1945.

transportiert und zum Schluss noch mehr als 300 Kisten mit Büchern, darunter leider auch viele Fortsetzungen von Sammelwerken und Zeitschriften, deren frühere Bände sich in Gmunden befinden.«[500] Auf den besonderen Stellenwert der Sammlungen, der aus dieser Klage spricht, wird zurückzukommen sein.[501]

Die Enteignungen in der SBZ beschränkten sich indes nicht allein auf Schlösser, Guts- und Wohnhäuser, deren Inventar und Nutzflächen. Durch die Umwälzung der Eigentumsordnung wurden auch zwei Unternehmen, an denen Ernst August (III.) beteiligt war, beschlagnahmt. Sie sollten später in Volkseigene Betriebe umgewandelt werden.[502] Namentlich handelte es sich um die Chemnitzer Becker-Werke AG und die Teppich-Werke Berlin-Treptow AG. Die Aktienpakete von diesen beiden Textilunternehmen zählten zu dem umfangreichen Kaptitalbesitz, der seit Mitte der 1930er-Jahre »arisiert« worden war.

Weitere Nachrichten über Vermögensentziehungen erreichten Schloss Marienburg aus Österreich. Dort begannen die sowjetischen Besatzungsbehörden bald nach Kriegsende damit, das sogenannte Deutsche Eigentum in ihrer Zone zu erfassen, um es zugunsten der UdSSR zu beschlagnahmen.[503] Die Grundlage dazu bildete das Potsdamer Abkommen, in dem die Verwendung deutscher Vermögenswerte zu Reparationszwecken geregelt worden war. Entsprechende gewerbliche, land- und forstwirtschaftliche Betriebe wurden von den Behörden in einem übergeordneten Wirtschaftskörper, der »Verwaltung der sowjetischen Vermögenswerte in Österreich« (USIA), zusammengefasst, die Gewinne abgeführt.[504] Dies betraf etwa die Baugesellschaft Porr, deren Firmensitz im sowjetischen Sektor Wiens lag. Aufgrund der Aktienmajorität Ernst Augusts (III.) stellten die Behörden das Unternehmen zunächst unter öffentliche Verwaltung, um es wenig später in die USIA einzugliedern.[505] Gleiches galt für die Mühldorfer Graphit-Bergbau AG, ein Bergbauunternehmen, das ebenfalls durch Ernst August (III.) »arisiert« worden war.[506]

Freilich, auch in den britischen, französischen und amerikanisch besetzten Zonen Deutschlands und Österreichs wurden Ernst August (III.) Vermögenswerte entzogen,

500 NLA HA, Dep. 103 XL, Acc. 2018/111, Nr. 1820, Ernst August (III.) an Ludwig Jacoby (Konzept), 4.7.1946.

501 Vgl. hier nur Sbresny, Sammlungen; näher dazu das Kapitel »Abwägung materieller und ideeller Zwecke«.

502 Vgl. exemplarisch Landesarchiv Berlin, C. Rep. 105, Nr. 2149, Magistrat von Groß-Berlin an die Teppich-Werke Berlin-Treptow AG, 1.4.1950.

503 Vgl. allgemein Butschek, Österreichische Wirtschaftsgeschichte, S. 267 ff.; speziell Klambauer, Otto, Die sowjetische Wirtschaftspolitik in Österreich 1945-1955, in: Andreas Hilger, Mike Schmeitzner und Clemens Vollnhals (Hrsg.), Sowjetisierung oder Neutralität? Optionen sowjetischer Besatzungspolitik in Deutschland und Österreich 1945-1955, Göttingen 2006, S. 435-450.

504 Vgl. detailliert Steiner, Hubert, Die USIA-Betriebe. Ihre Gründung, Organisation und Rückgabe in die österreichische Hoheitsverwaltung, in: Mitteilungen des Österreichischen Staatsarchivs 43, 1993, S. 206-220.

505 Indessen gelang es der Geschäftsführung, große Teile des Unternehmensbesitzes in das amerikanisch besetzte Salzburg zu transferieren. Vgl. Stiefel u. Matis, Geschichte des österreichischen Bauwesens, Band 2, S. 8 ff.

506 Zum Schicksal des Unternehmens vgl. NLA HA, Dep. 103 XL, Acc. 2018/111, Nr. 2912, Heinrich Kammerlander an Ernst August (III.), 24.7.1947.

mussten Verfügungsrechte abgetreten und Kapitalbesitz abgeliefert werden.[507] Am schwersten wogen hierbei die Maßnahmen in der amerikanische Besatzungszone in Österreich. Denn auch die US-Militärregierung erfasste und kontrollierte in ihrer Zone das Deutsche Eigentum.[508] Frühzeitig signalisierten die USA jedoch Bereitschaft, auf ihren Anspruch an den Werten zu verzichten, um den österreichischen Wiederaufbau zu unterstützen. So wurden die Vermögenswerte seit dem Frühjahr 1946 sukzessive in österreichische Treuhandverwaltung übergeben. Davon betroffen war etwa das Flugzeugreparaturwerk in Wels. Nachdem das Unternehmen zunächst vom US-Militär beschlagnahmt und genutzt worden war, wurde es 1947 treuhänderischer Verwaltung überantwortet.[509] Auch das Bergbauunternehmen Deutsche Talkumindustrie Ernst August Herzog zu Braunschweig und Lüneburg übernahm (umbenannt in Österreichische Talkumindustrie) ein Treuhandverwalter.[510] Zudem wurde der Landwirtschaftliche Treuhand-Verband für Oberösterreich zum Verwalter der Liegenschaften in Gmunden und Grünau ernannt, »including contents thereof, bank accounts and all other personal property located in Upper Austria belonging to this owner«.[511]

In den westlichen Besatzungszonen waren die Handlungsspielräume der Welfen allerdings bedeutend größer als in den sowjetischen Zonen. Unter anderem gelang es, Alois Graf von Kielmansegg, ein Duzfreund Ernst Augusts (III.), als Verwalter des österreichischen Grundbesitzes einzusetzen.[512] Gelegentlich konnten seitdem »Anregungen« hinsichtlich der Verwaltung der Forste gegeben werden.[513] Direkter noch waren die Einflussmöglichkeiten in der britischen Besatzungszone in Deutschland. Hier wurde im Juni 1946 das Gut Calenberg von der Militärregierung unter »Vermögensbeaufsichtigung« gestellt.[514] Zugleich drohte der über 500 Hektar große Betrieb unter die Bestimmungen der Bodenreform zu fallen, mit der auch in den westlichen Zonen der Großgrundbesitz beschränkt werden sollte.[515] Ernst August (IV.) sprach daraufhin persönlich beim stellvertretenden Regional Commissioner vor, um »Gegenvorstellungen«

507 Vgl. NLA HA, Dep. 103 XL, Acc. 2018/111, Nr. 58, Verzeichnis abgelieferter Wertpapiere, 1945.

508 Vgl. Einwitschläger, Amerikanische Wirtschaftspolitik, S. 43 f.

509 Vgl. NLA HA, Dep. 103 XL, Acc. 2018/111, Nr. 2285, Erwin Lowatschek an Paul Knoke, 6. 12. 1947.

510 Vgl. ebd.; Felber, Bergwerksunternehmen, S. 150.

511 NAW, USACA, Property Control Branch, O7.2057 Gm, Herzog Ernst August zu Braunschweig und Lüneburg, Dekret der Militärregierung, 27. 2. 1946.

512 Zur Biografie vgl. NAW, USACA, Property Control Branch, O7.2057 Gm, Herzog Ernst August zu Braunschweig und Lüneburg, Curriculum Vitae Alois Graf von Kielmansegg, o. D. Typisch war etwa, wenn Ernst August (III.) sich bei »Louis« für »Dein hingebungsvolles Eintreten und Deine vielen Mühen« bedankte. NLA HA, Dep. 103 XL, Acc. 2018/111, Nr. 2285, Ernst August (III.) an Alois Graf von Kielmansegg, 5. 9. 1947; abschriftlich auch in OÖLA, Lreg, Präs. 1947, Nr. 2400.

513 Hier: NLA HA, Dep. 103 XL, Acc. 2018/111, Nr. 2285, Ernst August (III.) an Georg Hennigs (Abschrift), 5. 9. 1947. Desgleichen gelang es bei der Österreichischen Talkumindustrie, einen langjährigen Vertrauten als Verwalter zu platzieren. Vgl. Felber, Bergwerksunternehmen, S. 150.

514 NLA HA, Dep. 103 XL, Acc. 2018/111, Nr. 626, Fritz Liersch (Referent Vermögensbeaufsichtigung) an die Oberste Verwaltung, 7. 9. 1946.

515 Vgl. exemplarisch Großekathöfer, Siegfried, Besatzungsherrschaft und Wiederaufbau. Staatliche Strukturen in der britischen Zone 1945-1949, Göttingen 2016, S. 89-105.

vorzubringen.[516] Wenige Wochen darauf wurde die Kontrolle von Calenberg aufgehoben. Auch zu einer Enteignung des Gutes sollte es letztlich nicht kommen; lediglich 47 Hektar Land wurden »freiwillig« für Siedlungszwecke abgegeben.[517]

Trotz solcher Erfolge titelte Paul Knoke das Jahr 1945 schlicht eine »Katastrophe«.[518] Die Erfahrung, dass die Garantie des Privateigentums, diese sichere Konstante nach dem Ende der Monarchie, brüchig geworden war, erschütterte den Berater zutiefst.[519] Laut der gemeinsamen Steuerbescheide von Ernst August (III.) und Viktoria Luise waren innerhalb eines Jahres mehr als drei Viertel des Vermögens – zumindest vorläufig – verloren gegangen. Hatte sich das Gesamtvermögen am 1. Januar 1945 noch auf rund 25 Millionen Reichsmark belaufen, wies der Steuerbescheid ein Jahr später nur noch knapp 6 Millionen Reichsmark aus.[520] Als wichtigste Ursachen nannte Knoke die Enteignungen in der SBZ, die Beschlagnahme des Deutschen Eigentums in Österreich sowie die Ablieferung von Wertpapieren und des »besonders wertvolle[n] Münzkabinett[s]« an die britische Militärregierung.[521] Darüber hinaus hatte das Schloss Herrenhausen durch einen Luftangriff schweren Schaden genommen. Unzählige Gemälde, Skulpturen, Möbel, Teppiche und Uhren waren dort vernichtet worden.[522]

In der Folge bestand die größte Herausforderung der Vermögensverwaltung darin, mit drastisch reduzierten finanziellen Mitteln die verbliebenen Vermögenswerte zu verteidigen. Abgesehen von kleineren Kapitalerträgen brachte zunächst lediglich die Verpachtung des Gutes Calenberg nennenswerte Einkünfte ein.[523] »Bei dieser Sachlage«, bemerkte Knoke, »sind wir in unserer Bewegungsfreiheit auf das äusserste beschränkt«.[524] Die drängendsten Aufgaben lauteten entsprechend, Sparmaßnahmen vorzunehmen, liquide Mittel zu beschaffen und neue Anlagemöglichkeiten zu finden.[525] Denn die Ausgaben, vor allem die Personalkosten und die Ruhegehaltszahlungen, waren nach wie vor hoch. Nicht zuletzt wurden erhebliche Barmittel benötigt, um die juristischen Auseinandersetzungen finanzieren zu können, die aus dem politischen und wirtschaft-

516 NLA HA, Dep. 103 XL, Acc. 2018/111, Nr. 626, Besprechungsprotokoll, 9.8.1946.

517 NLA HA, Dep. 103 XL, Acc. 2018/111, Nr. 626, Ernst August (IV.) an das Niedersächsische Kulturamt, 20.3.1951. Dabei handelte es sich um eine häufig gebrauchte Möglichkeit, Enteignungen zu entgehen. Vgl. Großekathöfer, Besatzungsherrschaft, S. 105.

518 Vgl. NLA HA, Dep. 103 XL, Acc. 2018/111, Nr. 1861, Handakte Paul Knokes, 1945.

519 Zu dieser einschneidenden Erfahrung – nicht nur, doch speziell – für den Adel vgl. Conze, Von deutschem Adel, S. 193 f. Für Knoke selbst bedeutete die Flucht aus Blankenburg unter anderem den Verlust eines großen Grundstücks, das er von Ernst August (III.) anlässlich seines 70. Geburtstags geschenkt bekommen hatte. Vgl. NLA HA, Dep. 103 XL, Acc. 2018/111, Nr. 1996, Ernst August (III.) an Paul Knoke, 26.8.1944.

520 Vgl. NLA WO, 23 A Nds, Zg. 23/1986, Nr. 319, Vermögensteuerbescheide, 1945 u. 1946.

521 NLA WO, 23 A Nds, Zg. 23/1986, Nr. 319, Paul Knoke an das Finanzamt Braunschweig-Stadt, 27.5.1947.

522 Vgl. NLA HA, Dep. 103 XL, Acc. 2018/111, Nr. 193, Verzeichnisse der in Herrenhausen verbrannten Gegenstände, 1944.

523 Vgl. NLA HA, Dep. 103 XL, Acc. 2018/111, Nr. 172, Material zur Einkommensteuererklärung Ernst Augusts (III.), 1946.

524 NLA HA, Dep. 103 XL, Acc. 2018/111, Nr. 84, Paul Knoke an Hans Nolte (Abschrift), 1.10.1946.

525 Vgl. ebd.

lichen Verhalten der Welfen in der NS-Zeit resultierten.[526] In diesen Verfahren wurde über das persönliche Schicksal der Familienmitglieder entschieden, sie bestimmten jedoch auch über Erhalt oder Verlust des restlichen Vermögens.

Existenzfragen. Entnazifizierung und »Kriegsverbrecher«-Verfahren

»Military Government of Germany« stand in großen Buchstaben über dem Formular, das Anfang Dezember 1945 auf Schloss Marienburg eintraf, darunter, etwas kleiner, »Fragebogen«.[527] Sechs Seiten umfasste der zugesandte Bogen, dicht bedruckt mit 131 durchnummerierten Fragen. Bei den meisten davon handelte es sich um geschlossene Ja-Nein-Fragen, frei zu formulierende Antworten wurden nur wenige verlangt.[528] Thematisch waren die Fragen in neun Blöcke unterteilt. Nach persönlichen Angaben wurden Bildungs- und Berufsabschlüsse abgefragt, außerdem die Beschäftigungsverhältnisse und die jährlichen Einkommen seit Beginn der 1930er-Jahre. Hauptsächlich aber wurde nach »Mitgliedschaften« gefragt. Für mehr als 50 einzeln aufgeführte Organisationen mussten Auskünfte zur Mitgliedschaft, dem Eintritts- und Austrittsdatum sowie ausgeübten Ämtern gegeben werden. An erster Stelle stand dabei die NSDAP, gefolgt von den ihr angeschlossenen Verbänden und weiteren NS-Organisationen. Am Schluss standen Fragen zu geleistetem Widerstand gegen das Regime oder die Weltanschauung des Nationalsozialismus.

Adressiert war der Fragebogen an Ernst August (III.). Weitere solcher Bögen trafen in den Wochen darauf auch für Ernst August (IV.) und Paul Knoke ein.[529] Mit dem Ausfüllen der Fragebögen begannen für die drei Männer – wie für Millionen Deutsche in den westlichen Besatzungszonen – ihre Entnazifizierungsverfahren.[530] Die Alliierten zielten mit dieser massenhaften Personalüberprüfung darauf ab, Personen, die sie als gefährlich erachteten, aus Schlüsselstellen der Politik, Wirtschaft und Gesellschaft zu entfernen, um den Aufbau einer demokratischen Nachkriegsordnung abzusichern. Formell hatte die US-Militärregierung für ihre Zone angeordnet, »alle Mitglieder der Nazipartei, die

526 Die »Sorge«, die »finanziellen Erfordernisse [...] für die Verteidigung unserer österreichischen Belange und insbesondere unseres österreichischen Vermögens« aufzubringen, teilte Ernst August (III.) etwa mit Alois Graf von Kielmansegg. NLA HA, Dep. 103 XL, Acc. 2018/111, Nr. 2285, Ernst August (III.) an Alois Graf von Kielmansegg, 5.9.1947.

527 Als Anhang zu NLA HA, Dep. 103 XL, Acc. 2018/111, Nr. 2287, Josef Bayer an Paul Knoke, 30.11.1945. Diese in der US-Zone gebräuchliche Fragebogenversion (Aktenzeichen MG/PS/G/9a) fand auch in der britischen Besatzungszone Verwendung. Sie ist abgedruckt bei Reichert, Olaf, »Wir müssen doch in die Zukunft sehen ...«. Die Entnazifizierung in der Stadt Oldenburg unter britischer Besatzungshoheit 1945-1947, Oldenburg 1998, S. 199-204.

528 Zur Konzeption des Fragebogens vgl. Leßau, Hanne, Entnazifizierungsgeschichten. Die Auseinandersetzung mit der eigenen NS-Vergangenheit in der frühen Nachkriegszeit, Göttingen 2020, S. 55-78.

529 Vgl. BWA, F20, 342, Fragebogen Ernst Augusts (III.), 8.2.1946; NLA HA, Dep. 103 XL, Acc. 2018/111, Nr. 2287, Fragebogen Ernst Augusts (IV.), 23.2.1946; NLA HA, Dep. 103 XL, Acc. 2018/111, Nr. 2287, Fragebogen Paul Knokes, 10.2.1946.

530 Vgl. als jüngsten Forschungsüberblick Leßau, Entnazifizierungsgeschichten, S. 13-19. Als einen älteren Forschungsbericht siehe Rauh-Kühne, Cornelia, Die Entnazifizierung und die deutsche Gesellschaft, in: Archiv für Sozialgeschichte 35, 1995, S. 35-70.

nicht nur nominell in der Partei tätig waren, alle, die den Nazismus oder Militarismus aktiv unterstützt haben, und alle anderen Personen, die den alliierten Zielen feindlich gegenüberstehen [...] aus wichtigen Stellungen in halbamtlichen und privaten Unternehmungen« auszuschließen.[531] Sonach hatte sich Ernst August (III.) als Kommanditist des Münchener Bankhauses Seiler & Co. einer politischen Überprüfung zu unterziehen, seinen Sohn und Knoke ereilte dasselbe Los aufgrund ihrer Aufsichtsratstätigkeit bei der ebenfalls in München ansässigen Brauerei Hackerbräu.

Am 8. Februar 1946, nach rund zwei Monaten Bearbeitungszeit, unterzeichnete Ernst August (III.) seinen ausgefüllten Fragebogen.[532] Es hatte gedauert, die nötigen Informationen zusammengetragen. Viele Schreiben waren zwischen Paul Knoke, Hermann Dedekind und den auf Schloss Blankenburg gebliebenen Angestellten hin- und hergegangen, um herauszufinden, welchen Organisationen, Vereinen und Verbänden das Welfenoberhaupt tatsächlich angehört hatte.[533] Letztendlich notierte Ernst August (III.) in knappen Worten, Mitglied von fünf der aufgelisteten Organisationen gewesen zu sein, darunter dem Nationalsozialistischen Kraftfahrkorps (NSKK), nicht jedoch der NSDAP, der SS oder der SA. Drei Dutzend weitere Gesellschaften und Vereine, denen er ebenfalls angehört hatte oder nach wie vor angehörte, vermerkte er im Anhang des Fragebogens.

Es waren offensichtlich weniger seine Mitgliedschaften, die Ernst August (III.) erklärungsbedürftig schienen. Jedenfalls fielen seine Ausführungen zu zwei anderen Fragen ungleich länger aus. Zum einen war dies Frage 119 nach »Herkunft und Beträge[n] des jährlichen Einkommens vom 1. Januar 1931 bis zur Gegenwart«. Weisungsgemäß notierte er hier seine letzten Jahreseinkommen aus Grundbesitz, Kapitalvermögen und Gewerbebetrieben, die, wie gesehen, besonders zu Kriegsbeginn stark gestiegen waren. Diese auffälligen Zuwächse erläuterte Ernst August (III.) – unaufgefordert – in einem mehrseitigen Begleitschreiben: Nach schweren Vermögensverlusten durch die Inflation sei es bis 1935 gelungen, »eine neue Vermögensbasis zu schaffen«, unter anderem durch den Verkauf von Juwelen, Kunstbesitz und Silber. Auf dieser Grundlage seien anschließend durch die Veräußerung von Grundeigentum, eine »anderweitige Veranlagung« sowie »planmäßige Einschränkungen« die Ausgaben gesunken und die Einnahmen gestiegen. Die Einkommenszuwächse im »Dritten Reich« wurden mithin als Resultat einer langfristigen Entwicklung präsentiert – eine Begründung, die prinzipiell zutreffend war. Allein die wichtigsten Gründe blieben dabei un-

531 Zitiert nach: Vollnhals, Clemens (Hrsg.), Entnazifizierung. Politische Säuberung und Rehabilitierung in den vier Besatzungszonen 1945-1949, München 1991, S. 99. Vgl. dazu Dotterweich, Volker, »Arrest« und »Removal«. Die amerikanische Besatzungsdirektive JCS 1067 und die Entnazifizierungskonzeption der Westmächte, in: Walter L. Bernecker u. Ders. (Hrsg.), Deutschland in den internationalen Beziehungen des 19. und 20. Jahrhundert, München 1996, S. 287-316.

532 Vgl. für das Folgende, soweit nicht anders vermerkt, BWA, F20, 342, Fragebogen Ernst Augusts (III.), 8.2.1946.

533 Vgl. die Korrespondenz in NLA HA, Dep. 103 XL, Acc. 2018/111, Nr. 2287. Es steht zu vermuten, dass Knoke nicht nur die Informationen für den Fragebogen Ernst Augusts (III.) zusammentrug, sondern diesen – zumindest in Teilen – auch ausfüllte. Überprüfen lässt sich dies allerdings nicht.

erwähnt: die finanzielle Beteiligung an der Aufrüstung, der Autarkiepolitik und der »Arisierung« der Wirtschaft.

Indessen kam Ernst August (III.) nicht umhin, zumindest die diversen »Arisierungen« im Fragebogen offenzulegen. So lautete die andere Frage, auf die er eine ausführliche Antwort gab: »Haben Sie [...] jemals Besitz erworben, welcher anderen Personen aus politischen, rassischen oder religiösen Gründen entzogen [...] wurde?«. Wahrheitsgetreu antwortete er hierauf mit »Ja«, listete im Anhang die »Arisierungen« (nahezu) vollständig auf und nannte dazu Namen, Zeit- und Ortsangaben. Dabei beließ er es allerdings nicht. Vielmehr mühte er sich, seine Beweggründe zu erläutern.[534] Die »Investitionen in Österreich« etwa habe er getätigt, um die Versorgung der dortigen Pensionäre und Witwen sicherzustellen. »Ich hoffte aber«, erklärte er, »damit auch meiner zweiten Heimat, die sich damals bekanntlich in einer schwierigen Wirtschaftslage befand, einen Dienst zu erweisen«. Wiederholt beteuerte Ernst August (III.), in »fairer Weise« gehandelt und »angemessene« Preise bezahlt zu haben, da es ihm nicht darum gegangen sei, sich »bei dieser Gelegenheit zu bereichern«. Belege, die diese Darstellung hätten stützen können, wurden dem Fragebogen nicht beigefügt.

Im Vergleich zu diesen wortreichen Rechtfertigungen fielen die Antworten Ernst Augusts (IV.) und Paul Knokes deutlich knapper aus. Der älteste Sohn beließ es meist bei kurzen Stellungnahmen, unter anderem vermerkte er wahrheitsgemäß, 1933/34 für einige Monate Mitglied der Reiter-SS gewesen zu sein.[535] Lediglich eine Frage beantwortete er mit einem mehrzeiligen Text. Er bestätigte, einmal wegen Widerstands gegen den Nationalsozialismus inhaftiert worden zu seien: »Wegen des Vorwurfes der Beteiligung an einer Verschwörung des Regierungspräsidenten Diels für den Fall des Zusammenbruches der Herrschaft der NSDAP. vom 15. November bis 22. Dezember 1944 [...] in Haft.«[536] Als Zeugen führte er seinen Vater und Knoke an. Letzterer verzichtete in seinem Fragebogen gänzlich auf längere Erklärungen. Im Wesentlichen notierte er bloß, kein Mitglied der NSDAP gewesen zu sein und bei den Wahlen im November 1932 und März 1933 auch nicht für die Partei gestimmt zu haben.[537]

Am Ende überstanden das Familienoberhaupt, der älteste Sohn und der Generalbevollmächtigte – kurz: die Schlüsselfiguren der Vermögensverwaltung – ihre politische

534 Wie Leßau, Entnazifizierungsgeschichten, S. 116 schreibt, »bemühte sich ein großer Teil der von den Verfahren betroffenen Zeitgenossen mit den Begleitschreiben darum, eine Deutung der eigenen Vergangenheit zu präsentieren, die kritische Punkte nicht ausließ, sondern gerade hierfür Erklärungen fand«.

535 Vgl. NLA HA, Dep. 103 XL, Acc. 2018/111, Nr. 2287, Fragebogen Ernst Augusts (IV.), 23. 2. 1946.

536 Rudolf Diels (1900-1957), Regierungspräsident von Köln und Hannover, übte wiederholt Kritik am NS-System; 1944 entwickelte er im Kreis von Freunden und Vertrauten Pläne für die Zeit nach einem möglichen Zusammenbruch. Zu diesem Kreis zählte auch Ernst August (IV.). Nach 1945 wurde dieser Kontakt weiter gepflegt, Diels sprach Ernst August (IV.) dabei vertraut mit »mein verehrter Leidensgenosse aus Gestapo-Zeiten« an. NLA HA, Dep. 103 XL, Acc. 2018/111, Nr. 1904, Rudolf Diels an Ernst August (IV.), 24. 7. 1946. Vgl. auch NLA HA, Dep. 103 XL, Acc. 2018/111, Nr. 2282, Erklärung Rudolf Diels, 17. 9. 1947; Wallbaum, Klaus, Der Überläufer. Rudolf Diels (1900-1957) – der erste Gestapo-Chef des Hitler-Regimes, Frankfurt a. M. 2010, S. 33 f.

537 Vgl. NLA HA, Dep. 103 XL, Acc. 2018/111, Nr. 2287, Fragebogen Paul Knokes, 10. 2. 1946.

Überprüfung ohne jede persönliche oder wirtschaftliche Sanktionierung. Nicht nur in der US-Zone konnten sie ihre Stellungen in der Wirtschaft behalten.[538] Auch in der britischen Besatzungszone, wo sich Ernst August (III.) und Ernst August (IV.) einer erneuten Überprüfung unterziehen mussten, entschied die Public Safety Special Branch der Militärregierung mit »No objection« beziehungsweise »keine Einwendungen«.[539] Ebenso unbeschadet durchliefen sie das ergänzende Kategorisierungsverfahren, das im Frühjahr 1947 in der britischen Zone eingeführt wurde.[540] Sämtliche Überprüften sollten hier – auch rückwirkend – einer von fünf Kategorien (von »Verbrecher« [I] bis »Entlastete« [V]) zugeordnet und gegebenenfalls mit Sanktionen belegt werden. Diese reichten von Vermögenssperren, Anstellungs- und Bewegungsbeschränkungen bis hin zu Geld-, Gefängnis- und Todesstrafen. Im Fall Ernst Augusts (III.) kam der zuständige Entnazifizierungsausschuss 1949 zu dem Schluss, dass »der Herzog« zwar Mitglied des NSKK gewesen sei, den Nationalsozialismus jedoch »nicht unterstützt« habe. Infolgedessen wurde er »entlastet« und in »Kategorie V (fünf)« eingestuft.[541] Auch Ernst August (IV.) erhielt einen »Entlastungsschein«, da er der Reiter-SS ohne Rang angehört habe und »somit den Nationalsozialismus nicht gefördert [hat]«, wie es in der Entscheidungsbegründung hieß.[542]

Ungewöhnlich war diese Beurteilung nicht.[543] Es waren letztlich formale Belastungsmerkmale, die den Ausschlag bei der Entnazifizierung gaben, vor allem Mitgliedschaften und Ämter in der NSDAP und den ihr angeschlossenen Gliederungen und Verbänden. Diese Informationen festzustellen, dazu waren die standardisierten Fragebögen konzipiert, daraufhin wurden sie primär überprüft. Nur so war die millionenfache Personalüberprüfung überhaupt praktikabel. Entsprechend wurden die Mitgliedschaft Ernst Augusts (III.) beim NSKK und die Monate des ältesten Sohns bei der Reiter-SS hinterfragt, nicht jedoch die »Arisierungen«. »Die funktionale Mitwirkung am Erfolg des Regimes aus professionellem Opportunismus [...], die sich von der Rüstungsproduktion, über ›Arisierungen‹ bis hin zum freiwilligen Einsatz von Zwangsarbeitern erstreckt hat, war mit diesem Instrumentarium kaum sanktionierbar«, stellt Ralf Ahrens über die Entnazifizierung der westdeutschen Wirtschaft fest.[544]

Bemerkenswert ist folglich weniger, dass die Welfen und Paul Knoke als »Entlastete« aus der Entnazifizierung herausgingen. Formell entsprach dies ihrer politischen Belas-

538 Es scheint allerdings, dass Ernst August (IV.) – aufgrund der Mitgliedschaft bei der Reiter-SS – seinen Aufsichtsratsposten bei der Hackerbräu AG zumindest vorübergehend verlor. Vgl. NLA HA, Dep. 103 XL, Acc. 2018/111, Nr. 2287, Public Safety Branch Hannover an die Hackerbräu AG, 24.2.1948.

539 NLA HA, Dep. 103 XL, Acc. 2018/111, Nr. 2287, Entscheidung der Public Safety Branch (Abschrift), 7.5.1947; NLA HA, Dep. 103 XL, Acc. 2018/111, Nr. 2287, Public Safety Branch Hannover an die Hackerbräu AG, 24.2.1948.

540 Vgl. Rauh-Kühne, Entnazifizierung, S. 59 f.

541 NLA HA, Dep. 103 XL, Acc. 2018/111, Nr. 2288, Entnazifizierungs-Entscheidung, 25.1.1949.

542 Vgl. NLA HA, Dep. 103 XL, Acc. 2018/111, Nr. 2288, Entnazifizierungs-Entscheidung, 28.1.1949.

543 Vgl. für das Folgende Leßau, Entnazifizierungsgeschichten, S. 475 f.

544 Ahrens, Ralf, Von der »Säuberung« zum Generalpardon. Die Entnazifizierung der westdeutschen Wirtschaft, in: Jahrbuch für Wirtschaftsgeschichte 2010, Bd. 2, S. 25-45, hier: S. 44.

tung. Das Bemerkenswerte ist vielmehr, wie sie selbst, ein halbes Jahr nach Ende des Zweiten Weltkriegs, ihre wirtschaftliche Betätigung im »Dritten Reich« beurteilten. Die vielseitigen Begleitschreiben, die Ernst August (III.) seinen Entnazifizierungsfragebögen anfügte, belegen eindeutig, dass es das »arisierte« jüdische Eigentum und die enormen Einkommenszuwächse zwischen 1933 und 1945 waren, die unter den politischen und gesetzlichen Rahmenbedingungen der Nachkriegszeit als schwerste Belastung erkannt wurden. Entsprechend mühte man sich, geschlossene Erklärungen dafür zu finden. Die »Arisierungen« wurden als kaufmännisch seriöse Transaktionen dargestellt, ohne jeden kompromittierenden oder politischen Einschlag, das abrupt gestiegene Einkommen als Ergebnis langfristiger Entwicklungen. Für den Ausgang der Entnazifizierung waren diese Schutzbehauptungen nicht entscheidend – für weitere juristische Auseinandersetzungen jedoch sehr wohl.

Zur selben Zeit, als in Deutschland die Entnazifizierung durchgeführt wurde, war Ernst August (III.) in Österreich als »Kriegsverbrecher« beschuldigt.[545] Hier galt seit Juni 1945 das »Kriegsverbrechergesetz« (KVG), das neben Tatbeständen wie Kriegshetzerei, Hochverrat, Quälereien und Misshandlungen auch »missbräuchliche Bereicherungen« ahndete.[546] Demnach sollte mit Gefängnis bestraft werden, wer »in der Absicht, sich oder anderen unverhältnismäßige Vermögensvorteile zuzuwenden, durch Ausnützung der nationalsozialistischen Machtergreifung oder überhaupt durch Ausnützung nationalsozialistischer Einrichtungen und Maßnahmen fremde Vermögensbestandteile an sich gebracht [...] hat«. In besonders drastischen Fällen konnten dafür bis zu zehn Jahre »schweren Kerkers« verhängt werden.

Zuständig für die Aburteilung von »Kriegsverbrechen« waren die sogenannten Volksgerichte, außerordentliche, eigens zu diesem Zweck eingerichtete Schöffengerichte.[547] Hinsichtlich der Verfolgung von »Arisierungen« war das Bedeutendste hierunter das Wiener Volksgericht. Gegen mehr als 5.900 Personen leitete das Gericht Verfahren wegen des Verdachts der »missbräuchlichen Bereicherung« ein – eines davon auch gegen

545 Unter »Kriegsverbrechen« wurden in Österreich ungleich mehr Anklagepunkte gefasst, als dies etwa in Deutschland bei dem Nürnberger Militärgerichtstribunal gegen die Hauptkriegsverbrecher der Fall war. Zur Kenntlichmachung wird der Begriff deshalb in Anführungszeichen gebraucht. Vgl. Garscha, Winfried R. u. Kuretsidis-Haider, Claudia, Justizielle »Diktaturfolgenbewältigung« in Österreich nach 1945. Unterschiede und Gemeinsamkeiten im Vergleich zu Westdeutschland, in: Dokumentationsarchiv des österreichischen Widerstandes (Hrsg.), Forschungen zum Nationalsozialismus und dessen Nachwirkungen in Österreich, Wien 2012, S. 223-246.

546 Alle folgenden Zitate aus Verfassungsgesetz vom 26. Juni 1945 über Kriegsverbrechen und andere nationalsozialistische Untaten (Kriegsverbrechergesetz), in: Staatsgesetzblatt für die Republik Österreich 32, 1945, S. 55-57. Vgl. Garscha, Winfried R., Die Menschenwürde als strafrechtlich schützenswertes Gut. Zur historischen Bedeutung des österreichischen Kriegsverbrechergesetzes, in: Heimo Halbrainer u. Claudia Kuretsidis-Haider (Hrsg.), Kriegsverbrechen, NS-Gewaltverbrechen und die europäische Strafjustiz von Nürnberg bis Den Haag, Graz 2007, S. 53-61.

547 Auffallend ist die terminologische Nähe zu den nationalsozialistischen Volksgerichtshöfen. Winfried Garscha deutet dies als Indiz dafür, »daß es den Autoren – zumindest: auch um ›Vergeltung‹ ging«. Garscha, Winfried R., Die Verfahren vor dem Volksgericht Wien (1945-1955) als Geschichtsquelle, Wien 1993, S. 93.

Ernst August (III.).[548] Das Gericht reagierte damit auf eine Anzeige des Kreisgerichts Wels, das im Zuge eines anderen Verfahrens auf die »Arisierungen« bei der Baugesellschaft Porr aufmerksam geworden war.[549]

Im Juli 1947 nahm die Staatsanwaltschaft erste »Vorerhebungen« in der »Strafsache Ernst August Herzog zu Braunschweig« auf.[550] Gemäß § 6 KVG wurde nach greifbaren Anhaltspunkten für *unverhältnismäßige* Vermögensvorteile durch *absichtliche* Ausnutzung nationalsozialistischer Einrichtungen und Maßnahmen gesucht. Nach einigen Monaten, in denen Befragungen durchgeführt und Gutachten einholt worden waren, wurde die Voruntersuchung abgeschlossen und ein »selbstständiges Verfahren«, d. h. ein Untersuchungsverfahren, gegen Ernst August (III.) eingeleitet. Der Beschuldigte stehe »in dem dringenden Verdacht«, hieß es in der Beschlussbegründung, »sich durch den Ankauf von Aktien der Firma Allgemeine Baugesellschaft A. Porr [...] dadurch missbräuchlich bereichert zu haben, dass er größere Aktienpakete [...] unter Ausnützung der durch die nationalsozialistischen Machtergreifung geschaffenen Lage weit unter dem wahren Wert derselben an sich gebracht hat«.[551] Damit einhergehend wurde die Beschlagnahme sämtlichen in Österreich befindlichen Vermögens Ernst Augusts (III.) angeordnet. Denn im Fall einer Verurteilung drohte nach § 9 KVG die »Einziehung des gesamten Vermögens«.

Mit der Einleitung des Untersuchungsverfahrens wurden die drohenden Konsequenzen – eine mehrjährige Haftstrafe und der endgültige Verlust der österreichischen Immobilien, Forste und Gewerbebetriebe – augenscheinlich greifbar. Zumindest sah man sich dazu veranlasst, einen versierten Verteidiger für Ernst August (III.) zu bestimmen. Die Wahl fiel auf den 40-jährigen Erwin Lowatschek. Der Rechtsanwalt, gebürtig aus Wien, war in der Hauptstadt gut vernetzt und vertraut mit dem nationalen Rechtssystem.[552] Zudem kannte er den Fall, denn er hatte die Welfen schon bei ihrem Eintritt in die Baugesellschaft 1938/39 rechtlich beraten.[553] Noch wichtiger aber war, dass er das Vertrauen der Familie genoss. Seit 1945 fungierte er als Abwesenheitskurator Ernst Augusts (III.) in Österreich. Zu seinen hochsensiblen Aufgaben zählte in diesem Zu-

548 Vgl. Loitfellner, Sabine, »Arisierungen« während der NS-Zeit und ihre justizielle Ahndung vor dem Volksgericht Wien 1945-1955. Voraussetzungen, Analyse, Auswirkungen, in: Justiz und Erinnerung 4, 2001, S. 20-26; Dies., »Ariseure« vor Gericht. Volksgerichtsverfahren nach 1945 wegen missbräuchlicher Bereicherung, in: Verena Pawlowsky u. Harald Wendelin (Hrsg.), Arisierte Wirtschaft. Wien 2005, S. 193-207.

549 Seit Mitte 1946 wurde in Wels die Rückerstattungsklage Siegfried Picks verhandelt. Die Klageschrift findet sich in WStLA, Volksgericht, Al-Strafakten, Vg Vr 5427/47, Bd. I, Restitutionsantrag Siegfried Picks, 22. 7. 1946.

550 So die in den Beschlüssen des Volksgerichtes geläufige Bezeichnung des Verfahrens. Vgl. WStLA, Volksgericht, Al-Strafakten, Vg Vr 5427/47, Band I u. II.

551 NLA HA, Dep. 103 XL, Acc. 2018/111, Nr. 228, Ratskammerbeschluss (Abschrift), 9. 12. 1947. Zur Worthülse des »wahren Werts« vgl. Felber, Ulrike u. a., Ökonomie der Arisierung. Teil 1. Grundzüge, Akteure und Institutionen, Wien 2004, S. 340 ff.

552 Für einen Einblick in den persönlichen und beruflichen Werdegang des Rechtsberaters vgl. NAW, USACA, Property Control Branch, PC/V/XVIII/11, Philippine Gorodetzky, Fragebogen Erwin Lowatscheks, 19. 4. 1946; Steckhan, Herzog, S. 106 f.

553 Vgl. NLA HA, Dep. 103 XL, Acc. 2018/111, Nr. 228, Paul Knoke an Ernst August (III.), 15. 4. 1946.

sammenhang auch die Vorbereitung der beschriebenen Schenkung an Friederike. Zufrieden bemerkte Ernst August (III.) 1947 über ihn: »Dr. Lowatschek hat bisher mit bestem Geschick unsere teils recht komplizierten Belange in Österreich wahrgenommen und besitzt unser restloses Vertrauen.«[554]

In der Tat sollte das juristische Geschick des Rechtsanwalts für den weiteren Verlauf des Verfahrens von besonderer Bedeutung werden. In enger Abstimmung mit Paul Knoke konnte Erwin Lowatschek bereits wenige Wochen nach der Mandatsübernahme eine zwölfseitige Beschwerdeschrift vorlegen.[555] Schritt für Schritt mühte er sich darin, die Tatbestandsmerkmale der »missbräuchlichen Bereicherung« zu entkräften. Entschieden bestritt er jede »Ausnützung der nationalsozialistischen Machtergreifung«, dafür rückte er Ernst August (III.) und seine Familie in maximale Distanz zum NS-Regime. »Der Herzog« habe niemals der NSDAP angehört, betonte er, vielmehr seien die Söhne »nur ihrer Herkunft wegen« aus der Wehrmacht ausgeschlossen und der älteste »Prinz« mehrere Wochen von der Gestapo inhaftiert worden. Die direkten Kontakte, die die Welfen zur NS-Staatsspitze unterhalten und zu ihrem Vorteil genutzt hatten, überging der Verteidiger geflissentlich. Stattdessen bemerkte er, dass die politischen Überprüfungen Ernst Augusts (III.) auf Grundlage »eines eingehenden Fragebogens, in dem auch die Erwerbungen von Vermögensobjekten in Österreich durch den Beschuldigten seit 1938 bis ins einzelne behandelt sind, zu dem Ergebnis ›No objection‹ geführt haben«. Allein fünf Seiten verwandte Lowatschek anschließend darauf, dem Vorwurf entgegenzutreten, Ernst August (III.) habe sich »unverhältnismäßig« bereichert: Die Aktien seien zum Börsenkurs erworben worden, von einem »Diktat des Käufers« könne keine Rede sein.[556] Darüber hinaus sei bewiesen, merkte der Rechtsanwalt wiederholt an, dass sich »der Herzog« niemals persönlich an den Verhandlungen beteiligt habe. Ihm könne folglich »die unbedingt zum Verbrechen nach § 6 KVG erforderliche verbrecherische Absicht, sich missbräuchlich zu bereichern, weder angelastet, noch bewiesen werden«.

Den Antrag des Rechtsanwalts, die Vermögensbeschlagnahme umgehend aufzuheben, lehnte das Gericht allerdings ab. Stattdessen lief das Untersuchungsverfahren weiter, verschiedene Zeugen wurden gehört, darunter die beiden jüdischen Voreigentümer Siegfried Pick und Ottokar Solvey-Stern. Eindringlich beschrieb Solvey-Stern in seiner Befragung die Drucksituation im Sommer 1938: »Weder ich noch meine Schwägerin Ada Stern, noch Ing. Pick haben Aktien zum Verkauf angeboten, noch konnten wir auf den gebotenen Preis infolge der bekannten Zwangslage einen Einfluss nehmen.«[557] Pick ergänzte, er habe den Verkaufspreis als »Verschleuderung« empfunden.[558] Beide

554 NLA HA, Dep. 103 XL, Acc. 2018/111, Nr. 2285, Ernst August (III.) an Friederike (Abschrift), 5.9.1947.

555 Vgl. hier und für die folgenden Zitate WStLA, Volksgericht, Al-Strafakten, Vg Vr 5427/47, Bd. I, Beschwerdeschrift Erwin Lowatscheks, 14.1.1948.

556 Unterstreichung wie im Original.

557 WStLA, Volksgericht, Al-Strafakten, Vg Vr 5427/47, Bd. I, Befragung Ottokar Solvey-Sterns, 3.11.1948.

558 WStLA, Volksgericht, Al-Strafakten, Vg Vr 5427/47, Bd. I, Befragung Siegfried Picks, 2.7.1948.

machten jedoch deutlich, dass Ernst August (III.) selbst keinen Druck auf sie ausgeübt habe und ihnen der Erlös zur freien Verfügung überwiesen worden sei. Als die Zeugenbefragungen abgeschlossen waren, forderte der Untersuchungsrichter ein weiteres, unabhängiges Gutachten über die »Arisierungen« bei der Baugesellschaft an. Dieses habe, wie Erwin Lowatschek bemerkte, zu »sehr nachteiligen und gefährlichen Konklusionen« geführt.[559] Denn der Sachverständige kam zu dem Schluss, dass für die Aktien, die Ernst August (III.) zum Preis vom 106 Reichsmark pro Stück erworben hatte, ein Wert von etwa 213 Reichsmark selbst »bei flüchtiger Prüfung« festzustellen gewesen wäre.[560]

Infolgedessen war es an der Staatsanwaltschaft, über eine mögliche Anklage zu entscheiden. Wie dieser Entscheidungsprozess ablief, liegt weitgehend im Dunkeln. Denn der weitere Gang des Strafverfahrens entschied sich in informellen Besprechungen zwischen der Verteidigung und der Staatsanwaltschaft, über deren Inhalt und Verlauf bloß vereinzelte Berichte Lowatscheks Auskunft geben.[561] In diesen erklärte der Rechtsanwalt, dass er den Staatsanwalt intensiv bearbeitet habe, dass er bemüht gewesen sei, »das vorliegende Sachverständigengutachten [...] ad absurdum zu führen«, um eine Einstellung des Verfahrens zu erwirken.[562] Schließlich seien die Akten zur finalen Entscheidung an die Oberstaatsanwaltschaft und das Bundesjustizministerium weitergeleitet worden. Einige Monate darauf habe die Staatsanwaltschaft die Ermächtigung erhalten, das Strafverfahren vollumfänglich einzustellen.[563] Welche Gründe hierfür maßgebend waren, geht aus den Akten nicht hervor. Die Staatsanwaltschaft hatte nach der österreichischen Strafprozessordnung lediglich zu erklären, dass kein Grund für eine weitere gerichtliche Untersuchung bestehe.[564]

Wie groß der Beitrag Erwin Lowatscheks zur Einstellung des Verfahrens war, ist kaum zu ermessen. Möglicherweise überzeichnete der Rechtsanwalt, auf Honorarbasis arbeitend, seine Berichte etwas. Tatsächlich war der Verfahrensausgang typisch für die justizielle Ahndung von »Arisierungen« in Österreich. Über drei Viertel der in Wien wegen »missbräuchlicher Bereicherung« eingeleiteten Untersuchungsverfahren wurden vorzeitig eingestellt.[565] Allzu oft konnten nicht genügend Beweise gesammelt werden,

559 NLA HA, Dep. 103 XL, Acc. 2018/111, Nr. 228, Erwin Lowatschek an Paul Knoke, 18.4.1950.

560 Vgl. WStLA, Volksgericht, Al-Strafakten, Vg Vr 5427/47, Bd. II, Gutachten Paul Richters, 29.6.1949.

561 Vgl. im Einzelnen NLA HA, Dep. 103 XL, Acc. 2018/111, Nr. 2285, Erwin Lowatschek an Paul Knoke, 30.9.1949; NLA HA, Dep. 103 XL, Acc. 2018/111, Nr. 2285, Erwin Lowatschek an Paul Knoke, 2.11.1949; NLA HA, Dep. 103 XL, Acc. 2018/111, Nr. 228, Erwin Lowatschek an Paul Knoke, 18.4.1950.

562 Ebd.

563 Zwischenzeitlich hatten weitere Parteien ihre Beteiligung an dem Strafverfahren erklärt und auf die »Vielfalt strafbarer Handlungen« bei den »Arisierungen« durch Ernst August (III.) hingewiesen. WStLA, Volksgericht, Al-Strafakten, Vg Vr 5427/47, Bd. I, Urkundenvorlage durch Edgar Elbogen und Grete Klug, 19.6.1948.

564 Vgl. Tlapek, Ludwig Franz, Die österreichische Strafprozeßordnung in der Fassung der Kundmachung des Staatsamtes für Justiz vom 24. Juli 1945 über die Wiederverlautbarung der österreichischen Strafprozessordnung samt Novellen und Nebengesetzen, 2. Aufl., Wien 1948, S. 74 f.

565 Etwa 5.000 der 5.900 wegen § 6 KVG eingeleiteten Verfahren gingen am Volksgericht Wien nicht über die Voruntersuchung hinaus. Von 916 Personen, gegen die man eine Hauptverhandlung wegen § 6 KVG einleitete, wurden 327 für schuldig befunden. Vgl. Loitfellner, »Ariseure«, S. 197 f.

da Geschädigte, sofern nicht unter der nationalsozialistischen Herrschaft ermordet, unauffindbar ins Ausland vertrieben oder zwischenzeitlich verstorben waren.

Nichtsdestotrotz: Am Ende war durch den Rechtsanwalt ein existentiell wichtiger Erfolg erzielt worden. Ernst August (III.) entging einer Haftstrafte, seine dutzendfache Beteiligung am staatlich legitimierten Raub jüdischen Eigentums hatte für ihn keinerlei strafrechtlichen Konsequenzen. Ohne Weiteres war es ihm wieder möglich, nach Österreich zu reisen.[566] Zugleich blieb ihm ein großer Teil seines Vermögens – wenn auch weiter unter Treuhandverwaltung stehend – als Eigentum erhalten. Es steht zu bezweifeln, dass der Schenkungsakt, mit dem er kurz darauf drei Viertel seines österreichischen Grundeigentums auf Friederike übertrug, ansonsten möglich gewesen wäre. Entsprechend zweigeteilt fiel Erwin Lowatscheks abschließendes Fazit aus: »Wenn von mir auch nicht verkannt wird, dass die Einstellung des Strafverfahrens aus persönlichen Gründen für SKH von entscheidender, ja überragender Wichtigkeit war, so war es immerhin auch für die wirtschaftlichen Interessen SKH von grosser Bedeutung, dass [...] alle jene recht heiklen Fragen ihre Lösung fanden, die sich durch die Beschlagnahme des österreichischen Vermögens ergeben hatten.«[567]

»Advokatorische Kniffe«. Schleppende Restitutionsprozesse

Der »Kriegsverbrecher«-Prozess war – gemessen an den möglichen Konsequenzen – sicherlich Erwin Lowatscheks wichtigster Einsatz für Ernst August (III.). Er war aber bei Weitem nicht sein einziger. Denn seit Jahresanfang 1946 sah sich das Welfenoberhaupt in Österreich mit ersten, formlosen Forderungen nach Rückgabe »arisierter« Vermögenswerte konfrontiert. Es sei denkbar gewesen, bemerkte Paul Knoke dazu, »der Sache ihren Lauf zu lassen und es darauf ankommen zu lassen«.[568] Schließlich koste die Inanspruchnahme eines Rechtsanwalts, so seine lakonische wie treffende Feststellung, »Geld«. Angesichts der zahlreichen »Arisierungen« ging Knoke jedoch fest davon aus, dass nach und nach weitere »Angelegenheiten, die im Fragebogen behandelt werden mussten«, zu Konflikten führen würden. Deshalb sei eine anwaltliche Vertretung wichtig, erklärte er, um »eine gute Grundlage« zu schaffen. Tatsächlich sollte es im Laufe der nächsten Jahre zu knapp einem Dutzend Restitutionsverfahren kommen. Allein acht dieser Verfahren wurden in Österreich ausgetragen – jeweils mit Erwin Lowatschek als Ernst Augusts (III.) Verteidiger.

Es war eines der Kernziele der westlichen Militärregierungen in Deutschland und Österreich, unrechtmäßige Vermögensentziehungen rückgängig zu machen.[569] Mit Blick auf

566 Vgl. in diesem Sinne NLA HA, Dep. 103 XL, Acc. 2018/111, Nr. 2285, Erwin Lowatschek an Paul Knoke, 30.9.1949.

567 NLA HA, Dep. 103 XL, Acc. 2018/111, Nr. 228, Erwin Lowatschek an Paul Knoke, 18.4.1950.

568 Vgl. hier und für die nächsten Zitate NLA HA, Dep. 103 XL, Acc. 2018/111, Nr. 228, Paul Knoke an Ernst August (III.), 15.4.1946.

569 Vgl. exemplarisch Goschler, Constantin u. Lillteicher, Jürgen (Hrsg.), »Arisierung« und Restitution. Die Rückerstattung jüdischen Eigentums in Deutschland und Österreich nach 1945 und 1989, Göttingen 2002; Goschler, Constantin, Schuld und Schulden. Die Politik der Wiedergut-

die häufig prekäre wirtschaftliche Lage der Geschädigten erschien dies als schnellster Weg zu einer materiellen »Wiedergutmachung«.[570] Doch es dauerte, bis die rechtlichen Grundlagen geschaffen waren. Erst 1947 wurden die zentralen (und hier relevanten) Gesetze erlassen: in Österreich das »Bundesgesetz über die Nichtigkeit von Vermögensentziehungen«, das sogenannte Dritte Rückstellungsgesetz, und für die US-Zone in Deutschland das Militärregierungsgesetz Nr. 59.[571] Ausgangspunkt beider Gesetze war eine pauschale Entziehungsvermutung. Zugunsten der NS-Verfolgten wurden alle seit dem Januar 1933 beziehungsweise dem »Anschluss« 1938 abgeschlossenen Rechtsgeschäfte als Folge einer permanenten Bedrohungslage begriffen.[572] Für die Geschädigten genügte damit ein einfacher Nachweis ihrer politischen Verfolgungssituation, etwa eine eidesstattliche Versicherung, um die Rückgabe entzogener Vermögen beanspruchen zu können.

Allerdings bargen die Gesetze gewaltige Interpretationsspielräume.[573] Drei Punkte waren es, über die in den Restitutionsverfahren der Welfen (und im Allgemeinen) besonders häufig gestritten wurde. Erstens ließ sich eine direkte Restitution nicht immer durchführen, da Immobilien, Gewerbebetriebe und Wertpapiere zwischenzeitlich verkauft, grundlegend verändert oder nicht mehr greifbar waren. Viele der jüdischen Betroffenen hatten zudem gar kein Interesse an einer Naturalrestitution, sondern eher an einer finanziellen Entschädigung. In der Folge kam es zu heftigen Auseinandersetzungen um die Festsetzung eines adäquaten Schadensersatzes. Zweitens schrieben die Gesetze vor, dass ein zur »freien Verfügung« überlassener Kaufpreis zurückzuerstatten war – ein ebenfalls hoch umstrittener Passus angesichts der Tatsache, dass bei der Emigration »Reichsfluchtsteuern«, »Judenvermögensabgaben« und oft horrende Devisentransfer-

machung für NS-Verfolgte seit 1945, 2. Aufl., Göttingen 2008; Unfried, Berthold, Neuere Ergebnisse zu »Arisierung« und Restitution von Unternehmen in Wien, in: Christiane Fritsche u. Johannes Paulmann (Hrsg.), »Arisierung« und »Wiedergutmachung« in deutschen Städten, Köln, Weimar u. Wien 2014, S. 115-136. Zur Restitution in Ostdeutschland vgl. Spannuth, Jan-Philipp, Rückerstattung Ost. Der Umgang der DDR mit dem »arisierten« und enteigneten Eigentum der Juden und die Gestaltung der Rückerstattung im wiedervereinigten Deutschland, in: Constantin Goschler u. Jürgen Lillteicher (Hrsg.), »Arisierung« und Restitution. Die Rückerstattung jüdischen Eigentums in Deutschland und Österreich nach 1945 und 1989, Göttingen 2002, S. 241-264.

570 Zu diesem problematischen, im Zusammenhang der Restitution gleichwohl unumgänglichen Begriff vgl. Hockerts, Hans Günter, Wiedergutmachung. Ein umstrittener Begriff und ein weites Feld, in: Ders. u. Christiane Kuller (Hrsg.), Nach der Verfolgung. Wiedergutmachung nationalsozialistischen Unrechts in Deutschland?, Göttingen 2003, S. 7-34.

571 Vgl. Bailer-Galanda, Brigitte, Die Entstehung der Rückstellungs- und Entschädigungsgesetzgebung. Die Republik Österreich und das in der NS-Zeit entzogene Vermögen, Wien u. München 2003, S. 87 f.; Goschler, Schuld und Schulden, S. 108 f.

572 Vgl. Lillteicher, Jürgen, Rechtsstaatlichkeit und Verfolgungserfahrung. »Arisierung« und fiskalische Ausplünderung vor Gericht, in: Constantin Goschler u. Ders. (Hrsg.), »Arisierung« und Restitution. Die Rückerstattung jüdischen Eigentums in Deutschland und Österreich nach 1945 und 1989, Göttingen 2002, S. 127-160, hier: S. 130; Graf, Georg, Die österreichische Rückstellungsgesetzgebung. Eine juristische Analyse, Wien u. München 2003, S. 498.

573 Diesem Absatz liegen zugrunde: Bailer-Galanda, Brigitte, Die Rückstellungsproblematik in Österreich, in: Constantin Goschler u. Jürgen Lillteicher (Hrsg.), »Arisierung« und Restitution. Die Rückerstattung jüdischen Eigentums in Deutschland und Österreich nach 1945 und 1989, Göttingen 2002, S. 161-188; Schwarz, Walter, Rückerstattung und Entschädigung. Eine Abgrenzung der Wiedergutmachungsformen, München u. Berlin 1952, S. 177 ff.

Abschläge fällig geworden waren. Und drittens legte das österreichische Rückstellungsgesetz fest, dass Gewinne, die mit entzogenem Vermögen erwirtschaftet worden waren, nicht zurückerstattet werden brauchten – sofern beim Kauf die »Regeln des redlichen Verkehrs« eingehalten worden waren. Näher definiert waren diese »Regeln« allerdings nicht. Es wurde den eigens geschaffenen Wiedergutmachungsämtern und -kammern in Deutschland sowie den Rückstellungskommissionen in Österreich überantwortet, solche Graubereiche der Gesetzgebung zu interpretieren.[574]

Angesichts der komplexen Gesetzgebung und umständlichen Verfahrenswege war professioneller juristischer Beistand in den Restitutionsprozessen praktisch unverzichtbar. Das galt letztlich für beide Prozessparteien. So waren es vor allem Rechtsanwälte, die vor den Wiedergutmachungsämtern und Rückstellungskommissionen aufeinandertrafen, nicht zuletzt, weil viele verfolgte Personen nach den traumatischen Erfahrungen, die sie im »Dritten Reich« hatten erleiden müssen, nicht gewillt waren, in ihre Heimat zurückzukehren.[575] Auch Ernst August (III.) korrespondierte zwar in mindestens einem Fall mit einem Antragsteller, dem in New York lebenden Siegfried Aufhäuser.[576] Zu einem direkten Aufeinandertreffen mit einzelnen oder mehreren Restitutionsberechtigten kam es jedoch – soweit bekannt – nicht.

Insgesamt gingen zwischen Februar 1946 und Dezember 1955 zehn Restitutionsanträge bei deutschen und österreichischen Gerichten, Rückstellungskommissionen und Wiedergutmachungsämtern ein, mit denen ganze Unternehmen sowie einzelne Aktienpakete von Ernst August (III.) zurückgefordert wurden. Die Anträge galten der Kommanditbeteiligung an der ehemaligen Aufhäuser-Bank sowie den Aktien der Porr AG.[577] Zudem beantragten die Nachkommen Lothar Elbogens, des vormaligen Eigentümers der Österreichischen Talkumindustrie, Restitution.[578] Der Unternehmer war nach der gewaltsamen Entziehung seines Talkumwerks nach Jugoslawien geflohen und dort bei einer »Sühneaktion« von deutschen Wehrmachtssoldaten erschossen worden.[579] Auch

574 Zu den Verfahrenswegen in Deutschland und Österreich vgl. Lillteicher, Rechtsstaatlichkeit, S. 130 f.; Meissel, Franz-Stefan, Olechowski, Thomas u. Gnant, Christoph, Untersuchungen zur Praxis der Verfahren vor den Rückstellungskommissionen, Wien u. München 2004.

575 Vgl. Pammer, Michael, Die Rückstellungskommission beim Landesgericht für Zivilrechtssachen Wien, Wien u. München 2002, S. 38.

576 Siegfried (1877-1949) war der Bruder Martin Aufhäusers. Er war 1921 in die Leitung des Bankhauses eingetreten, 1938, nach der »Arisierung« des Bankhauses emigrierte er in die USA. Vgl. Moser, Wegmarken, S. 94 ff. Der Briefwechsel zwischen Ernst August (III.) und Siegfried Aufhäuser ist überliefert in NLA HA, Dep. 103 XL, Acc. 2018/111, Nr. 232.

577 Vgl. zu H. Aufhäuser Köhler, Privatbanken, S. 510 ff.; zur Porr AG NLA HA, Dep. 103 XL, Acc. 2018/111, Nr. 228, Klageschrift der A. Porr AG, 26. 2. 1946; NLA HA, Dep. 103 XL, Acc. 2018/111, Nr. 230, Restitutionsantrag Siegfried Picks, 23. 7. 1946; NLA HA, Dep. 103 XL, Acc. 2018/111, Nr. 230, Restitutionsantrag Ottokar Solvey-Sterns, 29. 6. 1949; NLA HA, Dep. 103 XL, Acc. 2018/111, Nr. 228, Restitutionsantrag Adelheid Jongmans, 17. 12. 1947. Adelheid Jongman war die Witwe des ehemaligen Verwaltungsratsmitglieds Joseph Stern.

578 Bei den Nachkommen handelte es sich um den älteren Bruder, Edgar Elbogen, und die Verlobte, Grete Klug. Vgl. NLA HA, Dep. 103 XL, Acc. 2018/111, Nr. 2912, Restitutionsantrag Edgar Elbogens und Grete Klugs, 31. 12. 1947.

579 Vgl. Felber, Bergwerksunternehmen, S. 144 f.

Arthur Becker, Voreigentümer der Becker-Werke Chemnitz, und die Erben des seinerzeitigen Mitinhabers Karl Becker reichten einen Restitutionsantrag ein, genauso die vormaligen Aktionäre der Mühldorfer Graphit- und Bergbau AG, Otto Zucker und Jean Billiter.[580] Der Eingang eines jeden Antrags bedeutete dabei, dass das strittige Vermögen unter öffentliche Verwaltung gestellt wurde – eine Bestimmung, die für Ernst August (III.) freilich kaum praktische Auswirkungen hatte, da die fraglichen Unternehmen und Wertpapiere meist ohnehin schon seiner Kontrolle entzogen waren.

Die Eigentums- und Verfügungsrechte an zentralen welfischen Vermögenswerten standen nach 1945 somit gleich dreifach zur Disposition: wegen ihrer Deklaration als Deutsches Eigentum, wegen des »Kriegsverbrecher«-Verfahrens und wegen der Restitutionsansprüche. Es waren folglich höchst ungewisse Prozesse, die die Welfen vor den österreichischen und deutschen Restitutionsbehörden zu bestreiten hatten. Denn ein Erfolg garantierte nicht, dass das strittige Vermögen wirklich behalten werden konnte.

Trotzdem, oder vielleicht gerade deshalb, war Ernst August (III.) unbedingt gewillt, die Prozesse zu seinen Gunsten zu entscheiden. Ganz gleich, ob die Anträge wertvollen Unternehmen oder bloß kleineren Beteiligungen galten, ob hinter verschlossenen Türen oder unter öffentlicher Anteilnahme verhandelt wurde, ob eine persönliche Beziehung zu den Klagenden bestand oder nicht – der »Welfenchef« war zuvorderst darauf bedacht, die eigenen wirtschaftlichen Interessen durchzusetzen. Eine materielle Wiedergutmachung der geschädigten Voreigentümerinnen und -eigentümer hatte dagegen bestenfalls nachrangige Bedeutung. Selbst das Verfahren um die Beteiligung am Bankhaus H. Aufhäuser, das erklärtermaßen auf »freundschaftliche[r] Basis« geführt wurde, bildete in dieser Hinsicht keine Ausnahme.[581] Paul Knoke beteuerte zwar den Anspruch Ernst Augusts (III.), »der Familie Aufhäuser [...] zu Lasten der neuen Gesellschafter de[n] Wiedereintritt in das Bankhaus zur Erhaltung und Sicherung ihrer Existenz zu ermöglichen«.[582] Über die Bedingungen des Wiedereinstiegs, die Höhe der neuerlichen Beteiligung und den Umgang mit den Gewinnen aus den Jahren 1938 bis 1945 führte Knoke indes hartnäckige Verhandlungen.[583]

Diese Haltung war typisch für die Restitutionsprozesse. In aller Regel wurden die Ansprüche der Geschädigten zwar grundsätzlich anerkannt, die »Arisierungen« selbst bestritt man schließlich nicht. Doch zeigte Ernst August (III.) keinerlei Schuldbewusstsein. Persönliche Vorwürfe, wie sie etwa von Lothar Elbogens Nachkommen erhoben wurden, demnach an seinen Händen »das Blut des geschädigten Eigentümers« klebe, ließ er brüsk zu-

580 Vgl. zu den Becker-Werken NLA HA, Dep. 103 XL, Acc. 2018/111, Nr. 165, Wiedergutmachungskammer beim Landgericht Berlin an die Oberste Verwaltung, 23.12.1955; zur Mühldorfer Graphit- und Bergbau AG NLA HA, Dep. 103 XL, Acc. 2018/111, Nr. 2910, Restitutionsantrag Otto Zuckers, 11.11.1949; sowie NLA HA, Dep. 103 XL, Acc. 2018/111, Nr. 2910, Restitutionsantrag Jean Billiters, 19.12.1951.

581 NLA HA, Dep. 103 XL, Acc. 2018/111, Nr. 232, Josef Bayer, Treuhänder von Seiler & Co., an Siegfried Aufhäuser (Abschrift), 4.6.1948.

582 NLA HA, Dep. 103 XL, Acc. 2018/111, Nr. 232, Erklärung Paul Knokes (Abschrift), 6.12.1946.

583 Vgl. eindrücklich NLA HA, Dep. 103 XL, Acc. 2018/111, Nr. 232, Josef Bayer, Treuhänder von Seiler & Co., an Siegfried Aufhäuser (Abschrift), 4.6.1948.

rückweisen.[584] Unnachgiebig pochten seine Rechtsanwälte darauf, dass die »Arisierungen« kaufmännisch seriös und nach den »Regeln des redlichen Verkehrs« abgelaufen seien. Immer wieder führte Erwin Lowatschek als »Beweis« an, dass »der Herzog« im Rahmen der Entnazifizierung »mit ›N‹ (no objection) ausgezeichnet« worden sei – wohlweislich übergehend, dass die »Arisierungen« für die Beurteilung seinerzeit nicht ausschlaggebend gewesen waren.[585] Durch diese formaljuristische Argumentation sollte erreicht werden, dass die entzogenen Vermögenswerte nur teilweise restituiert zu werden brauchten, dass man die gezahlten Kaufpreise zurückerhielt oder die erwirtschafteten Gewinne einbehalten durfte.

Für die Entwicklung und den Ausgang der Prozesse war schließlich auch die jeweilige finanzielle Ressourcenausstattung ein entscheidender Faktor.[586] In dieser Hinsicht herrschte zwischen den Welfen auf der einen Seite und den Klageparteien auf der anderen Seite ein extremes Machtgefälle – ungeachtet der seit 1945 drastisch reduzierten Finanzmittel der Familie. Während es Ernst August (III.) möglich war, auch langwierige, kostspielige Verfahren zu führen, mussten die Klagenden mehrfach notgedrungen einlenken und Zugeständnisse machen. Im Januar 1949 etwa vermeldete Erwin Lowatschek aus Wien, dass Lothar Elbogens Bruder, Edgar, aus finanziellen Gründen an einer »alsbaldigen Lösung« interessiert sei.[587] Vier Jahre darauf berichtete er aus dem Prozess um die Porr-Aktien, »dass eine Entwicklung im Gang ist, die mich lebhaftest an die Ereignisse im Zusammenhange mit den seinerzeitigen Vergleichsverhandlungen in Angelegenheit Elbogen erinnert«.[588]

Vordergründig traten die Welfen und ihre Rechtsanwälte dabei geschlossen auf, kühlsachlich argumentierend. Im Hintergrund aber wurde heftig um die Prozessstrategie gestritten – gerade bei den zahlreichen Verfahren in Österreich. Die interne Konfliktlinie verlief dabei zwischen Ernst August (III.), Ernst August (IV.), Paul Knoke und ihren österreichischen Vertrauten – Leonhard Ritter von Hebenstreit-Glurnhör, den man als öffentlichen Verwalter der Österreichischen Talkumindustrie eingesetzt hatte, sowie Alois Graf von Kielmansegg – auf der einen Seite und Erwin Lowatschek auf der anderen Seite. Denn als Anfang der 1950er-Jahre, nach Jahren der Rechtsstreitigkeiten, noch keines der Verfahren zu einem Abschluss gelangt war, mehrten sich Zweifel an der Arbeit des Rechtsanwalts. Der Vorwurf wurde laut, dass Lowatschek die österreichischen Prozesse unnötig in die Länge zöge und überzogene Streitwerte taxiere, um höhere Honorare zu kassieren – ein Eindruck, der sich in weiteren Vermögensangelegenheiten, wie der Schenkung des österreichischen Grundbesitzes, verfestigte. Als »einfach unerhört« kritisierte Ernst August (IV.) die »Verzögerungstaktik«.[589] Noch deutlicher wurden die Berater: Angesichts der wiederholten »advokatorischen Kniff[e]« drängte Ritter

584 NLA HA, Dep. 103 XL, Acc. 2018/111, Nr. 2912, Restitutionsantrag Edgar Elbogens und Grete Klugs, 31.12.1947.

585 Hier: NLA HA, Dep. 103 XL, Acc. 2018/111, Nr. 2285, Erwin Lowatschek an das österreichische Bundesministerium für Vermögenssicherung und Wirtschaftsplanung, 21.7.1947.

586 Vgl. zur Bedeutung finanzieller Machtasymmetrien in den Restitutionsprozessen allgemein Lillteicher, Rechtsstaatlichkeit, S. 156.

587 NLA HA, Dep. 103 XL, Acc. 2018/111, Nr. 2285, Erwin Lowatscheks an Paul Knoke, 22.1.1949.

588 NLA HA, Dep. 103 XL, Acc. 2018/111, Nr. 230, Erwin Lowatschek an Paul Knoke, 15.5.1953.

589 NLA HA, Dep. 103 XL, Acc. 2018/111, Nr. 1880, Ernst August (IV.) an Alois Graf von Kielmansegg, 20.2.1951.

von Hebenstreit-Glurnhör, die Prozesse »aus den Klauen des Anwalts zu nehmen«; indirekt nannte er Lowatschek einen »Parasiten«.[590] Der Rechtsanwalt rechtfertigte seine Honorarnoten wortreich, er verwies auf unzählige Reisen, »sowohl auf die Marienburg, dann [...] nach Schloß Salem, nach München, Bad Reichenhall und endlich [...] in die Schweiz«. Zudem führte er »besonders umfangreiche Schriftsätze« sowie »Verhandlungen, die einer zeitraubenden gründlichen Vorbereitung bedurften«, an.[591] Besänftigend wirkte all dies nicht. Das Vertrauen in den Rechtsanwalt war nachhaltig beschädigt.

Trotzdem wurde bis Mitte der 1950er-Jahre an Erwin Lowatschek festgehalten. Denn die Welfen hatten sich – einmal mehr – in ein schwer auflösbares Abhängigkeitsverhältnis begeben. Mit den Jahren war der Rechtsanwalt in sämtliche rechtliche Auseinandersetzungen in Österreich involviert worden – von den Vermögenssperren über das Strafverfahren gegen Ernst August (III.) bis hin zu den Restitutionsforderungen. Lange Zeit hatte Lowatschek die damit einhergehenden, hohen Erwartungen durch Erfolge bestätigen können. Als indes die Zweifel an seiner Integrität zunahmen, war es kaum mehr möglich, sich von ihm zu trennen. Schließlich hingen die Rechtsstreitigkeiten untrennbar zusammen, das Spezialwissen und die Beziehungen des Rechtsanwalts waren praktisch nicht zu ersetzten. Nicht ohne Stolz betonte Lowatschek seine »wiederholten Besuche bei den prozeßführenden Richtern« und sein »dauerndes Einvernehmen mit dem Wiener Magistrat«.[592] Dabei war Lowatschek nicht der einzige Rechtsanwalt, der von den Welfen in Österreich zurate gezogen wurde. Er war es jedoch, dem die Prozessführung oblag. So wurden zwar Alternativen diskutiert, letztlich aber setzte man – trotz aller Vorbehalte – die österreichischen Prozesse mit dem eingearbeiteten Berater fort.[593]

Die Restitutionsverfahren zogen sich in der Folge noch länger als ein Jahrzehnt hin. Bis zum Tod Ernst Augusts (III.) im Januar 1953 konnten gerade einmal drei Auseinandersetzungen beigelegt werden.[594] Erwin Lowatschek war dies allerdings kaum anzulasten. Zum Teil fehlte für einen Verfahrensabschluss schlicht die nötige Gesetzesgrundlage. Beispielsweise waren die Wertpapiere, die Siegfried Pick, Adelheid Jongman und Ottokar-Solvey-Stern zurückforderten, in Ostberlin von der sowjetischen Besatzungsmacht beschlagnahmt worden. Eine Restitution *in natura* war sonach nicht möglich. Erst mit dem österreichischen Wertpapierbereinigungsgesetz von 1954 konnten die beschlagnahmten Wertpapiere für kraftlos erklärt und Ersatzstücke ausgegeben werden.[595] Daraufhin gelang ein Jahr später eine vergleichsweise Einigung.[596] Länger noch dauer-

590 NLA HA, Dep. 103 XL, Acc. 2018/111, Nr. 1880, Leonhard Ritter von Hebenstreit-Glurnhör an Alois Graf von Kielmansegg, 23.3.1951.

591 NLA HA, Dep. 103 XL, Acc. 2018/111, Nr. 229, Erwin Lowatschek an Ernst August (IV.), 26.10.1955.

592 Ebd.

593 Vgl. NLA HA, Dep. 103 XL, Acc. 2018/111, Nr. 1880, Ernst August (IV.) an Alois Graf von Kielmansegg, 25.4.1951.

594 Dazu zählten unter anderem die Verfahren um die »Österreichische Talkumindustrie« (1950) und die Beteiligung an der Aufhäuser-Bank (1952).

595 Vgl. einordnend dazu Graf, Rückstellungsgesetzgebung, S. 419 f.

596 Gegen Rückzahlung des Kaufpreises wurden Jongman, Pick und Solvey-Stern die entzogenen Wertpapiere respektive entsprechende Ersatzstücke zugesprochen. Vgl. Vgl. NLA HA, Dep. 103 XL, Acc. 2018/111, Nr. 230, Erkenntnis der Rückstellungskommission beim Landesgericht Linz, 26.5.1955.

ten manche Verfahren in Deutschland, etwa die Auseinandersetzung um die Becker-Werke Chemnitz AG. Nachdem das Textilunternehmen Anfang der 1950er-Jahre zum Volkseigenen Betrieb erklärt worden war, mühte man sich sukzessive, die betrieblichen Vermögenswerte, die außerhalb der DDR lagen, zu veräußern. Die Hälfte dieses »Westvermögens« bekam 1965 schließlich die Familie Becker ausbezahlt.[597]

Am Ende wurden in fast allen Restitutionsverfahren Vermögenswerte zurückübertragen – teils mit, teils ohne Gegenleistung. Zumindest partiell erhielten die Geschädigten somit eine materielle Wiedergutmachung. Zu einer vollständigen Vermögensrestitution kam es allerdings selten. Häufiger, etwa beim Bankhaus Seiler & Co. oder der Österreichischen Talkumindustrie, wurden bloß Teile restituiert; an diesen Unternehmen blieben die Welfen weiterhin beteiligt. Die mit den »Arisierungen« geschaffenen Eigentumsverhältnisse wurden hier durch die Restitutionsverfahren gleichsam nachträglich legitimiert.[598]

Schrittweise konnte die Familie daraufhin wieder von den Gewerbebetrieben und Unternehmensbeteiligungen proftieren – zumindest in Deutschland. Denn in Österreich blieb das Vermögen als Deutsches Eigentum einstweilen weiter beschlagnahmt. Wie mit diesem Vermögensentzug umgegangen wurde, wie zwischen dem Kriegsende 1945 und den frühen 1960er-Jahren die laufenden Ausgaben bestritten und die wachsenden Anwaltskosten beglichen werden konnten, ist Gegenstand des folgenden Kapitels. Es trägt, da es in weiten Teilen über den engeren zeitlichen Untersuchungsrahmen hinausgeht, den Charakter eines Ausblicks.

»Ich gratuliere zu der günstigen Lösung«. Besitzkontinuitäten

Der Entschluss war wohlüberlegt. Im Juli 1948, wenige Wochen vor seinem 74. Geburtstag, bat Paul Knoke in einem Schreiben an Ernst August (III.) um seine Versetzung in den Ruhestand. Seit Jahren schon sei es seine Absicht gewesen, erklärte er, sich zurückzuziehen und »jüngeren Kräften Platz zu machen«. Mit Rücksicht auf den Krieg und dessen »unglückliche[s] Ende« habe er es jedoch für seine Pflicht gehalten, auf dem »Posten« zu bleiben. Inzwischen aber lasse seine Kraft nach, vor allem sein schlechtes Hörvermögen empfinde er als starke Belastung. Hinzu komme die Entwicklung der wirtschaftlichen Verhältnisse, ergänzte Knoke: »Der Etat Euerer Königlichen Hoheit muss entlastet werden, und das würde durch meine Pensionierung in nicht unerheblichem Masse geschehen.« »Selbstverständlich«, schloss er, werde er von »Fall zu Fall« auch weiterhin zur Verfügung stehen.[599]

Ernst Augusts (III.) Antwort folgte zwei Wochen darauf. »Mein lieber Wirklicher Geheimer Rat«, schrieb er, »nach reiflicher Überlegung« habe er sich entschlossen, der

Während diese Erkenntnis zunächst allein hinsichtlich der Restitutionsanträge Picks und Jongmans erging, wurde wenig später derselbe Vergleich auch mit Solvey-Sterns rechtsgültig beschlossen.

597 Vgl. ebd. Das Zitat entstammt NLA HA, Dep. 103 XL, Acc. 2018/111, Nr. 165, Protokoll der Hauptversammlung der Becker-Werke AG in Frankfurt am Main, 22.7.1965.

598 Vgl. auch Lillteicher, Rechtstaatlichkeit, S. 147 f.

599 NLA HA, Dep. 103 XL, Acc. 2018/111, Nr. 1996, Paul Knoke an Ernst August (III.), 14.7.1948.

geäußerten Bitte stattzugeben. »Sie [sind] mir«, führte der Ex-Monarch dankbar aus, »mehr als nur ein treuer Berater in allen schwierigen und schwersten Lagen Meines Lebens gewesen«. Überschwänglich würdigte er Knoke für seine »so beispiellose und rastlose Tätigkeit in jahrzehntelangen getreuen Diensten« und seine »klugen Entscheidungen«, die »ausnahmslos immer die richtigen« gewesen seien. So sei es ihm »doppelt schmerzlich«, betonte Ernst August (III.), »dass ich Ihr Gesuch [...] nur aus den so schwierigen Verhältnissen heraus annehmen muss«.[600]

In der Tat: Die »Verhältnisse«, genauer: die Einkommensverhältnisse, des Welfenoberhaupts hatten sich während der ersten Nachkriegsjahre nicht gebessert. Infolge der vielen zäh geführten Auseinandersetzungen, während der die Vermögenssperren bestehen blieben, stagnierten die Einnahmen auf relativ niedrigem Niveau. Die Pacht für das Gut Calenberg, Holzverkäufe aus dem Marienburger Forst, die Dividenden der Hackerbräu-Brauerei – all dies reichte bei Weitem nicht aus, um die Personalkosten, die Pensionen und weiteren Ausgaben zu decken. Die Einkommensteuererklärung für das Kalenderjahr 1947, also das letzte Jahr, in dem Knoke formal in Diensten der Welfen stand, zeigt dies deutlich: Ein Verlust von rund 45.000 Reichsmark wurde dem Finanzamt für dieses Jahr gemeldet, da man Einkünfte in Höhe von 97.000 Reichsmark, aber allein 64.800 Reichsmark an Verwaltungskosten und fast 76.000 Reichsmark für die Pensionen verzeichnete.[601] Hinzu kamen die in der britischen Besatzungszone drastisch angehobenen Vermögensteuern.[602] Knapp 118.000 Reichsmark hatte Ernst August (III.) 1947 für sein verbliebenes Vermögen an Steuer zu entrichten.[603]

Paul Knokes Versetzung in den Ruhestand bedeutete vor diesem Hintergrund – aus gleich mehreren Gründen – eine substanzielle Kostenersparnis. Zum einen erhielt Knoke ab 1948 anstelle seines Gehalts eine Rente von der Angestelltenversicherung sowie eine staatliche Pension. So falle er, wie er selbst anmerkte, »der Kasse Euerer Königlichen Hoheit überhaupt nicht zur Last«.[604] Dazu trug zum anderen bei, dass kein Ersatz für ihn eingestellt wurde. Vielmehr übernahm Ernst August (IV.) die meisten der anfallenden Aufgaben, etwa die Korrespondenz mit den Steuer- und Finanzbehörden. Die gezielte Ausbildung des Erstgeborenen, die frühzeitige Einweisung in die Verwaltung des Familienvermögens, machte sich mithin buchstäblich bezahlt. Knoke zog sich unterdessen nicht völlig zurück, sondern stand den Welfen, wie bereits mehrfach gesehen, noch jahrelang beratend zur Seite.

600 NLA HA, Dep. 103 XL, Acc. 2018/111, Nr. 1996, Ernst August (III.) an Paul Knoke, 26.7.1948.

601 Vgl. NLA HA, Dep. 103 XL, Acc. 2018/111, Nr. 172, Zusammenstellung für die Einkommensteuererklärung Ernst Augusts (III.), 1947. Tatsächlich fiel letztlich keine Einkommensteuer an. Vgl. NLA HA, Dep. 103 XL, Acc. 2018/111, Nr. 172, Finanzamt Braunschweig-Stadt an die Oberste Verwaltung, 9.6.1949.

602 Vgl. zuletzt Buggeln, Versprechen, S. 571 f.; sowie speziell van Scherpenberg, Jens, Öffentliche Finanzwirtschaft in Westdeutschland 1944-1948. Steuer- und Haushaltswesen in der Schlußphase des Krieges und den unmittelbaren Nachkriegsjahren, dargestellt unter besonderer Berücksichtigung der Entwicklung in der britischen Zone, Frankfurt a. M. 1984, S. 205 f.

603 NLA HA, Dep. 103 XL, Acc. 2018/111, Nr. 171, Vermögensteuerbescheid 1947, 13.4.1949.

604 NLA HA, Dep. 103 XL, Acc. 2018/111, Nr. 1996, Paul Knoke an Ernst August (III.), 14.7.1948.

Der zweite große Ausgabenposten – die Pensionen – stellte hingegen eine fortwährende Belastung dar. Versuche, die Zahlungen zu beschränken, trafen auf heftigen Widerstand. In langen Verhandlungen mit dem Land Braunschweig (später dem Land Niedersachsen) mühte sich die Oberste Verwaltung, Ernst August (III.) von den Verpflichtungen gegenüber den ehemaligen braunschweigischen Hofbediensteten zu befreien. Der »Herzog« sei infolge seiner einschneidenden Vermögens- und Einkommensverluste »ausserstande«, die Pensionen weiter zu bezahlen, wurde erklärt.[605] Damit vermochte man sich allerdings nicht durchzusetzen. Lediglich konnte erreicht werden, dass der Staat vorübergehend einen Teil der Pensionen verauslagte.[606] In Österreich entbrannte unterdessen ein Konflikt, weil die Ruhe- und Hinterbliebenengelder in den ersten Nachkriegsjahren in gleichbleibender Höhe ausbezahlt wurden. Aufgrund der zeitgleich stark steigenden Inflation im Land führte dies zu zunehmenden Realeinkommensverlusten bei den ehemaligen Bediensteten.[607] »Die Lage der Pensionisten ist eine katastrophale«, berichtete Alois Graf von Kielmansegg aus Gmunden, »es muss etwas geschehen bei der herrschenden und zunehmenden Teuerung. [...] Im Bureau spielen sich dramatische Scenen ab.«[608] Einige der »Pensionisten« legten kurz darauf Klage ein, der Prozess zog sich durch mehrere Instanzen. Am Ende musste in einem außergerichtlichen Vergleich eine (auch rückwirkend geltende) Pensionserhöhung zugestanden werden.[609]

Die angespannte Vermögenssituation erreichte im Frühjahr 1950 ihren vorläufigen Höhepunkt. Die Lage habe »noch eine erhebliche Verschlechterung« erfahren, da zusätzlich die »Soforthilfeabgabe«[610] in Höhe von fast 100.000 D-Mark anfalle, konstatierte Hans Heinrich von Grone.[611] Solange das Kapitalvermögen nicht »in nennenswertem Masse« Erträge abwerfe, sei eine Entlastung erst mit einem »Absterben von Ruhegehaltsempfängern« zu erwarten. Die Folge war, dass Kredite aufgenommen und Wertpapiere verkauft werden mussten, um die unmittelbaren Kosten zu decken.[612] Man lebte, wie Knoke es gegenüber Ernst August (III.) ausdrückte, »von der Substanz«.[613]

605 NLA WO, 12 Neu, 14 Zg. 46/71, Nr. 5, Paul Knoke an den Präsidenten des Braunschweigischen Staatsministeriums, 14.1.1946.

606 Konkret übernahm der Staat ein Drittel der Pensionen bei den einstigen Hofbediensteten, die ihren Wohnsitz in der britischen oder amerikanischen Zone hatten, die Hälfte bei denen, die in der SBZ lebten, »solange dem Herzog sein in der russischen Zone belegener Grundbesitz entzogen ist«. Vgl. NLA WO, 12 Neu, 14 Zg. 46/71, Nr. 5, Abkommen zwischen dem Land Braunschweig und Ernst August (III.) (Entwurf), 1946.

607 Vgl. Butschek, Österreichische Wirtschaftsgeschichte, S. 276 ff.

608 NLA HA, Dep. 103 XL, Acc. 2018/111, Nr. 1834, Alois Graf von Kielmansegg an Ernst August (IV.), 10.8.1951.

609 Vgl. NLA WO, 57 Nds, Zg. 2021/24, Nr. 1, Alois Graf von Kielmansegg an Ernst August (IV.), 2.6.1954.

610 Zur Soforthilfeabgabe, einer außerordentlichen Vermögensabgabe, die im Zusammenhang mit dem späteren Lastenausgleich stand, vgl. Wenzel, Rüdiger, Die große Verschiebung? Das Ringen um den Lastenausgleich im Nachkriegsdeutschland von den ersten Vorarbeiten bis zur Verabschiedung des Gesetzes 1952, Stuttgart 2008, S. 59 ff.

611 NLA HA, Dep. 103 XL, Acc. 2018/111, Nr. 323, Hans Heinrich von Grone an den Präsidenten des Verwaltungsbezirks Braunschweig, 16.1.1950.

612 Vgl. NLA HA, Dep. 103 XL, Acc. 2018/111, Nr. 171, Vermögensteuererklärung Ernst Augusts (III.) (Anlagen), 1950.

613 NLA HA, Dep. 103 XL, Acc. 2018/111, Nr. 171, Paul Knoke an Ernst August (III.), 20.12.1950.

Die Konsolidierung des Etats wurde nicht zuletzt dadurch erschwert, dass über große Teile des einstigen Hausvermögens nicht frei verfügt werden konnte. Infolge des Fideikommissauflösungsverfahrens galten nach wie vor die behördlichen Bestimmungen zur Sicherung von Ruhegehalts- und Hinterbliebenenansprüchen sowie zum Schutz der Kulturgüter. Jeder Verkauf der in großer Menge auf Schloss Marienburg lagernden Gemälde, Rüstungen, Waffen und Möbel musste vom Fideikommisssenat am Oberlandesgericht Braunschweig bewilligt werden.[614] So brauchte es intensive Verhandlungen, bis die Behörde im März 1950 einer größeren Versteigerung von Kunstbesitz zustimmte: »Bei der Art und dem geringen Umfange des Vermögens des Gesamthauses« seien »Eingriffe in den Stamm des früheren Hausvermögens [...] nicht zu vermeiden«, wurde die Entscheidung begründet.[615] Dazu dürfte auch beigetragen haben, dass vor allem Objekte zum Verkauf kommen sollten, »deren Verlust weniger schmerzlich« sei, wie von Grone betonte.[616]

So kam es am 20. und 21. April 1950 zu einer vielbeachteten, medial aufmerksam verfolgten Versteigerung durch das Auktionshaus Hünerberg in Braunschweig.[617] Rund 550 Objekte »aus dem Besitz Seiner Königlichen Hoheit« wurden veräußert, darunter eine Reihe wertvoller Stücke, wie ein Silber-Service, das einst Jérôme Bonaparte gehört hatte. Vor allem aber kam viel Hausrat unter den Hammer, einige Zeichnungen und Druckkunst sowie Textilien und Porzellan.[618] »Es war«, wie zeitgenössisch bemängelt wurde, »als hätte man eine riesige – mit Verlaub zu sagen – Rumpelkammer ausgeräumt.«[619] Auch Ulrike Sbresny stuft die Auswirkungen des Verkaufs auf die Sammlungen der Welfen als »insgesamt gering« ein.[620] Die meisten Verkaufspreise waren entsprechend niedrig.[621] Es brauchte letztlich die angebotene Masse, um das im Vorhinein mit dem Fideikommisssenat vereinbarte Ziel zu erreichen, nämlich »die Soforthilfe abdecken und einen Teil der Bankschuld abtragen zu können«.[622]

Die Tilgung von Schulden war ein Grund, weshalb sich die Einkommensverhältnisse mit Beginn der 1950er-Jahre allmählich entspannten.[623] Ein anderer, wichtigerer Grund

614 Vgl. NLA HA, Dep. 103 XL, Acc. 2018/111, Nr. 64, Vermerk des Vorsitzenden des Fideikommisssenats am Oberlandesgericht Braunschweig, 28.10.1947.

615 NLA WO, 57 Nds, Zg. 2020/32, Nr. 6, Der Vorsitzende des Fideikommisssenats am Oberlandesgericht Braunschweig an den Niedersächsischen Justizminister, 7.3.1950.

616 Vgl. NLA WO, 57 Nds, Zg. 2020/32, Nr. 1, Hans Heinrich von Grone an den Vorsitzendes des Fideikommisssenats am Oberlandesgericht Braunschweig, 13.3.1950.

617 Vgl. die in NLA WO, 319 N, Zg. 8/1997, Nr. 34 überlieferten, reich bebilderten Zeitungsauschnitte.

618 Vgl. den Katalog Kunstauktionshaus Hünerberg, Aus dem Besitz Seiner Königlichen Hoheit des Herzogs zu Braunschweig und Lüneburg. Gemälde, Handzeichnungen, Silber, Porzellan, Möbel, Textilien, Waffen und Rüstungen, Braunschweig 1950.

619 Eismann, Alexander P., Ganz Braunschweig war dabei. Kritische Notizen zur größten deutschen Privatauktion nach dem Kriege, in: Welt am Sonntag, 23.4.1950.

620 Vgl. Sbresny, Sammlungen, S. 527.

621 Die Schätzwerte, die bei 70 Prozent der angebotenen Objekte unter 200 D-Mark lagen, wurden selten übertroffen. Vgl. ebd., S. 524 f.

622 Vgl. NLA HA, Dep. 103 XL, Acc. 2018/111, Nr. 64, Vermerk des Vorsitzenden des Fideikommisssenats am Oberlandesgericht Braunschweig (Abschrift), 6.4.1950.

623 Ab 1950 wiesen die Steuererklärungen und -bescheide keine Verluste mehr aus. Vgl. NLA HA, Dep. 103 XL, Acc. 2018/111, Nr. 172, Berichtigte Einkommensteuerbescheide, 1950-1952.

lag darin, dass in den Restitutionsverfahren die ersten Vergleiche erzielt werden konnten. Insbesondere gelang im Sommer 1952 die schon erwähnte Verständigung mit den Nachkommen der ehemaligen Inhaber des Münchener Privatbankhauses H. Aufhäuser. Rückwirkend zum 21. Juni 1948 bekam die »Gruppe Aufhäuser« eine 40-prozentige Beteiligung an der Bank zugesprochen, womit all ihre Ansprüche für abgegolten erklärt wurden und die »Freilassung des Bankhauses Seiler & Co. aus der Vermögenskontrolle« beantragt werden konnte.[624] Ernst August (III.) blieb sonach mit 15 Prozent am Kommanditkapital des Bankhauses, das bald wieder seinen alten Namen führte, beteiligt.[625] Die Mitwirkung an der »Arisierung« zahlte sich für ihn (und seine Nachkommen) mithin noch in der Bundesrepublik aus: Durch ein umfangreiches Wertpapier- und Börsengeschäft und vielfältige unternehmerische Beteiligungen partiziperte H. Aufhäuser unmittelbar am starken Aufschwung der westdeutschen Wirtschaft.[626] Mitte der 1950er-Jahre bildeten die Gewinnausschüttungen der Bank einen der größten Einnahmeposten im Etat des Welfenoberhaupts.[627]

Bald darauf wurde in Österreich der fast zehnjährige Schwebezustand des Deutschen Eigentums beendet. Doch anders als die Rechtsberater der Welfen erwartet hatten, wurde das Vermögen nicht wieder freigegeben.[628] Stattdessen ging mit dem Österreichischen Staatsvertrag vom 15. Mai 1955, durch den die Republik ihre vollständige Souveränität wiedererlangte, sämtliches beschlagnahmte Eigentum über 260.000 Schilling auf den Staat über.[629] Noch im Laufe des Jahres 1955 wurde entsprechendes Vermögen entschädigungslos verstaatlicht, darunter Ernst Augusts (IV.) Viertel des Gmundener und Grünauer Grundbesitzes, ein 45-prozentiger Anteil an der Österreichischen Talkumindustrie, der im Restitutionsprozess mit den Nachkommen Lothar Elbogens ausgehandelt worden war, die Mühldorfer Graphit-Bergbau AG, Aktien der Porr AG sowie die Metallbauwerke Wels GmbH, das ehemalige Flugzeugreparaturwerk.[630] Kurzum, man verlor einige der einträglichsten Bestandteile des familialen Vermögens – den Besitz an Unternehmen der Baubranche.

Als Reaktion wurde umgehend soziales Kapital mobilisiert. Wenige Tage nach Inkrafttreten des Staatsvertrags trafen Berater der Familie hochrangige österreichische Politiker und Beamte, um auf eine Rückgabe der entzogenen Vermögenswerte hinzuwirken.[631] In den Monaten darauf folgten weitere Gespräche, bei denen speziell drei Vorschläge

624 Bayerisches Hauptstaatsarchiv, LEA, 41979, Teil-Vergleich, 18.8.1952. Vgl. auch Köhler, Privatbanken, S. 510-514.

625 Vgl. NLA HA, Dep. 103 XL, Acc. 2018/111, Nr. 238, D-Mark-Eröffnungsbilanz, 21.6.1948.

626 Vgl. Moser, Wegmarken, S. 114 ff.

627 Vgl. exemplarisch Vgl. NLA HA, Dep. 103 XL, Acc. 2018/111, Nr. 172, Einkommensteuererklärung Ernst Augusts (IV.), 1956.

628 Vgl. NLA HA, Dep. 103 XL, Acc. 2018/111, Nr. 116, Leonhard Ritter von Hebenstreit-Glurnhör an Ernst August (IV.), 15.6.1955.

629 Vgl. Jerabek, Rudolf, Vermögensfragen im deutsch-österreichischen Verhältnis 1955-1957, in: Arnold Suppan, Gerald Stourzh u. Wolfgang Müller (Hrsg.), Der österreichische Staatsvertrag 1955. Internationale Strategie, rechtliche Relevanz, nationale Identität, Wien 2005, S. 553-601.

630 Vgl. NLA HA, Dep. 103 XL, Acc. 2018/111, Nr. 116, Vermögensaufstellung, 2.9.1955.

631 Vgl. NLA HA, Dep. 103 XL, Acc. 2018/111, Nr. 116, Leonhard Ritter von Hebenstreit-Glurnhör an Ernst August (IV.), 15.6.1955.

unterbreitet und erörtert wurden. Erstens schlug man eine gesetzliche Ausnahmeregelung für »physische Personen« mit langjährigem Wohnsitz in Österreich vor. Zweitens wurde diskutiert, ob die Verstaatlichung rückgängig zu machen sei, wenn Ernst August (IV.) als »Königlicher Prinz von Großbritannien und Irland« den Nachweis englischer Staatsangehörigkeit erbringen könnte. Der dritte Vorschlag schließlich war ein Tauschgeschäft zwischen der Republik Österreich und Friederike: Gegen »Hingabe« von Schloss Cumberland, das zwischenzeitlich zu einem Tuberkulose-Krankenhaus umfunktioniert worden war, sollte das »herzogliche Vermögen« der Königin von Griechenland übertragen werden.[632] Dass der Tausch vonseiten des Hauses als »Lösung« präsentiert wurde, »welche sowohl formalrechtlich der gegebenen Lage entspricht, als auch moralisch und politisch der hundertjährigen Verbundenheit des Hannover'schen Königshauses mit Österreich und den österreichisch-griechischen Beziehungen Rechnung trägt«, lässt sich kaum anders denn als Drohung verstehen.[633]

Am Ende war es – abermals – das verwandtschaftliche Beziehungsnetz der Familie, durch das umfangreiches Vermögen bewahrt werden konnte. Anfang April 1956 empfahl der österreichische Finanzminister in einer Ministerratsrunde, dem offerierten Tausch zuzustimmen, teils aus »historischen und außenpolitischen Gründen«, teils wegen Ernst Augusts (IV.) ungewisser Staatsangehörigkeit. »Möglicherweise«, erklärte er, könnte das »derzeit innegehabte Vermögen zur Gänze an den früheren Eigentümer zurückfallen«.[634] Zwar kritisierten mehrere Regierungsmitglieder »ein solches Handelsgeschäft, wo 6 gegen 1 1/2 Millionen getauscht werden«, heftig.[635] Letztlich aber wurde im Juli 1956 ein entsprechender Tauschvertrag geschlossen.[636] Das Schloss mitsamt Park ging auf den Staat über, während Friederike die geforderten Forste, Unternehmensbeteiligungen und Gewerbebetriebe erhielt. Zu einer eindeutigen Bewertung des Tauschs kam Christian, als er an Ernst August (IV.) schrieb: »Ich gratuliere zu der günstigen Lösung in Österreich mit dem industriellen Besitz gegen das Schloss.«[637]

Mit der Übertragung des ehemaligen Deutschen Eigentums an Friederike konnten schließlich die letzten österreichischen Restitutionsverfahren beigelegt werden. Dazu zählte unter anderem das Verfahren um die Mühldorfer Graphit-Bergbau AG. Als USIA-Betrieb war das Bergbauunternehmen jahrelang heruntergewirtschaftet worden, infolgedessen man die Aktien ohne jede Gegenleistung restituierte.[638] Dieser sowie ein

632 NLA HA, Dep. 103 XL, Acc. 2018/111, Nr. 116, Leonhard Ritter von Hebenstreit-Glurnhör an Ernst August (IV.), 7.2.1955.

633 NLA HA, Dep. 103 XL, Acc. 2018/111, Nr. 116, Hans Heinrich von Srbik an den Staatssekretär im Bundesfinanzministerium (Abschrift), 7.11.1955.

634 AT-OeStA/AdR, BMF 2Rep MRProt, Ministerratsvortrag des österreichischen Finanzministers, 4.4.1956.

635 AT-OeStA/AdR MRang MR 2. Rep. Mrp Kv 143, Protokoll des 128. Ministerrats, 10.4.1956.

636 Vgl. NLA HA, Dep. 103 XL, Acc. 2018/111, Nr. 116, Tauschvertrag zwischen der Republik Österreich und Friederike, 26.7.1956.

637 NLA HA, Dep. 103 XL, Acc. 2018/111, Nr. 89, Christian an Ernst August (IV.), 17.6.1956.

638 Vgl. NLA HA, Dep. 103 XL, Acc. 2018/111, Nr. 2910, Vergleich zwischen Ernst August (IV.) und Otto Zucker, 19.3.1957. Zu einem Ausgleich mit dem zweiten Aktionär, Jean Billiter, kam es letztlich nicht, da der Antragsteller vor Abschluss eines entsprechenden Vergleichs verstarb.

weiterer Vergleichsabschluss waren zugleich Erwin Lowatscheks letzte Tätigkeiten für die Welfen.[639] Bis zuletzt hatte sich das Verhältnis zu dem Berater nicht gebessert. So wurde eigens ein Rechtsanwalt hinzugezogen, um Lowatscheks abschließende Honorarforderungen, die sich auf mehr als drei Millionen Schilling summierten, zu prüfen.[640] Schlussendlich bekam Lowatschek in einem gerichtlich geschlossenen Vergleich rund zwei Millionen Schilling zugesprochen, die ihm über die darauffolgenden Jahre in Raten ausbezahlt wurden.[641]

Ende der 1950er-Jahre bestand somit wieder Klarheit über die Vermögensverhältnisse in Österreich. Möglich geworden war dies allein durch den Einsatz Friederikes. Im patriarchalischen Familiengefüge der Welfen scheint es jedoch unstrittig gewesen zu sein, dass das Vermögen nicht bei der Schwester verbleiben, sondern in das Eigentum des ältesten Bruders übergehen sollte. »Wie ist das am besten zu machen?«, wurde in einer Besprechung Ernst Augusts (IV.) mit verschiedenen Rechts- und Finanzberatern unmissverständlich gefragt.[642] Als praktikabelste und kostengünstigste Lösung kristallisierte sich »die Gründung einer Stiftung in Liechtenstein durch I. M. Königin Friederica der Hellenen« heraus.[643] Wie Paul Knoke betonte, wäre dies eine »sehr bewegliche Angelegenheit«, bei der »Ihre Majestät« die Möglichkeit hätte, »ihre Rechte auf S. K. H. Prinz Ernst August zu übertragen«.[644]

In Gedenken an ihren Großvater stiftete Friederike 1960 die »Herzog von Cumberland Stiftung« mit Sitz in Vaduz.[645] Als Stiftungsvermögen brachte sie neben der Beteiligung an der Porr AG und dem Welser Metallbauunternehmen auch den gesamten österreichischen Grundbesitz ein – ihren eigenen Anteil und den, der einst ihrem Bruder gehört hatte. Zum ersten Vorsitzenden der Stiftung wurde Ernst August (IV.) bestimmt. Anderthalb Jahrzehnte nach der »Katastrophe« erhielt das Welfenoberhaupt damit die Kontrolle über das Familienvermögen zurück. Erstmals war es ihm wieder möglich, über das Vermögen in seiner speziellen Zusammensetzung aus repräsentativen Immobilien, riesigen Gütern und Forsten, gewichtigen Unternehmensbeteiligungen und umfangreichen Kunstsammlungen zu verfügen. Und nicht nur das: Vor dem Hintergrund der Fideikommissauflösung, die einige Jahre später endgültig abgeschlossen werden sollte, bot die Stiftung eine Möglichkeit, zentrale Bestandteile des familialen Vermögens auf lange Sicht in den Händen der »Welfenchefs« zu halten.

639 Soweit bekannt war Erwin Lowatschek im Oktober 1957 letztmalig für Ernst August (IV.) tätig. Vgl. NLA HA, Marienburg, Nr. 2916, Vergleichsausfertigung der Rückstellungskommission beim Landesgericht Linz, 4.10.1957.

640 Vgl. dazu die umfangreiche Korrespondenz mit dem Rechtsanwalt Bruno Grimme in NLA HA, Dep. 103 XL, Acc. 2018/111, Nr. 229.

641 Vgl. NLA HA, Marienburg, Nr. 229, Vergleich vor dem Bezirksgericht Innere Stadt Wien, 27.1.1957.

642 NLA HA, Dep. 103 XL, Acc. 2018/111, Nr. 116, Ernst August (IV.) an Hans Heinrich von Srbik (Anlage), 6.9.1956.

643 Zu Familienstiftungen, als typischem Instrument der Vermögenssicherung, vgl. allgemein Meyer zu Hörste, Gerhard, Die Familienstiftung als Technik der Vermögensverewigung, Göttingen 1976; sowie aus historischer Perspektive, und speziell zu Liechtenstein, Derix, Die Thyssens, S. 346 ff.

644 Vgl. NLA HA, Dep. 103 XL, Acc. 2018/111, Nr. 116, Aktenvermerk, 1.2.1957.

645 Vgl. Steckhan, Welfenbericht, S. 171 f.

4 Zwischenfazit

Es brauchte nach dem Umsturz der Monarchie einige Zeit, bis den Welfen bewusst wurde, dass ihre materielle Existenz bedroht war. Seit dem Jahresende 1918 lebte die Familie zurückgezogen auf Schloss Cumberland, dem alten Exilsitz im Salzkammergut. Ihre »Räte« verhandelten unterdessen mit Deutschlands und Österreichs neuen Regierungen über die dynastischen Besitztümer und Privilegien. Doch die Gespräche verliefen zäh: Der Eigentumsanspruch am braunschweigischen Kammergut wurde abgeblockt, der exterritoriale Sonderstatus im Gastland war nicht aufrechtzuhalten. Weggebrochene Einnahmen, eine schlagartig erhöhte Steuer- und Abgabenlast, dazu die immer raschere Geldentwertung – auf all dies waren die Welfen mit ihren Vermögensverwaltern nicht vorbereitet. Nach rund einem Jahr ließen sich die Verluste nicht mehr beschönigen. Wenn Ernst August (II.) im Frühjahr 1920 von einer »Zeit« sprach, »wo man das Geld noch mehr braucht als wie sonst«, war dies ein lakonischer Ausdruck dieser Einsicht.[646]

In der Folge wurde die Vermögensverwaltung neu aufgestellt. Namentlich berief man Hanns Kniep in die Oberste Verwaltung des Gesamthauses Braunschweig-Lüneburg, diesen innersten Beraterzirkel um den »Wirklichen Geheimen Rat« Paul Knoke. Kniep, mit hohem Gehalt aus der Wirtschaft abgeworben, wurde speziell die Verwaltung des Kapitalvermögens übertragen. Der Berater reagierte auf den massiven Schwund mit einer deutlich aktiveren Vermögensverwaltung. Langfristige Anleihen wurden abgestoßen, Schmuck und Immobilien verkauft. Stattdessen tätigte man spekulative Aktiengeschäfte, beteiligte sich verstärkt an Unternehmen und verschaffte Kapital ins Ausland, um der Inflation und staatlichen Zugriffen auszuweichen. Mitte der 1920er-Jahre, nach schweren Führungsstreitigkeiten, kündigte Kniep. Bis dahin aber hatte er einen neuen Stil der Vermögensverwaltung etabliert, an dem auch nach seinem Weggang festgehalten wurde.

Die Große Depression machte wenig später deutlich, wie krisenanfällig das dynastische Vermögen nach wie vor war. Insbesondere der österreichische Forstbesitz erwies sich als unrentabel. Hinzu kamen Schlösser, Villen, Gärten, die enorme Kosten verursachten, sodass wachsende Schulden gemacht werden mussten. Im »Dritten Reich« wurde der Umbau des Vermögens daraufhin weiter forciert. Teils freiwillig, teils erzwungen reduzierte man den Grundbesitz und legte die Erlöse – zusammen mit dem Geld aus dem Welfenfonds – in Unternehmensbeteiligungen und Gewerbebetrieben an. Dabei war Ernst August (III.) auch bereit, seine direkten Beziehungen zur NS-Staatsführung zu nutzen, in die Aufrüstung zu investieren und jüdischen Unternehmensbesitz zu »arisieren«, um sichere, überdurchschnittliche Renditen zu erzielen. Auf Anraten des vorübergehend engagierten Vermögensberaters Johannes Semler konzentrierte man sich schließlich gezielt auf Unternehmen der Baubrache sowie der holz- und metallverarbeitenden Industrie. Vertreten durch seine Söhne übte Ernst August (III.) in diesen Unternehmen weitgehende Kontrolle aus. Der Unternehmensbesitz wurde zur tragenden Säule im Vermögensstock, dazu bestimmt, die repräsentativen Bauten und Sammlungen der Familie zu stützen.

646 GLAK, FA N 5823, Ernst August (II.) an Max Prinz von Baden, 17.2.1920.

Mit dem Zusammenbruch des NS-Staats und der Besatzung Deutschlands und Österreichs ging ein Großteil dieses Vermögens schlagartig verloren. Schloss Blankenburg, mehrere Gutsbetriebe sowie tausende Hektar Forst wurden in der SBZ enteignet. In Österreich fiel das gesamte Grund- und Betriebsvermögen als Deutsches Eigentum unter die Kontrolle der Besatzungsmächte. Die wesentliche Aufgabe bestand sonach darin, das verbliebene Vermögen zu schützen. Sparmaßnahmen wurden getroffen, Kredite aufgenommen und Kunst versteigert, um die laufenden Ausgaben zu decken; hochbezahlte Rechtsanwälte konsultiert, um die juristischen Verfahren, die aus dem Verhalten im »Dritten Reich« resultierten, zu bestreiten. Dass Ernst August (III.) nicht nur die Entnazifizierung in Deutschland, sondern auch den »Kriegsverbrecher«-Prozess in Wien glimpflich überstand, war vor allem das Verdienst seines Verteidigers Erwin Lowatschek. Auch die Restitutionsverfahren endeten vielfach mit milden Vergleichen, die es der Familie ermöglichten, weiter von den einst »arisierten« Unternehmen und Beteiligungen zu profitieren. Nicht zuletzt wurde das dynastische Netzwerk für die Vermögenssicherung eingesetzt. Als Österreich 1955 das Deutsche Eigentum verstaatlichte, war es Friederike, durch deren Einsatz wesentliche Teile des Vermögens bewahrt werden konnten.

Über die politischen und räumlichen Zäsuren der Jahre 1918, 1933 und 1945 hinweg blieben die Welfen eine sehr vermögende Familie. Mal rigoros, mal mittelbar nutzten sie ihr ökonomisches, soziales und kulturelles Kapital, kurz: ihre »Machtpotentiale«,[647] um das familiale Vermögen in Krisenzeiten zu sichern und in Boomphasen zu mehren. Dazu trug bei, dass grundlegende Anpassungen der Vermögensverwaltung vorgenommen wurden. Man stellte unbequeme Vermögensberater ein, zögerte nicht, auch althergebrachten Besitz zu verkaufen und wagte die Gründung eigener Unternehmen. Mit den Jahren wurde so eine ausgewogenere, krisenfestere Vermögensstruktur aufgebaut, ähnlich der anderer reicher Familien und Privatpersonen. Überdies nahm das persönliche Engagement der männlichen Familienmitglieder von Generation zu Generation zu. Die problematische Abhängigkeit von Rechts- und Finanzberatern wurde auf diese Weise nicht beseitigt, aber doch erheblich reduziert, die Kontrolle über das Vermögen erhöht.

Allerdings: Das Familienvermögen wurde im Untersuchungszeitraum peu à peu kleiner. Die Gründe hierfür reichten von eigenem Unvermögen und Konflikten mit Beratern über die langwierigen Auseinandersetzungen mit Braunschweig und Preußen bis hin zu den großflächigen Enteignungen nach 1945. Zu spät erkannte man das Ausmaß der Inflation, zu zögerlich wurde die Zusammensetzung des Vermögens im Anschluss angepasst. Nur im »Dritten Reich« konnten für kurze Zeit substanzielle Zuwächse verzeichnet werden. Doch mit den diversen Rechtsstreitigkeiten, die hieraus in der Nachkriegszeit erwuchsen, gingen wiederum schwere Verluste einher.

Zuletzt ist ein weiterer Punkt hervorzuheben. Immer wieder ist deutlich geworden, dass die Maximierung ihres Vermögens nicht das einzige Ziel der Welfen war. Zwar wurden Anlageentscheidungen speziell mit dieser Absicht getroffen, allem voran, wenn man

647 Bourdieu, Pierre, Die feinen Unterschiede. Kritik der gesellschaftlichen Urteilskraft, Frankfurt a.M. 1982, S. 196.

sich finanziell an NS-Unrecht beteiligte. Doch genauso wurde Wert auf bestimmte Vermögensformen gelegt, auf herrschaftliche Anwesen etwa oder ausgedehnte Jagdgebiete. Nach dem Willen der Familie sollten solche in gewissem Umfang im Gesamtvermögen erhalten bleiben – selbst wenn es sich explizit um unwirtschaftliche Vermögensobjekte handelte, die das Gleichgewicht des Haushalts gefährdeten. Diese gegensätzlichen Ziele in Einklang zu bringen, darin bestand letztlich die Kernaufgabe der Vermögensverwaltung. Denn das Vermögen sollte, so die floskelhafte Begründung, eine »standesgemäße« Lebensführung ermöglichen. Es ist besonders diese Funktion des Vermögens, die im Weiteren näher untersucht wird.

IV. Daseinsfragen Funktionen von Vermögen

1 Materielle Lebensgrundlage und Notfallreserve

1.1 »Absicherung« von Familie und Verwandtschaft

In den ersten Frühlingstagen des Jahres 1919 waren die Welfen auf Schloss Cumberland weitgehend unter sich – von den »Hofdamen« und »Kammerfrauen«, »Salon-« und »Leibkammerdienern«, die sie umsorgten, einmal abgesehen. Nur einige enge Berater hatte man in diesem März zu Besuch, darunter Paul Knoke, der einmal mehr von Braunschweig nach Gmunden gereist war.[1] So blieb offenbar viel Zeit für ausgedehnte Spaziergänge. Am 31. März etwa notierten die Bediensteten, dass »I. K. H. der Herzog und die Frau Herzogin von Braunschweig« von zehn bis elf Uhr unterwegs gewesen seien, ebenso Thyra und Olga. Nachmittags um vier hätten Mutter und Tochter dann erneut einen Weg gemacht. »Zur gleichen Zeit verließ S. K. H. der Herzog von Braunschweig zu einem Spaziergang das Schloß.« Derweil seien Ernst August (II.) und Knoke rund drei Stunden gemeinsam spazieren gegangen.[2]

Wortwörtlich ging in diesen Tagen also alles seinen gewohnten Gang am Traunsee.[3] Allzu lange, so zeigt sich im Rückblick, sollte diese Ruhe jedoch nicht mehr halten. Mit dem Gesetz vom 3. April 1919 über die Abschaffung der nicht im Völkerrecht begründeten Exterritorialität verlor die Familie wenig später ihren privilegierten Sonderstatus in Österreich – mit weitreichenden Folgen für die eigene rechtliche Stellung und die Besteuerung des Familienvermögens. In Verbindung mit Berichten über Beschlagnahmungen und Enteignungen in der ungarischen Räterepublik wurde daraufhin offen über einen Fortzug in Richtung der Schweiz oder Dänemark nachgedacht. In Deutschland sorgten unterdessen die ersten Entwürfe der Weimarer Reichsverfassung für Aufregung. »Die Bestimmungen der Hausgesetze«, so wurde in der »Vereinigung Deutscher Hofkammern« hellsichtig festgestellt, »würden damit [...] gegenstandslos« werden.[4] Im Mai schließlich führte die Bekanntgabe der Versailler Friedensbedingungen zu einem weiteren heftigen Inflationsschub.[5] Immer deutlicher zeichneten sich in der Folge die

1 Vgl. NLA HA, Dep. 103 IV, Nr. 410, Fremdenliste Schloss Cumberland, März 1920.
2 NLA HA, Dep. 103 IV, Nr. 378, Journal der »Hofhaltung«, 31. 3. 1919.
3 Zumindest Ernst August (III.) ließ durchblicken, dass er das ruhige, abgeschiedene Leben auf Schloss Cumberland auch als Belastung empfand. Im April 1919 schrieb er seinem Schwager Max: »Ich möchte am liebsten auch wieder nach Deutschland, um Menschen zu sehen. Ich beneide dich darum sehr.« GLAK, FA N 5825, Ernst August (III.) an Max Prinz von Baden, 27. 4. 1919.
4 NLA HA, Dep. 103 XX, Nr. 130, Konferenz Vereinigung Deutscher Hofkammern, 15. 5. 1919.
5 Vgl. Knortz, Wirtschaftsgeschichte der Weimarer Republik, S. 45 f.

schwerwiegenden Konsequenzen für das familiale Kapitalvermögen ab, das sich im Wesentlichen aus festverzinslichen Wertpapieren zusammensetzte.

Indes: Im März 1919 war all dies in seiner Drastik noch nicht absehbar. Bis dato hatte keiner der Berater das wachsende Ungleichgewicht in der »Haupt-Kasse« Ernst Augusts (II.) bemerkt. Zwar stiegen die Ausgaben bereits spürbar, bedingt vor allem durch »Kriegsteuerungszuschüße« und »Teuerungszulagen«, die den mehr als einhundert Bediensteten gewährt wurden.[6] Doch die regelmäßigen Zinseinnahmen, von den »Finanzräten« in dicken Büchern notiert, reichten noch aus, um den Verpflichtungen nachzukommen.[7] Allem voran überwies das preußische Finanzministerium zweimal im Jahr die fälligen Tranchen aus dem Welfenfonds. Pünktlich zum 1. April des Jahres wurden so wieder 450.000 Mark an die Vermögensverwaltung ausbezahlt.[8]

Das familiale Vermögen erfüllte in diesem Frühjahr also (noch) seine zentrale Funktion: Die Zinsen aus dem fideikommissarisch gebundenen Kapitalvermögen garantierten der entmachteten Herrscherfamilie ein Einkommen, von dem sie in ihrem Exil ausgesprochen komfortabel leben konnte. Keines der Familienmitglieder ging in dieser Zeit einer selbstständigen oder abhängigen Erwerbsarbeit nach – die stundenlangen Spaziergänge, die sie alle täglich unternahmen, führen dies eindrücklich vor Augen. Dabei war das Familienvermögen die wichtigste, nicht aber die einzige Einkommensquelle. Alle Mitglieder besaßen darüber hinaus eigenes Kapitalvermögen, das gleichfalls Zinsen abwarf.[9] Namentlich Ernst August (II.) erzielte mit seinem »Allodial-Fonds« jedes Jahr hohe Einnahmen. Mehr als 650.000 Kronen und 800.000 Mark brachte das Privatvermögen des Familienoberhaupts 1919 an Zinsen ein. Zur Einordnung: Mit den verschiedenen »Fideikommiß-Fonds« wurden im Laufe desselben Jahres rund 625.000 Kronen und 1,8 Millionen Mark erwirtschaftet.[10]

Sämtliche Einkünfte aus dem Familienvermögen flossen in Ernst Augusts (II.) »Haupt-Kasse«. Gemäß der Hausgesetze, wie sie 1919 noch immer galten, stand dem Oberhaupt des Welfenhauses hierüber »die freie Disposition« zu.[11] Mitunter verschwamm so, was private und was familiale Mittel waren – im Zweifel jedoch galt, dass die Substanz des gebundenen Vermögens »wenn auch verändert, doch nicht vermindert, auch mit Schulden nicht beschwert werden darf«.[12] Zusammengenommen nutzte Ernst August (II.) die Einnahmen vor allem dazu, das glanzvolle Leben auf Schloss Cumberland zu finan-

6 NLA HA, Dep. 103 XIX, Nr. 82, Einnahmen und Ausgaben der »Haupt-Kasse« Ernst Augusts (II.), 1919.

7 Vgl. NLA HA, Dep. 103 XIX, Nr. 64, Zinsen, 1919.

8 NLA HA, Dep. 103 XX, Nr. 203, Der preußische Finanzminister an Georg Freiherr von der Wense, 29.3.1919. Die zweite Tranche wurde jeweils zum 1. Oktober überwiesen, ehe Preußen die Auszahlungen zum 1. April 1921 einstellte.

9 Vgl. NLA HA, Dep. 103 XIX, Nr. 64, Zinsen, 1919.

10 NLA HA, Dep. 103 XIX, Nr. 82, Einnahmen und Ausgaben der »Haupt-Kasse« Ernst Augusts (II.), 1919.

11 Königliches Hausgesetz für das Königreich Hannover vom 19. November 1836, in: Schulze, Hermann, Die Hausgesetze der regierenden Deutschen Fürstenhäuser. Erster Band, Jena 1862, S. 490-507, hier: S. 506.

12 Ebd.

zieren. Große Teile des Budgets wurden für die Oberste Verwaltung, die Unterhaltung der umliegenden Gebäude und Gärten und den Betrieb des Marstalls verwendet, zudem für den umfangreichen »Hofstaat« und die »Hofhaltung«, für Gehälter, die Kosten der Tafel, Wäsche und Beheizung sowie für Pensionen und Unterstützungsgelder. Darüber hinaus leistete sich Ernst August (II.) einen kostspieligen Jagdbetrieb. Neben den eigenen Wäldern, die zur Jagd genutzt wurden, waren dutzende Jagdgebiete angepachtet, unzählige Jäger pflegten den Wildbestand, unterhielten die Hütten und organisierten regelmäßige Treibjagden. Für all dies wandte das Welfenoberhaupt mehr als 45 Prozent seiner gesamten Einnahmen auf.[13]

Ein weiterer, deutlich kleinerer Teil ging jedes Jahr in die private »Hand- und Schatull-Kasse Seiner Königlichen Hoheit«.[14] Knapp 180.000 Mark waren es 1919. Mit dem Geld wurden Schneider und Schuhmacher, Ärzte und Medikamente, Theaterbesuche und Konzerte bezahlt. Den größten Ausgabenposten aber machten Geschenke aus. Zwei Drittel seines persönlichen Budgets wandte Ernst August (II.) hierfür auf. Zu Geburtstagen und an Weihnachten wurden die Familienmitglieder und einzelne Angehörige des »Hofstaats« mit großzügigen Geschenken bedacht. Zwar geht aus der Kassenaufstellung nicht hervor, welcher Art diese Gaben waren. Doch die Tatsache, dass etwa die Geburtstagsgeschenke für Thyra, Ernst August (III.) und Viktoria Luise jeweils mit genau 1.000 Mark zu Buche schlugen, spricht dafür, dass es Geld war, das in bar oder per Überweisung verschenkt wurde.

Im Übrigen wurden den engsten Familienangehörigen sowie einigen entfernteren Verwandten Jahrgelder und Renten ausbezahlt. Sofern die Höhe dieser Zahlungen nicht durch Eheverträge oder testamentarische Verfügungen geregelt war, orientierte man sich dabei an den Versorgungsleistungen, wie sie die Prinzessinnen und Prinzen im Königreich Hannover erhalten hatten. Das war von Ernst August (II.) im November 1917 mit der »Hausgesetzliche[n] Bestimmung über Jahrgelder, Deputate, Apanagen, Mitgaben und Wittümer« ausdrücklich festgelegt worden: Um die Mitglieder »unbeschadet des Glanzes und der Stellung des Hauses selbst finanziell zu sichern«, sollten ihnen Auszahlungen aus dem »Königlichen Gesamthaus-Fideikommiss« bis zu der Höhe, die seinerzeit in den (Haus-)Gesetzen angesetzt worden war, bewilligt werden. Überdies war vom Welfenoberhaupt ein spezieller »Fonds für Jahrgelder und Deputate« eingerichtet worden, der für – nicht näher definierte – »besondere[] Zuschüsse[]« an die »nachgeborenen Prinzen« verwendet werden sollte.[15]

Der Personenkreis, dem auf diese Weise regelmäßige und »besondere« Zahlungen gewährt wurden, war groß: 1919 umfasste er Thyra, die 60.000 Mark für ihre persön-

13 Vgl. NLA HA, Dep. 103 XIX, Nr. 82, Einnahmen und Ausgaben der »Haupt-Kasse« Ernst Augusts (II.), 1919. Berücksichtigt wurden die Ausgaben des »Etats der obersten Verwaltung«, des »Pensions-, Wartegelder und Unterstützungs-Etats«, des »Hofstaats- und Hofhaltungs-Etats«, des »Marstalls-Etats«, des »Etats für Bauten«, des »Etats für Gärten und Meierei«, des »Etats für Maschinenhaus und Schmiede« und des »Jagd-Etats«.

14 Vgl. NLA HA, Dep. 103 XIX, Nr. 484, Übersicht der »Hand- und Schatull-Kasse« Ernst Augusts (II.), 1919.

15 NLA HA, Dep. 103 XL, Acc. 2018/111, Nr. 3275, Hausgesetzliche Bestimmung über Jahresgelder, Deputate, Apanagen, Mitgaben und Wittümer der Mitglieder des Königlichen Hauses, 20.11.1917.

lichen Zwecke überwiesen bekam, außerdem Olga, bei der es 30.000 Mark waren. Ernst August (III.) zählte ebenso dazu wie Viktoria Luise, die »Nadel-, Hand- und Spillgeld« erhielt. Aber auch mehrere Verwandte, die im engeren Sinne keine Mitglieder des Welfenhauses (mehr) waren, empfingen Geld aus der »Haupt-Kasse«. Hierzu gehörten Marie Luise und Alexandra, die vierteljährlich Rentenzahlungen erhielten, sowie Friederike Freifrau von Pawel-Rammingen (1848-1926), eine der Schwestern Ernst Augusts (II.). Darüber hinaus bekamen mehrere Mitglieder der »Fürstlichen Familie Solms-Braunfels«, Nachkommen der Königin Friederike, kleinere Beträge in Höhe von insgesamt 7.800 Mark ausbezahlt.[16]

In diesem Kreis nahm Ernst August (III.) – als ältester Sohn des Hauses – eine Sonderstellung ein. Mehr als zwei Drittel der gesamten Auszahlungen flossen an ihn. Zusätzlich zu einem Jahrgeld in Höhe von 133.000 Mark (»gemäß Hausgesetz«) erhielt er einen »Zuschuß« über 428.000 Mark.[17] Ernst August (III.) finanzierte damit den eigenständigen Haushalt, den er seit August 1919 mit Viktoria Luise und den Kindern in der Villa Weinberg führte.[18] Die höchsten Ausgabenposten bildeten dabei die von Paul Knoke geführte Oberste Verwaltung, die »Hofküche«, die Gehälter des »Hofstaats« sowie der Marstall.[19] Hinzu kamen Reise- und – speziell 1919 – »Uebersiedlungskosten«, außerdem Zahlungen an die gemeinsame »Schatulle der Herzoglichen Prinzen und Prinzessin«.[20] Nicht zuletzt bestritt Ernst August (III.) mit dem Geld seine persönlichen Ausgaben. Neben der Garderobe zählten hierzu insbesondere Kunstwerke, Bücher, Jagdzeug und Waffen, aber auch »Gnadengeschenke«, die er verdienten Bediensteten gewährte.[21]

Kurzum, die Erträge des familialen Vermögens waren bei den Welfen klar verteilt. Im Ganzen dienten sie der entmachteten Familie, ihren Lebensunterhalt im Exil, die herrschaftlichen Wohnverhältnisse, livrierten Bediensteten, allabendlichen Diners und exklusiven Freizeitaktivitäten zu finanzieren. Im Einzelnen wurden den erwachsenen Mitgliedern frei disponierbare Mittel zugeteilt, die sie finanziell »sichern« sollten, strikt abgestuft vom Familienoberhaupt über den ältesten Sohn bis hin zu den Töchtern. Ernst Augusts (II.) erklärte Absicht war es, allen seinen Angehörigen (und sich selbst) Aus-

16 NLA HA, Dep. 103 XIX, Nr. 75, Manual der Einnahmen und Ausgaben der »Haupt-Kasse« Ernst Augusts (II.), 1919.

17 Ebd. In der »Kasse« Ernst Augusts (III.) wurde das Jahrgeld schlicht auch als »Kronprinzliches Jahrgeld« verzeichnet. Angemerkt sei an dieser Stelle, dass die Auszahlung der landesfürstlichen Rente zum 1. Dezember 1918 eingestellt worden war. Vgl. NLA HA, Dep. 103 XL, Acc. 2018/111, Nr. 861, Vergleich über das Privatvermögen Ernst Augusts (III.), 28.4.1919.

18 Vgl. NLA HA, Dep. 103 XL, Acc. 2018/111, Nr. 864, Vollzugsetat der »Kasse« Ernst Augusts (III.), 1919.

19 Die hohen Kosten für den Marstall verursachten dabei weniger die Pferde als vielmehr die Autos, die Ernst August (III.) »im Stall« hatte. Näher zu dieser Leidenschaft vgl. das Kapitel »Finanzielle Einschränkungen – und ein ›SOS-Ruf‹«.

20 Aus der »Schatulle der Herzoglichen Prinzen und Prinzessin« wurden anfangs vor allem Arztrechnungen und die Garderobe der Kinder bezahlt, später kam »Erziehung und Unterricht« als einer der höchsten Ausgabenposten dazu. Vgl. exemplarisch für das Jahr 1920 NLA HA, Dep. 103 XXXIX, Nr. 592.

21 Vgl. NLA HA, Dep. 103 XIX, Nr. 594, Vollzugsetat der »Schatulle« Ernst Augusts (III.), 1919.

Abb. 7 Die »herzogliche« Familie auf Skiern: Ernst August (III.), Viktoria Luise, Georg Wilhelm, Friederike und Christian im Winter 1924 – Quelle: GLAK, FA N 5826 [Eigentum Haus Baden].

kommen wie zu vergangenen Herrschaftszeiten zu ermöglichen. Einen Rechtsanspruch darauf gab es allerdings nicht. Hausgesetzlich war bestimmt, »dass, solange die tatsächliche Behinderung des Königlichen Hauses an der Ausübung der Regierung im Königreich Hannover dauert, keinem Mitglied Unseres Hauses [...] irgendwelche Ansprüche auf Jahrgelder, Deputate, Apanagen, Mitgaben und Wittümer gegen den Chef des Hauses zustehen«.[22] Im patriarchalisch strukturierten Familiengefüge oblag es letztlich dem »Chef des Hauses«, darüber zu entscheiden, ob und in welcher Höhe die einzelnen Mitglieder finanzielle Unterstützung erhielten – eine ungeheure Machtkonzentration, die mit der Abschaffung der Hausgesetze und der Auflösung der Hausvermögen noch weiter zunehmen sollte.[23]

Bis zum Beginn der 1920er-Jahre gab es für Ernst August (II.) jedoch keinen Anlass, entscheidend in die Verwendung und Verteilung der familialen Einkünfte einzugreifen. So erkundigte sich der »Oberhofmeister« des Hauses Mecklenburg-Schwerin im Juni 1919 bei Georg Freiherr von der Wense, ob mit den vierteljährlichen Zahlungen

22 NLA HA, Dep. 103 XL, Acc. 2018/111, Nr. 3275, Hausgesetzliche Bestimmung über Jahresgelder, Deputate, Apanagen, Mitgaben und Wittümer der Mitglieder des Königlichen Hauses, 20.11.1917.

23 In der »Vereinigung Deutscher Hofkammern« wurde empfohlen, diese Machtkonzentration gezielt zu nutzen und – entsprechend der hausgesetzlichen Bestimmungen – unerwünschtes Verhalten von Familienmitgliedern, »z. B. unebenbürtige Heirat, Glaubenswechsel, Eintritt in ausländische Dienste usw.«, mit »gewisse[n] vermögensrechtliche[n] Nachteile[n]« zu sanktionieren. NLA HA, Dep. 103 XX, Nr. 130, Konferenz Vereinigung Deutscher Hofkammern, 15.5.1919.

für Alexandra »bis auf Weiteres zu rechnen« sei.[24] Der Chef der Obersten Verwaltung versicherte ihm daraufhin, dass »die festgesetzten Rentenzahlungen zu Gunsten I. K. H. der Frau Großherzogin« im Voranschlag »wie bisher« eingestellt seien und man die nächste fällige Zahlung bereits geleistet habe.[25] Am aufwendigen höfischen Leben und der üppigen finanziellen Ausstattung der Familienmitglieder wurde in Gmunden – vorläufig zumindest – uneingeschränkt festgehalten.

Anfang 1920 aber nötigte die unaufhörliche Geldentwertung zu einem Umdenken. Die laufenden Einnahmen vermochten die hohen, rasant steigenden Ausgaben nicht mehr zu decken. Das Familienvermögen, so wie es zusammengesetzt und angelegt war, erfüllte seine Einkommensfunktion immer weniger. Auf die Konsequenzen ist bei der Analyse der Vermögensverwaltung bereits eingegangen worden: Ernst August (II.) engagierte Hanns Kniep als neuen Verwalter, der umgehend strikte Maßnahmen anmahnte, um eine »ausreichend budgetere[] Bedeckung« wiederherzustellen.[26] »Die Deckung zu finden«, erklärte Kniep, sei »auf zwei Wegen möglich«: einerseits durch Erhöhung der Kapitalerträge, die jedoch »nur mit stark erhöhten Risiken der anzulegenden Kapitalssummen« ermöglicht werden könnte. »Andererseits kann diese Deckung gefunden werden durch Einführung und auch in der Zukunft aufrecht zu erhaltende Sparsamkeit auf allen Linien.«[27] Es war diese »Sparsamkeit auf allen Linien«, auf die der Vermögensverwalter in den darauffolgenden Jahren unaufhörlich pochen sollte.

Die stetig vorgetragenen Mahnungen, den »furchtbaren Ernst der Situation« zu erkennen und »rigoroseste Sparsamkeit walten zu lassen«, blieben nicht unerhört.[28] In sämtlichen »Ressorts« wurden die Ausgaben reduziert: Man räumte mehrere Stockwerke des Schlosses, reduzierte die Zahl der frischen Blumengestecke in den Innenräumen und deklarierte große Teile der weitläufigen Garten- und Parkanlage zum »Wildpark« um.[29] Doch vor allem wurde Personal abgebaut. In einem ersten Schritt verkleinerte man den »Stand der Tagelöhner und Tagelöhnerinnen«, um in einem zweiten Schritt viele ältere Beschäftigte der »Hofdienerschaft« in den Ruhestand zu versetzen.[30] Dabei gab man sich der zweifelhaften Hoffnung hin, dass die »altgedienten und treu am Hause hängenden Leute [...] eine grosse innere Befriedigung darin erblicken [werden], an der Wiederaufrichtung der Finanzen des Hauses nach ihren Kräften mithelfen zu können«.[31] Auch die »kgl. Herrschaften« selbst hätten sich »ausserordentliche Einschränkungen in ihren persönlichen Ausgaben auferlegt«, betonte Paul Knoke.[32] In der Tat wurden die Auszahlungen an die Familienmitglieder lange Zeit nicht nennenswert erhöht. Erst 1922 bekam Thyra einen

24 NLA HA, Dep. 103 XIX, Nr. 108, »Oberhofmeister« von Koeckritz an Georg Freiherr von der Wense, 13.6.1919.
25 NLA HA, Dep. 103 XIX, Nr. 108, Georg Freiherr von der Wense an »Oberhofmeister« von Koeckritz, 25.6.1919.
26 NLA HA, Dep. 103 XX, Nr. 445, Sitzungsprotokoll, 21.5.1920, S. 3.
27 NLA HA, Dep. 103 XX, Nr. 445, Sitzungsprotokoll, 1./2./4./5.6.1920, S. 13.
28 NLA HA, Dep. 103 XX, Nr. 446, Sitzungsprotokoll, 12.2.1921, S. 2.
29 NLA HA, Dep. 103 XL, Acc. 2018/111, Nr. 2358, Sitzungsprotokoll (Beilage), 19.8.1922.
30 NLA HA, Dep. 103 XX, Nr. 446, Sitzungsprotokoll (Beilage II), 19.2.1921, S. 4.
31 Ebd.
32 Ebd.

größeren »Nachtragskredit« für »besondere Anschaffungen« bewilligt, während Ernst August (III.), Viktoria Luise und Olga eine einmalige Erhöhung ihrer Jahrgelder erhielten.[33]

Allein, die Sparmaßnahmen reichten nicht aus, um das Gleichgewicht des Haushalts wiederherzustellen. Zu zögerlich wurden sie ergriffen, zu zaghaft erfolgte die Umsetzung. Allzu oft lautete die Reaktion, dass die Vorschläge »Allergnädigst« zur Kenntnis genommen worden seien, dass sie geprüft werden sollten oder »der Herzog« zugesagt habe, »sie neuerlich in Erwägung ziehen zu wollen«.[34] Diese Haltung lag zum einen in der ungewissen, stark von politischen Ereignissen beeinflussten Entwicklung der Inflation begründet. Auf Phasen beschleunigter Geldentwertung, in denen die Berater mit Nachdruck auf Einschränkungen drängten, folgten vergleichsweise stabile Phasen, in denen versichert wurde, »dass der heurige Geldbedarf des kgl. Hauses [...] gedeckt erscheint«.[35] Zum anderen bestand die stete Hoffnung auf einen günstigen Verlauf der Verhandlungen mit Braunschweig und Preußen. Zuversichtlich erklärte Paul Knoke im Februar 1921, »dass in Zukunft doch auch dadurch eine Verbesserung der finanziellen Situation eintreten wird, dass in irgendeiner Weise es ja doch zu einer Auseinandersetzung mit dem Braunschweigischen Staate kommen muss«.[36]

Zuletzt, und eng hiermit verbunden, gab es einen weiteren, wohl entscheidenden Grund: Die Welfen zeigten sich nur eingeschränkt bereit, ihren Lebensstandard abzusenken. Insbesondere galt dies für Ernst August (II.). Bis zu seinem Tod im Jahr 1923 blieben die Ausgaben für den »Hofstaat« und die »Hofhaltung« auf anhaltend hohem Niveau.[37] Auch mit Verweis auf die »Psyche der Allerhöchsten Herrschaften« wurde die enorme Zahl festangestellter Bediensteter letztlich nur unwesentlich reduziert.[38] Wiederholt kritisierten die Berater zudem die »ausserordentlich grosse Differenz zwischen den Kosten der Tafel des kgl. Hauses des Herzogs von Cumberland und des Hofes des Herzogs von Braunschweig«.[39] Hinzu kam die intensiv betriebene Jagd. Eine wirtschaftlichere Nutzung der Forste, wie Kniep sie dringend empfahl, wurde hierdurch erheblich erschwert.[40] Auch leistete man sich weiterhin teure Neuanschaffungen. So wurde im Dezember 1922 beschlossen, »einen mittelstarken Wagen, sei es Fabrikat Benz oder Mercedes oder ein anderes erstklassiges deutsches Fabrikat« für den Marstall zu erwerben.[41] Nicht zuletzt hielt Ernst August (II.) an diversen ge-

33 NLA HA, Dep. 103 XIX, Nr. 594, Sitzungsprotokoll (Nachtrag), 7.4.1922.

34 Alle Zitate in NLA HA, Dep. 103 XX, Nr. 445, Sitzungsprotokoll, 1./2./4./5.6.1920.

35 NLA HA, Dep. 103 XX, Nr. 448, Sitzungsprotokoll (Beilage I), 3.3.1922.

36 NLA HA, Dep. 103 XX, Nr. 446, Sitzungsprotokoll (Beilage II), 19.2.1921, S. 2.

37 Vgl. exemplarisch NLA HA, Dep. 103 XL, Acc. 2018/111, Nr. 864, Vollzugsetat der Verwaltungskasse des Gesamthauses Braunschweig-Lüneburg, 1922. »Hofstaat und Hofhaltung Sr. Königl. Hoheit des Herzogs von Cumberland etc.« bildeten hier mit Abstand den höchsten Ausgabenposten.

38 NLA HA, Dep. 103 XX, Nr. 446, Sitzungsprotokoll, 12.2.1921, S. 3. Ein weiterer Grund war, dass sich mit einer Pensionierung der Bediensteten – angesichts hoher Rentenzahlungen – letztlich relativ wenig einsparen ließ.

39 NLA HA, Dep. 103 XX, Nr. 446, Sitzungsprotokoll (Beilage II), 19.2.1921, S. 3.

40 Vgl. NLA HA, Dep. 103 XX, Nr. 445, Sitzungsprotokoll, 1./2./4./5.6.1920, S. 14; vgl. dazu auch Steckhan, Welfenbericht, 93 f.

41 NLA HA, Dep. 103 XX, Nr. 448, Sitzungsprotokoll (Beilage II), 10.12.1922.

meinnützigen Leistungen fest. Mit dem Gestus eines fürsorglichen Landesvaters unterstützte er im ehemaligen welfischen Herrschaftsgebiet zahlreiche kirchliche, städtische und soziale Organisationen, förderte er Freizeit- und Kultureinrichtungen.[42] Beispielsweise wurde während der Inflationsjahre der Große Garten in Herrenhausen – trotz stetig steigender Kosten – offengehalten, da die Gartenanlage in erster Linie eine »Erholungsmöglichkeit für die Grosstadt Hannover« bedeute, wie Kniep als Begründung vermerkte.[43]

Eine beispiellose Wirtschaftskrise, neue Steuer- und Abgabenlasten, die Beseitigung der Hausgesetze sowie die Auflösung der gebundenen Sondervermögen – die Welfen aber lebten vorerst so weiter, als würde sie dies alles nicht berühren. Obschon erhebliche Einschränkungen gemacht werden mussten, mühte man sich, eine Lebensführung aufrechtzuhalten, wie sie die Vorfahren einst im Königreich Hannover gepflegt hatten. Die Berater standen damit vor der permanenten Herausforderung, die Einnahmen erhöhen zu müssen, um die stark steigenden Ausgaben zu decken. Auf Dauer sollte ihnen das nicht gelingen. Doch waren die Welfen wieder und wieder dazu bereit, das Defizit, das ihr hoher Lebensstandard verursachte, durch Verkäufe von Kunstschätzen, Juwelen und Schmuck auszugleichen. Dieses Handlungsmuster sollte sich durch den gesamten Betrachtungszeitraum ziehen.

1.2 Finanzielle Einschränkungen – und ein »SOS-Ruf«

Etwas »›Geschäftliches‹« habe er zu besprechen, schrieb Friedrich Franz im Juni 1925 an Ernst August (III.).[44] Wie üblich hatte der ehemalige Großherzog von Mecklenburg-Schwerin in seinem Brief zunächst über Familiäres berichtet, über Reise- und Jagdpläne. Dann war er auf jene weitere Angelegenheit zu sprechen gekommen: 10.000 Reichsmark stelle er Alexandra (»Alix«) jedes Jahr für ihre persönlichen Zwecke zur Verfügung, erklärte er freimütig, doch »trotz aller Sparsamkeit« käme sie schlecht damit hin.[45] Friedrich Franz verwies in diesem Zuge darauf, dass seine Frau seit 1923 – also seit dem Tod Ernst Augusts (II.) – von den »nach den Ehepakten zugesagten Nadelgeldern« nichts mehr ausgezahlt bekommen habe. »Der Ausfall, der Alix durch die Nichtzahlung jener Beträge erwachsen ist, ist natürlich ein sehr grosser«. Er sei überzeugt, lautete sein abschließender Appell an Ernst August (III.), »Du wirst Deiner Schwester gerne helfen, wenn es Dir möglich sein sollte«.

42 Zu dieser, für begüterte adelige Familien typischen Art der Wohltätigkeit Conze, Von deutschem Adel, S. 388 ff.; de Saint Martin, Soziologie eines Standes, S. 155 ff.; Malinowski, König, S. 291 f.; Wienfort, Adel in der Moderne, S. 29.

43 NLA HA, Dep. 103 XX, Nr. 445, Niederschrift Hanns Knieps, 8.7.1920, S. 5. Dazu ist auch zu erwähnen, dass der Berggarten »seines Charakters als botanischer und wissenschaftlicher Garten entkleidet und als solcher stillgelegt werden« sollte. Ebd. Dies wurde nur dadurch verhindert, dass sich die Stadt Hannover bereit erklärte, die Unterhaltskosten mitzutragen. Vgl. Röhrbein, Herrenhäuser Gärten, S. 10 ff.

44 Dieses Zitat und die folgenden in NLA HA, Dep. 103 XL, Acc. 2018/111, Nr. 966, Friedrich Franz an Ernst August (III.), 22.6.1925; Unterstreichungen wie im Original.

45 Zum aufwendigen Lebensstil des ehemaligen Großherzogspaares vgl. Kasten, Großherzog, S. 277 f.

Wie das neue Oberhaupt des Welfenhauses auf diesen Brief aus Ludwigslust reagierte, ist nicht genau bekannt. Lediglich ein undatiertes, nicht unterzeichnetes Konzept seines Antwortschreibens liegt vor.[46] Dieses indes spricht eine eindeutige Sprache: Er sehe keine Möglichkeit »irgend etwas in der Sache tun zu koennen«, erklärte Ernst August (III.) darin. Seine Mittel würden dies »absolut nicht« erlauben, so lange der langwierige Prozess um die Aufwertung des Welfenfonds noch nicht entschieden sei. Er bedauere es selbstverständlich »ungemein«, seiner Schwester kein besseres Auskommen ermöglichen zu können. Aber: »Sissy« [Viktoria Luise] erhalte von ihm »einen wesentlich geringeren« Betrag im Jahr, wie er halb rechtfertigend, halb tadelnd noch hinzufügte.[47]

Dieser kurze »geschäftliche« Disput lässt erkennen, dass sich nach 1923 ein entscheidender Wandel im Umgang mit dem Familienvermögen vollzog: Ernst August (III.) zog den Personenkreis, dem das Vermögen ein (zusätzliches) Einkommen garantieren sollte, enger als dies sein Vater getan hatte. Zahlungen, die einst von Ernst August (II.) bewilligt worden waren, wurden von ihm nicht übernommen, wenngleich er damit Erwartungen von Verwandten enttäuschte und Vermögensverluste einräumen musste. Um das von der Inflation schwer getroffene Vermögen zu konsolidieren, sollte es künftig vorrangig den nächsten Familienangehörigen zugutekommen. Seine ergänzende Bemerkung, dass er Viktoria Luise einen vergleichsweise geringen Jahresbetrag auszahle, die Zahlungen also an die neuen Vermögensverhältnisse angepasst seien, war zunächst freilich bloß eine Behauptung.

Doch in der Tat: Unter Ernst August (III.) wurde nicht nur die Zahl der mitversorgten Verwandten reduziert, sondern auch deren materielle Ausstattung – auf sehr hohem Niveau – eingeschränkt. Insbesondere galt dies für Thyra, die mit Viktoria Luise und Olga lange Zeit zu den wenigen Personen zählte, die Zahlungen aus der »Verwaltungskasse« des Gesamthauses Braunschweig-Lüneburg empfingen.[48] Aufgrund ihres Ehevertrags und der Nachlassbestimmungen Ernst Augusts (II.) hätten der Witwe eigentlich ein Wittum im Äquivalent zu 200.000 Mark, außerdem eine »standesmäßige« Residenz sowie »ein silbernes Service, auch hinreichende, für denselben Gebrauch zu bestimmende Stücke an Porcellan, Bronze, Kupfergeräth [...] nebst 6 Pferden und dem nöthigen Pferdegeschirr« zugestanden.[49] Wie schon erwähnt verzichtete Thyra im Sinne der Familienräson allerdings darauf, diese umfassenden Ansprüche geltend zu machen.[50]

46 Vgl. für das Folgende NLA HA, Dep. 103 XL, Acc. 2018/111, Nr. 966, Ernst August (III.) an Friedrich Franz (Konzept), o. D.

47 Tatsächlich erhöhte Ernst August (III.) die Zahlungen an die »Schatulle« Viktoria Luises in diesem Zeitraum deutlich, von 3.600 Reichsmark im Jahr 1924 auf 12.000 Reichsmark im Jahr 1926. Ob dies eine Reaktion auf seinen Austausch mit Friedrich Franz war, ist nicht bekannt. Allerdings variierte auch von Familie zu Familie, welche Kosten aus den privaten Kassen getragen werden mussten. Vgl. NLA HA, Dep. 103 XIX, Nr. 594, Abschluss der »Schatull-Kassen« der »Höchsten Herrschaften«, 1924 u. 1926.

48 Vgl. NLA HA, Dep. 103 XL, Acc. 2018/111, Nr. 864, Vollzugsetats der Verwaltungskasse des Gesamthauses Braunschweig-Lüneburg, 1921-1941.

49 NLA HA, Dep. 103 XL, Acc. 2018/111, Nr. 3311, Testament Ernst Augusts (II.), Anlage G, 20. 11. 1917.

50 Vgl. NLA HA, Dep. 103 II, Nr. 180/09, Verzichtserklärung Thyras (beglaubigte Abschrift), 21. 2. 1927.

In ihren letzten Lebensjahren zog sie von Schloss Cumberland in die Königinvilla, dazu bekam sie ein »Handgeld« für ihre Privatausgaben.[51] Oft waren Reisekosten ihr höchster Posten; monatelange Aufenthalte bei der Verwandtschaft in Dänemark, wohin sie und Olga beinahe jedes Jahr mit mehrköpfiger Dienerschaft fuhren, schlugen teuer zu Buche.[52] Solche Kosten waren allein mit den »Handgeldern«, die ihr gewährt wurden, nicht zu bestreiten. Thyra nutzte hierfür zusätzlich die Einkünfte, die sie aus ihrem bei der Amsterdamer »Pollux« angelegten Kapitalvermögen bezog.[53]

Auch bei der finanziellen Unterstützung der nachfolgenden Generation wurde auf die veränderte Vermögenslage reagiert. Mit Erreichen der Volljährigkeit erhielten Ernst Augusts (III.) und Viktoria Luises Söhne (Friederike Luise heiratete noch vor ihrem 21. Geburtstag) einen sogenannten Unterhaltszuschuss. Eine Staffelung zwischen dem erstgeborenen Sohn und den drei jüngeren Brüdern wurde dabei nicht vorgenommen; Ernst August (IV.), Georg Wilhelm, Christian und Welf Heinrich bekamen jeweils 7.200 Reichsmark im Jahr.[54] Dies war ohne Frage eine äußerst stattliche Summe, die den vier Söhnen ein bequemes Auskommen ermöglichte. Als Oberleutnant der Reserve sollte Ernst August (IV.) später ein Jahreseinkommen von 3.000 Reichsmark versteuern.[55] Gemessen an den Apanagen, die in anderen Familien des Hochadels gezahlt wurden, war die finanzielle Unterstützung der Welfensöhne gleichwohl eher gering.[56]

Vor allem aber waren die »Zuschüsse« nicht auf Dauer ausgelegt. »Es wird erstrebt, und es ist damit zu rechnen«, erklärte Paul Knoke 1939 dem Finanzamt Braunschweig-Stadt, dass Ernst August (IV.) keine Zuwendungen mehr vom Gesamthaus erhalte, sobald er über »hinreichendes Arbeitseinkommen« verfüge.[57] »Dies erfordert die Lage des Gesamthausvermögens, das vor dem Zusammenschmelzen bewahrt werden muß«.[58] Tatsächlich bekam der erstgeborene Sohn von 1940 an keine geregelten Zahlungen mehr. Gleiches galt für Georg Wilhelm, Christian und Welf Heinrich. Mit ihrem Eintritt in den Kriegsdienst wurden die Zuwendungen eingestellt – umgekehrt aber auch wieder

51 Vgl. Schießer, Schloss Cumberland, S. 118; zur Königinvilla ebd. S. 31. Es muss offen bleiben, ob Thyra diese Residenz als »standesgemäß« empfand.

52 Vgl. exemplarisch NLA HA, Dep. 103 XIX, Nr. 596, Kostenvoranschlag einer Kopenhagen-Reise, 14.3.1927.

53 Vgl. NLA HA, Dep. 103 XIX, Nr. 572, Vollzugsetat der »Hand- und Schatullkasse« Thyras, 1928. Trotzdem scheint manche Sommerfrische nur deshalb möglich gewesen zu sein, weil Thyras Neffe, der dänische König Christian X., sich bereit erklärte, die anfallenden Kosten zu übernehmen. Vgl. NLA HA, Dep. 103 II, Nr. 226/03, Friedrich Franz an Olga, 28.4.1931.

54 Vgl. exemplarisch NLA HA, Dep. 103 XL, Acc. 2018/111, Nr. 849, Etatansatz Ernst Augusts (III.), 1940.

55 Vgl. NLA HA, Dep. 103 XXXIX, Acc. 2018/53, Nr. 108, Einkommensteuererklärung Ernst Augusts (IV.), 1943.

56 Beispielsweise erhielt August Wilhelm Prinz von Preußen als viertgeborener Sohn 1940 eine Apanage in Höhe von 48.000 Reichsmark. Vgl. Malinowski, Die Hohenzollern und die Nazis, S. 431.; für weitere Beispiele siehe Ders., König, S. 289 f.

57 NLA HA, Dep. 103 XXXIX, Acc. 2018/53, Nr. 108, Paul Knoke an das Finanzamt Braunschweig-Stadt (Abschrift), 28.1.1939.

58 Ebd. Auch in anderen sehr vermögenden Familien des Hochadels wie den Thurn und Taxis wurde die materielle Versorgung der Kinder in Notzeiten, etwa während der Weltwirtschaftskrise, vorübergehend eingeschränkt. Vgl. Fiederer, Lebenswelt, S. 221.

gewährt, als die drei vorzeitig aus der Wehrmacht ausscheiden mussten und sie daraufhin ihre Ausbildungen fortsetzten.[59]

Direkte Unterstützungszahlungen erhielten die vier Söhne so nur wenige Jahre lang. Wie schon bei der Untersuchung ihrer Berufswege deutlich geworden ist, wurde aber sehr wohl versucht, ihnen ein dauerhaftes Auskommen zu ermöglichen, ohne dadurch das familiale Vermögen zu belasten. Die Maßnahmen reichten von der Anstellung in familieneigenen Betrieben über die Schenkung von Unternehmensanteilen bis zur Übertragung von Aufsichtsratsmandaten. Namentlich Ernst August (IV.) wurde in zahlreiche Kontrollgremien entsandt. Das Einkommen, das der älteste Sohn auf diese Weise erzielen konnte, war beträchtlich. Seine Tätigkeiten bei der Baugesellschaft Porr, deren beiden Tochterunternehmen sowie der Hackerbräu-Brauerei wurden in der Einkommensteuererklärung 1940 mit knapp 15.000 Reichsmark angegeben.[60]

Ernst August (III.) selbst nahm sich von den Sparmaßnahmen nicht aus. Sein Lebensstandard als Oberhaupt des Welfenhauses war deutlich geringer als der seines Vaters. Insbesondere verzichtete der ehemalige Herzog von Braunschweig darauf, das prunkvolle Schloss Cumberland mit seinem hektargroßen Park als Wohnsitz zu übernehmen. Gemeinsam mit Viktoria Luise blieb er einstweilig in der vergleichsweise kleinen Weinberg-Villa wohnen. Zwar sollten die Wohnverhältnisse bald schon wieder großzügiger werden. Wie bereits beschrieben wurde das »Große Schloss« in Blankenburg ab Mitte der 1920er-Jahre gleichsam zu einem zweiten Familiensitz. Doch eine »Hofhaltung«, wie sie auf Schloss Cumberland üblich gewesen war, sollte nicht wieder betrieben werden – weder in den Jahren auf Schloss Blankenburg noch nach 1945 auf der Marienburg.[61]

Trotzdem beschäftigte die Familie nach wie vor reichlich Personal. Einmal mehr beklagte Hanns Kniep im Februar 1926 dessen strenge hierarchische Gliederung und kleinteilige Aufgabenteilung: »Ich weiss, dass in kgl. Diensten dies bislang nicht Usus war, aber ich darf darauf hinweisen, dass schliesslich und endlich in anderen Standeshäusern und bei sehr hochstehenden aristokratischen Familien das ständige angestellte Dienstpersonal auch mit der Haushaltspflege, Zimmerreinigung, etc. seit jeher beschäftigt ist und dass darin, insbesondere bei den heutigen Zeitverhältnissen, nichts Unbilliges erblickt werden kann.«[62] Auch Ernst August (III.) war offenbar nicht ohne Weiteres dazu bereit, sich von einer vielköpfigen Dienerschaft, die gerade unter den »Zeitverhältnissen« des 20. Jahrhunderts eine Möglichkeit zur Repräsentation und Distinktion darstellte, zu trennen.[63]

59 Vgl. NLA HA, Dep. 103 XL, Acc. 2018/111, Nr. 459, Etat Ernst Augusts (III.), 1944; NLA HA, Dep. 103 XL, Acc. 2018/111, Nr. 500, Etat Ernst Augusts (III.), 1945.

60 Vgl. NLA HA, Dep. 103 XXXIX, Acc. 2018/53, Nr. 108, Einkommensteuererklärung Ernst Augusts (IV.), 1940. In den darauffolgenden Jahren sollten die Aufsichtsratsvergütungen auf bis zu 20.000 Reichsmark anwachsen.

61 Neben notwendigen Einsparungen mag auch ein generell geringeres Repräsentationsbedürfnis Ernst Augusts (III.) ein Grund hierfür gewesen sein. Vgl. Steckhan, Welfenbericht, S. 163; Sbresny, Sammlungen, S. 396.

62 Vgl. NLA HA, Dep. 103 XL, Acc. 2018/111, Nr. 1001, Hanns Kniep an Paul Knoke, 25.2.1926.

63 Gleiches galt im Übrigen für die bürgerlichen Oberschichten, wie Derix, Die Thyssens, S. 216ff. zeigt.

Das verbliebene Personal ermöglichte insbesondere ein hochmobiles Leben.[64] Im Gegensatz zu Ernst August (II.), der Gmunden auch in jungen Jahren nur ungern verlassen hatte, waren Ernst August (III.) und Viktoria Luise viel auf Reisen.[65] In der Zwischenkriegszeit kam es vor, dass sie ein Drittel eines Jahres in Deutschland oder dem europäischen Ausland verbrachten – von mehrtägigen Ausflügen innerhalb Österreichs abgesehen.[66] »Kraftwagenführer« und »Kammerfrauen« begleiteten sie auf ihren Fahrten, Erzieherinnen und Lehrer kümmerten sich um die daheim gebliebenen Kinder, während die Verwalter der verschiedenen Anwesen dafür Sorge trugen, dass alles hergerichtet war, wenn »Ihre Königlichen Hoheiten« sich angekündigt hatten.[67] Die Bediensteten waren es auch, die über die Reisen und Aufenthaltsorte des ehemaligen braunschweigischen Herzogspaares genau Buch führten. Besonders umfassend sind hierunter Aufstellungen, die in einzelnen Jahren angefertigt wurden, um den Finanzbehörden Auskunft über den Haupt- und die Nebenwohnsitze des Paares zu geben. Eine ebensolche Aufstellung liegt Abbildung 8 zugrunde.

Häufiger Anlass für Reisen waren Verwandtenbesuche. Regelmäßig fuhren Viktoria Luise und Ernst August (III.) zum ehemaligen Mecklenburger Großherzogspaar nach Ludwigslust, sie besuchten Wilhelm in Doorn oder reisten nach Salem, wo Marie Luise wohnte und die ältesten Söhne auf die Internatsschule gingen. Gelegentliche Einladungen zu Konfirmationen und (Silber-)Hochzeiten sowie Teilnahmen an Beisetzungen kamen hinzu.[68] Mit den Besuchen bei der Verwandtschaft in Deutschland und den Niederlanden, seltener auch in Dänemark, England und Griechenland, waren üblicherweise weitere gesellschaftliche Anlässe verbunden: Ernst August (III.) folgte Jagdeinladungen, gemeinsam besuchte man die Oper, Reitturniere und Autorennen oder nahm in Hannover und Braunschweig an öffentlichen Veranstaltungen teil.[69] Mitunter wurden lange Strecken dabei mit dem Zug zurückgelegt, öfter aber war man mit dem Auto unterwegs – gerade auch, wenn es im Familienkreis in den Urlaub ging: »I. K. H. der Herzog, Frau Herzogin, Ernst August, Georg Wilhelm, Friederike Luise, Christian, Welf Heinrich unternehmen Autoparthie durch die Alpen«, wurde etwa am 2. Mai 1930 im Tagebuch der »Hofhaltung« vermerkt.[70] Wie viele Vermögende der Zeit hatte Ernst August (III.)

64 Vgl. Derix, Grenzenloses Vermögen, S. 178 f.

65 Vgl. Steckhan, Welfenbericht, 71 ff.

66 Vgl. NLA HA, Dep. 103, XL, Acc. 2018/111, Nr. 816, Aufenthalte der »Höchsten Herrschaften« zwischen Juli 1923 und Dezember 1925, 17. 2. 1927; NLA HA, Dep. 103 XXXIX, Acc. 2018/53, Nr. 109, »Uebersicht über den Aufenthalt Ihrer Königlichen Hoheiten des Herzogs und der Frau Herzogin im Jahre 1930«, 5. 2. 1931.

67 Alle Zitate in NLA HA, Dep. 103 IV, Nr. 381, Tagebuch der »Hofhaltung« Ernst Augusts (III.), 1927-1931.

68 Solche Einladungen waren oft mit einigen Tagen Aufenthalt verbunden, was umgekehrt genauso galt: Zur Konfirmation Ernst Augusts (IV.) und Georg Wilhelms am 2. Juli 1929 waren die eingeladenen Verwandten rund eine Woche in Gmunden zu Gast. In den Tagen nach der Feier wurden etwa gemeinsame Autofahrten an die Seen des Salzkammerguts unternommen. NLA HA, Dep. 103 IV, Nr. 381, Tagebuch der »Hofhaltung« Ernst Augusts (III.), 29.6.-10.7.1929.

69 Zur besonderen Bedeutung von Auto- und Pferderennen als Treffpunkte einer adelig-bürgerlichen Oberschicht vgl. Derix, Die Thyssens, S. 207 f.

70 NLA HA, Dep. 103 IV, Nr. 381, Tagebuch der »Hofhaltung« Ernst Augusts (III.), 2. 5. 1929. Vgl. auch Königin von Griechenland, Erfahrungen, S. 21.

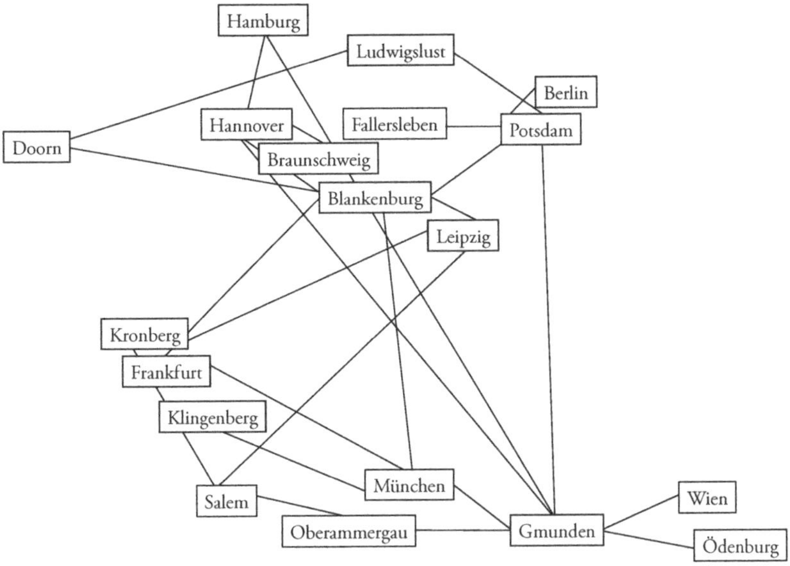

Abb. 8 Reisen und Aufenthaltsorte Ernst Augusts (III.) und Viktoria Luises 1930 – Quelle: Eigene Darstellung nach NLA HA, Dep. 103 XXXIX, Acc. 2018/53, Nr. 109, »Uebersicht über den Aufenthalt Ihrer Königlichen Hoheiten des Herzogs und der Frau Herzogin im Jahre 1930«, 5.2.1931.

ein Faible für große, schnelle Autos.[71] Leidenschaftlich tauschte er sich mit Friedrich Franz über gefahrene Strecken, neue »Wunderwagen«, Vor- und Nachteile unterschiedlicher Bereifung sowie erreichte Höchstgeschwindigkeiten aus.[72]

Sofern auf diesen Fahrten nicht bei Verwandten oder einem der eigenen Anwesen Halt gemacht wurde, stiegen Ernst August (III.) und Viktoria Luise bevorzugt in erstklassigen Hotels ab. Die Liste der Luxushotels, in denen das Paar um 1930 zumindest einmal übernachtete, ist lang: Das »Regina Palast Hotel« in München, das »Vier Jahreszeiten« in Hamburg, der »Frankfurter Hof« in Frankfurt am Main und das »Bellevue« in Dresden zählten dazu, ebenso das »Grand Hotel« in Zell am See, das »Laurin« in Bozen sowie das »Hotel de l'Europe« in Salzburg.[73] Seinen Status als »luxuriöser Begeg-

71 Zum Auto als typisches »männliches Luxusobjekt« der Zeit vgl. d'Almeida, Hakenkreuz und Kaviar, S. 173 ff.

72 Hier: NLA HA, Dep. 103 XL, Acc. 2018/111, Nr. 966, Friedrich Franz an Ernst August (III.), 25.10.1925.

73 Diese und weitere Hotels werden erwähnt in NLA HA, Dep. 103 IV, Nr. 381, Tagebuch der »Hofhaltung« Ernst Augusts (III.), 1927-1931. Die meisten der Hotels dienten dabei nur einmal als Zwischenhalt, einzelne, wie etwa das »Regina Palast Hotel« wurden dagegen regelmäßig sowie für mehrere Nächte angesteuert.

nungsraum« der sozialen Oberschichten hatte das Grandhotel in den Zwischenkriegsjahren zwar eingebüßt.[74] Gleichwohl dienten Hotelaufenthalte dem Paar nicht allein zur Erholung. Vielmehr wurden sie genutzt, um private und geschäftliche Kontakte zu pflegen, gleichsam: um zu sehen und gesehen zu werden. Über einen Aufenthalt in Hannover schrieb Viktoria Luise 1932 lakonisch an Olga: »Wir assen [...] im Hotel und sahen uns die Räume an und viele Menschen dazu.«[75]

Mit großem zeitlichem wie finanziellem Aufwand betrieb Ernst August (III.) darüber hinaus die Jagd. Von seinem Vater übernahm er die ausgedehnten, teils zusammengekauften, teils zugepachteten Jagdgebiete im oberösterreichischen Almtal. Mit der Aufteilung des Kammerguts kamen – auf seine explizite Forderung hin – weite Teile des ehemaligen braunschweigischen Hofjagdreviers hinzu. Unablässig mahnte Hanns Kniep in der Folge, Pachtjagden aufzugeben und Eigenjagdgebiete der Verpachtung zuzuführen.[76] Dadurch würden sich »eine ganze Reihe fühlbarer Personalkosten«, aber auch »Autobetriebskosten, Verpflegungskosten für Herrschaft und Diener während der Jagdzeiten, etc.« einsparen lassen. Gegenüber Paul Knoke bemerkte er erwartungsvoll: »Mit Rücksicht auf die sehr grossen Jagdflächen, die dem Königlichen Herrn sowohl in Deutschland als auch in Österreich zur Verfügung stehen, wird es wohl nicht allzu schwer sein, die Entscheidung darüber zu fällen, welche Gebiete der kgl. Herr für sich und die kgl. Familie als Jagdterrains behalten will und auf welchen Gebieten er die Jagdbewilligung in der einen oder anderen Form zu vergeben sich entschliessen würde.« Doch zu einer wirtschaftlicheren Nutzung der Forste zeigte sich Ernst August (III.) nur begrenzt bereit. Zwar wurden in den darauffolgenden Jahren vereinzelt Pachtverträge aufgelöst.[77] Der Umfang der Jagden blieb dennoch gewaltig: 1940 waren allein in Österreich zusätzlich zum eigenen Jagdgebiet, das 4.252 Hektar maß, Gebiete im Umfang von 1.432 Hektar angepachtet.[78] Das räumliche Zentrum dieses Reviers bildete das geräumige Hubertihaus. In den 1920er-Jahren zog die Familie beinahe jeden Herbst für einige Wochen hierher, um gemeinsam mit Verwandten auf die Jagd zu gehen.[79] Auch nach der Übersiedlung auf Schloss Blankenburg, infolge derer sich die Jagdausübung stärker auf den Harz konzentrierte, blieb das Jagdhaus regelmäßiger Aufenthaltsort der Familie.

74 Knoch, Habbo, Grandhotels. Luxusräume und Gesellschaftswandel in New York, London und Berlin um 1900, Göttingen 2016, S. 383.

75 NLA HA, Dep. 103 II, Nr. 226/16, Viktoria Luise an Olga, 5.7.1932.

76 Vgl. hier und für die folgenden Zitate NLA HA, Dep. 103 XL, Acc. 2018/111, Nr. 1001, Hanns Kniep an Paul Knoke, 25.2.1926.

77 In Österreich etwa wurde der Umfang der zugepachteten Gebiete zwischen 1938 und 1940 um knapp 500 Hektar reduziert. Es ist allerdings ungewiss, ob dies tatsächlich geschah, um Kosten zu sparen. Vgl. NLA WO, 23 A Nds, Zg. 23/1986, Nr. 318, Prüfungsbericht Forstbetrieb Grünau, 20.12.1941, S. 12.

78 Vgl. ebd.

79 Einen plastischen Eindruck von der Regelmäßigkeit der Jagden und der dabei gemachten »Strecke« vermittelt das »Jagdbuch«, das Ernst August (IV.) zwischen 1926 und 1949 penibel führte. Vgl. NLA HA, Dep. 103 XL, Acc. 2018/111, Nr. 3124.

Mit der »Katastrophe« von 1945 und der Flucht in den Westen ließ sich eine derart aufwendige Lebensführung nicht länger aufrechthalten. Nach den vorangegangenen Jahren, in denen enorme Vermögens- und Einkommenszuwächse hatten verzeichnet werden können, musste sich die Familie nunmehr spürbar einschränken. Die Wohnverhältnisse auf Schloss Marienburg blieben herrschaftlich, gleichwohl wurden sie beengter. Bis in die 1950er-Jahre hinein lebten Ernst August (III.), Viktoria Luise und ihr ältester Sohn auf dem Schloss mit weiteren geflüchteten Familien zusammen.[80] Schwerer wog, dass aufgrund der Enteignungen in der SBZ und der Fremdverwaltung des Vermögens in Österreich ein Großteil ihrer bisherigen Einnahmen wegfiel. In der Folge konnten die laufenden Kosten der Haushaltsführung, die Gehälter des Personals und die Pensionen lange Zeit nur durch den Verkauf von Vermögenswerten und zusätzliche Kreditaufnahmen bezahlt werden. Man käme sich »so arm« vor als Deutsche, klagte Viktoria Luise Ende der 1940er-Jahre einer in den USA lebenden Freundin.[81] So unzutreffend diese Verallgemeinerung auch war, sie zeugt doch eindrücklich davon, als wie dramatisch die Tochter des letzten deutschen Kaisers die Einkommenssituation empfand. Ein Stück weit half Friederike, die gewohnte Lebensweise aufrechtzuhalten, indem sie ihren Eltern (und Brüdern) wiederholt Reisen nach Griechenland finanzierte.[82] Auf die Jagd aber wurde jahrelang überhaupt nicht gegangen. Nachdem die eigenen Reviere enteignet beziehungsweise beschlagnahmt worden waren, jagte Ernst August (IV.) das erste Mal wieder 1949 bei Verwandten in Schottland.[83]

Inmitten dieser angespannten Einkommenslage verschlechterte sich Ernst Augusts (III.) Gesundheitszustand zusehends. 1948 wurde bei ihm Grauer Star diagnostiziert, den er in den Jahren darauf – mit finanzieller Unterstützung der Tochter – wiederholt bei einem Spezialisten in der Schweiz behandeln ließ.[84] In der Zwischenzeit habe er nach Auskunft seiner Frau eine »schwere russische Gelbsucht« erlitten, Darm-, Rippenfell- und Lungenentzündungen gehabt, außerdem sei eine Mandeloperation notwendig gewesen.[85] Zur Erholung reiste das Paar 1950 erstmals wieder nach Österreich, um einige Monate im Hubertihaus zu verbringen. Obschon Friederike auch zu diesem Aufenthalt Geld dazu gab, waren die zur Verfügung stehenden Mittel bald aufgebraucht. »Die Lebenshaltung hier im Jagdhaus ist besonders kostspielig«, konstatierte Alois Graf von Kielmansegg, der Verwalter der österreichischen Besitzungen, Ende

80 Vgl. Herzogin zu Braunschweig und Lüneburg, Tochter des Kaisers, S. 330. Noch 1951 erwähnte Viktoria Luise in einem Brief ein »Flüchtlingsehepaar, was sehr mit uns befreundet ist und schon seit Jahren bei uns wohnt«. NLA WO, 298 N, Nr. 879, Viktoria Luise an Kirby Harris, 7.1.1951.

81 NLA WO, 298 N, Nr. 879, Viktoria Luise an Kirby Harris, 28.2.1949.

82 Vgl. beispielsweise NLA WO, 298 N, Nr. 879, Viktoria Luise an Kirby Harris, 27.12.1949.

83 Ein weiterer Grund hierfür scheint gewesen zu sein, dass die Jagdwaffen 1945 auf Schloss Blankenburg beschlagnahmt worden waren. Vgl. NLA HA, Dep. 103 XL, Acc. 2018/111, Nr. 3124, »Jagdbuch« Ernst Augusts (IV.), 1926-1949. Auch Viktoria Luise berichtete 1949, dass ihr Sohn nach fünf Jahren erstmals wieder eine »Büchse« in der Hand gehalten habe. NLA WO, 298 N, Nr. 879, Viktoria Luise an Kirby Harris, 5.11.1949.

84 NLA WO, 298 N, Nr. 879, Viktoria Luise an Kirby Harris, 11.11.1948.

85 Vgl. dazu die Schreiben Viktoria Luises an Kirby Harris vom 16. Juni und 11. November 1948 sowie 7. und 28. Januar 1951 in NLA WO, 298 N, Nr. 879.

des Jahres.[86] In dem Schreiben, das er auch Paul Knoke zukommen ließ, führte er aus: »Es sind 15 Öfen und der Küchenofen täglich zu heizen, was sehr viel Brennmaterial erfordert, welches bezahlt werden muss. Die Lebenshaltung erfordert beträchtliche Mittel, weil S. K. H. der Herzog ein reichliche[s] Essen mit den besten Lebensmitteln und Getränken haben will (viel Geflügel, Wild, Gemüse und guten Wein).« Zudem müssten täglich rund ein Dutzend Bedienstete verköstigt werden. »Ich hoffe«, bemerkte er abschließend, »dass ich mich mit meinem SOS-Ruf [...] deutlich genug ausgedrückt habe.«

Die Berater der Familie waren sich einig: Ernst August (III.) und Viktoria Luise lebten in Österreich über ihre Verhältnisse. Paul Knoke übernahm es, dem Familienoberhaupt mit einem Brief ins Gewissen zu reden. Detailliert rechnete er vor, dass der lange Aufenthalt im Hubertihaus – verglichen mit den Kosten auf der Marienburg – einen Mehrbedarf von etwa 1.000 bis 2.500 D-Mark im Monat erfordere und somit unweigerlich zu einer »früheren Erschöpfung der Substanz führen müsste«.[87] Der erfahrene Ratgeber appellierte an Ernst August (III.), sich auch die Außenwirkung des Erholungsaufenthalts in Österreich (wo die Lebenshaltungskosten seinerzeit extrem hoch waren) bewusst zu machen. Für das Leben im Jagdhaus würden monatlich drei- bis viermal so hohe Summen ausgegeben werden, wie man Pensionen an die in Österreich lebenden ehemaligen Angestellten ausbezahle, bemerkte Knoke: »Ich darf [...] pflichtgemäss nicht verschweigen, dass ich von der Fortsetzung des teuren Aufenthalts in Österreich eine sehr ungünstige Wirkung auf die Pensionäre, die ja wirklich darben, voraussehen müsste.«

Ernst August (III.) leistete diesem eindringlichen Appell jedoch nicht Folge. Wie Alois Graf von Kielmansegg an Ernst August (IV.), der in Abwesenheit seines Vater auf Schloss Marienburg die Familiengeschäfte führte, schrieb, habe sich »Seine königliche Hoheit der Herzog« über Knokes Brief »sehr aufgeregt und [...] die Bemerkung fallen lassen ›Ich muss mich ja förmlich entschuldigen, dass ich noch da bin‹«.[88] Nach dieser Aufregung habe der behandelnde Arzt dringend davon abgeraten, abzureisen, berichtete der Verwalter der österreichischen Besitzungen weiter, um gleich zu ergänzen, wie der verlängerte Aufenthalt bezahlt werden solle: Es sei ein Schmuckstück ausgewählt worden, »damit dieses als Pfand oder verkauft die Geldmittel flüssig machen helfe, falls dieselben in anderer Weise nicht beschafft werden könnten«.[89]

86 Vgl. NLA HA, Dep. 103 XL, Acc. 2018/111, Nr. 1880, Alois Graf von Kielmansegg an Leonhard Ritter von Hebenstreit-Glurnhör, 15.12.1950.

87 Dieses und die folgenden Zitate in NLA HA, Dep. 103 XL, Acc. 2018/111, Nr. 1880, Paul Knoke an Ernst August (III.), 20.12.1950.

88 NLA HA, Dep. 103 XL, Acc. 2018/111, Nr. 1880, Alois Graf von Kielmansegg an Ernst August (IV.), 4.1.1951.

89 NLA HA, Dep. 103 XL, Acc. 2018/111, Nr. 1880, Alois Graf von Kielmansegg an Ernst August (IV.), 8.1.1951.

1.3 Von den »toten« und den »lebenden« Schätzen

Ob Goldschmuck oder Juwelen, Gemälde oder Gobelins, Silberservice oder -leuchter – in Wirtschaftskrisen und (Nach-)Kriegszeiten avancierten kostbare Sachwerte zu zentralen Vermögensbestandteilen.[90] Dafür gab es im Wesentlichen zwei Gründe. Zum einen waren sie physisch greifbar und (meist) leicht zu transportieren. Sie ließen sich über Grenzen schmuggeln, auf unterschiedliche Orte verteilen oder in der Erde vergraben.[91] Zum anderen waren sie – mit teils beträchtlichen konjunkturellen Schwankungen – relativ wertbeständig, gut zu liquidieren und nützliche Tauschmittel. So konnten wertvolle Mobilien Handlungsfähigkeit aufrechthalten, wenn Forste, Unternehmen und Immobilien unter staatlicher Verwaltung standen, Wertpapiere abgeliefert werden mussten oder Finanztransfers stark eingeschränkt waren.

In diesem Sinne nutzten auch die Welfen kostbare Steine, Schmuckstücke und Kunstwerke als materielle Notreserve: wenn sie dutzende hochkarätige Juwelen in die Niederlande brachten ebenso wie wenn sie einzelne Schmuckstücke dazu gebrauchten, medizinische Behandlungskosten zu begleichen. Ungewöhnlich war dies nicht. Was die Welfen und die anderen ehemaligen Herrscherfamilien allerdings von ähnlich begüterten Familien unterschied, war der gewaltige Umfang ihrer »Schätze«.[92] Über Jahrhunderte hatten die welfischen Fürsten ausladende Gemälde-, Münz-, Silber-, Schmuck- und Juwelensammlungen zusammengetragen, die in ihrer Fülle, Pracht und Zusammensetzung ebenso repräsentative wie identitätsstiftende Funktionen erfüllen sollten. Allein die Sammlung antiker und mittelalterlicher Münzen sowie frühneuzeitlicher Medaillen umfasste mehrere zehntausend Stücke.[93] Hinzu kamen die Einrichtungs- und Gebrauchsgegenstände zahlreicher prunkvoll ausgestatteter Schlösser und Herrschaftshäuser: goldenes und silbernes Tafelgeschirr in hundertfacher Ausführung, Unmengen an Porzellan, kunstvoll gearbeitete Teppiche und Möbel. »Quantität«, merkt Ulrike Sbresny dazu einschränkend an, konnte »durchaus Vorrang vor Qualität haben«.[94] In Summe war der Wert der Sammlungen gleichwohl enorm. Wie Hanns Kniep 1921 vorrechnete, habe sich das Wertpapiervermögen des Hauses zwischen dem 1. Oktober 1913 und dem 1. Januar 1921 von 93 auf 36 Millionen Goldmark verringert, unterdessen sei der Wert seiner Juwelen von 20 auf 30 Millionen Goldmark angewachsen.[95]

Neben den fideikommissarisch gebundenen Sammlungsbeständen verfügten die Frauen und Männer der Familie über eigene, zuweilen üppig gefüllte Schmuckschatul-

90 Vgl. zum Folgenden Derix, Die Thyssens, S. 443-449.

91 So wurden in den 1950er-Jahren drei Angestellte honoriert, die »während der Besatzungszeit« Schmuck von Olga im Park der Weinberg-Villa »vergraben gehalten« hatten. Vgl. NLA HA, Dep. 103 XL, Acc. 2018/111, Nr. 76, Alois Graf von Kielmansegg an das Sekretariat Ernst Augusts (IV.), 19.2.1959.

92 Vgl. für das Folgende Sbresny, Sammlungen, S. 337 ff.

93 Vgl. Luckhardt, Jochen, Zur Geschichte der ehemals Königlichen Münzsammlung zu Hannover, in: Gisela Bungarten u. Ders. (Hrsg.), Welfenschätze. Gesammelt, verkauft, durch Museen bewahrt, Petersberg 2007, S. 80-95.

94 Sbresny, Sammlungen, S. 337.

95 Vgl. NLA HA, Dep. 103 XX, Nr. 446, Sitzungsprotokoll, 02.2.1921.

len. So weist ein 1933 angefertigtes Verzeichnis von Schmucksachen Viktoria Luises rund 250 Einzelstücke auf – darunter mehrere mit Brillanten besetzte Kolliers, Diademe und Broschen –, deren Schätzwerte sich im Einzelnen auf bis zu 50.000 Reichsmark beliefen.[96] Mindestens so zahlreich (wenn auch weit weniger wertvoll) waren die silbernen Ansteck- und Krawattennadeln, die mit Edelsteinen verzierten Manschettenknöpfe sowie goldenen Schnupftabakdosen, die Ernst August (III.) besaß.[97] Zumeist handelte es sich hierbei um Erbstücke, persönliche Liebesgaben oder Hochzeitsgeschenke.[98] Besonders letztere wurden traditionellerweise – auch – als ökonomische Reserve angesehen.[99] Aus Edelmetallen gefertigt konnten sie in Notlagen kurzerhand eingeschmolzen und veräußert werden.

Von 1918 an waren notgedrungene Verkäufe von Kunstwerken und Schmuckstücken in den Briefwechseln der Welfen mit ihren Verwandten ein häufig wiederkehrendes Thema. Voller Selbstmitleid schrieb der gestürzte Kaiser im ersten Exiljahr an seine Tochter, dass »die arme Mama noch Schmuck wird versetzen müssen, damit wir überhaupt leben können!«[100] Offenbar hatte Auguste Viktoria besonderen Wert darauf gelegt, Schmuckstücke mitzunehmen, als sie ihrem Mann wenige Wochen nach dessen Flucht in die Niederlande gefolgt war.[101] Auch in späteren Jahren gab es lebhafte Klagen über Zwangsverkäufe. Inmitten der Weltwirtschaftskrise betrauerte Friedrich Franz, wie viel »an Schmuck und wertvollen Sachen [wir] seit [19]18 haben veräussern müssen«.[102] Beschwert wurde sich zudem über Verfügungsbeschränkungen, denen die familialen Sammlungsbestände zum Teil unterlagen. In Deutschland durften Kunstgegenstände, die in einem von Reichsministerium des Innern geführten »Verzeichnis der national wertvollen

96 Vgl. NLA HA, Dep. 103 XL, Acc. 2018/111, Nr. 786, Verzeichnis von Schmucksachen Viktoria Luises, 1933.

97 Vgl. NLA HA, Dep. 103 XL, Acc. 2018/111, Nr. 786, Verzeichnis von Schmucksachen Ernst Augusts (III.), 1933; allein Krawattennadeln, teils mit Diamanten besetzt, besaß Ernst August (III.) mehr als drei Dutzend Stück. Erwähnt seien an dieser Stelle auch die Wertgegenstände, die Christian 1943 nach eigenen Angaben im Kriegsgeschehen verlor: Ein silberner Drehbleistift, ein silbernes Zigarettenetui, vier Silberbecher sowie ein Paar goldene, mit Brillanten und Saphiren besetzte Manschettenknöpfe. Vgl. NLA HA Dep. 103 XXXIX, Acc. 2018/53, Nr. 77, Christian an den Oberstabsintendanten Werner (Konzept), 4.3.1943.

98 Zur Hochzeit von Viktoria Luise und Ernst August (III.) heißt es in Herzogin zu Braunschweig und Lüneburg, Tochter des Kaisers, S. 95 im Detail: »Das Geschenk meines Vaters an mich war ein Diadem und ein Halsband aus Perlen, das meiner Mutter eine Tiara aus Brillanten. Das englische Königspaar schenkte einen gewaltigen Goldpokal, mir eine Brosche in Brillanten mit einer Brillantenquaste als Anhänger, Ernst August eine komplette Juwelenausstattung. Von der Königin-Mutter Alexandra von England erhielt ich eine Smaragdbrosche. Der Zar übergab mir einen Halsschmuck aus Aquamarinen und Diamanten. Das italienische Königspaar sandte altsilberne Gefäße. Königin Wilhelmina von Holland eine antike Standuhr, die Königin-Witwe aus Spanien eine getriebene silberne Truhe, der König von Dänemark eine massive Silberkanne, die Königin von Schweden eine Dose aus blauer Emaille, der Sultan einen Teppich«.

99 Vgl. Sbresny, Sammlungen, S. 223 u. 415; Borek, Erinnerungen, S. 88 u. 91.

100 NLA HA, Dep. 103 XL, Acc. 2018/111, Nr. 937, Wilhelm an Viktoria Luise, 12.8.1919.

101 Zu Flucht und Exil Auguste Viktorias vgl. zuletzt Fink, Randy, Auguste Viktoria. Die letzte deutsche Kaiserin, Wiesbaden 2021.

102 NLA HA, Dep. 103 II, Nr. 226/03, Friedrich Franz an Olga, 1.12.1931.

Kunstwerke« gelistet waren, seit 1919 nicht mehr ohne Genehmigung ins Ausland verkauft werden.[103] Ähnliche Gesetze galten in Österreich.[104] Infolge derartiger Beschränkungen könnten »natürlich« keine angemessenen Verkaufspreise erzielt werden, wie Friedrich Franz beklagte.[105] De facto waren den Familien die gewünschten Veräußerungen sehr wohl möglich, da die nötigen Ausfuhrgenehmigungen vielfach erteilt wurden.[106]

In solchen Fällen, da die Abstoßung großer Sammlungsteile gegenüber der öffentlichen Hand begründet werden musste, wurde für gewöhnlich auf die »überall eingetretene[] wirtschaftliche[] Notlage« verwiesen.[107] Das Verlangen, die Angestellten, Pensionäre und Witwen »nicht der Not« preisgeben zu wollen, war eine andere typische Begründung.[108] Auch in internen Protokollen wurden diese Argumente vermerkt – offenbar in der Absicht, die Verkäufe althergebrachter »Schätze« gegenüber nachfolgenden Generationen zu rechtfertigen.[109] Innerhalb der Familie war jedoch noch eine weitere Begründung üblich: die Sicherung des Lebensstandards. So wurde der 1922 gefasste Beschluss, sich vom »Welfenschatz« zu trennen, mit der ebenso überzeichneten wie unmissverständlichen Erklärung gerechtfertigt, dass Ernst August (II.) diesem »letzten Mittel« nur zugestimmt habe, da er von dem Gedanken geleitet sei, »nicht nur ererbte tote Schätze […] zu hüten«. Vielmehr habe er die »heilige Pflicht«, alles in seiner Macht liegende zu tun, »die lebenden Schätze des Hauses, die späteren Nachkommen[,] vor einem Schicksal zu hüten, das für ein Königshaus das schrecklichste sein muss, vor der Proletarisierung und Profanisierung«.[110]

Nicht zuletzt gab es einen weiteren Grund für die Veräußerung von Gemälden, Silbergeschirr, Goldschmuck und Juwelen: Die Werte, obschon »tot«, verursachten kontinuierlich Kosten. Für die Bewahrung, Pflege und Sicherung ihrer Wertgegenstände beschäftigten die Welfen zahlreiches Personal. Allein mit der Reinigung und Bewachung des Tafelsilbers waren auf Schloss Cumberland mehrere »Silberlakaien« betraut.[111] In den weniger oder gar nicht bewohnten Anwesen würden die Einrichtungsgegenstände und Kunstwerke dagegen »trotz aller Sorgfalt und trotz aller darauf aufzuwendenden Kosten unweigerlich einem langsamen, aber sicheren Verderben« entgegen gehen, wurde 1920 konstatiert.[112] Daher drängten die Berater zu Verkäufen, »solange noch irgend-

103 Vgl. Odendahl, Kerstin, Kulturgüterschutz. Entwicklung, Struktur und Dynamik eines epochenübergreifenden Normensystems, Tübingen 2005, S. 56 ff.; speziell auch: Obenaus, Maria, Für die Nation gesichert? Das »Verzeichnis der national wertvollen Kunstwerke«. Entstehung, Etablierung und Instrumentalisierung 1919-1945, Berlin u. Boston 2016, S. 44 ff.

104 Vgl. Frodl-Kraft, Eva, Gefährdetes Erbe. Österreichs Denkmalschutz und Denkmalpflege 1918-1945 im Prisma der Zeitgeschichte, Köln, Weimar u. Wien 1997, S. 6 ff.

105 NLA HA, Dep. 103 XX, Nr. 130, Friedrich Franz an Ernst August (II.), 4./5. 2. 1920.

106 Vgl. speziell für die Welfen Sbresny, Sammlungen, S. 522.

107 Vgl. hier aus Anlass des beabsichtigten Verkaufs großer Teile der Gemäldesammlung NLA HA, Dep. 103 XL, Acc. 2018/111, Nr. 1690, Die Oberste Verwaltung an den Hannoverschen Regierungspräsidenten, 5. 3. 1925.

108 Ebd.

109 Vgl. NLA HA, Dep. 103 XL, Acc. 2018/111, Nr. 2358, Sitzungsprotokoll (Beilage), 19. 8. 1922.

110 Ebd.

111 Vgl. im Einzelnen NLA HA, Dep. 103 XXI, Nr. 374, Schematismus der Bediensteten, 1910-1931; Sbresny, Sammlungen, S. 364 ff.

112 Vgl. NLA HA, Dep. 103 XX, Nr. 445, Niederschrift Hanns Knieps, 8. 7. 1920, S. 4.

wie etwas zu retten ist«.[113] Wie wichtig eine sichere Verwahrung der Sammlungen war, wurde im Frühjahr 1929 offensichtlich, als man den »Hoflakai« Ernst Deiters des schweren Diebstahls überführte. Über Jahre hinweg hatte dieser Goldmünzen im Gesamtgewicht von mehr als 8 Kilogramm, zwei Dutzend goldene Uhren sowie über einhundert Schmuckstücke gestohlen.[114] Bei seiner Vernehmung gab der Delinquent als Tatmotiv an, dass er sein Gehalt, das im Zuge der allgemeinen Sparmaßnahmen nach 1923 gekürzt worden war, als zu niedrig empfunden habe.[115]

Zuvorderst erfüllte das Vermögen somit drei Funktionen: Es war Einkommensquelle, wurde in Form von Immobilien, Grundbesitz und anderen Sachwerten selbst genutzt und stellte – sofern diebstahlsicher verwahrt – eine Reserve für Krisenzeiten dar. So bildete es die materielle Grundlage für die aufwendige Lebensführung der Welfen. Die Wohnsitze der Familie blieben im Untersuchungszeitraum durchweg herrschaftlich, ihre Ländereien riesig, die Bediensteten zahlreich. Ernst August (II.), Thyra und Olga konnten ausschließlich von Vermögenserträgen leben, genauso Ernst August (III.) und Viktoria Luise. Der nachfolgenden Generation wurde der Besuch elitärer Ausbildungsstätten ermöglicht. Weil das Vermögen im Laufe der Zeit jedoch schrittweise schrumpfte, waren Einschränkungen und Umnutzungen unumgänglich. Stete Aushandlungsprozesse innerhalb der Familie und mit den Beratern gingen damit einher. Wie sollten Schlösser, Parks und Forste genutzt werden? In welchem Umfang wollte man Notreserven liquidieren? Welche Ausgaben konnten gekürzt, an welchen sollte festgehalten werden? Wie diese Fragen beantwortet wurden, hing zum einen von individuellen Prioritäten ab. Ernst August (II.) legte augenscheinlich größeren Wert auf repräsentative Wohnverhältnisse als Ernst August (III.), der dagegen häufiger auf Reisen war. Zum anderen waren die Antworten bestimmt durch weitere Funktionen, die das Vermögen erfüllen sollte. Diese werden in den nächsten Kapiteln genauer untersucht.

2 Vermögen als Mittel zu welchem Zweck? Ein Steuerstreit

2.1 Das Haus, (k)eine Erwerbsgesellschaft

Ausgangspunkt des Steuerstreits waren 36.719 Reichsmark. Diese Summe sollte das Gesamthaus Braunschweig-Lüneburg für die Wirtschaftsjahre 1925/26 und 1926/27 an Körperschaftsteuern nachzahlen. Seit Abschluss des Auseinandersetzungsvertrags mit dem Land Braunschweig und der Übernahme umfangreicher land- und forstwirtschaftlicher Betriebe bezog die juristische Person in Deutschland steuerlich relevantes Einkommen. In der Folge waren erste Steuererklärungen abgegeben und entsprechende Vorauszah-

113 Ebd., S. 5.
114 Vgl. NLA HA, Dep. 103 XXI, Nr. 435, Verzeichnis der gestohlenen Wertgegenstände, 5.4.1929. Auch historische Waffen, wertvolle Weine sowie einen Smoking soll Deiters gestohlen haben.
115 Vgl. U. A., Die Gmundener Schloßdiebstähle vor Gericht, in: Braunschweigische Landeszeitung, 2.5.1929.

lungen geleistet worden.[116] Bis zu den endgültigen Steuerbescheiden hatte es allerdings einige Zeit gedauert, da zunächst langwierige Buchprüfungen durchgeführt worden waren.[117] Erst Anfang Juni 1930 erhielt Hermann Dedekind so die Nachricht vom zuständigen Finanzamt Braunschweig-Stadt, dass die besagte Steuernachzahlung anfalle.[118]

Umgehend wandte sich der »Beauftragte der Obersten Verwaltung des Gesamthauses Braunschweig-Lüneburg« daraufhin an Paul Knoke, um »gegebenenfalls [...] einzulegende Einsprüche« abzusprechen.[119] Denn der Rechtsberater hatte an den Bescheiden mehrere Punkte zu beanstanden: Unter anderem kritisierte er die festgelegte Abschreibung der »Schlossumbaukosten« über einen Zeitraum von 50 Jahren, außerdem, dass substantielle Ausgaben der Schloss- und Gartenverwaltung nicht in Abzug gebracht worden seien. Eher beiläufig, in einem Nebensatz, führte Dedekind einen weiteren Kritikpunkt an: »[D]ie [...] Anwendung des Steuer-Prozentsatzes von 20%«.[120]

Aus dieser letzten knappen Bemerkung sollte sich über die darauffolgenden drei Jahre eine intensiv geführte steuerrechtliche Auseinandersetzung entwickeln. Im Kern wurde dabei um die Frage gerungen, zu welchem Zweck die Welfen ihr Vermögen vorrangig nutzten. So lässt sich der förmlich-technische Disput gleichsam als Debatte über verschiedene Funktionen des familialen Vermögens lesen.

Die Kritik Hermann Dedekinds am angewendeten Steuertarif bezog sich auf eine grundlegende Unterscheidung im Körperschaftsteuergesetz von 1925 (KStG).[121] Das Gesetz differenzierte zwischen »Erwerbsgesellschaften« auf der einen Seite und den »übrigen Körperschaften und Vermögensmassen« auf der anderen Seite. Als Erwerbsgesellschaften galten demnach etwa Aktiengesellschaften, Kolonialgesellschaften, Gesellschaften mit beschränkter Haftung oder Genossenschaften, aber auch »sonstige Personenvereinigungen mit wirtschaftlichem Geschäftsbetriebe«, deren Zweck vorwiegend die Erzielung wirtschaftlicher Vorteile für sich oder ihre Mitglieder sei (§ 4 Abs. 1 KStG). Den Erwerbsgesellschaften gleichgestellt waren sogenannte Zweckvermögen des bürgerlichen Rechts, »sofern sie einen wirtschaftlichen Geschäftsbetrieb unterhalten und ihr Zweck über die Vermögensverwaltung hinaus vorwiegend darauf gerichtet ist, [...] wirtschaftliche Vorteile [...] zu erzielen« (§ 4 Abs. 3 KStG). Für all diese Körperschaften war ein Steuertarif von 20 Prozent festgelegt. Dem gegenübergestellt waren juris-

116 Vgl. exemplarisch NLA HA, Dep. 103 XL, Acc. 2018/111, Nr. 862, Körperschaftsteuererklärung des Gesamthauses Braunschweig-Lüneburg (Abschrift), 1926/27.

117 Vgl. NLA HA, Dep. 103 XL, Acc. 2018/111, Nr. 816, Besprechungsprotokoll (Abschrift), 24.11.1926.

118 NLA HA, Dep. 103 XL, Acc. 2018/111, Nr. 862, Hermann Dedekind an Paul Knoke, 7.6.1930.

119 Ebd., genauso wie die folgenden Zitate des Absatzes.

120 Wenige Tage zuvor hatte der Berater bereits näher über diesen Standpunkt des Finanzamtes berichtet. Das mag erklären, weshalb er seine Kritik relativ kurz hielt. Vgl. NLA HA, Dep. 103 XL, Acc. 2018/111, Nr. 816, Hermann Dedekind an Paul Knoke, 22./25.5.1930.

121 Vgl. Körperschaftsteuergesetz. Vom 10. August 1925, in: Deutsches Reichsgesetzblatt Teil 1, 1925, S. 208-214. Dazu: Brinkmann, Thomas, Die Körperschaftsteuer in der Zeit von 1918 bis 1929. Ein Beitrag zur Geschichte der Unternehmensbesteuerung, Köln 1987; Potthast, Thilo, Die Entwicklung der Körperschaftsteuer von den Vorformen bis zur Unternehmenssteuerreform 2001. Eine Untersuchung körperschaftsteuerlicher Entwicklungstendenzen in Steuergesetzgebung und Steuergestaltung, Frankfurt a.M. 2008, S. 60ff.

tische Personen, nicht-rechtsfähige Personenvereinigungen, Anstalten, Stiftungen und andere Zweckvermögen, die weder als Erwerbsgesellschaften galten, noch diesen gleichgestellt wurden (§ 5 Abs. 1 KStG). Für das Einkommen dieser Körperschaften schrieb das Gesetz einen niedrigeren Steuertarif von zehn Prozent vor.

Vor diesem rechtlichen Hintergrund legte Dedekind im Juli 1930 Einspruch gegen die Steuerfestsetzung ein.[122] Als Begründung führte er zum einen Zweifel an den Ergebnissen des durchgeführten Buchprüfungsberichts an. Zum anderen kritisierte er explizit die »Behandlung des Gesamthauses als Erwerbsgesellschaft«.[123] Doch dem Einspruch wurde nicht stattgegeben.[124] Zwar erkannte das Finanzamt einige bis dato nicht gewährte Abzüge an. Entschieden beharrte es aber auf dem Standpunkt, dass das Haus einer Erwerbsgesellschaft gleichzustellen sei. Unmissverständlich wurde erklärt: »Der Betrieb der Land- und Forstwirtschaft stellt einen wirtschaftlichen Geschäftsbetrieb dar und das Gesamthaus bezweckt durch diesen Geschäftsbetrieb wirtschaftliche Vorteile für sich oder zugunsten der [in] seiner Satzung bestimmten Personen zu erzielen.«[125]

Für Paul Knoke und Hermann Dedekind stand fest, dass es sich das Finanzamt mit dieser ablehnenden Haltung »etwas leicht gemacht« habe.[126] Gemeinsam beratschlagten sie über das weitere Vorgehen, schärften ihre Argumentation und bereiteten nächste rechtliche Schritte vor. Ein möglicher Ansatzpunkt für die Berufung schien ihnen § 4 Abs. 1 KStG zu sein. Wie sie befanden, sei das Gesamthaus durchaus als Personenvereinigung mit wirtschaftlichem Geschäftsbetrieb anzusehen. Schließlich verwalte die juristische Person durch ihre Organe – den Chef des Hauses, die Mitgliederversammlung und die Oberste Verwaltung – den Großteil des welfischen Vermögens. Dieses rechtliche Konstrukt wollten die Berater jedoch keinesfalls als Erwerbsgesellschaft verstanden wissen. Ungeachtet der selbstständig bewirtschafteten Forste sei die notwendige Bedingung, »daß der Zweck vorwiegend die Erzielung wirtschaftlicher Vorteile für die Personenvereinigung oder ihre Mitglieder ist«, nicht erfüllt, notierte sich Knoke.[127] Was stattdessen der »vorwiegende« Zweck des Hauses sein sollte, ließ der Chef der Obersten Verwaltung an dieser Stelle offen.

Weitere Unterstützung suchte Knoke – wieder mal – im Kreis der »Hofkammer«-Vertreter. Speziell schrieb er nach Bückeburg, berichtete über die Entscheidung des braunschweigischen Finanzamtes, das Gesamthaus wie eine Erwerbsgesellschaft zu behandeln, und erkundigte sich, »welche Stellung man in diesem Punkte gegenüber

122 NLA HA, Dep. 103 XL, Acc. 2018/111, Nr. 862, Hermann Dedekind an das Finanzamt Braunschweig-Stadt (Abschrift), 2.7.1930.

123 Ebd.

124 NLA HA, Dep. 103 XL, Acc. 2018/111, Nr. 773, Einspruchs-Entscheidung des Finanzamtes Braunschweig-Stadt (Abschrift), 1.4.1931.

125 Ebd.

126 NLA HA, Dep. 103 XL, Acc. 2018/111, Nr. 773, Hermann Dedekind an Paul Knoke, 2.4.1931; NLA HA, Dep. 103 XL, Acc. 2018/111, Nr. 773, Vermerk Paul Knokes »Streitpunkte hinsichtlich der Körperschaftsteuer 1925/26«, o. D. [1931].

127 Ebd. Unterstreichung wie im Original.

Ihrem Hohen Hause einräumt«.[128] Zwei Wochen darauf antwortete »Hofkammerrat« Franz Georg Freiherr von Rechenberg: »Leider« stehe das Finanzamt vor Ort ebenfalls auf dem Standpunkt, »dass das Fürstliche Haus einer Erwerbsgesellschaft gleichzuachten sei«.[129] Dies habe bereits »verderbliche Folgen«. Unter anderem seien hierdurch auch solche Geschäfte umsatzsteuerpflichtig geworden, die sonst nicht der Umsatzsteuer unterliegen würden, etwa der Verkauf von Grundbesitz, Möbeln, Bildern und Kunstschätzen. Trotzdem habe man vorläufig davon abgesehen, die steuerliche Rechtsfrage zum Austrag zu bringen, berichtete Freiherr von Rechenberg »streng vertraulich« weiter. Denn die Schlussfolgerungen des Finanzamtes seien aus »anderem Grunde« falsch. Man werde daher »zweifellos« steuerlich begünstigt. Dennoch würde in der Zukunft eine rechtskräftige Entscheidung angestrebt werden. »Wir sind der Ansicht, dass wir nicht [...] den Erwerbsgesellschaften gleichgestellt werden können, da die Verwaltung als solche nach unserer Auffassung eine reine Vermögensverwaltung ist«.

Der vertrauliche Austausch zwischen Gmunden und Bückeburg lässt erkennen, worum es im Streit mit den Finanzbehörden in erster Linie ging. Die Berater waren streng darauf bedacht, die Steuerpflicht ihrer Auftraggeber möglichst gering zu halten. Auf dieses Ziel richteten sie ihr Handeln und ihre Argumente aus, deshalb wehrten sich sich gegen die Behandlung als Erwerbsgesellschaft. Es ist anzunehmen, dass Dedekind und Knoke im Zweifelsfall genauso wie Freiherr von Rechenberg gehandelt und die Klassifizierung aus »Zweckmäßigkeitsgründen« akzeptiert hätten.[130]

Im Oktober 1931 bekamen die Berater Gelegenheit, ihren Standpunkt ausführlich darzulegen. Unter Vorsitz des braunschweigischen Finanzgerichtsdirektors wurde mit dem zuständigen Vertreter des Finanzamtes der »gesamte Sach- und Streitstand« in einer persönlichen Besprechung »eingehend« erörtert.[131] Ohne weitere Umschweife legten Knoke und Dedekind dar, was das Haus ihrer Meinung nach bezwecke. Wie sie erklärten, hätten die zu Genossenschaften zusammengefassten hochadeligen Häuser seit jeher den Zweck gehabt, den »splendor familiae« – den Glanz der Familie – zu wahren.[132] Unter dieser Formel subsumierten sie zum einen »die Erhaltung und Vermehrung des Familienstammvermögens« und zum anderen »die Pflege des Familienzusammenhanges« sowie »die Aufrechterhaltung des Ansehens und der Macht« der Familie. Mit anderen Worten: Die Welfen (die in dieser Argumentation mit dem Gesamthaus Braunschweig-Lüneburg gleichgesetzt werden können) seien zwar bestrebt, mit ihrem Vermögen Einkommen in Form von Mieten, Pachten, Zinsen und Dividenden zu er-

128 NLA HA, Dep. 103 XL, Acc. 2018/111, Nr. 773, Paul Knoke an Franz Georg Freiherr von Rechenberg (Konzept), 18.4.1931.

129 Dieses und die folgenden Zitate des Absatzes in NLA HA, Dep. 103 XL, Acc. 2018/111, Nr. 773, Franz Georg Freiherr von Rechenberg an Paul Knoke, 27.4.1931.

130 Ebd.

131 Dieses und die folgenden Zitate, soweit nicht anders vermerkt, in NLA HA, Dep. 103 XL, Acc. 2018/111, Nr. 773, Besprechungsprotokoll (Abschrift), 17.10.1931.

132 Die Erhaltung des »splendor familiae« war im Adel allgemein ein wichtiger Imperativ. Vgl. Conze, Eckart, Art. »Splendor familiae«, in: Ders. (Hrsg.), Kleines Lexikon des Adels. Titel, Throne, Traditionen, 2. Aufl., München 2012, S. 216-217.

wirtschaften. Doch strebten sie zugleich einen festen Familienzusammenhalt, Prestige und Macht an – ideelle Ziele also, die sie nicht nur, aber eben auch mittels ihres Vermögens verfolgten. Die Schlussfolgerung, dass es ihnen in erster Linie darum gehe, wirtschaftliche Vorteile zu erzielen, sei demnach falsch. Ein Beispiel sollte diesen Standpunkt verdeutlichen: »Die Bindung durch den Grundbesitz und die Übernahme des Schlosses Blankenburg mit den durch die Unterhaltung des Schlosses bedingten finanziellen Lasten zeigt, dass das Gesamthaus keine Erwerbsabsichten verfolgt«, gaben die Berater zu Protokoll.

Derart absolut formuliert ließ sich diese letzte Aussage zweifellos nicht halten. Tatsächlich aber war die Auseinandersetzung um das Kammergut, auf die Paul Knoke und Hermann Dedekind Bezug nahmen, nicht allein nach wirtschaftlichen Gesichtspunkten geführt worden. Knoke hatte die ausgehandelten Forste seinerzeit als übernutzt und krank bewertet, das Schloss war von ihm ausdrücklich als »Luxusobjekt« bemängelt worden.[133] Doch finanzielle Einbußen hatte Ernst August (III.) wissentlich in Kauf genommen. Sein oberstes Verhandlungsziel war es gewesen, das jahrhundertealte Schloss mit seinen ausgedehnten, zur Jagd geeigneten, Wäldern und Ländereien für die Dynastie zu erhalten.

Von diesem Standpunkt war der Vertreter des Finanzamtes Braunschweig-Stadt allerdings nicht zu überzeugen. Der Regierungsrat stritt nicht grundsätzlich ab, dass das Haus auch immaterielle Ziele verfolge, doch gewichtete er dessen wirtschaftliche Betätigung stärker. »Der ursprüngliche Zweck« – die Erhaltung des »splendor familiae« – sei »durch den Wandel der Verhältnisse« zurückgetreten, erklärte er mit Blick auf den Zusammenbruch der Monarchie. »Während früher die Verwaltung und Vermehrung des Stammvermögens nur einen der Zwecke des Gesamthauses gebildet haben mag, hat sie jetzt so an Bedeutung gewonnen, dass sie als der überwiegende Zweck angesprochen werden muss.«[134]

Wie bereits gezeigt werden konnte, war diese Gegenposition gut begründet. Der Aufwand, der betrieben werden musste, um das Vermögen zu erhalten und zu mehren, hatte seit 1918 erheblich zugenommen. Infolge des Verlusts aller steuerrechtlichen Privilegien sowie schwerer Vermögenseinbußen war mit Hanns Kniep ein Vermögensberater engagiert worden, der einen neuen Stil der Vermögensverwaltung etabliert hatte. Unter seiner Führung waren vermehrt spekulative Aktiengeschäfte getätigt worden – ausdrücklich mit dem Ziel, höchstmögliche Gewinne zu erzielen. Außerdem hatten Unternehmensbeteiligungen – nach Anzahl und Umfang – deutlich zugenommen. Zu dieser aktiveren Form der Vermögensverwaltung war nicht zuletzt die Eigenbewirtschaftung der rund 10.000 Hektar umfassenden Forste im Harz zu zählen. Diese und die verpachteten Domänen seien das »Rückgrat und die einzig wirklich sicheren Ertragskapitalien des kgl. Hauses«, meinte Kniep einmal.[135]

Die Besprechung zwischen den Beratern der Welfen und dem Vertreter des braunschweigischen Finanzamtes ging ohne Einigung zu Ende. Zu vage war die entscheidende

133 NLA HA, Dep. 103 XXXIX, Acc. 2018/53, Nr. 2358, Paul Knoke und Hanns Kniep an die Mitgliederversammlung des Gesamthauses Braunschweig-Lüneburg, 23.4.1924.

134 NLA HA, Dep. 103 XL, Acc. 2018/111, Nr. 773, Besprechungsprotokoll (Abschrift), 17.10.1931, S. 3.

135 NLA HA, Dep. 103 XL, Acc. 2018/111, Nr. 1001, Hanns Kniep an Paul Knoke, 25.2.1926.

gesetzliche Formulierung gehalten. Ob die Welfen mit ihrem Vermögen eher ideelle oder eher wirtschaftliche Zwecke verfolgten, konnte – mit jeweils stichhaltigen Argumenten – vollkommen unterschiedlich auslegt werden. Die Gründe, die beide Seiten anführten, zu gewichten und eine Entscheidung in die eine oder die andere Richtung zu fällen, wurde den Finanzgerichten übertragen.

2.2 Abwägung materieller und ideeller Zwecke

Zwischen den Jahren 1931 bis 1933 wurde über die Körperschaftsteuerveranlagung des Gesamthauses Braunschweig-Lüneburg in allen Instanzen der deutschen Finanzgerichtsbarkeit verhandelt.[136] Nachdem der Einspruch vom Finanzamt Braunschweig-Stadt abgelehnt worden war, klagte Hermann Dedekind vor dem Finanzgericht beim Landesfinanzamt Hannover. Die steuerliche Behandlung des Gesamthauses als Erwerbsgesellschaft war dabei der entscheidende, nicht aber der einzige Klagegegenstand. Mit dem Urteil, das das Finanzgericht im April 1932 fällte, zeigte sich indes keine Seite zufrieden – sowohl das Finanzamt als auch Dedekind legten Rechtsbeschwerde bei der obersten Instanz, dem Reichsfinanzhof in München, ein.[137] In der Zwischenzeit gelang es, zumindest über die kleineren Streitfragen eine außergerichtliche Einigung zu erzielen.[138] Infolgedessen hatte der Reichsfinanzhof letztlich nur noch darüber zu urteilen, welcher Steuertarif für das Haus zu gelten habe.

Nach der außergerichtlichen Einigung entschieden Knoke und Dedekind, die eigene Rechtsbeschwerde gegen das Urteil des Finanzgerichts zurückzuziehen. Stattdessen verfassten sie eine Erwiderung auf die Beschwerde des Finanzamtes.[139] Noch einmal bündelten sie hierin ihre zentralen Kritikpunkte, manche wurden näher ausgeführt, weitere ergänzt. Im Speziellen setzten sich die Rechtsberater mit dem Hausgesetz vom 7. Mai 1920 auseinander. Ein Jahrzehnt zuvor war durch dieses Gesetz das Gesamthaus als juristische Person bürgerlichen Rechts begründet worden; entsprechend maß das Finanzamt den hausgesetzlichen Bestimmungen zentrale Bedeutung zu. Im Mittelpunkt der Debatte stand dabei Paragraph 1 des Gesetzes: »Die Verfügung und Nutzung hinsichtlich des Hausgutes des Gesamthauses Braunschweig-Lüneburg [...] steht mit Wirkung vom heutigen Tage ab dem Gesamthause als solchem zu, das den Reinertrag [...] ganz oder nach Abzug angemessener Rücklagen allen oder einzelnen Mitgliedern überwei-

136 Zur Finanzgerichtsbarkeit im Übergang von der Weimarer Republik zum »Dritten Reichs« vgl. Banken, Steuerstaat, S. 84 ff.; Kumpf, Johann Heinrich, Die Finanzgerichtsbarkeit im Dritten Reich, in: Bernhard Diestelkamp u. Michael Stolleis (Hrsg.), Justizalltag im Dritten Reich. Frankfurt a. M. 1988, S. 81-100.

137 Vgl. NLA HA, Dep. 103 XXXIX, Acc. 2018/53 Nr. 103, Urteil des Finanzgerichts beim Landesfinanzamt Hannover, 12. 10. 1932.

138 Eine Niederschrift dieser Einigung ist nicht überliefert, zumindest das Original scheint verloren gegangen zu sein. Vgl. NLA HA, Dep. 103 XXXIX, Acc. 2018/53 Nr. 103, Hermann Dedekind an Paul Knoke, 31. 1. 1938.

139 Hier und für das Folgende, soweit nicht anders vermerkt, NLA HA, Dep. 103 XL, Acc. 2018/111, Nr. 773, Hermann Dedekind an das Finanzgericht beim Landesfinanzamt Hannover (Abschrift), 26. 1. 1933.

sen wird.«[140] Keinesfalls könne aus dieser Bestimmung abgeleitet werden, dass es der vorrangige Zweck des Hauses sei, Vermögensüberschüsse zugunsten seiner Mitglieder zu erwirtschaften, schrieben die Berater dazu in ihrer Erwiderung. Vielmehr handele es sich um »Selbstverständlichkeiten«, die für die »Neu-Organisation« des Hauses notwendig gewesen seien. Die dem Gesamthaus »immanenten«, »dauernd verfolgten« Zwecke würden sich allein aus der »Hausverfassung« ergeben.

Die Berater breiteten damit ein Argument aus, das sie zuvor bereits in Ansätzen vorgetragen hatten. Zusammengefasst lautete es, dass 1920 lediglich eine juristische Person des öffentlichen Rechts in eine juristische Person des bürgerlichen Rechts umgewandelt worden sei. Die wesentlichen hausgesetzlichen Bestimmungen und die daraus ableitbaren, nicht-kodifizierten Ziele würden für das neu organisierte Haus folglich weiterhin gelten. Dass Knoke und Dedekind in diesem Zusammenhang den Begriff der »Hausverfassung« in die Argumentation einführten, war typisch. Auf den ersten Blick präzise und nachvollziehbar, blieb er bei genauerem Hinsehen nebulös und unspezifisch – zumal nicht weiter darauf eingegangen wurde. Vage »Haus«-Begriffe, die viel Raum für Interpretationen boten, wurden von den Vertretern der vormals regierenden Familien in Rechtsstreitigkeiten vielfach und gezielt gebraucht.

Neben diesen abstrakten juristischen Ausführungen suchten die »Räte« nach weiteren plastischen Beispielen, um ihren Standpunkt zu untermauern.[141] Einmal mehr bekräftigten sie, es gebe keinen Grund zur Annahme, dass das Gesamthaus Braunschweig-Lüneburg von seinem »naturnotwenig gegebenen Daseinszwecke abgehen und die traditionellen Aufgaben […] dem Gelderwerb unterordnen würde«. Zahlreiche finanzielle Verpflichtungen würden dies belegen. Nicht nur sei das »geschichtliche[] Baudenkmal« Schloss Blankenburg übernommen worden, das Haus unterhalte auch das Welfenmuseum und die Herrenhäuser Gärten, außerdem beteilige es sich zur Hälfte an der Finanzierung der Museums- und Bibliotheksstiftung in Braunschweig. Diese »Fürsorge für alles mit der Geschichte des Hauses verbundene Kulturgut« zähle zu den »eigentlichen und hauptsächlichen« Zwecken des Gesamthauses.

Die Beispiele waren mit Bedacht gewählt. Zu Beginn der 1930er-Jahre wurde der Haushalt durch die Instandhaltung von Schloss Blankenburg, die Pflege der Herrenhäuser Gärten, die Unterhaltung des Welfenmuseums und die Beteiligung an der Museums- und Bibliotheksstiftung schwer belastet, ohne dass den Ausgaben nennenswerte Einkünfte gegenübergestanden hätten.[142] Namentlich das Gartenensemble bildete Jahr für Jahr einen der höchsten Ausgabenposten des Hauses.[143]

140 NLA HA, Dep. 103 XL, Acc. 2018/111, Nr. 3275, Hausgesetzliche Bestimmungen über das Hausgut des Gesamthauses-Braunschweig Lüneburg, 7.5.1920.

141 Vgl. NLA HA, Dep. 103 XL, Acc. 2018/111, Nr. 773, Hermann Dedekind an das Finanzgericht beim Landesfinanzamt Hannover (Abschrift), 26.1.1933, S. 5. Hierin auch die folgenden Zitate des Absatzes.

142 Für das Museum in Hannover etwa waren im Vollzugsetat des Jahres 1935 Ausgaben in Höhe von rund 5.000 Reichsmark und Einnahmen von 47,70 Reichsmark verzeichnet. Vgl. NLA HA, Dep. 103 XL, Acc. 2018/111, Nr. 846, Etat des Gesamthauses Braunschweig-Lüneburg, 1937.

143 Siehe dazu das Kapitel »›Phantasiepläne‹? Bilanzierung und Perspektiven«.

Die Bereitschaft, das kulturelle Familienerbe zu pflegen, kannte allerdings finanzielle Grenzen. Darüber wurde von den Beratern geflissentlich hinweggegangen. Nicht nur hatte das Haus für die Unterhaltung der Herrenhäuser Gärten wiederholt Unterstützung von der Stadt Hannover erhalten.[144] Es war seit 1931 auch in eine gerichtliche Auseinandersetzung mit dem Land Braunschweig verwickelt, da es die Beiträge zur gemeinsam verwalteten Stiftung eigenmächtig gekürzt hatte.[145] Darüber hinaus konnte von einer »Fürsorge« für »alles« mit der Geschichte des Hauses verbundene Kulturgut keine Rede sein. Schließlich waren die Welfen umstandslos dazu bereit, in großem Umfang Kunstschätze zu verkaufen, wenn die Kosten überhandnahmen oder liquide Mittel benötigt wurden. Aus gutem Grund fehlte in der beispielhaften Aufzählung der »Welfenschatz«. Dessen geplanter Verkauf wurde in der Öffentlichkeit seinerzeit scharf kritisiert.[146] Pointiert dichtete Erich Mühsam 1928 in der »Der Welfenschatz«: »Das hehre Fürstenhaus der Welfen, / das weiß sich gar nicht mehr zu helfen; / kein Glück, kein Trost, kein Herzogsthron. / Das Zepter ward zum Bettelstabe, / und schon verhökert seine Habe / im Ramsche Wilhelms Schwiegersohn. / Wer es nicht glaubt, kann sich erkundigen: / Nichts ließ man ihm als Latifundien, / Paläste, Braunschweiger Galerie, / sowie Millionen in Devisen. / Soll mit Viktoria Luisen / davon ein Herzog leben? Wie?«[147] Es macht die Qualität des Spottgedichts aus, dass es die innerfamiliale Abwägung zwischen der Sicherung des Lebensstandards und der Bewahrung der Kulturgüter im Kern traf.[148]

Im September 1933 fällte der erste Senat des Reichsfinanzhofs sein Urteil. Der Rechtsstreit um die steuerliche Veranlagung des Hauses spannte sich sonach von den Untergangsjahren der Weimarer Republik bis hinein in die Konsolidierungsphase der nationalsozialistischen Diktatur. Auf das Urteil hatte der politische Systemwechsel aber wohl keine Auswirkungen. Der Reichfinanzhof hielt in dieser Übergangszeit weitgehend an seiner früheren Judikatur fest.[149]

»Streitig ist«, wurde der Klagegegenstand in der Urteilsbegründung zusammengefasst, »ob die Steuerpflichtige [die Körperschaft Gesamthaus Braunschweig-Lüneburg] [...] unter § 4 Abs. 1 des Körperschaftssteuergesetzes mit einem Steuersatz von 20 % fällt, oder ob sie unter § 5 mit einem Steuersatz von 10 % einzureihen ist«.[150] Zu prü-

144 Vgl. Röhrbein, Herrenhäuser Gärten, S. 24.

145 Hintergrund war, dass dem Haus in der Auseinandersetzung um das Kammergut die Domäne Lichtenberg zugesprochen worden war, um die Beiträge an der Stiftung bestreiten zu können. Bald schon hatten die Pachteinnahmen jedoch nicht mehr ausgereicht, um die steigenden Beitragszahlungen zu leisten. Vgl. Schmidt, Herzogsprozeß, S. 160 ff.; NLA WO, 12 Neu 13, Nr. 27217, Gesamthaus Braunschweig-Lüneburg gegen den Staat Braunschweig wegen Beitragspflicht zu den Verwaltungskosten der Museums- und Bibliheksstiftung, 1931-1934.

146 Vgl. Jaitner, Reliquienschatz, S. 411 ff.

147 Mühsam, Erich, Der Welfenschatz, in: Die Welt am Montag, 22.10.1928. Abgedruckt findet sich das Gedicht z. B. in Holtfort, Werner u. a. (Hrsg.), Die Welfen und ihr Schatz. Geschichten um Ernst August und Ernst Albrecht, Göttingen 1984, S. 32 f.

148 Zur Rolle des Adels als »Kulturbewahrer« und der Kritik daran vgl. Sbresny, Sammlungen, S. 185 ff.; S. 230.

149 Vgl. Kumpf, Finanzgerichtsbarkeit, S. 87 f.

150 NLA HA, Dep. 103 XL, Acc. 2018/111, Nr. 773, Urteil des Reichsfinanzhofs (Abschrift), 15.9.1933, S. 3.

fen sei folglich, welcher Zweck – der ideelle oder der wirtschaftliche – beim Haus im Vordergrund stehe. Wie diese Prüfung zu verstehen sei, veranschaulichten die Richter an einem Beispiel: Wenn ein Gewerbetreibender mit einem kleinen Geschäft ehrenamtlicher Stadtrat werde, und fortan den Großteil seiner Zeit dem Ehrenamt widme, so bleibe er Gewerbetreibender, erklärten sie. »Sein vorwiegender Lebenszweck ist aber nicht mehr die Erzielung wirtschaftlicher Vorteile.«[151]

In diesem Sinne wies der Reichsfinanzhof die Rechtsbeschwerde als unbegründet zurück. Dafür wurden in erster Linie formale, verfahrenstechnische Gründe geltend gemacht. Da es dem Finanzamt nicht möglich gewesen sei, einen wesentlichen Verfahrensmangel oder Rechtsverstoß zu benennen, bestehe kein Grund, das Urteil des Finanzgerichts – das im entscheidenden Punkt zugunsten des Hauses ausgefallen war – aufzuheben, stellten die Richter fest.[152] Dabei beließen sie es aber nicht. Vielmehr setzten sie sich auch inhaltlich mit der Entscheidung der Vorinstanz auseinander. Das Finanzgericht habe die wirtschaftlichen Absichten des Gesamthauses »keineswegs geleugnet«, betonten sie, sondern »unter Würdigung der von beiden Parteien vorgebrachten Gründe« entschieden, dass das Streben nach wirtschaftlichen Vorteilen nicht im Vordergrund stehe.[153] Dazu wurde angemerkt, dass das »hier beteiligte Finanzamt« wenige Jahre zuvor in einer Vermögensteuersache Ernst Augusts (III.) selbst den Standpunkt vertreten habe, eine der »Hauptaufgaben« des Hauses sei die »standesgemässe«, dem Ansehen des Hauses entsprechende Unterhaltung der Familienmitglieder.[154] Die Rücksicht auf den »splendor familiae« ginge so weit, dass das Haus die »standesgemässe Unterhaltung« seiner Mitglieder selbst dann gewährleistete, wenn die Erträge des Hausgutes dazu nicht mehr ausreichten, habe das Finanzamt seinerzeit argumentiert – und sich mit dieser Ansicht durchsetzen können.[155] »Wenn das Gesamthaus aber einem idealen Ziele zuliebe die Substanz des Vermögens angreift, also Produktionsmittel opfert, so müssen ihm die idealen Zwecke wichtiger sein als die materiellen«, folgerten die Richter unmissverständlich.[156]

Das Steuerverfahren war zugunsten des Hauses entschieden. Nach mehr als drei Jahren hatten sich die Rechts- und Steuerberater der Welfen durchgesetzt, der zehnprozentige-

151 Ebd. S. 6.

152 Nach § 288 der Reichsabgabenordnung konnte eine Rechtsbeschwerde nur darauf gestützt werden, »1. daß die Entscheidung auf Nichtanwendung oder unrichtiger Anwendung des bestehenden Rechts oder einem Verstoße wider den klaren Inhalt der Akten beruhe, 2. daß das Verfahren an wesentlichen Mängeln leide«. Reichsabgabenordnung. Vom 22. Mai 1931, in: Deutsches Reichsgesetzblatt Teil 1, 1931, S. 161-222, hier: S. 200. Vgl. auch NLA HA, Dep. 103 XXXIX, Acc. 2018/53 Nr. 103, Urteil des Finanzgerichts beim Landesfinanzamt Hannover, 12.10.1932.

153 NLA HA, Dep. 103 XL, Acc. 2018/111, Nr. 773, Urteil des Reichsfinanzhofs (Abschrift), 15.9.1933, S. 3., S. 5 f.

154 Ebd., S. 6. Hintergrund der Auseinandersetzung war unter anderem die Frage gewesen, ob dem Vermögen Ernst Augusts (III.) der kapitalisierte Wert seiner jährlich aus dem Hausvermögen gewährten Unterhaltszahlung hinzuzurechnen sei. Auch in diesem Fall wurde bis vor den Reichsfinanzhof gezogen. Vgl. NLA HA, Dep. 103 XXXIX, Acc. 2018/53 Nr. 103, Urteil des Reichsfinanzhofs, 26.5.1933.

155 NLA HA, Dep. 103 XL, Acc. 2018/111, Nr. 773, Urteil des Reichsfinanzhofs (Abschrift), 15.9.1933, S. 3., S. 6 f.

156 Ebd. S. 7.

Körperschaftsteuertarif wurde angewandt, das Finanzamt war genötigt, die bereits erlassen Steuerbescheide zu berichtigen. Im Januar 1934 schickte Hermann Dedekind seine abschließende Kostenaufstellung nach Gmunden; sie belief sich auf knapp 1.000 Reichsmark.[157] Im Gegenzug konnte Paul Knoke berichten, dass allein für die Jahre bis 1929 Rückzahlungen in Höhe von rund 35.000 Reichsmark, zuzüglich Zinsen, anstünden.[158] Der Einsatz der Berater hatte sich im doppelten Wortsinn bezahlt gemacht. Weitaus bedeutsamer als die einmalige Rückerstattung überbezahlter Steuern war freilich, dass der niedrigere Steuersatz auch künftig gelten sollte.

Auf die umstrittene Abwägungsfrage, welchen Zweck das Gesamthaus Braunschweig-Lüneburg vorrangig verfolgte, war vom Reichsfinanzhof die steuerrechtlich erforderliche Antwort gegeben worden. Größere Aussagekraft besaß diese allerdings kaum. Die ideellen und materiellen Zwecke trennscharf zu unterscheiden und zu gewichten, war praktisch nicht möglich – zumal es keine konsistenten Definitionen dafür gab. Was in den Verhandlungen, Schriftsätzen und Urteilssprüchen als die »hauptsächlichen« und »eigentlichen« Zwecke oder auch Aufgaben und Ziele angeführt wurde, variierte und entsprach häufig nicht der Praxis der Welfen, namentlich Ernst Augusts (III.). Schließlich hatten ihre »Räte« den Steuerstreit angestrengt, um die eingangs angeführte Nachzahlung zu vermeiden. Daraufhin wurden geeignete Argumente konstruiert, präsentiert und nötigenfalls angepasst.

Bemerkenswert ist das Körperschaftsteuerverfahren daher weniger wegen seines Ausgangs. Vielmehr liefert die mehrjährige Auseinandersetzung aufschlussreiche Hinweise über wesentliche Funktionen des familialen Vermögens. Dass das Vermögen dazu diente, der Familie (oder zumindest einzelnen ihrer Mitglieder) ein regelmäßiges Einkommen zu erwirtschaften, darin waren sich die Berater und die Finanzbehörden einig. Über weitere Funktionen gingen die Ansichten hingegen weit auseinander. Insbesondere wurde darüber gestritten, inwiefern Schlösser, Parks und Sammlungen – rund ein Jahrzehnt nach dem Untergang der Monarchie – noch dazu gebraucht wurden, das Ansehen und die Stellung der Familie zu erhalten. Dieser Frage wird im Folgenden weiter nachgegangen. Vermögen als Grundlage von Prestige und Macht rückt demnach in den Mittelpunkt der Untersuchung.

157 Vgl. NLA HA, Dep. 103 XL, Acc. 2018/111, Nr. 773, Kostenaufstellung Hermann Dedekinds, 27.1.1934.

158 Vgl. NLA HA, Dep. 103 XL, Acc. 2018/111, Nr. 816, Paul Knoke an Hermann Dedekind (Konzept), 12.2.1936.

3 »Das Ansehen und das Wohl meines Hauses« Machtvolles Vermögen

3.1 »Überleben« in der dynastischen Welt. Vermögen und Status

Für die deutschen Monarchen, die im November 1918 aus ihren Residenzen vertrieben wurden, die mit ihren Familien ins Exil flohen und dort einen Umgang mit ihrem Herrschaftsverlust finden mussten, gab es viele historische Vorbilder. Depossedierungen und Exilierungen waren im Verlauf des »langen« 19. Jahrhunderts keine Seltenheit gewesen. Rund drei Dutzend gekrönte Häupter, Männer wie Frauen, hatten zwischen 1789 und 1914 ihre Throne verloren und den Weg ins Exil antreten müssen – in den Deutschen Staaten und den Niederlanden, in Frankreich, Italien und Griechenland, Österreich, Polen, Spanien und Portugal, Schweden und Norwegen.[159] Auch Hannovers König Georg V. war einer hiervon gewesen.

Diesen entthronten Hoheiten und ihren Angehörigen wurde von der Forschung zuletzt vermehrt Aufmerksamkeit geschenkt.[160] Wie Torsten Riotte hat zeigen können, eröffnet ihre Untersuchung tiefe Einblicke in die familialen Netzwerke und dynastischen Strategien, mithin in die Binnenstruktur des europäischen Hochadels. Denn der Gang ins Exil bedeutete im 19. Jahrhundert nicht, dass die Entmachteten aus dem hochadeligen Zirkel ausgeschlossen wurden. Vielmehr konnten sie im dynastischen System »überleben«, wie Riotte es beschreibt, also ebenbürtige Mitglieder der sozialen Gruppe des Hochadels bleiben.[161] Besuche kaiserlicher und königlicher Hoheiten im Exil, Einladungen an die europäischen Höfe, die gegenseitige Übernahme von Patenschaften sowie Eheschließungen mit Prinzessinnen und Prinzen regierender Häuser zeugen eindrücklich davon. Selbstverständlich war dies allerdings nicht. Mit der Mediatisierung ging unweigerlich ein Prestigeverlust einher, auf den die regierenden Familien – vor allem bei der Anbahnung von Heiraten – äußerst sensibel reagierten.[162] Die Exilierten waren gezwungen, ihren Status innerhalb des Hochadels neu auszuhandeln, einzufordern und zu festigen.

Diesen Prozess des »dynastischen Überlebens« hat Riotte unter anderem anhand von Ernst August (II.) untersucht.[163] Seine Studie über den »Exil-Monarchen« zeigt, dass der

159 Vgl. Riotte, Torsten, Der abwesende Monarch im Herrschaftsdiskurs der Neuzeit. Eine Forschungsskizze am Beispiel der Welfendynastie nach 1866, in: Historische Zeitschrift 289, 2009, S. 628-667, hier: S. 630.

160 Vgl. u. a. Riotte, Exil; Mansel, Philipp u. Riotte, Torsten (Hrsg.), Monarchy and Exile. The Politics of Legitimacy from Marie de Médicis to Wilhelm II., Basingstoke 2011; Mehrkens, Heidi, Rangieren auf dem Abstellgleis. Europas abgesetzte Herrscher 1830-1870, in: Thomas Biskup u. Martin Kohlrausch (Hrsg.), Das Erbe der Monarchie. Nachwirkungen einer deutschen Institution seit 1918, Frankfurt a. M. 2008, S. 37-58.

161 Riotte, Exil, S. 49; vgl. auch Ders., Monarch, S. 630 f.; Ders., Survival, S. 91.

162 Vgl. exemplarisch für die Hohenzollern Schönpflug, Heiraten, S. 67 f. u. 114 f.

163 Ernst August (II.) ist neben dem französischen Prinzen Henri de Bourbon, Comte de Chambord (1820-1883) einer der beiden Hauptprotagonisten von Riottes instruktiver Studie »Der Monarch im Exil«. Vgl. Riotte, Exil, S. 9.

ehemalige Kronprinz von Hannover auch in den Jahren nach 1866 ein ebenbürtiges Mitglied des europäischen Hochadels blieb. Das belegt vor allem seine Heirat mit Thyra. Durch die Verbindung mit der dänischen Prinzessin wurde das transnationale Beziehungsnetz der exilierten Familie erheblich gestärkt und ausgeweitet.[164] Dieses machtvolle Netzwerk half Ernst August (II.) dabei, die nötigen finanziellen Ressourcen für das Leben in Österreich zu beschaffen. Die britische Königin Viktoria (1819-1901) intervenierte am preußischen Hof mehrfach für eine großzügige Entschädigung ihrer welfischen Verwandten.[165] Nicht allein, aber letztlich auch aufgrund ihres Engagements blieb Ernst August (II.) im Exil, so Riottes lakonisches Urteil, ein »reicher Mann«.[166] Der gesicherte Wohlstand ermöglichte es ihm und seinen Angehörigen, die gewohnte Lebensführung weitestgehend aufrechtzuhalten, Pferderennen und Bälle zu besuchen und glanzvolle Feste auszurichten. Für letztere diente seit den 1880er-Jahren das auf einer Anhöhe über Gmunden errichtete Schloss Cumberland mit seinen vielen kunstvoll ausgestatteten Repräsentationsräumen. In das schwere, in roten Samt gebundene Einschreibebuch des Schlosses trugen sich über die Jahre zahllose Mitglieder kaiserlicher und königlicher Familien ein.[167]

Für die Zeit nach dem Ersten Weltkrieg ist das dynastische Beziehungsgefüge bislang wenig erforscht.[168] Konstatiert werden kann, dass sich das Zahlenverhältnis zwischen regierenden und vormals regierenden Häusern mit dem Kriegsende drastisch verschob. Reihenweise beseitigten die unterlegenen Mächte die Monarchie, viele der unabhängig gewordenen Staaten wurden Republiken.[169] Mit der Doppelmonarchie Österreich-Ungarn, dem Russischen Reich und dem Deutschen Kaiserreich brachen allein drei Kaiserreiche zusammen, die Republik Österreich, die Union der sozialistischen Sowjetrepubliken und die Weimarer Republik wurden gegründet. Hatten sich in der Vorkriegszeit noch gelegentlich neue Monarchien etablieren können, war es in den Folgejahren die republikanische Staatsform, die sich ausbreitete. Innerhalb kürzester Zeit stieg die Zahl der Republiken in Europa von drei (1910) auf 14 (1922) an.[170]

Als Thronfolger ohne Thron war Ernst August (II.) im 20. Jahrhundert keine Ausnahme mehr. Ehemalige deutsche Monarchen, Kronprinzen und Prinzessinnen gab es

164 Vgl. ebd., S. 106-113.

165 Vgl. speziell Riotte, Torsten, The House of Hanover. Queen Victoria and the Guelph dynasty, in: Karina Urbach (Hrsg.), Royal Kinship. Anglo-German Family Networks, München 2008, S. 75-96, hier: S. 95.

166 Riotte, Exil, S. 171; zu den Einkommensquellen Ernst Augusts (II.) in den Jahren vor 1918 vgl. auch Ders., Reichtum, S. 40-46.

167 Vgl. NLA HA, Dep. 103 IV, Nr. 480, Einschreibebuch Schloss Cumberland, 1886-1929; dazu auch Schießer, Schloss Cumberland, S. 62-81; Riotte, Exil, S. 166.

168 Vgl. als eine Annäherung Stickler, Matthias, Machtverlust und Beharrung. Dimensionen einer erneuerten politischen Geschichte der regierenden Dynastien Europas im 20. Jahrhundert, in: Christof Kraus u. Thomas Nicklas (Hrsg.), Geschichte der Politik. Alte und neue Wege, München 2007, S. 375-398, hier: S. 375 f.

169 Vgl. überblicksartig Wienfort, Monika, Monarchie im 19. Jahrhundert, Berlin u. Boston 2019, S. 69 ff.

170 Vgl. Stickler, Machtverlust, S. 375 f.; siehe auch Hasselhorn, Benjamin, Das Monarchiesterben 1914-1945. Ein Siegeszug der Demokratie?, in: Ders. u. Knorring, Marc von (Hrsg.), Vom Olymp zum Boulevard. Die europäischen Monarchien von 1815 bis heute – Verlierer der Geschichte?, Berlin 2018, S. 47-60.

nunmehr viele – nicht zuletzt Ernst August (III.), Viktoria Luise und ihre fünf Kinder zählten hierzu. Sie alle einte, dass ihre Stellung im Hochadel ins Wanken geraten war. Stabilisierende Faktoren wie das Recht eigener Hausgesetzgebung und die gebundenen Hausgüter sollten zudem alsbald beseitigt werden. Über mögliche Wege, unter diesen Umständen den sozialen Status zu behaupten, wurde schon bald ein reger Austausch zwischen den Familien geführt.

Das Prinzip der Ebenbürtigkeit. Diffizile Abgrenzungen

Um die Jahreswende 1919/20 kursierte ein Papier unter den Oberhäuptern der im Jahr zuvor entmachteten Fürstenfamilien. Es handelte sich um einen Satzungsentwurf für einen »Verband Deutscher Fürstenhäuser«, den Vertreter den Hauses Sachsen ausgearbeitet hatten.[171] Der Entwurf sah vor, einen Verband zu gründen, in dem alle männlichen und weiblichen Angehörigen der vormals regierenden Familien verpflichtend Mitglied werden sollten. Über sämtliche »Vorkommnisse«, welche die »gemeinsamen Interessen oder die Vorrechte der deutschen Fürsten berühren«, sollte hier zentral beraten und entschieden werden. »Insbesondere ist die beabsichtigte Eheschliessung und Ergreifung eines Berufes [...] zur Genehmigung vorzulegen.« Auf diese Weise sollte der Verband im Innern das »Standesbewusstsein« pflegen und nach außen hin die gemeinsamen Interessen der hochadeligen Familien vertreten.[172]

Der Satzungsentwurf löste eine lebhafte, kontrovers geführte Debatte aus. Dazu leistete auch Ernst August (II.) seinen Beitrag.[173] Von vielen Seiten gab es Lob für den Vorschlag, der angedachte Zusammenschluss wurde »auf das Wärmste« begrüßt und als »zeitgemäss« gewürdigt.[174] Die Familienvorstände und ihre vereinzelt zurate gezogenen Erstgeborenen verkannten nicht, dass hierdurch Ersatz »für die in Zukunft beim Fortfall der einzelnen Hausgesetze wahrscheinlich viel geringer werdende[n], wenn nicht ganz aufhörenden Befugnisse der Chefs der Häuser de[n] einzelnen Mitglieder[n] gegenüber« geschaffen werden könnte.[175] Anderen ging der Entwurf dagegen deutlich zu weit. Zu viele Befugnisse würden beim Verband konzentriert, zu wenig die Traditionen der Familien berücksichtigt werden, klagte etwa Heinrich (XXXIV.) Prinz Reuß jüngere Linie.[176] Vehement geäußerte Änderungsvorschläge, Ergänzungen und Streichungen waren die Folge.

171 Vgl. hier und für die folgenden Zitate des Absatzes NLA HA, Dep. 103 XX, Nr. 130, Satzung des Verbandes Deutscher Fürstenhäuser, o. D. [1919].

172 Die Idee einer solchen Verbandsgründung orientierte sich wahrscheinlich am Verein der Deutschen Standesherren. Vgl. Gollwitzer, Standesherren, S. 332 ff.

173 Vgl. NLA HA, Dep. 103 XX, Nr. 130, Vermerk Werner Freiherr von Scheles, 15.3.1920.

174 Erstes Zitat: NLA HA, Dep. 103 XX, Nr. 130, Stellungnahme Friedrich Franz', 22.12.1919; zweites Zitat: NLA HA, Dep. 103 XX, Nr. 130, Ernst Ludwig Großherzog von Hessen-Darmstadt (an unbekannt) (Abschrift), 3.12.1919.

175 NLA HA, Dep. 103 XX, Nr. 130, Friedrich Franz an Ernst August (II.) (Abschrift), 4./5.2.1920, Unterstreichungen wie im abschriftlichen Original.

176 Vgl. NLA HA, Dep. 103 XX, Nr. 130, Heinrich Prinz Reuß jüngere Linie (an unbekannt) (Abschrift), o. D.

Die meiste Aufregung erregte Paragraph 3 des Satzungsentwurfs. Demnach sollte die einzige Bedingung für die Mitgliedschaft im Verband ein »Nachweis germanischer, edler, ehelicher Abkunft der Urgrosseltern« sein.[177] Aufgebracht stellte Friedrich Franz gegenüber Ernst August (II.) fest, dass dies die »Preisgabe des Prinzipes der Ebenbürtigkeit!« bedeuten würde.[178] Eindringlich warnte er davor, die strikten Heiratsregeln, diese »Eigenart der Fürstenhäuser«, vorschnell aufzugeben, ohne die drohenden Konsequenzen genau ausgelotet zu haben. Zwar lasse sich »natürlich nicht leugnen«, argumentierte er, »daß im niederen Adel ebenso tüchtige Männer und Frauen zu finden sind, wie in den Fürstenfamilien und im hohen Adel, sowie daß der Bürgerstand Charaktere hervorzubringen im Stande ist, die manche Mitglieder der exklusiven Fürstenfamilien weit in den Schatten stellen können.« Diesen Standpunkt vertrat etwa Rupprecht Kronprinz von Bayern mit Nachdruck.[179] »Aber«, führte der ehemalige Großherzog von Mecklenburg-Schwerin weiter aus, »es ist so unendlich schwer, die neuen Grenzen zu ziehen, zu sagen, die und die Klassen vom Adel oder des Bürgerstandes sind geeignet, aufgenommen zu werden, während die anderen es nicht sind«.

Sollte vom Grundsatz der Ebenbürtigkeit abgerückt und das geschlossene hochadelige Konnubium vorsichtig geöffnet werden? Zwei Positionen, verbunden mit jeweils eigenen Hoffnungen und Befürchtungen, standen sich in dieser Schlüsselfrage gegenüber. Ein Wegfall der starren Heiratsbeschränkungen bot auf der einen Seite große Chancen. Durch eine stückweise Öffnung des Heiratskreises könnte ökonomisches und soziales Kapital aus dem wohlhabenden niederen Adel und dem Wirtschaftsbürgertum gewonnen werden – eine zweifellos verlockende Perspektive, angesichts der enormen wirtschaftlichen Probleme, mit denen sich die vormals regierenden Familien seit 1918/19 konfrontiert sahen. Auf der anderen Seite würde durch die Aufnahme neuer Mitglieder »die Definition der ganzen Gruppe mit ihren Grenzen und ihrer Identität aufs Spiel gesetzt und von Neudefinitionen, Veränderungen und Verfälschungen bedroht« werden, wie Pierre Bourdieu es theoretisch beschreibt.[180] Die Zugehörigkeit zum europäischen Hochadel drohte folglich in Gefahr zu geraten. Bei »unebenbürtigen« Eheschließungen mussten die entmachteten »Fürstenhäuser« fürchten, über kurz oder lang ihre Anerkennung durch die weiterhin regierenden Häuser zu verlieren.

In dieser Abwägung überwog zumindest bei Friedrich Franz und Ernst August (II.) die Ansicht, dass entschlossen am Prinzip der Ebenbürtigkeit festgehalten werden

177 NLA HA, Dep. 103 XX, Nr. 130, Satzung des Verbandes Deutscher Fürstenhäuser, o. D. [1919].

178 Hier und für die folgenden Zitate, soweit nicht anders vermerkt: NLA HA, Dep. 103 XX, Nr. 130, Friedrich Franz an Ernst August (II.), 4./5.2.1920, Unterstreichungen wie im Original.

179 Vgl. NLA HA, Dep. 103 XX, Nr. 130, Rupprecht Kronprinz von Bayern (an unbekannt) (Abschrift), 6.12.1919. Den Fall der »bisher hausgesetzlich feststehenden Schranken« nannte der ehemalige Kronprinz von Bayern »ein Glück«, schränkte aber gleichwohl ein, »dass natürlich Eheschliessungen mit Töchtern von Kriegsgewinnern, Schiebern und Wucherern nicht erwünscht« seien.

180 Bourdieu, Kapital, S. 193; vgl. auch Ders., Marriage Strategies as Strategies of Social Reproduction, in: Robert Forster u. Orest A. Ranum (Hrsg.), Familiy and Society. Selections from the Annales, Baltimore 1976, S. 117-144.

müsse.[181] Auch Ernst August (III.) sollte später als Welfenoberhaupt beharrlich darauf pochen. Jede Abweichung würde unweigerlich zu »schwankenden und unsicheren Verhältnissen« führen und damit »die Sonderstellung der fürstlichen Häuser« bedrohen, betonte Friedrich Franz.[182] Trotz ihres Souveränitätsverlusts – und des vollständigen Zusammenbruchs der deutschen Monarchie(n) – verstanden sich die drei Männer weiterhin als Vorstände »fürstlicher Häuser«. Nach wie vor beanspruchten sie für sich und ihre Familien, zur Spitze der deutschen und europäischen Adelshierarchie zu zählen, klar abgegrenzt von allen weiteren Adelsgruppen. Um in diesem exklusiven Kreis als ebenbürtig anerkannt zu bleiben, waren sie unbedingt gewillt, die geltenden Heiratsregeln weiterhin zu achten und einzuhalten.[183]

Spätestens ab 1920 besaßen die Familienoberhäupter allerdings keine (haus-)gesetzliche Handhabe mehr, um unmittelbar Einfluss auf die Eheentscheidungen ihrer Nachkommen nehmen zu können. Auch der vieldiskutierte »Verband Deutscher Fürstenhäuser«, in dem geplante Eheschließungen zur Genehmigung vorgelegt werden sollten, kam letztlich nicht zustande. Unweigerlich gewannen damit Vermögenstransfers an Bedeutung.[184] Sie blieben eine direkte Möglichkeit, um erwünschte Ehen zu unterstützen und unerwünschte zu sanktionieren. Töchter, die »unebenbürtig« heirateten, mussten damit rechnen, keine Mitgift zu erhalten; Söhne wurden mit ihren Nachkommen aus der Erbfolge ausgeschlossen. Wie bereits erwähnt, nahmen sowohl Ernst August (II.) als auch Ernst August (III.) die Erbbedingung »einer rechtsgültigen, im Sinne des alten Hausrechtes ebenbürtigen und hausgesetzlichen Ehe« in ihre Testamente auf.[185] Diese Klausel wirkte freilich umso stärker, je größer das zu (ver-)erbende Vermögen war. Nicht zuletzt deshalb erwies es sich aus Sicht der Familienoberhäupter als entscheidend, dass das familiale Vermögen nach 1918 unter ihrer Kontrolle blieb.

Mit dem Erhalt von Grund und Boden, Kapital- und Kunstbesitz konnten darüber hinaus grundlegende Voraussetzungen für die Anbahnung legitimer Kontakte geschaffen werden. Ernst Augusts (III.) und Viktoria Luises fünf Kinder kamen durch den Besuch exklusiver Schulen wie Schloss Salem oder North Foreland Lodge, bei Festveranstaltungen auf den Schlössern Cumberland, Blankenburg und Marienburg und im

181 Längst nicht alle Familienoberhäupter kamen zu dieser Ansicht, wie Friedrich Franz mit Verweis auf »die bekannten jüngsten Fälle unebenbürtiger Verbindungen« selbst bemerkte. NLA HA, Dep. 103 XX, Nr. 130, Friedrich Franz an Ernst August (II.), 4./5. 2. 1920 (Unterstreichung wie im Original). Er verwies unter anderem auf die im Januar des Jahres geschlossene Ehe von Adolf Fürst zu Schaumburg-Lippe (1883-1936) mit Ellen Bischoff-Korthaus (1894-1936). Vgl. dazu vom Hofe, Vier Prinzen, S. 19 f.

182 NLA HA, Dep. 103 XX, Nr. 130, Vermerk Friedrich Franz', 22. 12. 1919. Dabei wurde von ihm nicht ausgeschlossen, dass »in Zukunft die Verhältnisse die Lockerung dieses Grundsatzes als erwünscht erscheinen lassen«.

183 Es ist anzunehmen, dass es weitere nicht-kodifizierte Regeln und Normen gab, auf die die Familienoberhäupter weiterhin Wert legten. Dazu mag etwa die Berufswahl der Nachkommen gezählt haben. Diese waren allerdings nicht Gegenstand weiterer Diskussionen.

184 Vgl. in diesem Sinne NLA HA, Dep. 103 XX, Nr. 130, Rupprecht Kronprinz von Bayern (an unbekannt) (Abschrift), 6. 12. 1919.

185 Hier exemplarisch: NLA HA, Nds. 200, Acc. 2003/035, Nr. 136, Testament Ernst Augusts (III.) (Abschrift), 1. 5. 1947.

Zuge typischer Freizeitaktivitäten wie Reitsport oder Jagden regelmäßig mit gleichaltrigen Mitgliedern anderer hochadeliger Familien zusammen.[186] »Auf scheinbar zufällige Weise«, so Bourdieus ironisch-treffende Analyse, lernten sie hierbei potentielle Partnerinnen und Partner kennen, »die im Hinblick auf alle für das Leben und Überleben der Gruppe wichtigen Gesichtspunkte so homogen wie möglich« waren.[187]

Generell erlaubte ihr Vermögen den Welfen, unablässig das weitreichende familiale Beziehungsgeflecht zu pflegen. Nicht nur verfügten sie über ausreichend finanzielle Mittel, um häufig Besuch zu empfangen, ausgedehnte Reisen zu den Verwandten zu unternehmen oder gemeinsam mit diesen renommierte Bade- und Kurorte zu besuchen.[188] Ihnen blieb auch die nötige Zeit hierfür. In besonderer Weise galt dies für die Familienmitglieder, die keiner geregelten Erwerbsarbeit nachgingen, sondern ausschließlich von den Erträgen ihres privaten und des familialen Vermögens lebten.[189]

Es war allerdings nicht zwingend notwendig, (sehr) vermögend zu sein, um als entmachte Herrscherfamilie im Hochadel akzeptiert und anerkannt zu bleiben. Das beweist das Beispiel der Habsburger, die sich – obwohl ihr Familienvermögen 1919 enteignet wurde – im 20. Jahrhundert erfolgreich behaupten konnten.[190] So seien die Pflege und die gezielte erzieherische Vermittlung von Traditionen, Normen und Werten ebenfalls wichtig, waren sich die »Familienchefs« einig. Als letztes Mittel bliebe zudem die »gesellschaftliche Boykottierung«, also die Verbannung von »ungleich« Verheirateten aus dem gemeinsamen Verkehrs- und Heiratskreis.[191] Überhaupt gelte es, dass die »fürstlichen« Familien einen engen Austausch über bedeutende Familienereignisse beibehielten, betonte Friedrich Franz. »Ich finde«, erklärte er geradezu programmatisch, »man kann in dieser alles gleichmachenden demokratischen Zeit und Atmosphäre garnicht stark genug an Tradition in jeglicher Gestalt festhalten, selbst auf die Gefahr hin, daß etwas ›Zopf‹ daran hängen sollte.«[192]

186 Mustergültig ist Friederikes Schilderung, wie sie Paul kennenlernte – wenn dieser auch deutlich älter als sie war. Vgl. Königin von Griechenland, Erfahrungen, S. 32 f.

187 Bourdieu, Kapital, S. 193. Stephan Malinowski bezeichnet die Schlösser des Hochadels entsprechend als »adlige[] Kontakt- und Kulturbörsen«. Malinowski, König, S. 254.

188 Besuche von Kurorten, speziell von Bad Kissingen, waren in der Korrespondenz der Welfen mit ihren Verwandten ein häufig wiederkehrendes Thema. Vgl. beispielhaft NLA HA, Dep. 103 XL, Acc. 2018/111, Nr. 773, Wilhelm Kronprinz von Preußen an Viktoria Luise, 18. 5. 1943. Zu Bad Kissingen als Kurort gehobener gesellschaftlicher Kreise vgl. Ziegler, Peter, Prominenz auf Promenadenwegen. Kaiser – Könige – Künstler – Kurgäste in Bad Kissingen, Würzburg 2004.

189 Pierre Bourdieu schreibt passend dazu: »Bei der Beziehungsarbeit wird Zeit und Geld und damit, direkt oder indirekt, auch ökonomisches Kapital verausgabt.« Bourdieu, Kapital, S. 193.

190 Matthias Stickler bezeichnet die Geschichte der Habsburger nach 1918 als ein »lehrreiches Beispiel für Beharrung und Wandlungsfähigkeit einer nicht mehr regierenden Dynastie im 20. Jahrhundert«. Stickler, Matthias, Abgesetzte Dynastien. Strategien konservativer Beharrung und pragmatischer Anpassung ehemals regierender Häuser nach der Revolution von 1918 – Das Beispiel Habsburg, in: Günther Schulz u. Markus A. Denzel (Hrsg.), Deutscher Adel im 19. und 20. Jahrhundert. St. Katharinen 2004, S. 397-444, hier: S. 439.

191 NLA HA, Dep. 103 XX, Nr. 130, Rupprecht Kronprinz von Bayern (an unbekannt) (Abschrift), 6. 12. 1919.

192 NLA HA, Dep. 103 XX, Nr. 130, Friedrich Franz an Ernst August II. (Abschrift), 5. 4. 1920.

Und dennoch: Ein großes familiales Vermögen konnte den Prozess des »dynastischen Überlebens« wesentlich begünstigen. Das zeigt der Fall der Welfen. Nicht nur stellte es, in den Händen des jeweiligen Familienoberhaupts konzentriert, ein Druckmittel dar, mit dem sich Einfluss auf das Verhalten der Nachkommen im Sinne der tradierten Familienordnung nehmen ließ. Vielmehr bildete es die materielle Grundlage dafür, dass die Familienmitglieder ihre bisherige Lebensführung und identitätsstiftenden Gewohnheiten auch nach dem Zusammenbruch der Monarchie im Wesentlichen beibehalten konnten. Ungeachtet notwendiger Einschränkungen war es ihnen möglich, ein wortwörtlich »standesgemäßes« Leben, ein Leben im Kreis des Hochadels, fortzuführen. Es ist dabei schwer auszumachen, ob die Mitglieder ihre aufwendige Lebensführung bewusst aufrechthielten, gar demonstrativ zur Schau stellten, oder ob sie unbewusst, gleichsam gewohnheitsmäßig daran festhielten. Von Letzterem ist auszugehen, was Akte gezielter Zurschaustellung freilich nicht ausschloss.[193]

Das Vermögen erfüllte somit – direkt oder indirekt – auch die Funktion, das Ansehen der Welfen innerhalb der sozialen Gruppe des europäischen Hochadels aufrechtzuhalten. Dafür, dass es diese Funktion erfüllen konnte, trug Paul Knoke entscheidende Verantwortung. Der langjährige Chef der Obersten Verwaltung entwickelte zum einen die rechtlichen Konstrukte, mit denen die Welfenoberhäupter die Kontrolle über das familiale Vermögen behielten. Zum anderen setzte er sich dafür ein, dass kostspielige Anwesen wie Schloss Blankenburg oder vergleichsweise unrentabler, aber zu Jagdzwecken geeigneter Grundbesitz im Gesamtvermögen erhalten blieb – ohne dabei immer einer Meinung mit den Familienmitgliedern zu sein, was die Zahl der Angestellten, den Umfang der Jagd oder die Kosten für Lebensmittel betraf. »Im wahrsten Sinne des Wortes«, resümierte Ernst August (III.) anlässlich der Pensionierung seines wichtigsten Beraters im Juli 1948, sei Knoke bemüht gewesen, »das Ansehen und das Wohl meines Hauses zu wahren, zu behüten und zu mehren«.[194]

»A happy family party«. Im Kreis des europäischen Hochadels

Ganz gleich, ob es die Erziehung, die Androhung gesellschaftlicher Boykottierung oder finanzielle Anreize waren: Ernst Augusts (III.) und Viktoria Luises Kinder gingen – zumindest im Untersuchungszeitraum – ausschließlich ebenbürtige Ehen ein.[195] Friederike heiratete 1938 den griechischen Kronprinzen Paul, Georg Wilhelm 1946 Sophie, eine geborene Prinzessin von Griechenland, Ernst August (IV.) fünf Jahre darauf Ortrud aus dem Haus Schleswig-Holstein-Sonderburg-Glücksburg. »Nach Maßgabe des Haus-

193 Vgl. etwa zum demonstrativen Zeigen von Kunst- und Kulturgütern Sbresny, Sammlungen, S. 226 f.

194 NLA HA, Dep. 103 XL, Acc. 2018/111, Nr. 1996, Ernst August (III.) an Paul Knoke, 26. 7. 1948.

195 Auch Welf Heinrich heiratete mit Alexandra Prinzessin zu Ysenburg und Büdingen (1937-2015) 1960 eine Hochadelige. Christian dagegen ging eine nicht-ebenbürtige Ehe ein, er heiratete 1963 Mireille Dutry (1946-). Als Oberhaupt des Welfenhauses widersprach Ernst August (IV.) der Eheschließung förmlich, zudem blieb er der Trauung fern. Vgl. Steckhan, Welfenbericht, S. 191 f.

gesetzes, betreffend die Vermählung der nicht regierenden Mitglieder des durchlauchtigsten Gesamthauses Braunschweig-Lüneburg« erteilte Ernst August (III.) diesen Ehen jeweils feierlich seine Einwilligung.[196]

Für die Welfen blieb in der ersten Hälfte des 20. Jahrhunderts entscheidend, dass die Nachkommen ebenbürtig heirateten. Weitere Faktoren waren bei der Partnerwahl nachrangig. Zwar mühten sich Ernst August (III.) und Viktoria Luise durchaus, »gute Partien« für ihre Kinder zu arrangieren und Verbindungen zu besonders mächtigen und vermögenden Häusern zu knüpfen. Im Sommer 1936 etwa sondierte der »Welfenchef« kurzzeitig die Möglichkeit, seine Tochter mit dem englischen König Eduard VIII. zu verheiraten.[197] Doch scheint es, dass die Eltern letztlich die Wünsche ihrer Kinder respektierten. Davon zeugt ein Schreiben Paul Knokes aus dem Jahr 1946, in dem der Berater über Georg Wilhelms Verlobung mit der verwitweten und fünffachen Mutter Sophie vielsagend urteilte: »Obwohl der Reichtum der Prinzessin in ihren fünf Kindern besteht, sind Herzog und Herzogin über die Verlobung sehr erfreut und glücklich und das mit vollem Recht. Die Prinzessin ist schlicht und natürlich, von einer von Herzen kommenden Liebenswürdigkeit und sicherem Takt. Sie passt vortrefflich in die Familie hier. Und wenn sie keine grossen Schätze mitbringt, so macht sie auch keine unzeitgemässen Ansprüche und weiss das Leben zu meistern.«[198] Die Zeilen führen deutlich vor Augen, dass Knoke sowohl ein enger Vertrauter der Familie als auch der Chef ihrer Obersten Verwaltung war.

Die Ehen Ernst Augusts (IV.), Georg Wilhelms und Friederikes belegen, dass die Welfen im hochadeligen Heirats- und Verkehrskreis anerkannt und angesehen blieben.[199] Nicht nur genehmigte Ernst August (III.) die Eheschließungen seiner Kinder – die Oberhäupter der Familien, denen die Ehemänner und -frauen entstammten, erklärten sich mit den Verbindungen ebenfalls ausdrücklich einverstanden.[200] Darüber hinaus mühte sich Ernst August (III.) gemäß des Royal Marriages Acts jeweils um die Zustimmung des britischen Königs. Wie erwähnt willigte Georg VI. in die Ehe von Friederike und Paul ein, ebenso stimmte er der von Ernst August (IV.) und Ortrud zu. Lediglich im Fall von Georg Wilhelms Heirat mit Sophie kam er dem Gesuch – indes aus anderen Gründen – nicht nach: Zu einem Zeitpunkt, da der Kriegszustand zwi-

196 Vgl. exemplarisch NLA HA, Dep. 103 XL, Acc. 2018/111, Nr. 3347, Einwilligung Ernst Augusts (III.) zur Vermählung Georg Wilhelms mit Sophie, 11. 4. 1946.

197 Vgl. NLA HA, Dep. 154, Acc. 2020/99, Nr. 5, Mary an Ernst August (III.), 6. 7. 1936.

198 NLA HA, Dep. 103 XL, Acc. 2018/111, Nr. 899, Paul Knoke an Ludwig Alpers (Abschrift), 27. 1. 1946. Sophie war in erster Ehe mit Christoph Prinz von Hessen, dem 1943 tödlich verunglückten Leiter des sogenannten Forschungsamtes des Reichsluftfahrtministeriums, verheiratet gewesen. Vgl. Petropoulos, Royals, S. 310 ff.

199 Von einem hochadeligen Heiratskreis kann – zumindest für das 19. Jahrhundert – indes nicht die Rede sein. Vielmehr muss von mehreren nach Rang, Konfession und Region separierten Kreisen ausgegangen werden. Vgl. speziell Schönpflug, Daniel, One European Family? A Quantitative Approach to Royal Marriage Circles 1700-1918, in: Karina Urbach (Hrsg.): Royal Kinship. Anglo-German Family Networks, München 2008, S. 25-34, hier: S. 29 ff.

200 Vgl. u. a. NLA HA, Dep. 103 XL, Acc. 2018/111, Nr. 3352, Friedrich Ferdinand Prinz zu Schleswig-Holstein-Glücksburg zur Vermählung Ernst Augusts (IV.) mit Ortrud, 1. 9. 1951.

schen Deutschland und Großbritannien formal noch nicht beendet war, schien dem britischen Königshaus eine solche Demonstration seiner verwandtschaftlichen Beziehungen nach Deutschland augenscheinlich unangebracht.[201] So bemerkte Ernst August (III.) gegenüber Georg VI. ausdrücklich, »that a state of war between our two countries is not existent any more«, als er ihm fünf Jahre darauf anlässlich Ernst Augusts (IV.) bevorstehender Hochzeit wieder schrieb.[202]

Anlässlich der drei Eheschließungen kamen die weitreichenden Verbindungen des welfischen Beziehungsnetzes eindrücklich zum Vorschein. Zu den Verlobungen und Vermählungen gingen Glückwünsche aus ganz Europa ein, Fürstenhäuser, zu denen engere verwandtschaftliche Beziehungen bestanden, entsandten zudem Mitglieder (oder schickten Geschenke).[203] Umgekehrt nahmen die Mitglieder des Welfenhauses an Hochzeiten in Griechenland, England, Dänemark und Italien teil.[204] Überhaupt waren sie in den 1920er- bis 1950er-Jahren regelmäßig zu Gast an Europas Königshöfen. Anlässe boten in erster Linie Geburtstage und Beerdigungen, aber auch zentrale monarchische Feste, wie die Krönung Georgs VI. im Mai 1937.[205] Bälle, Jagden und andere saisonale Veranstaltungen kamen hinzu. Als besondere Ehre scheint Ernst August (IV.) eine Einladung nach Balmoral Castle, dem schottischen Landsitz der britischen Königsfamilie, empfunden zu haben, wo im September 1949 eine mehrtägige Hirschjagd abgehalten wurde. Jedenfalls bewahrte er zwei Karten mit dem Monogramm des Königs, auf denen Gewicht und Zahl der Enden der von ihm geschossenen Hirsche verzeichnet waren, sorgfältig in seinen Unterlagen auf.[206]

Einen besonders tiefen Einblick in den abgezirkelten sozialen Kreis, in dem sich die Familienmitglieder bewegten, gibt schließlich eine Einladung aus dem Jahr 1956.[207] Für den Sommer dieses Jahres luden Friederike und Paul auf die Yacht »Achilles« ein, mit der zwei Wochen lang quer durch die griechische Insellandschaft gereist werden sollte. »The idea is«, erklärte Paul das Vorhaben gegenüber Ernst August (IV.) offen heraus, »that once again as much family as possible will meet each other and have an opportu-

201 Vgl. NLA HA, Dep. 103 XL, Acc. 2018/111, Nr. 3347, Ernst August (III.) an Georg IV. (Konzept), 14.3.1946. In der Forschung wird darauf verwiesen, dass die beiden Weltkriege eine schwere Belastungsprobe für das hochadelige Beziehungsnetz bedeuteten. Sie nötigten die Herrscherfamilien, sich öffentlichkeitswirksam zu nationalisieren, um nicht ihre Machtbasis zu gefährden. Vgl. allgemein Stickler, Machtverlust, S. 384; Wrede, Martin u. Laurent Bourquin (Hrsg.), Adel und Nation in der Neuzeit. Hierarchie, Egalität und Loyalität 16.-20. Jahrhundert, Ostfildern 2016.

202 NLA HA, Dep. 103 XL, Acc. 2018/111, Nr. 3352, Ernst August (III.) an »Bertie« (Georg IV.) (Konzept), 18.7.1951; hier auch das Antwortschreiben des englischen Königs. Großbritannien hatte den Kriegszustand mit Deutschland formell am 9. Juli 1951 beendet.

203 Vgl. exemplarisch die Gäste- und Geschenkelisten der Hochzeit Ernst Augusts (IV.) und Ortruds in NLA HA, Dep. 103 XL, Acc. 2018/111, Nr. 9.

204 Eine tabellarische Auflistung dieser zahlreichen Reisen findet sich in den Entnazifizierungsfragebögen Ernst Augusts (III.) und Ernst Augusts (IV.). Vgl. hier NLA HA, Dep. 103 XL, Acc. 2018/111, Nr. 2287, Fragebogen Ernst Augusts (IV.) (Abschrift), 10.7.1947.

205 Vgl. ebd.; Steckhan, Welfenbericht, S. 182f.

206 Vgl. NLA HA, Dep. 103 XL, Acc. 2018/111, Nr. 3124, »Jagdbuch« Ernst Augusts (IV.), 1926-1949.

207 Vgl. für das Folgende, soweit nicht anders vermerkt NLA HA, Dep. 103 XL, Acc. 2018/111, Nr. 456, Paul an Ernst August (IV.), 3.3.1956.

nitiy of sightseeing, bathing and dancing. [...] We want this, once again, to be a happy family party without any outsiders to spoil the fun.« In der Tat waren zusätzlich zu Ernst August (IV.), Georg Wilhelm, Christian und Welf Heinrich, einschließlich ihrer Ehefrauen, knapp 100 weitere Angehörige mehr als zwei Dutzend (vormals) regierender Familien geladen: Neben Mitgliedern der deutschen Häuser Baden, Bayern, Hessen, Mecklenburg-Schwerin, Schleswig-Holstein-Sonderburg-Glücksburg und Württemberg zählten hierzu unter anderem die niederländische Königin Juliana (1909-2004), Prinzen und Prinzessinnen aus Dänemark, Luxemburg und Lichtenstein sowie Repräsentanten der ehemaligen Königreiche Bulgarien, Rumänien und Portugal.[208] Sinnbildhaft steht die Gästeliste der Kreuzfahrt damit für das enge Zusammenleben von Mitgliedern regierender und vormals regierender Häuser in einer Welt des Hochadels.

Die Welfen blieben im 20. Jahrhundert eine Familie des europäischen Hochadels. Nach wie vor gehörten sie einer extrem exklusiven und äußerst mächtigen sozialen Gruppe an. Die Zugehörigkeit zu dieser Gemeinschaft prägte das Selbstverständnis der Familie, sie war ihr nach dem Herrschaftsverlust und der Beseitigung sämtlicher Vorrechte als eines der letzten Merkmale ihrer einstigen gesellschaftlichen Sonderstellung geblieben.[209] Mitglieder bürgerlicher und niederer adliger Familien, womöglich vermögender, als die Welfen es waren, wurden von der Gruppe systematisch ausgegrenzt. Für »outsiders« gab es keinen Zugang. Mit ihren direkten, teils verwandtschaftlichen und intensiv gepflegten Beziehungen zu den europäischen Königshöfen bewahrten sich die Welfen zugleich ein äußerst umfangreiches Sozialkapital.[210] Des Werts dieses Kapitals waren sie sich sehr genau bewusst. Nicht nur setzten sie ihre Verwandten als Vermittler in finanziellen Angelegenheiten ein, mitunter drohten sie auch nur mit einer Instrumentalisierung der »verwandten Höfe«, um ihre Interessen durchzusetzen.[211] In einem Punkt aber vermochte der Dynastie selbst dieses einflussreiche Netzwerk nicht zu helfen: der Restauration ihrer verlorenen Herrschaft.

3.2 Um jeden Preis? »Unsere Einstellung zur Frage der Monarchie«

Im Januar 1919 kursierte ein Gerücht in Braunschweig.[212] Wenige Wochen, nachdem Ernst August (III.) als Herzog abgedankt hatte und mit seiner Familie aus der Stadt geflohen war, wurde von der lokalen Presse kolportiert, der gestürzte Monarch unterstütze aus dem Exil heraus »gegenrevolutionäre Bestrebungen«. Der braunschweigische

208 Vgl. NLA HA, Dep. 103 XL, Acc. 2018/111, Nr. 456, Gästeliste des »Royal Visit to Corfu«, 18.-30.8.1956.

209 Über ihre Nachnamen und die einstigen Adelsprädikate, mit denen sie in aller Regel weiterhin betitelt wurden, kam die Zugehörigkeit der Welfen zur Gruppe des Hochadels dabei auch in der »entadelten« Gesellschaft unmittelbar zum Ausdruck. Vgl. Bourdieu, Kapital, S. 193.

210 Vgl. auch Stickler, Machtverlust, S. 387 f.

211 Hier exemplarisch: BA, R 43 II/286a, Ernst August (III.) an Hans Heinrich Lammers, Chef der Reichskanzlei, 10.12.1937.

212 Vgl. hier und für die folgenden Zitate den zeitgenössischen Bericht Schroff, Hermann (»Teutonicus«), Braunschweig unter der Herrschaft der roten Fahne. Meinungen – Stimmungen – Tatsachen, Braunschweig 1919, S. 39.

Arbeiter- und Soldatenrat nutzte und verbreitete das Gerücht, um seine entschlossene Weigerung, der entmachteten Familie Eigentum zu überlassen, zu rechtfertigen. Auch die Ausfuhr zurückgelassener persönlicher Möbel und Einrichtungsgegenstände wurde mit Verweis auf die Spekulationen verwehrt. Es stehe zu befürchten, hieß es in einem Pressebericht, dass Ernst August (III.) die »Sachen« ansonsten »verkloppe«, um die Gegenrevolution zu finanzieren. Wie schon erwähnt, konnte die Regierung ihre Blockadehaltung jedoch nicht lange aufrechthalten. Nachdem zuletzt auch von der Reichsregierung auf eine Freigabe des privaten Eigentums gedrängt worden war, wurde das »Umzugsgut« im Laufe des Frühjahrs schließlich nach Österreich überführt.[213]

Es liegt nahe, dass sich die Mutmaßungen über eine welfische Gegenrevolution auch aus den Erfahrungen des Jahres 1866 speisten.[214] In den ersten Monaten nach der Kriegsniederlage und der Besatzung Hannovers schien es Georg V. und seinem Beraterstab kurzzeitig möglich, die Annexion gewaltsam rückgängig zu machen. Finanziell und logistisch unterstützte der Exil-Hof den Aufbau eines Freikorps, der sogenannten Welfenlegion. Damit einhergehend wurden zahlreiche Druckschriften, die eine Restauration des Königreichs und eine Rückkehr des Ex-Monarchen nach Hannover proklamierten, verbreitet. So stellten die preußischen Behörden im Mai 1867 ein Manifest sicher, das hannoversche Soldaten, die mittlerweile unter preußischer Fahne dienten, dazu aufforderte, zu desertierten, sich den Verbänden der Welfenlegion anzuschließen und für eine Wiederherstellung des Königreichs zu kämpfen. Bis ins Frühjahr 1868 hinein rief Georg V. wiederholt öffentlich zum militärischen Widerstand gegen die neue Herrschaft auf.

In der neueren Forschungsliteratur wird betont, dass dieses Vorgehen für den entthronten König und seine Familie ebenso ökonomische wie dynastische Konsequenzen nach sich zog. Im März 1868 wurden die 16 Millionen Taler, die Georg V. erst wenige Monate zuvor als finanzielle Entschädigung zugesprochen bekommen hatte, mit einem Sequester belegt.[215] Damit war der Welfenfonds begründet, mit dessen Erträgen fortan die welfischen »Umtriebe« bekämpft werden sollten. Zugleich verlor die Familie fast all ihren dynastischen Beistand.[216] Verwandte und Verbündete, namentlich Königin Viktoria, distanzierten sich von den Umsturzplänen Georgs V. Für eine militärische Rückeroberung verlorener Herrschaft war in der zweiten Hälfte des 19. Jahrhunderts kaum mehr ausreichend internationale Unterstützung zu gewinnen. »Weil den Mitgliedern des europäischen Hochadels bewusst war, dass Herrschaftsumbrüche eskalieren konnten, existierte eine grundsätzliche Abneigung gegenüber weitreichenden militärischen Interventionen und fast jeder Form des Bürgerkriegs«, erklärt dies Torsten

213 Vgl. NLA WO, 12 Neu, 5, Nr. 520, Die Reichsregierung an den braunschweigischen Arbeiter- und Soldatenrat, 11.1.1919; vgl. näher dazu das Kapitel »Verlust von Vor- und Sonderrechten«.

214 Vgl. für das Folgende Riotte, Exil, S. 344-347; Henkel, Welfenlegion, S. 18 ff.; Dylong, Alexander, Hannovers letzter Herrscher. König Georg V. zwischen welfischer Tradition und politischer Realität, Göttingen 2012, S. 187-207.

215 Vgl. Riotte, Exil, S. 86 ff.; sowie die älteren Arbeiten Nöll von der Nahmer, Repitilienfonds, S. 49 ff.; Philippi, Welfenfonds, S. 193 ff.

216 Vgl. Riotte, Exil, S. 86 ff.; Ders., House of Hanover, S. 86 f.; Mehrkens, Abstellgleis, S. 52 ff.

Riotte.[217] Eine Restauration welfischer Herrschaft wurde zwar nicht grundsätzlich ausgeschlossen, ihre Verwirklichung jedoch der Zukunft überlassen.

Der »Monarch im Exil« verlor an Handlungsfähigkeit.[218] Eine Finanzierung der Welfenlegion war infolge der Vermögensbeschlagnahmung nicht länger möglich; 1870 wurde das Freikorps aufgelöst.[219] Damit einhergehend veränderte der Exil-Hof seine öffentliche Kommunikation, sie wurde wesentlich zurückhaltender, von Aufrufen zum gewaltsamen Umsturz sah Georg V. fortan ab. Auch Ernst August (II.), der seinem Vater 1878 als Oberhaupt der Familie nachfolgte, distanzierte sich von extremen Vorgehensweisen. Statt auf anti-preußische Propaganda setzte er zunehmend auf Ausgleich. Als zu Beginn der 1890er-Jahre eine Aufhebung des Sequesters in Griffweite rückte, war er bereit, ausdrücklich zu erklären, dass ihm »jedes den Frieden des Deutschen Reiches störende oder bedrohende Unternehmen« fern liege.[220] Er versicherte, kommende Zinsausschüttungen nicht für »feindselige Unternehmungen« gegen den preußischen Staat zu verwenden.[221] Auf diese Weise sicherte sich die Familie nicht nur ihre hochadelige Unterstützung, sie erhielt darüber hinaus auch die nötigen finanziellen Mittel für eine »standesgemäße« Lebensführung im Exil.[222]

Die Welfen arrangierten sich mit dem Leben in Österreich – an ihrem Herrschaftsanspruch aber hielten sie entschlossen fest. Weder Georg V. noch Ernst August (II.) waren bereit, formell auf die hannoversche Königskrone zu verzichten. Dazu pflegte man – argwöhnisch beobachtet von den preußischen Behörden – enge Beziehungen zur »welfischen Bewegung« in der Provinz Hannover.[223] Vor allem im Adel und in weiten Teilen der Landbevölkerung wurde die preußische Annexion abgelehnt und sich für eine Wiederherstellung der staatlichen Eigenständigkeit eingesetzt. Häufig ging damit eine überzeugte Anhängerschaft zum »angestammten Fürstenhaus« einher, die sich in welfischer Traditionspflege, Glückwunschschreiben zu Geburtstagen, Jubiläen und Neujahr sowie regelrechten Wallfahrten nach Österreich ausdrückte.[224] Von 1870 an, seit Gründung der Deutsch-Hannoverschen Partei (DHP), wurde das Ziel, das Königreich Hannover unter welfischer Herrschaft zu restaurieren, auch parlamentarisch vertreten. Der Exil-Hof unterstützte die Partei und ihre Presseerzeugnisse finanziell, regelmäßig reiste die Parteispitze zu Beratungen nach Wien und Gmunden. Zu Beginn des 20. Jahrhunderts aber löste die Aussöhnung mit den Hohenzollern, infolge derer Ernst

217 Riotte, Exil, S. 52.

218 Riotte, Monarch, S. 647.

219 Vgl. Henkel, Welfenlegion, S. 66 ff.

220 Das Schreiben vom 10. März 1882, gerichtet an Kaiser Wilhelm II., findet sich abgedruckt u. a. in Hopf, Wilhelm, Die deutsche Krisis des Jahres 1866, 3. Aufl., Hannover 1906, S. 497 f.

221 Ebd.; vgl. dazu Riotte, Monarch, S 663 f.

222 Vgl. Riotte, Exil, S. 88.

223 Vgl. grundlegend Aschoff, Hans-Georg, Welfische Bewegung und politischer Katholizismus 1866-1918. Die Deutschhannoversche Partei und das Zentrum in der Provinz Hannover während des Kaiserreiches, Düsseldorf 1987.

224 Brosius, Traditionspflege, S. 64; Schubert, Ernst, Verdeckte Opposition in der Provinz Hannover. Der Kampf der »Welfen« um die regionale Identität während des Kaiserreichs, in: Blätter für deutsche Landesgeschichte 134, 1998, S. 211-272.

August (III.) 1913 den Thron in Braunschweig bestieg, bei der DHP schweres Entsetzen aus.[225] Die Verbindung zwischen dem Welfenhaus und der Partei litt darunter, ohne aber bis zum Ende des Ersten Weltkriegs gänzlich abzureißen.[226]

Vor diesem – grob gezeichneten – Hintergrund ist das eingangs geschilderte Gerücht zu hinterfragen. Finanzierten die Welfen nach 1918 tatsächlich gegenrevolutionäre Aktionen, um eine Restauration ihrer Macht zu erreichen? Mit dem Zusammenbruch des Kaiserreichs waren aus dem Königreich Preußen (mit der Provinz Hannover) und dem Herzogtum Braunschweig-Lüneburg Freistaaten der Weimarer Republik geworden. Die Welfen regierten nicht länger, weder in Hannover noch in Braunschweig. Als Dynastie waren sie endgültig entmachtet. Ihre fortan verfolgten politischen Ziele und die Mittel, mit denen sie diese erreichen wollten, stehen im Mittelpunkt der folgenden Kapitel.

Entkrönte Häupter im Wartestand

Von den Jahren der Weimarer Republik über die Zeit des »Dritten Reichs« bis hinein in die Frühphase der Bundesrepublik Deutschland wurde auf den Schlössern der Welfen wie in einer monarchischen Parallelwelt gelebt.[227] Hier waren die Familienmitglieder – der Anrede nach – weiterhin »Königliche Hoheiten«, sie hielten Audienzen ab, gewährten »gnadenweise« finanzielle Beihilfen und verteilten Fotografien von sich als »Zeichen [...] besondere[r] Wertschätzung«.[228] Feierlich ernannten Ernst August (II.) und Ernst August (III.) ihre »Räte«, langjährige Angestellte zeichneten sie mit einem Dienstzeichen, einer tragbaren Spange, aus.[229] Nicht selten war ein anstehender Geburtstag »Seiner Königlichen Hoheit des Herzogs« Anlass für Beförderungen.[230] Paul Knoke wurde »in Anerkennung und Würdigung seiner grossen und langjährigen Verdienste um Unser Königliches Haus« gar zum »Ritter des St. Georgs-Ordens« ernannt.[231] Geflissentlich ignorierte man bei solchen Verleihungen, dass es den vormals regierenden Familien seit 1920 verboten war, »Titel oder Auszeichnungen zu verleihen, die den Anschein staatlicher Titel oder Auszeichnungen zu erwecken geeignet sind«.[232]

225 Vgl. Riotte, Torsten, »Geht unsere ganze Volksbewegung jetzt zu Grunde ...?«. Die welfische Bewegung und der braunschweigische Herzogstitel vor und nach 1913, in: Ute Daniel u. Christian K. Frey (Hrsg.), Die preußisch-welfische Hochzeit 1913. Das dynastische Europa in seinem letzten Friedensjahr, Braunschweig 2016, S. 69-80.

226 Vgl. Riotte, Exil. S. 361.

227 Vgl. entsprechend für die Schlösser Amerongen und Doorn Malinowski, Hohenzollern, S. 60ff.

228 NLA HA, Dep. 103 XXXIX, Nr. 602, Ernst August (III.) an Ludwig Alpers (Konzept), 22.12.1924; zu den Audienzen vgl. exemplarisch NLA HA, Dep. 103 IV, Nr. 378, Journal der »Hofhaltung«, 1.1.1919; zu den finanziellen Unterstützungen NLA HA, Dep. 103 XXXIX, Nr. 461, Bittgesuche, 1919-1941.

229 Vgl. zu dieser Praxis Kögler, Johannes-Paul, Ehre als tragbares Zeichen. Zur politischen, sozialen und kulturgeschichtlichen Bedeutung von Orden und Ehrenzeichen am Beispiel des Königreichs Hannover 1814-1866, Baden-Baden 2018, S. 127f.

230 Vgl. NLA HA, Dep. 103 XXXIX, Nr. 518, Gnadenerweise, 1915-1943.

231 Vgl. NLA HA, Dep. 103 XL, Acc. 2018/111, Nr. 1996, Patent, ausgehändigt von Ernst August (IV.), 19.8.1955.

232 Gesetz über die Aufhebung der Standesvorrechte des Adels und die Auflösung der Hausvermögen. Vom 23. Juni 1920, Preußische Gesetzsammlung 1920, S. 367-382. Diese – so auch von an-

Auch im Austausch der Familien untereinander hielten sich die sprachlichen Formeln und Gepflogenheiten der Monarchie noch bis weit ins 20. Jahrhundert. Förmliche Schreiben an seinen Schwiegervater adressierte Ernst August (III.) unverändert an »des Deutschen Kaisers und Königs von Preussen Majestät«; Wilhelm redete ihn umgekehrt als »Durchlauchtigster Herzog! Freundlich lieber Vetter, Bruder und Schwiegersohn!« an.[233] Einladungen zu Familienfeiern wurden ebenfalls nach diesem tradierten Muster von Anrede und Titulatur verfasst. Bei den Feiern selbst galt ein strenges, vom »Hofmarschall« überwachtes Zeremoniell. Für die Reihenfolge bei Ein- und Auszügen sowie bei der Sitzordnung war maßgeblich, welchen Adelsrang die Gäste im Kaiserreich zuletzt innegehabt hatten.[234] Bälle und Jagden waren von unzähligen, mühsam zu erlernenden Sitten und Gebräuchen geprägt. So muss es zweifellos als Kompliment verstanden werden, wenn Friedrich Franz 1927 nach einem Besuch auf Schloss Blankenburg resümierte: »Ausgezeichnete Jagd, ich erlegte 10 Sauen, darunter 2 starke Keiler. Gesamtstrecke 87 Sauen. Alles im alten Stil.«[235]

Es würde zu kurz greifen, diese aufwendige Pflege der überkommenen Regeln und Rituale lediglich als nostalgisches Festklammern an einer untergegangenen Zeit zu deuten. Ebenso wenig war es eine Fassade, die bloß aufrechterhalten wurde, um die Ebenbürtigkeit mit den regierenden Familien zu demonstrieren. Wenigstens aus dem engeren Familien- und Verwandtschaftskreis der Welfen sind keine Äußerungen bekannt, dass die Beseitigung der Monarchie resigniert hingenommen und als unumkehrbar angesehen worden wäre. Vielmehr hielt sich die feste Überzeugung, dass es eines Tages zu einer Restauration kommen würde.[236] Gleichsam für diesen Tag wurde die monarchische Ordnung des Novembers 1918 konserviert. Ungeachtet ihrer Abdankungen gerierten sich die entkrönten Häupter als »Monarchen im Wartestand«, die jederzeit für eine Rückkehr auf »ihre« Throne bereitstünden.[237] Wenn man sich weiterhin als »Kaiser« und »Kaiserin«, »Herzog« und »Herzogin« anredete, waren dies die Titel und Ränge, wie sie nach der geradezu mantraartig beschworenen »Wiederherstellung der früheren Verhältnisse« neuerlich geführt und eingenommen werden sollten.[238] Dementsprechend war auch die »Thronfolge« geregelt. Nach dem Grundsatz der Primogenitur »erbte« jeweils der älteste Sohn den Thronanspruch seines Vaters.

deren vormals regierenden Familien gehandhabte – Praxis wurde seitens der preußischen Behörden sehr wohl wahrgenommen und kritisiert. Vgl. NLA HA, Hann. 180 Lüneburg Acc. 3/029, Nr. 383, Runderlass des preußischen Justizministeriums, 7.8.1929.

233 NLA HA, Dep. 103 XL, Acc. 2018/111, Nr. 35, Ernst August (III.) an Wilhelm (Abschrift), 23.12.1923; NLA HA, Dep. 103 XL, Acc. 2018/111, Nr. 35, Wilhelm an Ernst August (III.) (Abschrift), 14.1.1924.

234 Vgl. exemplarisch NLA HA, Dep. 103 XL, Acc. 2018/111, Nr. 35, Die Generalverwaltung des vormals regierenden preußischen Königshauses an das »Hofmarschallamt« Ernst Augusts (III.) (Abschrift), 9.10.1930.

235 Zitiert nach Kasten, Großherzog, S. 277.

236 Vgl. allgemein Freiherr Hiller von Gaertringen, Friedrich, Zur Beurteilung des »Monarchismus« in der Weimarer Republik, in: Gotthard Jasper (Hrsg.), Tradition und Reform in der deutschen Politik. Gedenkschrift für Waldemar Besson, Berlin 1976, S. 138-186, S. 146 f.

237 Vgl. zur einflussreichen Figur des »Monarchen im Wartestand« auch Malinowski, Hohenzollern, S. 319 ff.

238 NLA HA, Dep. 103 XL, Acc. 2018/111, Nr. 35, Wilhelm an Ernst August (III.) (Abschrift), 16.12.1930.

Wie streng nach dieser Ordnung gelebt wurde, wird an einem Konflikt exemplarisch deutlich. Im Verlauf der 1920er-Jahre machte Ernst August (III.) wiederholt die Erfahrung, dass er in Doorn nicht nach dem von ihm beanspruchten Rang platziert wurde. Wie sein Großvater und sein Vater vor ihm nahm auch er als Oberhaupt des Hauses Hannover einen »königlichen« Rang für sich in Anspruch. Demonstrativ kam darin zum Ausdruck, dass formell nie auf die hannoversche Königskrone verzichtet worden war. Das preußische »Hofmarschallamt« rangierte Ernst August (III.) hingegen als »Herzog zu Braunschweig und Lüneburg« – »nach den Grossherzögen und dem Herzog von Württemberg«.[239] Dazu erklärte Wilhelm: »Ich kann nicht den von Dir für Dein Haus Braunschweig-Lüneburg in Anspruch genommenen Rang anerkennen, der bis anno 1866 dem Königl. Haus Hannover gebührte.«[240] Für den Ex-Kaiser und -König von Preußen war der Ranganspruch Ernst Augusts (III.) mit den dynastischen Interessen des Hohenzollernhauses unvereinbar. Mit Blick auf eine etwaige Restauration achtete er entschieden darauf, keine Konzessionen bezüglich des 1866 annektierten Königreichs zu machen. Die Aufgabe des »an der Ausübung seiner Rechte zur Zeit behinderten Monarchen« sei es, erläuterte seine Generalverwaltung, »die Unversehrtheit der monarchischen Rechte durch die heutige Zeit nach Maßgabe der gegebenen Möglichkeiten hindurchzuretten«.[241]

Der Zwist um die Rangfrage schwelte rund ein Jahrzehnt. Zwischenzeitlich war das Verhältnis derart zerrüttet, dass Ernst August (III.) und Viktoria Luise nicht mehr nach Doorn reisten. Zwar waren sie seit 1932, infolge einer schweren Erkrankung Wilhelms, um Wiederannäherung bemüht.[242] Bis zuletzt scheint mit dem ehemaligen Kaiser jedoch keine Einigung möglich gewesen zu sein. Jedenfalls wurde der schließlich erzielte Kompromiss mit Wilhelms ältestem Sohn, dem vormaligen Kronprinzen, geschlossen.[243] Dieser bestätigte im Januar 1939, dass er Ernst August (III.) als »Chef« des Hauses Hannover anerkenne und die Nachkommen des Hauses »berechtigt« seien, »den Titel Prinzen und Prinzessinnen von Hannover« zu führen. Die Welfen hatten damit ihre zentrale Forderung durch das zukünftige Oberhaupt des Hohenzollernhauses erfüllt bekommen. Umgekehrt mühte sich der Ex-Kronprinz, die Interessen seines Hauses zu schützen, indem er explizit anmerkte: »Diese Anerkenntnis bezieht sich aber nicht auf irgendwelche dynastische[n] und territoriale[n] Ansprüche, die in der Zukunft […] einmal geltend gemacht werden könnten.«

So sehr die Welfen aber auch um ihren Herrschaftsanspruch kämpften, so erbittert sie mit ihren Verwandten um Rang und Namen in einer imaginierten Monarchie stritten – einen monarchistischen Putsch wagten sie nicht. Anders als Georg V. unternahmen

239 NLA HA, Dep. 103 XL, Acc. 2018/111, Nr. 35, Die Generalverwaltung der Hohenzollern an das »Hofmarschallamt« Ernst Augusts (III.) (Abschrift), 9.10.1930.

240 NLA HA, Dep. 103 XL, Acc. 2018/111, Nr. 35, Wilhelm an Ernst August (III.) (Abschrift), 16.12.1930; Unterstreichungen wie in der Abschrift.

241 NLA HA, Dep. 103 XL, Acc. 2018/111, Nr. 2, Die Generalverwaltung der Hohenzollern an die Schriftleitung des Gothaischen Hofkalenders (auszugsweise Abschrift), 15.10.1932.

242 Vgl. NLA HA, Dep. 103 XL, Acc. 2018/111, Nr. 35, Ernst August (III.) an Wilhelm Prinz von Preußen (Abschrift), 3.2.1932.

243 Vgl. hier und für die folgenden Zitate NLA HA, Dep. 103 XL, Acc. 2018/111, Nr. 3338, Erklärung Wilhelm Prinz von Preußens, 21.1.1939.

Ernst August (II.) und Ernst August (III.) keinen Versuch, ein loyales Freikorps aufzustellen, die hannoversche und braunschweigische Bevölkerung zu den Waffen zu rufen und einen Herrschaftswechsel herbeizuführen. Es gibt auch keinen konkreten Hinweis darauf, dass es entsprechende Vorbereitungen gegeben hätte.[244]

Über die dahinterstehenden Motive lässt sich nur spekulieren. Ob ein gewaltsames Vorgehen grundsätzlich ausgeschlossen wurde, etwa, um die hochadelige Unterstützung nicht zu verlieren, oder ob man verdeckt Umsturzpläne ausarbeitete, diese aber als aussichtslos verwarf, ist ungewiss.[245] Aufschlussreich ist allerdings, wie auf Gerüchte reagiert wurde, die die Familienmitglieder mit der Gegenrevolution in Verbindung brachten. Typischerweise wurden solche »mit aller Entschiedenheit« als »grundlose Beschuldigungen« zurückgewiesen.[246] Das galt auch für den Vorwurf, die Möbel aus den braunschweigischen Schlössern würden verkauft werden, um gegenrevolutionäre Aktionen zu finanzieren.[247] Mit diesen Beteuerungen wurde zum einen persönlichen Sanktionen entgegengewirkt. Besonders das »Republikschutzgesetz«, 1922 nach dem Mord an Walter Rathenau erlassen, sorgte in Gmunden für Aufregung.[248] Demnach war es der Regierung möglich, Mitgliedern vormals regierender Familien die Einreise nach Deutschland zu verweigern, »falls die Besorgnis gerechtfertigt ist, daß andernfalls das Wohl der Republik gefährdet wird«.[249] Entsprechender Vorwürfe mussten sich nicht nur die Männer des Hauses erwehren. Auch gegen Viktoria Luise wurde vorübergehend der Verdacht erhoben, sie beteilige sich an staatsgefährdenden »Unternehmungen«, die darauf abzielten, in Hannover die Monarchie zu restaurieren.[250] Zum anderen trat man den Gerüchten entgegen, um die Verhandlungen mit Braunschweig und Preußen nicht zu gefährden.[251] Schließlich stand hier über Jahre ein Großteil des Familienvermögens zur Disposition. Eindringlich mahnte Ernst August (II.), die »regierenden Fürstenhäuser« sollten sich mit politischen Forderungen in der Öf-

244 Auch der »Welfenputsch« aus dem Frühjahr 1920 war, anders es als der Name vermuten lässt, kein monarchistischer Restaurationsversuch. Seine Planung und Ziele wären gleichwohl eine nähere Untersuchung wert. Vgl. grundlegend Berlit-Schwigon, Anna, Hannover an der Schwelle zum Bürgerkrieg. Der »Welfenputsch« 1920 – Regionalhistorische Analyse einer politischen Krise, in: Christiane Schröder u. a. (Hrsg.), Geschichte, um zu verstehen. Bielefeld 2013, S. 251-263.

245 Generell wurde im deutschen Monarchismus ein Staatsstreich als Weg zu einer Restauration spätestens seit Beginn der 1920er-Jahre weitgehend ausgeschlossen. Vgl. Freiherr Hiller von Gaertringen, Monarchismus, S. 154.

246 Hier: NLA HA, Dep. 103 VIII, Nr. 584, Ernst August (III.) an Friedrich August Großherzog von Oldenburg (Abschrift), 23.12.1923.

247 Hans Heinrich von Grone wies diesen Vorwurf öffentlich in der braunschweigischen Presse zurück. Vgl. die Zeitungsausschnitte in NLA WO, 12 Neu, 5, Nr. 520, Ausfuhr von zum Privateigentum des ehem. Herzogs zu Braunschweig gehörigen Gegenständen nach Österreich, 1918-1919.

248 Vgl. NLA HA, Dep. 103 VIII, Nr. 713, Ludwig Alpers an Werner Freiherr von Schele, 14.7.1922.

249 Gesetz zum Schutze der Republik. Vom 21. Juli 1922, in: Deutsches Reichsgesetzblatt Teil 1, 1922, S. 585-590. Vgl. dazu grundlegend Jasper, Gotthard, Der Schutz der Republik. Studien zur staatlichen Sicherung der Demokratie in der Weimarer Republik 1922-1930, Tübingen 1963.

250 NLA HA, Dep. 103 VIII, Nr. 584, Viktoria Luise an Friedrich August Großherzog von Oldenburg (Konzept), 5.9.1922.

251 Vgl. allgemein Freiherr Hiller von Gaertringen, Monarchismus, S. 146 f.

fentlichkeit bedeckt halten.[252] Darin stimmte er mit den Vertretern der Vereinigung Deutscher Hofkammern überein, die unaufhörlich davor warnten, »antimonarchische Strömungen« zu provozieren.[253] Wohin solche »Strömungen« in letzter Konsequenz führen konnten, zeigte 1926 der Volksentscheid zur »Fürstenteignung« drastisch auf.[254]

Letztendlich schützten die Welfen sich und ihr Vermögen, indem sie keinen Versuch eines Systemsturzes unternahmen. Ihre »standesgemäße« Lebensführung setzten sie nicht durch einen hochriskanten Putsch aufs Spiel.[255] Stattdessen verhielten sie sich abwartend. An ihrem Anspruch, dereinst wieder in ihren Stammlanden herrschen zu wollen, hielten sie indessen unverrückt fest. Dieser grundsätzliche Herrschaftsanspruch wurde im gesamten Untersuchungszeitraum nicht aufgegeben, er war integraler Bestandteil des familialen Selbstverständnisses. Die Welfen verteidigten ihn nicht nur gegenüber anderen vormals regierenden Familien, sie standen auch offen dafür ein. Das ist bei der Analyse des Welfenfondsprozesses bereits deutlich geworden. Der Prozess zog sich auch deshalb bis in die 1930er-Jahre, weil sich Ernst August (III.) beharrlich weigerte, die geforderte Verzichtserklärung auf die hannoversche Königskrone abzugeben. Eine Restauration der Monarchie blieb ein ausdrückliches, handlungsleitendes Ziel der Familie – ein Fernziel allerdings, das behutsam verfolgt werden konnte, dabei aber zugleich viel politischen Bewegungsspielraum ließ.

Die »geschichtliche Aufgabe« des Hauses

Wenn die Welfen in den 1920er-Jahren mit dem Auto durch Hannover und Braunschweig fuhren, bei befreundeten Adelsfamilien Halt machten, karitative Einrichtungen besuchten oder Kränze an Kriegerdenkmälern niederlegten, konnten sie sich in ihrem selbsterklärten Herrschaftsanspruch zweifellos bestätigt fühlen. Die Dörfer entlang der Wegstrecke waren festlich geschmückt, gelb-weiße Fahnen wehten, aus jubelnden Menschenmengen heraus bekamen sie Blumensträuße überreicht, Blaskapellen spielten den »Königsgruß«. Es wurden Reden gehalten und Hoch-Rufe auf sie ausgebracht. Ob es Ernst August (III.) und Viktoria Luise waren, ihre Kinder mit dem Hauslehrer Moritz Oppermann oder Thyra und Olga auf ihren alljährlichen Fahrten nach Dänemark – die Welfen wurden vielerorts empfangen, als wenn sie noch immer regierten.[256]

252 NLA HA, Dep. 103 XX, Nr. 130, Ernst August (II.) an Ludwig von Bayern (Konzept), 16.10.1919.

253 Hier: NLA BU, K2 D Acc. 38/93, Nr. 696b, Konferenz Vereinigung Deutscher Hofkammern, 20.9.1921.

254 Ungeachtet des Scheiterns des Volksentscheids blieb eine entschädigungslose Enteignung in der Folge noch jahrelang als Bedrohungsszenario präsent. Vgl. die Korrespondenz in NLA HA, Dep. 103 XX, Nr. 134, Die Wiederaufnahme der sogenannten »Fürstenenteignung«, 1931-1932.

255 Zu den strukturellen Schwächen des deutschen Monarchismus vgl. Hofmann, Arne, Obsoleter Monarchismus als Erbe der Monarchie. Das Nachleben der Monarchie im Monarchismus nach 1918, in: Biskup, Thomas u. Kohlrausch, Martin (Hrsg.), Das Erbe der Monarchie. Nachwirkungen einer deutschen Institution seit 1918, Frankfurt a. M. 2008, S. 241-260.

256 Vgl. hier nur die Schilderung einer dreitägigen Fahrt von Ernst August (III.) und Viktoria Luise durch das hannoversche Wendland im September 1924 in Conze, Von deutschem Adel, 74ff.

Besonders ausgeprägt war der welfische Enthusiasmus im Gebiet des einstigen Königreichs Hannover. Hier hatte sich die DHP als einflussreiche Regionalpartei halten können, die unverändert ein eigenständiges, von Preußen losgelöstes Hannover forderte.[257] Treu bekannte sich die Partei nach wie vor zum »angestammten Fürstenhause«, in einem »Volkskönigtum« wurde die »sicherste Gewähr für die gerechte Abwägung der Interessen aller Bevölkerungsschichten« gesehen. Die DHP verurteile jedoch eine gewaltsame Wiederherstellung der Monarchie, hieß es in parteiinternen »Richtlinien«. Vielmehr werde sie »in der Republik mitarbeiten, weil sie heute nur so dem Vaterland dienen kann«.[258] So initiierte die Partei im Mai 1924 eine Vorabstimmung über ein Ausscheiden der Provinz Hannover aus dem preußischen Freistaat, wie sie auf Grundlage der Reichsverfassung möglich geworden war. Die Abstimmung scheiterte deutlich.[259] Gerade durch die Niederlage gewann der Monarchismus in der DHP und ihren parteinahen Organisationen – zu denen Turn- und Gesangsvereine, die Frauenvereinigung Herzogin-Viktoria-Luise-Bund und paramilitärische Gruppierungen wie die Deutsche Legion, der Hannoversche Kriegerverein und der Großdeutsche Orden Heinrich der Löwe zählten – indes wieder an Gewicht.[260]

Verhältnismäßig gesehen war der Monarchismus überall in Deutschland eine schwache Bewegung. Mit ihrer Verwurzelung im Jahr 1866 und ihrem speziellen partikularistischen Element zählte die hannoversche Strömung aber zu den einflussreichsten der Weimarer Republik.[261] Dazu trugen die Welfen wesentlich bei. Ihre saisonalen Aufenthalte auf Schloss Blankenburg nutzten sie seit 1925 stets auch für ausgedehnte Fahrten durch die benachbarte Provinz. Wenn hannoversche Vereine umgekehrt Reisen nach Österreich unternahmen, wurden sie mit hunderten ihrer Mitglieder bei »Bier + Cigarren« auf Schloss Cumberland empfangen.[262] Jedes Jahr verwendeten die Welfenoberhäupter zudem große Teile ihrer privaten Mittel für sogenannte repräsentative Ausgaben. Dazu zählten unter anderem Kränze für die Gräber gefallener hanno-

Siehe im Einzelnen auch die Zeitungsausschnitte in NLA HA, XL, Acc. 2018/111, Nr. 797, Reisen der »Höchsten Herrschaften«, 1923-1925.

257 Vgl. Aschoff, Hans-Georg, Die Deutschhannoversche Partei zwischen Revolution und Machtergreifung (1918-1933), in: Stader Jahrbuch 78, 1988, S. 61-87.

258 Zitiert nach ebd. S. 70.

259 Vgl. grundlegend Neumann, Klaus, Politischer Regionalismus und staatliche Neugliederung in den Anfangsjahren der Weimarer Republik in Nordwestdeutschland, Münster 1988; Prilop, Hans, Die Vorabstimmung in Hannover 1924. Untersuchungen zur Vorgeschichte und Geschichte der Deutsch-hannoverschen Partei im preußisch-deutschen Kaiserreich und in der Weimarer Republik, Hamburg 1954.

260 Vgl. Aschoff, Deutschhannoversche Partei, S. 73; Riotte, Torsten, Seiner Majestät allergetreuste Opposition. Welfische Bewegung und politische Sprache in Kaiserreich und Weimarer Republik, in: Niedersächsisches Jahrbuch für Landesgeschichte 82, 2010, S. 411-438; von Rohr, Alheidis, Bürgerlich, national, welfisch. Zum politischen Verhalten einiger Gruppen in Hannover, in: Historisches Museum am Hohen Ufer (Hrsg.), Hannover 1933. Eine Großstadt wird nationalsozialistisch, Hannover 1981, S. 145-156, hier: S. 152 ff.

261 Vgl. Malinowski, König, S. 255; Hofmann, Obsoleter Monarchismus, S. 244.

262 NLA HA, Dep. 103 IV, Nr. 381, Tagebuch der »Hofhaltung« Ernst Augusts (III.), 17.7.1928. »Ca. 1000 Niedersächsische Sänger« seien an diesem Tag im Schloss empfangen wurden, vermerkten die Bediensteten.

verscher Soldaten sowie aufwendig gestaltete Bibeln, die welfisch gesinnten Ehepaaren zu Goldenen und Diamantenen Hochzeiten geschenkt wurden.[263] Zumindest Ernst August (III.) überwies daneben auch monatliche Beiträge an die DHP.[264] Darüber hinaus wurde das Presseorgan der Partei, die Hannoversche Landeszeitung, umfangreich subventioniert; gleich mehrfach musste die Zeitung Anfang der 1920er-Jahre vor der Einstellung bewahrt werden.[265] Im Gegenzug diente das Blatt, das nach eigenem Bekunden hauptsächlich in »monarchistischen, herzogstreuen Kreise[n]« gelesen wurde, der Familie gleichsam als öffentliches Sprachrohr.[266] In regelmäßigen »Hofberichten« informierte man hier insbesondere, wann und wo sich die »Höchsten Herrschaften« im Land aufhielten.[267]

Die Welfen übten in ihrem einstigen Herrschaftsgebiet nach wie vor politischen Einfluss aus. Zielgerichtet setzten sie ihr ökonomisches und soziales, vor allem aber ihr symbolisches Kapital für die partikular-monarchistischen Bestrebungen in Hannover ein. Ernst August (III.), der im Stil eines Monarchen »sein« Land besuchte, sich heimatverbunden und traditionsbewusst, kulturfördernd und wohltätig zeigte, bestärkte genau diejenigen, die sich ein eigenständiges und monarchisches Hannover (zurück-)wünschten. Die euphorische Begeisterung und die ehrfurchtsvollen Huldigungen, die ihm und seinen Angehörigen in weiten Teilen des Landes entgegengebracht wurden, zeugen eindrücklich davon.[268] »Das war keine künstlich entfachte, sondern tief aus dem Herzen kommende Begeisterung«, mühte sich die Hannoversche Landeszeitung dabei in ihrer begleitenden Berichterstattung zu betonen.[269]

Der Einsatz der Welfen für eine Abspaltung Hannovers von Preußen, verbunden mit dem Fernziel einer Restauration, blieb den preußischen Behörden nicht verborgen. »Jedem Erscheinen« des »welfischen Thronprätendenten« in Hannover habe ernste Beachtung geschenkt zu werden, forderte 1924 der Oberpräsident der Provinz, Gustav Noske, verbotene Aufmärsche und Versammlungen seien zu verhindern oder im Nachhinein strafrechtlich zu ahnden.[270] Peinlich genau wurde ihm fortan Bericht erstattet. Der Burgdorfer Landrat etwa wusste im Oktober 1924 aus Immensen zu berichten,

263 Vgl. exemplarisch NLA HA, Dep. 103 XIX, Nr. 594, Vollzugsetat der »Schatulle« Ernst Augusts (III.), 1926; zu dieser Praxis auch: Schubert, Verdeckte Opposition, S. 248 f.

264 Vgl. die zahlreichen Belege für Überweisungen an den »Deutsch-hannoverschen Finanzverein« in NLA HA, Dep. 103 VIII, Nr. 711, Deutsch-Hannoversche Partei, 1920-1934.

265 Die Gelder flossen dabei verdeckt über die »Pollux« nach Hannover. Vgl. NLA HA, Dep. 103 XX, Nr. 647, Promemoria der Hannoverschen Landeszeitung, 12. 8. 1925, S. 21.

266 Ebd., S. 5. Intern wurde die Zeitung schlicht auch als das »befreundete Unternehmen« bezeichnet. NLA HA, Dep. 103 XX, Nr. 646, Hanns Kniep an Ernst August (III.), 29. 5. 1925.

267 Vgl. exemplarisch NLA HA, Hann. 310 III, Nr. 50, Hans Heinrich von Grone an Wilhelm Werner von Bobers, 5. 5. 1926.

268 Eckart Conze verweist zusätzlich auf den generellen Mangel symbolisch-repräsentativer Anlässe in der Republik. Vgl. Conze, Von deutschem Adel, S. 75.

269 Vgl. in diesem Sinne die zahlreichen Zeitungsauschnitte in NLA HA, XL, Acc. 2018/111, Nr. 797, Reisen der »Höchsten Herrschaften«, 1923-1925, hier speziell den Bericht vom 16. August 1924.

270 Vgl. NLA HA, Hann. 180 Hannover, Nr. 01654, Erlass des Oberpräsidenten der Provinz Hannover, 2. 10. 1924; dazu: Bösch, Frank, Das konservative Milieu. Vereinskultur und lokale Sammlungspolitik in ost- und westdeutschen Regionen (1900-1960), Göttingen 2002, S. 41 f.

dass Ernst August (III.) und Viktoria Luise einen Bauern, »der gerade Mist gefahren hatte«, im Bett liegend angetroffen hätten. »Das frühere Herzogspaar setzte sich zu dem Altenteiler auf den Bettrand und unterhielt sich so gut es ging mit ihm.«[271] Während dieser Besuch im Dorf unbemerkt geblieben sei, wurde eine Fahrt durch Dannenberg, bei der das Auto von Mitgliedern des Hannoverschen Kriegervereins eskortiert worden war, »als eine Propagandafahrt für die Deutsch-hannoversche Partei« interpretiert. Zweifellos sei es die Absicht gewesen, Mitglieder anderer Parteien, »besonders solche, die auf monarchischem Standpunkt stehen«, für die DHP zu gewinnen.[272] Auch wenn die Mitgliederzahl der DHP letztlich verhältnismäßig gering blieb, hielt sich angesichts solcher Berichte das Misstrauen. Seinen Erlass, den »früheren Herzog« zu überwachen, erneuerte Noske 1929 noch einmal ausdrücklich.[273]

Nach 1933 näherte sich die Familie, wie bereits in verschiedenen Zusammenhängen beschrieben, bereitwillig dem Nationalsozialismus an. Ihren politischen Einfluss machte sie nunmehr demonstrativ für das neue Regime geltend. So appellierte Ernst August (III.) im Mai 1933 bei einem Treffen der Deutschen Legion in Wittingen, »auf der Grundlage wahrer Volksgemeinschaft im Dienste von Reich und Heimat« dem Reichskanzler Adolf Hitler zu folgen.[274] Bei streng legitimistisch eingestellten »Legionären«, die treu für das »Recht« des »angestammten Königshauses« einstanden, stieß diese Aufforderung auf Unverständnis und Kritik.[275] Wie der Herzogin-Viktoria-Luise-Bund und der Großdeutsche Orden Heinrich der Löwe löste sich auch die Deutsche Legion letztlich aber auf, ihre Verbände wurden der SA eingegliedert.[276] Das führte nicht unmittelbar, doch recht bald dazu, dass die preußische Regierung ihre Vorbehalte gegenüber Ernst August (III.) aufgab und eine Einigung im Welfenfondsprozess erzielt werden konnte.

Die vormals regierende Familie passte sich politisch dem »Dritten Reich« an. Was genau sie dazu bewegte, liegt weitgehend im Dunkeln.[277] Weshalb Ernst August (III.) zur Unterstützung Adolf Hitlers aufrief, ob ihn womöglich die Hoffnung leitete, Hitler würde die Monarchie restaurieren – all dies ist ungewiss.[278] Konstatieren lässt sich, dass auch in der NS-Zeit kein förmlicher Verzicht auf die Königskrone geleistet und beständig Kontakt zu den Gesinnungstreuen gehalten wurde. Unter anderem ver-

271 Vgl. NLA HA, Hann. 180 Hannover, Acc. 3/030, Nr. 76, Der Landrat des Kreises Burgdorf an den Oberpräsidenten der Provinz Hannover, 9. 10. 1924.

272 NLA HA, Hann. 180 Hannover, Acc. 3/030, Nr. 76, Der Landrat des Kreises Dannenberg an den Lüneburger Regierungspräsidenten der Provinz Hannover, 14. 10. 1924.

273 Vgl. NLA HA, Hann. 180 Hannover, Nr. 01654, Der Oberpräsident der Provinz Hannover an den Lüneburger Regierungspräsidenten, 12. 11. 1929; zur Mitgliederzahl der DHP: Bösch, Milieu, S. 43.

274 Zitiert nach: U.A., Hannoversche Festtage in Wittingen. Denkmalsweihe der Deutschen Legion, in: Hannoversches Tageblatt, 8. 5. 1933.

275 Vgl. Steckhan, Welfenbericht, S. 167; speziell auch Schmidt, Claudius, Heinrich Hellwege der vergessene Gründervater. Ein politisches Lebensbild, Stade 1991, S. 37 f. u. 49.

276 Vgl. Aschoff, Deutschhannoversche Partei, S. 86 f.; von Rohr, Verhalten, S. 152 f.

277 Zu den ökonomischen Vorteilen, die diese Anpassung mit sich brachte, die 1933 indes noch nicht absehbar waren, siehe das Kapitel »Umbau im ›Dritten Reich‹ 1933-1945«.

278 Zu solchen Restaurationshoffnungen, wie sie namentlich die Hohenzollern zu Beginn des »Dritten Reichs« hegten, vgl. Malinowski, Hohenzollern.

sandte Ernst August (III.) weiterhin Bibeln mit handsignierten Glückwunschschreiben zu Hochzeitsjubiläen hannoverscher Ehepaare. Rund 250 Stück waren es allein im Jahr 1938.[279] Ein solches Überbleibsel fürstlicher Herrschaftspraxis ließ sich nach 1933 augenscheinlich fortführen, zumindest dann, wenn der Nationalsozialismus offen unterstützt wurde.

Nach dem Zusammenbruch des »Dritten Reichs« konnten die lose unterhaltenen Verbindungen nach Hannover wieder gestärkt werden. Von Beginn an stand die Familie in engem Austausch mit führenden Funktionären der Niedersächsischen Landespartei, die 1945 von einem Kreis um die beiden ehemaligen DHP-Mitglieder Ludwig Alpers und Heinrich Hellwege gegründet worden war.[280] Verbunden mit der Betonung ihrer »welfisch-monarchischen Tradition« verfolgte die Partei als zentrales politisches Ziel eine »Wiederherstellung unserer niedersächsischen staatlichen Stammesfreiheit«.[281] Regelmäßig waren Alpers und Hellwege zu Gast auf Schloss Marienburg, verdiente Parteimitglieder wurden von Ernst August (III.) mit Portrait- und Familienbildern bedacht.[282] Nach Gründung des Landes Niedersachsen benannte sich die Partei 1947 in Deutsche Partei um. Ihre Programmatik wurde breiter, sie entwickelte sich von einer Regional- zu einer Bundespartei, die schließlich auch in der ersten deutschen Bundesregierung vertreten war. Noch als Bundesminister betonte Hellwege aber gegenüber Ernst August (III.), dass die Grundlagen der Partei »die Liebe zur Heimat, die Treue zum Volkstum dieses Landes und nicht zuletzt zu seinem angestammten Herrscherhaus« seien.[283]

Aufgrund ihrer Stellung als Hannovers vormals regierende Familie verfügten die Welfen in der frühen Bundesrepublik über Beziehungen in höchste politische Kreise. Indessen blieb ihr Einfluss geringer als von ihnen erhofft. »Zum Bedauern der Hohen Herrschaften«, klagte Paul Knoke 1948 in einem Schreiben an Alpers, fehle es »zwischen der Partei und der Marienburg« am »wünschenswerten Kontakt«. Er vermutete gar eine »absichtliche Vernachlässigung«.[284] Tatsächlich rückte das Ziel einer Wiederherstellung der (welfischen) Monarchie, das de facto nie konkret formuliert worden war, innerhalb der bundespolitisch agierenden Partei immer weiter in den Hintergrund. Trotzig optimistisch musste Ernst August (III.) zu Beginn der 1950er-Jahre eingestehen: »Die Monarchie kann z. Zt. noch nicht als ausgesprochenes Ziel der Deutschen Partei hingestellt werden«.[285] In der Folge fokussierte sich die Familie stärker darauf, Ver-

279 Vgl. NLA HA, XL, Acc. 2018/111, Nr. 1089, Verleihung von Bibeln und Handpostillen anlässlich von Goldenden Hochzeiten, 1938.

280 Vgl. Rode, Norbert, Zur Entstehungsgeschichte der Niedersächsischen Landespartei/Deutsche Partei (NLP/DP), in: Niedersächsisches Jahrbuch für Landesgeschichte 53, 1981, S. 289-300, hier: S. 293.

281 Hellwege, Heinrich, Niedersachsens deutsche Aufgabe, Hannover 1946, S. 22 u. 27.

282 Vgl. Selzam, Joachim, Monarchistische Strömungen in der Bundesrepublik Deutschland 1945-1989, Erlangen-Nürnberg 1994, S. 274.

283 NLA HA, XL, Acc. 2018/111, Nr. 1923, Heinrich Hellwege an Ernst August (III.) (Anlage), 25.5.1952. Vgl. auch Schmidt, Hellwege, S. 122.

284 NLA HA, XL, Acc. 2018/111, Nr. 899, Paul Knoke an Ludwig Alpers (Abschrift), 18.10.1948.

285 NLA HA, XL, Acc. 2018/111, Nr. 1922, Ernst August (III.) an H. H. Leonhardt (Abschrift), 1.4.1950.

Abb. 9 Vor der Marktkirche in Hannover: Ernst August (III.) und Viktoria Luise am 28. Mai 1947 – Quelle: Historisches Museum Hannover, Bildarchiv, Nr. 78747.

eine und Zeitungen, die sich der hannoversch-welfischen Traditionspflege verschrieben, zu unterstützen.

Ihr Vermögen verlieh den Welfen Macht – in politischer, wirtschaftlicher und sozialer Hinsicht. Es erfüllte diese Funktion für einzelne Mitglieder, gerade auch im Verhältnis untereinander, wie für die Familie als Ganzes. Macht, den erlittenen Herrschaftsverlust rückgängig zu machen, gab es ihnen letztlich aber nicht. Ein Welfe auf einem deutschen Thron war Mitte des 20. Jahrhunderts nicht entfernt absehbar. Als es Anfang 1950 jedoch in einem Zeitungsartikel hieß, auf Schloss Marienburg glaube man nicht mehr an ein Königreich Hannover, sah sich Ernst August (III.) veranlasst, öffentlich Stellung zu beziehen.[286] Mit einem Antwortschreiben, das in mehreren hannoverschen Zeitungen erschien, mühte er sich offensichtlich, die verbliebene Anhängerschaft zu beruhigen.[287] Es war gleichsam eine Selbstvergewisserung. Noch einmal bekräftigte er, »daß, wie mein Großvater, Georg V. von Hannover, und mein Vater, auch ich jeden Verzicht auf die Hannoversche Königskrone abgelehnt habe, und ich weiß, daß mein Sohn diese Auffassung teilt«. Hinsichtlich einer Restauration aber erklärte er: »Die Entscheidung kann nur die Zukunft bringen, die wir ohne Ungeduld erwarten. In der Gegenwart sehen wir unsere Aufgabe darin, die Tradition unseres Hauses und unserer Heimat zu wahren, und uns von Generation zu Generation innerlich bereit zu halten für den Fall, daß unser Haus noch einmal zu seiner geschichtlichen Aufgabe berufen wird.« Ihrer speziellen Familienlogik nach hielten sich die Welfen auch noch drei Jahrzehnte nach dem Ende der Monarchie für eine mögliche Restauration bereit. In diesem Wartestand sollten sie einstweilen weiter ausharren müssen.

286 Botzat, Robert, Beim Welfenherzog zum Tee. Der Schwiegersohn Wilhelms II. glaubt nicht an ein Königreich Hannover, in: Die Neue Zeitung, 17.1.1950.

287 Die Wochenzeitung Der Landesbote legte ein Faksimile des Schreibens ihrer Ausgabe vom 20. Mai 1950 bei, zusätzlich wurde es 1951 im Alt-Hannoverschen Volkskalender veröffentlicht. Im Folgenden zitiert nach: Selzam, Monarchistische Strömungen, S. 259. Zum Hintergrund vgl. ebd., S. 293.

4 Zwischenfazit

Es war ein Leben wie zum Trotz: Die Revolution hatte das Kaiserreich zum Einsturz gebracht, die Weimarer Republik, später der NS-Staat und schließlich die Bundesrepublik traten an dessen Stelle – die Lebensweise der Welfen aber blieb weitgehend unverändert. Ihr verbliebenes Vermögen erlaubte es ihnen, weiterhin herrschaftlich zu residieren, zahlreiches Personal zu beschäftigen und an traditionellen Freizeitaktivitäten wie Pferdesport oder der Jagd festzuhalten. Es garantierte der älteren Generation auskömmliche Einkommen und der jüngeren elitäre Ausbildungen. Indessen waren Einschränkungen unvermeidlich. Schließlich wurden vor allem durch die Hyperinflation und die Weltwirtschaftskrise sowie infolge des Zweiten Weltkriegs schwere Vermögensverluste erlitten. Der Lebensstandard der Familie sank mit der Zeit deutlich, dennoch blieb er auf hohem Niveau; nicht zuletzt, weil sie mit ihren Sammlungen gleichsam über ein Rückfallpolster verfügte, das die Krisenfolgen immer wieder abfedern konnte.

Seit dem 8. November 1918 waren die Welfen keine Herrscherfamilie mehr. Ihr Vermögen aber erfüllte mehr Funktionen für sie, als bloß die materielle Grundlage für ein »privates« Dasein in Wohlstand und Sicherheit zu bilden.[288] Das Ende der Monarchie hatte sie nicht zu einer »Erwerbsgesellschaft« werden lassen, so lässt sich entsprechend ihrer steuerlichen Beurteilung feststellen. Die Welfen selbst verstanden sich, ebenso wie andere ehemalige Herrscherfamilien, als eine »fürstliche« Familie. Diese Stellung auf Dauer zu wahren, dazu sollte das von Generation zu Generation weitergegebene Familienvermögen in seiner spezifischen Zusammensetzung aus repräsentativen Anwesen und umliegenden Ländereien, einzigartigen Kunstschätzen und gewichtigen Unternehmensbeteiligungen wesentlich beitragen. Nach dieser Maxime handelten nicht nur die Familienmitglieder, sie leitete auch ihre engsten Ratgeber, allen voran Paul Knoke. Das schloss mühsame Aushandlungsprozesse und scharfe Auseinandersetzungen nicht aus. Der erbitterte Streit über Brennholz- und Lebensmittelausgaben, den Ernst August (III.) um die Jahreswende 1950/51 mit Knoke führte, ist hierfür nur ein besonders drastisches Beispiel.

Mit dem Selbstverständnis, eine »fürstliche« Familie zu sein, gingen zwei zentrale Implikationen einher. Zum einen beanspruchten die Welfen nach wie vor einen obersten Rang in der Adelshierarchie für sich. Zu den letzten Distinktionsmerkmalen, die dazu nach dem Herrschaftsverlust und der Beseitigung der Privilegien verblieben waren, zählte das Konnubium mit den regierenden Familien. Von den Nachkommen wurde mithin erwartet, die strengen Heiratsregeln, das Prinzip der Ebenbürtigkeit, weiter zu befolgen. Tatsächlich bestätigten und bekräftigten die geschlossenen Ehen, dass die Welfen auch nach ihrem Herrschaftsverlust eine anerkannte Familie des europäischen Hochadels blieben. Hierfür war nicht unmittelbar, aber doch mittelbar bedeutsam, dass die Familienmitglieder ein »standesgemäßes« Leben führen konnten. Das familiale (und ihr privates) Vermögen ermöglichte es ihnen, weiterhin Bälle, Jagden und Pferderennen zu besuchen, große Gesellschaften zu geben und lange Reisen zu den Verwandten zu unter-

288 In Anlehnung an Klein, Privatier.

nehmen. Es verschaffte ihnen die zeitlichen und finanziellen Kapazitäten für die »unaufhörliche Beziehungsarbeit«, die das weit gespannte dynastische Netzwerk erforderte.[289]

Zum anderen implizierte das »fürstliche« Familienverständnis einen grundsätzlichen Herrschaftsanspruch. Obwohl die Staatsform in Deutschland zwischen 1918 und 1953 mehrfach wechselte, reklamierten die Welfenoberhäupter unverdrossen ihren Anspruch, eines Tages wieder auf dem Thron in Hannover (oder, nachrangig, in Braunschweig) sitzen zu wollen. So verharrte die Familie in einer Art Wartestand. Ihrer Logik nach wahrte sie die Chance einer Restauration, indem sie auf ihren Schlössern die Regeln, Rituale und Gepflogenheiten der monarchischen Zeit pflegte, ihre »Thronrechte« nach dem Grundsatz der Primogenitur vererbte und diese zäh gegenüber Verwandten verteidigte. Dieser Prozess des Sich-Bereithaltens beschränkte sich jedoch nicht auf das Privatleben. Vielmehr wurde mit hohem Aufwand das öffentliche Ansehen des »angestammten Herrscherhauses« gepflegt. Die Welfen unterhielten intensive Beziehungen zu ihrer Anhängerschaft, vor allem durch regelmäßige Besuche in der Heimat und das generöse Verteilen von »Gnadengeschenken«. Hinzu kam – zumindest in der Weimarer Republik und der frühen Bundesrepublik – eine umfangreiche finanzielle Unterstützung welfisch-monarchistisch ausgerichteter Parteien, Vereine und Zeitungen. Auf diese Weise übte die Familie in ihrem alten Herrschaftsgebiet weiterhin beträchtliche politische Macht aus. Weshalb sie diese Macht unter anderem dazu nutzte, das NS-Regime zu unterstützen, zählt zu den Fragen, die im Rahmen dieser Arbeit nicht erschöpfend beantwortet werden können.[290] Hingegen ist zu konstatieren, dass das ferne Ziel einer Restauration letztlich unerreicht blieb.

289 Bourdieu, Kapital, S. 193.
290 Auf weitere offene Fragen wird nachfolgend im Fazit eingegangen.

V. Fazit

»Gestern hat das alles noch Sinn gehabt […]
und heute sind wir ein Anachronismus geworden,
Spielzeuge für Kinder, Dramenschreiber und Historiker.«[1]

Es ist ein scharfsinniges Urteil, das der König in Lion Feuchtwangers Revolutionsstück »Thomas Wendt« fällt. Gleichsam über Nacht verloren die deutschen Monarchen am Ausgang des Ersten Weltkriegs ihre Throne. Nach Jahrhunderten, die ihre Dynastien regiert hatten, wurden sie mit ihren diamantenbesetzten Kronen auf den Häuptern, Hermelinmänteln über den Schultern und goldenen Ketten um den Hals schlagartig ein Anachronismus. Das gilt unverändert bis zum heutigen Tag. Zu einer Restauration der Monarchie ist es in Deutschland nicht wieder gekommen. Stattdessen beschäftigen sich nunmehr geschichtswissenschaftliche Arbeiten mit den entthronten Monarchen und ihren Familien.

Trotzdem muss konstatiert werden, dass Feuchtwanger seinen König etwas zu pessimistisch in die Zukunft hat blicken lassen. Die Revolution beseitigte zwar die Monarchie, sie zwang die Fürsten abzudanken, vertrieb sie aus ihren Residenzen und beraubte sie ihres Sinns. Die Standesvorrechte der hochadeligen Familien wurden beseitigt, der Anspruch auf die Anrede »Königliche Hoheit«, die Befreiung von Steuern, der Schutz vor Arrest und Verhaftung. Indessen wurden die Ex-Monarchen und ihre Angehörigen weder inhaftiert noch verbannt oder gar hingerichtet. Ebenso wenig wurden sie enteignet. Vielmehr garantierte ihnen die Weimarer Reichsverfassung das Eigentum an ihren umfangreichen Privat- und Familienvermögen. Die Familien mussten ins Exil gehen, doch traten sie diesen Weg oftmals reich begütert an.

Der Sturz der Monarchie führte nicht dazu, dass die entmachteten Herrscherfamilien zerbrachen. Diese simple wie erklärungsbedürftige Beobachtung bildete den Ausgangspunkt der vorliegenden Arbeit. Um näher zu ergründen, wie es zumindest einzelnen der Familien gelang, ihren plötzlichen Statusverlust zu verkraften, sich zu stabilisieren und gesellschaftlich neu zu positionieren, wurde der Blick exemplarisch auf die Welfen gerichtet. Von der Abdankung Ernst Augusts (III.) am 8. November 1918 bis zu seinem Tod am 30. Januar 1953 ist die Geschichte des Adelsgeschlechts über drei Generationen hinweg ausgeleuchtet worden. Ziel war es, Prozesse und Strategien zu identifizieren, durch die sich die vormals regierende Familie im 20. Jahrhundert als feste Sozialformation behaupten konnte.

Im Speziellen wurde dazu auf das materielle Vermögen der Welfen geblickt. Schließlich verfügte die hochadelige Familie mit ihren Schlössern, Ländereien und Wäldern, Kunstsammlungen und Wertpapieren weiterhin über eine außergewöhnliche Machtressource, die – so die Grundannahme der Arbeit – ihr Leben, Handeln und Selbst-

1 Feuchtwanger, Thomas Wendt, S. 195.

verständnis in hohem Maße prägte. Mittels der Analysebegriffe »Haus« und »Kapital« wurde der Umgang der Welfen mit ihrem Vermögen systematisch untersucht. Folgende Fragen waren dabei leitend: Als erstes wurde gefragt, wie die Welfen ihr Vermögen von einer Generation zur nächsten weitergaben. Daran schloss sich als zweite Frage an, inwiefern es der Familie gelang, ihr Vermögen über Kriege, gesellschaftliche Umbrüche und ökonomische Krisen hinweg zu erhalten. Die dritte Frage schließlich lautete, welche Funktionen das Vermögen für die vormals regierende Familie hauptsächlich erfüllte. Je einer dieser Fragen wurde in den drei Hauptkapiteln der Arbeit nachgegangen.

Die intergenerationelle Weitergabe des familialen Vermögens blieb bei den Welfen nach 1918, wie bei anderen Adelsfamilien auch, vom »Imperativ des Besitzerhalts« geprägt.[2] Nach wie vor sollte dem Familienoberhaupt die Entscheidungsgewalt über den Vermögensstock aus Grund und Boden, Kapital- und Kunstbesitz zustehen. Unter den veränderten rechtlichen Rahmenbedingungen war diese überkommene Vermögensordnung allerdings nur durch grundlegende Anpassungen der Transferformen und -wege aufrechtzuhalten. Infolge der erzwungenen Auflösung der Hausgüter kam besonders der Erziehung und Ausbildung der nachfolgenden Generation eine nie dagewesene Bedeutung zu: Hauslehrer, eine »reale« Schulausbildung, ein Jurastudium und eine Banklehre bereiteten den Erstgeborenen auf seine künftige Aufgabe als Verwalter des Familienvermögens vor. Die jüngeren Geschwister durchliefen ebenfalls teure, elitäre Ausbildungsstätten, um dereinst eine »gute Partie« zu machen (im Fall der Tochter), respektive den eigenen Lebensunterhalt bestreiten zu können (im Fall der Söhne). Vor allem aber bekamen die Nachgeborenen von klein auf ihre Rolle als »weichende Erben« vermittelt. Mit Schenkungen wurden sie gewissermaßen dafür entschädigt, dass ihr ältester Bruder den Großteil des familialen Vermögens erbte. Als wichtigstes Ergebnis des ersten Kapitels kann festgehalten werden, dass dieser komplexe, mühevoll austarierte Prozess der Vermögensweitergabe letztlich zum angestrebten Ziel führte: Obschon es vereinzelt Konflikte gab, trugen alle Familienmitglieder dazu bei, dass das Vermögen dauerhaft in den Händen des Welfenoberhaupts gehalten werden konnte.

Die zentrale Erkenntnis des zweiten Hauptkapitels lautet: Die Welfen blieben auch nach ihrem endgültigen Herrschaftsverlust eine sehr vermögende Familie. Eine entscheidende Voraussetzung hierfür war, dass sie früh die Notwendigkeit erkannten, ihre Vermögensverwaltung personell und strategisch neu auszurichten. Nach schweren inflationsbedingten Verlusten wurden seit Beginn der 1920er-Jahre wiederholt spezialisierte Finanzberater engagiert, die über die darauffolgenden zwei Jahrzehnte einen tiefgreifenden Umbau der Vermögensstruktur vornahmen. Kostenintensive Immobilien, unrentabler Grundbesitz, langfristige Anleihen und Teile der Sammlungen wurden abgestoßen, stattdessen tätigte man vermehrt spekulative Aktiengeschäfte, erwarb umfangreiche Firmenbeteiligungen und gründete selbst Industrieunternehmen. Diese Entwicklung wurde besonders in der NS-Zeit vorangetrieben. Denn Ernst August (III.) scheute nicht davor zurück, sich die territoriale Expansion zunutze zu machen, dutzendfach jüdischen Besitz zu »arisieren« und gezielt in die Rüstungsindustrie

2 Conze, Von deutschem Adel, S. 20.

zu investieren. Mithilfe hochbezahlter Rechtsanwälte und des machtvollen dynastischen Netzwerks blieben viele dieser Unternehmen auch nach 1945 in welfischem Besitz. Im »Dritten Reich« erworbener Unternehmensbesitz wurde so zu tragenden Säulen des familialen Vermögensstocks. Am Ende des Untersuchungszeitraums war das Familienvermögen damit sehr viel ausgeglichener und krisenfester zusammengesetzt. Durch zunehmendes persönliches Engagement konnte zudem die hohe Abhängigkeit von Beratern reduziert werden. Letztendlich wurden in den vielen Krisen und Umbrüchen der ersten Jahrhunderthälfte allerdings substantielle Wohlstandsverluste erlitten. Die materielle Lebensgrundlage der Welfen war 1953 noch immer groß, aber schmaler als 35 Jahre zuvor.

Trotz seines schwankenden, tendenziell schrumpfenden Umfangs erlaubte ihr Vermögen den Welfen, auch im 20. Jahrhundert ein »fürstliches« Leben zu führen. Das ist die Haupterkenntnis des dritten Kapitels. In seiner spezifischen Zusammensetzung diente der auf Dauer bewahrte Vermögensgrundstock nicht bloß als ökonomische Basis eines komfortablen Daseins, als Einkommensquelle und Notreserve für Krisenzeiten. Seine Funktionen gingen darüber hinaus. Er stützte gleichsam eine doppelte Anspruchshaltung: Zum einen nahmen die Welfen für sich in Anspruch, den regierenden Familien Europas nach wie vor ebenbürtig zu sein. Tatsächlich gelang es ihnen, in dieser exklusiven sozialen Gruppe anerkannt und angesehen zu bleiben, wie die Heiraten der jüngsten Generation belegen. Dabei half, dass die Familienmitglieder eine »standesgemäße« Lebensführung beibehalten konnten. Ihr Vermögen verschaffte ihnen die finanziellen und zeitlichen Spielräume, die es brauchte, um sich weiterhin im Kreis und Rhythmus der europäischen Hocharistokratie zu bewegen. Zum anderen hielten die Welfen unbeirrt einen Herrschaftsanspruch aufrecht. Aufwendig wurden die Regeln und Rituale der Monarchie gepflegt, stur die »Thronrechte« vererbt und enge Beziehungen zur treuen Anhängerschaft in der Heimat unterhalten. Der vermögenden Familie war es möglich, wie in einem Wartestand zu verharren, in dem sie – nach eigener Logik – die Chance wahrte, eines Tages wieder auf den hannoverschen (oder braunschweigischen) Thron zurückzukehren.

Im Fall der Welfen bestätigt sich somit, was die historische Vermögensforschung für reiche Familien im Allgemeinen festgestellt hat: Familienstrukturen waren darauf ausgelegt, Reichtum zu stabilisieren – umgekehrt wirkte der Reichtum stabilisierend auf die Familien in ihrer gesellschaftlichen Stellung.[3] Diese wechselseitige Beziehung kann sicherlich nicht nur, aber doch wesentlich erklären, weshalb der welfische Familienverband das Ende der Monarchie unbeschadet überstand. Die Mitglieder waren darin vereint, das verbliebene Vermögen zu schützen. Teils durch etablierte familiale Strukturen, teils durch schrittweise Anpassungen der Vermögensweitergabe und -verwaltung konnten große Teile des familialen Vermögens bis 1953 erhalten werden. Das Vermögen festigte die Welfen wiederum in ihrer neuen Stellung als vormals regierende Familie. Erfolgreich gelang es ihnen, sich im 20. Jahrhundert als eine Familie des europäischen Hochadels und als »angestammtes Herrscherhaus« zu behaupten.

3 Vgl. Gajek u. Kurr, Reichtum und Reiche, S. 15 f.

Die eingangs formulierte These, dass gerade der Blick auf das materielle Vermögen zu einem tieferen Verständnis von Deutschlands entmachteten Herrscherfamilien beizutragen vermag, konnte mithin empirisch untermauert werden. Bilanzen und Steuerunterlagen, Geschäftsberichte und -korrespondenz haben sich als tragfähige Zugänge zu dieser schwer zugänglichen und bislang wenig erforschten »monarchischen Parallelwelt« herausgestellt.[4] Im Verlauf der Untersuchung gelang es, erhellende Einblicke in die familiale Ordnung, das dynastische Beziehungsnetz und die Lebenswelt der Welfen zu gewinnen, ungeachtet dessen, dass die Familienmitglieder nur wenige Ego-Dokumente hinterlassen haben.

Es spricht vieles dafür, dass die Forschung sich auf ebendiesem Weg auch anderen der vormals regierenden Familien annähern könnte. Sie alle standen nach der Novemberrevolution schließlich vor ähnlichen wirtschaftlichen Herausforderungen. Wie die Welfen auf die Beseitigung der Hausgüter reagierten, wie sie ihr Vermögen gegen staatliche Zugriffe zu schützen versuchten und welche Zwecke sie damit verknüpften, stimmten sie eng mit ihren Verwandten ab. Geld war häufig Gegenstand der hochadeligen Binnenkommunikation. Allerdings galt dies nicht für alle im Rahmen dieser Arbeit behandelten Themenkomplexe. Besonders die Strategien der Vermögensanlage, ihre Erfolge und Fehlschläge, konnten bloß punktuell eingeordnet werden. Generell bräuchte es weitere, vergleichende Studien, um besser einschätzen zu können, was am Umgang der Welfen mit ihrem Vermögen typisch und was speziell war. Denn ein gravierender Unterschied zwischen ihnen und den anderen »fürstlichen« Familien darf nicht außer Acht gelassen werden: Sie hatten die Erfahrung des Thronverlusts 1866 schon einmal machen müssen. Hiervon profitierte die Familie nach 1918; schon allein dadurch, dass sie bereits über einen herrschaftlichen Exilsitz verfügte. Der Frage, wie schwer dieser »Vorteil« genau wog, wäre noch weiter nachzugehen.

Die historische Forschung hat gerade erst damit begonnen, die Geschichte(n) der ehemaligen Herrscherfamilien näher zu ergründen. Kommenden Fall- und Überblicksstudien zu dieser kleinen, aber äußerst wirkmächtigen sozialen Gruppe möchte die vorliegende Arbeit einen neuen Blickwinkel eröffnen. Die hier dokumentierten Befunde zeigen eindrücklich, dass die auffällige Zählebigkeit dieser Familien wesentlich über ihre materiellen Vermögen erklärt werden kann. Einen Knigge, wie ihn der König im »Thomas Wendt« verzweifelt sucht, brauchten die Welfen jedenfalls nicht, um sich im 20. Jahrhundert zurechtzufinden.

4 Malinowski, Hohenzollern, S. 60.

Anhang

Archivalische Quellen

Archiv Schule Schloss Salem

Akte Georg Wilhelm Prinz von Hannover

Archiv Stiftung Deutsche Landerziehungsheime

Akte Christian Prinz von Hannover
Akte Welf Heinrich Prinz von Hannover

Bayerisches Hauptstaatsarchiv

LEA, 41979

Bayerisches Wirtschaftsarchiv (BWA)

F 20, 342

Braunschweigisches Landesmuseum (BL)

Briefsammlung Familie Dedekind

Bundesarchiv Berlin Lichterfelde (BA)

NS 6/356
R 43-I/2204
R 1501/125690
R 43 II/286a, 195, 901

Geheimes Staatsarchiv Preußischer Kulturbesitz (GStA PK)

I. HA Rep. 151, HB, Nr. 872, 873, 877

Generallandesarchiv Karlsruhe (GLAK)

FA N 5823, 5825, 5826.

Hampshire Record Office, Winchester

North Foreland Lodge Archive, 112A03/C3/1

Historisches Museum Hannover

Bildarchiv, Nr. 78747

Kurt-Hahn-Archiv (KHA)

NK 350
Schülerkarten

Landesarchiv Berlin

C. Rep. 105, Nr. 2149

Landesarchiv Sachsen-Anhalt

K 13 Blankenburg, Nr. 809

Nationaal Archief, Den Haag

2.9.46, Nr. 25654

National Archives Washington (NAW)

USACA, Property Control Branch

O7.2057 Gm, Herzog Ernst August zu Braunschweig und Lüneburg
PC/V/XVIII/11, Philippine Gorodetzky

Niedersächsisches Landesarchiv / Abteilung Bückeburg (NLA BU)

D 21, Nr. 190, 1631
K2 D Acc. 38/93, Nr. 696, 696a-c, 703

Niedersächsisches Landesarchiv / Abteilung Hannover (NLA HA)

BigS, Nr. 35008, 35080

Dep. 103

II, Nr. 122/2, 180/09, 224/02, 226/01, 226/03, 226/16, 227/16, 228/109
III, Nr. 140, 243, 246/2, 249
IV, Nr. 378, 381, 410, 480
VIII, Nr. 584, 711, 713
XIX, Nr. 2, 64, 75, 82, 108, 291, 484, 572, 594, 596
XVI, Nr. 104
XX, Nr. 10, 130, 134, 137, 147, 203, 224, 270, 445-448, 465, 646, 647
XXI, Nr. 133, 323, 374, 380, 435, 462, 514-516, 584, 585, 654, 1029
XXXIII, Nr. 1676, 1677
XXXIX, Acc. 2018/53, Nr. 1, 14, 21, 23, 24, 44, 45, 47, 77, 103, 108, 109, 111, 132, 402, 410, 461, 518, 526, 536, 537, 559, 573, 592, 602
XL, Acc. 2018/111, Nr. 2, 9, 35, 48, 58-60, 63, 64, 71, 74, 76, 84, 87, 89, 95, 116, 144, 148, 154, 156, 157, 165, 171, 172, 174, 177, 188, 193, 228, 229, 230, 232, 238, 321, 323, 410, 424, 425, 456, 459, 462, 500, 511, 617, 626, 630, 652, 654, 693, 702, 705, 712, 713, 723, 732, 735, 740, 772, 773, 779, 786, 792, 796, 797, 815, 816, 825, 828, 835, 839, 844, 846, 849, 852, 861, 862, 864, 899, 933, 937, 940, 966, 992, 1001, 1009, 1089, 1660, 1690, 1822, 1834, 1861, 1869, 1874-1876, 1820, 1880, 1903, 1904, 1906, 1914, 1915-1918, 1922, 1923, 1936, 1996, 2041, 2048, 2059, 2281, 2282, 2283,

2285, 2287, 2288, 2305, 2313, 2324, 2342, 2349, 2358, 2606, 2631, 2866, 2904, 2910, 2912, 2916, 2919, 2920, 2927, 3124, 3126, 3275, 3311, 3312, 3314, 3329, 3333, 3336, 3338, 3342, 3343, 3347, 3352
Dep. 154, Acc. 2020/99, Nr. 5, 6
Hann. 180 Lüneburg, Acc. 3/029, Nr. 383
Hann. 180 Hannover, Acc. 3/030, Nr. 76
Hann. 180 Hannover, Nr. 01654
Hann. 210, Acc. 2003/087, Nr. 123
Hann. 310 III, Nr. 42, 50
Nds. 200, Acc. 2003/035, Nr. 136, 164
V. V.P. 52, Nr. 5, 9, 47, 64, 65

Niedersächsisches Landesarchiv / Abteilung Wolfenbüttel (NLA WO)

12 Neu, 5, Nr. 520-522
12 Neu, 13, Nr. 26086, 27217, 42820
12 Neu, 14 Zg. 46/71, Nr. 5
12 Neu, 18, Nr. 2054
18 R, Zg. 17/2003, Nr. 590
23 A Nds, Zg. 23/1986, Nr. 318
23 Neu, Nr. 2005
249 N, Nr. 118, 135
298 N, Nr. 879
319 N, Zg. 8/1997, Nr. 34
5 Urk, Nr. 391
57 Nds, Zg. 2020/32, Nr. 1, 6
57 Nds, Zg. 2021/24, Nr. 1

Oberösterreichisches Landesarchiv (OÖLA)

Lreg, Präs. 1947, Nr. 2400, 41724

Österreichisches Staatsarchiv / Archiv der Republik (AT-OeStA/AdR)

BMF 1Rep Zl. 86.543/19
BMF 2Rep MR Prot
MRang MR 2. Rep. Mrp Kv 143

Staatsarchiv München (StAM)

SpkA K 1519: Semler, Johannes

The National Archives, London

FO 1007/147
FO 1060/684

Wiener Stadt- und Landesarchiv (WStLA)

Volksgericht, Al-Strafakten, Vg Vr 5427/47, Band I u. II

Gedruckte Quellen und Literatur

Ahrens, Ralf, Von der »Säuberung« zum Generalpardon. Die Entnazifizierung der westdeutschen Wirtschaft, in: Jahrbuch für Wirtschaftsgeschichte 2010, Bd. 2, S. 25-45.

Albert, Gleb J., Revolutionäre Wechselwirkungen: Deutschland und Russland 1917-1919, in: Andreas Braune u. Michael Dreyer (Hrsg.), Zusammenbruch, Aufbruch, Abbruch? Die Novemberrevolution als Ereignis und Erinnerungsort, Stuttgart 2019, S. 33-45.

Arends, Isabel Maria, »Gothische Träume«. Die Raumkunst Edwin Opplers auf Schloß Marienburg, Hannover 2005.

Arndt, Steffen, Letzte Dinge. Testamente, Nachlässe und Beisetzungen im Herzoghaus Sachsen-Coburg und Gotha im 19. Jahrhundert, in: Jahrbuch der Coburger Landesstiftung 56, 2012, S. 263-302.

Arndt, Nicole, Die Geschichte und Entwicklung des familienrechtlichen Namensrechts in Deutschland unter Berücksichtigung des Vornamensrechts, München 2004.

Aschoff, Hans-Georg, Ernst August, Herzog von Braunschweig (1887-1953), in: Biegel, Gerd u. Steinführer, Henning (Hrsg.), Die Zeit der Novemberrevolution in Braunschweig und ihre Protagonisten, Wendeburg 2020, S. 44-71.

Aschoff, Hans-Georg, Die Welfen. Von der Reformation bis 1918, Stuttgart 2010.

Aschoff, Hans-Georg, Die Deutschhannoversche Partei zwischen Revolution und Machtergreifung (1918-1933), in: Stader Jahrbuch 78, 1988, S. 61-87.

Aschoff, Hans-Georg, Welfische Bewegung und politischer Katholizismus 1866-1918. Die Deutschhannoversche Partei und das Zentrum in der Provinz Hannover während des Kaiserreiches, Düsseldorf 1987.

Augustine, Dolores, Patricians and Parvenues. Wealth and High Society in Wilhelmine Germany, Oxford u. Providence 1994.

Avery, Gillian, The Best Type of Girl. A History of Girls' Independent Schools, London 1991.

Bähr, Johannes, Unternehmens- und Kapitalmarktrecht im »Dritten Reich«: Die Aktienrechtsreform und das Anleihestockgesetz, in: Ders. u. Ralf Banken (Hrsg.), Wirtschaftssteuerung durch Recht im Nationalsozialismus. Studien zur Entwicklung des Wirtschaftsrechts im Interventionsstaat des »Dritten Reichs«, Frankfurt a. M. 2006, S. 35-70.

Baggermann, Arianne u. Dekker, Rudolf, Selbstzeugnisse, eine Literaturgattung des Adels?, in: Gunnar Teske (Hrsg.), Adelige über sich selbst. Selbstzeugnisse in nordwestdeutschen und niederländischen Adelsarchiven, Selm 2015, S. 11-20.

Bahro, Berno, Der SS-Sport. Organisation – Funktion – Bedeutung. Paderborn 2013.

Bailer-Galanda, Brigitte, Die Entstehung der Rückstellungs- und Entschädigungsgesetzgebung. Die Republik Österreich und das in der NS-Zeit entzogene Vermögen, Wien u. München 2003.

Bailer-Galanda, Brigitte, Die Rückstellungsproblematik in Österreich, in: Constantin Goschler u. Jürgen Lillteicher (Hrsg.), »Arisierung« und Restitution. Die Rückerstattung jüdischen Eigentums in Deutschland und Österreich nach 1945 und 1989, Göttingen 2002, S. 161-188.

Bajohr, Frank, »Arisierung« und Restitution. Eine Einschätzung, in: Constantin Goschler u. Jürgen Lillteicher (Hrsg.), »Arisierung« und Restitution. Die Rückerstattung jüdischen Eigentums in Deutschland und Österreich nach 1945 und 1989, Göttingen 2002, S. 39-59.

Baldus, Manfred, Die Novemberrevolution und ihre Fragen an das Recht, in: Andreas Braune u. Michael Dreyer (Hrsg.), Zusammenbruch, Aufbruch, Abbruch? Die Novemberrevolution als Ereignis und Erinnerungsort, Stuttgart 2019, S. 221-232.

Banken, Ralf, Durch Weltwirtschaftskrise und Rüstungsboom. Die Entwicklung der großen Vermögen 1928-1940 in Deutschland, in: Eva Maria Gajek, Anne Kurr u. Lu Seegers (Hrsg.), Reichtum in Deutschland. Akteure, Räume und Lebenswelten im 20. Jahrhundert, Göttingen 2019, S. 289-312.

Banken, Ralf, Hitlers Steuerstaat. Die Steuerpolitik im Dritten Reich. Berlin 2018.

Banken, Ralf, Das nationalsozialistische Devisenrecht als Steuerungs- und Diskriminierungsinstrument, in: Johannes Bähr u. Ders. (Hrsg.), Wirtschaftssteuerung durch Recht im Nationalsozialismus. Studien zur Entwicklung des Wirtschaftsrechts im Interventionsstaat des »Dritten Reichs«, Frankfurt a. M. 2006, S. 121-236.

Barendregt, Jaap, Zwischen London und Deutschland. Das Finanzzentrum Amsterdam im 20. Jahrhundert, in: Christoph Maria Merki (Hrsg.), Europas Finanzzentren. Geschichte und Bedeutung im 20. Jahrhundert, Frankfurt a. M. 2005, S. 97-123.

Barth-Scalmani, Gunda u. a. (Hrsg.), Aushandeln von Ehe. Heiratsverträge der Neuzeit im europäischen Vergleich, Köln, Weimar u. Wien 2010.

Becker, Balthasar, Beim Herzog von Braunschweig, in: Braunschweigische Neueste Nachrichten, 4. 10. 1925.

Bei der Wieden, Brage, Revolution in Braunschweig. Die Monarchie nimmt zuerst in der Provinz ihren Hut, in: Christine van den Heuvel, Gerd Steinwascher u. Ders. (Hrsg.), Geschichte Niedersachsen in 111 Dokumenten, Göttingen 2016, S. 312-315.

Bender, Eva, Die Prinzenreise. Bildungsaufenthalt und Kavalierstour im höfischen Kontext gegen Ende des 17. Jahrhunderts, Berlin 2011.

Benne, Simon, Wie braun waren die Welfen?, in: Hannoversche Allgemeine Zeitung, 10. 11. 2016.

Berghoff, Hartmut u. Köhler, Ingo, Verdienst und Vermächtnis. Familienunternehmen in den USA seit 1800, Frankfurt a. M. u. New York, 2020.

Berghoff, Hartmut, Vermögenseliten in Deutschland und England vor 1914. Überlegungen zu einer vergleichenden Sozialgeschichte des Reichtums, in: Ders. (Hrsg.), Pionier und Nachzügler. Vergleichende Studien zur Geschichte Großbritanniens und Deutschlands im Zeitalter der Industrialisierung, Bochum 1995, S. 281-308.

Berlit-Schwigon, Anna, Hannover an der Schwelle zum Bürgerkrieg. Der »Welfenputsch« 1920 – Regionalhistorische Analyse einer politischen Krise, in: Christiane Schröder u. a. (Hrsg.), Geschichte, um zu verstehen. Bielefeld 2013, S. 251-263.

Bieg, Amelie, Eine Frage des »Privatlebens« oder der »Staatsautorität«? Die Rolle der Beamten im »Sigmaringer Titelstreit« (1926-1931), in: Sabine Holtz u. Gerald Maier (Hrsg.), Von der Monarchie zur Republik. Beiträge zur Demokratiegeschichte des deutschen Südwestens 1918-1923, Stuttgart 2019, S. 15-32.

Biegel, Gerd (Hrsg.), Viktoria Luise. Kaisertochter, Herzogin und Braunschweiger Bürgerin. Streiflichter aus ihrem Leben, Braunschweig 1992.

Binder-Krieglstein, Reinhard, Österreichisches Adelsrecht 1868-1918/19. Von der Ausgestaltung des Adelsrechts der cisleithanischen Reichshälfte bis zum Adelsaufhebungsgesetz der Republik unter besonderer Berücksichtigung des adeligen Namensrechts, Frankfurt a. M. u. a. 2000.

Bösch, Frank, Das konservative Milieu. Vereinskultur und lokale Sammlungspolitik in ost- und westdeutschen Regionen (1900-1960), Göttingen 2002.

Borek, Ingeborg, Meine Erinnerungen an die Tochter des Kaisers, Braunschweig 1999.

Botzat, Robert, Beim Welfenherzog zum Tee. Der Schwiegersohn Wilhelms II. glaubt nicht an ein Königreich Hannover, in: Die Neue Zeitung, 17. 1. 1950.

Bourdieu, Pierre u. Loïc J.D. Wacquant, Reflexive Anthropologie, 4. Aufl., Frankfurt a.M. 2017.
Bourdieu, Pierre, Meditationen. Zur Kritik der scholastischen Vernunft, Frankfurt a.M. 2001.
Bourdieu, Pierre, Praktische Vernunft. Zur Theorie des Handelns, Frankfurt a.M. 1998.
Bourdieu, Pierre, Soziologische Fragen, Frankfurt a.M. 1993.
Bourdieu, Pierre, Ökonomisches Kapital, kulturelles Kapital, soziales Kapital, in: Reinhard Kreckel (Hrsg.), Soziale Ungleichheiten, Göttingen 1983, S. 183-198.
Bourdieu, Pierre, Marriage Strategies as Strategies of Social Reproduction, in: Robert Forster u. Orest A. Ranum (Hrsg.), Familiy and Society. Selections from the Annales, Baltimore 1976, S. 117-144.
Braun, Rudolf, Konzeptionelle Bemerkungen zum Obenbleiben. Adel im 19. Jahrhundert, in: Hans-Ulrich Wehler (Hrsg.), Europäischer Adel 1750-1950, Göttingen 1990, S. 87-95.
Braunschweigische Gesetz- und Verordnungssammlung 112, 1925.
Brinkmann, Thomas, Die Körperschaftsteuer in der Zeit von 1918 bis 1929. Ein Beitrag zur Geschichte der Unternehmensbesteuerung, Köln 1987.
Brosius, Dieter, Das »angestammte Herrscherhaus«. Welfische Traditionspflege nach der preußischen Annexion Hannovers 1866, in: Biskup, Thomas u. Kohlrausch, Martin (Hrsg.), Das Erbe der Monarchie. Nachwirkungen einer deutschen Institution seit 1918, Frankfurt a.M. 2008, S. 37-58.
Brosius, Dieter, Welfenfonds und Presse im Dienste der preußischen Politik in Hannover nach 1866, in: Niedersächsisches Jahrbuch für Landesgeschichte 36, 1964, S. 173-207.
Budrass, Lutz, Flugzeugindustrie und Luftrüstung in Deutschland 1918-1945, Düsseldorf 1998.
Bürger, Georg, Bauarbeiten und bauliche Veränderungen am Schloß seit 1926, in: Gustav Sander (Hrsg.), »Burg« und »Schloß« Blankenburg am Harz, Blankenburg am Harz 1935, o.S.
Buggeln, Marc, Das Versprechen der Gleichheit. Steuern und soziale Ungleichheit in Deutschland von 1871 bis heute, Berlin 2022.
Buggeln, Marc, Die Debatten um staatliche Zugriffsmöglichkeiten auf den privaten Reichtum. Der Einkommensteuerspitzensatz in Deutschland 1871-1955, in: Vierteljahrschrift für Sozial- und Wirtschaftsgeschichte 105, 2018, H. 3, S. 337-364.
Bungarten, Gisela, Das Welfenmuseum in Hannover. Seine Sammlungsgeschichte und seine Bewahrung durch den Ankauf im Jahre 1955, in: Dies. u. Jochen Luckhardt (Hrsg.), Welfenschätze. Gesammelt, verkauft, durch Museen bewahrt, Petersberg 2007, S. 58-63.
Butschek, Felix, Österreichische Wirtschaftsgeschichte. Von der Antike bis zur Gegenwart, 2. Aufl., Wien, Köln u. Weimar 2012.
Conze, Eckart, Absturzerfahrung und Wiederaufstiegshoffnung. Adel in Deutschland zwischen Monarchie und Diktatur (1918-1945), in: Jahrbuch für Berlin-Brandenburgische Kirchengeschichte 72, 2019, S. 75-88.
Conze, Eckart, Art. »Splendor familiae«, in: Ders. (Hrsg.), Kleines Lexikon des Adels. Titel, Throne, Traditionen, 2. Aufl., München 2012, S. 216-217.
Conze, Eckart, Art. »Vererbung«, in: Ders. (Hrsg.), Kleines Lexikon des Adels. Titel, Throne, Traditionen, 2. Aufl., München 2012, S. 234-235.
Conze, Eckart, Von deutschem Adel. Die Grafen von Bernstorff im 20. Jahrhundert, Stuttgart 2000.
Conze, Eckart, Adeliges Familienbewußtsein und Grundbesitz. Die Auflösung des Gräflich Bernstorffschen Fideikommisses Gartow nach 1919, in: Geschichte und Gesellschaft 25, 1999, S. 455-479.

Cordes, Charlotta, Der Herzog als Unternehmer im Nationalsozialismus?. Unveröffentlichte Masterarbeit, Universität Bremen 2016.
d'Almeida, Fabrice, Hakenkreuz und Kaviar. Das mondäne Leben im Nationalsozialismus. Düsseldorf 2007.
Dallmeier, Martin u. Schad, Martha, Das Fürstliche Haus Thurn und Taxis. 300 Jahre Geschichte in Bildern, Regensburg 1996.
Dargel, Eveline; Niederhofer Ulrike u. Feucht, Stefan (Hrsg.) »In dir steckt mehr als du glaubst«. Prinz Max von Baden, Kurt Hahn und die Gründerjahre der Schule Schloss Salem 1919-1933, Tettnang 2010.
Dedekind, Ilse (Hrsg.), Unter Glas und Rahmen. Briefe und Aufzeichnungen 1850-1950. Ein Jahrhundert aus der Sicht einer Braunschweiger Familie, Braunschweig 2000.
de Saint Martin, Monique, Der Adel. Soziologie eines Standes, Konstanz 2003.
Derks, Hans, Über die Faszination des »Ganzes Hauses«, in: Geschichte und Gesellschaft 22, 1996, S. 221-242.
Derix, Simone, Capitalism, Wealth, and the Question of (In)Visibility. The Thyssen Family and Its Investments, in: Moritz Föllmer u. Pamela E. Swett (Hrsg.), Reshaping Capitalism in Weimar and Nazi Germany, Cambridge 2022, S. 117-135.
Derix, Simone, Clio unter Materialitätsschock? Das neue Interesse am Vermögen in der Moderne, in: Geschichte in Wissenschaft und Unterreicht 70, 2019, H. 11/12, S. 597-604.
Derix, Simone, Grenzenloses Vermögen. Räumliche Mobilität und die Infrastrukturen des Reichtums als Zugänge zur historischen Erforschung des »einen Prozents«, in: Eva Maria Gajek, Anne Kurr u. Lu Seegers (Hrsg.), Reichtum in Deutschland. Akteure, Räume und Lebenswelten im 20. Jahrhundert, Göttingen 2019, S. 164-181.
Derix, Simone, Die Thyssens. Familie und Vermögen, Paderborn 2016.
Derix, Simone, Erben und Vererben als Vermögenshandeln, in: Jürgen Dinkel u. Laak, Dirk van (Hrsg.), Reader – Erben und Vererben in der Moderne, Gießen 2016, S. 17-22.
Derix, Simone, Hidden Helpers. Biographical Insights into Early and Mid-Twentieth Century Legal and Financial Advisors, in: European History Yearbook 2015, S. 47-62.
Deutsche Bundesbank (Hrsg.), Deutsches Geld- und Bankwesen in Zahlen 1876-1975, Frankfurt a. M. 1976.
de Winter, Patrick M., Der Welfenschatz. Zeugnis sakraler Kunst des deutschen Mittelalters, Hannover 1986.
Diebold, Jan, Hochadel und Kolonialismus im 20. Jahrhundert. Die imperiale Biographie des »Afrika-Herzogs« Adolf Friedrich von Mecklenburg, Köln, Weimar u. Wien 2019.
Diehl, Markus Albert, Von der Marktwirtschaft zur nationalsozialistischen Kriegswirtschaft. Die Transformation der deutschen Wirtschaftsordnung 1933-1945, Stuttgart 2005.
Dinkel, Jürgen, Erbschaften und Altersvorsorge – Über den Wandel von Erb- und Vorsorgepraktiken im 20. Jahrhundert in Frankfurt a. M., in: Ders. u. Laak, Dirk van (Hrsg.), Reader – Erben und Vererben in der Moderne, Gießen 2016, S. 59-66.
Dinkel, Jürgen, Erben und Vererben in der Moderne. Erkundungen eines Forschungsfeldes, in: Archiv für Sozialgeschichte 56, 2016, S. 81-108.
Doing, Simon, Adel ohne Land – Land ohne Adel? Lebenswelt, Gedächtnis und materielle Kultur des schlesischen Adels nach 1945, Berlin u. Boston 2019.
Dornheim, Andreas, Adel in der bürgerlich-industrialisierten Gesellschaft. Eine sozialwissenschaftlich-historische Fallstudie über die Familie Waldburg-Zeil, Frankfurt a. M. 1993.
Dotterweich, Volker, »Arrest« und »Removal«. Die amerikanische Besatzungsdirektive JCS 1067 und die Entnazifizierungskonzeption der Westmächte, in: Walter L. Bernecker u.

Ders. (Hrsg.), Deutschland in den internationalen Beziehungen des 19. und 20. Jahrhundert, München 1996, S. 287-316.

Dylong, Alexander, Hannovers letzter Herrscher. König Georg V. zwischen welfischer Tradition und politischer Realität, Göttingen 2012.

Eckert, Jörn, Der Kampf um die Familienfideikommisse in Deutschland, Frankfurt a. M. 1992.

Eibach, Joachim, Das Haus in der Moderne, in: Ders. u. Inken Schmidt-Voges (Hrsg.), Das Haus in der Geschichte Europas. Ein Handbuch. München 2015, S. 19-37.

Einwitschläger, Arno, Amerikanische Wirtschaftspolitik in Österreich 1945-1949, Wien 1986.

Eismann, Alexander P., Ganz Braunschweig war dabei. Kritische Notizen zur größten deutschen Privatauktion nach dem Kriege, in: Welt am Sonntag, 23. 4. 1950.

Ellmauer, Daniela; John, Michael u. Thumser, Regina, »Arisierungen«, beschlagnahmte Vermögen, Rückstellungen und Entschädigungen in Oberösterreich, Wien u. München 2004.

Entscheidungen des Reichsgerichts in Zivilsachen 143, Berlin 1934.

Erker, Paul (Hrsg.), Rechnung für Hitlers Krieg. Aspekte und Probleme des Lastenausgleichs, Heidelberg u. a. 2004.

Felber, Ulrike, Ein Bergwerksunternehmen für den Herzog. Die »Arisierung« der Firma Eduard Elbogen, in: Verena Pawlowsky u. Harald Wendelin (Hrsg.), Arisierte Wirtschaft, Wien 2005, S. 125-151.

Felber, Ulrike u. a., Ökonomie der Arisierung. Teil 1. Grundzüge, Akteure und Institutionen, Wien 2004.

Feuchtwanger, Lion, Thomas Wendt. Ein dramatischer Roman, München 1920.

Fiederer, Fabian, »... an allen alten Traditionen festhalten«. Lebenswelt und Selbstverständnis des Hochadels am Beispiel des Fürstenhauses Thurn und Taxis in der Zeit von Fürst Albert I. (1888-1952), Regensburg 2017.

Finger, Jürgen, Reiche Lebenswelten in NS-Deutschland. Gestaltungschancen vermögender Unternehmerfamilien am Beispiel Dr. Oetker/Richard Keselowsky, in: Eva Maria Gajek, Anne Kurr u. Lu Seegers (Hrsg.), Reichtum in Deutschland. Akteure, Räume und Lebenswelten im 20. Jahrhundert, Göttingen 2019, S. 77-97.

Fink, Randy, Auguste Viktoria. Die letzte deutsche Kaiserin, Wiesbaden 2021.

Frank-Döfering, Peter (Hrsg.), Adelslexikon des österreichischen Kaiserturms 1804-1918, Wien, Freiburg u. Basel 1989.

Franke, Christoph, Adelsarchive im Kontext wandelnder Forschungsinteressen, in: Ders. (Hrsg.), Adelsarchive in der historischen Forschung, Marburg 2014, S. 7-10.

Franke, Christoph, Der bayerische und sächsische Adel im 19. und 20. Jahrhundert. Soziales Verhalten und soziale Strukturen, in: Günther Schulz u. Markus A. Denzel (Hrsg.), Deutscher Adel im 19. und 20. Jahrhundert. St. Katharinen 2004, S. 319-352.

Freifrau von Hoyningen-Huene, Iris, Adel in der Weimarer Republik. Die rechtlich-soziale Situation des reichsdeutschen Adels 1918-1933, Limburg 1992.

Freiherr Hiller von Gaertringen, Friedrich, Zur Beurteilung des »Monarchismus« in der Weimarer Republik, in: Gotthard Jasper (Hrsg.), Tradition und Reform in der deutschen Politik. Gedenkschrift für Waldemar Besson, Berlin 1976, S. 138-186.

Freiherr von Aretin, Cajetan, Was ist die Domänenfrage und worin bestand ihr Problem?, in: Gerber, Stefan (Hrsg.), Das Ende der Monarchie in den deutschen Kleinstaaten. Vorgeschichte, Ereignis und Nachwirkungen in Politik und Staatsrecht 1914-1939, Köln, Weimar u. Wien 2018, S. 279-299.

Freiherr von Aretin, Cajetan, Vom Umgang mit gestürzten Häuptern. Zur Zuordnung der

Kunstsammlungen in deutschen Fürstenabfindungen 1918-1924, in: Biskup, Thomas u. Kohlrausch, Martin (Hrsg.), Das Erbe der Monarchie. Nachwirkungen einer deutschen Institution seit 1918, Frankfurt a. M. 2008, S. 161-183.

Freiherr von Aretin, Cajetan, Die Erbschaft des Königs Otto von Bayern. Höfische Politik und Wittelsbacher Vermögensrechte 1916 bis 1923, München 2006.

Freiherr von der Wense, Otto, Nachtrag zum Stammbaum des Geschlechts von der Wense von 1881, Celle 1931.

Frey, Christian K., Ernst August und Viktoria Luise in Braunschweig 1913 bis 1918, in: Ute Daniel u. Christian K. Frey (Hrsg.), Die preußisch-welfische Hochzeit 1913. Das dynastische Europa in seinem letzten Friedensjahr, Braunschweig 2016, S. 111-123.

Friemuth, Cay, Die geraubte Kunst. Der dramatische Wettlauf um die Rettung der Kulturschätze nach dem Zweiten Weltkrieg, Braunschweig 1989.

Frodl-Kraft, Eva, Gefährdetes Erbe. Österreichs Denkmalschutz und Denkmalpflege 1918-1945 im Prisma der Zeitgeschichte, Köln, Weimar u. Wien 1997.

Funck, Markus (Hrsg.), Die Hohenzollern. Von der Gegenwart einer monarchischen Vergangenheit, in: Zeitschrift für Geschichtswissenschaft 68, H. 4, 2020.

Funck, Marcus, Feudales Kriegertum und militärische Professionalität. Der Adel im preußisch-deutschen Offizierskorps 1860-1935, Berlin 2016.

Funck, Markus, Art. »Ehre«, in: Eckart Conze (Hrsg.), Kleines Lexikon des Adels. Titel, Throne, Traditionen, 2. Aufl., München 2012, S. 70-73.

Funck, Marcus u. Malinowski, Stephan, »Charakter ist alles!«. Erziehungsziele und Erziehungspraktiken in deutschen Adelsfamilien des 19. und 20. Jahrhunderts, in: Jahrbuch für Historische Bildungsforschung, Bd. 6, Bad Heilbrunn 2000, S. 71-92.

Funck, Marcus u. Malinowski, Stephan, Geschichte von oben. Autobiographien als Quelle einer Sozial- und Kulturgeschichte des deutschen Adels in Kaiserreich und Weimarer Republik, in: Historische Anthropologie 7, 1999, S. 236-270.

Gajek, Eva Maria u. Kurr, Anne, Reichtum und Reiche in Deutschland. Neue Perspektiven auf Akteure, Räume, Repräsentationen und Vermessungen im 20. Jahrhundert, in: Dies. u. Lu Seegers (Hrsg.), Reichtum in Deutschland. Akteure, Räume und Lebenswelten im 20. Jahrhundert, Göttingen 2019, S. 9-31.

Gajek, Eva Maria u. Lorke, Christoph (Hrsg.), Soziale Ungleichheit im Visier. Wahrnehmung und Deutung von Armut und Reichtum seit 1945, Frankfurt a. M. 2016.

Garscha, Winfried R. u. Kuretsidis-Haider, Claudia, Justizielle »Diktaturfolgenbewältigung« in Österreich nach 1945. Unterschiede und Gemeinsamkeiten im Vergleich zu Westdeutschland, in: Dokumentationsarchiv des österreichischen Widerstandes (Hrsg.), Forschungen zum Nationalsozialismus und dessen Nachwirkungen in Österreich, Wien 2012, S. 223-246.

Garscha, Winfried R., Die Menschenwürde als strafrechtlich schützenswertes Gut. Zur historischen Bedeutung des österreichischen Kriegsverbrechergesetzes, in: Heimo Halbrainer u. Claudia Kuretsidis-Haider (Hrsg.), Kriegsverbrechen, NS-Gewaltverbrechen und die europäische Strafjustiz von Nürnberg bis Den Haag, Graz 2007, S. 53-61.

Gaul, Claus-Martin, Die industriellen Anlageinvestitionen und ihre Steuerung in Deutschland von 1933 bis 1939, Hamburg 2004.

Gehrlein, Thomas, Das Haus Braunschweig. Die Herzöge von Braunschweig-Lüneburg und Fürsten zu Wolfenbüttel, 2. Aufl., Werl 2020.

Gestrich, Andreas, Noble Siblings. Rivalry and Solidarity in Aristocratic and Noble Families, in: Karina Urbach (Hrsg.), Royal Kinship. Anglo-German Family Networks 1815-1918, München 2008, S. 35-44.

Gies, Horst, Richard Walther Darré. Der »Reichsbauernführer«, die nationalsozialistische »Blut und Boden«-Ideologie und Hitlers Machteroberung, Köln, Weimar u. Wien 2019.

Gispen, Kees, Patentrecht und Schutz des geistigen Eigentums, in: Dieter Gosewinkel (Hrsg.), Wirtschaftskontrolle und Recht in der nationalsozialistischen Diktatur, Frankfurt a.M. 2005, S. 267-279.

Gollwitzer, Heinz, Die Funktion der Monarchie in der Demokratie, in: Hans-Christof Kraus (Hrsg.), Weltpolitik und deutsche Geschichte. Gesammelte Studien, Göttingen 2008, S. 527-538.

Gollwitzer, Heinz, Die Standesherren. Die politische und gesellschaftliche Stellung der Mediatisierten 1815-1918, Göttingen, 2. Aufl., 1964.

Goschler, Constantin, Schuld und Schulden. Die Politik der Wiedergutmachung für NS-Verfolgte seit 1945, 2. Aufl., Göttingen 2008.

Goschler, Constantin u. Lillteicher, Jürgen (Hrsg.), »Arisierung« und Restitution. Die Rückerstattung jüdischen Eigentums in Deutschland und Österreich nach 1945 und 1989, Göttingen 2002.

Gottschalk, Karin u. Lanzinger, Margareth (Hrsg.), Mitgift, in: L'Homme 22, H. 1, 2011.

Gottwald, Dorothee, Fürstenrecht und Staatsrecht im 19. Jahrhundert. Eine wissenschaftsgeschichtliche Studie, Frankfurt a.M. 2009.

Graf, Georg, Die österreichische Rückstellungsgesetzgebung. Eine juristische Analyse, Wien u. München 2003.

Gramlich, Johannes, Die Thyssens als Kunstsammler. Investition und symbolisches Kapital (1900-1970), Paderborn 2015.

Grillmeyer, Siegfried, Der Adel und sein Haus. Zur Geschichte eines Begriffs und eines erfolgreichen Konzepts, in: Anja Victorine Hartmann, Malgorzata Morawiec u. Peter Voss (Hrsg.), Eliten um 1800, Erfahrungshorizonte, Verhaltensweisen, Handlungsmöglichkeiten, Mainz 2000, S. 355-370.

Groß, Reiner, Die Wettiner, Stuttgart 2007.

Großekathöfer, Siegfried, Besatzungsherrschaft und Wiederaufbau. Staatliche Strukturen in der britischen Zone 1945-1949, Göttingen 2016.

Hahn, Kurt, Die Sieben Salemer Gesetze. Ansätze der Erlebnistherapie, in: Michael Knoll (Hrsg.), Kurt Hahn. Reform mit Augenmaß. Ausgewählte Schriften eines Politikers und Pädagogen, Stuttgart 1998, S. 151-153.

Hamann, Manfred, van den Heuvel, Christine, Bardehle, Peter (Bearb.), Übersicht über die Bestände des Niedersächsischen Staatsarchivs in Hannover. Band 4: Deposita. Kartenabteilung und Sammlungen bis 1945, Göttingen 1992.

Haupt, Heinz-Gerhard, Der Adel in der entadelten Gesellschaft. Frankreich seit 1830, in: Hans-Ulrich Wehler (Hrsg.), Europäischer Adel 1750-1950, Göttingen 1990, S. 286-305.

Hasselhorn, Benjamin, Das Monarchiesterben 1914-1945. Ein Siegeszug der Demokratie?, in: Ders. u. Knorring, Marc von (Hrsg.), Vom Olymp zum Boulevard. Die europäischen Monarchien von 1815 bis heute – Verlierer der Geschichte?, Berlin 2018, S. 47-60.

Hedwig, Andreas, Einleitung. Die Archive des Adels. Problemzonen aus archivischer Sicht, in: Andreas Hedwig u. Karl Muck (Hrsg.), Adelsarchive – zentrale Quellenbestände oder Curiosa?, Marburg 2009, S. 7-12.

Hellwege, Heinrich, Niedersachsens deutsche Aufgabe, Hannover 1946.

Henkel, Anne-Katrin, Die Hannoversche Legion (Welfenlegion) und Preußen. Ein Beitrag zur welfischen Exilpolitik in der Phase der Reichsgründung (1866-1871), in: Braunschweigische Heimat 80, 1994, S. 3-87.

Herzogin zu Braunschweig und Lüneburg, Viktoria Luise, Ein Leben als Tochter des Kaisers, 3. Aufl., Göttingen 1965.

Heß, Klaus, Junker und bürgerliche Grußgrundbesitzer im Kaiserreich. Landwirtschaftlicher Großbetrieb, Großgrundbesitz und Familienfideikommiß in Preußen (1887-1914), Stuttgart 1990.

Hesse, Jan-Otmar; Köster, Roman u. Plumpe, Werner, Die Große Depression. Die Weltwirtschaftskrise 1929-1939, Frankfurt a. M. u. New York 2014.

Hockerts, Hans Günter, Wiedergutmachung. Ein umstrittener Begriff und ein weites Feld, in: Ders. u. Christiane Kuller (Hrsg.), Nach der Verfolgung. Wiedergutmachung nationalsozialistischen Unrechts in Deutschland?, Göttingen 2003, S. 7-34.

Hof, Patrik, Kurswechsel an der Börse. Kapitalmarktpolitik unter Hitler und Mussolini, München 2008.

Hofmann, Arne, Obsoleter Monarchismus als Erbe der Monarchie. Das Nachleben der Monarchie im Monarchismus nach 1918, in: Biskup, Thomas u. Kohlrausch, Martin (Hrsg.), Das Erbe der Monarchie. Nachwirkungen einer deutschen Institution seit 1918, Frankfurt a. M. 2008, S. 241-260.

Höllwerth, Holger u. Höllwerth, Eckhard, Gmunden 1918 bis 1945. Eine Stadt in schwierigen Zeiten, Gmunden 2012.

Hollatz, Gerrit, Das Haus Hannover und die Auseinandersetzung mit der eigenen NS-Vergangenheit nach 1945. Unveröffentlichte Masterarbeit, Universität Göttingen 2016.

Holtfort, Werner u. a. (Hrsg.), Die Welfen und ihr Schatz. Geschichten um Ernst August und Ernst Albrecht, Göttingen 1984.

Horn, Michael, Zwischen Abdankung und Absetzung. Das Ende der Herrschaft der Bundesfürsten des Deutschen Reichs im November 1918, in: Susan Richter u. Dirk Dirbach (Hrsg.), Thronverzicht. Die Abdankung in Monarchien vom Mittelalter bis in die Neuzeit, Köln, Weimar u. Wien 2010, S. 267-290.

Houwink ten Cate, Johannes, Amsterdam als Finanzplatz Deutschlands (1919-1932), in: Gerald D. Feldman u. a. (Hrsg.), Konsequenzen der Inflation, Berlin 1989, S. 149-179.

Hustedt, Hans, Die ersten hundert Jahre des Friederikenstiftes in Hannover 1840-1940, Hannover 1940.

Jacobi, Juliane, Mädchen- und Frauenbildung in Europa. Von 1500 bis zur Gegenwart, Frankfurt a. M. u. New York 2013.

James, L. Warwick, Marlborough College Register 1843-1952, Marlborough 1952.

Jasper, Gotthard, Der Schutz der Republik. Studien zur staatlichen Sicherung der Demokratie in der Weimarer Republik 1922-1930, Tübingen 1963.

Jerabek, Rudolf, Vermögensfragen im deutsch-österreichischen Verhältnis 1955-1957, in: Arnold Suppan, Gerald Stourzh u. Wolfgang Müller (Hrsg.), Der österreichische Staatsvertrag 1955. Internationale Strategie, rechtliche Relevanz, nationale Identität, Wien 2005, S. 553-601.

Jones, Mark, Founding Weimar. Violence and the German Revolution of 1918-1919, Cambridge 2016.

Jung, Otmar, Die Fundierung der sozialen Republik mißlingt. Das Exempel des Streites um das Kammergut zwischen dem Freistaat Braunschweig und dem ehemaligen Herzog, in: Jahrbuch des Braunschweigischen Geschichtsvereins 78, 1997, S. 189-225.

Jung, Otmar, Volksgesetzgebung. Die »Weimarer Erfahrungen« aus dem Fall der Vermögensauseinandersetzungen zwischen Freistaaten und ehemaligen Fürsten, Teil 1, 2. Aufl., Hamburg 1996.

Kadgien, Michael, Das Habsburgergesetz, Frankfurt a. M. u. a. 2005.
Kaelble, Hartmut, Mehr Reichtum, mehr Armut. Soziale Ungleichheit in Europa vom 20. Jahrhundert bis zur Gegenwart, Frankfurt a. M. 2017.
Kasten, Bernd, Herren und Knechte. Gesellschaftlicher und politischer Wandel in Mecklenburg-Schwerin 1867-1945, Bremen 2011.
Kasten, Bernd, Der letzte Großherzog. Friedrich Franz IV. von Mecklenburg-Schwerin (1882-1945), in: Mecklenburgische Jahrbücher 122, 2007, S. 253-285.
Kimmich, Otto, Das Staatsoberhaupt im Völkerrecht, in: Archiv des Völkerrechts 26, 1988, S. 129-168.
Klambauer, Otto, Die sowjetische Wirtschaftspolitik in Österreich 1945-1955, in: Andreas Hilger, Mike Schmeitzner und Clemens Vollnhals (Hrsg.), Sowjetisierung oder Neutralität? Optionen sowjetischer Besatzungspolitik in Deutschland und Österreich 1945-1955, Göttingen 2006, S. 435-450.
Klein, Winfried, Der Monarch wird Privatier. Die Rechtsfolgen der Abdankung für den Monarchen und sein Haus, in: Susan Richter und Dirk Dirbach (Hrsg.), Thronverzicht. Die Abdankung in Monarchien vom Mittelalter bis in die Neuzeit, Köln, Weimar u. Wien 2010, S. 152-174.
Knoch, Habbo, Grandhotels. Luxusräume und Gesellschaftswandel in New York, London und Berlin um 1900, Göttingen 2016.
Knortz, Heike, Wirtschaftsgeschichte der Weimarer Republik, Göttingen 2010.
Koehler, Karl u. Heinemann, Ernst, Das Erlöschen der Familienfideikommisse und sonstiger gebundener Vermögen. Gesetze und Verordnungen des Reichs auf fideikommißrechtlichem Gebiete nebst einem Überblick über das Fideikommißrecht und Erläuterungen der reichsrechtlichen Vorschriften, Berlin 1940.
Kögler, Johannes-Paul, Ehre als tragbares Zeichen. Zur politischen, sozialen und kulturgeschichtlichen Bedeutung von Orden und Ehrenzeichen am Beispiel des Königreichs Hannover 1814-1866, Baden-Baden 2018.
Köhler, Ingo, Vernetzter Reichtum. Sozialstrategien und Transnationalität der Privatbankiers im langen 19. Jahrhundert, in: in: Eva Maria Gajek, Anne Kurr u. Lu Seegers (Hrsg.), Reichtum in Deutschland. Akteure, Räume und Lebenswelten im 20. Jahrhundert, Göttingen 2019, S. 57-76.
Köhler, Ingo, Die »Arisierung« der Privatbanken im Dritten Reich. Verdrängung, Ausschaltung und die Frage der Wiedergutmachung, 2. Aufl., München 2008.
Kölling, Martin, E pluribus unum. Die Salemer Pädagogik der Anfangszeit in Internat und Schule, in: Schule Schloss Salem (Hrsg.), Schule Schloss Salem 1920-2020. Beständigkeit und Wandel, Stuttgart 2020, S. 43-66.
Königin von Griechenland, Friederike, Erfahrungen, Tübingen 1971.
Koerrenz, Ralf, Landerziehungsheime. Pädagogische Leitgedanken und internationale Verantwortung bei Hermann Lietz und Kurt Hahn, in: Schule Schloss Salem (Hrsg.), Schule Schloss Salem 1920-2020. Beständigkeit und Wandel, Stuttgart 2020, S. 67-88.
Koerrenz, Ralf, Hermann Lietz. Einführung mit zentralen Texten, Paderborn 2011.
Kohl, Werner, Mein süßes Wien, in: Ders. u. Susanna Steiger-Moser (Hrsg.), Die österreichische Zuckerindustrie und ihre Geschichte(n) 1750-2013, Wien, Köln u. Weimar 2014, S. 75-78.
Kohlrausch, Martin, Die Flucht des Kaisers. Doppeltes Scheitern adlig-bürgerlicher Monarchiekonzepte, in: Heinz Reif (Hrsg.), Adel und Bürgertum in Deutschland. Teil 2: Entwicklungslinien und Wendepunkte im 20. Jahrhundert. Berlin 2001, S. 65-101.

Kraul, Margret, Das deutsche Gymnasium 1780-1980, Frankfurt a. M. 1984.
Kreckel, Reinhard, Politische Soziologie der sozialen Ungleichheit, 3. Aufl., Frankfurt a. M. u. New York 2004.
Kriechbaumer, Robert u. a. (Hrsg.), Die junge Republik. Österreich 1918/19, Köln, Weimar u. Wien 2018.
Kroll, Frank-Lothar, Fürsten ohne Thron. Schicksale deutscher Herrscherhäuser im 20. Jahrhundert, Berlin 2022.
Kubrova, Monika, Vom guten Leben. Adelige Frauen im 19. Jahrhundert, Berlin 2011.
Kumpf, Johann Heinrich, Die Finanzgerichtsbarkeit im Dritten Reich, in: Bernhard Diestelkamp u. Michael Stolleis (Hrsg.), Justizalltag im Dritten Reich. Frankfurt a. M. 1988, S. 81-100.
Kunstauktionshaus Hünerberg, Aus dem Besitz Seiner Königlichen Hoheit des Herzogs zu Braunschweig und Lüneburg. Gemälde, Handzeichnungen, Silber, Porzellan, Möbel, Textilien, Waffen und Rüstungen, Braunschweig 1950.
Kwan, Elisabeth E., Röhrig, Anne E. u. Steckhan, Peter, Frauen der Welfen, Göttingen 2011.
Kwan, Elisabeth E. u. Röhrig, Anna E., Vergessene Frauen der Welfen, Göttingen 2008.
Landerziehungsheim Schloss Cumberland (Hrsg.), Landerziehungsheim Schloss Cumberland, Gmunden Oberösterreich, Gmunden 1932.
Landerziehungsheim Schloss Cumberland (Hrsg.), Die deutschen Landerziehungsheime, Gmunden [um] 1930.
Langfeld, Adolf, Mein Leben. Erinnerungen des mecklenburg-schwerinschen Staatsministers i. R., Schwerin 1930.
Lanzinger, Margareth, Erben und Vererben im Kontext vielfältiger Transfermodi – historische Perspektiven mit Ausblick, in: Dinkel, Jürgen u. Laak, Dirk van (Hrsg.), Reader – Erben und Vererben in der Moderne, Gießen 2016, S. 23-30.
Lanzinger, Margareth, Vererbung: Soziale, rechtliche, materielle und symbolische Aspekte, in: Joachim Eibach u. Inken Schmidt-Voges (Hrsg.), Das Haus in der Geschichte Europas. Ein Handbuch. München 2015, S. 319-336.
Leßau, Hanne, Entnazifizierungsgeschichten. Die Auseinandersetzung mit der eigenen NS-Vergangenheit in der frühen Nachkriegszeit, Göttingen 2020.
Leven, Rudolf, Autonomierecht und Rechtspersönlichkeit der hochadeligen Häuser nach der Staatsumwälzung von 1918, Erlangen 1934.
Lillteicher, Jürgen, Rechtsstaatlichkeit und Verfolgungserfahrung. »Arisierung« und fiskalische Ausplünderung vor Gericht, in: Constantin Goschler u. Ders. (Hrsg.), »Arisierung« und Restitution. Die Rückerstattung jüdischen Eigentums in Deutschland und Österreich nach 1945 und 1989, Göttingen 2002, S. 127-160.
Löwenthal, Richard, Bonn und Weimar. Zwei deutsche Demokratien, in: Heinrich August Winkler (Hrsg.), Politische Weichenstellungen im Nachkriegsdeutschland 1945-1953, Göttingen 1979, S. 9-25.
Loitfellner, Sabine, »Ariseure« vor Gericht. Volksgerichtsverfahren nach 1945 wegen missbräuchlicher Bereicherung, in: Verena Pawlowsky u. Harald Wendelin (Hrsg.), Arisierte Wirtschaft. Wien 2005, S. 193-207.
Loitfellner, Sabine, »Arisierungen« während der NS-Zeit und ihre justizielle Ahndung vor dem Volksgericht Wien 1945-1955. Voraussetzungen, Analyse, Auswirkungen, in: Justiz und Erinnerung 4, 2001, S. 20-26.
Luckhardt, Jochen, Zur Geschichte der ehemals Königlichen Münzsammlung zu Hannover, in: Gisela Bungarten u. Ders. (Hrsg.), Welfenschätze. Gesammelt, verkauft, durch Museen bewahrt, Petersberg 2007, S. 80-95.

Luh, Jürgen, Der Kronprinz und das Dritte Reich. Wilhelm von Preußen und der Aufstieg des Nationalsozialismus, München 2023.

Machtan Lothar, Der Kronprinz und die Nazis. Hohenzollerns blinder Fleck, Berlin 2021.

Machtan, Lothar, Der Endzeitkanzler. Prinz Max von Baden und der Untergang des Kaiserreichs, Darmstadt 2018.

Machtan, Lothar, Die welfische Monarchie und ihr definitives Ende in Braunschweig, in: Wulf Otte, Heike Pöppelmann u. Ole Zimmermann (Hrsg.), 1914 … schrecklich kriegerische Zeiten, Braunschweig 2014, S. 92-102.

Machtan, Lothar, Der erstaunlich lautlose Untergang von Monarchie und Bundesfürstentümern – ein Erklärungsangebot, in: Gallus, Alexander (Hrsg.), Die vergessene Revolution von 1918/19, Göttingen 2010, S. 39-56.

Machtan, Lothar, Die Abdankung. Wie Deutschlands gekrönte Häupter aus der Geschichte fielen. Berlin 2008.

Malinowski, Stephan, Die Hohenzollern und die Nazis. Geschichte einer Kollaboration, Berlin 2021.

Malinowski, Stephan, »Wer schenkt uns wieder Kartoffeln?«. Deutscher Adel nach 1918 – eine Elite?, in: Günther Schulz u. Markus A. Denzel (Hrsg.), Deutscher Adel im 19. und 20. Jahrhundert. St. Katharinen 2004, S. 503-538.

Malinowski, Stephan, Vom König zum Führer. Sozialer Niedergang und politische Radikalisierung im deutschen Adel zwischen Kaiserreich und NS-Staat, Berlin 2003.

Mangan, James A., Athleticism in the Victorian and Edwardian Public School. The Emergence and Consolidation of an Educational Ideology, 2. Aufl., Hoboken 2000.

Mansel, Philipp u. Riotte, Torsten (Hrsg.), Monarchy and Exile. The Politics of Legitimacy from Marie de Médicis to Wilhelm II., Basingstoke 2011.

Marburg, Silke, Adlige Binnenkommunikation. Moderne in Nordwestdeutschland und Sachsen, in: Maarten van Driel, Meinhard Pohl u. Bernd Walter (Hrsg.), Adel verbindet – Adel verbindt. Elitenbildung und Standeskultur in Nordwestdeutschland und den Niederlanden vom 15. bis 20. Jahrhundert, Paderborn u. a. 2010, S. 217-227.

Marburg, Silke, Europäischer Hochadel. König Johann von Sachsen (1801-1873) und die Binnenkommunikation einer Sozialformation, Berlin 2008.

Maus, Christian, Der ordentliche Professor und sein Gehalt. Die Rechtsstellung der juristischen Ordinarien an den Universitäten Berlin und Bonn zwischen 1810 und 1945 unter besonderer Berücksichtigung der Einkommensverhältnisse, Göttingen 2013.

Matthiessen, Harald, Geschichte der Deutsche Warentreuhand- und Treuhand Aktiengesellschaft, in: Sieveking, Kurt (Hrsg.), 50 Jahre Deutsche Warentreuhand- und Treuhand Aktiengesellschaft 1920-1970, S. 9-24.

Meinecke, Alfred, Die Geschichte der Burg und Domäne Gebhardshagen, Salzgitter 1988.

Meissel, Franz-Stefan, Olechowski, Thomas u. Gnant, Christoph, Untersuchungen zur Praxis der Verfahren vor den Rückstellungskommissionen, Wien u. München 2004.

Mehrkens, Heidi, Rangieren auf dem Abstellgleis. Europas abgesetzte Herrscher 1830-1870, in: Thomas Biskup u. Martin Kohlrausch (Hrsg.), Das Erbe der Monarchie. Nachwirkungen einer deutschen Institution seit 1918, Frankfurt a. M. 2008, S. 37-58.

Melichar, Peter, Alter, neuer und verlorener Reichtum. Eine Skizze zu den großen Vermögen im Österreich der Zwischenkriegszeit, in: Bruckmüller, Ernst (Hrsg.), Armut und Reichtum in der Geschichte Österreichs, Wien u. a. 2010, S. 166-192.

Menning, Daniel, Adel und Haus. Deutungshorizonte im 19. und 20. Jahrhundert, in:

Joachim Eibach u. Inken Schmidt-Voges (Hrsg.), Das Haus in der Geschichte Europas. Ein Handbuch. München 2015, S. 571-587.
Meteling, Wenke, Der deutsche Zusammenbruch 1918 in den Selbstzeugnissen adliger deutscher Offiziere, in: Eckart Conze u. Monika Wienfort (Hrsg.), Adel und Moderne. Deutschland im europäischen Vergleich im 19. und 20. Jahrhundert, Köln, Weimar u. Wien 2004. S. 289-322.
Meyer, August, Hitlers Holding. Die Reichswerke »Hermann Göring«, München 1999.
Möller, Gerhard, Als »die Russen« kamen – und gingen. Zum Wechsel von Bad Sachsa und Tettenborn aus der sowjetischen in die britische Besatzungszone im Juli 1945, in: Harz-Zeitschrift 60, 2008, S. 169-196.
Moser, Eva u. Winkler, Richard, Wegmarken. 125 Jahre Bankhaus H. Aufhäuser, München 1995.
Mühsam, Erich, Der Welfenschatz, in: Die Welt am Montag, 22.10.1928.
Müller, Frank Lorenz, Die Thronfolger. Macht und Zukunft der Monarchie im 19. Jahrhundert, München 2019.
Müller, Tim S., Verlusterfahrung und Konsolidierung. Adliger Rittergutsbesitz zwischen Rétablissement und Bodenreform. Eine Regionalstudie aus dem sächsischen Vogtland, in: Ivo Cerman (Hrsg.), Adel und Wirtschaft. Lebensunterhalt der Adeligen in der Moderne, München 2009, S. 285-299.
Münkel, Daniela, Bäuerliche Interessen versus NS-Ideologie. Das Reichserbhofgesetz in der Praxis, in: Vierteljahrshefte für Zeitgeschichte 44, 1996, S. 549-580.
Mußgnug, Dorothee, Die Reichsfluchtsteuer 1931-1953, Berlin 1993.
Neuhaus, Helmut, Das Ende der Monarchien in Deutschland, in: Historisches Jahrbuch 111, 1991, S. 102-136.
Neumann, Klaus, Politischer Regionalismus und staatliche Neugliederung in den Anfangsjahren der Weimarer Republik in Nordwestdeutschland, Münster 1988.
Neuwirth, Karin, Die lieben Erben. Verwandtenerbrecht in Österreich im 19. und 20. Jahrhundert, in: Margareth Lanzinger u. Edith Saurer (Hrsg.), Politiken der Verwandtschaft. Beziehungsnetze, Geschlecht und Recht, Göttingen 2007, S. 199-226.
Niederacher, Sonja, Eigentum und Geschlecht. Jüdische Unternehmerfamilien in Wien (1900-1960), Köln, Weimar u. Wien 2012.
Nöll von der Nahmer, Robert, Bismarcks Reptilienfonds. Aus den Geheimakten Preußens und des Deutschen Reichs, Mainz 1968.
Oberdiek, Uwe, Blankenburgs Teilungsdokumente werden in London aufbewahrt. Vor über 75 Jahren führte der größte Gebietstausch im besetzten Deutschland zu einschneidenden territorialen Veränderungen im Harz, in: Zwischenruf, Heft 1, 2021, S. 18-19.
Obenaus, Maria, Für die Nation gesichert? Das »Verzeichnis der national wertvollen Kunstwerke«. Entstehung, Etablierung und Instrumentalisierung 1919-1945, Berlin u. Boston 2016.
Odendahl, Kerstin, Kulturgüterschutz. Entwicklung, Struktur und Dynamik eines epochenübergreifenden Normensystems, Tübingen 2005.
Oppermann, Moritz u. Schulz, Richard, Der Werdegang des Schiller-Gymnasiums Hameln. Festschrift zur 100-Jahr-Feier des Gymnasiums, Hameln 1967.
Oppermann, Moritz, Das Hineinwachsen der Jugendlichen in die Gemeinschaft, Leipzig 1920.
Palm, Heike, Die Geschichte des Großen Gartens, in: Marieanne von König, Wolfgang Volz u. Bernd Adam (Hrsg.), Herrenhausen. Die Königlichen Gärten in Hannover, Göttingen 2006, S. 17-42.

Pammer, Michael, Die Rückstellungskommission beim Landesgericht für Zivilrechtssachen Wien, Wien u. München 2002.
Pekelder, Jacco; Schenk, Joep u. van der Bas, Cornelis, Der Kaiser und das »Dritte Reich«. Die Hohenzollern zwischen Restauration und Nationalsozialismus, Göttingen 2021.
Petropoulos, Jonathan, Royals and the Reich. The Princes of Hessen in Nazi Germany, Oxford 2006.
Philippi, Hans, Zur Geschichte des Welfenfonds, in: Niedersächsisches Jahrbuch für Landesgeschichte 31, 1959, S. 190-254.
Plato, Alexander von, Adel auf der Flucht – und das Leben danach. Vorüberlegungen zu einer Erfahrungsgeschichte einer speziellen Flüchtlingsgruppe nach 1944 im migrationsgeschichtlichen Kontext, in: Silke Marburg u. Sophia von Kuenheim (Hrsg.), Projektionsflächen von Adel, Berlin u. a. 2016, S. 175-194.
Poensgen, Ruprecht, Die Schule Schloss Salem im Dritten Reich, in: Vierteljahrshefte für Zeitgeschichte 44, 1996, H. 1, S. 25-54.
Potthast, Thilo, Die Entwicklung der Körperschaftsteuer von den Vorformen bis zur Unternehmenssteuerreform 2001. Eine Untersuchung körperschaftsteuerlicher Entwicklungstendenzen in Steuergesetzgebung und Steuergestaltung, Frankfurt a. M. 2008.
Preußische Gesetzsammlung, verschiedene Jahrgänge.
Prilop, Hans, Die Vorabstimmung in Hannover 1924. Untersuchungen zur Vorgeschichte und Geschichte der Deutsch-hannoverschen Partei im preußisch-deutschen Kaiserreich und in der Weimarer Republik, Hamburg 1954.
Prinz von Hannover, Ernst August, Abschluss und innerstaatliche Inkraftsetzung von Völkerrechtsverträgen des Deutschen Reiches, Göttingen 1937.
Prinz von Hannover, Georg Wilhelm, Die völkerrechtliche Stellung Deutschlands nach der Kapitulation, Göttingen 1948.
Prinz von Hannover, Welf Heinrich, Luftrecht und Weltraum, Hannover 1953.
Prinz von Hannover, Welf Heinrich, Blankenburg – meine Heimatstadt, in: Schröter, Klaus (Hrsg.), Blankenburg. Historie, Heimat, Humor, Königsstein im Taunus, 1991, S. 9-17.
Quittner, Paul, Investment. Moderne Prinzipien der Vermögensanlage, Berlin 1930.
Rasch, Manfred, Adel als Unternehmer, noch immer ein europäisches Forschungsdesiderat, in: Ders. u. Peter K. Weber (Hrsg.), Europäischer Adel als Unternehmer im Industriezeitalter, Essen 2017, S. 35-56.
Rasch, Manfred u. Weber, Peter K. (Hrsg.), Europäischer Adel als Unternehmer im Industriezeitalter, Essen 2017.
Rasch, Manfred (Hrsg.), Adel als Unternehmer im bürgerlichen Zeitalter, Münster 2006.
Rauchensteiner, Manfried, Machtvakuum an der Donau. Österreich und Ungarn nach dem Großen Krieg, in: Braun, Bernd (Hrsg.), Es lebe die Republik? Der Erste Weltkrieg und das Ende der Monarchie in Deutschland und Europa, Göttingen 2021, S. 129-146.
Rauchensteiner, Manfried, Der Erste Weltkrieg und das Ende der Habsburgermonarchie 1914-1918, Köln, Weimar u. Wien 2013.
Rauh, Cornelia, Des Gauleiters »Arisierungshyänen«. Korruption und Selbstbereicherung der Parteielite Württembergs, in: Högerle, Heinz, Müller, Peter u. Ulmer, Martin (Hrsg.), Wirtschaftliche Ausplünderung der jüdischen Bevölkerung in Württemberg und Hohenzollern, Hechingen 2019, S. 397-414.
Rauh-Kühne, Cornelia, Die Entnazifizierung und die deutsche Gesellschaft, in: Archiv für Sozialgeschichte 35, 1995, S. 35-70.
Reichardt, Sven, Bourdieu für Historiker? Ein kultursoziologisches Angebot an die Sozialge-

schichte, in: Thomas Mergel u. Thomas Welskopp (Hrsg.), Geschichte zwischen Kultur und Gesellschaft. Beiträge zur Theoriedebatte, München 1997, S. 71-94.

Reichert, Olaf, »Wir müssen doch in die Zukunft sehen …«. Die Entnazifizierung in der Stadt Oldenburg unter britischer Besatzungshoheit 1945-1947, Oldenburg 1998, S. 199-204.

Reichsgesetzblatt, verschiedene Jahrgänge.

Reif, Heinz, Adel im 19. und 20. Jahrhundert, 2. Aufl., München 2012.

Riotte, Torsten, Between Politics and Dynastic Survival. 19th-Century Monarchy in Post-Revolutionary Europe (1815-1918), in: Christina Jordan u. Imke Polland (Hrsg.), Realms of Royalty. New Directions in Researching, Bielefeld 2020, S. 89-104.

Riotte, Torsten, Dynastie und Reichtum. Was wissen wir über das Vermögen des (ehemals) regierenden Hochadels im 19. und 20. Jahrhundert?, in: Eva Maria Gajek, Anne Kurr u. Lu Seegers (Hrsg.), Reichtum in Deutschland. Akteure, Räume und Lebenswelten im 20. Jahrhundert, Göttingen 2019, S. 35-56.

Riotte, Torsten, Der Monarch im Exil. Eine andere Geschichte von Staatswerdung und Legitimismus im 19. Jahrhundert, Göttingen 2018.

Riotte, Torsten, »Geht unsere ganze Volksbewegung jetzt zu Grunde …?«. Die welfische Bewegung und der braunschweigische Herzogstitel vor und nach 1913, in: Ute Daniel u. Christian K. Frey (Hrsg.), Die preußisch-welfische Hochzeit 1913. Das dynastische Europa in seinem letzten Friedensjahr, Braunschweig 2016, S. 69-80.

Riotte, Torsten, Seiner Majestät allergetreuste Opposition. Welfische Bewegung und politische Sprache in Kaiserreich und Weimarer Republik, in: Niedersächsisches Jahrbuch für Landesgeschichte 82, 2010, S. 411-438.

Riotte, Torsten, Der abwesende Monarch im Herrschaftsdiskurs der Neuzeit. Eine Forschungsskizze am Beispiel der Welfendynastie nach 1866, in: Historische Zeitschrift 289, 2009, S. 628-667.

Riotte, Torsten, The House of Hanover. Queen Victoria and the Guelph dynasty, in: Karina Urbach (Hrsg.), Royal Kinship. Anglo-German Family Networks, München 2008, S. 75-96.

Robeck, Ulrike, Alles Blech: Wohnhäuser aus Stahl. Eine Bilanz ihrer Entwicklung, Herstellung und Verbreitung im rheinisch-westfälischen Industriegebiet, Essen 2000.

Rode, Norbert, Zur Entstehungsgeschichte der Niedersächsischen Landespartei/Deutsche Partei (NLP/DP), in: Niedersächsisches Jahrbuch für Landesgeschichte 53, 1981, S. 289-300.

Röhrbein, Waldemar R., Rettet die Herrenhäuser Gärten! Der Heimatbund Niedersachsen und seine Mitstreiter im Einsatz für die Rettung der Herrenhäuser Gärten, in: Hannoversche Geschichtsblätter 62, 2008, S. 7-38.

Rogalla von Bieberstein, Johannes, Adel und Revolution 1918/1919, in: Mentalitäten und Lebensverhältnisse. Beispiele aus der Sozialgeschichte der Neuzeit. Göttingen 1982, S. 243-259.

Roolfs, Cornelia, Der hannoversche Hof von 1814 bis 1866. Hofstaat und Hofgesellschaft, Hannover 2005.

Rothfuss, Anna, Korruption im Kaiserreich. Debatten und Skandale zwischen 1871 und 1914, Göttingen 2019.

Rubner, Heinrich, Deutsche Forstgeschichte 1933-1945. Forstwirtschaft, Jagd und Umwelt im NS-Staat, 2. Aufl., St. Katharinen 1997.

Ruppelt, Georg (Hrsg.), 350 Jahre Gottfried-Wilhelm-Leibniz-Bibliothek (1665-2015), Hannover 2015.

Sabrow, Martin, Die Hohenzollernauseinandersetzung – oder: Erkenntnis und Evidenz im Streit der Fakultäten, in: Zeitschrift für Geschichtswissenschaft 70, 2022, S. 729-743.

Sammlung der Drucksachen der verfassungsgebenden Preußischen Landesversammlung. Tagung 1919/21, Berlin 1921.

Sargent, Porter, A Handbook of Private Schools for American Boys and Girls, 19. Aufl., Boston 1935.

Sbresny, Ulrike, Sammlungen des Adels. Bedeutung, Kulturgüterschutz und die Entwicklung der Welfensammlung nach 1918, Bielefeld 2016.

Scherner, Jonas, Die Logik der Industriepolitik im Dritten Reich. Die Investitionen in die Autarkie- und Rüstungsindustrie und ihre staatliche Förderung, Stuttgart 2008.

Schießer, Heinz, Die Welfen am Traunsee. 130 Jahre Schloss Cumberland, Göttingen 2017.

Schildt, Gerhard, Herzog Ernst August. Ein politisch gefesselter Monarch, in: Meike Buck (Hrsg.), 1913 – herrlich moderne Zeiten?, Braunschweig 2013, S. 53-61.

Schlemmer, Thomas, Art. »Semler, Johannes Ferdinand«, in: Neue Deutsche Biographie. Band 24, Berlin 2010, S. 237-238.

Schleusener, Jan, Eigentumspolitik im NS-Staat. Der staatliche Umgang mit Handlungs- und Verfügungsrechten über privates Eigentum 1933-1939, Frankfurt a. M. 2009.

Schmidt, Burkhard, Die Vermögensauseinandersetzung zwischen dem welfischen Herzogshaus und dem Freistaat im Lande Braunschweig, in: Gerber, Stefan (Hrsg.), Das Ende der Monarchie in den deutschen Kleinstaaten. Vorgeschichte, Ereignis und Nachwirkungen in Politik und Staatsrecht 1914-1939, Köln, Weimar u. Wien 2018, S. 301-320.

Schmidt, Burkhard, Die Welfenparteien im Herzogtum Braunschweig, in: Braunschweigisches Jahrbuch für Landesgeschichte 83, 2002, S. 59-94.

Schmidt, Burkhard, Der Herzogsprozeß. Ein Bericht über den Prozess des welfischen Herzogshauses gegen den Freistaat Braunschweig um das Kammergut (1921/25), Braunschweig 1996.

Schmidt, Burkhard, Art. »Dedekind, Theodor Karl Hermann«, in: Horst-Rüdiger Jarck u. Günter Scheel (Hrsg.), Braunschweigisches biographisches Lexikon: 19. und 20. Jahrhundert, Hannover 1996, S. 135-136.

Schmidt, Claudius, Heinrich Hellwege der vergessene Gründervater. Ein politisches Lebensbild, Stade 1991.

Schnath, Georg, Besitzgeschichte des Helmarshausener Evangeliars Heinrichs des Löwen (1188-1935), in: Wolfenbütteler Beiträge. Aus den Schätzen der Herzog August Bibliothek 7, 1987, S. 175-265.

Schöbel, Anja, Monarchie und Öffentlichkeit. Zur Inszenierung der deutschen Bundefürsten 1848-1918, Köln, Weimar u. Wien 2017.

Schönhärl, Korinna, Steuermoral in Westdeutschland nach dem Zweiten Weltkrieg. Eine diskursanalytische Rekonstruktion, in: Leviathan 47, 2019, H. 2, S. 169-191.

Schönpflug, Daniel, Die Heiraten der Hohenzollern. Verwandtschaft, Politik und Ritual in Europa 1640-1918, Göttingen 2013.

Schönpflug, Daniel, One European Family? A Quantitative Approach to Royal Marriage Circles 1700-1918, in: Karina Urbach (Hrsg.): Royal Kinship. Anglo-German Family Networks, München 2008, S. 25-34.

Schroff, Hermann (»Teutonicus«), Braunschweig unter der Herrschaft der roten Fahne. Meinungen – Stimmungen – Tatsachen, Braunschweig 1919.

Schubert, Ernst, Verdeckte Opposition in der Provinz Hannover. Der Kampf der »Welfen« um die regionale Identität während des Kaiserreichs, in: Blätter für deutsche Landesgeschichte 134, 1998, S. 211-272.

Schuchardt, Wilhelm, Geschichte des 13. (Preuß.) Reiter-Regiments und späteren Kavallerie-Regiments 13. 1919-1939-1945. Lüneburg 1993.

Schüren, Ulrich, Der Volksentscheid zur Fürstenenteignung 1926. Die Vermögensauseinandersetzungen mit den depossedierten Landesherren als Problem der deutschen Innenpolitik unter besonderer Berücksichtigung der Verhältnisse in Preußen, Düsseldorf 1978.

Schulz, Günther (Hrsg.), Arm und Reich. Zur gesellschaftlichen und wirtschaftlichen Ungleichheit in der Geschichte, Stuttgart 2015.

Schulze, Hermann, Die Hausgesetze der regierenden Deutschen Fürstenhäuser. Erster Band, Jena 1862.

Schwarz, Walter, Rückerstattung und Entschädigung. Eine Abgrenzung der Wiedergutmachungsformen, München u. Berlin 1952.

Schwichtenberg, Jakob, Fürstenherrlichkeit im Sozialismus? Herzog Ernst II. von Sachsen-Altenburg und die in Altenburg verbliebenen Adeligen in der SBZ/DDR (1945-60), in: Zeitschrift für thüringische Geschichte 74, 2008, S. 213-245.

Seelig, Michael, Alltagsadel. Der ehemalige ostelbische Adel in der Bundesrepublik Deutschland 1945/49-1975, Köln, Weimar u. Wien 2015.

Seliger, Maren, Scheinparlamentarismus im Führerstaat. »Gemeindevertretung« im Austrofaschismus und Nationalsozialismus. Funktionen und politische Profile Wiener Räte und Ratsherren 1934-1945 im Vergleich, Wien 2010.

Selzam, Joachim, Monarchistische Strömungen in der Bundesrepublik Deutschland 1945-1989, Erlangen-Nürnberg 1994.

Sieveking, Kurt, 50 Jahre Deutsche Warentreuhand- und Treuhand-Aktiengesellschaft. 1920-1970, Hamburg 1970.

Simon, Barbara (Bearb.), Abgeordnete in Niedersachsen 1946-1994, Biographisches Handbuch, Hannover 1996.

Solterbeck, Sven, Blaues Blut und rote Zahlen. Westfälischer Adel im Konkurs 1700-1815, Münster/New York 2018.

Spannagel, Dorothee, Reichtum in Deutschland. Empirische Analysen, Wiesbaden 2013.

Spannuth, Jan-Philipp, Rückerstattung Ost. Der Umgang der DDR mit dem »arisierten« und enteigneten Eigentum der Juden und die Gestaltung der Rückerstattung im wiedervereinigten Deutschland, in: Constantin Goschler u. Jürgen Lillteicher (Hrsg.), »Arisierung« und Restitution. Die Rückerstattung jüdischen Eigentums in Deutschland und Österreich nach 1945 und 1989, Göttingen 2002, S. 241-264.

Spoerer, Mark u. Streb, Jochen, Neue deutsche Wirtschaftsgeschichte des 20. Jahrhunderts, München 2013.

Spoerer, Mark, Von Scheingewinnen zum Rüstungsboom. Die Eigenkapitalrentabilität der deutschen Industrieaktiengesellschaften 1925-1941, Stuttgart 1996.

Staatsgesetzblatt für den Staat Deutschösterreich 71, 1919.

Stamm-Kuhlheim, Thomas, Militärische Prinzenerziehung und monarchischer Oberbefehl in Preußen 1744-1918, in: Martin Wrede (Hrsg.), Die Inszenierung der heroischen Monarchie. Frühneuzeitliches Königtum zwischen ritterlichem Erbe und militärischer Herausforderung, München 2014, S. 438-467.

Statistisches Reichsamt (Hrsg.), Wirtschaft und Statistik 13, 1933.

Steckhan, Peter, Herzog und Kaisertochter. Ernst August von Hannover und Victoria und Luise von Preußen, Göttingen 2019.

Steckhan, Peter, Welfenbericht. 150 Jahre Familiengeschichte der Herzöge zu Braunschweig und Lüneburg dokumentiert in Photographie und Film, Göttingen 2008.

Steinbach, Peter, Cum ira et studio? Hohenzollerndebatte – eine Stil- und Argumentationskritik, in: Neue Politische Literatur 68, 2023, S. 31-63.

Steiner, Hubert, Die USIA-Betriebe. Ihre Gründung, Organisation und Rückgabe in die österreichische Hoheitsverwaltung, in: Mitteilungen des Österreichischen Staatsarchivs 43, 1993, S. 206-220.

Steinsiek, Peter-Michael, Forst- und Holzforschung im »Dritten Reich«, Remagen 2008.

Steinwascher, Gerd, Die Oldenburger. Die Geschichte einer europäischen Dynastie, Stuttgart 2011.

Stekl, Hannes, Österreichs Adel im 20. Jahrhundert, in: Günther Schulz u. Markus A. Denzel (Hrsg.), Deutscher Adel im 19. und 20. Jahrhundert. St. Katharinen 2004, S. 35-82.

Stenographische Protokolle über die Sitzungen der Konstituierenden Nationalversammlung der Republik Österreich. Band 1, Wien 1919.

Stentzel, Rainer, Zum Verhältnis von Recht und Politik in der Weimarer Republik. Der Streit um die sogenannte Fürstenenteignung, in: Der Staat 39, 2000, H. 2, S. 275-297.

Stickler, Matthias, Machtverlust und Beharrung. Dimensionen einer erneuerten politischen Geschichte der regierenden Dynastien Europas im 20. Jahrhundert, in: Christof Kraus u. Thomas Nicklas (Hrsg.), Geschichte der Politik. Alte und neue Wege, München 2007, S. 375-398.

Stickler, Matthias, Abgesetzte Dynastien. Strategien konservativer Beharrung und pragmatischer Anpassung ehemals regierender Häuser nach der Revolution von 1918 – Das Beispiel Habsburg, in: Günther Schulz u. Markus A. Denzel (Hrsg.), Deutscher Adel im 19. und 20. Jahrhundert. St. Katharinen 2004, S. 397-444.

Stiefel, Dietmar u. Matis, Herbert, »Mit der vereinigten Kraft des Capitals, des Credits und der Technik …«. Die Geschichte des österreichischen Bauwesens am Beispiel der Allgemeinen Baugesellschaft – A. Porr Aktiengesellschaft, zwei Bände, Wien 1994.

Szydlik, Marc, Reich durch Schenkung und Erbschaft?, in: Thomas Druyen/Wolfgang Lauterbach/Matthias Grundmann (Hrsg.), Reichtum und Vermögen. Zur gesellschaftlichen Bedeutung der Reichtums- und Vermögensforschung, Wiesbaden 2009, S. 135-145.

Taylor, Frederick, Inflation. Der Untergang des Geldes in der Weimarer Republik und die Geburt eines deutschen Traumas, München 2013.

Tacke, Charlotte, »Es kommt also darauf an, den Kurzschluss von der Begriffssprache auf die politische Geschichte zu vermeiden.« »Adel« und »Adeligkeit« in der modernen Gesellschaft, in: Neue Politische Literatur 52, 2007, S. 91-123.

Tálos, Emmerich, Das austrofaschistische Österreich 1933-1938, Wien 2017.

Tanner, Jakob, Der diskrete Charme des Gnomen. Entwicklung und Perspektiven des Finanzplatzes Schweiz, in: Christoph Maria Merki (Hrsg.), Europas Finanzzentren. Geschichte und Bedeutung im 20. Jahrhundert, Frankfurt a. M. 2005, S. 127-148.

Tlapek, Ludwig Franz, Die österreichische Strafprozeßordnung in der Fassung der Kundmachung des Staatsamtes für Justiz vom 24. Juli 1945 über die Wiederverlautbarung der österreichischen Strafprozessordnung samt Novellen und Nebengesetzen, 2. Aufl., Wien 1948.

Tooze, Adam, Ökonomie der Zerstörung. Die Geschichte der Wirtschaft im Nationalsozialismus, München 2007.

U. A., Vom Gmundener Hofe, in: Linzer Tages-Post, 26. 8. 1933.

U. A., Hannoversche Festtage in Wittingen. Denkmalsweihe der Deutschen Legion, in: Hannoversches Tageblatt, 8. 5. 1933.

U. A., Die Gmundener Schloßdiebstähle vor Gericht, in: Braunschweigische Landeszeitung, 2. 5. 1929.

U. A., Besuch der Herzogssöhne, in: Hannoversche Landeszeitung, 31. 8. 1924.

Ullmann, Hans-Peter, Der deutsche Steuerstaat. Geschichte der öffentlichen Finanzen, München 2005.

Ullrich, Volker, Die Revolution 1918/19, 2. Aufl., München 2018.
Unfried, Berthold, Neuere Ergebnisse zu »Arisierung« und Restitution von Unternehmen in Wien, in: Christiane Fritsche u. Johannes Paulmann (Hrsg.), »Arisierung« und »Wiedergutmachung« in deutschen Städten, Köln, Weimar u. Wien 2014, S. 115-136.
Urbach, Karina, Nützliche Idioten. Die Hohenzollern und Hitler, in: Thomas Biskup, Truc Minh u. Jürgen Luh (Hrsg.), Preußendämmerung. Die Abdankung der Hohenzollern und das Ende Preußens, Heidelberg 2019, S. 65-93.
Urbach, Karina, Hitlers heimliche Helfer. Der Adel im Dienst der Macht, Darmstadt 2016.
Urbach, Karina, Introduction. Royal Kinship, in: Dies. (Hrsg.), Royal Kinship. Anglo-German Family Networks, München 2008, S. 13-34.
van Laak, Dirk, Was bleibt? Erben und Vererben als Themen der zeithistorischen Forschung, in: Zeithistorische Forschungen 13, 2016, S. 136-150.
van Scherpenberg, Jens, Öffentliche Finanzwirtschaft in Westdeutschland 1944-1948. Steuer- und Haushaltswesen in der Schlußphase des Krieges und den unmittelbaren Nachkriegsjahren, dargestellt unter besonderer Berücksichtigung der Entwicklung in der britischen Zone, Frankfurt a. M. 1984.
Vedder, Ulrike, Erbe und Literatur. Testamentarisches Schreiben im 19. Jahrhundert, in: Stefan Willer; Sigrid Weigel u. Bernhard Jussen (Hrsg.), Erbe. Übertragungskonzepte zwischen Natur und Kultur. Berlin 2013, S. 126-159.
Verhandlungen des Landtags des Freistaates Braunschweig auf dem Landtage 1922/24, 4. Band, Braunschweig 1925.
Verordnungsblatt für die Provinz Sachsen 1, 1945.
Vogel, Lutz, Der sächsische Adel und die Bodenreform. Staatliche Restriktionen und individuelle Strategien, in: Mike Schmeitzner, Clemens Vollnhals u. Francesca Weil (Hrsg.), Von Stalingrad zur SBZ. Sachsen 1943 bis 1949, Göttingen 2016, S. 465-481.
Vogtherr, Thomas, Die Welfen. Vom Mittelalter bis zur Gegenwart, München 2014.
von Braun, Christina, Blutsbande. Verwandtschaft als Kulturgeschichte, Berlin 2018.
von Jaitner, Klaus, Der Reliquienschatz des Hauses Braunschweig-Lüneburg (»Welfenschatz«) vom 17. bis zum 20. Jahrhundert, in: Jahrbuch Preußischer Kulturbesitz 23, 1986, S. 391-424.
von Rohr, Alheidis, Bürgerlich, national, welfisch. Zum politischen Verhalten einiger Gruppen in Hannover, in: Historisches Museum am Hohen Ufer (Hrsg.), Hannover 1933. Eine Großstadt wird nationalsozialistisch, Hannover 1981, S. 145-156.
von Spoenla-Metternich, Sebastian-Johannes, Namenserwerb, Namensführung und Namensänderung unter Berücksichtigung von Namensbestandteilen, Frankfurt a. M. 1997.
von Thunen, Sebastian, Vermögenskontinuität in Adelsfamilien. Von Thronfolgern und Hausgesetzen, Stuttgart 2015.
Voth, Hans-Joachim, With a Bang, not a Whimper. Pricking Germany's »Stock Market Bubble« in 1927 and the Slide into Depression, in: The Journal of Economic History 63, H. 1, 2003, S. 65-99.
Wagner, Yvonne, Prinzenerziehung in der 2. Hälfte des 19. Jahrhundert. Zum Bildungsverhalten des preußisch-deutschen Hofes im gesellschaftlichen Wandel, Frankfurt a. M. 1995.
Warburg Spinelli, Ingrid, Die Dringlichkeit des Mitleids und die Einsamkeit, nein zu sagen, Hamburg 1990.
Wassong, Stephan, HRH Georg Wilhelm von Hannover. His role at Salem Castle School and the Olympic Acedemy, in: Natalia Camps Y Wilant, Christian Wacker u. Ders. (Hrsg.), Olympic & Paralympic Discourses, Kassel 2017, S. 71-100.

Watzdorf, Adam von, Kopp-Colomb, Agnes von u. Kopp-Colomb, Hennig von (Hrsg.), Schicksalsbuch des Sächsisch-Thüringischen Adels. 1945, Limburg an der Lahn 2005.
Wecker, Fritz, Unsere Landesväter. Wie sie gingen, wo sie blieben, Berlin 1928.
Wehler, Hans-Ulrich, Pierre Bourdieu. Das Zentrum seines Werks, in: Ders. (Hrsg.), Die Herausforderung der Kulturgeschichte, München 1998, S. 15-44.
Weitzel, Jürgen, Nationalsozialistische Agrarideologie und Landwirtschaftsrecht, in: Dieter Gosewinkel (Hrsg.), Wirtschaftskontrolle und Recht in der nationalsozialistischen Diktatur, Frankfurt a. M. 2005, S. 157-180.
Weiß, Dieter J., Kronprinz Rupprecht von Bayern (1869-1955). Eine politische Biographie, Regensburg 2007.
Wenzel, Rüdiger, Die große Verschiebung? Das Ringen um den Lastenausgleich im Nachkriegsdeutschland von den ersten Vorarbeiten bis zur Verabschiedung des Gesetzes 1952, Stuttgart 2008.
Wienfort, Monika, Entsetzen, Enttäuschung, Weitermachen. Das Ende der Monarchie und die Führungsschichten des Kaiserreichs, in: Ute Daniel u. Henning Steinführer (Hrsg.), Die Novemberrevolution im Kontext. Braunschweigische und deutsche Geschichte 1916 bis 1923, Wendeburg 2020, S. 139-152.
Wienfort, Monika, Monarchie im 19. Jahrhundert, Berlin u. Boston 2019.
Wienfort, Monika, Alte Eliten in der neuen Republik, in: Horst Dreier u. Christian Waldhoff (Hrsg.), Das Wagnis der Demokratie. Eine Anatomie der Weimarer Reichsverfassung, München 2018, S. 241-262.
Wienfort, Monika, Verliebt, verlobt, verheiratet. Eine Geschichte der Ehe seit der Romantik, München 2014.
Wienfort, Monika, Art. »Erziehung«, in: Eckart Conze (Hrsg.), Kleines Lexikon des Adels. Titel, Throne, Traditionen, 2. Aufl., München 2012, S. 79-82.
Wienfort, Monika, Gerichtsherrschaft, Fideikommiss und Verein – Adel und Recht im »modernen« Deutschland in: Jörn Leonhard (Hrsg.), What makes the Nobility Noble? Comparative Perspectives from the Sixteenth to the Twentieth Century, Göttingen 2011, S. 90-113.
Wienfort, Monika, Adlige Handlungsspielräume und neue Adelstypen in der ›Klassischen Moderne‹ (1880-1930), in: Geschichte und Gesellschaft 33, 2007, S. 416-438.
Wienfort, Monika, Der Adel in der Moderne, Göttingen 2006.
Wille, Manfred, Die Verabschiedung der Verordnung über die Bodenreform in der Provinz Sachsen, in: Arnd Bauerkämpfer (Hrsg.), »Junkerland in Bauernhand«? Durchführung, Auswirkungen und Stellenwert der Bodenreform in der Sowjetischen Besatzungszone, Stuttgart 1996, S. 87-102.
Wilson, Paul Joseph, Himmler's Cavalry. The Equestrian SS, 1930-1945, Atglen 2000.
Wischermann, Clemens, Die Erbschaftssteuer im Kaiserreich und in der Weimarer Republik. Finanzprinzip versus Familienprinzip, in: Eckart Schremmer (Hrsg.), Steuern, Abgaben und Dienste vom Mittelalter bis zur Gegenwart, Stuttgart 1994, S. 171-196.
Wörner-Heil, Ortrud, Adelige Frauen in der Landfrauenschule Obernkirchen (1901-1970), in: Hubert Höing (Hrsg.), Zur Geschichte der Erziehung und Bildung in Schaumburg, Bielefeld 2007, S. 315-347.
Wörner-Heil, Ortrud, Frauenschulen auf dem Lande. Reifensteiner Verband 1897-1997, 2. Aufl., Kassel 1997, S. 130-134.
Wrede, Martin u. Laurent Bourquin (Hrsg.), Adel und Nation in der Neuzeit. Hierarchie, Egalität und Loyalität 16.-20. Jahrhundert, Ostfildern 2016.

Zboralski, Dietrich, Quellenfunde zur neuesten Geschichte des Hohenzollernhauses, in: Zeitschrift für Geschichtswissenschaft 3, 1955, S. 772-775.
Ziegler, Peter, Prominenz auf Promenadenwegen. Kaiser – Könige – Künstler – Kurgäste in Bad Kissingen, Würzburg 2004.
Zimmermann, Paul, Ernst August Herzog von Cumberland, Hannover 1929.

Dank

Über Geld wird bekanntlich nicht gesprochen. Das stellt ein Forschungsprojekt, das von ebendiesem handeln soll, vor besondere Herausforderungen. Ohne das immense Vertrauen, das mir über die vergangenen Jahre geschenkt wurde, hätte ich diese Familien- und Vermögensgeschichte nicht schreiben können. Dafür möchte ich mich herzlich bedanken.

Allen voran danke ich Cornelia Rauh, die meine Promotion nicht bloß betreut, sondern von Anfang bis Ende entscheidend unterstützt hat. Mein Dank gilt außerdem Hartmut Berghoff für seine unumwundene Bereitschaft, die Rolle des Zweitgutachters zu übernehmen. Ernst August Erbprinz von Hannover bin ich zu Dank verpflichtet, dass er mir uneingeschränkten Zugang zu umfangreichen Archivbeständen seiner Familie gewährt und das Projekt damit überhaupt erst möglich gemacht hat. Es wäre der historischen Forschung zu wünschen, wenn andere Adelsfamilien diesem Beispiel folgen würden. Darüber hinaus habe ich all den Archiven, Bibliotheken und Museen, in denen ich im Laufe der Jahre Archivalien und Literatur eingesehen habe, zu danken – ganz besonders den Mitarbeiterinnen und Mitarbeitern der Außenstelle Pattensen des Niedersächsischen Landesarchivs Hannover. Nicht zuletzt danke ich der Deutschen Forschungsgemeinschaft, die dieses Projekt drei Jahre lang finanziell gefördert hat.

Im Juni 2023 wurde die vorliegende Abhandlung von der Philosophischen Fakultät der Gottfried Wilhelm Leibniz Universität Hannover als Dissertation angenommen. Ich bin dankbar, dass der Wallstein Verlag sie in sein Programm aufgenommen, Jos Stübner den gesamten Herstellungsprozess eng begleitet und die VGH-Stiftung einen großzügigen Zuschuss für den Druck gewährt hat. Nur so konnte aus einem bloßen Textdokument dieses Buch über die Welfen, ihre Immobilien, Ländereien, Unternehmen und – nicht zuletzt – ihr Geld werden.

Hannover, im Juni 2024 *Gerrit Hollatz*